dtv

Sabine Friedrich

Epilog mit Enten

Roman

dtv

Von Sabine Friedrich
sind bei dtv außerdem erschienen:
Puppenhaus (20936)
Immerwahr (21488 und 25379)
Familiensilber (21538)
Wer wir sind (28003)
Wer wir sind. Werkstattbericht (21403)

FSC
www.fsc.org
MIX
Papier aus verantwortungsvollen Quellen
FSC® C014496

Originalausgabe 2016

Dieses Werk wurde vermittelt durch die Literarische Agentur
Thomas Schlück GmbH, Garbsen
Umschlaggestaltung: Wildes Blut, Atelier für Gestaltung,
Stephanie Weischer unter Verwendung von Fotos von
Arcangel Images und gettyimages
© Ente von Alena Vaida
Satz: Druckerei C.H.Beck, Nördlingen
Druck und Bindung: GGP Media GmbH, Pößneck
Gedruckt auf säurefreiem, chlorfrei gebleichtem Papier
Printed in Germany · ISBN 978-3-423-28087-7

TEIL I

Epilog

Einen Tag nach deinem Tod ist heute Morgen eine Ente im Garten gelandet. Es war ein weibliches Tier, eine dieser braunen Enten, die es überall gibt, halb wild und halb zahm – wild insofern, als sie keinem gehören, zahm, weil sie Menschen nicht nur nicht fürchten, sondern in ihrer Nähe leben, ihre Nähe suchen, oft genug an ihrer Nähe zugrunde gehen, wenn nämlich das Überangebot an altem Brot und anderen gebackenen Abfällen zu einer unnatürlichen Ballung von Enten in stillen oder fließenden Gewässern führt, sodass natürliche Grenzen nicht mehr eingehalten, die Paarbildungen nicht respektiert und weibliche Enten zu Tode vergewaltigt werden.

Diese Ente aber war allein. Ich war ein wenig erstaunt, dass es eine weibliche war. In der Nähe des Hauses, in dem ich mit meinem Mann lebe, fließt ein Bächlein an den Bahnschienen entlang, über die ein paarmal am Tag ein langsamer Zug die Schulkinder des Landkreises in die Stadt und wieder zurück bringt, und in diesem Bächlein lebte zwischen allerlei Kräutern und Unkräutern, zwischen alten Chipstüten und großen grauen Steinen ziemlich lange ein Entenpärchen, es kam im Frühjahr und blieb bis zum Sommer nach der Brut. Oder kam es nach der Brut, blieb übers Jahr und flog im Frühjahr zum neuerlichen Brüten fort? Schon weiß ich es nicht mehr.

Aber ich weiß, dass bei der Renovierung und Verbreiterung des Teerwegs, der parallel zu Bächlein und Bahngleisen verläuft, die weibliche Ente überfahren worden und der Erpel daraufhin fortgezogen ist. Ich habe den Vorgang selbst nicht gesehen (nur das Blut auf der Straße), aber eine Nachbarin hat mir die Sache erzählt.

Damals ebenso wie heute, als die Ente am Tag nach deinem Tod im Garten landete, fiel mir ein, wie ich an einem Sommertag vor achtzehn Jahren auf dem Heimweg in einen Stau geriet. Ich war unterwegs von Frogner nach Bygdøy, zu dem Haus, das wir beide, du und ich, damals unser Zuhause nannten, und auf der Brücke, die die Halbinsel mit dem Festland verbindet, hatte ein Fahrzeug eine Ente überrollt. Sie war nicht tot, aber es herrschte Einigkeit, dass sie es angesichts der Lage besser hätte sein sollen. Der Erpel, der bei ihr stand und raue Entenlaute ausstieß, nahm keine Notiz von den Umstehenden, die über ihr weiteres Schicksal berieten. Inzwischen stauten sich die Autos bis zum Drammensveien. Es ging gegen Mittag, und die Leute wollten zum Essen nach Hause, zu Hühnerbrust und Kalbsschnitzel, Schweine- und Rinderbraten, gedünstetem Lachs und gebratenem Dorsch. Aber keiner zeigte Ungeduld, jeder stellte angesichts des Geschehens seinen Hunger zurück. So offenbart sich die Macht einer großen Geschichte.

Ich war natürlich ebenfalls ausgestiegen. Das Kind hatte ich im Auto gelassen. Ich hatte ihm gesagt, ich sei gleich zurück: unserem gemeinsamen weißblonden Töchterchen, damals noch nicht zweijährig, das ich nicht recht in Einklang bringen kann mit der Neunzehnjährigen, die hier in diesem Haus, in dem ich dies schreibe, im Nebenzimmer sitzt und dort ich weiß nicht was tut –

Sing über meinen Knochen!

Aber dieser Satz gehört in eine andere Geschichte. Oder? Er gehört in die Geschichte, die ich eigentlich verfassen wollte, eine Geschichte, die mit mir persönlich gar nichts zu tun hätte, außer dass ich ihr Autor wäre, was sich von dieser Geschichte hier nicht sagen lässt, die sich selbst erzählt oder genauer gesagt mich erzählt, solange ich, während ich schreibe, immer noch weiterlebe –

Ich jedenfalls, mein achtzehn Jahre jüngeres Ich, verschloss damals das Auto, bevor ich nachsehen ging, was auf der Brücke geschehen war, so, wie ich immer das Auto verschloss, wenn ich mein Kindchen einen Moment allein ließ.

Nie ließ ich den Kinderwagen vor dem kleinen Lebensmittelladen in Bygdøy stehen, wie das andere Mütter taten, nie ließ ich das Kind im Park ohne Aufsicht, immer lebte ich in der Angst, ihr könnte in den Augenblicken meiner Abwesenheit ein Leid geschehen: Der Falke könnte auf die Küken herabstoßen, der Hund könnte das Häslein reißen oder der Wolf –

Was ich sagen möchte, ist dies: Sie wusste nichts vom Unglück der Enten. Ich wollte das verhindern. Sie wusste ja ohnehin schon immer zu viel, spürte Dinge, hatte Ahnungen. Ich glaube fest, dass sie wusste, wir würden uns trennen. Mehr noch, sie wusste, dass sie dich dann verlieren würde, dass du keiner von den lieben, bemühten Besuchsrechtsvätern werden würdest, die pünktlich jedes zweite Wochenende vor der Tür ihrer Exfrau stehen und um ihre Kinder betteln, sondern du würdest dich benehmen wie ein Billigangebot im Supermarkt: Wenn weg, dann weg. Einmal von mir getrennt, würdest du dich einen feuchten Dreck um sie scheren, wie du dich seit je im Grunde auch um mich –

Aber so geht es nicht. Wenn die Räder, die uns durch diese Geschichte tragen sollen, in diese Schienen geraten, stürzen wir.

Was ich sagen möchte, ist dies: In dem Winter, bevor wir uns trennten, bevor ich dich verließ, bevor du begonnen hast, sie zu verlassen, wich sie dir keinen Moment mehr von der Seite.

Sie hängte sich an dich: an ihren Vater, sie klammerte sich an diesen Vater, sie war nicht bereit, auch nur einen einzigen kostbaren Moment mit ihm zu verlieren, und an dem Sonntag, als sie und ich ein letztes Mal die königlich-norwegische Versuchsfarm Bygdø Kongsgård besuchten, wo wir so oft den Schäfchen und den Kälbchen und den Pferden zugesehen hatten, saß sie im Nieselregen in ihrem Kinderwagen und weinte. Dabei konnte sie wirklich nicht ahnen, dass dies das letzte Mal war. Ich selbst war mir ja noch nicht im Klaren darüber.

Aber als ich zum Auto zurückkehrte, an dem Tag auf der Brücke nach Bygdøy: Damals wusste sie nichts. Sie wusste nichts vom Verhängnis der Enten. Sondern sie sang, alleine im Auto, wie schon sehr kleine Kinder singen können.

Mamama dadada lalela –

Und also soll nichts widerrufen werden.

Es gibt dieses Kind, und damit erscheint unsere Begegnung zwingend. Die bestimmt vermeidbar gewesen wäre. Sicher hätten wir einander aus dem Weg gehen, einander im letzten Moment noch entkommen können, so wie all die anderen Paare, die zu ihrem Glück keine geworden sind: Sie betritt das Zimmer, das er soeben verlässt. Er sieht sie vom Riesenrad, wie sie Zuckerwatte kauft und in der Menge verschwindet. Sie nimmt an der Rezeption den Pass seiner Begleiterin entgegen. Er stirbt beim Versuch, sie aus dem Feuer zu retten, mit ihnen beiden geht die Titanic unter, sie zielt mit einem alten Armeerevolver auf seinen Kopf –

Und warst das wirklich jedes Mal du? Auch der im Lazarett, der im abfahrenden Zug, der ganz oben in den Zweigen des Kirschbaums?

Die Große Begegnung: ein Handeln unter Wiederholungszwang.

Denn das ist der schlimme Verdacht, der mich in den vielleicht vierzig Stunden, die seit deinem Tod vergangen sind, ergriffen hat. Was, wenn man einander niemals loswürde, in diesem Leben nicht und nicht im nächsten? Wenn man Leben für Leben nacheinander suchen müsste: ein Mann und eine Frau, die einander für immer verfehlen, immer wieder die Chance vertun, Mal um Mal einander zu spät erkennen, wieder ist der Falke aus großer Höhe herabgestürzt, Krähen haben ihn getötet, und nun findet das Königskind keine Freude mehr, wieder hat die Hindin der Pfeil durchbohrt, das helle Fell ist blutverklebt, und nun, zu spät, erkennt der Jäger ihre wahre Gestalt –

Eine Frau kauert auf der Bettkante im Hospiz, und sie sehen einander an.

Vergib, vergib.

Noch einmal sehen sie einander an, obschon seine Augen ihr Gesicht nur noch momentelang festhalten können, und in diesen Momenten ist es ihr, als wollte er sich ihre Züge einprägen, sie sich merken für das nächste Mal.

Was sie mit Entsetzen erfüllt.

Sie möchte keinesfalls, dass es noch einmal von vorn losgeht. Sie möchte sich befreien, die Last abwerfen und sie zusammen mit ihm beerdigen, sie möchte sich und ihm gestatten, Hauptfiguren in einer anderen Geschichte zu werden als in dieser, ihrer eigenen. Sie ist entschlossen, sich und ihm die Freiheit zu schenken und endlich an der Geschichte weiterzuarbeiten, die zu schreiben ich mir vorgenommen hatte, bevor uns dieser Quatsch dazwischengekommen ist, dieser Todesfall, der im Übrigen angekündigt war, seit sechs Jahren immer wieder angekündigt und immer wieder verschoben, offenbar gab es Terminfindungsschwierigkeiten.

Offenbar konnte Gevatter Tod sich nicht dazu durchringen, beherzt zu Ende zu führen, was der Familienrichter vor sechzehn Jahren angefangen hatte: die beiden zu scheiden, endlich den Strick zu durchschlagen, der sie aneinander fesselt.

Im Ernst? Ach komm.

Ja. Wohin?

Dorthin, wo der andere steht und ruft.

Bis zum nächsten Mal! Bis zum nächsten Mal –

Ich stehe am Teich. Der Teich ist winzig, eigentlich nur ein Tümpel, ein mit Folie ausgekleidetes Loch an der Stelle, wo vor ein paar Jahren der Wurzelstock des maroden Pflaumenbaums entfernt worden ist. Wahrscheinlich ist es der Teich, der die Ente angezogen hat. Der Hund sah sie zuerst. Er stand an der Glastür, hochbeinig, mit gesträubtem Widerrist, den Kopf schief gelegt, leise winselnd vor ungläubiger Begeisterung. In seiner Herkunftsregion, einer rauen Weltgegend, wo es selbst im Sommer nicht selten graupelt, gehört es zu seinen rassetypischen Aufgaben, nach geglücktem Schuss zügig das eisige Wasser anzunehmen, ohne sich jedoch unkontrolliert hineinzustürzen, und sodann ruhig, konzentriert und ohne unnötige Umwege das erlegte Tier seinem Herrn zu apportieren. Die Ente, die uns noch nicht gesehen hatte, watschelte zum Ufer und ließ sich auf der Oberfläche des Teichs nieder, vorsichtig, als wollte sie ihr Kleid nicht nass machen. Dann schwamm sie auf den Teich hinaus, der dadurch plötzlich bedeutend wirkte, geradezu wie ein See, mindestens wie ein Weiher, bewohnt von allerlei Getier, eine stille Welt, vieler Wesen und Pflanzen Heimstatt. Dann bellte der Hund.

Die ersten Flügelschläge, mit denen sich die Ente aus dem Wasser erhob, sahen mühsam aus, wie von Wasser schwer. Aber einmal in der Luft, einmal dem Zugriff entzogen, flog sie mit Leichtigkeit, und immer schneller und eleganter, je weiter sie sich von dem Teich und von uns entfernte.

Es kann unmöglich alles bleiben, wie es ist!

Das Gefühl ist stark, alles begleitend, es folgt mir durch den Tag und bis hinein in den Schlaf, und morgens weckt es mich, ein überanhängliches Haustier. Dabei, was will es von mir? Kusch, verschwinde. Ab in den Brunnen, garstiger Frosch. Du bist tot, Prinz und Amphibie. Du kannst nicht verlangen, dass ich über dich schreibe.

Das Problem ist, dass ich nicht über dich hinwegschreiten oder -schreiben und hin zu anderen Themen gelangen kann. Möglicherweise liegt das nicht einmal an dir, sondern an den Enten, also an mir, an diesem Text, den ich über die Enten zu schreiben begonnen habe.

Das Problem ist, dass ich nicht über dich schreiben kann, ohne über mich zu schreiben. Ich will aber nicht über mich schreiben. Diese Attitüden der Echtheit. Als wäre es möglich, vor einem Spiegel nicht zu posieren. Was immer man auf der Bühne trägt, wird Kostüm.

Wobei, vielleicht läge darin mein Schutz. Wenn eine Schauspielerin auf der Bühne eine unbekleidete Frau spielt, dann mag sie zwar nichts anhaben, aber das ist nicht dasselbe, als wäre sie nackt.

Dass du im Sterben lägest, hatte das Kind schon im Dezember behauptet. Fast hätte ich aufgelacht: Er stirbt? Ach was. Hat er sich endlich durchringen können? Es war kurz vor Weihnachten, also kurz nach ihrem und deinem gemeinsamen Geburtstag.

Also du siehst, Mama. Ich habe ihn angerufen, wie du gesagt hast. Er ist gar nicht mehr zu Hause. Er ist in einem Krankenhaus oder einem Heim, ich habe es nicht verstanden. Ich habe ihm gratuliert und gesagt, ich würde ihn vielleicht bald besuchen, in den Semesterferien zum Beispiel. Und er: Wann sind die denn? Und ich: Im Februar. Und er: Da bin ich garantiert nicht mehr am Leben. Ich halte es hier nicht mehr lange aus.

Das habe ich ihm glatt abgenommen. Lieber tot als in einer Institution, die ihm höchstwahrscheinlich das Kiffen verweigert.

Mama. Er hat gesagt: Im Februar bin ich entweder von allein krepiert, oder ich habe mich umgebracht.

Und herzlichen Glückwunsch zum Geburtstag auch noch, von deinem dich zärtlich liebenden Vater! Aber in diesem Punkt konnte ich sie beruhigen. Diesem Märchen hatte ich tausendundeine Nacht lang gelauscht.

Wenn du … dann … Ich bringe mich um. Wenn du mich …, dann bring ich mich um. Wenn die mich, dann. Wenn man mich. Wenn. Wennwennwennwenn.

Und? Nichts als leere Versprechungen. Das Konditional wurde Fakt, die Bedingungen waren erfüllt, das Befürchtete trat ein, die Wirklichkeit ließ sich von ihm nicht erpressen, sondern forderte ihn heraus zu handeln, und er blieb am Leben. Ja, gut, einmal zog er sich ein Messer quer über den Arm. Einmal spielte er eine Nacht lang mit einer Heroinspritze herum. Einmal sprang er durch eine geschlossene Balkontür ins Freie, hechtete über die Brüstung und hing dann außen am Gitter im fünften Stock.

Ich lass los! Ich lass los!

Ich verließ das Zimmer und ging ins Bad. Jemand, denn wir waren nicht allein, wir spielten vor Publikum, rannte mir nach. Was tust du, wohin gehst du, du kannst doch nicht! Aber wir kannten einander besser, er und ich. Kaum war ich außer Sichtweite, war er schon nach drinnen geklettert, sprang zurück in die Wohnung, kam mir nach ins Bad, stellte einen Fuß in die Tür und zog mich wieder ins Zimmer.

Ich ließ mich auch ziehen. Lodernde Leidenschaft und so weiter. Wir haben die Geschichte später manchmal erzählt. Andere, die dabei waren, haben sie erzählt. Es ist eine Anekdote geworden: die Balkon-Geschichte. Hat er sich damals bei dem Sprung nicht böse verletzt? Die Tür war offenbar nur Einfachverglasung.

Ich sage mir: Ich war damals erst zwanzig. Ich sage: Wir gehörten einer anderen Generation an. Wir waren medientechnisch nicht so versiert wie die jungen Leute heutzutage, wir hatten nicht schon mit vierzehn Aufbau, Struktur und Motivik sämtlicher Genres verinnerlicht, wir waren nicht gewöhnt an die Ubiquität von Punch Lines, die Ironisierung aller gängigen Muster, wir waren keine souveränen Hin-und-Herschieber erzählerischer Versatzstücke, noch bevor wir selbst eine Geschichte erlebt hatten. Wir haben die Dramaturgie der Kitschfilme, in denen wir uns die Hauptrollen gaben, nicht durchschaut. Oder? Damals nicht. Ich nicht. Ich dachte nicht: Verunglücktes Remake. Natürlich, von heute aus gesehen … Aber mit welchem Recht sich, nur weil man nicht mehr zwanzig ist, so arrogant über sein junges Selbst erheben?

In dem Haus, in dem ich zusammen mit meinem Mann lebe, telefonierte ich mit meinem noch nicht zwanzigjährigen Kind.

Was nun? Wenn es ihm so schlecht geht, willst du dann vielleicht besser schon Weihnachten zu ihm?

Was? Nein! Auf gar keinen Fall. Weihnachten komme ich heim, was denkst du denn. Weißt du was, Mama? Eigentlich will ich überhaupt nicht zu ihm. Ich muss ja, ich weiß. Aber eigentlich bin ich durch, mit ihm, mit allem, mit dem ganzen Thema.

Und wie wunderbar wäre das: für sie, vor allem für sie, aber auch für mich. Denn wenn sie mit ihm fertig wäre, wäre ich es ebenfalls.

Das habe ich gedacht, im Dezember vor seinem Tod. Ich habe gedacht: Wenn das Kind ihn und mich nicht mehr miteinander verklammert, dann bin ich frei, dann ist der Knoten durchschlagen. Dann kann er von mir aus sogar weiterleben: Auch wenn ich schon vier Jahre zuvor das Pulver gekauft hatte, mit dem ich ihn nach seinem Tod ausräuchern wollte.

Ich hatte alles geplant und bereitgestellt. Sobald er gestorben sein würde, noch am selben Tag, würde ich das duftende Pulver auf das kleine Sieb kippen, das Stückchen Holzkohle entzünden und sodann mit dem schwelenden, rauchenden Zeug durch mein Haus gehen, das Haus, in dem ich mit meinem Mann wohne, durch den Garten würde ich gehen, durch das Häuschen hinten im Garten, in dem du eine Weile bei uns gelebt hast, bei mir und meinem Mann und dem Kind, ich würde durch das Gartentor gehen und um das Grundstück herum, und dabei würde ich ununterbrochen Anrufungen der Götter murmeln und Beschwörungen der Schutzgeister und in mehreren Sprachen heilige Formeln intonieren, um ganz sicherzugehen, dass du wirklich fort wärest, dass du nicht zurückkommst und noch einmal mein Leben streifst, von zerstören will ich gar nicht reden, jede Berührung wäre zu viel, jeder Luftzug mit deinem Geruch. Ich wollte vollkommen sichergehen, dass ich dir nie wieder begegne, in dieser Welt nicht und nicht in der nächsten, in Asien, Amerika, Australien nicht und nicht an dem anderen Strand voll Korallengeröll, wo die Wellen über den Sand zischeln und der ewig mürrische Fährmann in seinem Kahn hockt. Keine karmische Verbindung sollte uns aneinanderketten. Niemals wieder solltest du dich erheben und mir entgegentreten, sondern du solltest süß schlafen in deiner Kammer, wie es den Toten versprochen ist, total bekifft solltest du dort liegen und ausruhen von deinen Taten, was dir doch garantiert selbst als Seligkeit erscheinen würde: in einem endlosen THC-Traum zu leben, wo sich alles so fügen könnte, wie du es dir vorgestellt hast.

Das wünschte ich dir. Ich wünschte dir herzlich und aus voller Seele die Erlösung von allen Wiedergeburten, den prompten Eingang ins Nirvana und unsere Trennung über den Tod hinaus.

Und warum wünsche ich dann jetzt, ich könnte dich noch einmal sehen, noch einmal mit dir sprechen, jetzt, wo dein Tod uns einander wiedergegeben hat?

Denn so war es. Wir haben uns voneinander verabschiedet. Wir hatten diesen letzten Moment, diesen einzigen wirklichen Moment zu dritt, den wir je hatten, du und ich und unser erwachsenes Kind. Wir haben auf dem Rand deines Betts im Hospiz gesessen, das Kind rechts von dir, ich links. Wir haben einander an den Händen gehalten, und wir haben gesagt: Wir haben uns alle lieb. Wir haben gesagt: Es ist alles vergeben. Wir haben es wiederholt: einen Refrain, ein Gebet, eine Beschwörung.

Kein Groll
Kein Groll
Kein Groll

Und es war kein Groll. Dann hast du unsere Hände losgelassen und gesagt: Los jetzt!, mit erstaunlich starker Stimme und theatralisch bis zum letzten oder vorletzten Atemzug. Dann aber auch los jetzt!

Wir sind erschrocken aufgesprungen, das Kind und ich, beide zugleich, wir glaubten, du meintest uns. Wir glaubten, du wolltest uns loswerden, und so war es wohl auch, es sollte nach diesem Satz kein weiterer mehr kommen, aber vor allem meintest du dich, du wolltest los.

Dennoch gingen wir nun, wir gingen zuerst. Ich habe

meine Wange an deine gelegt. Du hast gesagt: Danke, dass ihr noch einmal gekommen seid. Dann stand das Kind auf dem Gang, weinend. Ich stand in der Tür, und ich weinte nicht. Ich sah dich an. Ich ging hinaus, rückwärts, du bist mir mit den Augen gefolgt. Ich hielt deinen Blick und du meinen, der Blick hielt, bis die Tür sich schloss, bis ich die Tür schloss, unvermeidlich und unfassbar, ich schloss sie über diesem letzten Blick, den wir auf dieser Welt gehabt haben, die Tür zerschnitt das Band dieses Blicks, der den anderen tilgte: den gallebitteren, dunkelvioletten Hassblick, den Verzweiflungs- und Entsetzensblick, mit dem du mich zuvorletzt angesehen hattest, hier in meinem Haus, in dem ich mit meinem Mann wohne, im Gartenhäuschen, in dem du eine Weile gelebt hast und in dem klar wurde, dass wir es wieder nicht geschafft hatten, auch diesmal nicht.

Und darüber hätte man nun reden müssen.

Über die vielen Male, über die vielen vergeblichen Versuche, miteinander gut zu sein, hätte man nun reden müssen. Und das hätte man nun doch gekonnt. Dieser allerletzte Blick hatte alles Böse getilgt, du warst mir wiedergegeben und ich dir, aber das ist es eben: Es war der allerletzte Blick und es ging von hier aus nicht weiter. Die Tür fiel ins Schloss, sie ließ sich nicht noch einmal öffnen. Ich kann den Raum nicht noch einmal betreten und konnte es auch nicht in den Tagen nach unserem letzten Besuch, als du noch lebtest, als du den Raum noch bewohntest. Denn das ist der Preis eines solchen Blicks, dass man nicht hinter ihn zurück und nicht um ihn herum und nicht durch ihn hindurch in irgendeine Zukunft gehen kann, selbst wenn alle Toten noch lebten auf dieser Welt. Deshalb konnte ich nicht noch einmal anrufen, und auch du hast mich nicht angerufen. Denn wenn du angerufen hättest, dann wäre es eben nicht dieser letzte Blick gewesen, und dann wäre nichts vergeben gewesen und der Groll wäre nicht getilgt gewesen und alles hätte von vorn angefangen: meine Worte, deine Worte. Meine Worte und dein Schweigen. Meine Sticheleien und dein Geschrei, mein Glaube, mit dir reden zu müssen, und dein Unvermögen, ein Unvermögen so enorm, dass du damit beinahe noch meine zweite Ehe beschädigt hättest, meine Ehe mit einem anderen, und natürlich war ich damals sicher, dass du genau das wolltest, aber vielleicht war es nicht so.

Ich weiß, es war nicht so. Darum ging es dir nicht, aber worum ging es?

Ich bilde mir ein, ich hätte bei dir, durch dich, die Einsamkeit, Verzweiflung, Bedürftigkeit von Shakespeares Intriganten, nein, nicht begriffen, aber zum ersten Mal für möglich gehalten, diese durch nichts hinreichend motivierte, unbegreifliche Bösartigkeit.

Shakespeares Intriganten? Nu halt mal die Luft an.

Wie lange? Bis ich ersticke?

Ach Liebchen. Ach komm.

Ja. Wohin?

Dorthin, wo der andere steht und ruft, was ich geflüstert habe, als die Tür zu war.

Bis zum nächsten Mal!

Bis zum nächsten Mal –

Es ist sehr warm geworden. Die kleinen Fische im Teich beginnen zu springen. Die wachsenden Ringe, die sich dann über das Spiegelbild der Dinge ziehen, sind manchmal mehr, manchmal weniger ausgeprägt. Im vorderen Teil des Teichs, wo die Wasseroberfläche auf den ersten Blick dunkel ist, oliv, und beim zweiten Blick einfarbig hellgrau wie der bedeckte leuchtende Himmel, den das Wasser spiegelt, dehnen diese Ringe sich flach aus. Im hinteren Teil des Teichs aber brechen die wandernden Ringe die stille Spiegelung des blühenden Apfelbaums und der frischbelaubten Birken, brechen sie oder bündeln sie, winden sie zu kranzförmigen Mustern ähnlich denen, die ein Kaleidoskop produziert, wahrscheinlich denselben Gesetzmäßigkeiten folgend, was weiß ich von Optik. Und diese Blütenkranz-Ringe wandern nun über das Spiegelbild des Apfelbaums und der Birken, das unter oder hinter den Ringen weiter zitternd stillhält, solange kein Wind im wirklichen Apfelbaum die Zweige bewegt.

Warum das beschreiben?

Warum überhaupt schreiben. Es ist Mai, der Sommer kommt. Wie wäre es, wenn man die Schreiberei ganz ließe? Das geht doch auch, Millionen von Menschen beweisen es täglich. Ich wünschte, ich müsste diesen Text nicht schreiben.

Ich wünschte, du lebtest noch: aber nur, um dich mir weiterhin vom Hals zu halten, dich und meine Wut auf dich.

Nur deswegen wünschte ich dich lebendig: um dich wieder los zu sein. Denn dass die Welt an dir viel verliert, lässt sich beim besten Willen nicht erkennen. Fiskalische Aspekte wollen wir hier gar nicht berühren. Das könnte dir so passen, dass ich dir damit käme: niemals Leistung gebracht, aber auf Staatskosten einen schönen Lenz, nichts an Steuern gezahlt, aber die Hand aufgehalten, Hartz IV, Grundsicherung, die Medikamente, die teure Gerätemedizin, zu schweigen davon, was du jeden Tag im Knast gekostet hast. Mir doch egal! Was juckt mich das Staatssäckel? Aber hast du sonst etwas Erkennbares beigetragen? Hast du die Jugendmannschaft eines Fußballvereins trainiert, die Hunde alter Mitbürger Gassi geführt, im Kampf um die Erhaltung des Regenwalds mitgerungen, die Wertegemeinschaft des Abendlands verteidigt, die Welt durch einen unersetzlichen künstlerischen Beitrag bereichert? Hat dich jemand gebraucht? Hat dich jemand ganz doll liebgehabt? Reißt du ein Loch? Wem wirst du fehlen? Und komm mir jetzt nicht mit dem Kind.

Komm mir jetzt bloß nicht mit dem Kind. Das Kind hat dein Fehlen vorausgenommen, als du noch da warst, dafür hast du gesorgt, und all die Jahre habe ich gedacht, besser wäre es für sie, er wäre tot. Besser wäre es, ein Vater wie du läge irgendwo tot und begraben, dann wüsste das Kind, warum es keinen hat. Also, warum solltest du jetzt nicht endlich tot sein? Weil du erst zweiundsechzig warst? Bessere als du sind jünger gestorben. Und geändert hättest du dich ohnehin nicht mehr, nichts hätte sich geändert, du hättest lediglich weitergelebt.

Das heißt, die Chance auf das, was ich dir hier abspreche, wäre da gewesen.

Die Chance hättest du gehabt: Mich ins Unrecht zu setzen.

Das hätte dir doch sicher gefallen. Das wäre dir den Spaß wert gewesen. Ich wette, das könnte dich geradezu von den Toten zurückholen, aber das hättest du einfacher haben können, du hättest bloß nicht an Krebs sterben müssen. Prostatakrebs. Lachhaft. Komm mir bloß nicht mit deinem Prostatakrebs! Du hättest nur zur Vorsorge gehen müssen. Aber über Vorsorge warst du erhaben. Dass du Prostatakrebs bekommen könntest, lag außerhalb deiner Vorstellung, und selbstverständlich gingst du davon aus, die Wirklichkeit würde sich deiner Vorstellung fügen.

Und egal wie oft sie das versäumt hat, egal wie oft sie dich im Stich gelassen hat, du hast Treue gehalten, du bist von deinem festen Glauben nicht abgewichen. Auch dein Kind, glaubtest du, würde sich schließlich auf deine Seite schlagen.

Meine Tochter würde, nachdem du dich an die zehn Jahre nicht bei ihr hattest blicken lassen, im Alter von vierzehn ihr Ränzel schnüren und Hund, Haus, Schule, Freunde, Mutter, Großmutter, Stiefvater und Stiefbruder verlassen, um zu dir in deine Bude vom Sozialamt zu ziehen, und warum?

Wegen der Sterne. Wegen des Horoskops, das du hattest erstellen lassen, in dem Jahr, in dem du dann endgültig aus ihrem Leben verschwandest. Die Sterne eures Horoskops zeigten es glasklar: Sie und du, ihr wart ein Kaliber, ihr wart aus demselben Holz und seelenverwandt, in ihr erwuchs dir die neue, die wahre Schicksalspartnerin, und mit vierzehn würde sie das begreifen.

Wozu sonst euer Geburtstag am selben Tag.

Ich erinnere mich an diesen Geburtstag, deinen dreiundvierzigsten. Nicht an die Schmerzen, diese Erinnerung ist verblasst, aber an die Gefahr, in der ihr Leben schwebte, noch bevor es begonnen hatte. An die Ärzte, die Hebammen, den Aufruhr, an meine Entschlossenheit, dass, wenn hier und jetzt gestorben würde, nicht ich es sein würde, die überlebt. An dich, der solange frühstücken ging und prompt die Abmachung brach, meine Mutter, die du Charlie nanntest, nicht anzurufen, bevor nicht alles glücklich vorbei wäre. Aber während sie mir die PDA legten und große Aufregung herrschte und der Chefarzt geholt wurde, hast du in der Kantine Honigsemmel gekaut und telefoniert. Hi Charlie, es läuft alles beschissen.

So war das. So, wie ich es sage, war das, genau so. Willst du mir widersprechen? Was willst du mir entgegenhalten? Wer will mir etwas entgegenhalten? Dir ist hoffentlich klar, dass du dich gegen mich nicht mehr wehren kannst. Es ist keiner da, der deine Rechte einklagen, dich vor mir in Schutz nehmen, dich gegen mich verteidigen könnte. Deine Eltern sind tot, deine große Schwester ist tot und ihr Mann ist tot, sie sind alle tot, mein Vater, meine Tanten, sogar mein jüngerer Cousin, der das Video von unserer Hochzeit gedreht hat: diesen Schattentanz der Toten, die sich auf dem Bildschirm im Walzertakt drehen, und in ihrer Mitte du, du Vampir, der kein Spiegelbild hat, es sei denn, ich verleihe dir eines, hier und jetzt –

Ich kann sagen, was ich will. WAS ich will.

Ich stehe im Garten, die Hacke in der Hand. Der Schweiß rinnt mir aus den Haaren. Es ist völlig windstill. Dem niedergemähten Brennnesselfeld zu meinen Füßen entströmt ein scharfgrüner Geruch. Hier habe ich gewütet. Und nun?

Die Zukunft hat keinerlei Konturen. Ich habe keine Konturen. Ich bin umrisslos, unscharf, ein verwackeltes Foto. Jemand, der ohne Spiegel in einem wildfremden Zimmer erwacht.

Es kann unmöglich alles bleiben, wie es ist!

Das Gefühl ist vertraut, eine Gewissheit, die jeden Moment meiner staubdürren Gegenwart durchtränkt und durchfeuchtet. Siebenunddreißig meiner fünfundfünfzig Lebensjahre habe ich dich gekannt. Wie viele davon waren wir zusammen? Sechs? Acht? Jetzt mal alles in allem. Grob überschlagen. Verteilt auf wie viele Male? Die kleinen Trennungen nicht gerechnet.

Und wenn es, während du auf der Welt warst, eine Welt vor dir gab und eine ohne dich und diese beiden nicht dasselbe waren, überhaupt nicht dasselbe: In welcher Welt befinde ich mich jetzt, nun, wo du nicht mehr auf der Welt bist?

Halte fünf Nesselblätter in der Hand, um bei kühlem Verstand zu bleiben und frei von Furcht.

Woher dieser Satz, aus welcher Vergangenheit?

Fünf Nesselblätter. Für wie lange?

Das Einzige, was sicher ist, ist die verstreichende Zeit.

Lieber Leser, bist du noch da? Oder hast du die Lust verloren, in meinem Bewusstseinsstrom der Korken zu sein?

Wobei ich noch nicht weiß, ob es Leser geben wird. Dieser Text will einen Mann aus dem Weg räumen, duldet er Zeugen? Welche Beweismittel habe ich in der Hand?

Keine. Wir sind umstellt von Anekdoten. Da helfen auch die Tagebücher nicht, die schon gar nicht, diese Selbststilisierungen eines Teenagers, die womöglich unzuverlässiger sind als meine Erinnerungen. Ich werde sie verbrennen, sobald ich mit uns fertig bin. Ich werde alles vernichten, Briefe, Gedichte, aber noch bin ich nicht einmal zu einem Anfang entschlossen. Worauf hoffe ich? Dass die Flut der Wörter reinen Tisch machen, die Rückstände unserer Geschichte wegspülen könnte, Schlauben und Kerne?

An längst vergangenen Sommernachmittagen, von denen du nichts weißt, hat unser Kind oft oben bei der Mauer im Hof den Gartenschlauch auf den Boden gelegt und dann den Hahn aufgedreht. Kräftig und in breitem Schwall ergoss sich das Wasser auf den Asphalt. Aber schon ein kleines Stück weiter unten begann sich sein Strom in einzelne Wasserläufe aufzuteilen, in Bächlein und Rinnsale, die allein durch den Staub rollten, jedes auf seinen eigenen tiefsten Punkt zu mäandernd. In diesen unbeständigen Deltas hat das Kind mit Steinen und Ästen ihre Welten errichtet, Vorzeitwelten aus Fundstücken, bevölkert von ausgestorbenen Tierarten. Ich hielt mich ein Stück abseits, wie sie es mir befohlen hatte: Du sollst mir aber nicht zuhören, Mama.

Ich grub also im Garten, zeichnete oder las oder hielt nur ein Buch im Schoß, sah in die Bäume und hing meinen Gedanken nach, während sie inmitten ihrer fragilen Schöpfung thronte: die Herrscherin und zarte Schutzgöttin der Dinosaurier, Urzeitmonster und Drachen, die es wagte, Gottvater selbst zur Rede zu stellen.

Warum hast du die alle umgebracht? Hm? Na sag schon! Du hattest die doch selbst erschaffen. Warum musst du immer alles kaputtmachen?

I Berlin

1

Du bist an einem Freitag im Mai gestorben. Jetzt ist es Juni, der erste Samstag. Die Amseln brüten zum zweiten Mal. Auf der Wiese bettelt ein flügges Spatzenjunges die Alten um Futter an, piepsend, vibrierend wie ein stummgeschaltetes Handy. Die Wiese ist braun. Die Landwirte der Region haben den Futternotstand ausgerufen: Man spricht vom regenärmsten Frühjahr des Jahrhunderts. Auch das Wetter muss gedruckt werden, um zu existieren. Eine Hitzewelle ohne Rezensionen in der Weltpresse ist nur ein schöner Sommer.

Der Sommer 1976, in dem wir einander begegnet sind, ist bei Wikipedia unter dem Lemma »Jahrhundertsommer« verzeichnet.

1976: Europas große Dürre.

Klar, darunter taten wir es nicht. Ich war achtzehn, du fünfundzwanzig. Ich hockte in der Pariser Straße vor dem Madow auf einem Autokühler. Jemand hatte mir eine Blume geschenkt, eine gelbe Gerbera, und als ich vom Kühler sprang und auf die Tür zulief, die offen stand und aus der Musik quoll, habe ich sie dir hingehalten, im Vorbeilaufen und ohne einen Gedanken. Später, als ich wieder herauskam, als ich mich durchs Gedränge wand, sah ich dich in der Menge, einen großen, mageren Typen mit schmalem Gesicht und einer Mähne dunkelroter Locken, der mich ansah, leicht den Kopf neigte und dann mit ganz ernstem Gesicht die um die Blume gefalteten Hände zur Stirn führte.

So war das damals. So kitschig inszeniert und tief empfunden. So war die Stimmung, so versuchte man die staubige Abgestandenheit jener Jahre, das graue Berlin, dies schmuddelige Standfoto von einer Stadt, bei deren Sturz aus der Geschichte irgendwo zwischen 1933 und dem Mauerbau der Film gerissen war, zum Leuchten zu bringen: mythisch, mystisch, indianisch-buddhistisch, tragisch verdüstert, aber ein Ringen um Licht, alles spirituell, verstehste, Drogen, Besessenheit, Rausch, Erleuchtung, LSD, sogar David Bowie war zugezogen, die RAF wollte das Paradies herbeiballern, der Ringträger war auf dem Weg nach Mordor, der winzige Silberstern unter meinem linken Auge symbolisierte eine ewige Träne, und du hast deinen toten Hamster bedichtet.

Er kam mit Wakeman. Er ging mit Wakeman.

Rick Wakeman, der Keyboarder von Yes. *Tales of Topographic Oceans.* Die Poster von Roger Dean, der das Plattencover entworfen hatte, hingen über deinem Bett: Phantasielandschaften, sanfte Drachen, Welten, über deren Ränder das Wasser stürzt.

Nicht, dass ich so etwas heute noch höre. Nicht, dass ich Dean-Poster an meinen Wänden dulden würde, die Bilder sind Kitsch, die Texte Wortgeklingel, die Musik zu bombastisch, ich höre überhaupt keine Musik mehr und scheitere hier schon, gleich an unserem Anfang. So war es nicht, denke ich. So war es überhaupt nicht –

Nach Berlin kam ich zum ersten Mal kurz nach meinem 18. Geburtstag, im Schlepptau einer Cousine x-ten Grades. Wir schliefen bei ihrer Tante in Halensee im Kinderzimmer, ich im Stockbett oben. Es gibt ein Foto, das uns in dieser Wohnung zeigt, die Cousine und mich, rauchend vor einer zeitgenössischen Schrankwand, in engen Jeans und weiten Hemden, um den Hals Silberkettchen, an denen bei beiden das Gleiche baumelt, Herzen, dänische Münzen mit Loch, die zu weiten Ringe irgendwelcher Jungs. Die Tante erzählte vom Kriegsende, schnoddrig-lebendig, wie Berliner eben erzählen. Es war ja alles noch nicht lange her. Es war alles noch gegenwärtig: die Russen, die Amis, Brandmauern, Ruinen. Behelfsmäßiger Personalausweis. Diffuses Zusammengehörigkeitsgefühl. Schicksalsgemeinschaft.

Nicht, dass wir darüber nachdachten. Wir dachten über gar nichts nach, wir standen in einem Laden und wollten eine Schallplatte kaufen. Steve Harley & Cockney Rebel. Wir hatten einen der Songs auf Kassette. *Somebody called me Sebastian.* Das Stück hat im englischen Wikipedia einen eigenen Eintrag. *A gothic tale of romantic obsession. Confidence, arrogance, and a doomed, decadent madness.* Präziser hätte ich nicht formulieren können, wie ich mir die Dinge in naher Zukunft dachte.

Im Schallplattenladen wurden wir angesprochen. Man wurde in Berlin überall angesprochen, immerzu, als wäre die ummauerte Stadt eine Privatveranstaltung. Seid ihr aus dem Westen? Was macht ihr? Wo seid ihr nachher? Offenbar hatten wir die richtigen Sachen an: weiße Spitze, das blassrosa Bettjäckchen einer Dame aus den Zwanzigern. Am Nachmittag entwickelte sich auf der Terrasse eines neu eröffneten Lokals, das tief verdunkelt, räucherstäbchendurchweht und weitgehend leer in der Maisonne brütete, ein erotisches Spannungsverhältnis zu einem vollständig weiß gekleideten und irgendwie merkwürdigen Mann, der in Berlin lebte, aber aus Hamburg kam und ein Lachen hatte, so ein kleines, kehliges, unfrohes, ein wenig arrogantes Lachen. Auch hatte er irgendein drängendes Problem, es hing mit Geld zusammen und einer Frau, weshalb er erst noch mal weitermusste, oder wie Tucholsky in weitgehender Übereinstimmung bemerkt: *Der Berliner ist aus Posen oder Breslau und hat keine Zeit.* Später an diesem Nachmittag fragte mich ein Fremder auf der Straße, ob ich mich gegen eine ziemlich hohe Geldsumme nackt fotografieren lassen würde. »Aber ästhetisch.« Auch könnte man später nach Mykonos fliegen. Ich sagte augenblicklich zu.

Der Fotograf wohnte in einer schicken Wohnung im Berliner Westen, mit einer großen Terrasse und einer Lebensgefährtin, die eine nächtliche Wasserfläche überblickten. Ihr Lover war auch da. Dann kamen weitere Leute. Wurde gekokst? Ich weiß es nicht mehr. Wohl eher nicht, es war ein paar Jahre zu früh, noch war das Pulver nicht bis in diese Schichten hinabgerieselt. Ach, gar nichts geschah, rein überhaupt nichts, es war alles spießig, die Sektschalen, die Schrankwand, die da an der Brüstung mit ihrem Bauchkettchen und ihren zwei Typen. Ich starb fast vor Ungeduld, ich stampfte mit den Füßen, dann ging ich ins Wohnzimmer und tanzte zu Bo Hansson, allein. *Leaving the Shire. The Horns of Rohan.* Gegen Morgen kam jemand auf eine Idee, und so trieben wir, als die Sonne aufging, in einem Segelboot auf dem See. Der Bootsbesitzer war Mitte fünfzig, ein ruhiger, etwas untersetzter, kräftiger Mann, dem ich mich gut erzogen mühte, bei der Bewirtung seiner Gäste zur Hand zu gehen, während der Fotograf und der Lover sich über einer Flasche Irgendwas gegenseitig verstanden und die Dame allein im Heck saß und schmollte. Als wir von Bord gingen, sagte der Bootsbesitzer, ich sei ein sehr angenehmer Gast gewesen und könne gern jederzeit wiederkommen, und einen Moment lang malte ich mir aus, wie das wäre, ihn zu heiraten, mich an seine breite, gebräunte Brust mit den angegrauten Haaren zu schmiegen und die Augen zu schließen und es alles hinter mir zu haben. Dann gingen wir zum Flohmarkt am Nollendorfplatz, wo die Lebensgefährtin des Fotografen Schlachtschüssel aß, was ihn erboste, denn er fand sie zu fett.

Alle Frauen waren zu fett. Ich auch. Ich war eins einundsiebzig und wog zweiundfünfzig Kilo, ein BMI von siebzehn Komma acht. Für die Fotos sollte ich mit offener Bluse auf einem Fahrrad posieren. An sich kein Problem. Aber ich sollte lächeln. Zugleich wollte ich den Bauch einziehen, das ging aber nicht. Lächeln und Bauch einziehen gleichzeitig ging nicht. Überhaupt, ein Fahrrad. Was machte ich hier? Ich glaube, ich hatte einen Trachtenjanker an. *Am Sonntag radelt Zenzi am liebsten zu den Kühen.* Es wurde also nichts mit den Fotos, und am Abend nahm der Hamburger mich mit ins Madow, wo ich ihn schleunigst wieder verlor.

Es suchten damals alle nach der Frau. Nach der einen, der wahren, der Göttin, die alles verwandeln würde. Der Rest hatte sich als Sackgasse erwiesen. Die Revolution war gescheitert, die Hippies am Ende, Punk hatte noch nicht richtig Fuß gefasst, von allen Seiten drängte die Reaktion heran, man stand auf einer einsamen Insel, allein zwischen den Zeiten am Rand eines Abgrunds und versuchte nicht hinzusehen. Gib mal die Pulle. Rauchen wir noch einen. Im Grunde waren alle traurig. Und alle erwarteten sich alles von der Liebe: die Rettung, die Transformation, die Erleuchtung. Nicht um Sex ging es, sondern um die Heilige Verschmelzung. Die Göttliche Hochzeit. Lingam und Yoni, alles klar? Tantra, Shiva, Shakti, du und ich zwei Teile eines Rings, den die Liebe neu schmiedet. Aber wo war sie, die eine Einzige? Das war die Frage, die offenblieb. Wo verbarg sie sich, der man vorbestimmt war?

Ey, aber auf sicher nicht in der Kneipe.

Wo man natürlich trotzdem Nacht für Nacht rumhing.

Auf sicher nicht hier. Das ist keine von den Bräuten hier.

Die Bräute in der Kneipe sind doch so was von fertig.

Ich kam frisch aus dem Westen, ein Kindergesicht mit dem Geruch von Landwiese. Ich galoppierte auf hohem Ross. Morgensonne schien mir in die Augen.

Es war wie gesagt 1976, beweisbar ein Sommer ohne Regen. Fensterscheiben und Autos waren überpudert von Pollen, die Blätter der Kastanien hingen schlaff, eine großartige Schwüle lag in der Luft, eine feiste Feuchte wie unter den Bauchfalten des Buddha, und man war gefasst darauf, dass etwas geschehen würde, es konnte ja nicht ewig so weitergehen, etwas braute sich zusammen jenseits des graugelben Wolkenschleiers, der ab Mittag den Himmel überzog, noch hörte man kein Grollen, aber die Vorahnung der ersten Bö sträubte einem die Härchen im Nacken, kleine Narben begannen zu krabbeln und zu jucken, man war ruhelos, man schlief nicht, ich schlief nie in diesem Sommer. Gegen Morgen, wenn die Sonne schräg in die Straßen und auf die Häuserfronten fiel, kroch ich in einer dieser riesigen Berliner Wohnungen mit den bröselnden Stuckdecken unter, wo die Fenster verhängt waren und immer AFN dudelte, lag da mit anderen auf Matratzen oder hockte in Küchen, nie waren genau dieselben Leute da wie das letzte Mal. Dann ging man wieder raus in die Hitze, hing in der Bleibtreustraße herum, in Cafés, Parks, auf Flohmärkten oder an Seeufern, und dann wurde es wieder dunkel, aber nicht kühler, ich tuschte mir die Wimpern, umrandete die Augen und klebte das Aluminiumsternchen unters Auge. Alles um mich herum nahm Drogen, aber ich war immer nüchtern, trank nicht einmal Weißwein damals, nur Wasser aus dem Hahn, tanzte mich Nacht für Nacht in einen Rausch, getragen von den Blicken der Männer, die meine Nähe, die Nähe meines wirbelnden Körpers suchten, und ich sage, wer das nicht erlebt hat, wer diesen Sommer oder einen Sommer wie diesen verpasst hat, der hat das Leben verpasst.

Rund um mich verdrehte Augen, das mitleidige Lächeln der Jungen. Ich kann es ihnen nicht verdenken. Anekdoten, Anekdoten, nichts als Anekdoten!

Also noch einmal von vorn. –

Wenn ich in der Garderobe nach Schuhcreme suche, im Badezimmer nach der Pinzette, weil ich mir im Garten einen Spreißel eingezogen habe, gucke ich schon seit Längerem nicht mehr automatisch in den Spiegel. Nicht, weil ich den Anblick meines Gesichts nicht ertrüge. Ich interessiere mich nur nicht mehr besonders dafür. Ich bin mit meinen Gedanken woanders. Aber dann manchmal, wenn mir ein altes Foto in die Hand fällt oder wenn ich vor dem Spiegel stehe und mich schminke, nur leicht, zu viel Farbe macht alt, wenn ich mich also für einen Anlass zurechtmache, mich schön mache, wie man früher gesagt hat, verspüre ich den Impuls, irgendwem, der mich als Mädchen nicht kannte, mitzuteilen, ich sei ein schönes Mädchen gewesen. Ich war ein schönes junges Mädchen, würde ich zu ihm sagen, natürlich, das denkt jede Frau von sich, aber bei mir ist es wahr, ich sage es ja nicht aus Eitelkeit, nur wäre sonst der Rest der Geschichte nicht verständlich –

Es gibt ein Computerspiel von *Tale of Tales*, in dem man ein Mädchen spielt, das auf dem Pfad bleiben soll. Auf dem Weg durch den Wald zum Haus der Großmutter. Bleib auf dem Weg, kleines Mädchen, weiche nicht ab! Und man ist entschlossen, nicht abzuweichen. Aber der Weg nimmt kein Ende, es wird nichts geschehen, wenn man das Gebot nicht missachtet, der Sinn des Spiels ist es, das Gebot zu missachten, es gäbe sonst keine Geschichte, kein Spiel, nur die unendliche Langeweile, auf einen Bildschirm zu starren, in dem ein Mädchen durch einen Wald läuft, der sich zwar ändert, aber doch immer der gleiche Wald bleibt mit Bäumen und Blumen und netten Tierchen, und bis in die Unendlichkeit diesem Weg zu folgen, wäre eine Art Hölle, eine unendliche Reise ohne Ankunft oder Sinn wie die des Fliegenden Holländers. Aber wenn das Mädchen vom Pfad abweicht –

Oder nein. Beginnen wir mit einem anderen Märchen. Das Mädchen tritt aus dem dunklen Wald heraus. Sie ist dreizehn oder vierzehn, sie kommt von der Großmutter, und auf der Lichtung vor ihr scheint die Sonne. Ihr Begleiter lässt kein Auge von ihr: kein Wolf, sondern ein großer, hübscher und völlig unbedeutender junger Mann, der wie die meisten Angehörigen ihrer und seiner Ursprungskultur davon lebt, dass er etwas verkauft, was keiner braucht, Plüschtiere, Lavalampen, was weiß ich. Sie haben gerade von der Zukunft gesprochen. Von ihrer Zukunft. Sie hat ihn nicht darauf hingewiesen, dass er diese Zukunft nicht teilt. Es liegt ja auf der Hand. Es ist so offensichtlich, dass er es wohl selber wissen wird: Er gehört nicht zu ihren drei Wünschen.

Sie hat drei Wünsche frei. Damit beginnt jedes gute Märchen: Der Fischer wirft den Butt zurück in die See, der Schmied gewährt dem Fremden Herberge, der Jüngling rettet die Ameisen, die Fische und die jungen Raben.

Wir wollen's dir vergelten!

Wem hat sie bisher etwas Gutes getan?

Sie wünscht auf Kredit. Sie zaubert, und ihre magische Formel ist das Futur zwei. *Ich werde – ich werde* – und dann der dritte Wunsch: *die Mutter einer Tochter gewesen sein.*

Zauberei erschafft nicht, sondern sie ruft … und dieser dritte Wunsch befiehlt einen Mann herbei. Sie wird einem Mann begegnen (natürlich wird sie das), aber etwas (das LEBEN) wird die beiden voneinander trennen, es wird sie auseinanderreißen, und erst Jahre später werden sie wieder zueinander finden. Dann sind Prinz und Prinzessin glücklich vereint. Dann ist die Geschichte zu Ende: die aber zunächst einmal stattfinden muss. Und das darf der Mann, der Eine, nicht verhindern. Er darf nicht all die anderen Männer verhindern, die sie außer ihm zu treffen gedenkt.

Viele Männer. Dutzende. Sie kann sie vor sich sehen, eine lange Reihe: schöne dumme Männer wie der, der ihr gerade auf den Fersen ist, kluge hässliche Männer, die sie vergöttern, muskulöse Männer, magere Männer, dicke, dünne, alte, junge, schwarze, weiße, braune Männer, Männer, die sie ergründen wollen und Männer, deren Sprache sie nicht versteht, Männer, die scheu sind, gefährlich, bedürftig, großmütig, witzig, voller Einfälle, arrogant, dominant, ihr verfallen, waffenlos ergeben, mit feinen Härchen im Nacken, mit Männermündern, mit dem Schweißgeschmack von Männermündern beim Küssen und dem Geschmack von billigem Rotwein und Tabak beim Küssen und dem salzigen Geschmack von Männerspucke als Nebenwirkung mancher Drogen, mit Silberringen an Männerfingern mit schorfigen Fingernägeln, mageren Muskelsträngen unter dünnen Indienhemden und kräftigen Nackenmuskeln unter schweißdunklen Lederjackenkrägen und mit Jeans, die Männerschenkel umspannen, an den richtigen Stellen abgewetzte Jeans mit abgestoßenen Säumen über nackten Männerfüßen, und dann die Stimmen von Männern, am Telefon, am Hals, am Ohr. Nichtsnutze, Prinzen, heimliche Genies, Spinner, Kiffer, Gitarristen, nackte Wilde, Versager, Ritter, schwarze Magier, südländische Fischer und Leuchtturmwärter: Jeder Mann ist eine Eintrittskarte in ein anderes Leben.

Ich lehne mich zurück, die wilde Fahrt geht los. Wo geht es hin? Was zeigst du mir? Welches ist dein Reich? Wo hast du ihn hingeschoben, meinen Prinzessinnenthron? Wo lebst du, und was sind die Sitten dort? Ich habe mein Schmetterlingsnetz mitgebracht, mein Notizbuch, mein tragbares Aufnahmegerät, meine Fotoausrüstung, die ethnologischen Fachwerke –

Und natürlich könnte der Mann, der Eine, Singuläre, der die Geschichte zu einem unbestimmt leuchtenden Ende bringen wird, einfach der Letzte in dieser Reihe sein. Das wäre simpel und elegant: Er würde erst auftauchen, wenn sie von den Männern im Plural genug hat. Aber wie alt wäre sie dann, dreißig, fünfunddreißig womöglich? Sie wäre kein Mädchen mehr, sondern eine Frau, und für diese Frau kann sich das Mädchen keinen Mann vorstellen, denn das müsste ja schon ein recht alter Mann sein, wie sollte der denn aussehen, wie Kulenkampff etwa oder wie Harald Juhnke? Ihr schwebt aber einer vor wie Jim Morrison. Einer wie Robert Plant. Und dieser Mann darf sie keinesfalls als Fünfunddreißigjährige vorfinden. Für ihn muss sie die sein, die sie in Wirklichkeit ist: ein schönes, junges Mädchen.

So soll er sich ihrer erinnern, dieses Bild von ihr soll er für immer bewahren, er soll es mit sich tragen während der nun folgenden langen Trennung, in der sich ihr aufregendes Leben ereignet, bis zum Ende der Geschichte, wenn sie am Ziel angekommen und wieder mit ihm vereint sein wird, gerade noch rechtzeitig, um Mutter einer Tochter zu werden.

Genau so ist es gekommen. Genau so hat sich alles gefügt.

Fast könnte man behaupten, die Wirklichkeit hätte sich meiner Vorstellung angepasst.

Unsere Wirklichkeit? Meiner Vorstellung?

Ein Witz.

Und du warst nie das Ende meiner Geschichten.

Du warst niemals ZIEL. Du warst immer START.

2

Wenn ich an das Jahr denke, bevor die Geschichte beginnt, an das letzte Jahr ohne dich, dann ist alles grau. Der Film ist schwarz-weiß, es ist immer Winter. Winterdunst, Nebel, Graupel aus einem unsichtbaren Himmel. Die Siebzehnjährige, die ich war, sitzt im Klassenzimmer des Mädchengymnasiums, ganz hinten am Fenster, das zum Friedhof hinausgeht, und vorn am Pult müht sich Schöllmann, die Schülerinnen der 11c mit dem *Bericht des Club of Rome zur Lage der Menschheit* aus ihrer Lethargie zu reißen.

Die Uhr steht auf fünf vor zwölf. Die Weltbevölkerung explodiert und die Ressourcen sind endlich, die Apokalypse kündigt sich an, das Ende kann nur noch abgewendet werden, wenn sich die Menschheit unter Überwindung aller ideologischen Gräben und Klassengegensätze enthusiastisch, aber besonnen dieser ihrer größten Aufgabe stellt.

Die Schülerinnen tuscheln, kichern, schieben einander Zettel zu, reißen unter der Bank Stücke von Wurststullen ab, beschmieren ihre Hefte mit Liedtexten und pubertären Parolen, kratzen mit dem Zirkel die Initialen ihrer Freunde ins Schuleigentum. Flimmernd entweicht die von der zentralen Ölheizung der Schule übermäßig erhitzte Luft durch die geöffneten Fenster in die Trübnis. Schöllmann, wenn er in die Klasse guckt, sieht nur Profile und Scheitel. Von draußen das lustlose Geschrei jüngerer Schüler. Ihre Fäustlinge voll mit Ladungen dreckigen Schnees. Drüben beim Friedhof stapft der Steinmetz zwischen seinen Werken herum, Engelsfiguren, Grabsteinen, Trauernden in faltenreichen Gewändern.

Ich war damals mit einem fünf Jahre älteren Studenten zusammen, der Tom hieß. Thomas war der häufigste männliche Vorname jener Zeit. Was verrät eine solche Wahl über die Vorstellungen der Eltern, über ihre Wünsche für ihr Kind? In Wirklichkeit hieß er aber gar nicht so, sondern nach einem Onkel, den er nicht mochte, also hatte er seinen Nachnamen abgekürzt, Thomann.

Tom wohnte noch im Haus seiner Eltern, in einem Dachkämmerchen, das so klein war, dass man sich nur auf dem

Bett aufhalten konnte. Wenn wir hereinkamen, zogen wir uns immer sofort nackt aus und schlüpften in alte Bademäntel. Wo und unter welchen Umständen wir einander begegnet sind, habe ich vergessen, ebenso unseren ersten Kuss und überhaupt alles, was sich zwischen uns erotisch abgespielt haben muss. Wenn ich an Tom denke, dann sitzen wir auf diesem Bett mit orange-grün-brauner Bettwäsche und reden. Was haben wir nur andauernd geredet? Welch drängende Menschheitsfragen trieben uns um?

Tod. Liebe. Leben. Existenz. Freiheit. Gesellschaft. Wille. Macht. Geist versus Körper. Und so weiter und so weiter. Wir stritten auch über Literatur. Daheim in meinem Kinderzimmer lag ich ausgestreckt auf der Breitcordmatratze, die ich statt eines Betts durchgesetzt hatte, und las Brecht, Rilke, die *Fabulous Furry Freak Brothers*, Dürrenmatt, *Love Story*, *Die Entdeckung des Orgons*, Hemingway und *Die Antwort kennt nur der Wind*. Adorno schrieb auch irgendwie schön. Andererseits: *Aus jedem Besuch des Kinos komme ich bei aller Wachsamkeit dümmer und schlechter wieder heraus*, so was war doch Blödsinn. Wofür hielt der sich. Ich hatte mich gerade von Peter Steins Verfilmung der *Sommergäste* von Gorki überwältigen lassen.

Warwara, gespielt von Edith Clever. *Wir reden und reden und reden, das ist alles, nichts als Sommergäste sind wir, aber ich gehe fort, ich werde kämpfen, und gegen euch!* Gorki fand ich in der Stadtbibliothek. War ich Warwara? Alles bezog ich auf mich persönlich. Nietzsche hing über meinem Bett, *Ecce Homo*.

Ja, ich weiß, woher ich stamme,
ungesättigt gleich der Flamme –

Tom hingegen plante, dereinst ein eigenes Büro zu eröffnen. Er studierte Architektur und vertrat die Position, nur mittels kühler Sachlichkeit könne man das Wesen der Dinge durchdringen, alles andere sei eine Flucht vor der Realität.

Wenn ich das in Zweifel zog, kam er mir mit dem Kant'schen Imperativ. Was er davon eben aufgeschnappt hatte. Manchmal blätterten wir auch in der *Praline* oder der *Bunten*, die unten bei seinen Eltern auf dem Fernseher lagen, und aßen dazu Käsebrote mit Ketchup. Der Bademantel, den ich trug, hatte seinem Opa gehört, er war aus dünnem, dunkelgrünem Samt, der schimmerte und auf Fotos faltenreich um mich drapiert ist wie ein Madonnengewand. Tom fotografierte eine Menge. Seit Antonionis *Blow Up* von 1966 und *Easy Rider* von 1969 taten das junge Männer, sie fotografierten oder fuhren Motorrad. Tom gehörte zu den Fotografen.

Er hatte einen alten weißen Opel, mit dem fuhren wir am Wochenende herum. Mit dem Auto herumfahren und rauchen und Musik hören war ja etwas, das man tun konnte in dem Kaff an der Grenze der bekannten Welt, hier in der Ödnis am äußersten Ostrand des Westens. Sprit war billig, es gab keine Gurtpflicht. Auch keine Geschwindigkeitsbegrenzung. Zu übermäßiger Eile bestand aber kein Anlass. Wir wollten schließlich nirgendwohin. Wir fuhren nach Nordosten, bis die Straße an der Grenze aufhörte, und dann an der Grenze entlang. In der anderen Richtung wäre ja bloß wieder Bamberg gekommen.

Ich kann sie da sitzen sehen in dem überheizten Wagen, die Siebzehnjährige, die ich gewesen bin, in Jeans und Spitzenblüschen, die bloßen Füße gegen das Handschuhfach gestützt. Die Musik im Auto ist laut. Sie hat sie ausgesucht: Zappa, Doors, Yes, Can, Peter Hammill, Rick Wakeman. Sie würde eher sterben, als Abba oder Gary Glitter zu hören. Sie würde sich eher vierteilen lassen, als Discofox zu tanzen. Draußen die Landschaft ist monochrom, grau-weiß verschneit, mit den kahlen Ästen von Bäumen vor grau-weißem Himmel. Wo sind sie? In einem Dorf am Ende der Welt. Weißenfels oder Siebenwind oder Wildenbruch oder Bucheneinöd. Es dämmert. Das Auto ist eine Raumkapsel, die durch die Leere fliegt. Manchmal wirft Tom ihr von der Seite einen Blick zu. Sie macht schmale Augen gegen den Rauch ihrer Kippe. Sie singt die Songs mit, die die Musikanlage spielt, sie kann alle Texte auswendig. Er weiß, sie will weg. Deshalb fahren sie ja. Aber am Ende sind sie wieder, wo sie losgefahren sind.

Weiter vorn jedoch war eine Kreuzung, die man inzwischen vergessen hat. Man hat angehalten, weil rot war, hat das Lied im Radio mitsingend den Blinker gesetzt –

nach welcher Seite?

Schnell jetzt. Nicht fackeln. Gelb. Gang einlegen. Entscheiden! Wo hat man sich eingeordnet? Lässt sich die Spur noch wechseln?

Wenden kann man nach dieser Stelle nicht mehr.

Die natürliche Fluchtrichtung aus meiner auf drei Seiten von Stacheldraht umgebenen Geburtsstadt war der Süden. In die Richtung führte die B4. Folgte man ihr, gelangte man nach München. Dort lebte die Cousine, in deren Schlepptau ich später nach Berlin gelangt bin. Wir waren eng verbunden, seit sie mich mit sechs auf der Strandstraße von Lido di Jesolo unter den Rädern eines Autos hervorgezogen hatte, dabei hatten wir nur ein Eimerchen aus dem Hotel holen wollen. Mit zwölf oder dreizehn kletterten wir aus der Dachluke ihres Elternhauses in Waldtrudering heraus und balancierten auf den schmalen Brettern, die dort oben angebracht waren, vielleicht für den Schornsteinfeger. Der Zwergpudel der Cousine begleitete uns. Normalerweise war er auf unserer Seite, aber hier oben wurde ihm komisch. Er jaulte. Unten auf der Terrasse fielen Stühle um.

Es muss bei diesem Besuch gewesen sein, 1970 oder '71, dass man an einem Abend nach Schwabing fuhr, um zu bummeln und den Kindern ein Eis zu kaufen. Schoko, Vanille, Erdbeer waren das Übliche, Banane und Nuss aber auch schon assimiliert. Torroncino und Malaga erst kürzlich zugewandert. Mango und Maracuja noch nicht in Sicht. Maple Pecan und Macadamia Praline vollends im Schoß der Zukunft verborgen. Chili-Rasberry, Rose-Basilikum ein ferner Stern. Gibt es das, eine Kulturgeschichte Deutschlands in Eiscremesorten? Ein möglicher Titel: Halt die Waffel. Aber wir sollten das nicht, wir sollten fröhlich plappernde Kinder sein.

Es war Abend und die Stadt voller Leben. Wir ließen uns von der Menge schieben, die sich auf der Leopoldstraße drängte, wo auf Tapeziertischen und hingebreiteten Tüchern Schmuck, Räucherstäbchen, Ledertaschen mit Fransen ausgebreitet lagen, auch fertigten Straßenmaler auf Wunsch Passantenporträts an. So etwas hatte ich noch nie gesehen. Die Cousine, ein halbes Jahr jünger als ich und außerdem an die Sache gewöhnt, war nachmittags noch Pferdchen spielend ums Haus galoppiert, und sie hüpfte auch jetzt, ging Hand in Hand mit der Mutter oder schlenkerte den freien Arm und leckte mit Vergnügen ihr Eis.

Ich dagegen fühlte mich zunehmend unwohl. Mein Eis war Malaga, also immerhin mit Rumrosinen. Trotzdem. Ich hätte es jetzt lieber nicht gehabt. Die hinter den Verkaufsständen rauchten und lächelten, lässig lagerten sie am Straßenrand, auf Klappstühlen und auf Bänken, die Mädchen hatten Lederbänder um nackte Oberschenkel gebunden und die Jungens trugen Kaftane oder Schafspelze über nackten Oberkörpern, sie lümmelten barfuß mit gespreizten Beinen, hatten die Arme umeinander gelegt und küssten sich mit den Mädchen in der Öffentlichkeit.

Dann kam es schlimmer. Das Peinlichste, was man haben konnte, war eine Mutter, und meine fragte mich nun, ob ich mich nicht von einem der jungen Männer malen lassen wollte. Ich verneinte mit großer Entschiedenheit, aber sie hatte meine Antwort gar nicht abgewartet, so war es ja immer, nie wurde man gehört, grundsätzlich wurde man übergangen, gedrängt wurde man und nach vorn geschoben, was hast du denn, was ist mit dir, jetzt mach doch mal, stell dich nicht so an, probier es wenigstens, die anderen machen es doch auch.

Der Maler, auf den meine Mutter mich nun zuzog, hatte einen blonden Pferdeschwanz und trug eine Weste mit Paisleymuster, die seine braunen Schultern freiließ. Neben ihm auf einem Schemelchen saß seine Freundin, sie lachte mit jemandem und beachtete meine Mutter gar nicht, die jetzt den Maler fragte, was ein Porträt von mir kosten würde, es war nicht zum Aushalten, sie flirtete geradezu mit diesem Mann, der ihr ein Bild von ihrer Tochter malen sollte, wie sie sich das vorstellte: mit blaukarierter Bluse und Haarband. Ich riss mich los und ging allein weiter, empört und schamrot ein Stück vor den anderen her, die von mir aus hinter mir lachen konnten, so viel sie wollten.

Ungefähr dort, wo sich ab 1979 das Domicile befand, in das ich später eine Zeit lang Abend für Abend hinabgestiegen bin, standen auf einer Terrasse große Gruppen von Leuten. Und nun wollte ich dies hinterhältige Eis endgültig wegwerfen. Ich wollte es einfach fallen lassen so wie der Zwergpudel ein Leckerli, wenn er begriff: Die anderen stehen in Stiefeln bereit, sie sind im Begriff zu gehen, und ihn will man ablenken. Ihn will man zurücklassen, nichts merken soll der Hund, kauen soll der Hund, bis die Tür hinter den anderen ins Schloss fällt, und so, wie der Hund dann die Schnauze öffnete und das Leckerli auf den Teppich fallen ließ, so hätte ich am liebsten meine Hand geöffnet, aber es war kein Mülleimer da, und einfach so traute ich mich nicht.

Noch traute ich mich nicht. Noch war ich nicht so weit, und bis ich es sein würde, bis ich endlich alt genug sein würde, um ohne Eis und blaue Ledersportschuhe barfuß dort hinaufzusteigen zu den bunten Gestalten mit ihren Stirnbändern und Silberketten und Haarmähnen, würde das alles vorbei sein. Ich würde es verpasst haben, die dort oben wären längst alt, und ich stünde allein da, zurückgelassen auf einer Terrasse, wo keiner mehr wäre, nur Papierfetzen trieben im Wind und machten den Wind sichtbar, die verstreichende Zeit …

Aber nichts war vorüber, man hatte auf mich gewartet. Es war der Sommer 1976, ich kam nach Berlin, und erst jetzt kam es richtig in Schwung, das Fest: was nicht dasselbe ist wie ein netter Abend.

Nette Abende sind das, was wir heutzutage als Feste bezeichnen: gesittete Veranstaltungen, wo man sicher sein kann, als derselbe nach Hause zu kommen, als der man losgezogen ist, natürlich auch mit derselben Begleitung, nicht einmal seine Meinung wird man geändert haben, man hat niemanden auf den Mund geküsst und höchstwahrscheinlich auch nicht Tränen gelacht, bleibt nur zu hoffen, dass wenigstens der Weißwein diesmal besser gekühlt ist als letztes Mal und der Langweiler Sowienoch nicht schon vor dem Dessert wieder von seinen Dienstreisen nach Australien anfängt.

Aber ein wirkliches Fest ist ein Rausch. Es ist eine gefährliche Sache, ein Ausnahmezustand, Walpurgisnacht, Mänadejagd, Karneval mit oder ohne Kostüm, Grenzen werden überschritten, Blut könnte fließen –

Mindestens begreift man: Man könnte auch ein ganz anderer sein.

Wer? Das hatte sich damals noch nicht entschieden. Ich zweifelte auch: Musste man entscheiden? Musste man sich festlegen? Weibliche Vorbilder fand ich nicht, oder nicht in der wirklichen Welt. Aber in einem Roman aus Lawrence Durrells *Alexandria Quartet* mutmaßte der Erzähler, der seine Geliebte Clea zu Hause nicht angetroffen hatte, sie könnte in ein Café gegangen sein, um dort ihre Post zu lesen.

Dieser Satz traf mich mit einer scharfen Sehnsucht. Meine eigenen Füße sollten es sein, die durch das blendende Morgenlicht und die schwarzen Schatten der Häuserfronten schritten. Frühe Straßenbahnen rumpelten, Jalousien ratterten vor Läden empor, weder schlenderte ich touristenhaft noch hetzte ich voran, souverän setzte ich die Füße wie eine, die sich in jeder Fremde auskennt, und nahm am Schalter nicht Briefe, sondern *meine Post* entgegen, um sie in einem Café an der Corniche an einem Tisch im Freien zu öffnen. *Der Dunst von der See wie Firnis in der Luft. Der süße Geruch von Ziegelstaub, von wasserbesprengtem Asphalt.*

War so etwas möglich? Konnte es sein? Ich wusste von genau einer erwachsenen Frau, die allein lebte, ohne verwitwet zu sein, und die stand auf der falschen Seite des Postschalters. Tagein, tagaus verkaufte sie Briefmarken und händigte Leuten ihre Päckchen aus, selbst beim allerschönsten Sonnenschein saß sie in diesem fensterlosen Raum, und abends, so formulierte man scharf in den Kreisen meiner Mutter, konnte sie in ihrem Einzimmerapartment hocken und auf ihren Bodo warten. Und an Weihnachten saß sie natürlich allein da, denn da war er bei seiner Familie.

Hingegen Lawrence Durrells Justine erschien immer erst ein paar Minuten zu spät zu ihrer Verabredung mit Darley, weil sie von einer Zusammenkunft in einem verdunkelten Zimmer kam, von einem Mann, der nun irgendwo durch die Stadt ging, sich wieder und wieder seine zärtlichen Erinnerungen an sie vorspielend, während Justine selbst federleicht dem sehnsüchtig wartenden Darley entgegenwehte, um mit ihm an einem kleinen Holzbüdchen leuchtend buntes Wassereis zu essen. *Sie war noch überstäubt vom Pollen seiner*

Küsse, aber irgendwie spielte das keine Rolle, gewichtlos lehnte sie an meinem Arm, das geschmeidige Geschöpf, offen lächelnd, als hätte es längst alle seine Geheimnisse abgestreift.

Keine der Frauen, die ich kannte, war ein geschmeidiges Geschöpf. Keine war überglänzt vom Verlangen eines Mannes, wie Clea und Justine es waren, überglänzt von seinen Vorstellungen, in denen sie das Leben eines geschmeidigen Geschöpfs führte, hinter dem sich ihr zweites, nicht zu enträtselndes, eigenes Leben sicher verbarg. Keine von ihnen war in Alexandria denkbar, in Rom, London oder in *Rosy Crucifixion*, wo Henry Millers Icherzähler und seine Mona/Mara unter der Dusche in Brooklyn fickten wie die Frettchen, während die Kakerlaken in Scharen die Wände hinaufflohen.

Immerhin besser als ein vierzehntägig frisch bezogenes Doppelbett.

Bei Miller wurde überhaupt andauernd gevögelt, es ging dabei aber immer nur um Genitalien in verschiedenen Darreichungsformen, in nass und glitschig oder hart und heiß, als schalenlose Muscheln oder Gummischläuche, stinklangweilig war es, dies unentwegte Gestocher, ein fortdauernder Drang nach Entleerung, nach Befreiung vom Druck wie in der Bedürfnisanstalt.

Dagegen Max Frisch im *Gantenbein* sprach von der *Welt, in einer Nacht der Umarmungen namenlos versengt.* Das Vitriol der Kritiker, wenn eine Frau das geschrieben hätte. Aber Frisch: Da ging es. Der Erzähler suchte sich einzureden, er hoffe auf Sex ohne Wiederholung und Geschichte, aber dann rief die Frau tatsächlich nicht an, weshalb seine Gedanken nicht von ihr loskamen, obsessiv um sie zu kreisen begannen, bis er keinen Ausweg mehr sah, als sich mit ihr zu verheiraten, während sie selbst aber im Dunkel blieb: Lila, reich, frei und schön, die Geliebte vieler, dabei ungreifbar für die Männer, deren Deutung sie sich entzog.

Warum Ingrid Bachmann über dieses Porträt ihrer selbst,

ob wirklichkeitsgetreu oder nicht, dermaßen außer sich geraten war, begriff ich nicht. Die Geschichten, die der Erzähler anprobierte wie Kleider, schmückten sie, ob er wollte oder nicht, ihr Haar glänzte nass, sie saß am hellen Tag in einer Bar und trank Whisky mit einem Unbekannten, und als dieser neue Geliebte im ersten Morgenlicht das Haus verließ, hatte sie sich für den Abschied von ihm noch nicht einmal einen Wecker gestellt.

Allein trat er hinaus auf die Straße, der Erzähler. Und jetzt wollte ich trotz allem wieder lieber er sein, lieber dieser Icherzähler im Morgenlicht, der einen Moment stehen bleibt, um eine Zigarette anzuzünden, dann raschen Schrittes durch die fremde, gerade erwachende Stadt geht, die Hände in den Taschen seines Abendanzugs und im Mund die Kippe, während die Frau inzwischen wohl auch aufgewacht sein wird und nun eilig das Bettzeug wechseln muss, bevor der Gatte heimkehrt.

Wobei sie im Grunde doch immer mit demselben schläft. Der Erzähler spiegelt ihr ihre Wahl nur vor. In Wirklichkeit duldet er keinen Nebenbuhler. In Wirklichkeit ist es immer er selbst, der Erzähler, der sich ihr in verschiedenen Verkleidungen nähert, damit sie ihn nicht gleich wiedererkennen soll, aber in jedem dieser Schwäne und Stiere und Herren im Anzug steckt am Ende Zeus, der Schöpfer einer Welt, in deren Mittelpunkt er die Frau gestellt hat.

Aber nicht, damit sie sich in seinem Kosmos frei bewegt.

In Freiheit bewegen konnte sich nur der Erzähler. Das war offensichtlich: Man musste sich in seinen eigenen Roman hineinschreiben, sonst endete man als Nebenfigur in der Geschichte eines anderen. Das also war der zweite der drei Wünsche, die das Mädchen-mit-den-drei-Wünschen damals am Waldrand getan hat: *Ich werde ein Buch geschrieben haben.*

An der Wand über meiner Matratze, zwischen *Ecce Homo* und einem Poster des Barberinischen Fauns, hing seitdem ein

Blatt Zeichenpapier. DIN-A1. Ein großer Entwurf. Bloß war das Blatt leer. Weißes Papier auf weißer Wand. Alles, was ich hatte, waren Notizen. Gedichtfetzen. Fragmente. Mist. Nichts. Nun ja! Im Anfang war Nichts, welches explodierte. Das wollte nun also herbeigeführt sein. Dann würde etwas auf diesem Papier entstehen: eine Welt. Ein Schöpfungsplan: Genesis bis Apokalypse. Ein Universum, um sich aus diesem hier herauszuretten.

Und nun wurde es endlich Licht.

Ich kneife die Augen zusammen …

Da steht sie im Madow, in ihrem neu gefundenen Garten Eden, blauäugig, blond, kindergesichtig, das Silbersternchen unter dem Auge. Wenn einer der Eingeborenen sich ihr nähert, lächelt sie ihm ermutigend entgegen. Wenn einer sie fragt, woher sie kommt, winkt sie ab: aus dem Westen. Wenn er wissen will, wie lange sie in Berlin bleibt, endet ihre Antwort ohne Punkt, und ihre Stimme steigt am Ende des Satzes leicht an, zielt in weitem Bogen in eine vage verheißungsvolle Ferne: Weiß ich noch nicht –

Als könnte die Antwort von ihm abhängen. Er guckt sie an. Sie guckt zurück. Der Bildschirm ist dunkel, sie betätigt den Schalter, es flimmert, dann wird das Bild scharf, und das Wunschprogramm läuft.

Wie heißt du denn?, sagt er.

Ah … Gib du mir einen Namen.

Wie Adam einst jeglichem Tier auf dem Felde.

Es trug sie aus der Kurve, jedes Mal wieder. Sie stutzten, sie hoben die Hände, auflachend warfen sie den Kopf zurück, beugten sich vor, kicherten wie Mädchen, quiekten und schüttelten sich und verdrehten die Augen.

Too much. Oooouh, du bist echt too much, das ist alles echt too much mit uns, ich halt das gar nicht aus, wenn wir uns so ansehen.

Wer weiß, was sie sahen. Es gab ja keinen hier, der sich nicht das Hirn mit Drogen wegballerte. Schon deswegen stiegen sie auf das Spiel ein und wurden bereitwillig Teil ihres Films, in dem sie im Übrigen ebenfalls unter neuen Namen auftraten, und das waren immer viel schönere Namen als die, die ihnen ihre Mütter gegeben hatten, denn ganz bestimmt hatten ihre Mütter sie nicht Prinz Silberherz genannt, Sergeant Sonnenblume oder Großer Kaiser, sondern bloß Rüdiger oder Bubi oder Rotzlöffel.

Diese Neutaufe machte es auch nötig, dass sie ihr Gegenüber flüchtig berührte, zum Beispiel an dem Körperteil oder dem Kleidungsstück, dem er seinen neuen, schöneren Namen verdankte: den Kaiser am Bart, den Sergeant am Jackenrevers, und dann ließ sie ihn stehen und ging weiter, um die anderen wilden Geschöpfe zu benennen.

Es war ja wichtig, sie nicht zu verschrecken. Nach erfolgtem Erstkontakt mussten sie sich immer erst eine Weile besinnen, und solange zog sie sich zurück, ging auf die Tanzfläche, lehnte an einer der schwarzen, leuchtfarbig bemalten Wände oder saß draußen vor dem Schuppen auf den Autokühlern und streckte nur sanft lockend die Hand aus, bis sie sich wieder heranwagten, erst zögernd, dann entschlossener, sie nahmen Witterung auf, robbten von der Seite heran, schnupperten und schritten dann kühn geworden auf sie zu, sie sagten tiefsinnige Sachen und schwermütige Sachen und alberne Sachen, die sie zum Lachen brachten, auch redeten sie viel Unverständliches, es hing davon ab, wer gerade auf welchen Substanzen war.

Diesen Aspekt der Dinge blendete sie aber vollkommen aus, sie ließ sich von ihnen anstecken, denn das ist möglich, man kann nüchtern vom Rausch der anderen mitgerissen werden. Sie lehnte sich zurück und sah ihnen zu, die für sie spielten, und war hingerissen, das bestmögliche Publikum in einem Stück ohne vierte Wand. Abend für Abend entfaltete sich so ein phantasievolles und surreales Märchen, in dem die Leute die verrücktesten Dinge sagten, und wenn ihr einer nachts auf den Autokühlern die Glut der Sternkonstellationen beschrieb, die sie gerade bei ihrem Flug durch das All passierten, oder an der Bar beim Anblick der Hunde auf einer Black & White-Flasche zurückbellte, dann schob sie es nicht auf Chemikalien, sondern auf die Stadt, die Nacht, die Macht der Geschichte, in der sie alle gefangen waren. Sie waren auch unberechenbar, diese Jungens, sie konnten einen Abend durchgeknallt sein und am nächsten in sich gekehrt, sie hatten eben etwas anderes genommen als gestern.

Und immer das generelle Geschmuse. Immer umschlang man einander, lag einander in den Armen und hielt einander an der Hand und wurde von einem hierhin und von einem anderen dahin gezogen, rieb seine Nase in jemandes Haar und gab jemandem ein Küsschen und blies einem ins Ohr, man musste sich nicht festlegen, man konnte schwelgen, sich lieben lassen, auch selbst gar nicht wissen, was zu tun war, so viele schöne Jungen, mit langen glatten Haaren und langen Locken und Wuschelköpfen und Pferdeschwänzen, *lots of pretty, pretty boys she called friends* wie im *Hotel California* der Eagles, *pretty men all in a row* wie in dem Can-Album *Monster Movie.*

Mary, oh Mary, so quite contrary,
How does your garden grow?
With silver bells and cockle shells –

Dass sich hinter dieser Mary Maria I. Tudor verbergen sollte, Bloody Mary, Tochter König Heinrichs des Achten und erste Königin Englands aus eigenem Recht, dass mit dem Garten der Friedhof ihrer Opfer und mit den Herzmuscheln Folterinstrumente zum Gebrauch an männlichen Genitalien gemeint sein sollten, wusste sie nicht, wie hätte sie darauf kommen sollen, es wäre doch auch stark übertrieben gewesen. Der Text war nichts als ein Kinderreim, ein Spiel, ein

Kreistanz, Ringelreihen mit Kindern dreien, Ringelrosen schöne Aprikosen, und sie war neuerdings Cinderella und vor dem Ende des Balls immer schon weg, immer schon an Berlins Rand durch den Stacheldraht hinein- und an der anderen Seite wieder hinausgeschlüpft.

Wenn sie dann wieder bei Tom war, warm am Herd in der Asche saß, erreichten sie von draußen kleine Gaben. Sergeant Blume und der Kaiser und Prinz Silberherz wussten inzwischen, wo sie sich versteckt hielt, und so kamen Päckchen mit Kassetten, Kerzen, Räucherstäbchen, Zeichnungen, Briefen. Sie zeigte die Zeichnungen Tom. Sie hörte die Kassetten in seinem Auto, *Wish you were here* von Pink Floyd, *Green Earrings* von Steely Dan, *Guinnevere* von Crosby, Stills & Nash.

Guinnevere had golden hair
Like yours, Milady, like yours …

Gemeinsam spekulierten sie: Wie verliebt war der Prinz wirklich in sie? Oder der Sergeant? Der ihr schrieb, er wolle sie mit nach Fernost nehmen, *Geld brauchst du nicht, darum kümmere ich mich.* Aber Japan war keines ihrer Ziele. Der Kaiser schickte ein Bild, zwei Hirsche auf getrennten Sternen. Auf die Rückseite hatte er etwas gekritzelt: *Wir haben einander verloren – wir waren uns nicht fremd genug.* War das nicht wundervoll, herzzerreißend schön? Aber wovon in aller Welt redete er? Als sie nach Berlin zurückkehrte, fand sie auch den Kaiser wieder. Er war der Erste, der sie in den Arm nahm, dann hielt er sie ein Stück von sich weg.

Du bist so unschuldig, darauf fahr ich so ab.

Ich habe das schriftlich. Ich kann es vorweisen.

Ich selbst schrieb damals ein paar Briefe an einen Jungen, der wegen eines Bruchs im Jugendknast saß. An den Wochenenden hatte er Freigang, darum kannte ich ihn, ich schrieb, weil ich eine sein wollte, die Briefe an die Unschuldigen schrieb, aber er glaubte nun natürlich an die Liebe: an Erlösung, Verschmelzung, Flug ins Paradies, Bewusstlosigkeit und Einswerdung mit dem Urgrund.

Es war mir nicht recht. Es bedrückte mich. Er hatte einen geschwungenen Mund, dunkle Locken und leicht schräge, mandelförmige Augen wie Edith Clever, und ich hätte seine Leiden gar nicht ungern gelindert, aber das wäre nur möglich gewesen um den Preis einer ernstlichen Verschlimmerung der Krankheit.

Schließlich ermutigte ich ein anderes Mädchen, ein bisschen zu ihm hinzugehen, und er nahm sie mit, aber dann, sagte sie, hätten sie nur nebeneinander gelegen, auf einer Matratze in der Abstellkammer von seiner Tante in Wedding, wo er immer pennte, wenn er aus seinem Knast rausdurfte, und als es schon Tag war und sie versuchte, ihn doch noch irgendwie zu umarmen, drehte er sich mit dem Rücken zu ihr und heulte. Sie heulte auch, als sie es mir erzählte. Dann kam er an und machte mir Vorwürfe.

Warum bist du so? Warum hast du mir deine Freundin auf die Fersen gesetzt? Ich kann überhaupt nicht auf die.

Und war das vielleicht meine Schuld? Ich hatte es gut gemeint. Ich ließ sie beide stehen und ging zu Prinz Silberherz.

Der Prinz arbeitete ab nachmittags bis in die Nacht hinein in einem Café in der Bleibtreustraße, da war vor dem Abend wenig los, und ich besuchte ihn manchmal dort. Ich besuchte alle. Ich folgte jeder Einladung, ich kam überallhin mit. Kommst du mit in den Park, an den See, in die und die Kneipe, kommst du morgen vorbei und besuchst mich? Ja und ja und ja und ja. Man konnte ja mal gucken, was passierte. Man konnte mal sehen, dem mütterlichen Rat folgen: Probier es doch wenigstens, genier dich nicht so, mach einfach mit, stell dich nicht so an, trau dich, die anderen machen es doch auch.

Es war für gewöhnlich ein heiteres Spiel. Gelegentlich erstaunte mich wohl einer damit, dass er plötzlich verbissen wurde, angestrengt oder irgendwie krampfhaft, aber dann verlor ich schnell die Lust, fand alles langweilig und entwand mich, ging einfach weg oder überließ denjenigen einer anderen, falls eine da war, und ich schaute solange seine Plattensammlung durch oder saß mit dem Rücken ans Betthaupt gelehnt und las Comics, die ich in einer Kiste unter dem Bett gefunden hatte, und tätschelte ihm nur noch hin und wieder den nackten Hintern oder spielte ihm ein bisschen am Ohr, damit er nicht dachte, ich wäre gar nicht mehr mit dabei, und womöglich traurig wurde.

Es geschah auch, dass einer ganz und gar aus dem Häuschen geriet. Er bettelte und bedrängte mich, bekam komische Augen und dann, als ich die Stiefel schon anhatte und meine Tasche nahm, nannte er mich frigide, eine Nutte und Scheißemanze. Solch hilflose Verwirrung rührte mich ein bisschen, half ihm aber nicht. Der Typ ging überhaupt nicht, er schied einfach aus. Er war ein Spießer, einer von denen, die sich weiter keinen Rausch vorstellen konnten als ihren brünstigschmierigen Traum vom wilden Fick, den sie genau deshalb niemals erlebten.

Die, an die ich damals als an die meinen dachte, waren vollkommen frei von solch offensiver Geilheit. Bei ihnen war immer alles ganz easy, alle waren immer verliebt und fuhren aufeinander ab und waren total angeturnt, aber Sex war nichts wahnsinnig Dringliches, ein Orgasmus war ziemlich einfach zu haben und kostete nicht mal was, im Gegensatz zu anderen Rauschmitteln, die auch viel gefährlicher waren, Sex war damals keine von den Drogen, an denen man starb.

Ich erinnere mich, dass Leute starben. Trauerte man? Nicht sonderlich. Die Mär ging um von einer Satinhose, die ihren

Trägern Verderben brächte. Jeder hier war ein einsamer Held im Kampf mit der Welt, und wenn einer sich mit Heroin wegschoss, wurde er unter die Gefallenen gezählt. Wenn ich im Westen gewesen war und wieder zurückkam, fragte man mich: Erinnerst du dich an diesen? Hast du den gekannt?

Manchmal ja. Meistens nicht. Was muss einer anstellen, damit er vermisst wird? Während des Orgelspiels tupft man sich die Augen, aber spätestens, wenn man hinter dem Sarg her durch den Nieselregen marschiert, ist man gedanklich wieder oberhalb der Grube. Die Gäste auf meinem Fest wechselten eben.

Dann lag ich wieder mit Prinz Silberherz auf einem Bett, in einer dieser großen Altberliner Wohnungen, in denen die Anzahl der Bewohner nie ganz festlag. Wir lagen da zu viert, alle unter einer Decke wie Katzen im Korb, und nun war der Kaiser eingeschlafen, das Mädchen, das bei ihm gewesen war, war ins Nebenzimmer gegangen, und der Prinz, der mich schon den ganzen Abend lang küsste, holte eine zweite Decke für uns.

Komm, wir machen ein Gegenbett auf.

Vollkommen nackt waren wir vorher noch nicht miteinander gewesen. Seine Schultern waren mager, überhaupt war an dem ganzen Mann kein Gramm Fett und kaum Muskeln, und beim Küssen drehte er die Augen nach oben, sodass man im schmalen Spalt zwischen seinen dunklen Wimpern das Weiße des Augapfels sah. Wir küssten uns immer weiter, während es im Zimmer allmählich hell wurde. Er lag erst neben mir, dann lange halb auf mir, sein Gesicht an meinem Hals, dann sein Mund an meinem Ohr, wir waren zwischendurch schon halb eingeschlafen und wurden dann wieder wach, und schließlich glitt er auf mich, was leicht ging, und legte seine Lippen auf meine, ich schlang meine Schenkel um seinen Rücken, und so blieben wir. Wir taten fast gar nichts, es war inzwischen ein sonniger Morgen und er war voller Drogen, atmend und manchmal leicht schaudernd, und ich bewegte nur die Muskeln in meiner Vagina, zog sie zusammen und lockerte sie wieder, es war noch nicht so lange her, dass ich herausgefunden hatte, wie das ging und was es mit mir machte und mit dem Mann in mir, und dabei ließ ich meine Hände über seinen Rücken wandern, der fest war und glatt. Die Wirbelsäule war spürbar und die mageren Muskeln rechts und links der Wirbelsäule. Nichts Überflüssiges war an diesem Körper und überhaupt an der ganzen Angelegenheit nicht. Jeder von uns war in seiner Welt geborgen, ungefähr so, als gingen wir miteinander spazieren, als ginge man nebeneinander bergauf oder vielleicht Schritt für Schritt in einen Hohlweg hinein, der sich verengte, enger und enger wurde der Weg und entsprechend dringlich schließlich doch das Bedürfnis, seinen Ausgang sicher zu erreichen, und als ich ihn gefunden hatte und durch war und wieder im Freien stand und tief Luft schöpfte, krümmte und wand auch er sich und stöhnte ein bisschen. Dann lagen wir eine Weile still. Sein Körper wurde schwer, dann glitt er von mir herunter, entfernte sich aber nicht. Wir lagen, wie wir gefallen waren, eng beieinander, ohne einander festzuhalten. Ich erinnere mich, dass mich flüchtig die Frage streifte, was er jetzt wohl fühlen mochte oder ob er etwas dachte, aber es war nicht dringlich, das oder irgendetwas zu erfahren, und dann schliefen wir auch schon beide, und warum man um solch eine Sache ein dramatisches Gewese machen musste, war mir nicht verständlich.

Warst du noch Jungfrau?

Das hat mich der Prinz später einmal gefragt.

Ich bin ja so drauf gewesen damals. Sag, bist du womöglich noch Jungfrau gewesen?

Du bist so unschuldig, darauf fahr ich so ab.

3

Und nun müsste ich wohl beschreiben, wie es war, sich in dich zu verlieben. Ich würde es auch gern beschreiben, obwohl jeder weiß, wie es ist. Oder weil es jeder weiß. Man erkennt sich beim Lesen und seufzt: Tja, die Liebe! Aber ich erinnere mich nicht daran. Vielleicht ist es ein bisschen wie bei Wehen oder anderen großen körperlichen Eingriffen: Wenn es ganz und gar vorbei ist, weiß man zwar noch, dass man eine Erfahrung gemacht hat, man kann sich daran erinnern, dass man etwas gespürt hat und kann es benennen, aber das Gefühl selbst lässt sich nicht mehr mobilisieren.

Bei anderen Männern klappt es allerdings. Zum Beispiel Kabul. Der nach dir, damals, nachdem ich dich in Indien verlassen hatte. Es war Winter in Afghanistan, ich war allein und das Istanbul Restaurant leer. Ich betrat diesen großen, leeren Saal, und ganz hinten an der Wand erhob sich jemand und kam auf mich zu, wir waren einander schon früher begegnet, er und ich, und begegneten einander nun wieder, und ich erinnere mich genau an diesen Moment, als er auf mich zukam und wir uns ansahen, an diesen feinen, bis ins Innerste dringenden Schreck, den man einen süßen Schreck nennt.

Dann lag ich im Kabura Guesthouse auf einer afghanischen Pritsche, über die er seine bunten Decken gebreitet hatte. Seine Augen waren grün und fast ohne Pupillen, weil er Heroin schnupfte. Ich lag da und sah zu, wie er Feuer machte. Er kauerte vor dem Eisenöfchen, noch in Jacke und Pakol, und seine Augen leuchteten im Schein der aufflackernden Flammen, beinahe wie Tieraugen leuchten, alles war still und durchdringend wirklich, ein vollkommenes Präsens, wie die Hand auf eine heiße Herdplatte zu drücken, er war da, ich war da auf der nur scheinbar vertrauten Welt, die nun mit zahllosen Möglichkeiten auf uns eindrang: und in der man sich später so komfortabel miteinander einrichtet, wenn alles gutgeht.

Wenn Vergangenheit und Zukunft sich wieder formieren. Wenn man glücklich miteinander lebt. Wenn man miteinander verbunden ist in Zärtlichkeit und täglicher Hingabe und gewohnter Verrichtung liebevoller Kleinigkeiten, wenn man durch viele Jahre miteinander verwoben ist durch verflochtene Pflichten und freiwillig geleistete kleine Dienste, Teil eines komplizierten und selbstverständlichen Balletts durch Räume, in denen ein Mann und eine Frau gemeinsam die Küche aufräumen, ohne einander zu behindern, gemeinsam den Tisch decken, ohne einander zu behindern, und so auch gemeinsam ins Bett finden, plaudernd oder heiter schweigend, jeder ganz selbstverständlich von seiner Seite kommend.

Dagegen dann dieses andere, das durch die warmen und weichen Schichten hindurch schneidet bis in den Kern. Das Glück der Liebe? Hör mir auf damit. Geh mir weg. Lass mich bloß in Ruhe.

Und ich weiß nichts mehr davon. Kabul ist geborgen, schwebend aufgehoben, unverlierbar, *We'll always have Paris.* Aber du und ich, wir sind nicht geborgen. Nichts ist bewahrt, nichts ist mehr da, all unsere Anfänge überlagert von dicken Schichten bitterer Sedimente, erkalteter Lava, verschüttet von Basaltbrocken, Bauschutt von Ruinen, Erdschichten, die meinetwegen fruchtbar sein mögen, aber woraus bestehen sie, Verrottetes, Vermodertes, Zersetztes, Kompostiertes.

Wobei, wenn ich daran denken will, dass ich in dich verliebt war, wenn ich mich wirklich daran erinnern will, wie es war, in dich verliebt zu sein, dann gelingt es mir auch, mit einem

Trick. Ich denke dann an etwas, das niemals stattgefunden hat. An etwas, das ich mir nur vorgestellt habe. Es war während einer unserer Trennungen. Ich hielt mich in München auf und hatte Sehnsucht nach dir. Es war Abend und Winter, und ich saß in der Küche einer WG, aber nachmittags war ich auf einem Weihnachtsmarkt gewesen, und nun schrieb ich ein Gedicht für dich. Etwas über *Schnee in hellen Wimpern.* Ich bilde mir nicht ein, dass es ein gutes Gedicht war. Es war nur ein sehnsüchtiges Gekritzel auf der Innenseite eines Taschenbuchumschlags. Ich war nicht allein in der Küche, andere saßen um den Tisch herum, auch der, mit dem ich den Weihnachtsmarkt an der Freiheit besucht hatte, ein Saxophonist, groß, dunkel, gut aussehend, liebevoll und so weiter und so weiter, mehr mein Typ als du, rothaarige Männer sind nie mein Typ gewesen. Ich hatte ein Bein über das andere geschlagen, balancierte das Buch auf dem Knie und stellte mir vor, nicht dieser Saxophonist, sondern du wärest jetzt hier, du wärest statt seiner mit mir auf dem Weihnachtsmarkt gewesen.

Ich stellte mir vor, wir beide stünden jetzt zusammen dort, auf dem Weihnachtsmarkt im Schneetreiben. Du hieltest mein Gesicht in beiden Händen, wie du das oft getan hast, und beugtest dich über mich, wie du es oft getan hast. Dein Gesicht schwebte sozusagen über meinem, dein schmales, blasses Gesicht mit den Augen, die an den äußeren Augenwinkeln leicht nach unten gezogen waren wie bei manchen großen Hunden, und bevor du mich küsstest mit deinem kühlen und gar nicht nassen Mund, bevor du den Kopf noch tiefer neigtest, um mich zu küssen mit diesen trockenen, nachgiebigen Lippen, fiele der Schnee, den ich am Nachmittag in die Wimpern des anderen Mannes hatte fallen sehen, wirbelte dieser Schnee so heftig, dass sogar zwischen unseren einander so nahen Gesichtern dicke Flocken fielen und in deinen Wimpern schmolzen, während du dich über mich beugtest, um mich zu küssen. Und wenn ich an dieses von mir erfundene Bild denke, an die erste Zeile meines misslungenen Liebesgedichts auf der Innenseite des Taschenbuchumschlags, an die Leute in der Küche, in der ich ohne dich saß, ohne zu wissen, wo du warst, dann weiß ich wieder, wie es war, in dich verliebt zu sein. Dann weiß ich es wieder ganz genau.

Waren wir glücklich, wenigstens am Anfang?

Ich sage: Junge Leute können nicht glücklich sein. Sie sind zu beschäftigt.

Was habe ich an dir geliebt?

Wenn man sich diese Frage stellt, ist es mit der Liebe vorbei.

Du warst laut. Du warst ein Aufschneider. Du hattest so eine Art. Abends im Treibhaus am Lehniner Platz, dieser heruntergekommenen Bruchbude mit dem Flipper, an dem nie einer flipperte, der rudimentären Bar und Stühlen wie vom Sperrmüll, die sich nicht die Mühe machten, sich um die ramponierten Tische zu gruppieren, standest du immer oben beim DJ, in einem Jackett vom Flohmarkt, das du nie auszogst, deine Taschen voll mit Manali, schwarzem Afghan, rotem Libanesen, Marokkaner, das ganze Angebot, Best in Town. Du lachtest wie niemand sonst, von ganz tief unten aus dem Bauch, du konntest aufheulen wie Wolfman Jack. Du hast damals nie mit Bargeld bezahlt, so wenig wie ein gekrönter Herrscher. In Kneipen hast du anschreiben lassen, dann bekam der Barmann ein Piece. Mit Essen versorgte dich jemand, der im KaDeWe an einer Theke bediente und tütenweise geklauten Käse anschleppte. Überall hast du mit Haschisch bezahlt, auf dem Ku'damm an den Ständen mit Kerzen und Räucherstäbchen, auf dem Flohmarkt, sogar in der Autowerkstatt. Du hast mir öffentlich deine Liebe erklärt, du hast mich in den Armen und auf den Schultern getragen, dich auf offener Straße vor mich hingekniet, im Rinnstein auf der Straße vor dem Treibhaus, wo wir hockten.

Du mein Liebchen, du bist die Schönste, Sonne und Mond bist du und alle meine Sterne.

Dann wolltest du rauchen und hast jemanden herbeigewunken.

Hey, Kollege. Gib mal eine Fluppe.

Der gehorchte. Es folgten damals ja alle deinem Wink.

Gib mal eine Zigarette, Kollege. Gib ihr auch eine. Hast du jemals so eine Frau gesehen? Ich weiß nicht, was ich machen soll, Kollege. Ich bin ihr völlig verfallen. Aber ich werde kämpfen. Ich kämpfe um sie bis zum Ende, Kollege, ich kämpfe den Kampf auf Leben und Tod! Verstehst du? Klar verstehst du, bist ein guter Kollege. Gib mal noch eine Fluppe, bevor du wieder reingehst.

Du hattest mich in deinen Schal gewickelt. Ich lachte und lachte die ganze Zeit.

Drinnen ließ ich mich wieder feiern, spielte mein kleines, erotisches Spiel, tauschte mit anderen Blicke und Küsse. Du standest auf erhöhter Position, einen alten Hut auf dem Kopf oder eine blaue Helmut-Schmidt-Mütze, die Haare zum Pferdeschwanz gebunden, vollkommen bekifft und selig mitsingend. Steve Miller. *Fly like an Eagle.* Lauter und unmelodiöser als du sang keiner. *Flieg wie ein Igel!* Dann kamst du herunter auf die Tanzfläche, sprangst herum wie ein Derwisch, der Schweiß sprühte dir von der Stirn, die Jacke konntest du ja nie ausziehen, man hätte dir dein ganzes Dope geklaut. Du kamst auf mich zu mit weit ausgebreiteten Armen.

Du bist die Göttin. Du bist die Königin. Du bist die kleine weiße Billiardkugel, die das Spiel entscheidet. Ohne dich gibt es gar kein Spiel, weißt du, wie ich dich nenne? The Thin White Queen. Queen Cocaina, die süchtig macht.

Dann schriest du aus vollem Hals.

Ich bin angeklagt!

Alles wandte sich dir zu.

Ich bin angeklagt – des – zu großen – Gefühls! Ich muss mich verteidigen!

Dann dein Wolfsheulen, mit dem Kopf im Nacken.

Und jeder, wirklich jeder in diesem gestopft vollen Saal in der Mitte der Welt wusste in dem Moment, wen du meintest. Davon war ich überzeugt. Das hob mich in den Himmel. Das waren wir: Drama, Höhenflug, Technicolor. *Antonius und Kleopatra. Dr. Schiwago. Vom Winde verweht, vom Wodka verwirrt:* deine unsterblichen Worte. Dann dein Gelächter.

Ich habe es noch. Ich habe dein Lachen von 1976 auf einer Tonbandkassette.

Ich war damals oft mit einem Mädchen unterwegs, das auch erst achtzehn war, aber schon ein eigenes Auto hatte und anfangs noch einen Freund in Berlin, einen Burschenschafter, zu dem ging sie die ersten Male tatsächlich, dann hatte ich sie verdorben, sie klebte sich auch ein Silbersternchen auf und fand ihren Platz drinnen im Gedränge und draußen auf den Kühlern der parkenden Autos. In der Zeit dieser Berlinfahrten fühlten wir uns wie zwei Seiten einer Münze, dieses Mädchen und ich. Wir waren Verschworene. Wir sprachen Geheimsprache. Wir lachten über Dinge, die keiner verstand.

Das Auto, das sie fuhr, war ein 2 CV. Eine Ente. Grün, glaube ich. Und gerade für diese Nacht hatten wir beschlossen, in diesem Auto heimlich all unsere Stimmen aufzunehmen. Warum? Das weiß ich nicht mehr. Wir haben damals ständig alles dokumentiert, wir haben fotografiert, gedichtet, Tagebuch geschrieben. Und man saß ja zwischendurch immer in Autos, jetzt, wo es Herbst war und draußen kühl, man ging in den Schuppen rein und wieder raus auf die Straße und hockte bei wem in der Karre, wo es nicht so laut war, wo man quatschen und einen rauchen oder was kaufen konnte.

Es war die Nacht vom 30. auf den 31. Oktober. Das Datum

unserer Hochzeitsnächte. Auch in den Ehering, den du sechzehn Jahre später für mich gemacht hast, ist es eingraviert, 30.10.92. Es ging schon gegen Morgen. Wir hatten uns hinten auf den engen Rücksitz gequetscht. Deine Arme lagen um mich. Der Kassettenrecorder war unter dem Vordersitz versteckt. Er lief. Auf der Kassette ist aber nichts zu hören. Bei den Wahlen hatte Helmut Schmidt gerade über Helmut Kohl gesiegt, Erich Honecker war zum Vorsitzenden des Staatsrats der DDR gewählt worden, Vietnam war wiedervereinigt, Ulrike Meinhof tot. Auch in unserem unmittelbaren Umfeld war sicher einiges vorgefallen.

So hatte zum Beispiel ein paar Stunden zuvor jemand die Handtasche der Entenbesitzerin gestohlen, ein ehemaliger GI, ein Junkie namens Charly. Jemand trieb ihn noch am selben Abend auf. Hey Charlie, was hast du mit der Tasche gemacht? Er hob hilflos die Hände: Man … I don't know. Ehrlich bekümmert, nicht helfen zu können. In den Mundwinkeln getrockneter Speichel. Pupillen wie Stecknadelköpfe.

Alles war also weg, Geld, Autoschlüssel, Papiere, Pässe. Wir mussten mit dieser Ente zurück durch die Zone. Das ganze Schminkzeug war in der Tasche gewesen. Aber auf der Kassette findet sich von alledem kein Wort. Nur dein leises Lachen: Kiek mal, der Herbst!

Ein Blatt war herangeweht und klebte auf der Frontscheibe. Ein Ahornblatt, gelblich braun. Das ist auf der Kassette zu hören: dein Lachen und mein Lachen. Gar nichts ist auf dieser Kassette, nur einzelne Wörter und unser aller Lachen, deins, meins, das der andern im Auto, eine Menge Gelächter, kurze Sätze ohne Inhalt und dieses selige, trunkene Gelächter.

Warum du, warum nicht der Kaiser oder Prinz Silberherz? Bis zu welchem Zeitpunkt wäre noch alles abzuwenden gewesen? Wo war er, der Punkt ohne Wiederkehr?

Ich sehe das Mädchen, das ich war, draußen auf den Autokühlern vor dem Madow sitzen. Es ist der 16. Juli 1976. Noch hat sie die gelbe Gerbera nicht erhalten. Noch könnte sie sich im entscheidenden Moment abwenden, dann sähe sie der mit der Blume gar nicht, er würde glatt an ihr vorbeirennen. Wer ist der Kerl überhaupt? Im Auftrag welcher überirdischen Behörde ist er unterwegs? Es geht um Sekunden –

Jetzt überreicht er die Gerbera. Er sagt etwas, was von hier aus nicht zu verstehen ist … Jetzt lachen sie beide. Und da dreht er sich schon wieder um und marschiert aus der Geschichte hinaus, der Glückliche, ihm wird nichts zustoßen, nicht einmal seinen Namen erfahren wir, während sie nun vom Autokühler springt, weil sie drinnen Steve Miller spielen.

Fly like an eagle to the sea –

Sie sieht sich um. Jedem hier, jedem könnte sie ihre Blume hinhalten, und jeder würde sie nehmen, niemand würde etwas dagegen haben, sich von einem jungen Ding ein Blümlein schenken zu lassen, das er im Übrigen seinerseits weiterreichen könnte, die Blume könnte im Laufe dieser Nacht zigmal den Besitzer wechseln, viele neue Lieben könnte sie stiften, das geschieht aber nicht, gleich ist Schluss. Denn ihr suchender Blick begegnet nun dem eines jungen Mannes mit einem schmalen Gesicht und einer dunkelroten Lockenmähne, die länger und dichter ist als die von Ian Anderson von Jethro Tull, und dem drückt sie im Vorbeigehen die Gerbera in die Hand und ist nun schon drinnen, hat die Tanzfläche schon erreicht und breitet die Arme aus mit wieder freien Händen.

Time keeps on slipping slipping slipping
into the future …

Weiter geschieht nichts in dieser Nacht. Nur dass er, an den sie tanzend gar nicht mehr gedacht hat, später die um die Blume verschränkten Hände langsam zur Stirn führt, wobei er ihr in die Augen sieht.

In der nächsten Nacht sagt er etwas zu ihr.

Gestern hat mich jemand mit einer Blume richtig zum Zittern gebracht.

Sie gibt keine Antwort, und er erwartet auch keine, er hat ihr diesen Satz hingehalten wie sie ihm gestern die Gerbera und ist dann sofort weitergegangen. Einige Male sieht sie ihn noch in dieser Nacht, aber sie und er sind beide immer von Menschen umgeben, und sie sieht ihn auch nur, weil sie jedes Mal auf seinen Blick trifft, wenn ihr Blick ihn streift.

Und könnte nicht auch jetzt noch etwas die beiden verhindern? Es ist August. Die Schulferien beginnen. Tom und sie könnten zusammen in Urlaub fahren, nach Spanien vielleicht, an der nordspanischen Küste entlang nach Portugal, sechs lange Wochen könnte sie fortbleiben –

Was tatsächlich geschieht. Von dieser Reise weiß ich nichts mehr. Ich erinnere mich nur an das, was auf den Fotos zu sehen ist, und auf denen ist nichts zu sehen, denn Aktfotos-aber-ästhetisch waren damals total in Ordnung, aber Ganzkörperfotos auf Reisen nicht. Zehn Zentimeter Mama, fünf Zentimeter Eiffelturm? Unmöglich. Das Letzte. Stattdessen also Morgenstimmungen. Einsame Molen, bunte Boote am Strand. *Die Fischer kehren heim mit dem nächtlichen Fang.* Mehr so künstlerisch eben.

Anfang September kamen Tom und ich von der Reise zurück, in einem Zustand allergrößter Eintracht. Am folgenden Freitag fuhr ich nach Berlin. Ich ging ins Madow, und das Madow war leer. Barmann und DJ schickten mich weiter ins Treibhaus am Lehniner Platz, das nun Tolstefanz hieß, aber so nannte es keiner. Dort fand ich sie alle wieder: Jürgen und Werner und Peter und Holger, Jannick und Olaf und Michael und Martin, deren Nachnamen ich nie wusste und deren Vornamen in mir heute nicht widerhallen, denn für mich waren es nicht ihre richtigen Namen.

Bin ich mit den Namen in ihrer Erinnerung verzeichnet, die sie mir gegeben haben? Ich könnte keinen von ihnen wiederfinden. Wir wussten nichts voneinander, was sich heute googeln ließe. Ich bemalte meine Augen, klebte das Sternchen und wirbelte zurück auf die Tanzfläche, hinein in meinen Sommer, den ich ausdehnen wollte und tatsächlich ausdehnte bis in den Herbst hinein, bis zum 30. Oktober, denn noch war gar nichts entschieden, überhaupt nichts, und ich bereue nichts, ich frage mich auch nicht mehr, ob etwas uns hätte verhindern können. Jetzt, wo wir so weit gekommen sind, möchte ich überhaupt nichts mehr verhindern.

Und nun muss er einen Namen bekommen, der Junge, der du gewesen bist und den ich den Derwisch nannte und Graf Extatowitsch und den Roten Räuber. Sein Name sei also … Gabriel.

Als ich dir zum ersten Mal ins Gesicht gesehen habe, in dieses sehr schmale, blasse Gesicht, als ich zum ersten Mal, wie man sagt, deine Züge studiert habe, die bierflaschenbraunen Augen mit den leicht nach unten gezogenen Augenwinkeln und den Mund mit der tiefen Einkerbung in der Oberlippe und die Zähne mit dem dünnen Spalt zwischen den Schneidezähnen, habe ich gedacht, dass du mich an jemanden erinnerst. Es hatte mit dieser kleinen Lücke zwischen den Schneidezähnen zu tun. Es war nicht so, dass mir diese Lücke gefiel. Auch nicht, dass sie mir missfiel. Nur, dass sie mich in Kombination mit deinem Mund, mit der Art, auf die du manchmal, wenn dich etwas begeisterte, mit halb geschlossenen Augen den Kopf zurückwarfst oder ihn leicht schütteltest, wobei deine Unterlippe zwischen die Zähne geklemmt war, an jemanden erinnerte, dem ich schon einmal begegnet sein musste. Ich kam aber nicht darauf, an wen.

Bis heute komme ich nicht darauf. Ich kann mich genau erinnern an deinen vierundzwanzigjährigen Mund, an deine

Zähne und diese winzige Lücke zwischen den Zähnen, die mich genauso wie damals auch heute noch an jemanden erinnert, den ich vor unserer ersten Begegnung schon gekannt haben muss. Ich dachte später: Ich sollte dich an dieser Lücke erkennen.

Und du trugst einen Ring, als du mir begegnet bist, einen Siegelring an deiner linken Hand, die mir nicht fremd war, nicht einmal deine Hände waren mir fremd. Zwischen Zeigefinger und Daumenwurzel war ein kleines, blaues Om-Zeichen eintätowiert. Den Ring hattest du vor Jahren auf einem Flohmarkt gefunden. Du hattest ihn anprobiert, und er passte. Dieser Ring trug unsere Initialen. Nicht deine, GM, sondern ein G und ein S, ineinander verschlungen. Ich habe diesen Ring noch. Ich kann ihn vorweisen: Beweisstück A.

Gabo? Warum hast du damals diesen Ring gekauft?

Ich weiß nicht. Ich fand, der sah cool aus.

Du sahst mich an.

Du konntest einen ansehen.

Aber das geht nicht. Das kann unmöglich so stehen bleiben. Der Ring mag vor mir auf dem Tisch liegen, schwurfeste Zeugen mögen bereit sein zu beeiden, dass sich alles genau so zugetragen hat, wie ich es berichte, aber es hilft nichts, ein solches Ding darf sich nur das Leben leisten.

Warum du, warum nicht Prinz Silberherz?

Eines Nachts standen wir Hand in Hand vor dem Treibhaus, der Prinz und ich, und Gabo trat heran und ergriff meine andere Hand. Der Prinz hielt mich aber fest, diesmal hielt er fest. Gabo machte einen Schritt, dann noch einen. Er zog ein wenig, und ich ließ mich ziehen, aber ohne den Prinzen loszulassen. Meine Arme breiteten sich aus und breiteten sich weiter aus, und die um uns begannen ein wenig zurückzuweichen, dabei lachten wir ja, alle drei lachten wir gerade noch eben so. Und bevor einer von uns damit aufhören konnte, ließ der Prinz los. Wieder war er es, der losließ. Später hat er mir das zu erklären versucht, er hat kitschige Vergleiche zur Verletzlichkeit von Vogel- und Schmetterlingsflügeln gezogen, aber es war einfach so: Der Prinz hatte Angst, etwas zu zerstören. Und Gabo hatte diese Angst nicht.

Dann am 29. Oktober, ich war gerade wieder in die Stadt zurückgekehrt, umarmte mich Gabo vor dem Treibhaus, als gäbe es Wichtigeres. Ich war etwas erstaunt, denke ich, aber ohne Lust, das wahrzunehmen, also sträubte und schüttelte ich mein Gefieder, folgte ihm nach drinnen und traf auch gleich auf den Prinzen, der sich herzlich freute, mich zu sehen. Ein wenig später an diesem Abend verlangte er aber auf einmal zu erfahren, woran er sei.

Was er damit meine, fragte ich. Prinz Silberherz sei er eben.

Aber was habe ich für einen Stellenwert?

Ich überlegte und sagte: Was soll ich sagen. Wenn du mich das schon fragen musst.

Dann ging ich weg, ich schwamm durch die wogende Menge und traf auf den Fisch. Der war lang, dünn und geschmeidig, mit langem, dünnem, hellblondem Haar und einem Engelsgesicht, er war im März geboren und sein neuer Name also einfach sein Sternzeichen, etwas einfallslos war das. Er trat aber näher und sagte, ich könnte ebenso gut ein Fisch sein, denn ich sähe aus, als würde ich mich winden und zappeln wie solch ein Wasserwesen, wenn man mich festhielte, ähnlich seien wir einander, insbesondere hätten wir den gleichen Mund.

So sahen wir einander also auf den Mund. Es war ein kribbeliges Spiel, sein Mund schien immer größer zu werden, er füllte das ganze Bild aus und wurde dabei immer unwirklicher. Es war so, wie wenn man ein Wort wiederholt, bis es seinen Sinn verliert und nur noch eine willkürliche Aneinanderreihung von Lauten ist. Genauso wurde nun dieser riesige Mund etwas anderes als ein Körperteil, etwas anderes als eine Körperöffnung, die zu etwas diente, zum Reden, Essen, Küssen oder sonst wie zur Sexualität, der Mund wurde etwas aus dem Zusammenhang Gelöstes und also Pornografisches wie ein Geschmier an einer Klowand. Als wir uns schließlich küssten, taten wir nur das. Wir hielten einander nicht fest, festhalten und zappeln hätte gegen die Regeln verstoßen. Unsere Körper achteten auf Abstand, es war ein Spiel ohne Anfassen und so neu, dass wir es lange spielten, um alle Möglichkeiten auszuschöpfen. Irgendwann müssen wir aber doch unterbrochen haben, vielleicht wollten wir rauchen, oder einer von uns musste Pipi. Jedenfalls warst plötzlich du von deinem Adlerhorst oben beim DJ herabgestoßen.

Kommst du heute mit mir nach Hause?

Ich sagte: Nein.

Denn das war wiederum die Regel unseres Spiels, deines und meines, und sie war klar von Anfang an: Wenn ich einmal zu dir Ja sagen, einmal mit dir mitgehen würde, würde ich danach nirgendwo anders mehr hingehen. Darum habe ich zu dir immer Nein gesagt, all die Wochen immer Nein, während ich zu anderen Ja gesagt habe oder Vielleicht oder Morgen.

Danach kehrte ich zum Prinzen zurück, aber ich war ein wenig durcheinander und merkwürdiger Stimmung, und auch der Prinz war wortkarg und wirkte gedrückt, aber warum, ich konnte mir keinen Grund vorstellen, vorhin hatte er sich beschwert, dass immer er zu mir kommen musste, und nun kam ich, und es freute ihn nicht einmal. Der Abend zog sich hin, die Nacht ging über in einen kalten, dunklen Morgen, aus einem unsichtbaren Himmel goss es, und gegen sechs oder sieben Uhr kamst du noch einmal zu mir.

Ich gehe jetzt.

Ich schwieg.

Du hast genickt. Dann hast du gesagt: Weißt du, ich habe so lange auf dich gewartet. So lange. So lange.

Es klang wie die englische Übersetzung. *So long, so long.*

Ich war dann bis zum nächsten Abend mit anderen unterwegs. Am Ende landeten wir in einer Bruchbude am Charlottenburger Ufer, fünf oder sechs Mann, der Prinz war dabei, auch der Fisch und einer, der Harald hieß.

Harald. Einfach nur Harald. Kein neuer, schönerer Name ist mehr für ihn verzeichnet. Irgendwann ging der Prinz, und ich ließ ihn gehen. Es war der 30. Oktober, das Datum, an dem wir sechzehn Jahre später geheiratet haben, und das erste Mal in meinem Leben, dass ich ohne dich dastand. Mit Wucht ging mir etwas sehr Banales auf, nämlich dass es mein Leben vor dir gab und mein Leben ohne dich, und dass das überhaupt nicht dasselbe war. Ich lief durch Berlin im Regen, hörte meinen Absätzen auf dem Pflaster zu und fragte mich, ob ich irgendwohin wollte. Dann stand ich vor dem Treibhaus. Durch die riesigen Glasscheiben sah ich dich oben beim DJ stehen. Ich drückte die Tür auf und ging hinein.

Was nun folgte, war der erste unserer Blicke. Ich weiß sie alle noch, diese Blicke, ich kann sie aufzählen, und wenn ich das tue, wenn ich mir jeden einzelnen dieser Blicke vergegenwärtige, jetzt, wo kein weiterer mehr dazukommen kann, dann muss ich weinen.

Reden konnten wir ja nie miteinander. Sätze, Fragen, Antworten, das Tasten mit Wörtern haben uns einander, unserer Wirklichkeit, nie auch nur einen Millimeter näher gebracht, die immer ganz plötzlich vor uns gestellt war, in einem dieser unwillkürlichen, langen Blicke über weite Distanzen, denen dann nichts mehr hinzuzufügen war, auf einen Schlag lagen die Dinge klar, ob wir sie hatten sehen wollen oder nicht, und danach gab es nichts mehr zu berichtigen oder zu deuteln, es wäre alles nur ein zweckloser Versuch gewesen, sich herauszuwinden.

So war es auch mit diesem ersten Blick. Er ging quer durch den Saal, dann drehte ich mich weg. Ob du jetzt kommen würdest oder nicht, wollte ich nicht sehen. Wir haben uns hinterher immer erzählt, ich hätte dich damals zu mir gewunken, mit einer kleinen Kopfbewegung, aber ich glaube das nicht, ich glaube nicht, dass das nötig war. Ich hatte bereits allem zugestimmt.

Ich habe stockstill gestanden und auf das Gewusel gestarrt, das vor mir durch den Raum wogte, ohne jemanden zu erkennen, ohne zu hören, welche Musik lief, dann hast du von hinten die Arme um mich geschlungen. Du hattest kräftige Arme, obwohl du so mager warst, und große, knochige Hände, die jetzt von hinten um mich herumgriffen, deine rechte Hand packte meinen linken Oberarm und deine linke meine rechte Schulter, und ich habe mich einfach zurückfallen lassen. Ich habe den Kopf zurückgelehnt und die Augen zugemacht und hatte deine Locken im Mund und deinen Atem an meinem Ohr, dann hast du mich umgedreht, der raue Stoff deiner Jacke rieb an meiner Backe, du hast mich umfasst, als wolltest du mit deinen Armen und deinem Körper eine möglichst große Fläche meines Körpers bedecken, und dann hast du mein Gesicht in beide Hände genommen und dich über mich gebeugt. Du sahst beinahe aus, als hättest du Schmerzen, und ganz nah vor meinem Gesicht hast du meinen Namen gesagt, meinen Namen, meinen Namen, wieder und wieder und wieder meinen Namen.

Darauf war ich nicht gefasst gewesen. Auf diesen Moment nicht. Der Moment war, was er war: ein Rausch, ein Sturz, ein Federstrich mit Blut. Der erste Schuss.

4

Du wohntest damals in der Fuggerstraße in Schöneberg, zusammen mit einem Typen namens Robby, in einer weiteren dieser Berliner Wohnungen mit Renovierungsstau, wie die Makler das nennen, ein paar riesige Zimmer mit hohen Decken, bröckelndem Stuck, Ofenheizung, Klo im Zwischenstock, Badewanne in der Küche am Tisch, da konnten zwei Leute zusammen drinsitzen und mit den anderen frühstücken. Von der Matratze in deinem Zimmer sah man in die Krone einer großen Kastanie.

Es ist etwas Eigenes mit Wohnungen, die den Anfang einer Liebesgeschichte gesehen haben. Man möchte noch einmal dorthin zurückkehren. Man möchte im Flur stehen, lauschen, den Geruch einatmen, dann die Klinke einer Zimmertür drücken. Was fände man vor? Sorglosigkeit. Den Mann, wie er war, als man noch nicht sagen konnte, wie er war. Sich selbst als die, in die sich dieser Mann verliebt hat.

Also die Fuggerstraße. Die Bühne für den ersten Akt. Das Haus ist ausverkauft, das Publikum ungeduldig, aber wir bestanden darauf, in unserem Zimmer allein zu sein, allein auf deinem Bett zu liegen, während sie drüben in der Küche nach dir riefen.

Don Gabo!

Das war dein *Nom de guerre.*

Don Gabo, Leute sind da!

Es scherte dich nicht. Du lagst auf mir und zeigtest mir, wie die Fische küssen.

Don Gabo, komm rüber jetzt! Kundschaft ist hier.

Die Fische machen kleine Luftblasen beim Küssen. Sie formen die Lippen zum Ring, heften sie auf die Lippen des anderen und saugen dann ganz leicht, saugen sich an und stoßen die Luft wieder aus, ohne sich von den Lippen des anderen zu trennen.

Don Gabo, die Bude ist voll! Tanz endlich an!

Sie pumpen so ein bisschen, die Fische. Ein lustiges Gefühl. Wir lachten und die Fische machten Luftblasen, dann lachten wir wieder. Schließlich drang einer aus der Küche bis in unser Zimmer vor. Er war klein, ein drahtiger Typ mit einem Spitzbärtchen. Ich nannte ihn D'Artagnan. Du nanntest ihn die Ziege. Er machte die Tür auf und kam ins Zimmer.

Ziege, raus hier!

Es gab einen leisen Knall, und alles wurde dunkel. Die alten Sicherungen. In der Finsternis hörte man die Ziege wispern.

Was für eine Strahlung. Was für eine unglaublich starke Strahlung. Das ist SIE. Sie war das. Sie wollte nicht, dass ich euch sehe.

Deine Stimme grollte aus der Tiefe zurück.

Ziege. Bist du immer noch da.

Sorry, Don Gabo, bin schon weg, bin schon weg.

In der Dunkelheit hieltest du mich fest. Dein Flüstern an meinem Ohr.

Mein Schutz bist du. Deine Energie ist mein Schutz.

Unsere ersten Tage waren deine letzten in der Fuggerstraße. Robby und du, ihr hattet bislang gemeinsame Geschäfte gemacht, wart aber nun konkurrierende Unternehmen und brauchtet deshalb getrennte Standorte, wie du mir erklärtest.

Wir würden also umziehen, in das Hinterzimmer eines Ladens mit Werkstatt, wo Jiri, ein drahtiger kleiner Tscheche mit einem David-Bowie-Gesicht, der in Deutschland politisches Asyl genoss und unter der liebevollen, aber strengen Hand der einen seiner beiden Freundinnen gerade sein Heroin-Problem überwunden hatte, ab sofort Lederklamotten schneidern würde. Lederhosen vor allem, die waren das Allerneueste. Es fehlte zwar noch eine Lizenz für den Laden. Aber das würde sich finden. Wunderbar, großartig, mir war alles recht. Die Platte, die wir damals hörten, war Stevie Wonders Doppelalbum, *Songs in the Key of Life*, das letzte der fünf Alben seiner klassischen Periode. Wir hörten fast ausschließlich die vierte Seite und davon immer wieder den vorletzten Song, in dem es darum geht, dass man den anderen immer lieben wird: bis der Regenbogen die Sterne überstrahlt, der Ozean die höchsten Gipfel bedeckt, Tag zu Nacht und Nacht zu Tag wird und ich zu dir und du zu mir.

ALWAY-YAYAYAY-S, ALWAY-YAYAYAY-S, ALWAY-AY-AYAY-S, ALWAYS …

Die Lautsprecher in Robbys Kombi beschallten die Fuggerstraße, während wir Gabos weltlichen Besitz einluden: Matratze, Bettzeug, ein Buch über Numerologie, zwei Sitzpolster, eine Apothekerwaage und drei Plastiktüten voll Klamotten. Dann rollten wir Richtung Windscheidstraße. Gabo fuhr. Natürlich hatte er keinen Führerschein. Aber wieso, warum, was machte das, er fuhr, seit er zwölf war, er hatte dazu noch nie einen Führerschein gebraucht.

Unser neues Zimmer war winzig, aber hoch, höher als breit oder tief war es, eine Turmstube mit sechs Ecken und einem Fenster mit Spitzbogen. Das Klo war draußen über den Gang, man musste einen großen eisernen Schlüssel mitnehmen. Man kam von der Straße durch die Werkstatt herein oder vom Hinterhof durch eine große, leere Küche, in der wir niemals etwas anderes gekocht haben als Chai. Diese Bezeichnung war damals in Deutschland aber noch nicht gängig. Don Gabos Kaschmiritee, so hieß das Gebräu. Es war gehaltvoll wie geschmolzener Sahnebonbon. Die Gewürze darin roch ich zum ersten Mal. Auf dem Flohmarkt fanden wir Satin- und Spitzenvorhänge für unser Fenster und ein Tuch, um es über unser Tischlein zu hängen, das aus zwei brickettgroßen Haschischklumpen mit einem Holzbrett als Platte bestand. Auch hatte Gabo beschlossen, in das Zimmer ein Hochbett einzubauen, was er tatsächlich vollbrachte. Ich versank in Bewunderung. Mein Vater bekam keinen Nagel in die Wand.

Dass wir in der Windscheidstraße zu finden waren, sollten nur wenige wissen, und die hatte Gabo zur Geheimhaltung verpflichtet. Sie hielten sich natürlich nicht daran. Ständig kamen Leute vorbei. Sie kamen über den Hof und klopften ans Fenster. Wenn ich ihnen die Küchentür öffnete, kannten sie mich, auch die, die ich noch nie gesehen hatte. Er hatte allen von mir erzählt.

Es war November. Draußen herrschte Frost, und aus einem grauen Himmel graupelte es. Berlin im Winter unterwarf sich uns willig. Es beugte sich widerstandslos unserer Macht. Wenn er auf der Straße schnippte, hielt sofort ein Taxi. Wenn wir ein Restaurant betraten, räumten die Gäste den besten Tisch, der Wirt eilte uns entgegen, und der Wein ging aufs Haus. Wir flogen durch die Stadt, eng umschlungen, unbesiegbar, von bunten Schals und Tüchern umflattert, von Wolken rauchenden Atems umweht, die wir aussandten, wenn wir lachten. Als wir das allererste Mal zusammen das Treibhaus betraten, nahm Gabo mich vor der Tür fest in den Arm. So schwebten wir in den Laden ein, er über das ganze Gesicht strahlend und herrscherlich nach allen Seiten grüßend.

Ich bin so stolz, dass ich jetzt mit dir zusammen da reingehen kann.

Von da an zahlte ich kein Getränk mehr. Was ich bestellte, schrieb man auf seinen Zettel. In der Kneipe nebenan kam der Koch aus der Küche, um uns zu begrüßen. Der Inhaber sah aus wie Mario Adorf, wir nannten ihn Pappa, er zündete selbst unsere Kerzen an.

Wie Vampire flatterten wir in den dunklen Wintermorgenstunden wieder in unseren Turm zurück. In einem Laden hatten wir ein Buch über Astronomie gefunden, auf einem Flohmarkt ein Kästchen mit Glassteinen. Die Decke und Wände über unserem Hochbett hatte er mit blauem Samt ausgeschlagen, und an diesen Samthimmel haben wir unsere Sternbilder geklebt.

Schütze: das südlichste Zeichen des Tierkreises und Zentrum der Galaxie, Arkab Prior, Kaus Australis, die Sternhaufen des Schwanennebels, hell strahlend Epsilon Sagittarii. Fische: ein großes, nur schwach leuchtendes Sternbild, erkennbar an einem Ring aus sieben Sternen, in dem sich vor zweitausend Jahren die dreifache Jupiter-Saturn-Konjunktion ereignet haben soll, die als Stern von Bethlehem in die Bibel eingegangen ist.

Unter diesem Samthimmel lagen, kauerten, knieten wir.

Du musst bei mir bleiben, du hast keine Wahl. Wenn du gehst, handelst du gegen die Regeln des Kosmos. Gegen die Regeln der Sterne handelst du.

Wenn wir in den Westen zurückmussten, das Mädchen mit der Ente und ich, brachen wir meist erst in der Nacht auf. Immer waren wir todmüde. Wir fuhren im Winter mit offenen Fenstern. Wir versuchten zu singen, um nicht einzuschlafen. Wir hatten Halluzinationen vor Erschöpfung. Wir sahen Radfahrer auf der Autobahn.

Du bist immer sofort nach meiner Abreise in den Blumenladen gegangen. Wenn ich dann nach Hause kam, in das Haus, in dem ich aufgewachsen war und das mich sofort wieder umfing wie eine zudringliche Tante, waren deine Rosen schon angekommen.

Rosen zu verschicken, das war damals etwas. Sie standen auf dem Telefontischchen im Flur. Meine Mutter hatte nicht ihre beste Vase genommen.

Ich trug diese Rosen vor mir her in mein Zimmer. Ich hielt sie vor mich wie einen Schild, reckte sie der anmaßenden Vertrautheit des Hauses entgegen wie einen Abwehrzauber. Am Finger hatte ich einen Ring von dir, am Fuß die dicke Goldkette, die du selbst am Handgelenk getragen und mir umgelegt hattest, ich hatte ein Hemd von dir an und einen Schal von dir um und einen schweren afghanischen Silberarmreif, den du für ein Piece eingetauscht hattest, am Handgelenk, du hast mir alles geschenkt, was du mir schenken konntest. Alles, was du an Schönem hattest, wolltest du mir geben, alles sollte ich mitnehmen, nimm doch, nimm, nimm mit.

Man ging damals ja nicht einfach so im Vorübergehen shoppen. Man hatte weniger Geld, auch gab es keine billigen Massenartikel, die nur so tun, als wären sie originell, aber trotzdem ganz schön sind. Die Welt bestand aus lauter einzelnen Dingen, und die begehrenswerten machten sich rar. Man musste nach ihnen suchen, auf Märkten stöbern und in den Kellerläden der Seitengassen, man musste Glück haben, um etwas Ausgefallenes zu finden, womöglich eines dieser nie gesehenen Dinge aus weit entfernten Ländern, wie sie nur ganz allmählich ihren Weg nach Europa fanden und die man bestaunte wie diesen afghanischen Armreif, den du mir geschenkt hast, und den ich Mitte der Achtziger nachts in einem Taxi in München verloren habe.

Ich vergesse es nie. Ich rauschte inmitten irgendeines glamourösen Rudels durch die Nacht, Champagnerflaschen kreisten, vor einem Club hielt man unter Lärm und stieg aus, und ich war betrunken und heulte, als ich Stunden später den Verlust bemerkte. Man suchte mich zu trösten, schöne, junge Männer hielten mich im Arm, sprachen sanfte Worte und stellten neue Armbänder in Aussicht, aber ich heulte mir die Wimperntusche ab und die Seele aus dem Leib, denn damals, als du mir deine längst verlorengegangene Goldkette geschenkt hattest und deinen längst verlorenen Schal und ebendiesen afghanischen Armreif, waren diese exotischen Dinge so ungeheuer selten gewesen, so unerschwinglich, man hatte überhaupt nicht so viele Dinge damals. Und du hattest fast nichts.

In diesem Winter 1976 bekam ich einen Pelzmantel. Alle Frauen trugen damals Pelzmäntel, sofern sie es sich leisten konnten. Webpelze waren natürlich billiger. Die Hersteller mühten sich meist, sie wie echte Pelze aussehen zu lassen, während man heute und diesseits von Russland der Kundschaft echten Pelz heimlich unterzujubeln versucht. *Nicht textiler Ursprung* steht auf den Schildchen. Auch mischt man Kunstpelzen gelegentlich Tierhaare bei, ohne das jedes Mal zu deklarieren. Ist doch irgendwie flauschiger.

Damals galten Tiere, solange sie nicht Kitty hießen, weitgehend als Dinge. Der Kauf des ersten Pelzmantels war eine Initiation. Man kaufte diese Mäntel nicht in einem Laden. Man ging zu seinem Kürschner. Zuerst wählte man die Fellart aus: Fuchs, Nerz, Iltis, Hamster, Otter, Marderhund. Nerz oder Fuchs kamen für mich nicht infrage: viel zu teuer und etwas für Alte. Bis dreißig reichte locker Karnickel. Ich wurde vermessen, dann kam die erste Anprobe.

Der Mantel war schwarz und knöchellang. Er war dramatisch. Er haarte. Ich denke an ihn wie andere an ihr Brautkleid. Der Mantel hinterließ Spuren, wo ich ging und stand. Ich weiß nicht, was aus ihm geworden ist.

Unter dem Mantel trug ich Spitzenblusen oder Männerhemden, Stiefel und die schwarze Lederhose, die du mir hast auf die Haut schneidern lassen. Ich besitze diese Hose heute noch, auch wenn ich sie schon lange nicht mehr trage. Anfangs konnte ich sie nur mit Mühe schließen, so eng war sie, aber das Leder war schmiegsam, es gab mit der Zeit nach und passte sich der Form meines Körpers an. Es bewahrt eine Form, die mein Körper längst nicht mehr hat.

Genäht hatte diese Hose natürlich Jiri, in dessen Hinterzimmer wir wohnten. Er hatte zwei Freundinnen. Die eine war von Beruf Lehrerin, vernünftig und politisch engagiert, mit birnenförmigem Rumpf und braunen Schaftstiefeln, die über den Waden spannten, und einem Blick von der Effizienz eines Staublappens, der noch von der Tür aus, noch bevor sie hereinkam, immer erst über die offenen Oberflächen glitt, auf der Suche nach eventuell benutzten Rasierklingen. Die andere war schlank und weich, ein hellrot gefärbtes Kätzchen. Sie arbeitete beim RIAS Berlin. Sie trat nicht ins Zimmer, sondern wand sich herein, und ihr Blick huschte nervös über die Polster und Tischchen auf der Suche nach Spuren der Lehrerin.

Die, mit ihrem fetten Arsch. Er bleibt doch nur bei der wegen dem Geld.

Heiligabend verbrachte ich zu Hause bei meinen Eltern. Als ich am 25. Dezember wieder nach Berlin kam, quartierte Gabo uns beim Kätzchen in der Kantstraße ein.

In der Kantstraße musste man nicht wie in unserem blauen Turm über den eisigen Flur rennen, wenn man aufs Klo wollte. Auch musste man zum Duschen nicht die steile Treppe in die hallende Unterwelt der Charlottenburger Bäder mit ihren rostzerfressenen Emailleschildern hinabsteigen, *Rauchen verboten – Betteln verboten – Wäsche waschen verboten*, wo robuste Frauen in Kitteln ihre Schrubber schwangen, der Schneematsch auf dem rissigen Steinboden zu ekligen Pfützen schmolz und der Wasserdampf immer die Kleidung so klamm machte. In der Kantstraße gab es eine Badewanne. Es gab Fenjala-Schaumbad, aber das klebte in den Haaren. Also

Litamin: *Sanft umhüllt dich weicher Schaum/wie ein wunderbarer Traum.* Im Licht der Kandelaber, die an den lila gestrichenen Wänden brannten, sah nasse Haut aus, als wäre sie gebräunt. Jiri und das Kätzchen brachten uns kalten Kirschsaft an die Wanne. Wir hatten noch niemals Kirschsaft getrunken, nur immer Orange und Apfel. Es war damals leicht, neue Erfahrungen zu machen.

In den großen Zimmern mit Flügeltüren, Samtsesseln und Baldachinbett waren wir tagsüber meist allein. Das Kätzchen musste ja arbeiten. Umschlungen lagen wir in der Hängematte unter Palmen und blickten durch die hohen Fenster ins Schneetreiben vor dem Berliner Himmel hinauf. Ohne Hemd und mager, mit deiner langen Mähne sahst du aus wie der auferstandene Christus, wenn er den Jüngern erscheint.

Ich war als Kind Messdiener. Caramba. Bis heute kann ich nicht auf Weihrauch.

Unsere Körper trennten sich nie. Wir küssten uns, wie die Fische küssen. Wir rochen aneinander. Wir schnüffelten, leckten und lutschten aneinander herum, als wäre der andere essbar, als könnte man ihn sich einverleiben. Wir bissen, knabberten und saugten an Haut und Muskeln und dem Fleisch über den Rippen, am Bauch, an den Schulterblättern, den Arschbacken, den Genitalien, an der weichen Innenseite der Schenkel und der Arme, eine totale physische Vereinnahmung jenseits von Sex, manche Mütter beknabbern ihre Säuglinge so. Wir schoben einander Finger und Zungen in die Ohren und die Nasen und alle Falten, Ritzen, Höhlungen des Körpers, durchwachten die Nächte und schliefen erst gegen Morgen, umklammert, verschlungen, in unmöglichen Positionen, und erwachten mit den Köpfen am Fußende oder auf dem Rücken des anderen.

Haben wir manchmal etwas gegessen? Blieben wir Teil der wirklichen Welt? Gekocht haben wir kein einziges Mal. Einen Pizzadienst gab es noch nicht, McDonald's auch nicht. Gelegentlich gingen wir in einer der Altberliner Kneipen vor Anker, die es damals noch überall gab und die im Wesentlichen aus einer dunklen Holztheke bestanden, diese schummrigen kleinen Eckkneipen mit Gläsern voll Soleier und Buletten unter Fliegendraht. Wir tranken Kaffee mit Eierlikör in der Quinte in der Grunewaldstraße, da kannte Gabo den Besitzer, und wir mussten nicht zahlen, oder wir stürzten früh um sieben im Laternchen am Sophie-Charlotte-Platz ab. Aber haben wir dort etwas gegessen? In der Kantstraße gefrühstückt haben wir, in der Küche, unsere nackten Füße auf die Stuhlkante des anderen gestützt.

Oft war es dann schon später Nachmittag, vier Uhr, und draußen dämmerte bereits wieder der Winterabend. Bei der Fütterung der Piranhas im Aquarium haben wir zugesehen. Und einmal waren wir bei einem Chinesen, das fällt mir jetzt wieder ein. In kleinen Städten gab es damals noch keine ausländischen Lokale, höchstens mal eine Pizzeria, auch in meiner Heimatstadt eröffnete erst im folgenden Jahr ein chinesisches Restaurant, aber da sahen nur die Bedienungen asiatisch aus, wenn der Koch den Kopf aus der Küche streckte, war es ein Italiener.

Aber hier waren wir in Schöneberg. Es war nachmittags und außer uns niemand da. Die Tische hatten Wachstuchdecken. Irgendwo fern in der Küche gurgelte und schepperte ein unmelodiöses Radio. Wir guckten auf die Karte.

Gabo? Hast du schon mal Tintenfisch gegessen?

Ja klar. Oder nee. Das waren Fahrradreifen.

Als das Essen kam, fragtest du nach einem Stück Brot. Der Kellner verneinte: Kein Blot in China, keine Kaltoffeln. Null Leis.

Du starrtest den Kellner an.

Eine Hungersnot, sagtest du. Grausam.

Wir lachten und lachten.

Wir sahen uns an, wenn wir lachten, berauscht vom

Gleichklang, dem gemeinsamen Erleben. Beim Essen hielten wir einer die Hand des anderen, mit der freien Hand stocherten wir auf dem Teller des anderen herum. (Deine Hand mit der Gabel, das blaue Om-Zeichen, der Siegelring.) Die Bohnensprossen auf deinem Teller sahen aus wie Spermien. Wir lachten, wir spielten damit, du hieltest mir eine hin, und ich leckte sie dir von der Gabel. Stippte sie einzeln mit der Fingerkuppe auf.

Abends, wenn das Kätzchen nach Hause kam, studierte ich ihre Sitten. Sie war ja sechs oder sieben Jahre älter als ich. An ihr habe ich zum ersten Mal Spitzenslips gesehen, ich selbst trug Kinderschlüpfer aus Frottee. Parfüm tupfte sie sich nicht hinter die Ohren, wie ich es von Erwachsenen kannte, sondern sprühte es in den Nacken unter die langen Haare. Moschus von Nerval. *Wild Love, Indian Love, Mystic Love, Free Love.* Einmal, als sie wegen Jiri weinte, hielt ich sie im Arm, sie legte den Kopf auf meine Schulter, und ich roch an ihrem Nacken, überrascht und entzückt, dort diesen süßen Duft zu entdecken. In der Wohnung trug sie nie Straßenklamotten, sondern lange, dünne Hemden oder Seidenkimonos, die auch ich anziehen durfte, diese Angewohnheit habe ich von ihr übernommen, lange Zeit habe ich mich zu Hause exotisch verkleidet.

Wenn wir zusammen ins Treibhaus gingen, trennten sich am Eingang unsere Wege. Don Gabo kletterte hinauf zum DJ, das Kätzchen machte sich auf die Suche nach Jiri, und ich reckte mich und streckte mich und rieb mir die Hände wie einer, der mit Appetit zu Tisch geht, denn nun war ich allein und frei, fühlte mich an nichts mehr gebunden, betrat wieder meinen eigenen Raum und ließ mich von Sergeant Blume zu einem Drink einladen, jemand, den ich die Lady nannte, sah mich an mit diesem mystischen kajalgeschminkten Blick, den er hatte, wobei wir tanzend die gesamte Tanzfläche umkreisten, der Kaiser nannte mich Märchenauge und gestand, er fahre seit drei Stunden auf eine andere Frau ab und bräuchte bestimmt noch mal so lange, bis es vorbei und er zu mir zurückgekehrt sein würde, und Prinz Silberherz küsste mich auf den Mund.

Aber nicht so, wie die Fische küssen. Überhaupt nicht so. Sondern seine Zunge war ein sehr munteres Fischlein in meinem Mund, und er roch gut, nicht allzu sauber, nicht ganz frisch gewaschen, sondern ein bisschen bitter und irgendwie salzig und ein wenig wie ein großer Hund, es gab ja keine Bäder in den meisten dieser Wohnungen, in denen ich in meinem Sommer viele Vormittage in seinen Armen verschlafen hatte, und warum hätte er mich also nicht küssen sollen.

Er war doch auch noch in mich verliebt. Das versicherte er mir glaubhaft in diesen Winternächten, wenn ich mit Gabo ins Treibhaus kam. Er saß am Tisch oder an der Theke und sagte, er müsste wahrscheinlich noch viel lernen, dann würde er eines Tages alles verstehen, sich selbst und das zwischen uns und mein ständiges Kommen und Gehen und Wiederkommen, denn verstanden hätte er das alles nie, er hätte sich immer gewünscht, mich für sich allein zu haben, hätte aber nicht gewusst, was zu tun war, wenn man sich so verliebte, weil er nicht gewusst hätte, dass man sich so verlieben konnte, und das wäre wohl überhaupt sein Junk, dass er, wenn er nicht sicher wäre, was er tun sollte, überhaupt nichts tat, und so redete er mit mir und redete immer weiter mit mir, und das war alles so schön, dass ich ihn noch einmal küssen musste, und dann kam Gabo durchs Lokal.

Das konnte dann verschieden weitergehen. Mal schritt er erhobenen Hauptes hinaus auf die Straße, und ich machte mich los und eilte hinterher, sodass er mich draußen schütteln und fest umklammern und so durch die Zähne geknirscht fragen konnte, ob ich ihn in den Wahnsinn treiben wollte, was ich jedes Mal ehrlich und begeistert bejahte. Oft klang dabei von drinnen genau die richtige Musik heraus, *You're My Everyday's Torture* von Golden Earring zum Beispiel oder *The Torture never stops* von Zappas *Zoot Allures*, das hatte er dem DJ zu spielen befohlen, bevor er hinausgegangen war. Wenn wir uns dann küssten, wenn er mich über das nächste Auto bog oder ich an ihm hochging wie an einer Kletterstange, wurde um uns gestöhnt und applaudiert, Mann, Don Gabo, hör auf, was macht ihr, das ist doch Quälerei. Und ich konnte später Sätze in mein Tagebuch schreiben, die gingen so: *Wir taumelten durch die Nacht*. Fürchterlich. Grauenhaft. Aber uns gefiel es.

Er konnte sich auch drüben bei den Flippern aufbauen, an denen nie einer flipperte, und mich mit verschränkten Armen fixieren, so hinreißend scheißarrogant, so wahnsinnig machomäßig cool, dass ich mich richtig zwingen musste, jetzt meinerseits mit zurückgeworfenem Kopf das Lokal zu verlassen, damit er mir hinterherkommen konnte.

Oder – und das mochte ich am allerliebsten, und ich würde es heute noch mögen, und jetzt mal ehrlich und unter uns, zeigt mir die Frau, egal welchen Alters, die es nicht mögen würde – oder, er teilte die Menge mit seinen Armen, schob weit ausholend wie ein Schwimmer die anderen um mich herum einfach weg, sagte wohl auch noch laut und mit tiefer Stimme: Darf ich mal!, und beugte sich schließlich über mich, die ihn die ganze Zeit mit singendem Herzen hatte kommen sehen, und packte mich an den Schultern und legte seine Arme um mich, allen Raum einnehmend, sodass die um uns herum einfach wegbröselten, sein Gesicht war über mir, seine Haare fielen um unsere Köpfe wie ein Vorhang, und hinter diesem Vorhang küssten wir uns, bis ich mich wand und nach Luft schnappte wie ein Fisch, hach, herrje ja, so war das damals, man ist nur einmal jung, ich bereue nichts, ich weiß, ich war unverbesserlich, aber es gab auch keinen Grund für Verbesserungen, ich war ja ein Erfolg.

Zu Hause in der Kantstraße lagen wir wieder mit verschlungenen Armen auf dem Teppich, mit verknoteten Beinen in der Hängematte. Nachts schliefen wir auf einer Matratze in einem kleinen Zimmer, in dem der Ständer zum Wäschetrocknen stand und ein paar Koffer und sonst noch allerlei Ramsch. Ich lag halb auf ihm, mit dem Kopf auf seiner Brust und in seinen Armen, es war dunkel im Zimmer, und die Scheinwerfer der Autos wanderten über die Decke und an den Wänden entlang wie in einem französischen Film, in dem die Protagonisten auf romantische und existenzielle Weise Verlorene sind. Das war wundervoll und mir neu. Das Haus meiner Eltern stand inmitten eines Gartens auf einem Hügel.

Er hat damals häufig etwas erzählt, was, weiß ich nicht mehr, aber ich erinnere mich an den Ton der Geschichten. Sie waren oft melancholisch. Ich empfand diese Geschichten als tief. Sie kamen meinem Bedürfnis entgegen, etwas von der Welt zu erfahren, der richtigen Welt, in der es Düsternis, Schmerz und Schicksal gab, aber sie taten mir nicht weh, sie bedrückten mir das Herz nicht über ihr Ende hinaus, sie verfolgten mich nicht immer noch weiter, nachdem sie längst zu Ende erzählt waren, so ernst gemeint waren sie nicht. Während er sprach, und er sprach damals mehr als ich, lag ich mit geschlossenen Augen, und meine Finger taten etwas Merkwürdiges, sie wanderten von seinen Mundwinkeln zu den Augenwinkeln empor und wieder zurück, sie suchten die kleinen Muskeln zu finden, die sich bewegten, wenn er sprach, sie berührten und verweilten dort, wo seine Gesichtsmuskeln zuckten, sich anspannten und wieder entspannten, als wäre ich blind gewesen und hätte es meinen Fingern überlassen, sein Gesicht zu lesen.

Gabo? Glaubst du an Gott?

Ja klar. An die große kosmische Kraft. Die hat uns auch zusammengeführt. Spürst du das nicht? Wie das fließt?

Es war ein Strom, ein Energieaustausch. Irgendwelche kleinsten Teilchen wanderten von meinem Körper in seinen und von seinem in meinen, und das ist keine romantische Metapher, und es war auch keine Einbildung, sondern eine Wahrnehmung, die Manifestation eines offenbar von der Wissenschaft noch nicht erkannten oder noch nicht untersuchten magnetischen oder elektrischen Phänomens, das eines Tages aber bestimmt sichtbar zu machen sein wird, so wie die unsichtbare Kraft, nach der sich im Physikunterricht Pfeilspäne ausrichten. Ich weiß nicht, was diesen Strom erzeugt hat oder worauf er beruhte. Er hatte nichts mit Begehren zu tun und auch nicht mit Liebe. Ich habe später, nach Gabo, andere Männer begehrt und andere Männer geliebt, ohne dass der Strom geflossen wäre. Ich wollte, dass er fließt, ich habe darauf gewartet. Ich habe versucht, dieses Strömen mit bloßem Willen zu erzeugen. Aber kaum je hat es sich später noch einmal eingestellt.

Mitte Januar fuhr ich in den Westen zurück. Mitte März waren wir das erste Mal getrennt.

Warum? Wie war das möglich? Wie konnten wir uns nach der Kantstraße trennen? Seit Wochen stelle ich mir diese Frage. Seit Wochen, seit Monaten, von Seite 110, 243, 430 hierher zurückkehrend schreite ich schreibend immer wieder denselben Weg ab, irgendwo hier muss er aufblitzen, der Schlüssel –

Ich sage: In der Kantstraße sind wir einander zu nahe gekommen. Das Bild, das sich mir aufdrängt, ist eins der Vernichtung. Magnetische Kräfte wirken, und die Kollision ist so gewaltig, dass die zu Partikeln Zerschmetterten keinen Schmerz empfinden, sondern betäubt sind von der plötzlichen Leichtigkeit, dem Höhenflug, dem gemeinsamen Wirbel, in dem nicht mehr auszumachen ist, wo der eine endet und der andere anfängt. Die Schöpfung ist an ihr Ende gelangt, die älteste Menschheitssehnsucht hat sich erfüllt, das goldene Zeitalter ist wiedergekehrt, die große Verschmelzung, die weder Raum für Zukunft noch Sorge lässt. Es flutet das unerschöpfliche Verlangen und die unerschöpfliche Stillung des Verlangens, und man überlässt sich dem Strom und Strudel, ein Säugling an der Mutterbrust des Universums, die Augen verdreht im Delirium aus süßer Milch und ekstatischer Schläfrigkeit und endlich befreit von der lästigen, immerfort den Erwachsenen bedrängenden Forderung, Person zu sein und zu handeln und Entscheidungen zu treffen –

Oder, könnte man sagen, die Ich-Illusion ist temporär überwunden. Die Ränder des Selbst lösen sich auf, das endlose Gequassel im Kopf verstummt und die Grenzkontrolle der Ich-sagenden Vernunft streckt die Waffen, aller flache Positivismus hat sich erledigt und die Wahrheit wird offenbar: Alles ist mit allem verbunden. Dem Übenden, der diese ursprüngliche Einheit alles Seienden zu erkennen sucht, indem er den Weg zurück zu den Quellen geht, bietet der Hinduismus das Bild der Vereinigung Shivas und Shaktis an. Der Gott im Lotossitz hält die Göttin auf seinem Schoß, die ihn mit Armen und Beinen umschlingt. So verharren sie in jenem Zustand primärer Ekstase, den der Meditierende anstrebt, in der seligen Zeitenlosigkeit jenseits der erschaffenen Welt.

Aber dann ist es die Göttin, die erwacht. Sie wird sich ihrer selbst als eines unabhängig existierenden Wesens bewusst, löst sich, erhebt sich und beginnt ihren Tanz, mit dem sie alles Seiende erschafft. Wörter, Sätze, Zeichen, Graphitstaub, Partikel mit elektrischer Ladung meinetwegen finden sich zu einer schönen Ordnung zusammen, aus dem Nichts entsteht eine Welt und am Bahnhof Zoo ein Zug, in den ich nun einsteige, um nach Coburg zu fahren.

Denn nur noch siebzig Schultage, so hatte ich ausgerechnet, waren es bis zum Abitur.

Dass ich das bestehen würde, war beschlossene Sache seit meiner Geburt. In den vergangenen Monaten hatte ich nur noch sporadisch am Unterricht teilgenommen, das ist wahr, entsprechend waren meine Noten. Aber ich wollte ja nicht Medizin studieren. Die Sache war scharf durchkalkuliert. Wurde es eng, meldete ich mich freiwillig für Referate. *Philosophie des Barock. Der Hitlerputsch und die Folgen.* Frontbewährung.

Möglicherweise empfand ich auch, als ich in den Zug gen Westen einstieg, ein ketzerisches Verlangen nach einer warmen Mahlzeit. Ich wollte vielleicht mal wieder allein im Bett liegen, lesen womöglich oder kalt duschen. Keine starken, drängenden Impulse waren das, aber wirkmächtig, gerade weil ich sie mir nicht eingestehen musste, sondern mir weiterhin erzählen konnte, dass die Welt, in deren Geborgenheit ich zurückkehrte, eine ungeliebte Welt sei, die mich gegen meinen rebellischen Willen band und aus der ich mich tagträumend in die Kantstraße zu retten suchte.

Aber dieses Atlantis war in den Fluten versunken. Denn auch wenn ich an den Wochenenden weiterhin nach Berlin fuhr, auch wenn wir in der Kantstraße schliefen und ich gelegentlich schon am Donnerstag ankam oder bis Montag blieb: Immer hörte man die Uhr ticken. Die Zeit lief vom ersten Kuss an auf den Abschied zu. Exilanten aus dem Paradies waren wir.

Aus dem blauen Turm begannen Brieflein einzutreffen.

Fünf Uhr früh ... Du bist fort ... nur die Bilder von dir ... was soll ich tun, sag es mir ... die Verzweiflung, ohne dich leben zu müssen ...

Jeden Abend um acht rief er an. Natürlich war er es, der anrief, Ferngespräche waren sehr teuer, mein Vater hätte mir was erzählt. Worüber wir redeten, weiß ich nicht. Von seinem Erwerbsleben wird er fernmündlich kaum etwas preisgegeben haben. Mir wiederum kam es nicht in den Sinn, von meinem Schulalltag zu erzählen, warum hätte ihn das interessieren sollen, es interessierte ja nicht einmal mich. Ich hockte also auf dem Fußboden im Flur, lehnte an der Wand und gab mich mit geschlossenen Augen seiner Stimme hin, die mir stundenlang und auf vielfältige Weise von seiner Sehnsucht nach mir berichtete.

Komm mich besuchen, sagte ich schließlich. Komm du doch einmal nach Coburg zu mir.

Anfangs zauderte er. Wie sollte er die Distanz überwinden? Er hatte weder Auto noch Führerschein. Ja, Züge, aber die waren furchtbar, allein hockte man da unter all diesen fremden Leuten. Auch hatte er keinen Ausweis. Nicht einmal gemeldet war er in Berlin, was würden die sagen, wenn er nach all den Jahren jetzt ankam.

Das wusste ich auch nicht. Dass es so etwas wie Meldepflicht gab, war mir neu.

Warum habe ich die Welten nicht auseinandergehalten?

Aber so sauber voneinander geschieden, wie es bisher den Anschein gehabt hat, waren sie gar nicht. Die offensichtlichste Verbindung war die Entenfahrerin. Ingrid.

Ingrid und ich waren, wie man so sagt, Klassenkameradinnen. Wo das Wort herkommt. Kameradinnen waren wir in unserer Klasse nicht, ich legte keinen Wert auf Kameraderie und auf Ingrid mit ihren Perlenohrclips schon gar nicht, sie saß in der ersten Bank und arbeitete mit.

Warum sie mir im Sommer 1976 angeboten hat, mich mit nach Berlin zu nehmen, wo sie ihren Freund, den Burschenschafter, besuchte, weiß ich nicht. Offizielle Begründung war meine Beteiligung an den Spritkosten. Angewiesen war sie auf solche Zuschüsse aber nicht. Erst später hielten ihre Eltern sie kurz, im Versuch, sie an weiteren Fahrten mit mir zu hindern.

Ihr Elternhaus war in jeder Beziehung konservativ. Der Vater hielt Dregger für einen hervorragenden Mann und ansonsten galt Goethe, selbstverständlich wurde das Piano bedient, was ja um Himmels willen nichts Verwerfliches ist. Sie selbst fühlte sich in dieser Welt auch vollkommen zu Hause. Aber nachdem sie mir einmal ins Getümmel hinein gefolgt war, war ihr Blick auf die Dinge ein anderer. Dringend wollte sie nun den Stallgeruch wechseln. Rückstandsfrei wollte sie sie abkriegen, die Patina von Wäschestärke und Dreiwettertaft, hautenge Hüftjeans wollte sie haben und ein schwarzes Samtcape, nichts an ihr selbst war ihr mehr recht. Dabei war sie im Grunde ein hübsches Mädchen, vielleicht nicht ganz so modisch zart, wie sie es gern gewesen wäre, aber mit Augen von reinem Hellblau und Zähnen so weiß und regelmäßig wie beim damaligen Stand der Kieferorthopädie selten, während meine Zähne schief sind und meine Augenfarbe Mischmasch. Dennoch wollte sie sich nun im Eiltempo in mich verwandeln.

Ich hatte es aber auch leichter gehabt. Ich habe mich nie irgendwo fraglos berechtigt gefühlt, sondern von Anfang an wie jemand, der immer erst hereinkommt, wenn die anderen schon sitzen. Vielleicht hängt das damit zusammen, dass ich einer Familie von Flüchtlingen entstamme. Zur Stadt meiner Geburt lebten alle um mich herum in Distanz. Unsere wahre Heimat lag im Osten, begriff ich, ich hatte sie aber nie gesehen und würde sie nie sehen, denn eine große Katastrophe, ein großer Brand hatte den Ort vernichtet.

Das Häuschen, in dem wir wohnten, war neu, eines von vielen in einem Neubaugebiet, dessen Straßen ebenfalls nach Orten im Osten hießen. Diese Orte gab es, alte Schilder an

Landstraßen wiesen noch immer den Weg zu ihnen, Erfurt, Weimar, Eisfeld, Sonneberg, aber da hätte auch Mond stehen können, 1933 oder Wolkenkuckucksheim. Vielfach verloren war der Osten, der ferne meiner Mutter und der nahe meines Vaters, der gleich drei Himmelsrichtungen für sich beanspruchte, am Rand dieses Nicht-Orts hatte man groß zu werden.

Das erschien mir unmöglich. Ich sprach nicht mal die Sprache. Meine Sprache war falsch, ich redete eingebildet und begriff nicht, was mit diesem Vorwurf gemeint sein sollte. Frisch eingeschult, stand ich ratlos inmitten meiner eingeborenen Mitschüler, wenn die sich in der Pause miteinander austauschten und eine von ihnen dann beispielsweise behauptete, am Sonntag wäre sie *baimaimboden* gewesen. Was mochte darunter zu verstehen sein? Nachzufragen war sinnlos, sie wiederholten dann dasselbe, nur lauter.

BAIMAIMBODEN!

War es ein Tätigkeitswort? Ich war schwimmen, ich war wandern, ich war baimaimboden. Oder genauso gut konnte es eine Ortsangabe sein. Beimaimboden am Main. Schlosshotel Baimaimboden mit eigenem Schwimmbad. Aber ich würde in diesen Wassern nie plätschern. Ich verstand das Zauberwort nicht, der magische Ort würde sich mir nicht öffnen, ich blieb ausgeschlossen, und als ich schließlich alles begriff, als es sich mir auftat, dass dieses arme Mädchen lediglich ihrem Patenonkel einen Besuch hatte abstatten müssen, *bei meinem Paten* war es gewesen, offenbar hatte es nur einen davon, nicht einen ganzen Haufen so wie ich, und bei diesem einen, armseligen Patenonkel hatte sie nun einen ganzen Sonntag lang adrett gekleidet am Kaffeetisch sitzen müssen – als ich das verstanden hatte, war ich dermaßen enttäuscht und erleichtert und sie zugleich so vollkommen erledigt, so jeder magischen Kraft verlustig gegangen, dass ich mich bereits von der Mitte der kleinstädtischen Gesellschaft abgewandt hatte, bevor ich noch in die Pubertät gekommen war. Unwillig betrachtete ich den unheimischen Ort, und der blickte beleidigt und abweisend zurück.

In der Fremde hingegen war man willkommen. Ein Tourist ist kein Mensch, er muss sich nicht anpassen, sondern er ist eine Geldquelle, er soll seine Rechnungen bezahlen und wieder abhauen, so wie auch die Gastarbeiter nach Gebrauch. Bloß die Italiener von der Eisdiele Cortina würden hoffentlich bleiben. Die fuhren immer im Spätherbst nach Hause, sagte mein Vater, wenn ihre Eisdiele zumachte, wobei es, sagte er, dann auch in Cortina kalt sei. Das hat mich eine Weile lang sehr beschäftigt: Wie traurig das sein musste, endlich heimfahren zu dürfen und dort wieder nichts als den Winter vorzufinden.

Wir dagegen fuhren im Sommer nach Italien. Wenn man nach Italien fuhr, brach man immer sehr früh auf, in der Nacht, wenn die Landstraßen frei waren und kein Verkehr in den großen Städten herrschte, die noch keine Umgehungen hatten. Ich lag im Bett und lag wach und lauschte auf die Glockenschläge, die von den verschiedenen Kirchtürmen der Stadt zu unserem Hügel heraufklangen, und gerade, wenn ich doch endlich eingeschlafen war, kam meine Mutter und weckte mich. *Schsch, du musst gar nicht richtig aufwachen. Schsch, schlaf du einfach im Auto weiter.*

Das Auto roch nach kaltem Leder, Apfelschnitzen und Thermoskanne. Hinten auf dem Rücksitz war das Bett gemacht, mit Stofftieren und Decken. Ich schlief aber nicht. Ich lag und sah durch die Rückscheibe, in dem dunklen Auto unter dem dunklen Himmel, und war tief im Frieden. Es war ein Frieden, viel zu schön und zu einzigartig, um ihn im Schlaf zu verpassen. Auf dem Weg nach Italien entschwand ja nun alles, Schulhof und Turnhalle und all die anderen Widerwärtigkeiten. Die lebensfeindliche Küste blieb zurück, das Auto war ein Schiff und schwamm durch die Nacht auf Fluten, die immer klarer und süßer wurden, nicht mehr vergiftet von der bitteren Trauerbrühe, in der man jeden Morgen gleich nach dem allerersten hauchdünnen, noch ganz geruch- und geschmacksfreien Moment des Erwachens versank. Man musste dann sofort beginnen zu strampeln. Man musste kämpfen, treten, und bis man durchs Badezimmer in die Küche, durch die Tür und die Stadt in das hell erleuchtete Klassenzimmer zwischen Gitti und Babsi in die Bank gekommen war, war man schon so erschöpft, dass eigentlich keine Kraft mehr für den Tag übrig blieb.

Jetzt lullte mich der Rhythmus der Straßenlaternen ein, die über die Rückscheibe wanderten. Dann war man auf der Landstraße. Hin und wieder tat meine Mutter etwas: kramte in einer Tüte, leuchtete mit der Taschenlampe auf die Karte auf ihren Knien. Die Hände meines Vaters umschlossen sicher das Lenkrad, weiß und sommersprossig, mit goldroten Härchen darauf. Der Motor brummte. Hin und wieder hörte man die Stimme des Vaters und der Mutter. Sie redeten leise, um das Kind nicht zu wecken. Ihre Stimmen hatten einen ungewöhnlichen Ton. Es war ein Ton, der das Kind ausschloss. Schön war das, nicht mit eingeschlossen zu sein in die Welt der Eltern, die Geschichte und die Kämpfe der Eltern. Das Kind, das ich war, hoffte inständig, dass jetzt nichts passierte: Nichts, das dazu führen würde, dass die Eltern wieder mit ihren normalen Stimmen sprechen, dass sie laut und deutlich sprechen würden und ihre gemeinsame Welt wieder die ganze Welt umfassen würde und also auch das Kind, das dann sofort hätte aktiv werden müssen.

Aber solange wir fuhren, ging alles gut. Solange wir fuhren, gehörten wir fest zusammen, Familie Nichtvonhier waren wir und in dieser Rolle geborgen.

Dann hatte man wieder zu Hause zu sein, wo ich in keinem Kostüm nahtlos aufging, in dem Stück, das gegeben wurde, war ich nicht vorgesehen, ich würde mich selbst hineinzuschreiben und mir meine eigene Ausstattung zu fertigen haben: Und die fand Ingrid nun schicker als ihre eigene.

Sie klebte sich auch ein Silbersternchen auf, das Aigner-Jäckchen tauschte sie gegen ein Samtjackett aus, wie ich eines hatte, und das wird der Eitelkeit der Achtzehnjährigen, die ich war, sicher geschmeichelt haben, aber im Grunde gefiel es mir nicht, ich hätte lieber eine gleichrangige Freundin in Ingrid gefunden.

Dass sie das sei, redete ich mir auch ein. Die Tagebücher sind voller Loblieder auf ihre Schönheit und unsere tiefe Verbundenheit, Beschwörungen, die etwas Pflichtschuldiges haben, das mir heute unangenehm ist. Zugleich mochten wir einander aber wirklich. Mädchenfreundschaften. Nichts, nicht einmal die Liebe, ist komplizierter.

Und was heißt das überhaupt: jemanden wirklich mögen. Ich denke mir, dass Ingrid und ich nie absichtslos miteinander befreundet gewesen sind. Von dem Moment an, wo sie mich gefragt hatte, ob sie mich mit nach Berlin nehmen sollte, hatte sie mich benutzt und ich sie, wir bemühten uns umeinander, weil wir einander brauchten, wir ermöglichten einander unser Berliner Leben, durch das wir in unserem Coburger Umfeld zu Außenseitern wurden, und das wiederum brachte uns einer echten Freundschaft sehr nahe. Mit niemandem, den wir in Coburg kannten, waren wir lieber zusammen als miteinander. Auch wenn wir nicht in Berlin waren, schwänzten wir häufig gemeinsam die Schule. Bei ihr konnte man unbemerkt durchs Fenster einsteigen, in ihr Zimmer, wo wir Kassetten mit Theatertexten und Gedichten besprachen, Beckett, Trakl, Ionesco, dazwischen unsere eigenen Ergüsse, wir planten Fotoserien, die Tom umsetzen sollte, und Performances, aus denen nichts wurde, oder ich fuhr ohne Führerschein ihr Auto, bei lauter Musik bretterten wir über Forstwege in den Dreck und suchten dann nach einem

Bauern mit Traktor, der uns wieder herausziehen würde. Dann ging es wieder los nach Berlin.

Meine Eltern alimentierten diese Fahrten nicht. Am liebsten hätten sie sie verboten, aber das war heikel, ich war volljährig, auch hatten sie mit dem Verbieten keine guten Erfahrungen gemacht. Ich fand es damals nicht einmal erträglich, wenn jemand meinte, mir etwas erlauben zu können.

Schon gar nicht hielt mich Geldmangel von irgendetwas ab. Geld war unerheblich, eine Illusion. War Frodo mit dicker Brieftasche nach Mordor gewandert? Hatte Gandalf Pfennige gehortet, um sein Zimmer in Gondor zu bezahlen? Geld tauchte auf, wenn man es brauchte. In Berlin gab es eine Gruppe älterer Herren, die samstags unter Führung eines Kunstprofessors im Café Möhring zu frühstücken pflegte, zu denen gesellten wir uns regelmäßig, Ingrid und ich, wir lächelten, plauderten, applaudierten dem Professor, tunkten Butterhörnchen in Milchkaffee und blieben zwei oder drei Stunden, wofür man uns einen Hunderter zusteckte und, wenn wir noch mit in die Paris Bar kamen, zwei.

Keiner dieser Männer hat jemals einer von uns Avancen gemacht. Selbst zufällige Berührungen wurden mit großer Sorgfalt vermieden. Wofür bezahlten sie uns? Ich fragte mich das nicht. Dies war mein Sommer, ganz Berlin freute sich, mich zu sehen. Ich empfand auch gar nicht, dass sie uns entlohnten. Wofür denn, wir taten ja nichts. Ihr Geld war Benzingeld, es ermöglichte unsere Zusammenkünfte, wir hätten ohne dieses Geld nicht dauernd nach Berlin fahren können. Sie wollten das aber, sie wollten, dass wir kamen. Warum? Ich verschwendete keinen Gedanken daran. Wir waren jung, sie waren alt. Vielleicht war es ein absichtsloses Angezogensein so wie bei kleinen Kindern oder Hundewelpen, für die die Leute auf der Straße einander am Arm fassen: Guck mal, wie süß! Ja komm doch mal her, du, ja komm mal her –

Überall, das glaubte ich ohne Bedenken, an jedem Ort der Welt war ich den Menschen willkommen, nur am Ort meiner Geburt nicht, in meiner sogenannten Heimatstadt: in der mich nun Gabo besuchen kam.

Auf dem Bahnsteig küssten wir uns, bis wir allein dort standen. Dann führte ich ihn durch die Stadt. Er sah aber nur mich an, nicht was ich ihm zeigte, er lachte, wo es nichts zu lachen gab, er sprach zu laut, und auch mir kam es plötzlich komisch vor, ihn hier herumzuführen. War ich womöglich auf einmal stolz auf das Münzmeisterhaus oder die Ehrenburg. Hatte ich die vielleicht erbaut. Andererseits, die Hofapotheke war aus dem siebzehnten Jahrhundert, und auch für das Schlossplatzensemble hätte man ein wenig Interesse aufbringen können, Tom hatte mir dazu manches erklärt –

Im Flur meines Elternhauses trat uns mein Vater entgegen, er musterte Gabo, gab ihm die Hand, verschwand im Wohnzimmer und schloss hinter sich die Tür. Meine Mutter kochte Kaffee. Wir setzten uns in die Küche und übten uns in Konversation, Gabo sagte bitte und danke, aber er war befangen, er traf nicht den richtigen Ton, er gefiel mir hier nicht so gut wie in Berlin. Wir saßen in meinem Kinderzimmer, acht Quadratmeter und dunkelbraun gestrichen, warum auch nicht, die Wände von David Bowies Zimmer in der Schöneberger Hauptstraße waren bekanntermaßen blau, *blue, blue, electric blue,* laut aufdrehen durfte ich die Musik aber nicht. Unser Haus war eng. Auch nicht irgendwie besonders möbliert. Er machte das sichtbar, er stellte das Haus meiner Eltern bloß, aber nicht auf die Art, dass er der Paradiesvogel im Hühnerstall gewesen wäre. Das Häuschen wurde lediglich noch enger durch ihn.

Bei meiner Oma auf dem Sofa saß er wie ausgestopft. Fröhlich und ununterbrochen plappernd eilte sie vom Wohnzimmer in die Küche und von der Küche in ihre Vorratskammer, ein geschäftiges Eichhörnchen, das ständig neues Essen aus geheimen Kammern heranbrachte. Gabo aß auch, und das gefiel ihr, aber dann war sie wieder unkonzentriert und fragte nach Tom. Und mein Großvater sagte die ganze Zeit kein Wort.

Ich habe diesen Großvater sehr geliebt. Er war ein Arbeiter von der Sorte, die sich früher in Bildungsvereinen engagiert haben. Vor dem Krieg war er Mitglied der Danziger KPD gewesen, an der Ostfront Sanitäter und bis siebenundvierzig in russischer Kriegsgefangenschaft. Falls er dem Leben im Osten nachweinte, so merkte man davon nichts. Der Krieg, über den er niemals ein Wort verlor, war der große Einschnitt gewesen, die Welt davor war versunken, er erwähnte sie nicht mehr. Im Gegensatz zum Rest der Familie fuhr er auch nicht nach Danzig, als das wieder möglich wurde. In seinem Kleingarten hielt er Tauben, Zwerghühner, Kaninchen, Meerschweinchen, Goldfische und eine Weile lang zwei Turmfalken, und absurd und etwas lächerlich waren neben ihm die K-Gruppen-Jünglinge gewesen, die mir lebhaft vor Augen hatten führen wollen, der Arbeiter brauche die Revolution.

Mein Großvater brauchte rein überhaupt nichts. Es ging ihm gut, besser denn je, sagte er, unter dem Wohnzimmerschrank zog er Mehlwürmer für seine Vögel auf der Veranda, auf der Anrichte im Wohnzimmer stand ein Aquarium, und im Fernsehen sah er Reportagen über ferne Länder und exotische Tiere. Grzimek. *Serengeti darf nicht sterben.* Wenn ich ihn besuchte, sagte er zu mir: Ach Sylvichen. Was bin ich gestern Abend wieder schön gereist.

SIL-wi-chen. Er sang meinen Namen, fast wie ein Italiener. Ich habe meinen Namen nie geliebt, Sylvie, Süll-Vieh, so klang das aus fränkischen Kehlen, aber mein Großvater konnte mich mit meinem Namen versöhnen. Er war ein Mensch, der sich selbst genügte, und sprach meist wenig, es sei denn, man sprach ihn auf seine Tiere an. Dann kam Leben in ihn.

Diesen Trick wandte ich nun an. Ich erkundigte mich nach den Falken und den Jungguppys, auch nahm ich den Spiegel vom Bord und zeigte Gabo, wie sich der neue Kampffisch beim Anblick seiner selbst vor sinnlosem Zorn verfärbte. Es verfing aber alles nicht. Mein Großvater schwieg. Gabo saß angespannt auf dem Sofa, und liebend gern hätte ich ihn in die Seite geboxt. Sag doch mal was, zeig Interesse, verdammt! Aber er konnte nicht. Ich konnte es ihm nicht vorwerfen. Man konnte niemandem etwas vorwerfen.

Einquartiert hatte ich ihn bei Jo und Hardy, die wohnten in einem der kleinen, schiefen Fachwerkhäuschen der Coburger Altstadt und waren ebenfalls Kiffer. Allerdings kamen dort auch regelmäßig Junkies vorbei. Ich konnte nicht leiden, wenn sie drückten, nicht aufgrund prinzipieller Erwägungen, sondern weil es mich befangen machte, wenn alle in der Runde sich die Arme abbanden und aufkochten und ich nicht. Es war ein Ritual und meine Rolle dabei voyeuristisch, also nicht schön, ich habe es nie verstanden, dass man an einer Unfallstelle den Fuß vom Gas nimmt oder als Tourist in fernen Ländern das Rohr seines Kameraobjektivs dreist in Leben und Andacht anderer hineinschiebt, und wenn bei Jo einer nach dem anderen aufstöhnend auf den Polstern zusammensackte, dann war es, wie ihnen beim Masturbieren zuzusehen, man wurde ja ungewollt Zeuge einer einsamen und überwältigenden Lust. Ich guckte also so lange zur Decke oder aus dem Fenster oder ging aufs Klo. Es dauerte ja nicht ewig, dann war der Flash vorbei, und man konnte wieder mit den Leuten umgehen. Man musste sich eben auf die Sachlage einstellen.

Aber Gabo ging die Wand hoch, die Drückerei deprimierte ihn, sagte er, es ekelte ihn alles bei Jo an. Wir wichen also in den Park aus, aber es war Februar. Wir saßen im Café, aber was sollte er da, er war gar nicht durstig oder hungrig. Dabei war dieses Café eigentlich ganz gemütlich. Ich sah alles mit anderen Augen, seit er hier war, aber nicht durch seine Augen, im Gegenteil: Er machte mich mit meiner Heimatstadt deckungsgleich. Er brachte mich zurück, kaum dass ich halb entflohen war, schlimmer, er machte mich zum ersten Mal einheimisch. Das war mir enorm unangenehm.

Dann fuhr er wieder nach Berlin. In einem seiner Briefe befand sich ein Rechtschreibfehler. *Was kann ich tuen.* Auf einem anderen klebte einer der »*Liebe ist …*«- Cartoons von Kim Casali, das war ja schon rührend. Ich nahm ihn natürlich vor mir in Schutz. Sein Vater hatte ihn geschlagen, seine Mutter nie geliebt, seine Kindheit war mies gewesen, er hatte nur Volksschule.

Aber jetzt würde er noch einmal neu anfangen. Jetzt würde er legal werden und etwas aus seinem Leben machen.

Das war die Lösung, die er nach diesem ersten Besuch in Coburg für sich erfand: Er würde sich an meine Welt anpassen, einfügen würde er sich in die Welt, die er mir zuschrieb, und aus der er mich hatte erlösen sollen.

5

Anfang 1971, kurz vor meinem dreizehnten Geburtstag, war ich zum ersten Mal auf einer richtigen Party eingeladen. Es war eine Faschingsparty, und ich verkleidete mich als Hippie: rote Schlaghosen, bauchfreies Top, Ketten aus Kunstblumen, Augen-Make-Up wie Julie Driscoll. Danach war ich Teil der Clique. Ihr Kern bestand aus fünf schon älteren Schülern des Jungengymnasiums und zwei Mädchen, eins davon ich. An Wochentagen hingen wir vor einem Elektrowarengeschäft in der Haupteinkaufsstraße herum, die heute Fußgängerzone ist, das heißt, man geht durch sie hindurch, damals aber befanden sich an ihren Enden Ampelanlagen, Ketten hinderten die Passanten am willkürlichen Überqueren der Fahrbahn, und so ergab sich eine Ellipse, auf der man Nachmittage lang kreiseln konnte, immer vorbei an den immer gleichen Grüppchen, die ihre Stammplätze vor dem Modehaus Steinmann, dem Knopf-Schneider, dem Eisenwarengeschäft Brandt oder eben dem Elektro-Trommer hatten, wo es auch die einzige Plattenabteilung der Stadt gab.

Die Auswahl war eingeschränkt. Volksmusik, populäre Klassik, James Last, Reinhard Mey. Mike Krüger: *Mein Gott, Walter*. Auch ein paar Beatles-Platten verstaubten im Ständer. Aber nichts Unanständiges. Für Led Zeppelin und Frank Zappa hatte man bis Bamberg zu fahren. Für Velvet Underground bis München.

Um sechs schlossen die Läden, und die Innenstadt starb aus. Danach konnte man heimgehen und mit den Eltern fernsehen. Samstags knutschten wir bei einem der Jungs im Partykeller, sie hatten eine Art Bewegungsmelder eingebaut, sodass unten die Lichter angingen, wenn die Mutter oben die Tür öffnete, um den jungen Freunden ihres Sohnes ein paar Schnittchen runterzubringen, oder wir schnorrten in der Stadt und kauften Lambrusco, die Korbflasche für zwei zwanzig, einer der Jungs montierte daheim seine Anlage ab, die schwarzen Särge der Lautsprecher wurden in den elterlichen Transporter verladen, und wir fuhren in den Wald. Es gab bei Scherneck ein einsam gelegenes Mausoleum, in das jemand eine Lastwagenladung voll alter Rechnungen, Briefe und anderer Dokumente aus der Zeit vor dem Zweiten Weltkrieg gekippt hatte. Dort betrieben wir die Anlage mit einer Autobatterie, und Jim Morrisons Stimme schallte über die Lichtung, Reiter ritten den Sturm, L. A. Woman fuhr durch die Suburbs, *indigo blue, indigo blue*, und fremd erschienen die Menschen den Augen eines Fremden.

Dann machten die Jungs Abitur, bauten den Transporter

um und fuhren nach Indien. Im Herbst waren sie wieder zurück, pünktlich zu Studienbeginn, es waren gute Jungs. Sie hatten ihre Ankunft angekündigt, möglicherweise sogar die Nacht vor den Toren der Stadt verbracht, um das Pomerium nicht vor ihrem Triumphzug zu überqueren. Wir Zurückgebliebenen kannten also Tag und Stunde und waren vollzählig vor Elektro-Trommer versammelt.

Und da kamen sie. Durch den Dunst der Bratwurstbuden rumpelte der Bus, über das Kopfsteinpflaster, vorbei am Herrenoberbekleidungshaus, an der Hof-Apotheke aus dem 15. Jahrhundert und dem Prinz-Albert-Denkmal mit den kackenden Tauben, ein staubgraues Gefährt, verbeult, bepackt mit Kisten und verschnürten Bündeln, auf denen hoch oben Wolfi trohnte, mit Bandanna, unrasiert und verbrannt, wir erkannten ihn kaum wieder, die Fenster waren heruntergekurbelt und Musik dröhnte heraus, und dann sprangen sie dort mitten auf dem Platz aus dem Bus, um uns zu umarmen, liefen auf uns zu in zerschlissenen Jeans und flatternden Baumwollhosen, hielten den ganzen Verkehr auf, waren ein Ärgernis, es wurde gehupt, und es war ihnen egal, der ganze Bus roch nach zehntausend Kilometer weit entferntem Staub.

Damit waren die Würfel gefallen. Das war der erste meiner drei Wünsche und der entscheidende, alles andere hatte sich ihm unterzuordnen: Ich würde, wenn ich alt wäre, nach Indien gefahren sein. Sofort verkündete ich den Entschluss bei Familie und Freunden, aber natürlich glaubte man mir nicht, obgleich der Beweis für die Durchführbarkeit meines Vorhabens doch bereits erbracht war.

Indien? Klar, und ich flieg zum Mars.

In damaliger Vorstellung nur unwesentlich weiter.

Gabo dagegen glaubte mir sofort. Er war nicht einmal erstaunt. Er hatte längst von Goa gehört, kannte tatsächlich jemanden, der mehrere Winter in Kaschmir verbracht hatte, auf einem Hausboot in Srinagar unter der vierten Brücke links, mehr noch: Er selbst war schon in Indien gewesen.

Wirklich? Du warst in Indien, Gabo?

Ja. Klar.

Wann denn?

Och … vor ein paar Jahren.

Wie lange?

Neun Monate.

Und wie ist es da?

Cool. Nee, stimmt nicht, eher heiß eigentlich.

Dann sein Gelächter. Ich fragte nicht weiter. Ich fragte nicht, ob er geflogen oder gefahren war. Ich fragte ihn nicht nach seinem Pass mit den Stempeln. Er kochte ja diesen dickflüssigen Tee, den er Kaschmiri-Tee nannte, er behauptete zu wissen, wie man einen Sari wickelte, er zeigte es mir sogar mit einem Bettlaken, ich glaubte ihm, dass er in Indien gewesen war, aber zugleich glaubte ich es nicht.

Ich wusste, dass es gelogen war.

Oder nicht gelogen, sondern scheißgequatscht. Der Unterschied besteht darin, dass sich der Lügner bewusst dafür entscheidet, die Unwahrheit zu sagen, er weiß also sehr wohl, dass es auch eine Wahrheit gäbe, während das dem Scheißquatscher völlig egal ist. Er redet nicht, um seine ehrliche Meinung kundzutun, er weiß nicht einmal, ob er so etwas hat, sondern weil er findet, er sollte jetzt reden. Er spricht, um zu verblüffen, die Quote zu steigern, seinen Gesprächspartner auf seine Seite zu ziehen. Er beugt sich nicht der Tyrannei der Tatsachen, sondern leistet der Willkürherrschaft der Wirklichkeit Widerstand, die ihm nichts als Rohmaterial für seine Geschichten ist.

Vielleicht war also Gabo derjenige, der Schriftsteller hätte werden sollen. Er war ein guter Erzähler, fesselnd, glaubhaft, mit einem schönen Sinn fürs Skurrile. Im Unterschied zu den meisten Menschen war er sich auch völlig im Klaren darüber, dass er scheißquatschte. Nun und? Inhalierte er ab morgens THC, um dem Film in seinem Kopf zu analytischer Tiefenschärfe zu verhelfen?

Er bestand auch bei anderen nicht auf Faktentreue. Wie er in späteren Jahren zu sagen pflegte, wenn ihm gerade nicht danach war, selbst die Unterhaltung zu dominieren: Erzähl mal was. Muss ja nicht wahr sein.

Ich wusste also im Grunde sofort, dass Gabo niemals in Indien gewesen und alles nur scheißgequatscht war. Aber ich wusste es auch wieder nicht. Ich vermied es, ihn bloßzustellen, auch vor mir selbst. Es gab ja durchaus eine Wirklichkeit hinter der Erfindung, und damit meine ich nicht den Tee und die Saris, sondern diese Wirklichkeit bestand darin, dass er mich hatte beeindrucken wollen. Vor mir hatte er großtun wollen wie ein kleiner Junge, der seiner Mama erklärt, er sei furchtbar stark und werde sie immer beschützen, Herr der Lage sei er und kenne sich aus, mit ihm werde sie ganz sicher nach Indien gelangen.

Das war es, was er mir sagen wollte: Er wollte dasselbe wie ich, wir träumten denselben Traum, in seinen Träumen war er längst in Indien gewesen und das nicht nur einmal, sondern oft, im Grunde hatte er untertrieben. Das war die Wahrheit, die ich erkannte. Auf welcher anderen hätte ich bestehen sollen?

Aber nun war ja von Indien keine Rede mehr. Nun wollte er legal werden und heiraten. In einen Räuberhauptmann hatte ich mich verliebt, in einen Outlaw, am Rand der Gesellschaft hatte ich uns stehen sehen, lieben und hassen würden wir einander wie Scarlett O'Hara und Rhett Butler, wie Liz Taylor und Richard Burton und Antonius und Kleopatra würden wir wieder und wieder im süßen Rauch unserer brennenden Brücken und Schiffe stehen, Bonnie and Clyde würden wir sein und gemeinsam im Kugelhagel untergehen wie Warren Beatty und Faye Dunaway, aber nein, nichts mehr davon, einem zukünftigen Arbeiter sollte ich die bemutternde Stütze sein.

Ohne mich in Berlin zu sein war ihm jetzt unerträglich. Als er das nächste Mal kam, quartierte ich ihn im Juliusturm ein, einer etwas schäbigen Absteige, aber billig. Er hatte ja auf einmal kein Geld mehr. Das war die nächste Verblüffung. Ich hatte geglaubt, er wäre ein erfolgreicher Räuberhauptmann. Nein, ja, was konnte er dafür, jemand hatte ihn abgelinkt, übers Ohr gehauen, betrogen. Auch hatte er wegen mir seine Geschäfte vernachlässigt.

Er sagte das nicht. Er ließ es mich wissen. Ich sah es selbst ein: In der Kantstraße hatte er sich nur noch um mich gekümmert, ohne mich wäre er gar nicht in die Lage gekommen, in der er sich nun auf einmal befand und die ich im Übrigen nicht verstand. Konnte er nicht einfach wieder anfangen zu dealen? Rauchten die Berliner plötzlich kein Dope mehr?

Aber er wollte nun doch sein Leben ändern. Für mich. Alles tat er allein für mich, ein Außenseiter wollte sich aus Liebe zu mir in die Gesellschaft integrieren, ein Gestrandeter flehte um meine Hilfe. Durfte ich mich dem entgegenstellen? Unmöglich. Sondern nach Kräften hatte ich ihn zu unterstützen. Also, was konnte er denn.

Im Saarland, wo er herkam, hatte er eine Lehre als Maschinenschlosser gemacht. Aber in einer Fabrik malochen kam nicht infrage, das konnten wir uns beide nicht vorstellen. Ich weiß im Übrigen nicht, ob er tatsächlich Maschinenschlosser war, damals, 1977, hatte er die Lehre abgeschlossen, aber in späteren Versionen hatte er sie abgebrochen und war nach Berlin gezogen, um dem Wehrdienst zu entfliehen, obwohl er zum Zeitpunkt der Übersiedlung seine Einberufung längst erhalten hatte, weshalb man ihn wegen Fahnenflucht einsperrte. Das blieb gültig, bis viel später mein Mann, der Anwalt ist, Gabo vorsichtig zweifelnd betrachtete, woraufhin Gabo wegwerfend und leicht gereizt feststellte, das wäre alles kompletter Schwachsinn.

Mann, klar habe ich den Wehrdienst abgeleistet.

Oder nicht abgeleistet.

Und nicht ins Gefängnis gekommen. Oder doch ins Gefängnis gekommen. Aber wegen Drogen. Oder wegen einer anderen Sache, na und, allet so lange her, hör doch mal uff jetzt, wat weeß denn icke.

Erzähl mal was, muss ja nicht wahr sein.

Auf seinem Bett im Juliusturm hielten wir einander umschlungen. Gegen Mitternacht wollte ich gehen, aber die Haustür war abgeschlossen, ich kletterte schließlich durchs Fenster hinaus und entkam über die Garagendächer, die Regenrinne und die Müllkübel, dann hastete ich heimwärts durch die schlafende Stadt. Die Stimmung dort war gereizt genug, den ganzen Tag lang klingelte das Telefon, und Leute, die nicht einmal ich kannte, nannten ihren Spitznamen und baten um Gabos Rückruf. Hatte er unsere Telefonnummer wirklich dermaßen großflächig über Berlin verteilen müssen? Er war kleinlaut, er bereute, dann ließ er ein Taschenbuch an meine Adresse schicken, in dem sich Haschisch verbarg, er musste ja irgendwie wieder zu Geld kommen. Ich begutachtete das Zeug, eine lächerlich geringe Menge schien es mir. Auch hätte er mich vorher wenigstens fragen können.

Und den ganzen Tag lang wartete er auf mich. Er hing nun doch lieber wieder in Jos Junkiebude herum als in seinem kahlen Turm und war misslaunig, auf Schritt und Tritt sollte ich an seiner Seite sein, ich konnte keinen Kaffee trinken gehen ohne ihn. Wir gingen jetzt natürlich doch in Cafés. Wir saßen und redeten, immer über das Gleiche, über seine Probleme, seine Pläne, wie und wann er legal werden sollte. In der Stadt wiederum redete man über uns. Mein Vater saß mittags mit verkniffenem Mund am Tisch.

Und dann diese Sonntage. Kleinstadtsonntage in den Siebzigern. Menschenleere Straßen. Stille. Zeit, die nicht verrinnt. Die Luft zehntausendmal ausgeatmet. Wir gingen in eine Gaststätte, die geöffnet hatte, und tranken Gin Tonic.

Trinken, das hatten wir vorher nie getan. Etwas geschah, während wir tranken, etwas entwickelte sich zwischen uns, eine fremde Anspannung, eine unfröhliche Aufgedrehtheit, und wir tranken noch mehr, die Spannung wuchs, es war, als müsste man sofort etwas tun, etwas musste geschehen, man hätte jetzt in ein Auto steigen und mit zweihundert Stundenkilometern auf eine Wand zurasen können oder singend zur Hölle, wir gingen mit Wein zu Jo zurück, der mittrank, es wurde immer später, und Hardy weinte irgendwann und sagte, sein Leben sei zerstört, was ihm fehle, sei Liebe, nichts als Liebe, und ich umarmte ihn und schwor, dass wir alle ihn liebten, ich liebte ihn von Herzen und Jo auch, aber Jo, der ein Vorgänger von Tom gewesen war, passte mich vor der Klotür ab und wollte jetzt wissen, warum wir nicht mehr zusammen sein konnten, und als ich zu Gabo zurückkehrte, um mich in seine Arme zu retten, starrte er mich an und sagte: Du bist ja besoffen.

Ach. Und was ging das ihn an? Aber es traf mich ins Mark. So konnte er also zu mir sein.

Aber ich auch, ich konnte auch anders. Ich nahm die Weinflasche, setzte sie an und ging trinkend zu Jo. Dies war immer noch meine Stadt. Dies waren meine Leute, und wir tranken weiter, auch Gabo, er sah mich aber nicht an und sagte kein Wort mehr, und ich flirtete mit Hardy und küsste Jo und wäre am liebsten weggegangen, am liebsten heim, aber wo sollte das sein. Bei Gabo. Bei meinem Gabo, der nie hässliche Sachen zu mir hätte sagen können, niemals hätte er behauptet, ich wäre besoffen, aber mein Gabo war fort, dieser Fremde hatte seine Stelle eingenommen, und dann riss der Film.

Im nächsten Bild liege ich auf dem Boden, ich kriege die Augen kaum auf, die vom Heulen verklebt sind, und er steht über mir und zerreißt das Tuch, das er mir geschenkt hat, er zieht das Band aus der Kassette, die er für mich gemacht hat, und ich fange wieder an zu heulen, und er sagt: Hör auf zu flennen.

Ich taumle hoch und schreie ihn an, er könne sich zum Teufel scheren, er hätte mir mein Leben lange genug verpfuscht und es wäre jetzt Schluss damit. Dann wollte ich an ihm vorbei und irgendwo weit fort sterben, er packte mich, ich wehrte mich, aber er ließ mich nicht los, ich drückte ihm meine brennende Kippe auf den Handrücken, er ließ trotzdem nicht los, dann kam Jo und schlug mir die Kippe aus der Hand, und Gabo und ich standen umklammert und heulten beide.

Verkatert und elend hockten wir nach dieser ersten Verwüstung auf einem Steinmäuerchen in der Kälte am Rande des Parks.

Was soll ich nur machen, sagte er. Ich bin dir nichts als ein Klotz am Bein. Für dich wäre es am besten, du trennst dich von mir.

Quatsch, sagte ich und dachte: Vielleicht ist es so. Dann gingen wir Pizza essen. Und da saß Tom mit einem Freund.

Tom und ich waren seit dem 30. Oktober, also seit der Nacht, in der das Herbstblatt auf die Windschutzscheibe geweht war und Ingrid und ich die Kassette mit Gabos Lachen aufgenommen hatten, getrennt. War ich in Coburg, trafen wir uns fast täglich. Ich übernachtete auch bei ihm. Etwas Verkehrtes konnte ich daran nicht finden, Tom war immer da gewesen, heimelig und gemütlich war es bei Tom. Aber wir hatten eben keine Beziehung mehr. Alles klar?

Tom ist einmal sogar nach Berlin gekommen. Das war im Dezember 1976. Er kam, um Gabo und mich zu fotografieren.

Wessen Idee das war, Toms oder meine, weiß ich nicht mehr. Diese Bilder, entstanden in der großen, leeren Küche der Windscheidstraße, sind vierzehn Jahre lang die einzigen geblieben, auf denen Gabo und ich zusammen zu sehen sind. Sogar für die Einladungskarte zu unserer Hochzeit haben wir noch eines davon verwendet. Nachdem wir mit dem Fotografieren fertig waren, sind wir zu dritt ins Treibhaus gegangen. Ich habe Tom mit allen bekannt gemacht, deren Namen ihm längst bekannt waren, und sah ihn im Lauf der Nacht im Gespräch mit dem Kaiser, Sergeant Blume, Prinz Silberherz, er wirkte gelassen und heiter, und ich freute mich, er schien sich zu amüsieren, alle mochten ihn auf Anhieb gut leiden. Ich war nicht wenig stolz auf ihn.

Dann, unmittelbar vor Weihnachten, hatten Tom und ich friedlich am Tresen einer Kneipe in Coburg gestanden, Pimm's No. 1 trank man dort damals, glaube ich, auch Jo und Hardy waren dabei, wir lachten viel und tanzten zwischen den Tischen, und was das Weib gegen mich hatte, das hinten bei den Klotüren zwischen irgendwelchen Schnapsfressen am Stehtisch hing und mich mit blankem Hass beäugte, konnte ich mir beim besten Willen nicht vorstellen. Provoziert habe ich sie nicht, sage ich, allenfalls hielt ich mich auf dem Weg zum Klo eine Spur gerader. Vielleicht ließ ich meine Stiefelabsätze ein klein wenig klacken. Jedenfalls raffte sich plötzlich eines der Prunkstücke ihrer Sammlung auf, es versuchte den freien Stand, ganz possierlich machte es Männchen und nein, ich habe nicht gelächelt, allenfalls blinkte ich so ein wenig. Die Dame aber plärrte nun los, ich sei ja wohl die hinterletzte Fotze, Verzeihung, nicht meine Wortwahl, woraufhin ich mich möglicherweise, ich will es nicht ausschließen, mit strahlendem Lächeln nach dem Befinden der ihren erkundigt habe.

Als Nächstes flog ihr Bier. Es traf mich an der Schulter. Ich wirbelte herum und langte über den Tisch, aber nun gingen von beiden Seiten die Männer dazwischen. Jo und Hardy warfen sich vor mich, und Tom zerrte mich ins Freie, obwohl ich strampelte und schrie und versuchte, ihn zu beißen, denn das ging doch nicht, wir konnten doch Jo und Hardy nicht allein lassen, und was war Tom überhaupt für einer, dass er nicht für mich kämpfte, sondern das Jo und Hardy überließ. Im Laufe dieser Rangelei schrammte ich draußen mit der Nase an der Hauswand entlang, woraufhin ich Tom beschimpfte, war er ein Idiot, auf mich ging er los statt auf die da drin. Dann kamen Jo und Hardy mit unseren Jacken, bugsierten uns ins Auto und brachten mich nach Hause, und am nächsten Tag war ich zu Gabo in die Kantstraße gefahren. Seitdem hatten Tom und ich einander nicht mehr gesehen.

Nun in der Pizzeria traten wir an Toms Tisch, Gabo und ich, um guten Abend zu sagen. Tom blieb kühl, entschieden um Fremdheit bemüht. Ein flüchtiger Bekannter wollte er offenbar sein, bitte schön, von mir aus, dann konnte er mich später vielleicht wie irgendein Bekannter aus Gefälligkeit heimfahren.

Ich stieg auf der Beifahrerseite ein, Gabo hinten. Im Dunkeln, während Tom anfuhr, wählte ich blind eine Kassette aus der bekannten Sammlung, blind schob ich sie in den Rekorder und drückte auf Play, meine Finger fanden den Zigarettenanzünder wie immer, ich zündete eine Zigarette an und fragte: Du auch?, und meinte nicht Gabo und hielt nicht Gabo die brennende Zigarette hin. Im Schein roter Ampeln betrachtete ich Toms Profil und dachte daran, wie er früher, wenn er mich heimfuhr, manchmal alberne kleine Liedchen für mich gesungen hatte.

Ah, Henry the Eighth I am,
Henry the Eighth I am I am,

Aber jetzt war er Rhett Butler am Ende des Romans und ich Scarlett in den Trümmern von Tara.

Die Reue warf mich um. Tom war der Bessere der beiden, das sah ich jetzt ein. Aber ich hatte alles zerstört. Ich hatte Tom sehr wehgetan, und es stand ihm. Es machte ihn kühl und interessant. Sicher, er war nicht Ayn Rands Howard Roark, er entwarf keine Wolkenkratzer und auch nicht die Hängenden Gärten der Semiramis, aber er jammerte nicht, er machte Pläne, und wenn es Pläne für Garagen waren. Kaum war Gabo abgereist, rief ich Tom an und bat um eine Aussprache.

Eine Aussprache durfte man nicht verweigern. Wir trafen uns also auf einen Kaffee. Er war einsilbig und wollte nach ein paar Minuten gehen, ich ließ ihn aber nicht, sondern ich sprach über unser gemeinsames Projekt. Nämlich ein Buch über Dächer wollten wir machen.

Das Dach war doch der Teil eines Gebäudes, der der Welt am intensivsten ausgesetzt war. Von hier aus musste Architektur gedacht werden, *geDACHt,* dieser Einfall war uns sehr clever erschienen. Das Dach verriet die, die unter ihm lebten, es offenbarte, was es schützte: ob oder wie sich die Bewohner des Hauses gegen die Welt abzuschirmen trachteten. Ich hielt Tom unser Buch vor wie dem Kampffisch den Spiegel. Ich suchte ihn in ein Gespräch über Dächer zu verwickeln wie meinen Opa in eines über Lurche. Er hörte eine Weile zu, dann legte er die Hand vor die Augen.

Was willst du denn noch mit mir, sagte er. Ich habe nichts mehr.

Das stimmte mich zuversichtlich und heiter.

Dass ich ihn zurückgewinnen konnte, bezweifelte ich ernsthaft keine Minute.

Denn ich würde mich ja nun ändern. Tatsächlich hatte ich mich schon geändert, im Tagebuch stand es blau auf weiß, es war ein Werfel-Zitat.

Ich schrieb mir unbekannte Chiffrenschrift,
unerbittlich log ich Wahrheit.
Nun beginne ich mich zu bedeuten ....

Ich musste nur noch Tom von meiner Veränderung überzeugen. Gabo rief weiterhin jeden Abend an und sagte immer das Gleiche: Dass er mich liebe, dass er verzweifelt sei und meine Hilfe brauche, nur wenn ich zu ihm hielt, hatte er eine Chance.

Mehr konnte er am Telefon nicht sagen. Er legte aber auch nicht auf. Die inhaltslose Ausführlichkeit dieser Telefonate machte mich rasend. Ich saß im Flur auf dem Fußboden, und meine Eltern stiegen über meine Beine hinweg. Es kam vor, dass ich den Hörer ein Stück vom Kopf weg hielt.

Dann wieder Berlin. An die S-Bahn-Brücke, die die Windscheidstraße im südlichen Teil überquert, hatte er mit riesigen Lettern eine Erklärung gesprüht, *ICH LIEBE DICH*, ohne Namen. Lange blieb diese Schrift bestehen. Wenn ich in den Achtzigern, als wir längst getrennt waren, manchmal an ihr vorbeikam, hätte ich immer einen Fremden am Arm packen und auf seinem Weg aufhalten mögen wie Samuel Taylor Coleridge's *Ancient Mariner* den unschuldigen Hochzeitsgast, um ihm zu erklären, etwas zu erklären –

Gabo wollte jetzt Goldschmied werden. Er würde eine eigene Werkstatt eröffnen mit einem kleinen Laden, wie Jiri.

Du bist doch gar kein Goldschmied, sagte ich.

Na und? Er konnte Goldschmied werden, er war gut mit den Händen. Alles konnte er sein, alles werden, mit mir war ihm alles möglich, früher war er immer allein gewesen.

Was so auch wieder nicht ganz stimmen konnte.

Immerhin hatte er das Sternzeichen Stier auf den Hüftknochen tätowiert, weil ein Mädchen vor mir Stier gewesen war. Mit einem anderen Mädchen hatte er eine Zeit lang bei Peacefood gearbeitet. Er hatte mit den Leuten vom Peacefood meditiert, er hatte mit ihnen gelebt und dort auch gekocht, sogar Brot backen konnte er, er wusste, dass man Hefeteig nicht erschrecken darf. Und davor hatte er auf einem Hof in Schleswig-Holstein gewohnt. Wir fuhren später einmal dorthin, es gab diesen Hof, es war nicht scheißgequatscht, er hatte in der Landdisco Platten aufgelegt und sich tagsüber um das Geflügel gekümmert, es gab ein Foto von ihm mit einem Huhn auf der Schulter.

Und warum sollte er dann nicht jetzt Goldschmied sein.

Alles konnte er sein, alles werden, umschlungen lagen wir im blauen Turm unter dem Samthimmel mit unseren Sternen, jede Verwandlung war ihm möglich. Er würde jetzt zu seinen Eltern ins Saarland fahren. Sein Vater würde ihm das Startkapital für den Laden leihen.

So machten wir es aus, so schieden wir. Ich fuhr nach Coburg zurück und hörte nichts mehr von ihm. Also schwänzte ich mal wieder die Schule.

Jiris Laden, vorn zur Straße zu, war dunkel. Ich ging durchs Tor und über den Hof. Auch in unserem Fenster kein Licht. Mein Schlüssel passte, aber er drehte sich nicht. Ich versuchte es mit Feingefühl, schließlich mit Gewalt, das half aber alles nichts und war ja auch nie nötig gewesen. Das Fenster war wie immer verhängt. Ich dachte daran, wie dieses Fenster von innen aussah. Meine Zahnbürste stand drinnen in der Küche am Ausguss.

In der Paris-Bar hängte ich mich ans Telefon.

Der braucht mir gar nicht mehr zu kommen, sagte das Kätzchen. Der hat mich auf seiner Telefonrechnung sitzen lassen, fünfhundert Mark, dabei wollte ich nach Manila fliegen.

Bei Jiri war die Rechnung noch höher, das Amt hatte die Leitung gesperrt. Jiri hatte Gabo rausgeworfen. Ein anderer, den ich anrief, berichtete, jemand namens Jörg hätte Gabo für einen Tausender Ware gegeben und bis jetzt keinen Pfennig von dem Geld gesehen.

Alle hier sind sauer auf ihn. Das ist ein ganz linkes Schwein, dein Gabo.

Aber wo war er. Ich fuhr ins Treibhaus. Keine Stunde später kam er. Jemand hatte ihm gesagt, ich sei in der Stadt.

Draußen auf der Straße lehnte er an der Wand. Geld hatte er keins mehr. Mit Jörgs Haschisch war er abgelinkt worden. Jiri hatte ihn gar nicht wegen der Telefonrechnung rausgeworfen, sondern um die Wohnung einem andern zu geben, der ihm die Lizenz für seinen Laden verschaffen konnte, unglaublich enttäuscht war Gabo von Jiri.

Weshalb hatte er mich nicht angerufen?

Er vergrub das Gesicht in den Händen. Angst hatte er gehabt, einfach Angst. Er ertrug das alles nicht mehr. Gestern war er aufs Europacenter gestiegen und hatte springen wollen, aber auch davor hatte er zu viel Angst gehabt.

Und Jörg hat mir eine Pistole ins Gesicht gehalten. Ach, Sylvie. Am liebsten wäre ich tot.

Hilflosigkeit machte mich resolut. Er musste jetzt sofort einen Job finden, in einer Kneipe zum Beispiel wie Prinz Silberherz. Dann musste er seine Schulden abzahlen. Er durfte mir keine teuren Geschenke mehr machen und nicht mehr Taxi fahren, er musste lernen, mit Geld umzugehen, und er nickte zu allem, ja, ja, so würde er es machen, alles würde er genau so machen, wie ich sagte.

Dabei konnte ich mir den Mann, den ich mit diesen Worten entworfen hatte, gar nicht vorstellen. Ich wollte nicht, dass Gabo sich in diesen Mann verwandelte, und er erwog das auch keinen Moment. Aber ich sagte, was ich nicht meinte, und er stimmte zu.

In dieser Nacht schliefen wir bei Ziege. Morgens ging ich ins Möhring. Am Tisch der alten Herren Jubel, Fanfaren, mit einem Butterhörnchen kam ich diesmal nicht davon. In einem leeren Lokal aßen wir fürchterlich teuer Fisch, schade war es um die schönen Moneten. Mit immerhin hundertfünfzig kehrte ich zu Gabo zurück.

Auch bei ihm hatte inzwischen das Programm gewechselt. Sein Vater würde ihm etwas leihen, sagte er, außerdem war ich da und er nicht mehr allein, zusammen gingen wir ins Treibhaus und trafen dort das Kätzchen, ich erklärte, Gabo würde ihre Telefonrechnung bezahlen, sie vergab ihm, und er besorgte ihr ein Piece. Hell strahlte auf einmal wieder das Leben. Zu dritt standen wir oben beim DJ, der auflegte, was Gabo ihm befahl.

Hey, everybody, YEAH –

Die Little River Band hörten wir damals. Ein langer Weg war es dorthin, wo wir hingingen. Das sangen wir mit.

Diese plötzlichen Stimmungswechsel, diese extremen Schwankungen seiner und unserer Befindlichkeit sind mir heute nur noch mit Mühe nachvollziehbar. Was, wenn mir damals jemand überzeugend dargelegt hätte, Gabo litte unter einer Persönlichkeitsstörung? Die Symptomatik sei offenkundig, unfähig sei er, sich mit der vorgefundenen Lebenssituation abzufinden und mit seiner sozialgesellschaftlichen Rolle zu identifizieren, er zeige Neigung, sich allzu leicht einer Stimmung zu ergeben oder sich von einem Menschen, der ihn beeindrucke, oder von der Unmittelbarkeit eines lebhaften Eindrucks, der seine Wahrnehmung und Aufmerksamkeit zufällig gerade fessele, mitreißen zu lassen, berauscht von seiner eigenen Darstellungskraft, gehe er in der Rolle auf, die ihm der Moment schreibe, mit Wollust lasse er sich im einen wie im anderen Extrem einer Laune die Zügel schießen, brauche fortwährend Stimulation, sei impulsiv und unfähig, realistische, langfristige Ziele anzupeilen, typischerweise nicht in festen Überzeugungen verwurzelt und auch nicht im sicheren Gefühl, die objektive Welt der Wirklichkeit zu beherrschen –

Statt eines Lebens hätte ich eine Diagnose.

Jung waren wir damals, das ist alles, sage ich.

Freilich, in den Augen der Alten ist das Diagnose genug.

Dann saß ich wieder im Zug, und er stand auf dem Bahnsteig. Er sah zu mir empor, ich sah zu ihm hinaus, es war einer unserer Blicke. Der Zug rollte an. Bisher war er, wenn ich Berlin verließ, immer in unserer Welt zurückgeblieben, wo ich ihn jederzeit wiederfinden konnte. Diesmal verlor ich ihn aus den Augen. Adressen- und telefonnummernlos tauchte er unter in der Wildnis der Stadt. Ich lehnte mich zurück, zündete mir eine Zigarette an und war nun auf melancholische Art frei, nichts zu tun. Dinge geschahen, von denen ich nichts wusste, Entscheidungen fielen, ohne dass ich sie beeinflusste, ein traumähnlicher Zustand war es, unwirklich. Der Strom der eigenen Geschichte grub sich unterirdisch sein Bett.

Darüber, auf festem Grund, traf ich mich mit Tom.

Er sagte: Ich will nichts von mir hergeben, ich habe mich wieder und hatte zwischendurch gar nichts mehr. Ich weiß aber auch, dass das erbärmlich ist.

Ich sagte: Vielleicht sehen wir uns besser nicht mehr.

Er sagte: Ich will es nicht zu Ende gehen lassen.

Und wir ließen es nicht zu Ende gehen.

Am Tag vor meinem neunzehnten Geburtstag kam aus Berlin ein Paket. Es enthielt unsere Lieblingsplatten, sein Lieblingshemd. Ein Brief lag bei, er nahm von mir Abschied. Mit ihm war es aus, ihm war nichts geblieben, ich sollte ihn seine

Irrwege allein ziehen lassen. Er konnte mir nichts bieten als seine egoistische Liebe.

Egoistische Liebe. So nannte er nun wieder die Dinge zwischen uns beim Namen, die Wirklichkeit affirmierend wie immer, er rechtfertigte nichts, kam nicht auf die Idee, eine Erkenntnis könnte zu Änderungen verpflichten, hätte nicht einmal gewusst, was hier mit dem Wort Erkenntnis gemeint sein könnte. Blauer Himmel, grünes Gras, roter Mund, egoistische Liebe. Eine andere war nicht denkbar, nicht zwischen Mann und Frau, Liebe war Krieg und jedes Mittel fair, es ging ums Erobern und Gewinnen, um Macht ging es, und das wusste auch ich.

Denn die Machtfrage, wie mein Vater unter Freunden zu sagen pflegte, war zwischen Mann und Frau niemals geklärt worden. Mein Vater spielte diese Szene mit meiner Mutter zusammen.

Auch in unserer Ehe, sagte er und sah meine Mutter an, die spöttisch auflachte und übertrieben enerviert die Augen verdrehte, auch bei uns ist die Machtfrage nie geklärt worden. Ich, sagte mein Vater und betonte das, ICH!, habe die Macht nicht. Aber SIE!, und er sah meine Mutter an, die nun die Lippen kräuselte, mein Gott, was der Mann wieder redete, SIE, sagte mein Vater und ließ die Augen blitzen, sie hat sie auch nicht. Und dann lachten die Zuhörer, sie lachten alle, auch meine Mutter lachte, man applaudierte, denn genau so war es, genau so sah es bei ihnen allen aus.

In der Küche meiner Mutter saß ich mit Gabos Abschiedsbrief in der Hand.

Auf Wiedersehen, auf Wiedersehen, auf Wiedersehen –

Immer sagte er das, nie einfach tschüss.

Er wird sich doch nichts antun, sagte meine Mutter.

Am nächsten Morgen, ich war schon halb aus der Tür, auf dem Weg zum Bahnhof, lieferte ein Bote neunzehn Baccararosen. Baccararosen haftete damals nichts Einfallsloses an, sie waren teuer, als romantisch und verschwenderisch galten sie und wurden üblicherweise einzeln verschenkt. Am Abend sah ich in Berlin die Quittung für diesen verrückten Strauß noch auf dem Fußboden liegen. Ich hätte Gabo vielleicht ermahnen oder diese Quittung als Mahnung an mich begreifen sollen, aber das tat ich nicht, eine Art beglückter Schreck durchfuhr mich, berauscht war ich von der Höhe der Summe, alle waren sie hinter ihm her, alle forderten sie Geld von ihm, aber für mich sollt's rote Rosen regnen.

Mit diesem Strauß begann das längste Jahr meines Lebens. Auch so könnte ich unsere Geschichte erzählen: floristisch, entlang empfangener und nicht empfangener Blumen –

In Berlin suchen konnte ich ihn nicht, ich konnte mich nur sichtbar machen. Gegen elf Uhr nachts hatte er mich. Wir gingen in die Fuggerstraße. Die Kastanie im Hof war immer noch kahl. Im Flur roch es nach Tomatensauce, hier wohnten jetzt Italiener, einer von ihnen hatte Gabo sein altes Zimmer überlassen. Roger Deans Welten an den Wänden hatten Reißnägel verloren, sie raschelten im Luftzug der sich öffnenden Tür. Das Bett stand am Fenster, wo unsere Matratze gelegen hatte. Sätze, leise in einem dunklen Zimmer gesprochen, klingen bedeutungsschwanger in der Erinnerung. Viel sagten wir nicht. Ich würde zu Tom zurückkehren, Gabo in die verhasste Wohnung seiner Eltern im Saarland.

Aber nie würde er sich mit einer Trennung abfinden. Das schwor er. Er akzeptierte seinen eigenen Brief nicht mehr, Unsinn war das alles, im Mai würde er vor meiner Tür stehen, unmöglich konnte dies der letzte Akt sein.

War es auch nicht. Wozu also der Gefühlsaufwand? Warum sah unser Drehbuch den Schmerz einer Abschiedsszene vor, wenn das Stück in Wahrheit weiterging? Aber wenn wir gesagt hätten: Wir bleiben zusammen, dann wäre das genauso falsch gewesen. Ich erinnere mich daran, wie ich dachte, dass ich die Nähe seines Körpers ganz auskosten musste, weil ich nie wieder so fühlen würde, aber wenn ich mir das geglaubt hätte, hätte ich es nicht hinnehmen können, und ich habe es hingenommen.

Auch haben wir in dieser Nacht auf Sex verzichtet. Das hätten wir, wäre es die letzte Nacht gewesen, nicht getan. Also war nichts vorbei.

Das ist es ja immer noch nicht. Denn warum verlasse ich nicht den Raum dieser Geschichte und trete hinaus in meinen sommergrünen Garten? Was hocke ich hier und höre die nackten Äste der Kastanie am Fenster in der Fuggerstraße kratzen wie Lockwood den Tannenzweig in Emily Brontës *Wuthering Heights*? Aber ich bin nicht Lockwood. Ich bin kein Erzähler, den der Autor erfunden hat, um ihn den Raum der Geschichte nach Laune betreten und wieder räumen zu lassen, sondern einer der Akteure bin ich, ich habe eine Rolle gespielt, ich stehe nicht über den Dingen wie ein Regisseur, ich kann den Schauspielern in diesem Stück keine Anweisung geben. Ich kann nicht sagen: Du glaubst das wirklich, oder: Probier mal, das so zu spielen, als ob. Wir lagen umklammert, unser Gerede war nur Geräusch, es bestimmte den weiteren Verlauf der Dinge nicht, aber was bestimmte ihn.

Es wurde hell. Irgendwo in der Tiefe der Wohnung sagte der Sprecher von AFN, es sei schon wieder sieben Uhr früh. Ich stand auf und suchte meine Kleider zusammen. Das Sternchen war ab, ich klebte kein neues, auch später nie mehr. Er sah mir zu, wie ich das Männerhemd in die Lederhose stopfte und die Stiefel anzog. Zur Tür brachte er mich, nach unten ging ich allein.

Ich habe es als junges Mädchen immer sehr stark empfunden, wenn ich mich plötzlich allein wiederfand. Das geschieht in dem Alter ja selten. Meist verstellt einem eine Mama oder eine Freundin den Blick. Dann auf einmal passiert es: Unabgeschirmt tritt man der Welt entgegen, der Raum weitet sich, alles gewinnt Bedeutung und wird poetisch –

Im Treppenhaus hing ein Aroma von kaltem Rauch, Feuchtigkeit, Bohnerwachs. Unten stieß ich die Tür auf und trat hinaus. Der Vorfrühlingsmorgen war mild, grau verhangen. In der Sonntagsstille sangen Vögel, laut und berauscht. Als ich den Durchgang zur Straße erreichte, begann es wieder zu regnen. Ich drehte mich um und sah oben hinter der Scheibe dein Gesicht.

Wie magst du am nächsten Tag über diesen Hof gegangen sein?

Das frage ich mich heute.

Pfeifend?

Ich kann mir das vorstellen. Deine plötzlichen Entschlossenheiten. Vielleicht bist du mit kraftvollen Schritten über diesen Hof marschiert, froh um deine leeren Hände, deine Sachen waren ja fast alle in der Windscheidstraße geblieben. Vielleicht bist du auf allen vieren gekrochen –

Aber ich dachte nicht daran, wie du gehen würdest, während ich ging.

Der Flur des Vorderhauses war zugig. In die Ecken hatte der Wind Häufchen von Vorjahreslaub gefegt. Viele Briefkästen hatten keine Namensschilder, andere, beschriftete, quollen über mit Gleichgültigem. Dein Name stand nirgends und hatte hier niemals gestanden. Die Holztür war nur mit beiden Händen aufzuziehen. Davor fiel der Regen schwer und ruhig. Ein Taxi wartete, ich stieg ein, und wir fuhren. Die Scheibenwischer pendelten. Man konnte den Regen auch im Auto riechen. Die Wolken hingen bis auf die Dächer herab. Ganz Berlin, die ganze Stadt lag unter dieser Decke aus warmem, immerfort strömendem Grau.

Von der Wohnung in der Windscheidstraße, deren Schlüssel ich noch jahrelang aufgehoben habe, habe ich niemals Abschied genommen. Ich bin nie in das Turmzimmer zurückgekehrt, in dem wir unsere Sterne an den Samthimmel über dem Bett geklebt hatten. An die Hinterwand des Zimmers hattest du ein Mandala gemalt. Du sagtest, ich sollte die Augen auf dieses Mandala richten, von dem in der Finsternis des verdunkelten Raums nichts zu ahnen war, ich sollte glauben, dass etwas geschehen würde, während ich tat, was du sagtest, dann hast du an einem alten Fotoapparat vom Flohmarkt den Blitz ausgelöst. Für den Bruchteil einer Sekunde zuckte blendend das Licht auf, in leuchtender Farbigkeit trat mir das Mandala entgegen, dann war wieder alles erloschen. Aber sehr lange noch hing mir das Negativ vor Augen: alles, was bunt gewesen war, hell, alles, was hell gewesen war, schwarz.

II Der Blaue Bus

1

Und ich würde nun also mit Tom nach Indien fahren. Wir waren schon oft miteinander gereist, Griechenland, Spanien und Portugal hatten wir besucht, keine sehr aufregenden Touren waren das gewesen, aber man hatte doch eine Menge besichtigt. Fortwährend umgab uns ja unsere große Vertrautheit, ein Kokon, der jeden Stoß dämpfte, wir waren zu Hause beieinander, das war überhaupt nicht loszuwerden.

Es war März und wurde April. Über Ostern fuhren wir nach Venedig.

Warum Venedig, wenn wir nach Indien wollten? Ich kannte die Stadt noch aus Kindertagen, wenn die Cousine und ich im September immer aus der Schule genommen worden waren, wir hatten ärztliche Atteste und nutzten die Preise der Nachsaison. Am Strand von Milano Marittima oder Caorle, wo es um die Zeit schon recht leer war, gruben wir vereint miteinander im Sand, zwei kleine Mädchen, die niemals stritten. Bei Ebbe tauchten lange, flache Sandbänke auf, in badewannenwarmen Tümpeln krochen Seesterne und Einsiedlerkrebse über das Rippenmuster des Meeresbodens, die wir mit dem Käscher fingen. Das Wasser blendete in der Mittagssonne, wir rannten über den glühenden Sand zum Lager der Familie unter Sonnenschirmen, dann kam der Mann mit dem roten Mützchen und dem Karren voll Naschereien, auf dem winzige Fontänen kalten Wassers Spalten frischer Kokosnuss benetzten.

Bombolone! Kandierte Frutta! Noci di Coco!

Und einer dieser schattenlosen Tage wurde grundsätzlich in Venedig verbracht. Tauben füttern, Gondel fahren, Eis essen, auch bettelten wir meinem Onkel Muranoglastierchen ab –

Fährt man mit neuer Begleitung an einen alten Ort, geht meist mindestens einer aus der Begegnung beschädigt hervor. 1977 war Ostern in Venedig sehr kalt. Es regnete nahezu ununterbrochen. Touristen waren kaum unterwegs, weit weniger Staaten als heute gewährten Reisefreiheit, wer sich den Luxus eines Auslandsaufenthalts leisten konnte, wählte eine wettersichere Jahreszeit. Das Hochwasser war kein romantisches Acqua Alta, sondern lästig, die Bettwäsche klamm, die Cafés waren zugig, nirgendwo konnte man so frieren wie damals in Südeuropa, als man den Einbau von Heizungen wegen der paar kalten Wochen im Jahr noch für überflüssig hielt. Auch hatte Tom eine Art, bescheiden zögernd um zwei Espresso zu bitten, die mir auf die Nerven ging. Espresso, sagte er, Espresso, offenbar war er zu stur, um zu lernen, und wenn dann der Barbetreiber nachfragte, allora, Signore, due caffè –?, dann nahm ich die Begriffsstutzigkeit nicht dem Barbetreiber krumm. Wir schlurften durch die zugigen Gassen, drückten uns in Trattorias möglichst weit abseits der Türen an die Wand, und immer musste ich bestellen und zahlen, denn Tom hatte nicht mal Latein gehabt. Auf einem Foto stehe ich auf einer Brücke, meine Haare sind strähnig, die Nase ist rot, der Lack ist ab, ich sehe zehn Jahre älter aus, jeder Tag war endlos und ich schon morgens erschöpft von der Anstrengung, die es bedeutete, mir vorzuspielen, dass ich diese Reise genoss. Wenn Tom sagte, er liebe mich, *Ich lieb dich,* sagte er, dann habe ich auf einer zweiten Tonspur deine Stimme mitgehört. Aber du hast das -e mitgesprochen. Von dir bekam ich keine schamhaft eilige Liebeserklärung, der man anhörte, dass sie sich am liebsten darauf beschränkt hätte, *ich dich auch* zu sagen, immer nur *ich dich auch,* sondern *Ich LIEBE dich* hast du gesagt, du hast das Verb in seiner Gänze ausgesprochen, mit dem -e am Ende und einem süchtig gedehnten -i- in der Mitte. So, wie es unter der Brücke in der Windscheidstraße stand.

In Coburg erwartete mich ein Päckchen. Es enthielt ein Baumwolltuch, gelb mit roten Sonnen und Sternen, das er wie ein Kind mit Kartoffelstempeln bedruckt hatte. Darin eingewickelt war eine Kassette. Ich schob sie in den Rekorder, drückte START, und Gabos Stimme erfüllte den Raum.

Er sagte, er sei hier in dieser traurigen Wohnung, in diesem traurigen Haus in dieser miesen kleinen Stadt, er arbeite jeden Tag in der Garage seines Vaters, sein Leben sei Leere und Dunkelheit und nur seine Liebe zu mir sein Licht, er sei immer bei mir, er fühle mich in sich, aber ich sei ja bei Tom, und wie er so leben sollte, wüsste er nicht, es wäre ein Leben schlimmer als im Kerker, denn der Kerker sei in ihm und daraus nie wieder freizukommen. Dann verklang seine Stimme auf irgendeinem großen, letzten Wort, immerimmer oder nienie blendeten bruchlos über in die ersten Töne von Crosby, Stills & Nash's *Carry me,* dies melancholische Lied von einem Jungen, der einen Traum gefunden hat, keinen sonderlich neuen oder originellen, sondern ein altes, abgestoßenes Ding ist es, aber er gibt ihm neue Flügel und lackiert seinen Rumpf. Trotzig und zum Aufbruch entschlossen drängt er die Tränen zurück in irgendeiner Werkstatt, vielleicht in der Garage seines Vaters. Und am Ende zwingt er das Fluggerät in die Luft. Die Macht seines Wunsches überwindet die Schwerkraft, er erhebt sich über die Welt, die keine Gewalt hat, ihn zu halten, und nun kam natürlich meine Strophe, die von dem Mädchen, das der Junge liebt.

Ihr ist es nicht gelungen, der Welt zu entfliehen, die sie umklammert und beschwert. Sie kann sich nicht befreien, obwohl sie nachts unter der Decke vor Sehnsucht und Zorn heimlich weint. Aber der Junge, wenn er an sie denkt, sieht sie immer lachend: So, wie sie war, als sie ihn ansah und sein Lied mitsang.

Carry me above the world –

Auf meiner Breitcordmatratze saß ich und spulte das Band zurück und zurück und wieder zurück.

Und dieses Lied hätte ich spielen sollen, am 31. Mai 2013 in der Feierhalle des Luisenfriedhofs III, in der wir von dir Abschied nehmen sollten, das Kind und ich. Man hatte uns hineingeführt und dann allein gelassen. Nur wir zwei waren da. Was wurde von uns erwartet? In dem leeren Raum fühlte ich mich beobachtet. Die Urne mit deiner Asche stand auf einem Podest in der Mitte. Ich habe sie schließlich fotografiert. Ich habe ein Foto von deiner Urne auf meinem Computer. Hätte ich daran gedacht, hätte ich dieses Lied spielen können, die dritte Strophe, in der es um das Sterben geht, um die Befreiung von allen Gewichten, die den Sterbenden an die Erde fesseln … Aber ich dachte gar nichts. Ich stand da und fühlte keinerlei Leere, auch keinen Verlust. Es gab nichts, was ich dir gern nachgerufen hätte, schon gar nicht dieses Lied, das ich vollkommen vergessen hatte, es ist mir erst jetzt wieder eingefallen, wo ich dies schreibe.

Ich ging auf und ab, und das Kind spielte dann ein Lied auf ihrem Handy. Sie fand dieses Lied angemessen. Ich weiß nicht, ob sie es dir zu deinen Lebzeiten je vorgespielt hat. Dann tauchte der Friedhofsangestellte wieder auf. Getragen fragte er, ob wir so weit wären. Wie weit? Aber wir nickten. Er ergriff die Urne mit beiden Händen und schritt, ja schritt uns voran. Während wir hinter ihm hergingen, quer über den Hof der Feierhalle, drehte sich das Kind im Gehen eine Zigarette.

Ich rügte sie flüsternd: pietätlos. Sie warf mir einen Blick zu, die linke Augenbraue emporgezogen.

Da musste ich lachen, in diesem Moment war sie wirklich deine Tochter, denn du, wärst du jetzt bei uns gewesen, hättest dir erst mal einen gekifft. Dass du nicht bei uns warst, war wie gesagt nichts Neues. Ich flüsterte ihr das mit dem Kiffen zu, und nun lachte sie auch, wir lachten beide unterdrückt wie Schülerinnen im Unterricht, obwohl wir versuchten, uns zusammenzunehmen, denn die Schultern des Trägers, der deine Urne in beiden Händen hielt, wurden noch etwas gerader, noch etwas rigider wurde sein Rücken, und wir rangen um Haltung, aber es half nichts, immer wieder mussten wir lachen. Wir waren so erleichtert, dieser Feierhalle entkommen zu sein, wo man allen Ernstes von uns erwartet hatte, dass wir von dir Abschied nehmen sollten.

Am Donnerstag, dem 12. Mai 1977 rief mich meine Mutter ans Telefon. Ihr Gesicht war gewittrig, schicksalsumwölkt. Ich nahm den Hörer und sagte meinen Namen. Dann deine Stimme.

Liebling.

Zu Tom sagte ich genau das, was du mir gesagt hattest: Er ist nur auf der Durchreise, Tom. Er bleibt nicht. Er kommt nur auf einen Sprung, auf dem Weg nach Berlin. Auf dem Weg nach Indien. Du siehst, du musst dir keine Gedanken machen. Du machst dir doch keine Gedanken?

Tom sagte: Für mich ist die Geschichte mit Gabo abgeschlossen.

Danach war ich den ganzen Abend lang fröhlich.

Am nächsten Tag, an dem ich mich vom Telefon nie mehr als ein paar Schritt weit entfernte, hasste ich Gabo zwischendurch mehrfach mit ganzer Kraft, denn er beeilte sich offenbar nicht besonders, er war ja noch immer nicht da, was bildete er sich ein, warum war er nicht schon in der Nacht losgefahren. Dann klingelte das Telefon. Ich stürzte mich auf den Hörer, riss ihn von der Gabel, hielt ihn in die Luft, atmete tief und nannte meinen Namen mit neutraler Stimme.

Tom sagte: Er ist hier.

Du hast ihn gesehen!

Auf dem Marktplatz steht der Bus. Ein blauer VW-Bus aus dem Saarland. Mit einem OM-Zeichen auf dem Kühler.

Ich legte den Hörer sehr sorgfältig auf. Dann stand ich im Flur.

Los jetzt!

Das war doch nicht möglich. Das gab es doch nicht. Wie lange sollte ich hier noch stehen? Ich ging in die Garderobe und zog meine Schuhe an.

Dann aber auch los jetzt!

Es war Freitag, der 13. Der zweite Freitag im Mai 1977. Am zweiten Freitag im Mai 2013 bist du im Hospiz Schöneberg gestorben, 35 Jahre und 362 Tage nach diesem Anruf, deinem Anruf, der in der nächsten Minute kam.

Es ist nicht so, dass ich behaupte oder glaube, das hätte irgendetwas zu bedeuten. Es ist nur einfach so.

Der Bus sah aus, wie Tom ihn beschrieben hatte. Gabo saß rauchend in der offenen Seitentür und sah uns entgegen. Mit Macht und umsonst bemühte er sich, nicht wie ein Sieger zu strahlen. Wir umarmten einander züchtig. Hallo, hallo, wie geht es dir, och danke, ganz gut. Drinnen über dem Bett hing ein plakatgroßes Porträt von mir, mein Raubvogelporträt, das Tom gemacht hatte. Darüber eine Bussardfeder, die Gabo und ich im Grunewald gefunden hatten. An einem Faden ein Hemdknopf, abgerissen in einer Umarmung in der Windscheidstraße.

Dann kamen Leute. Jo kam, Hardy, sie waren nicht verwundert. Sie, nicht ich, hatten ihn erwartet, er hatte mit ihnen

Kontakt gehalten und meine Heimatstadt erobert, hinter meinem Rücken hatte er die Macht an sich gerissen und ritt nun als ein König hier ein. Er hielt Hof in seinem Bus, er hielt Hof an der Bar in der Disko, in der wir später in dieser Nacht landeten, er schritt uns allen voran, alles strahlte im Abglanz seiner Leuchtkraft, die wieder hergestellt war, wo hatte er aufgeladen. Der Lärm war gewaltig, er dirigierte. Er ließ Stevie Wonder spielen und Steve Miller, *Flieg wie ein Igel*, wir sahen uns an, ein langer Blick über alle hinweg, alles wurde still, wir saßen auf einer Wiese, und die Sonne schien. Dann drehte er sich wieder um und befahl dem Barmann, der Lärm kehrte zurück, und draußen beim Zigarettenautomaten trafen wir aufeinander und küssten uns wie die Wilden, vergruben Hände in Haare und Gesichter in Kleidern, dann gingen wir wieder rein und tanzten, wir tanzten alle, auch Tom tanzte in dieser Nacht, niemand sonst wagte sich noch auf die Tanzfläche. Um drei, kurz bevor zur Sperrstunde das Licht anging, kam der Rausschmeißer, ein lautes, hämmerndes Klavierstück. In der Ecke stand ein altes Piano, das Gabo jetzt aufklappte, und er und Jo griffen machtvoll in die Tasten. Beide konnten nicht spielen, aber das blieb unhörbar im ohrenbetäubenden Lärm. Mit professionellem Gesicht hämmerte Gabo auf das Piano ein, mimte perfekt den leidenschaftlich hingegebenen Pianisten, hoch konzentriert war er auf sein Spiel, zog dramatisch die Brauen zusammen und beugte sich vor und warf dann in Ekstase den Kopf zurück, er hatte eine Kippe zwischen die gebleckten Zähne geklemmt und lachte, dabei immer weiter auf das Instrument einhämmernd wie der durchgeknallte Kater in Disneys *Aristocats. Ev'rybody! Ev'rybody!! Ev'rybody wants to be a cat!* Der Applaus war rasend, der Tumult ungeheuer.

Tom fuhr mich nach Hause. Er sah nach vorn auf die Straße und sagte: Du hast alle Freiheiten. Hörst du. Alle.

Ich lehnte den Kopf zurück an den Sitz und machte die Augen zu. In mir sang es stumm: Und bist du derjenige, der sie mir gewährt?

Am nächsten Tag frühmorgens kamst du mich abholen. Wir fuhren mit dem Bus in den Wald. Die Türen ließen wir offen.

Dann saßen wir wieder mit Tom und aßen Pizza. Ich sagte: Ich sollte vielleicht einfach abhauen. Ich sollte verschwinden und euch alle beide verlassen.

Natürlich meinte ich das nicht ernst. Ich sagte es, weil ich irgendetwas sagen musste, etwas musste entschieden werden, aber was, ich hatte keine guten Erfahrungen damit gemacht, dass ich mich für einen von diesen beiden entschied. Tom schlug leicht mit der flachen Hand auf den Tisch. Er sagte: Herrgott noch mal. Kannst du bitte aufhören, ständig von Trennungen zu reden.

Gabo lachte.

Ach Liebling, wozu. Ich würde dich ja doch finden.

Solche Sätze, die mir heute platt und peinlich erscheinen, haben die Neunzehnjährige umgeworfen. Dass ein Mann so etwas wirklich aussprach. Dass er etwas zu mir sagte, was Richard Burton zu Liz Taylor hätte sagen können oder Orpheus zu Eurydike. Auch muss man im Nachhinein feststellen, dass es stimmte. Nichts als die reine Wahrheit war dieser Satz.

In der Dunkelheit standen wir vor meinem Elternhaus auf der Straße. Gabo sagte: Ich kann Tom nicht mehr sehen. Ich warte in Berlin auf dich.

Ich sah dem Blauen Bus nach. Er rollte den Hügel hinunter, dann bog er ab, die Rücklichter verschwanden. So ist es immer, wenn ich an uns denke. Immer fahren wir: aufeinander zu, voneinander weg. Oder der eine steht da und wartet, und der andere ist unterwegs.

Am Montag, dem 16. Mai, begann die Abiturprüfung mit dem deutschen Aufsatz. Geschrieben wurde in der zu diesem Zweck umgerüsteten Turnhalle. Um mich herum angespannte Mienen. Bleiche Gesichter. Fremde Lebensformen. Traubenzucker wurde zurechtgelegt, vorn wurden mit lauter Stimme Regeln verkündet, Leute umarmten einander noch einmal oder reichten einander die Hand. Dann gingen die Wachen sämtlich in Stellung. Und konnte man nun bitte zum letzten Akt kommen? Dies bescheuerte Stück war ohnehin überlang gewesen, war es zwingend, es jetzt am Ende noch künstlich auszudehnen?

Die Blätter wurden verteilt. Die Themen wurden bekannt gegeben, ich wählte eins, schrieb das Zeug herunter, marschierte an gesenkten Scheiteln vorbei, ging nach Hause und packte.

Am Mittwoch Englisch. Readysteady.

Am Freitag Französisch. Mein Blatt blieb lückig. Den Kugelschreiber ließ ich auf dem Pult liegen, dann stieß ich die Tür auf und trat ins Freie. Dröhnend hallte der Gongschlag durch die Welt.

NIE – WIEDER –!

Wir fuhren sofort los, aus der Stadt heraus, erst Richtung Hof und dann über die Grenze und auf die Transitstrecke in Richtung Osten, die Luft flimmerte und schimmerte, auf dem Beifahrersitz der Ente entzündete ich Zigarette um Zigarette, wir überquerten Wasserläufe, hatten die Fenster aufgeklappt und sangen, der Frühsommerwind wehte, unter den Rädern eilten die Kilometer dahin, an der Brücke verkündeten *Plaste und Elaste aus Schkopau* die baldige Ankunft in Berlin, aber am Himmel im Sonnenlicht flammte ein größeres Zeichen.

START

The blue bus is calling us,
The blue bus is calling us –

In diesem Sommer wohnten Gabo und ich im Blauen Bus. Wir übernachteten am Teufelsberg, im Grunewald, an der Krummen Lanke, am Wannsee, wir schliefen uns quer durch den Westberliner Grüngürtel. Gelegentlich weckte uns Polizei, dann fuhren wir eben woandershin. Die Nächte waren noch ziemlich frisch, und morgens waren die Busfenster beschlagen. Draußen die Wiese war grau von Tau. Ich stand in eine Decke gewickelt und rauchte. Auf der Oberfläche des Sees zogen Schwäne und Enten lange, faltenreiche Schleppen hinter sich her. Blass dehnte sich der Himmel über dem Wald. Die Morgenluft schmeckte, wie Teichwasser riecht. Gabo hantierte mit dem Campingkocher. Von den vergänglichen Spuren der Wasservögel ging eine tiefe Stille aus, der auch das Lärmen der Vögel nichts anhaben konnte. Dann der brenzlig-bittere Kaffeegeruch. Am Kanal vor uns machte es plopp, es raschelte und wuschelte, und ein Erpel platzte durchs Röhricht in unseren Tümpel herein, offenbar selbst überrascht, wo er gelandet war. Er wollte sich das aber nicht anmerken lassen, ganz ruhig tat er und drehte nonchalant den Kopf von einer Seite zur anderen, aber unter der Wasseroberfläche paddelte er, paddelte und paddelte, und wir lachten, glücklich über diesen Erpel wie über alles, und du sagtest: Ja Ganter! Wo ist denn deine Alte? Und ich korrigierte dich nicht.

Dann fuhren wir nach Sylt. Warum Sylt, wenn wir nach Indien wollten? Ich hatte gesagt: Ach, jetzt am Meer sein, und Gabo: Aber sofort, meine Königin. Unsere Erde war rund damals. Auf dem weiten, maigrünen Land rollte der Bus von selbst dahin. Höher als wir waren nur die Wolken. Auf dem

Hof bei Niebüll, wo Gabo sich eine Weile im ökologischen Landbau versucht hatte, behandelte man ihn freundlich und etwas herablassend, er war ein Abtrünniger und nicht mehr von Belang. Der Tanzschuppen in der Scheune hatte freitags und samstags geöffnet, er war das einzige Etablissement dieser Art weit und breit, einen Abend lang standen wir dort großstädtisch überlegen herum, dann fuhren wir wieder. In den Dünen am Ellenbogen waren wir allein. Auf genau welche Weise wir einander in der windgeschützten Kuhle nackt umklammert gehalten hatten, hätte ein Kundiger noch Tage später von unseren Körpern ablesen können, auf denen sich die Umrisse von Armen und Händen weiß vom Sonnenbrand abzeichneten. Abends wickelte ich mich in ein mottenlöchriges Cape aus lila Sackleinwand, und Gabo zog einen meiner Pullover an, der folkloristisch gemustert und ihm viel zu klein war, die Ärmel reichten ihm knapp über die Ellenbogen, der Saum saß am Nabel. So wehten wir durch Kampen und Westerland und hinauf zum Lister Hafen, wo wir an Goschs kleinem Verkaufswagen Aalbrötchen verschlangen, auch Krabben in Papiertüten von einem Kutter kauften, die wir am Strand in den Dünen puhlten. Alles, alles, was wir taten, tat ich zum allerersten Mal. Er zeigte mir die Welt, er war mein Mann, mein Bruder und in meine Arme gebettet auch mein Sohn, die Verschmelzung war vollkommen, wie eine vorgeschichtliche Göttin war ich ihm Braut, Schwester und Mutter.

Was er noch mehr wollte, fragte ich ihn, im Sand vor dem Wind geschützt, der die Sandkörnchen der Dünen wandern ließ. Was sein wildester Lebenstraum sei. Ich weiß nicht, was ich zu hören erwartete. Er sagte: Frau und Kind. Heiraten. Heirate mich und hab ein Kind mit mir! Ja, sagte ich, ja, und vollkommen ernst war es mir, aber zugleich mit meiner Stimme habe ich immer eine Vielzahl leiser Stimmchen in mir flüstern hören, und eines davon hauchte damals: Dauern kann dies nicht.

Was zeigt, dass auch diese leisen Stimmchen verlogen sein können. Denn was in meinem Leben, frage ich, hat bis auf den heutigen Tag mehr Dauer besessen als wir.

The blue bus is calling us,
Driver, where you're takin' us –

Leicht war das Leben im Blauen Bus, dem ich bis heute von Zeit zu Zeit nachweine. Ein richtiger Hippiebus war der Blaue Bus: und hatte also seine beste Zeit hinter sich. Das sagte Gabo und sicher hatte er recht, er verstand sich auf Autos und auf Motoren, wahrscheinlich hätte der Bus es niemals bis nach Indien geschafft –

Auch waren wir nicht mehr zu zweit, sondern zu viert. Ingrid würde mit uns kommen und Ingrids neuer Freund Flo, und für uns vier, sagte Gabo, war der Blaue Bus zu klein. Das war wahr. Ein Airbus wäre zu klein gewesen.

Wann hat es sich entschieden, dass Ingrid mit nach Indien fahren würde, vor oder nach ihrer Erbschaft? Ich weiß es nicht mehr. Die Erbschaft ist im Tagebuch nicht vermerkt, so unerheblich fand ich es offenbar, dass Ingrid von einem Tag auf den anderen über genug Geld verfügte, um jahrelang davon leben zu können.

Ich denke, der Entschluss muss gefallen sein, als Ingrid noch relativ unbemittelt war. Denn ich sehe sie und mich in einen Nahverkehrszug steigen, um zu ihr nach Hause aufs Land zu fahren, und dabei über Indien sprechen. Also war sie damals noch keine Entenbesitzerin. Was heißen würde, dass wir schon befreundet gewesen wären, bevor die Berlinfahrten begannen. Das kann aber nicht sein, ich erinnere es anders, auch taucht Ingrids Name vor Beginn der Berlinfahrten niemals im Tagebuch auf. Vielleicht war die Ente am Tag dieser Zugfahrt in Reparatur?

Ich weiß es nicht, ich weiß es nicht, ich weiß es nicht.

Herrgott noch mal!

Bei ihr zu Hause gab es Linsensuppe.

Das wiederum weiß ich genau, denn Linsen gab es bei uns niemals, meine Mutter hatte Gallensteine und fand, Linsen blähten. Die Suppe war schwarz. Ingrid ging in die Küche und holte Essig, die Essigflasche hatte eine Tülle wie eine Silikonflasche, man konnte den Essig tropfengenau dosieren. Weil ich mich an diese Essigflasche erinnere, sehe ich jetzt auch den für vier Personen viel zu großen ovalen Esstisch vor mir und den Durchgang in die Küche dahinter. Auch empfinde ich die gedämpfte, sprachlose Atmosphäre, die während dieser Mahlzeit und immer in diesem Haus herrschte, dessen übrige Räume aus meiner Erinnerung getilgt sind, nicht einmal Ingrids Zimmer sehe ich noch, obwohl wir uns dort so oft aufgehalten haben, öfter als in der Küche und viel öfter als bei mir, wo keine solch kühle Distanz zwischen den Bewohnern herrschte und also ständig mit meiner gastfreundlichen und gesprächigen Mutter gerechnet werden musste.

Wie sah das Haus von außen aus, wo lag es, in welchem Nest im Coburger Umkreis? Wo wohnte Ingrid, mit der ich nach Indien gefahren bin?

Ich weiß es nicht. Nichts ist mehr da, nur dieses eine Bild, Linsensuppe, Essigflasche, was will uns der Dichter damit sagen? Worauf deutet es hin, wenn ausgerechnet die Tülle einer Essigflasche über vierzig Jahre vom Gedächtnis bewahrt wird? Wird die Hauptfigur dieser Geschichte im weiteren Verlauf eine Suppenküche eröffnen? Ich sollte am besten lügen, oder nicht lügen, scheißquatschen sollte ich, irgendetwas erfinden, damit die Geschichte rund wird –

Wobei eine andere Freundin immer eine Prise Salz in den Kaffeefilter gab, bevor sie die Kaffeemaschine einschaltete.

Auch hier erinnere ich nichts weiter, das Haus nicht, ihr Zimmer nicht, den Namen der Straße oder des Ortsteils nicht, ich sehe sie nur vor der Kaffeemaschine stehen, die beige war, ich sehe den olivgrünen Oberschrank über der Kaffeemaschine und die Prilblumen, die auf die Kacheln geklebt waren, an der Stelle, wo man Löcher für Haken gebohrt und dann wieder zugegipst hatte. Diese Freundin war neulich beeindruckt, dass ich das mit dem Salz noch wusste. Es freute sie. Alle Leute freuen sich, wenn man sich an sie erinnert. Dabei erinnere ich mich nicht an Leute. Oder zumindest nicht an ihre Gesichter. Ich leide unter kongenitaler Prosopagnosie, einer Form der visuellen Agnosie oder zu Deutsch Seelenblindheit, die die angeborene Unfähigkeit bezeichnet, die Identität einer bekannten Person anhand ihres Gesichts zu erkennen. Ich kann einen ganzen Abend lang mit jemandem über den Atomausstieg diskutieren oder über die Premiere von *King Lear* und am nächsten Tag, wenn ich dieser Person beim Bäcker begegne, nicht nur nicht wissen, wer sie ist, sondern nicht einmal, dass ich ihr schon einmal begegnet bin. Beim Tierarzt neulich habe ich eine Nachbarin nicht erkannt, obwohl sie ihren Hund bei sich hatte, und das hat mich wirklich erschüttert, denn Hunde sind sehr viel leichter wiederzuerkennen als Menschen, sie haben ausgeprägte Merkmale und verkleiden sich nicht ständig mit Hüten und Kopftüchern und den Krägen von Wintermänteln.

Dagegen Gesichter: Linsen unter Linsen. Die Augen über der Nase, die Nase über dem Mund. Wenn man sich konzentriert, kann man erkennen, dass in diesem Gesicht die Augen weiter voneinander entfernt sind als in jenem oder dass die Nasen nicht alle gleich geformt sind, aber es ist mühsam, es ist eine Aufgabe, jedes Gesicht auswendig zu lernen, man muss sich bewusst dazu anhalten, und manchmal vergisst man das oder hat keine Lust.

Also, was kann ich mir glauben? Welche Wahrheiten ist man jemandem abzunehmen bereit, der sich eher an die Tülle einer Essigflasche erinnert als an den Gesprächspartner des

Vorabends oder an den Wohnort der einstigen besten Freundin?

Bei uns gab es keine Linsensuppe, das ist die Sache. Auch salzte meine Mutter unseren Kaffee nicht. Nicht nur Indien, schon der Ausflug aufs Nachbargrundstück ist eine Konfrontation mit einer fremden Kultur, an der das Unvertraute registriert wird, die Unterschiede zum Eigenen werden als bemerkenswert abgespeichert, aber über das tatsächliche Wesen des anderen sagt das nichts aus. Ständig sollte man seine Parameter und Prämissen hinterfragen. Ethnologie hätte man studieren sollen –

Ich beschließe: Die Entscheidung, dass Ingrid und wir zusammen nach Indien fahren würden, ist vollkommen unabhängig von ihrem plötzlichen Reichtum gefallen.

Geld erschien uns wie gesagt unwichtig. Entschlossen verachteten wir seine Macht. Freie Menschen waren wir und Seelenverwandte, nur hatte Ingrid nun eben Schotter und wir anderen nicht, was immerhin Möglichkeiten schuf, zum Beispiel konnte sie einen Mercedes-Bus kaufen, ein ausrangiertes Gefährt der Post. Das war Gabos Vorschlag gewesen. Es war jetzt nie mehr die Rede davon, dass er schon in Indien gewesen sei. Aber er war der Älteste und am wenigsten Planlose von uns. Der Bus war auch auf ihn zugelassen. Uns allen war das vernünftig erschienen, denn Gabo würde den Bus ausbauen, fahren und unterwegs warten. Er war für den Bus verantwortlich und ich dafür, dass diese Reise überhaupt stattfand, sie war mein Plan, mein einsamer Entschluss, meine Welt als Wille und Vorstellung, die anderen kauften sich in meine Träume ein. Jeder steuerte also bei, was er hatte. Nur Flo hatte von Anfang an mit gar nichts aufzuwarten.

Wo Ingrid ihn aufgegabelt hatte, weiß ich nicht mehr. Er war sehr jung, noch jünger als Ingrid und ich, glaube ich, und war eine Weile lang auf den Strich gegangen, erst in Berlin, dann in der Schweiz. Aufgewachsen war er in einem SOS-Kinderdorf. Einen Vater hat er niemals erwähnt, aber eine Mutter hatte er. Einmal sind wir bei ihr vorbeigefahren. Es war eine gute Gegend, der Bus parkte unter Bäumen, Ingrid ging mit Flo ins Haus, Gabo und ich warteten auf der Straße, und aus einem der Vorgärten purzelte ein Wurf junger Hunde heraus.

Es war ein warmer Abend. Ich rief die Hundchen und tollte mit ihnen barfuß auf der Fahrbahn herum. Mein Körper fühlte sich lebendig an, warm bis hinein in die toten Zellen von Nägeln und Haaren. Tief unter mir, in Nebeln und trüben Schwaden, lag der traurige Planet, den ich verlassen hatte. Alle Verheißungen hatten sich erfüllt: Gabo war als mein Befreier erschienen, die Tür zu meinem Verließ hatte er aufgesprengt, mühelos hatte er sich mit seinem Fluggerät zu dem hohen Fenster im Turm hinaufgeschwungen, an dem ich einsam stand, und ich hatte die Arme ausgebreitet, die Augen geschlossen und war gesprungen.

Carry me, carry me above the world –

Ich denke, dass Ingrid Flo damals nur mitgenommen hat, weil sich kein anderer angeboten hatte. Wir hatten lange nach einem vierten Mitfahrer gesucht, und ich hatte mich des Öfteren still darüber geärgert, dass sie sich nicht mehr Mühe gab. Ich weiß nicht, was es mit Ingrid war. Sie war wie gesagt ein hübsches Mädchen, aber etwas fehlte ihr, der Pfiff, die Gefahr, das Geheimnis, ein herausforderndes Selbstbewusstsein, ich weiß nicht, wie man es nennen soll, sie lud nicht zum Träumen ein, sie war ein von vornherein schon immer halb eingelöstes Versprechen. Aber nun hatte sie Flo. Der wiederum suchte bei uns vor allem Geborgenheit. Das Letzte, was wir zu bieten hatten.

Wir hätten nun eigentlich aufbrechen können, aber immer wieder hielt uns etwas auf. Impfungen waren vorzunehmen, die Visa für Afghanistan und Indien zu beantragen, dafür mussten wir nach Bonn fahren, auch bildeten wir uns ein, Wasserreinigungstabletten mitnehmen zu müssen. Das war schwierig, es gab keine Outdoor-Shops oder Läden mit Trecking-Equipment, man musste Spezialgeschäfte aufsuchen. In Berlin hatten wir eine Adresse, aber da war das Mittel ausverkauft. Wir fuhren also nach München und dann nach Köln. Dazwischen brachte Gabo den Bus wieder ins Saarland, in die Garage seines Vaters, wo er den Motor überholte, ein Bett einbaute, Schränke und einen Kühlschrank, auch eine Minispüle und einen Herd hatten wir.

Wirklich, ich muss über uns lachen. Vollkommen überausgestattet waren wir. Was glaubten wir, wo wir hinfuhren, in die Leere der Arktis, in die wasserlose Wüste?

Wir hatten keine Vorstellung. Wir hatten keine Bilder. Österreich, Italien, Nord- und Ostsee: Das waren die gängigen Ziele, schon Jugoslawien war Ostblock und damit fremd. Nach Griechenland verloren sich nur Leute mit Spezialinteressen: Bildungsreisende, Schwule, jugendliche Abenteurer. Jenseits des Bosporus begann das Reich der Mythen. Karl May galoppierte dort als Kara ben Nemsi durchs wilde Kurdistan. Marco Polo zog auf der Seidenstraße.

Ich weiß nicht, ob es damals bereits einen Indien-Reiseführer für Rucksacktouristen gab, ich bezweifle es, und selbst wenn, dann wussten wir nichts davon. Wie sollte man so etwas recherchieren. In dem Buchladen am Markt in Coburg hatte man uns einen Polyglott verkauft. Minutiöse Beschreibungen von Tempeln fanden sich darin, briefmarkengroße Strichzeichnungen des Tadj Mahal, im Mittelteil schwarzweiß die Fotografie einer heiligen Kuh. Für wen solche Führer bestimmt gewesen sein mögen, kann ich mir nicht denken. Rotel Tours bot damals schon Indienreisen an, deren

Busse fuhren zu Sehenswürdigkeiten und verwandelten sich nachts in Kommoden, die Gäste wurden in die Schubladen geschoben. Wir wussten aber auch von Rotel Tours nichts.

Gar nichts wussten wir, eine Expedition in unvermessenes Land war unsere Fahrt, eine Suche nach der Ostwestpassage, und das Ziel entrückte immer wieder in schimmernde Ferne. Ich fiel durch die Führerscheinprüfung, einmal und dann ein zweites Mal, ich konnte es nicht fassen, ich biss mir in die Hände, nie war ich durch eine Prüfung geflogen, war ich total bescheuert, ich musste womöglich noch zum Idiotentest. Ich war einfach der Ruppigkeit, der Böswilligkeit dieser Prüfer nicht gewachsen. Wenn die schon einstiegen und sahen, dass ich nervös war, und dann sagten: Also wenn Sie hier weiter so rumflattern, dann können Sie Ihren Schein gleich vergessen.

Aber Gabo hatte sich jetzt sowieso noch etwas überlegt, was im Bus einzubauen war. Und die anderen beiden waren in die Schweiz gefahren, was taten sie da, sie sollten mal besser unser Geld zusammenhalten. So sagten wir: Unser Geld. Wir stritten beinahe von Anfang an. Unter einem Datum im August findet sich im Tagebuch der folgende typische Eintrag: *Flo hat seinen Geldbeutel mit achtzig Mark drin irgendwo verloren, und alle sind deswegen sauer auf ihn. Natürlich hat er wieder so getan, als wäre nicht er schuld, sondern alle anderen, Gabo brüllte ihn daraufhin an, und wir Mädels machten den Kühlschrank sauber, weil die Sojasoße ausgelaufen war. Vor allem sollte Flo endlich damit aufhören, Gabo immer Vati zu nennen, er weiß ganz genau, das bringt Gabo jedes Mal total auf die Palme, vielleicht macht er es ja extra deswegen –*

Instabile Koalitionen bildeten sich und zerfielen wieder, nur Ingrid und ich stritten anfangs nie. Wir waren der Kitt, der alles zusammenhielt, und das empfanden wir, ohne darüber nachzudenken. Mit Flo allein wäre Ingrid nie nach Indien gefahren, und vielleicht wäre das besser für sie gewesen, vielleicht wäre es besser gewesen, sie wäre niemals mit mir nach Berlin gekommen, ja, meinetwegen, geschenkt, aber es war, wie es war, für ihren Aufbruch hatte sie mich gebraucht und brauchte mich dafür weiterhin, und ich meinerseits brauchte, wenn wir jetzt endlich mal loswollten, tatsächlich ihr Geld.

Wobei es eine Freundschaft nicht zwingend zerstören muss, dass man einen Nutzen aus ihr zieht. Aristoteles führt in der *Nikomachischen Ethik* ausdrücklich den Nutzen als eine der Triebfedern der Freundschaft auf. Komposita wie Sportsfreund, Vereinsfreund, Geschäftsfreund legitimieren solches Eigeninteresse, wobei sie Beziehungen unter Männern beschreiben, Geschäftsfreundinnen kennt das Deutsche nicht. Ingrid und ich hingen einem hehreren Ideal von Freundschaft an, nie hätten wir einander eingestanden, was in unseren Augen niedrige Beweggründe gewesen wären.

Keinem von uns vieren war es möglich, die Grundlagen unseres zukünftigen Zusammenlebens offen auszuhandeln. Wir kannten sie selbst nicht. Zu genau hinzusehen, hätte alles gefährdet. Also fuhren wir los, bereitwillig blind.

Es war ein kalter, bewölkter Spätsommertag. Wir standen vor dem Bus auf der Straße. Meine Mutter kämpfte mit Tränen. Mein Vater stand schweigend, er ging ins Haus, bevor wir die Bustüren geschlossen hatten. Ich hatte nicht mehr die geringste Lust auf die Sache. Am Vorabend hatten wir vier noch einmal eine wahnsinnige Auseinandersetzung gehabt, worum es ging, ist nicht mehr zu klären, jemand hatte eine blöde Bemerkung gemacht, jemand hatte an einem Automaten zu viel Geld verspielt, jemand hatte ein Telefonat mit Tom geführt, jedenfalls hatten erst Gabo und Flo gestritten, dann Gabo und ich, wir waren im Streit mit dem Bus weggefahren, Flo hatte zu Ingrids Vater gesagt, wir würden jetzt sicher gegen einen Autobahnpfeiler donnern, Ingrids Vater war an dergleichen nicht gewohnt und rief die Polizei, und Ingrid hatte Flo zur Minna gemacht, war der Idiot übergeschnappt, konnte er nicht einmal den Mund halten.

Jetzt saß er hinten und plapperte. Gabo und Ingrid schwiegen. Ich saß auf dem Beifahrersitz. Der Bus rollte den Hügel hinunter und aus der Stadt, die Straße entrollte sich vor mir wie ein Maßband, aber in welcher Einheit wurde die Entfernung gemessen, die zurückzulegen war. Nichts war abzukürzen, jeder Schritt wollte gemacht werden, mein magisches Futur Zwei übersprang die Zukunft nur zum Schein. Vor mir lag rohe Gegenwart, eine immense Anstrengung, ich hatte Angst und war müde, bevor es losgegangen war, aber der einzige Weg hinaus war der Weg hindurch. Das immerhin habe ich damals schon gewusst.

Wobei wir immer noch nicht loskamen. Wir mussten erst noch nach München fahren, weil ich Tom in Coburg verpasst hatte und mich unbedingt von ihm verabschieden musste. Während ich oben in der Wohnung seiner Exfreundin war, die ihn vorübergehend beherbergte, ging ein Wolkenbruch nieder, und durchs Fenster sah ich unten Gabo, wie er im strömenden Regen gemessenen Schrittes den Bus wieder und wieder umrundete, derartig versunken in namenloses Leid, dass es ihm offenbar völlig entging, wie ihm die Stiefel vollliefen. Das erschien mir so unerträglich albern, so vollkommen hirnrissig bescheuert, dass ich ihn bei meiner Rückkehr scharf anfuhr und mich nach Kräften über ihn lustig machte, und so stritten wir wieder einmal, bis es Zeit war, schlafen zu gehen.

Am nächsten Morgen war der Englische Garten frisch gewaschen, es roch pilzig nach Herbst, und im dünnen, blauen Sonnenschein waren wir fröhlich, wir kochten Kaffee und rauchten und genossen die neugierigen Blicke der Passanten, die solche wie uns nie gesehen hatten, sie hasteten ihrem trüben Tagwerk entgegen, während wir mit offenen Bustüren

Supertramp hörten. Dann brachen wir nach Wiesbaden auf, Tom hatte da ein Buch für mich hingeschickt, was weiß ich warum oder wieso das wichtig war. Wir sammelten dieses Buch bei einem Freund ein, wo wir duschten, und gingen mit nassen Haaren auf eine Party im Loft eines Tschechen, der aussah wie Jim Morrison, und um den Ingrid und ich uns glühend bewarben, aber zu Gabos anhaltender Begeisterung knutschte der Tscheche lieber mit Flo, sie waren in der Schweiz Kollegen gewesen. Gegen Morgen zogen wir in großer Einigkeit ab und verbrachten den nächsten Tag vor der afghanischen Botschaft in Bonn, wo wir darauf warteten, dass man uns unsere Visa aushändigen würde. Dann fuhren wir aus der Stadt heraus in Richtung Berlin. Bei Köln kochten wir auf einem Rastplatz Nudeln. Ungefähr um diese Zeit chauffierte in der Stadt der Fahrer Heinz Marcisz seinen Chef heim in dessen Dienstwohnung. Marcisz war heiterer Stimmung, ebenso wie die drei Polizisten im nachfolgenden Fahrzeug, denn am nächsten Tag sollte es für sie alle nach Stockholm gehen, weshalb Reinhold Brändle gar nicht ungern in letzter Minute für einen Kollegen eingesprungen war, und auch Helmut Ulmer hatte sich trotz seiner Grippe noch aufgerafft. Eine halbe Stunde später waren sie alle tot, Marcisz, Ulmer, Brändle und ihr Kollege Roland Pieler. Preise, Hallen oder Straßen sind nach diesen vier Männern nicht benannt. Ihre Lebensleistung ist möglicherweise nicht vergleichbar mit der des Arbeitgeberpräsidenten, der sich schließlich um gleich zwei deutsche Staaten verdient gemacht hatte. Nun aber hatte das RAF-Kommando Hanns Martin Schleyer verschleppt, und Deutschland empfand sich als im Ausnahmezustand befindlich, es war ja auch eine schwierige Situation, ein Menschenleben stand auf dem Spiel.

Wir wussten davon nichts. Aber wenn uns einer erklärt hätte, einem ehemaligen NS-Funktionsträger, bekennenden Nazi, Wirtschaftsboss und Arbeiterfresser drohe ein gewaltsames Ende, dann hätte uns das wunder wie kalt und jedenfalls mindestens so unbeeindruckt gelassen wie das Schicksal von Baader, Ensslin und Konsorten, sie alle zählten in unseren Augen nicht zu den Unschuldigen, und für sie mochte gelten, dass, wer zum Schwert greift, auch durch das Schwert umkommen möge. Dass man uns am späten Abend bei der Überquerung der Berliner Grenze ausdauernd filzte und das nicht auf östlicher, sondern auf westlicher Seite, erstaunte uns etwas, beeindruckte aber nicht nachhaltig, denn Gabo hatte nichts zu rauchen dabei, und so musste man uns ziehen lassen.

Am nächsten Tag, als wir barfuß und mit dicken Pullovern über unseren Jeans die Treppen zu den Charlottenburger Bädern hinabsprangen, wo die gleichen bekittelten Drachen wie früher die gleichen Gummischrubber schwangen, sahen wir wohl die Titelblätter der Zeitungen, denn ich warf eine Notiz ins Tagebuch, *Die Jungs von der Terroristenfraktion haben mal wieder zugeschlagen, diverse Morde usw.* An die Filzerei des Vorabends dachten wir da schon gar nicht mehr. Durch Charlottenburg, Tiergarten, Moabit, Schöneberg, Kreuzberg rollte der Bus, und es war alles wie früher: die Häuser, in denen wir untergekrochen waren, die Straßennamen, mit denen sich Geschichten verbanden, Leuchtreklamen, Mietskasernen, Brandmauern, der ganze Schrott inzwischen erledigter ewiger Reiche lag noch herum, der einen durchaus auf die Idee bringen konnte, auch die gegenwärtige Weltordnung könnte möglicherweise nichts als ein Provisorium sein. Wir fuhren die Heerstraße entlang und den Kaiserdamm, was immer gewesen war, als flöge man mitten hinein in den Horizont, auch wenn in dieser Stadt, in der die Trennung der Welt in zwei feindliche Reiche zum Fotomotiv geronnen war, alle Geraden am Ende an der Mauer abbrachen, hinter der sich keine betretbaren Landschaften öffneten, sodass der Blick, wollte man überhaupt über die Mauer hinwegschauen, notgedrungen immer gleich in weitere Fernen flog: Und die waren nun unser Ziel, nicht mehr Berlin. Die Stadt hatte sich verwandelt. Nur noch gleichgültiger Ausgangspunkt eines Weges war sie. Nicht mehr Ziel, sondern Start.

Auch das Treibhaus, in das wir zum ersten Mal seit Langem gingen, sah abgenutzt und erledigt aus. Ich stand ein wenig herum, niemand von Bedeutung war da, und dann, als ich Gabo suchte, war er weg.

Ich hatte ihn zuletzt im Gespräch mit einem Mädchen gesehen und mir dabei nichts gedacht. Aber nun war er verschwunden, und mir kam plötzlich die Idee, er könnte weggefahren sein. Das war absurd, auch hätte ich nur nachzusehen brauchen. Aber darum ging es nicht. Es ging nicht darum, ob er weggefahren war, ich wusste, das hatte er nicht getan. Auch glaubte ich keinen Moment, dass er dieses Mädchen jetzt irgendwo abknutschte oder vögelte, ich war mir hier meiner Macht viel zu sicher. Ich weiß nicht, was ich dachte, vielleicht, dass dies eine Geliebte von früher war, vielleicht hatte er ja eine Geschichte mit der, vielleicht schwelgten sie jetzt auf unserem Bett in Erinnerungen, in denen ich nicht vorkam, und so hatte er mich vergessen, und das nannte er seine Liebe, aber das war keine Liebe, das war ein Witz, und dann kam er an, bekifft wie ein Wiesel, stoned wie ein Affe und mit blödem Grinsen, der Mund schlaff, die Augen rot, die Lider schwer und die Pupillen unter Gelee, und war baff, einfach vollkommen geplättet vom Tosen meiner Wut, dem er sich ausgeliefert sah.

Anfangs suchte er sich zu entschuldigen, aber das ließ ich nicht gelten. Was sollten mir seine Entschuldigungen? Was, wenn er so etwas in Isfahan mit mir machte oder in Islamabad? Wollte er da auch zur Abwechslung einfach mal verschwinden?

Aber er war ja gar nicht verschwunden. Er war die ganze Zeit im Bus gewesen. Warum war ich nicht gekommen und hatte mich dazugesetzt?

Das nahm mir einen Moment lang den Wind aus den Segeln, und er nutzte die Chance, mir alles zu erklären: Mit diesem Mädchen hatte er früher so oft geraucht, ein sehr liebes Mädchen war es, sie war schon in Indien gewesen und hatte ihm von Indien erzählt.

Ich fragte nicht, was. Ich guckte die Wand an. Ich begriff, er versuchte einzulenken, zu plaudern, aber mein Herz blieb verschlossen, auch wenn ich im Grunde längst selbst lieber wieder Frieden geschlossen hätte, nur ging das nicht, die Machtfrage zwischen Mann und Frau war nie abschließend geklärt worden, und beide konnten nicht recht haben, immer nur einer hatte recht.

Und wenn ich jetzt im Unrecht war, was hieße das. Das hieße, dass er das tun durfte: sich umdrehen und mich temporär ausblenden, mich nach Belieben verschwinden lassen, wie er das offenbar konnte und wie Tom das nie gekonnt hätte und auch Jo nicht und keiner, der je behauptet hatte, mich zu lieben, und dass ich all diese meine anderen nun zurückließ, dass ich im Begriff stand, allein mit Gabo in eine Gegend zu fahren, wo niemand außer ihm mehr bei mir sein würde: Diese Vorstellung entsetzte mich auf einmal.

Wir fuhren dann aus der Stadt hinaus. Es war eine eisige, regnerische Nacht. Wir Mädchen lagen hinten auf der Matratze. Gabo stellte den Bus irgendwo ab, er brachte auf vielerlei Weise zum Ausdruck, wie schön er es fand, endlich mal wieder richtig bekifft zu sein, und Flo auf dem Beifahrersitz stimmte emphatisch zu, selig bot er sich als Gefolgsmann an. Ich tat, als schliefe ich, lag aber mit weit offenen Augen, die vor Zorn und Unglück brannten, ich konnte kaum atmen, dann kam Gabo nach hinten und legte sich zu mir, und wir klappten aneinander fest und hingen zusammen wie zwei dieser Stofftierchen mit eingenähten Magneten, die unsere Tochter später besaß.

Wir haben uns nie miteinander versöhnt. Nach einem Streit ging es immer einfach weiter mit uns, als gäbe es zwei Wirklichkeiten und zwei Paare in diesen getrennten Wirklichkeiten, eins in der Liebe und eins im Krieg, und in beiden verkrallten wir uns ineinander. In der Nacht waren wir nun wieder von der einen in die andere Wirklichkeit hinübergewechselt, und am anderen Morgen schrieb ich ins Tagebuch: *Er ist so schön. Ich will ihn küssen.*

Ob ich etwas oder was ich von der Zukunft erahnt zu haben meinte, war auch bedeutungslos. Keine Einsicht konnte noch etwas ändern, kein Weg stand mehr offen als der, auf dem ich mich befand, jeder andere hätte mich doch nur zurück auf Venedigs Seufzerbrücke geführt. Das wurde endgültig klar, als wir uns am folgenden Tag noch einmal für ein paar Stunden in Coburg wiederfanden.

Was wir dort zu tun hatten, erinnere ich nicht. Alle Abschiede waren vollzogen, alle Bande gekappt, das Haus auf dem Hügel war unbetretbar, meine Eltern waren noch am Tag meines Aufbruchs nach Italien gefahren. Ich hatte keinen Schlüssel und wollte keinen haben. Gegen meinen Willen war ich aus dem Jenseits beurlaubt. Auf dem Markt duckte ich mich zwischen die parkenden Autos und die Bratwurstbuden, ein Wiedergänger, dem davor graute, gesichtet zu werden. Ich hatte hier nichts mehr verloren.

2

Es ist ein eisiger deutscher Spätsommertag. Ich sitze auf dem Sofa. Draußen rauscht der Regen. Der Teich ist stark bewegt, ein Miniaturozean. Ich versuche mich zu erinnern, wie Sommerregen auf einer unasphaltierten Landstraße riecht. Berauschend. Der größte der Düfte auf der Roten Liste bedrohter Gerüche. Diese dicken, erdig-würzigen Schwaden, zugleich süß, auch frisch –

Für die Sinneseindrücke, die die Nase transportiert, gibt es keine verbindliche Sprache. Ein Duft ist ein Reiz, der direkt auf den Kern zielt. Holzrauch in kalter Morgenluft, Kerosinlampen, das Musk Oil aus dem Laden in einer Nebengasse der Chandni Chowk Road, und alles ist vor dich gestellt, schneidende Gegenwart –

Aber ich halte mir das vom Leibe. Ich blättere in Erinnerungen, ohne mich einzulassen. Es sind Kürzestfilmchen, Schnappschüsse, unsortiert, leider häufig auch unbeschriftet. Das Scheinwerferlicht eines Mopeds löst einen lotosüberwucherten Teich aus der Nacht. Fahl schweben die geschlossenen Blüten über dem schwarzen Wasser. Die Details sind scharf, der Rahmen bleibt unbestimmt. Das Moped deutet darauf hin, dass wir uns in Goa befinden. Wer der Fahrer ist, kann ich nicht sagen, es hängt vom Jahr ab, und das weiß ich nicht …

Oder dieser Junge. Am Rand einer Staubpiste fischt er Colaflaschen aus einer mit Wasser halb gefüllten Blechwanne. Wo? Ich sehe nur ihn, den Jungen, wie er halb gebückt steht und den Kopf hebt und mich von unten her anlacht, Flaschen in der Hand, es ist ein Standfoto, er ist erstarrt in dieser Bewegung. Ich weiß den Moment davor und den danach nicht. Ich kann dem Jungen nicht über die Schulter gucken. Vielleicht ist es gar nicht Asien, sondern Südamerika. Nein, er trägt Hosen und ein Hemd, wie man sie in Afghanistan trägt oder in Pakistan, Shalwar Kameez. Was unterscheidet diese Bilder der Erinnerung von den Produkten der Phantasie, von einem Wunsch oder einem Traum? Gründen die einen zuverlässiger in der Wirklichkeit als die anderen?

Oder dieser Mann mit dem Tuch um den Kopf. Am Straßenrand schneidet er Wassermelonen auf, die er uns reicht, die Kerne spucken wir auf ein Tablett. Wir vier sind es, wir sind noch zusammen. Das Tablett hat ein Rosenmuster. Und weiter? Nie gelingt es mir, das Ganze ins Auge zu fassen. Ich sehe immer nur Ausschnitte, gestochen scharf manchmal, präzise Einzelheiten, aber inmitten milchiger Vignetten. Bilder, wie sie die Kindheit hinterlässt.

Kindheit ist schrecklich, jede Kindheit. Kindheit liegt immer in dunkler Vorzeit. Kindheit kennt keine Zeit, jeder Moment ist ewig. Man hat noch nicht gelernt, dass Schmerzen vergehen. Verständnislos starrt man die Welt an, der man ausgeliefert ist und die gleichgültig zurückstarrt. Welchen Gesetzen folgen die Dinge, wie könnte man sie beeinflussen? Nicht einmal die Frage stellt sich. Dann hat man den dunklen Raum durchschritten, man geht davon, dreht sich um, und hinter einem fällt plötzlich Licht ins Dunkel. Klare, farbsatte Bilder leuchten auf, vertraut und befremdend, Einzelheiten, eigentümlich mit Bedeutung aufgeladen wie in einem Fernsehkrimi, wenn die Kamera einen Schuh, einen Aschenbecher mit halb gerauchter Zigarette, einen achtlos hingeworfenen Schal aus dem Wirrwarr der Dinge herauspickt und man weiß: Dies wird man sich merken müssen. Dies ist ein Indiz, das der Rekonstruierung des Tathergangs dienen wird, womöglich der Decouvrierung des Mörders –

Aber es sind zufällige Bilder, ein chaotisches Sammelsurium. Der Kameramann ist durchgedreht, er hat sich dem Regisseur widersetzt, oder der Regisseur hatte keinen Plan.

Worauf soll der Film hinauslaufen? Ist dies eine surrealistische Produktion, genial misslungen wie der *Andalusische Hund*? Das würde den Jungen ohne Beine erklären, der auf einem mit Rädern versehenen Brett mit halsbrecherischer Geschwindigkeit einen Hang hinunterrollt, oder den blutig aufgerissenen Kadaver eines Büffels, unmäßig massig, gewaltiger als jedes lebende Tier, und die drei riesigen Geier, noch unwahrscheinlicher als dieser Berg Aas, auf dem sie sich so prächtig miteinander verstehen –

Auch die Tagebücher sind eine unzuverlässige Quelle. Viele Einträge sind zu einem Datum und an einem Ort verfasst, die nicht übereinstimmen mit Datum und Ort des Berichteten. Manchmal weiß ich, dass das, was ich notiert habe, nicht richtig oder jedenfalls nicht vollständig ist, selbst wenn ich meinen über das damals Festgehaltene hinausgehenden Erinnerungen misstraue, denn spätere Einträge nehmen Bezug auf frühere Ereignisse, die nirgendwo verzeichnet sind, oder brechen ab mit den Worten: Ich will so nicht weiterschreiben.

Was habe ich vergessen? Ist man an einem Ort gewesen, wenn man sich nicht an ihn erinnert? Sind es die Geschehnisse, die Spuren hinterlassen, oder das, was man sich von ihnen merkt? Ich weiß, ich weiß, die unterirdische Macht des Vergessenen, das Verdrängte, aber man ist damals doch kein Kind mehr gewesen. Man musste die Augen nicht schließen, um zu überleben … Oder?

Manchmal, wenn ich überlege, zu welchem Zeitpunkt sich etwas ereignet haben könnte oder wo ich damals gewesen sein müsste, und dann diese Gegend auf Google Maps absuche, finde ich etwas, das plausibel klingt. Zum Beispiel diese Männer in Kähnen. Stehend staken sie durch flache, schilfbewachsene Kanäle, die Landschaft grün, schimmernd, traumähnlich wie in einem Fantasyfilm. Ich finde einen Ortsnamen, Neretva-Delta, klicke dann auf Bildersuche. Es könnte dieses Delta gewesen sein. Ich bin gepackt, mein Herz schlägt schneller. Ich komme meiner Vergangenheit auf die Spur wie jemand, der sich aufgrund eines Unfalls bemühen muss, seine frühere Identität wiederzufinden.

So ist es auch. Ich bin eine andere als die, die damals gereist ist.

Darauf bestehe ich!

Aber hier: das Neretva-Delta. Im Hintergrund ist die Kette von Hügeln oder Bergen auszumachen, über die wir heruntergekommen sein müssen und nun, da ich die Bilder eines anderen im Internet gefunden habe, auch wieder herunterkommen, es muss so gewesen sein, denn ich sehe alles aus der Perspektive des Beifahrers: diese unwirkliche, weithin überblickbare Landschaft, eine Miniatur wie aus einem mittelalterlichen Stundenbuch, das Septemberbild der Très Riches Heures irgendeines verwesten Herzogs, und ich denke, ich sollte noch einmal dort hinfahren, diese Bilder überprüfen, sie scharf stellen …

Was die unstet schwankenden, labilen Bilder der Erinnerung restlos tilgen würde. Zu welchem Land gehört das Neretva-Delta? Kroatien. Bei Mostar markierte der Mittellauf dieses Flusses im Bosnienkrieg eine Zeit lang die Front zwischen Kroaten und Bosniern, vorher kämpften hier kroatisch-bosnische mit serbischen Einheiten. Auch das haben meine Vorstellungen, die ich mir vor der Reise von ihr gemacht habe, und meine Erinnerungen an sie miteinander gemein: Sie finden auf einer längst überholten Landkarte statt. Mittelerde im Dritten Zeitalter. *Ere the world had been remade.*

Was hat sie, das Mädchen, das ich mit neunzehn war, sich von dieser Reise erhofft? Ich weiß es nicht. Angeblich schwebte ihr vor, in einem Ashram Erleuchtung zu finden, in Auroville Zukunftsvisionen zu sehen und in Reservaten echte Tiger und Elefanten. Jedenfalls steht das im Tagebuch. Freilich nicht im ersten, sondern im letzten der Reihe: *Nichts von dem, was ich mir vorgenommen, mir vorgestellt hatte* – und so weiter und so weiter.

Ein Glück auch. Die Erwartungen eines Reisenden erfüllen kann nur ein Pauschalangebot. Erster Tag Split, zweiter Dubrovnik. Stadtrundfahrt, Mittagessen, dritter Tag zur freien Verfügung, aber das übersteht man, schon abends am Buffet ist man wieder eins mit seinen Vorstellungen –

Nichts gegen Pauschalangebote!

Man ruht auf einer Sonnenliege am Pool, das Gesicht im Schatten, man träumt und hält die Augen geschlossen, neben sich ein Glas, in dem ein Eiswürfel leise schmilzt …

Also Jugoslawien. Beim Verlassen Deutschlands hatte man uns noch einmal gefilzt, aber Österreich durchquerten wir ohne weiteres und nahmen die nächste Grenze. Wir besichtigten nicht sorgfältig, wir waren unbegabte Touristen und wollten vorankommen, nahe gelegene Ziele hatten Zeit, an den Wasserfällen von Plitvice etwa habe ich erst Jahre später gestanden. Dubrovnik durchwanderten wir schon damals, waren aber wenig beeindruckt, sozialistisch grau fanden wir alles und ansonsten, wie Städte am Mittelmeer eben auszusehen hatten.

Es war Nachsaison, und wir waren allein. Die Strände waren steinig, wild und voller Seeigel, wir schwammen trotzdem und puhlten einander die Stacheln aus den Füßen. In Küstendörfern tranken wir Wein. Wir Mädchen zogen mehr Aufmerksamkeit auf uns, als wir gewohnt waren. Die Erinnerung ist ein Kippbild. Wir stritten eigentlich immerzu, dann wieder scheint es mir, wir waren einig, selig, unterwegs. Es war anstrengend, enervierend, ein ständiger Wechsel von Gefühlen, Stimmungen, Loyalitäten. In der Landschaft aus Wasser und Schilf, die, wie ich heute weiß (aber nicht wusste, als ich mich dort befand), vom Delta der Neretva geformt wird, wäre ich gern länger geblieben, ich wäre gern in diese

Landschaft eingetaucht, die mir unwirklich und zauberhaft erschien, um herauszufinden, wer ich nach längerem Aufenthalt dort gewesen wäre – die anderen wollten aber weiter. An einem Strand tollten Ingrid und Flo im Wasser herum. Ich hörte sie prusten und schreien, aber Gabo war das Wasser zu kalt, er lachte und zierte sich und protestierte, sollte er hier wohl seine Mannesprobe bestehen. Schließlich ging er doch mit. Wir alberten und spritzten, er gefiel mir so gut, wenn er so war, und ich wollte auch, dass er mir gefallen sollte, ich stattete ihn andauernd mit neuer Glorie aus. Er gehörte zu den Rothaarigen, die braun werden können. Sein Gesicht war voller Sommersprossen, dabei heiter spitzbübisch und weich wie das eines Lausebengels ohne Bösartigkeit, dann am nächsten Tag ging er nicht wieder ins Wasser, und am übernächsten wollte er nicht einmal mehr mit hinunter zum Strand kommen, er blieb in der Tür des Busses sitzen und verdarb mir die Laune. Was war mit ihm los? Ich fand es nicht heraus. Abends aßen wir Fisch in einer Taverne, wo die Leute vom Dorf Musik machten, wir erfuhren den Anlass nicht, aber es wurde getanzt. Wir fühlten uns privilegiert, in diesen festlichen Abend eingebunden zu sein, und lagen danach noch lange auf einer Wiese neben dem Bus und sahen in die Sterne. Morgens beim Aufwachen und später während der Fahrt spielten wir, denn Gabo hatte einmal erschrocken aufgeschrien: Meine Kupplung, meine Kupplung, und ich hatte gelacht: Deine Kupplung?, und nun war er mein Auto. Er hupte, wenn ich auf seine Nase drückte, miiiiep, miiiiiiep, und wenn ich an seinen Ohrläppchen zog, heulte sein Motor auf, brrrrrrrm, brrrrrrrrm.

Dann wieder kam ein Abend, der lang war, auch schweigsam, und dann wurde ich ruhelos, ich wusste nicht recht wohin mit mir, und Traurigkeit überkam mich, eine bedrückte Langeweile, der zu entfliehen mir die Mittel fehlten. Ich dachte an Tom, an meine Eltern, mir schien, wir wären immer in angeregtem Gespräch gewesen, und jetzt lastete hier dies muffige Schweigen, denn Gabo war müde vom Fahren, sagte er, lag auf dem Bett und hatte die Augen zu.

Es ist dies eine Unruhe, die mich auch heute noch erfüllen kann. Aber ich wohne in einem Haus, ich stehe dann auf und gehe aus dem Zimmer. Auch ist mein Mann unendlich geduldig. Wir sitzen am Tisch, und er sieht mich freundlich an, wenn ich mich in einem meiner langen und ziellosen Monologe verliere, die zu produzieren mir ein wiederkehrendes Bedürfnis ist, ich glaube nicht, dass er mir immer zuhört, und erwarte das auch nicht, soll er seinen Gedanken nachhängen, während ich rede, obwohl es schön ist, wenn er gelegentlich etwas kommentiert, was ich sage, etwa weil ihn das Thema interessiert. Wir sind in diesen Gesprächen vereint wie Spaziergänger: Der eine blickt in diese und der andere in jene Richtung, nicht zwangsweise in dieselbe, aber gelegentlich zeigen wir einander etwas, während wir Hand in Hand gehen.

Und manchmal ist er es, der zu reden beginnt. Dann bemühe ich mich, konzentriert zuzuhören, denn es kommt meist etwas, das ich wissen sollte, er ist zwar nicht immer schon gänzlich fertig mit seinen Gedanken, wenn er sie ausspricht, aber meist recht weit gediehen. Freilich, alle Frauen hätten gern einen Mann wie meinen! Und wenn er in seinen Computer guckt oder beschließt, den Hof zu fegen, dann tue ich eben etwas anderes, ich arbeite oder lese, ich gehe von Raum zu Raum, nehme ein Bad, ich langweile mich nie mit mir allein, aber sehr schnell mit einem abwesenden Anwesenden –

Im Bus konnte man einander nicht aus dem Weg gehen.

Hätte ein Fernseher geholfen?

Der Ausweg der Familien. Aber nicht einmal einen Karton mit Brettspielen hatte ich eingepackt. Statt dessen Lyrik, expressionistische Prosafragmente, Joyce's *Ulysses*, Musils *Mann ohne Eigenschaften*. Eine Dostojewski-Gesamtausgabe.

Meine Güte.

Warum nicht wenigstens Forsters *Passage to India*? Warum nicht Kipling, Naipaul, Baburs *Memoiren*, Robert Byrons *Road to Oxiana*? Von denen hatte ich niemals gehört. Ich hatte mir eingebildet, Bücher einpacken zu müssen wie für eine Tour in die Wildnis: hochkonzentrierte Nahrung, Zähes, woran es sich kauen ließ. Nicht mal ein anständiger Krimi fand sich in der Sammlung.

An diesem Abend, in Budva war es, schlug ich vor, wir sollten einander etwas vorlesen. Alle stimmten zu, gute Idee, fang du am besten gleich an. Ich öffnete den Mund, ich las die ersten Sätze, Gabo schlief augenblicklich ein, ich war gekränkt und brach ab. Die anderen beiden sagten: Bis später.

Da saß ich. Allein. Gabo atmete tief. Ich öffnete die Schiebetür des Busses. Die Nacht war schwarz. Von irgendwo klang Lachen herüber, Musik, Autotüren schlugen. Im Licht der Campingleuchte sah ich ihn an. Das war der Mann, den ich Extatowitsch getauft hatte. Was sollte ich tun, in den Ort gehen, mich allein in eine der Tavernen setzen? Ich wäre kaum lange allein geblieben. In Europas Süden, wo die Frauen damals noch fest unter Verschluss gehalten wurden, zogen weibliche Reisende Scharen von Männern an. Es war überall dasselbe, in Spanien, in Italien, den Blondinen am Teutonengrill sagte man nach, sie kämen bloß wegen der Papagalli, selbst in Deutschland pfiffen einem die Bauarbeiter damals noch auf der Straße nach.

Nichts dagegen zu sagen. Grundsätzlich besser, als wenn keiner pfiff. Aber so etwas war eben nicht an- und abzuschalten, und ich hätte mir jetzt gewünscht, weniger herauszustechen, weniger sichtbar und vielleicht einfach ein Mann zu sein, einfach ein Kerl, der sich an einen Tisch setzen und ein Bier bestellen konnte, einer von denen, die sich breitbeinig zurücklehnten und guckten und feixten und mit ihren Kumpels palaverten, aber welche Kumpels wären das gewesen, wo hätte ich die hergenommen.

Auch gab es nur einen Schlüssel. Wenn ich den mitnahm und Gabo erwachte, konnte er nicht weg, ließ ich den Schlüssel da, stand ich später womöglich vor verschlossener Tür. Ich saß also fest in dem blöden Bus, allein mit einem, der nun laut aufschnarchte. Und dann flatterte etwas durch die Tür herein, im Licht der Petroleumlampe warf es Schatten wie eine Fledermaus, ich erschrak, kreischte, schlug mit einem Handtuch, Gabo fuhr aus dem Schlaf hoch und erlegte den Nachtfalter, und ich sagte: Ich fühle mich vollständig isoliert. Warum isolierst du mich? Ich bin doch nicht losgefahren, um immer in diesem Bus zu hocken.

Das gab er zu, und halb und halb war er bereit, mit mir noch einmal in die Nacht hinauszuziehen, aber es war zu spät, ich war schon mies gelaunt, und die Tavernen schlossen jetzt auch.

Das teilten uns die beiden anderen mit, die nun nach Hause kamen und von ihrem wundervollen Abend erzählten. Sie hatten einen jugoslawischen Deutschlehrer kennengelernt, und für morgen waren wir alle bei ihm eingeladen, es würde ein Frühstück geben und eine Bootstour. Dann kam der Lehrer selbst, um Ingrid die Jacke zu bringen, die sie in der Taverne vergessen hatte. Sie waren alle schon beste Freunde, begrüßten einander mit großem Hallo, wir wurden als Mitreisende vorgestellt, und Gabo kochte inzwischen vor Wut. Er ignorierte den Gast, der ihn höflich ins Gespräch zu ziehen suchte, lachte allenfalls aggressiv oder absichtlich ordinär, bis der Mann erstaunt zu wissen verlangte, ob unser Mitreisender sich immer so verhalte.

Dies alles geschah wie gesagt in Budva, einer malerischen kleinen Stadt im heutigen Montenegro, die erst zwei Jahre später und von einem Erdbeben vollständig zerstört wurde, obwohl ich hier, in Budva, an diesem Abend, zum ersten Mal das für immer verhängnisvolle Wort gesagt habe: Gabo, du bist peinlich, man schämt sich mit dir.

Damit war Schluss. Das war das Ende. Er ging in die Nacht hinaus, jetzt ging er in die Nacht, und alle Tavernen waren noch nicht geschlossen, denn er kam mit Wein zurück, leerte die erste Flasche, war auch sofort betrunken und öffnete eine neue: Euch werde ich zeigen, wie es ist, wenn ihr Grund habt, euch für mich zu schämen. Ich verhielt mich ganz still an diesem Abend. Ich rollte mich ein.

Am nächsten Tag sprach er mit keinem von uns, umwarb nun aber den Jugoslawen, bei dem wir zum Frühstück eingeladen waren, machte Späßchen und nahm ihn auch oberflächlich für sich ein. Alles war scheinbar heiterster Stimmung, glatt war der Wasserspiegel, aber darunter in der Tiefe wälzten sich Monster. Der Lehrer erzählte, als Gründer Budvas gelte der Bruder der phönizischen Prinzessin Europa, die Stadt sei im vierten Jahrhundert vor Christus eine illyrische, dann eine griechische und schließlich eine römische Siedlung gewesen, im fünfzehnten Jahrhundert habe sie zu Venedig gehört und anschließend bis zum Ersten Weltkrieg fast durchgängig zu Österreich, und Gabo stand jetzt gefährlich unter Dampf, seine Augen waren ganz komisch, breitbeinig fläzte er im Sessel, hatte die Hose bis unten auf und trank Cognac am hellen Morgen, mit jeder klugen Belehrung unseres Gastgebers stieg der Druck, was hatte der Kerl sich hier aufzuspielen.

Der Gastgeber führte uns dann Kartentricks vor, Gabo nahm ihn am Arm und sagte: Lass mal sehen, Kollege, und beim nächsten Trick posaunte er heraus, wie der Scheiß funktionierte, er lachte sich halb tot, mit dem Rotz hätte schon Kain den Abel betrogen. Wir entschuldigten uns, aber Gabo lachte noch breiter und deutete auf mich und sagte: Ja, Frau Königin ist das jetzt unangenehm, Frau Königin bestimmt, aber demnächst gibt es hier Revolution.

Sie sollten sich von diesem Mann trennen, sagte unser Gastgeber zu mir.

Ja genau, sagte Gabo. Die arme süße Unschuld.

Ich machte dann einen Versuch zu entkommen. Ich rannte aus der Wohnung und die Treppe hinab, die Wohnung war ja kein lauschiges Fischerhäuschen, sondern eine Ostblock-Etagenwohnung. Ich ging hinunter zum Meer und wanderte ein Stück weit am Strand entlang, in der Gegenrichtung zu der, wo der Bus war, aber im Nu scharte sich wieder ein Rudel Männer um mich, die unverständlich auf mich einredeten und mich auch dann noch verfolgten, als ich umdrehte und zu rennen begann, oder vielleicht gerade, weil ich rannte.

Vor dem Bus ging Gabo laut singend auf und ab. Er trank immer weiter und beschimpfte alle, dabei konnte man inzwischen und meist schon recht früh während dieser idiotischen Auseinandersetzungen sehen, dass es ihm selbst nicht gut damit ging, er fand nur kein Ende, er wusste nicht, wie aufhören. Noch während sein Mund Gemeinheiten sagte, konnte er Augen haben, die todtraurig waren und bettelten, es waren Kinderaugen, aber der Mund schrie oder sagte freundlich Gemeinheiten, und man kam dann nicht gegen ihn an, man kam nicht durch, er war einfach zu laut. Er war sogar laut, wenn er nicht brüllte. Er sprach dann tiefer, und es klang bedrohlich, es machte mich blind und taub und er selbst hörte auch nichts, er war gefangen in seinem Film, den man nicht abbrechen oder vorspulen konnte, man musste warten bis zum Abspann. Und wo ich bis dahin hinsollte, wusste ich auch nicht, also hockte ich mich in den Sand und grub meinen Kopf zwischen die Knie, während er über mir tobte und schrie.

Als es dann so weit war, als er sich verausgabt hatte, war es Abend, ich war inzwischen kalt wie eine Hundeschnauze und fest entschlossen, ihn kleinzukriegen. Jetzt war ich an der Reihe, sein Motor war ausgelaufen, er war leer und am Ende und bat um gut Wetter, fragte etwa, ob ich denn keinen Hunger hätte, ob ich überhaupt den ganzen Tag über irgendetwas gegessen hätte, aber ich antwortete nicht, sondern begann zu packen und sagte, ich würde nun gehen.

Ob das mein Ernst sei?

Na, was meinte er wohl.

Er begann zu erklären, er hätte das alles gar nicht gewollt und im Übrigen auch nicht so gemeint, es sei mit ihm durchgegangen und habe ihn in wer weiß was für ein finsteres Loch gestoßen, er könne gar nichts dafür, er sei eben gekränkt gewesen, aber Ähnliches solle nie wieder vorfallen, und ich versicherte ihm, das glaubte ich auch, so sei es, genau dafür wollte ich ja nun sorgen.

Er bat nun um Verzeihung, es tat ihm so leid. Er war ganz zerknirscht, und womit konnte er alles wiedergutmachen? Aber da fiel mir leider nichts ein. Er war jetzt sehr verzagt, und so, wie ich vorher, war nun er es, der mit den Tränen kämpfte. Er drehte den Kopf weg, er rang, aber das half nichts, ich bestand auf dem Ende unserer Liebe, hatte auch schon alles Wesentliche zusammengepackt, und als die anderen beiden kamen, sagte ich: Gabo und ich, wir haben uns getrennt. Morgen früh reise ich ab.

Das kann nicht dein Ernst sein!

War es auch nicht. Wir wussten es beide, aber nun war es mein Film, und auch ich spielte bis zum Ende. Ich sah ihm ein Weilchen beim Ringen zu, badete meine Wunden in seinen Tränen der Reue, aber es reichte mir noch nicht, also strich ich ihm über den Kopf und sagte sanft: Weißt du, ich glaube, ich habe es mir überlegt.

Erleichterung überkam ihn, er suchte meine Hand zu erhaschen, aber ich schob ihn weg und sagte: Nein, warte, du hast mich falsch verstanden. Was ich meine, ist, dass du aussteigen wirst. Ich fahre nach Indien, und du packst deinen Krempel. Morgen früh machst du dich vom Hof.

Nun war es so weit, er war besiegt. Nun war er es, der hinausstürzte, draußen vor dem Bus kauerte er in der Dunkelheit, und ich ließ ihn so sitzen und ging schlafen, obwohl ich natürlich kein bisschen schlief.

Und wieder versöhnten wir uns nach dieser Schlacht nicht, sondern sie war einfach vorbei. Das Feld lag voller Leichen, die Überlebenden beider Seiten taumelten durch Ruinen und schworen ewigen Frieden, nie wieder sollte solch eine Katastrophe ihre Ländereien verwüsten. Irgendwann in der Nacht kam er ins Bett, am nächsten Morgen erwachten wir eng umschlungen, heiter erhoben wir uns aus den Trümmern, ich ging barfuß in langem Rock hin und her, bürstete mir das Haar und wusch mein Gesicht, und er band seine Locken zurück und klemmte sich einen Zigarillo zwischen die Zähne, später fuhr er ohne Hemd, die Fenster waren offen, neu geboren blickten wir gemeinsam nach vorn auf die Straße, die unter uns hin rollte, und als wir einmal hielten, packte er mich am Rockbund und zog mich auf seinen Schoß, und ich nahm ihn am Haar und zog seinen Kopf nach hinten und beugte mich über seinen Mund, und er lachte leise.

Komm her, du, komm.

Und ich küsste ihn.

Albanien war unbetretbar, man musste es umrunden. In den Bergen wurde das Wetter schlecht. Die Straße Richtung Skopje war gefährlich, mit unbefestigten Böschungen und voller Schlaglöcher. Ich erinnere mich an strömenden Regen, endlose, unbeleuchtete Tunnel, unzählige Kurven und zwei ineinander gefahrene Autos, von denen das eine einem auf die Straße gestürzten Felsbrocken hatte ausweichen wollen.

Gabo stellte den Motor ab und sprang auf die Straße. Er zerrte eine Autotür auf, und ein Junge fiel heraus oder fiel nicht, sondern taumelte blutüberströmt ins Freie, aber Gabo drückte ihn wieder auf den Sitz zurück und rannte auf die Fahrbahn, wild winkend rannte er einem Lastwagen entgegen, der um die Kurve auf uns zudonnerte und gerade noch hinter unserem Bus zum Stehen kam. Ich saß erstarrt und war nutzlos, ebenso Ingrid. Gabo und der Lastwagenfahrer bargen die Verletzten. Auch Flo half mit. Ich erinnere mich an einen Mann mit Schnitten im Gesicht und an den Beinen, an eine bewusstlose Frau mit einer Kopfwunde, aus der in Stößen Blut quoll. Gabo legte die Frau auf unser Bett. Er gab mir ein Handtuch und befahl mir, es gegen ihre Kopfwunde zu pressen, ich begriff nichts, er tat es erst selbst, aber er musste ja fahren. Weitere Verletzte nahm der Lkw-Fahrer auf. Er fuhr uns voraus nach Skopje zum Krankenhaus, wo Helfer mit Tragen herbeieilten, und dann war das vorüber, wir waren aufgewühlt und erleichtert, Gabo und Flo waren unsere Helden, aber alles war voller Blut, und wir suchten nach einem Camp, wo wir die Decken waschen konnten.

Wo dieses Camp lag, weiß ich nicht mehr. In dem Tagebucheintrag, den ich erst auf der Fähre von Athen nach Istanbul machte, steht etwas von einer Baracke mit Duschen, und tatsächlich erinnere ich mich an baufällige, stockfleckige Flachbauten inmitten von hoch aufgeschossenem Unkraut, das aus dem geborstenen Beton drängte. Auf einer Wiese stand ein Steintrog, in dem wir das blutige Bettzeug wuschen und unsere Jeans, dann wrangen wir alles aus, immer zu zweit, jeder das Waschgut an einem Ende haltend. Die Duschen hatten keine Kabinen, durch die Löcher im Dach sah man den Himmel, und wir schäumten einander die Haare ein und machten dort unter der Dusche Liebe.

Ich habe bisher nicht von Sex zwischen Gabo und mir gesprochen, obgleich man angesichts der Tatsache, dass Gabos und meine Beziehung als eine leidenschaftliche angelegt ist, mit Recht ein paar explizite Szenen erwarten könnte. Aber ich weiß nicht recht. Dass unseren Umarmungen das Schmerzerfüllt-Zwanghafte, wild Verbissene keinesfalls fremd war, wird sich der Leser ohnehin denken können. Ich weiß auch gar nicht mehr, was wir in dieser Dusche genau getrieben oder wie wir es getrieben haben, im Stehen an der Wand oder ich mit den Beinen um seine Hüften oder er kniend und ich auf seinem Schoß. Für einen Film würde ich die zweite Variante vorschlagen. Ich würde die beiden ein wenig taumeln lassen, auch müsste man leises Lachen hören. Was mir in Erinnerung geblieben ist, ist das, woran mich bevorzugt zu erinnern ich entschlossen bin, und ich sage: Nackt waren wir immer im Reinen miteinander. Von Leiden fand sich dann keine Spur, lächelnd und mit offenen Augen ließen wir unsere Umarmungen am hellen Tag und mehr als einmal an jedem Tag geschehen, der Ort war uns egal, es durfte unbequem sein, wir brauchten nicht lang.

So war es dort, unter der Dusche. Am Vorabend waren wir Feinde gewesen, nun hatten wir Shampoo in den Haaren, rochen gleich und waren heiter irgendwo in diesem Land, das es nicht mehr gibt oder das es damals noch nicht gab, und wo mir der Besitzer oder Verwalter des Camps bei der Abreise eine Rose schenkte.

Die steckte ich hinter die einzige Karte, die wir hatten. Sie hing an der Buswand und zeigte Eurasien. Mazedonien war natürlich noch nicht auf ihr verzeichnet, aber auch Skopje nicht, Griechenland war so groß wie ein Zweimarkstück, und der Strich des Kugelschreibers, mit dem wir unsere Route auf ihr nachfuhren, überlagerte ganze Provinzen, es war wie bei der Grenzziehung zwischen Pakistan und Indien, jeder Klärungsversuch hätte zu einem Bürgerkrieg führen müssen.

Diese Karte war alles, was wir hatten, um uns zu orientieren. Wir verfügten weder über GPS noch über Beziehungsratgeber, nicht einmal Stadtpläne hatten wir und keinerlei Vorbilder, an denen wir uns ein Beispiel hätten nehmen mögen, wir waren auf uns gestellt und lebten und gestalteten unser Leben aus den Bedürfnissen der Gegenwart heraus oder bildeten uns das ein, und nach Athen fuhren wir nicht wegen der Antike, sondern um dort mehr Micropur für den Wasserkanister zu kaufen, die Adresse des Ladens hatte uns ein Geschäft in München verraten.

Ich war schon mit Tom hier gewesen und hatte nichts mehr zu erledigen. Wir stiegen dennoch zur Akropolis hinauf, ich gab einiges von dem früher Gelernten zum Besten, übertrieb es aber nicht, und so ging alles gut. Auf der Fähre nach Istanbul stritten wir mal wieder mit Ingrid und Flo. Wir fuhren an Mykonos vorbei und den Bosporus hinauf, wenn ich dem Kugelschreiber glauben kann, woran ich aber zweifle. Kann ich das Goldene Horn vergessen haben, Istanbul, hingebreitet zu beiden Seiten der Meerenge? Ich sehe es vor mir, ja, durchaus, aber auf diesem Bild steht ein späteres Datum –

Vom Pudding Shop der Brüder Çolpan gleich gegenüber der Blauen Moschee, wo Mitfahrgelegenheiten angeboten, Tipps getauscht und Nachrichten an durchreisende Freunde hinterlassen wurden, hatten wir jedenfalls nie gehört. Wir wussten nicht, dass dies der Startpunkt des Hippie Trails war, den damals noch niemand so nannte, Greenhorns waren wir, keine Traveller und noch nicht einmal Vacationers, wie die Beleidigung lautete, denn die hätten wenigstens Moscheen besichtigt. Wir dagegen fuhren nach Şile an die Schwarzmeerküste, und ich erinnere mich Masche für Masche an das Zöpfchenmuster eines gelben Baumwollpullovers, der meiner Mama gehörte, sie hatte ihn mir für diese Reise mitgegeben, und auf der Fahrt nach Şile ließ Flo die Campinglampe auf diesen Pullover fallen. Wir konnten von Glück sagen, dass nicht der ganze Bus in Flammen aufging. Aber der Bus war mir schnurzpiepe. Mein Pullover war verbrannt, der liebe

Mamapullover. Und warum war diese Scheißlampe am hellen Tag überhaupt an gewesen?

Huh? Flo? Warum? Was hatte der Idiot denn im Kopf? Zwei einsame Gehirnzellen, die aneinander gekuschelt tröstliche Lieder sangen, um sich in der finsteren Leere da drin nicht zu fürchten?

Es war das erste Mal, dass Ingrid rückhaltlos Flos Partei ergriff. Ich solle mich nicht so aufführen, Flo habe das schließlich nicht mit Absicht gemacht, wäre Gabo nicht so scharf in die Kurve gefahren, die Sache wäre gar nicht passiert. Und wen scherte überhaupt dieser blöde Pullover.

In Şile war der Himmel bedeckt. Auf dem zentralen Platz war unser Bus sogleich umringt. Ein fröhlicher Haufen geleitete uns zum Strand, der aussah wie jeder Strand, Sand, Felsen, eine Mole, eine Stelle mehr, wo Wasser auf Land traf. Wir beantworteten viele Fragen. Wohin oder von wem Ingrid und Flo am Abend eingeladen wurden, weiß ich nicht. Unser Gastgeber war am archäologischen Institut in Istanbul tätig, er hatte zwölf Jahre in Dortmund gelebt und gab zufällig ohnehin ein Fest, Familienangehörige waren gekommen, wir saßen auf dem Balkon, tranken Wein und unterhielten uns über Ausgrabungen in Kleinasien. Das heißt, ich stellte höflich Fragen, die der Gastgeber höflich beantwortete. Gabo war einsilbig. Ich beobachtete ihn, ich war angespannt, diese Familie war so nett und gebildet, sie sollte uns in guter Erinnerung behalten. Es passierte nichts Schlimmes, aber es war anstrengend, und wir gingen so früh, wie es die Höflichkeit erlaubte.

Der Platz lag verlassen. Es war still und kalt. Vom Meer kam scharf der Wind. Der Bus stand, wo wir ihn abgestellt hatten. Er war jetzt am Abend das einzige Fahrzeug. Wir stiegen ein, um auf die beiden anderen zu warten. Es begann zu regnen.

Der Regen trommelte auf das Dach, er floss an den Scheiben herunter, hinter denen es schwarz war. Wohin war die lärmende Menge des Nachmittags verschwunden?

Es war einer dieser Momente, wie sie auf Reisen immer wieder vorkommen. Man wird irgendwo freundlich aufgenommen, man wird willkommen geheißen und mischt sich unters Volk, man kommt ins Gespräch und fühlt sich beinahe ein wenig einheimisch, und im nächsten Moment ist alles vorbei. Das Tor stand offen, nun ist es zu. Man hat einen Blick erhascht, aber nun sind die Schotten dicht, die fremde Welt hat sich abgekehrt, sie hat sich wieder auf sich selbst besonnen, nicht aus Böswilligkeit, sondern selbstverständlich. Man ist hier nicht nötig. Stockdunkle Nacht. Wer ist hinter diesen Fassaden geborgen? Kein Licht scheint auf die Straße hinaus. Gibt es Menschen dort in den dunklen Häusern? Sitzen sie in einer Küche beisammen?

Man könnte sie nicht verstehen, selbst wenn man jetzt unter ihnen säße. Noch nicht einmal, wenn man die Sprache dieses Landes beherrschte. Denn sicher sprechen sie jetzt, in der Küche, wie eng miteinander Vertraute das tun. Sie formulieren nicht alles aus, Andeutungen genügen, Schauplätze werden erwähnt, die man auf einer Karte nicht finden könnte, Namen von Hunden, die einer als Kind hatte. Dann reagiert jemand verärgert und muss beschwichtigt werden, ohne dass der Fremde den Grund der Verstimmung verstünde …

Aber so ginge es niemals zu. Wenn man jetzt tatsächlich dort drinnen wäre, wäre alles so, wie es gerade eben gewesen ist: Die Gastgeber wären höflich, sie würden sich um den Fremden bemühen, um ihn nicht fühlen zu lassen, dass er fremd ist. Und warum auch nicht, man kann sich das leisten. Man kann mit der richtigen Unterhaltung warten, bis er wieder fort ist.

Es regnete weiter bis Ankara, wo wir Post von zu Hause erhielten. In allen Briefen stand dasselbe: Unsere Eltern waren verhört worden. Man hatte ihre Häuser durchsucht. Nicht einmal vor dem Schulbüro meines Vaters hatten die Fahnder haltgemacht. Aus einer Akte (*soo dick, mein Kind*) hatten sie Fotos gezogen, die uns auf diversen deutschen Autobahnrastplätzen zeigten.

Wir rätselten. Wie waren sie uns auf die Schliche gekommen? Hatten uns die zwei Trips Bonn – Berlin verraten? Gab es eine Doublette unseres Fahrzeugs? Auch erinnerte sich Gabo an einen Freund namens Peter, dessen Bruder mit dem Bruder eines RAF-Mitglieds auf der Grundschule gewesen sein sollte. Ja, ungezählt waren die Möglichkeiten, gewitzten Fahndern ins Netz zu gehen. Schade nur, dass wir von den Bildern keine Abzüge kriegen konnten.

Ob es wohl auch ein Foto von unserem Nudelessen am 5. September auf dem Parkplatz am Stadtrand von Köln gab? Damals in Ankara dachten wir gar nicht mehr daran. Erst jetzt beim Schreiben hat sich mir der Zusammenhang offenbart, die numerologische Übereinstimmung mit der Entführung Hanns Martin Schleyers. Freilich, warum nicht Daten oder Zahlen wählen statt Blicke oder Blumen oder die Konjunktionen der Planeten, um eine Erzählung oder eine Anklage zu organisieren? Das strukturgebende Prinzip ist letztlich egal, der Mensch kann auf keine Scheibe mit Fliegenschissen starren, ohne nach einer Weile Elvis oder den Gekreuzigten zu erkennen, aber in Wirklichkeit offenbart nur das Chaos seine Macht –

Damals fragten wir uns nicht einmal, wie sie überhaupt auf unsere Namen gekommen waren. Wiederum erst jetzt ist mir klar geworden, dass man am Tag der Schleyer-Entführung an der innerdeutschen Grenze unsere Personalien natürlich nicht zufällig aufgenommen hatte. Die Vorzüge strikter Grenzen! Man fängt die Staatsfeinde ab. Denn offenbar hatten zu diesem Zeitpunkt bereits recht gut begründete Verdachtsmomente gegen uns bestanden, die aber für eine Verhaftung noch nicht zureichend gewesen waren, im Laufe der folgenden Wochen hatte sich der Verdacht erhärtet, nun war man bereit zuzuschlagen. Bloß waren die Verdächtigen über alle Berge.

Wir waren weg. Wir hockten nicht in Stammheim, sondern in der Bretterbude auf dem Camp in Ankara, wo man nichts als Tee bekam, immer Tee, während die Glasscheiben im Regen beschlugen. Ein englisches Pärchen verteilte Tomatensuppe, ein paar Spanier spielten Gitarre, ein Bus voller Holländer kam an, sie wollten alle nach Indien und manche noch weiter, von Thailand war die Rede, von Indonesien und Australien, und uns war der ganze Schleyer-Krampf herzlich schnuppe, das Einzige, was hoffentlich Schaden genommen hatte, war die vertrauensselige Einstellung unserer Eltern zu Staatsschutz und Polizei.

Eine Katastrophe war dagegen der Kassettenrecorder. Der war unterwegs kaputtgegangen, wie es ständig geschah. Schon während die Musik noch spielte, konnte man riechen, dass es gleich wieder so weit sein würde. Diese Wiedererkennbarkeit des Geruchs von schmorenden Drähten hat uns später einmal gerettet, in Jamaica. Wir fuhren durch die Nacht, zu sechst oder siebt in einem winzigen Mietwagen, ich rief meine Warnung nach vorn, und der Amerikaner am Steuer antwortete: Ain't no tape player in this car, baby.

Aber er bremste. Im nächsten Moment schlugen die Flammen aus dem Kühler. Damit hatte ich nun auch wieder nicht gerechnet. Warnungen verhindern Katastrophen durch Zufall.

In Ankara warteten wir darauf, dass Gabos Vater uns einen neuen Kassettenrecorder schicken würde. Wenn der Regen pausierte, tobten wir mit einem Wurf Welpen auf der Wiese herum. Es wimmelte von Tieren auf dem Camp, von Hunden und Katzen, auch ein paar Schafe gab es. Die Welpen sahen aus wie kleine Bären, vielleicht war einmal ein Chow-Chow hier vorbeigekommen. Ich wollte eines der Hündchen mitnehmen, aber Gabo war eisern: Kein Hund. Angesichts späterer Ereignisse hatte er recht. Auch konnten wir keinen weiteren Streitpunkt gebrauchen, und so bestand ich nicht auf meinem Wunsch, aber Gabo wusste, dass ich als Kind immer einen Hund hatte haben wollen, ein Hund war aber nie infrage gekommen und kam nun schon wieder nicht infrage, und das machte mich etwas traurig: dass ihm seine vagen Bedenken plötzlich wichtiger waren als meine sichere Freude.

Wobei ich, das weiß ich heute, dabei nicht das Wort *plötzlich* dachte. Keinesfalls dachte ich dieses Wort. Wichtig war es, nicht zu denken, dass ihm *plötzlich* seine Bedenken wichtiger waren, und nicht einmal zu denken, dass ich das nicht dachte. Und ich dachte es nicht, aber ich sah doch, dass das englische Pärchen, der große, jungenhafte, schlaksige Paul und seine pummelige, immer heitere Freundin, eines der Bärchen mitnahmen.

Wenn wir das Camp verließen und in die Stadt fuhren, wurden wir sofort umdrängt. Der Bus war für sich ein Magnet, und wenn dann noch herumging, dass sich darin blonde Mädchen befanden, strömten die Männer in Scharen herbei. Dies offene, völlig schamfreie Starren berührte uns als vollkommen fremd. So mochten die Europäer die ersten Wilden angestaunt haben, Indianer, Eskimos, Pygmäen, Hottentotten, die aus den Schiffen der Eroberer getrieben wurden. Fast alle diese Männer, die den Bus umdrängten, trugen Kopfbedeckungen, viele hatten Bärte oder waren jedenfalls unrasiert, sie lachten und stießen einander an und zeigten ihre Zähne, ohne einen Blick von uns zu lassen oder unserem Blick auszuweichen, wenn wir zurückblickten. Ihre Körper drängten gegeneinander und drängten sich gegen den Bus, Testosteron zog in Schwaden durch die Luft, und Gabo neben mir sagte andächtig: Wilde Fürsten.

Sie umdrängten auch ihn. Sie versuchten ihn anzufassen, sie griffen nach seinen Locken und sagten, er sähe mit diesen Haaren aus wie eine Frau. In Gaststätten oder Cafés drängten sie an unseren Tisch, manchmal mit Gesichtern und Augen wie die von Männern früher in Berlin, die mir den Spaß am Spiel verdorben hatten, und ich verstand es nicht, wie kamen sie durchs Leben, durch ihre langen Tage und noch längeren Nächte, mit diesem ständigen, bohrenden und nicht zu stillenden Verlangen nach einer Frau, das sie dazu trieb, Ingrids und meine Slips von der Leine zu klauen.

Zu mir hielten sie immer noch ein wenig Abstand, denn an meiner Seite ging Gabo mit einsneunzig. Aber der junge, dünne Flo fand die Erregung animierend, die Ingrid hervorrief, er ließ sich auch selbst das eine oder andere Mal anfummeln, wir machten ihm Vorwürfe, und es gab Streit, wieder einmal gab es Streit. Eines Abends schafften es ein paar Fremde zu uns in den Bus hinein. Gabo wurde laut und packte sie an den Schultern, aber sie sahen und hörten nichts, einer versuchte Ingrid zwischen die Beine zu greifen, und sie, bevor es eine Schlägerei gab, sprang mit mir zusammen aus dem Wagen, sie stürzten uns nach, wir rannten um den Bus herum, sprangen wieder hinein und verriegelten die Tür. Aber sie gingen nicht weg, sie blieben und pressten sich an die Türen, bis wir wegfuhren.

Ich konnte gut verstehen, dass diese Männer unter diesen Umständen ihre eigenen Frauen lieber wegschlossen und auch, dass die Frauen sich dagegen nicht zur Wehr setzten. Sie kamen mir vor wie Leute, denen man gesagt hatte, sie würden einen großen Schatz finden, nur dürften sie nie an ein lila Krokodil denken, und nun dachten sie natürlich an nichts anderes mehr, ununterbrochen fiel es ihnen ein, ihre ganze Aufmerksamkeit verschlang das blöde Vieh, aber das Krokodil war nichts anderes als das nackte Ficken. Und warum sie sich ihre Welt so einrichteten, dass sie in ihr ihre Bedürfnisse nicht befriedigen konnten, warum sie nicht dafür sorgten, dass sie das, was sie wie alle jungen Männer lieber als alles andere tun wollten und was ja auch die Frauen tun wollten, friedlich und in Heiterkeit tun konnten, wollte mir nicht recht in den Kopf.

Sie kannten es eben nicht anders, die Armen. Wahrscheinlich mussten sie nur einmal das Leben bei uns kennenlernen, unseren freien Sex und unsere freie Liebe, dann würden sie ihre Gesellschaften sofort ähnlich einrichten.

Dann fuhren wir nach Kayseri. Die Straße war miserabel, wir brauchten für zweihundert Kilometer fünf Stunden. Es regnete nicht mehr. Über einen Himmel aus wässrig leuchtendem Blau zogen riesenhafte, grauflauschige Wolkengebirge, ihre Schatten wanderten über die Kegel der Hügel, die den Blick nicht verstellten, die weite, ausgedörrte Landschaft lag in einem unruhigen Wechsel von Schatten und Licht.

Offenbar war es die Zeit der Granatapfelernte. In der abendlichen Stadt waren überall, an jeder Straßenecke, auf allen Plätzen die ledrigen roten Früchte zu Haufen aufgetürmt, die Straßen waren schwarz von Menschen, aber die Stimmung war ganz anders als in Ankara, nicht angespannt, sondern festlich und freundlich, die ganze Stadt befand sich wie in einem Rausch. Alle aßen Granatäpfel, überall bot man uns Granatäpfel an, überall lagen ihre Schalen, und auch wir kauten den Saft aus und spuckten Kerne. Ich dachte, noch niemals eine Frucht mit einem solch wundervollen Geschmack gekostet zu haben. Gabo wollte einen letzten Versuch machen, Neuigkeiten von unserem Kassettenrecorder zu erhalten, also gingen wir zur Post, und während wir vergeblich darauf warteten, dass eine Verbindung nach Deutschland zustande käme, wollte ein Junge Gabos Stiefel putzen.

Mister, Mister, shoe clean, shoe clean?

Ja, okay, warum nicht. Der Junge bürstete, dann war der Staub entfernt und der Junge fertig, denn Gabos Stiefel waren aus ockerfarbenem Leder, und Schuhcreme in dieser Farbe hatte er nicht. Gabo verlangte die Pasten zu sehen. Schwarz gab es, Braun und ein dunkles Rot, Bordeaux nannte man diese Farbe, sie galt in den Siebzigern als schick.

Also Bordeaux.

Der Junge lachte. Ich sehe ihn noch, er hatte ein scharf geschnittenes kleines Straßenjungengesicht, blitzende Augen ohne Scheu. Sie sahen einander an, Gabo und er, zwei vom selben Kaliber, inmitten eines wachsenden Rings von Zuschauern. Gabo wedelte mit der Hand: Mach schon. Der Junge schüttelte den Kopf. Gabo insistierte, los, just do it.

Der Junge gab etwas Farbe auf den Lappen. Noch einmal blickte er auf, um in den Zügen des Fremden eine Bestätigung zu lesen, dann begann er mit Elan Gabos Stiefel umzufärben. Mehr und mehr Zuschauer drängten heran. Gabo wälzte sich auf seinem Stuhl vor Begeisterung. Der kleine Schuhputzer strahlte, ungeheuer genoss er den Zirkus, das Aufsehen, das die Szene erregte. *Arkadaş, arkadaş!* Das war das einzige türkische Wort, das Gabo konnte, er rief es jedem zu und löste damit große Heiterkeit aus. Man bot uns Zigaretten an, es wurde nach Tee und Kuchen geschickt, jeder wollte etwas fragen oder etwas zu Gabo sagen, und als sich herausstellte, dass sein Geburtstag auf den zehnten Dezember fiel, den Todestag Atatürks, brandete Jubel auf, und wir wurden eingeladen, nach nebenan mitzukommen und dort zu essen und zu trinken.

Unser Gastgeber hieß Mustafa. Er war Navigator bei der Air Force und hatte einen Freund, der ebenfalls Mustafa hieß.

Wir landeten in einem Nachtclub, der in einer Baracke untergebracht und mit Tischen und Stühlen bescheiden möbliert war. Auf der Tanzfläche schwangen zwei korpulente Damen in braven Kleidern und dicken hautfarbenen Strumpfhosen die Hüften. Den Whisky, den Gabo ihnen ausgab, tranken sie wie Tee, was es wohl auch war, der Klarinettenspieler nahm jedenfalls lieber Bier und setzte sich an unseren Tisch, den auch die Damen unter Mühen bestiegen. Dort oben schwangen sie nun ihre Massen, während wir uns zwischen ihren Schenkeln hindurch miteinander verbrüderten.

Bad women, sagte Mustafa andächtig. Bad, bad women.

In dieser Nacht beschlossen wir, dass die Mustafas mit uns am nächsten Tag nach Göreme und Ürgüp fahren würden. Am Morgen bauten wir den Kassettenrecorder aus dem Auto des einen in unseren Bus ein. Dann knallten die Bustüren, die Fahrt ging los, und Gabo drückte zum ersten Mal seit Ewigkeiten wieder auf Play. Steve Miller. *Gangster Of Love.* Wir hopsten und sprangen auf unseren Sitzen herum, reckten die Fäuste in die Luft und sangen ekstatisch mit, und die Mustafas strahlten und machten Bier auf, denn das war mal eine Party und schon am frühen Tag, und sie waren entschlossen, nur Frauen wie uns zu heiraten, das schworen sie, andere Frauen kamen überhaupt nicht mehr infrage.

Sie schweißten uns vier noch einmal zu einer Gruppe zusammen, diese beiden. Ihre Anwesenheit vereinte uns, ihr Blick auf uns ließ uns noch einmal die werden, die wir hätten sein können: Liebespaare, Verschworene, Abenteurer, freie Menschen. Unsere roten und blonden Haare flogen im Wind, uns hielten keine Grenzen, Flo war ein glücklicher Junge und Ingrid und ich zwei schöne, junge Mädchen und Gabo bestieg unterwegs den Esel eines Bauern und war in hellen, losen Baumwollklamotten Jesus beim Einritt in Jerusalem. Dann fuhren wir in die Landschaft der Feenkamine hinein.

Es war ganz still, und wir waren allein. Unter einem wolkenlosen, einfarbig blauen Himmel wand sich die Straße, eher ein Pfad, zwischen den Tuffkegeln und Tuffpilzen hindurch in ein Universum unwahrscheinlicher Formen, das dem heutigen Reisenden bekannt ist, er hat diese Bilder vor Reiseantritt in Prospekten, Magazinen und auf Youtube betrachtet und kann, wenn er ankommt, die Wirklichkeit mit ihnen vergleichen und überprüfen, ob sie stimmt. Aber wir waren überrumpelt. Dabei hatten auch wir schon Bilder von dieser Landschaft gesehen. In der Fuggerstraße hatten sie an den Wänden gehangen, nur hatten wir ihnen nicht geglaubt, wir hatten die Welten, die sie zeigten, für unerreichbar gehalten. Aber nun fuhren wir mitten in Roger-Dean-Poster hinein, denn dies musste sie sein, die Heimat der sanften Drachen und der Hirsche am Außenrand der Welt, und wir hatten den Zugang zu ihr gefunden.

Die Mustafas waren sehr zufrieden mit uns. Ungläubige Begeisterung auszulösen ist für beide Seiten berauschend, sie kann einen Zustand schaffen, der dem der Verliebtheit sehr nahekommt. Darum ja das Hervorzaubern des Brillantrings, das an die Champagnerflasche gelehnte Flugticket, all die Überraschungsgeschenke und verrückt-romantischen Einfälle geschickter Verführer und Werbender. Wenn dann sogar das Universum mitspielt und die Sonne blutrot bei Capri versinkt oder ein Regenbogen sich zwischen den Berggipfeln wölbt: Wer will sich da noch gegen das Schicksal auflehnen? Mag sein, dass es umgekehrt kein Zeichen für das Ende einer Liebe sein muss, wenn die überschwängliche Freude des einen den anderen nicht mehr ansteckt, sondern nervt: Das sage ich mir, ich sage es mir immer noch –

Wir schliefen bei einem Bauern, der in einem der Tuffkegel am Rande seines Gemüsegartens ein Zimmerchen für Gäste geschaffen hatte. Geflochtene Matten lagen auf dem Boden, vier Betten waren mit Decken und weißen Laken gemacht, wie bei Tom Bombadil fühlten wir uns. Unser Gastgeber selbst wohnte mit seiner Familie in einem kleinen Steinhaus. Er ließ fragen, was er uns zum Abend bereiten sollte, die Mustafas schlugen Kebab vor, und wir stimmten eifrig zu, wir wollten bescheiden sein und hätten alles gutgeheißen. Später, als wir zwischen den Steinkegeln umherwanderten, sahen wir unseren Gastgeber auf seinem Esel davonreiten. Die Mustafas sagten: He is getting our food. Wie und wo er das tun würde, konnten wir uns nicht vorstellen. Das Land erschien uns leer und wild. Wir waren ergriffen. Fast war es, als würde er für uns ein Tier schlachten.

Abends saßen wir auf der weinüberwachsenen Veranda. Wir öffneten die Bustüren, und die Landschaft erfüllte sich mit unserer Musik. Electric Light Orchestra hörten wir. *Eldorado.*

I'll not be back!

I shall be free of the world –

Auch die Familie unseres Gastgebers kam in die Dämmerung heraus. Es waren erstaunlich viele Personen, jüngere Männer, junge und ältere Frauen, Kinder. Sie versammelten sich ein Stück weit entfernt von uns, lächelten und nickten uns aber zu, sie freuten sich über unsere Musik. Der Mond stieg auf. Die Schatten waren schwarz in der hellen Nachtlandschaft. Wir tranken Wein, und wir redeten, wir haben ununterbrochen geredet in dieser Nacht und viel gelacht und einander ewige Freundschaft geschworen, wir wollten einander nie mehr verlieren, schon im nächsten Sommer auf der Rückfahrt würden wir ja wieder vorbeikommen, die Mustafas würden dann in Izmir sein, und dort würden wir sie besuchen.

Zu sechst schliefen wir in den vier Betten. Gegen Morgen wurde ich wach, stand auf und trat ins Freie hinaus. Der Himmel begann sich im Osten grünlich zu lichten. Unsichtbare

Hähne krähten, nah und in der Ferne. Ein leuchtender Ring wuchs um den Horizont, davor standen dunkel die Steine. Ich konnte mir nicht vorstellen, dass Gabo dies alles verpassen wollte, also ging ich und weckte ihn, und er stand auf, aber so, wie man aufsteht, wenn man seufzend der Laune eines Kindes nachgibt. Auch fror er draußen in der Morgenfrühe.

Es war tatsächlich ziemlich frisch. Wir gingen die Stufen hinunter, durch den kleinen Garten, der grau war vor Tau, und dann zwischen die Tuffkegel hinein, die sich in der Dämmerung allmählich mit Farbe füllten, von tiefem Lila wechselten sie zu Purpur und Apricot, immer unwahrscheinlichere Farben nahmen sie an. Der Osten leuchtete, Farbstrahlen schossen vom Horizont auf und Schwärme von Vögeln schrillten über den Himmel, während Gabo neben mir quengelte, Mann, ist das kalt, wuah, wuah, ich friere, komm, lass uns zurück ins Bett gehen, was hocken wir hier in der Kälte herum.

Ich gab schließlich nach, obwohl ich nicht wollte. Aber ich dachte, dass der Mann, in den ich mich verliebt hatte, diesen Morgen unbedingt mit mir hätte teilen wollen, meine Begeisterung hätte ihn angesteckt, und die einzige Möglichkeit, nicht zur Kenntnis zu nehmen, dass ich das gedacht hatte, bestand darin, ihm zurück ins Bett zu folgen. In den Tagebüchern findet sich davon kein Wort, da steht nur, was ich hier wiedergegeben habe: die Farben, die Vögel, der Schrei eines Esels in der Morgenfrühe. Ich erinnere mich aber daran, dass ich mich an den Gabo der Kantstraße und des Blauen Busses erinnerte, der neben mir nicht gefroren hätte, aber fort mit dir, du böse Erinnerung, wuah, wuah machten die Gespenster, ich wollte nicht, dass sie mir mein perfektes Bild trübten, und noch immer will ich es eigentlich nicht, es wäre mir lieber, ich würde mich nicht erinnern. Auch jetzt noch.

Als wir uns ein paar Tage später schließlich in Kayseri von den Mustafas trennten, winkten sie und winkten wir. Wir haben einander nie wiedergesehen.

3

Sivas. Zara. Erzurum. Wildes, einsames Bergland, die Straße Piste und voller Schottersteine, und die Lkw auf dem Weg nach Osten donnerten in Staubwolken an uns vorüber. An den Bretterbuden und Lehmhütten, an denen wir hielten, bot man uns Melonenstücke an, Kürbiskerne, Haschisch, Wein, und an einer der einsamen Stationen, wo Fernfahrer ihre Trucks auftankten, eilte der Besitzer mit einem Raumspray heran und hüllte uns, bevor wir uns wehren konnten, in Wolken synthetischer Veilchen. Die innere Entfernung zu einem Ausgangspunkt entspricht selten genau der, die sich in Kilometern messen lässt, sie wächst nicht mit der gleichen Geschwindigkeit, mit der sich der Körper voranbewegt, sondern vergrößert sich in plötzlichen Schüben, von denen einer auf dieser Wegstrecke erfolgte. Europa wurde wie mit einem Klick kleiner. Zugleich, denke ich jetzt, wurde der Desintegrationsprozess, dem unser Unternehmen ausgesetzt war, um diese Zeit irreversibel, auch wenn wir das nicht merkten oder nicht merken wollten. Eines Morgens fuhr ich Gabo an, ob er unbedingt mit dem Kiffen beginnen musste, noch bevor er die Augen aufhatte, zur Antwort entkorkte er eine Pulle Wein, das war doch mal ein Frühstück und ich konnte ihn kreuzweise, kindisch fand ich ihn, bescheuert war diese Scheißwidersetzlichkeit, seine mangelnde Bereitwilligkeit zu tun, was ich wollte und was wir alle wollten in diesem verdammten Bus, den er fuhr, und musste er das völlig zugedröhnt tun, widerlich war mir das, und während schon wieder einmal dieser oder jener damit drohte auszusteigen, prallte ein Steinchen an die Windschutzscheibe.

Es knisterte wie brennende Rinde. Verstummt saßen wir und sahen, wie sich von diesem Treffer, diesem winzigen

Loch das Spinnennetz der Risse auszubreiten begann. Keine weitere Gewaltanwendung war nötig, die Zerstörung, einmal in Gang gebracht, setzte sich fort bis an den Rand der Windschutzscheibe, die opak wurde, ein verrücktes Mosaik winziger, unentzifferbarer Zeichen, und ich sagte: Das sieht aber schön aus.

Gabo prustete los: Was?

Dann drückten wir die Scheibe mit einem Badetuch heraus.

Wir kamen nun nur noch langsam voran. In den Dörfern versuchten die Jungen durchs Fenster hereinzuklettern, freundliche Festigkeit war gefordert, geschickt ausbalanciert werden musste das. Auf der Piste wirbelten die vorbeiziehenden Lastwagen Schwaden von Staub auf, Steinchen flogen, wir fuhren vermummt. Irgendwo trieben wir eine Plastikplane auf und schnitten ein Guckloch hinein, das wirkte aber als Windkanal. Nachts schliefen immer zwei von uns auf den Vordersitzen. Morgens vor Sonnenaufgang wehte ein schwacher Wind herein. In der Dunkelheit krähten Hähne. Blechern klang aus den Lautsprecheranlagen ungesehener Minarette der Ruf des Muezzins über die kahlen Bergrücken, bedeutungslos schöne Silben wie Morgensterns *Großes Lalula.* Unter der aufgehenden Sonne war die steinige Landschaft graugrün. Ziegen darin. In einer Nacht machten wir wieder an einer der Fernfahrerkneipen halt, wilde Fürsten winkten uns heran und luden uns zu Whisky ein, Gabo kiffte mit ihnen, dann gingen wir Hand in Hand zurück zum Bus.

Ich erinnere das, den Mond über dem leeren Land, die Konturlosigkeit der Landschaft, in der wir standen und er sagte: Findest du mich jetzt auch widerlich?

Nein, sagte ich. Nein.

Ich sage dir jetzt etwas, sagte er. Für dich werde ich das Kiffen aufgeben.

Und das tat er, vierzehn Jahre später. Aber nicht jetzt tat er es und nicht hier, wo er sagte: Ich werde ab sofort nie wieder rauchen, und das kleine Piece, das er hatte, irgendwo hinaus in die Nacht und ins Geröll schleuderte.

Das musst du nicht, sagte ich unklar beunruhigt. Das ist ein zu großes Versprechen. Bitte, du musst dich nicht daran gebunden fühlen.

Aber es war zu spät. Die Trennung war vollzogen, das Universum zerbrochen, von nun an gab es zwei Welten, und sie standen feindlich gegeneinander. Die eine dieser Welten war meine und unsere Welt als Paar, die andere war die des Kiffens und seine allein. Unversöhnliche Galaxien, von nun an und für immer.

Und wieder denke ich heute, dass es möglicherweise ganz anders war. Dass er möglicherweise aus einer Sicherheitsvorkehrung einen Auftritt machte, eine Vorsichtsmaßnahme in eine theatralische Geste verwandelte, denn wir näherten uns der iranischen Grenze. Und er wollte vielleicht bloß vor dem Übertritt clean sein.

Der Ararat wächst plötzlich aus der Ebene empor, nah und fern zugleich, nicht Teil eines Gebirges, ein einsamer Berg wie auf einer Kinderzeichnung. Dass auf dem Gipfel Schnee lag, machte ihn von der Steppe aus gesehen noch unwirklicher. Die Distanz zu ihm und seine Höhe waren so schwer zu schätzen wie bei einer Fata Morgana. An seinem Fuß hatten kurdische Nomaden ihr Lager aufgeschlagen. Zahllose Zelte zogen sich am Hang empor, und als wir hielten, kamen von dort Kinder gerannt. Ihre Mütter folgten, die ersten Frauen und die einzigen, die sich damals in der Türkei frei auf uns zu bewegt haben. Sie trugen leuchtend bunte Kleider in Farben, von denen meine Mutter gesagt hätte, dass sie sich bissen, aber das taten sie nicht, all diese verschiedenen Töne von Rot, Orange, Purpur harmonierten, und so erinnere ich den Ararat und die Ebene vor ihm, über und über rot besprenkelt.

Wir verständigten uns mit diesen Frauen, wie man es in solchen Situationen tut: dein Name, mein Name, man deutet aufeinander, versucht die fremden Silben zu wiederholen, lächelt und nickt, lächelt und nickt. Die Kleinkinder hingen auf den Hüften oder in den Armen ihrer Mütter oder älteren Geschwister wie mit den Körpern ihrer Trägerinnen verwachsen. Den größeren Kindern haben wir irgendetwas geschenkt, Kugelschreiber, kleine Packungen Honey Smacks, die ihnen ihre Mütter augenblicklich wieder abnahmen, es waren Dinge, die vor der Kulisse dieses Berges ganz unwahrscheinlich wurden wie aus fremden Galaxien, aber die Mütter und Kinder wussten genau, was mit ihnen zu tun war. Und das ist etwas, was ich versäumt habe und wünschte, getan zu haben: einmal mit Nomaden zu ziehen, die nicht so wie wir aus Neigung und freiem Entschluss wanderten, sondern aus wirtschaftlicher Notwendigkeit, und die im Wandern ihre Tradition wahrten, während wir mit unserem Umherziehen allen Traditionen entkommen wollten.

Aber vielleicht ist auch das wieder falsch, und im Gegenteil bewies gerade unser Verlangen nach Abbruch und Aufbruch, unsere Sehnsucht nach Fremde unsere eigene tiefe Verwurzelung in unserer Tradition, in einer Geschichte, die ein Zeitalter der Entdeckungen, der Kreuzzüge und des Tourismus produziert hatte. Vielleicht war tatsächlich das Einzige, was uns von diesen Nomadenfrauen unterschied, der Inhalt unserer Archen, deren Wege sich hier am Ararat gekreuzt hatten, also das, was jeder von uns für sich an Gepäck in die Zukunft hinüberretten zu müssen meinte.

Die Grenze bei Bazargan passierten wir in der Dunkelheit. Am Ortseingang von Täbriz reihte sich Autoshop an Autoshop. Männer sprangen vor uns auf die Fahrbahn, sie reckten uns eine Windschutzscheibe aus Kunststoff entgegen, Gabo sprang aus dem Bus und jubelte, beste Freunde waren wir alle für die Dauer des Einbaus.

Nun wollten wir voran, voran. Allen ergeht es auf dieser Strecke so: graues Gestrüpp, fensterlose Lehmhütten, Schafe, winkende Kinder und alle fünf Kilometer die chinesische Wasserfolter der Schilder, die eine immer gleichbleibende Entfernung nach Teheran anzuzeigen scheinen, man will nicht mehr hinsehen und tut es doch. Wir fuhren, ich machte während der Fahrt irgendetwas zu essen, und wir fuhren in die Nacht hinein, die weit und breit kein Licht erleuchtete. Allein fuhren wir auf dieser Straße, alle vier saßen wir vorn, und Gabo schaltete die Scheinwerfer ab. Vor uns hing die Mondsichel fast horizontal im Himmel, eine Barke, hell, aber nicht hell genug, um die Sterne zu überstrahlen. Die Milchstraße ein weißer Dunst. Die Berge tintenschwarz vor dem überzuckerten Himmel.

Am nächsten Tag gingen die Stoßdämpfer kaputt. Gabo hockte vor dem Auto im Staub und klagte laut, meine Stoßdämpfer, meine schönen Stoßdämpfer, und ich sprang vom Beifahrersitz auf die Straße und hopste auf und ab, sag das noch mal, sag das noch mal, ich sprang um ihn herum und rief: Wo sind sie denn, deine Stoßdämpfer, wo sind sie an dir angebracht, deine armen Stoßdämpfer, und dann schrien wir das alle im Chor, wir hatten manchmal solche leicht irren Anwandlungen.

In Teheran schluckte uns der Strom des Verkehrs. Menschengemacht konnte das nicht sein. Inmitten des Tosens stand auf zwei Beinen der Shahyad-Turm, der später in Freiheitsturm umbenannt worden ist, die Flut riss uns mit, abzubiegen oder die Richtung zu wechseln schien unmöglich. Mehrfach mussten wir, nachdem wir in ruhigere Gewässer am Rand getrieben worden waren, uns erneut in den Strom stürzen, wieder und wieder kamen wir am Shahyad-Turm vorbei und mehrfach nur um Haaresbreite mit dem Leben davon. Immerhin konnten wir auf den arabisch beschrifteten Straßenschildern inzwischen das Wort Qom ausmachen. An der Straße nach Qom lag das Camp, das wir suchten.

Gol-e-Sahra. Alles fuhr damals dieses Camp an, die Fernlaster wie die Overlander, innerhalb der Mauer parkte man auf richtigem Gras, in dem koreanischen Lokal stand auf den Tischen HP-Sauce. Hier hockte man und tauschte Geschichten aus. Dass Erzählweisen nicht aus dem Inhalt des Erzählten hervorgehen, sondern sich auf ihn auswirken, habe ich damals noch nicht verstanden. Noch war ich nicht so weit, dass ich, bevor einer den Mund aufmachte, schon ahnte, wie er damit klarkam, auf der Straße zu leben.

In Teheran wurde auch zum ersten Mal offensichtlich, dass Personen, die die Geschichte bereits verlassen hatten, jederzeit wieder in ihr auftauchen konnten, denn zum ersten Mal trafen wir hier Bekannte wieder, die Engländer mit Hund Ankara. Und Rosie und Gaby, von denen später die Rede sein wird, wollen uns hier zum ersten Mal gesehen haben.

Die Kassette mit Fleetwood Mac's Album *Rumours*, das mich mehr als alle anderen an diese Reise erinnert, kam erst in Herat dazu. Aber in Teheran kauften wir den gebrauchten Kassettenrecorder, ohne den wir sie nicht hätten hören können, also sei hier schon die Rede davon. Das Album entstand unter schwierigen Bedingungen: Die Keyboarderin und Sängerin Christine und der Bassist John McVie ließen sich gerade scheiden, der Gitarrist und Sänger Lindsey Buckingham und die Sängerin Stevie Nicks waren dabei, sich zu trennen, und Mick Fleetwoods Frau hatte eine Affäre mit seinem besten Freund. Man ertrug einander nur noch um des Albums willen, dessen einzelne Stücke, wie John McVie einmal angemerkt hat, dabei als eine Art musikalischer Tagebucheinträge fungierten, in denen sich die einzelnen Bandmitglieder zueinander äußerten.

Das einzige Stück des Albums, dessen Entstehung allen Bandmitgliedern gleichermaßen zugeschrieben wird, ist *The Chain*. Es besteht fast gänzlich aus vorher verworfenem Material. Die letzte Minute hatten John McVie und Mick Fleetwood geschrieben, ohne zu wissen, zu welchem Anfang, parallel hatte Stevie Nicks einen Text verfasst, ohne zu wissen, zu welchem Song, andere Elemente stammten aus einem früheren Projekt von Christine McVie. Die Bänder wurden mit einer Rasierklinge gespliced und zu einem Stück zusammengesetzt, das ein Hit wurde. Bis heute dient *The Chain* der BBC als Titelmelodie ihrer Formel-Eins-Übertragungen.

Wir gingen den umgekehrten Weg. Wir hatten unsere Nummer anfangs zusammen gespielt, die Dissonanzen ergaben aber keinen Jazz, sondern Kakophonie, am Ende hielten sich alle die Ohren zu. Mindestens ich kann mir aber mein Leben ohne diese verunglückte Jamsession nicht vorspielen, und ich sage: Dass ein Projekt von vornherein zum Scheitern verdammt ist, ist längst kein Grund, es zu lassen.

Das Material musste eben neu aufbereitet werden. Ein jeder musste es in sein Soloprojekt einbauen. Pfeifen kann ich hier nur das meine.

An dem Abend, der unser letzter in Teheran wurde, aßen wir abends beim Koreaner, alles war ruhig, das Essen war okay, die 7 Up kalt, aber Flo lümmelte an der Tischecke, mit beiden Armen umarmte er seinen Teller, tief herabgebeugt schaufelte er mit dem Löffel, und Gabo sagte: Kannst du bitte aufhören, zu fressen wie ein Schwein.

Aber Flo war wohl in die Pubertät gekommen, denn er nannte Gabo nun nicht mehr Vati, sondern sah ihm in die Augen und kaute weiter mit weit offenem Mund, in dem man das Gemansche sah, und Gabo nahm seinen Teller und ging an den Nebentisch.

Nun musste ich ihm folgen, alles andere wäre Verrat gewesen. Auch war Flo dermaßen blöde und Gabo ohnehin schon gereizt, denn während wir auf der Suche nach Stoßdämpfern kreuz und quer durch Teheran gefahren waren, hatten Ingrid und Flo an der Post unsere Briefe abgeholt, alle hatten welche bekommen, sogar Flo aus dem SOS-Kinderdorf, nur an Gabo hatte niemand geschrieben. Wir anderen wollten unsere Post sofort nach dem Essen beantworten, und so saßen nun wieder wir drei vereint drinnen am Tisch, während Gabo allein und verfinstert nach draußen ging, und schreibend bat ich meine Mutter, doch auch ihm einmal einen Brief zu schicken. Als hätte das die fehlenden Briefe seiner Familie nicht noch sichtbarer gemacht.

In Teheran zu bleiben hatte danach keiner mehr Lust. Wir brachen noch am selben Abend auf, nach Süden in Richtung Isfahan. Die Nacht war klar und tintenschwarz. Alle waren wir froh, einander fahrend zu entkommen. Wir schwiegen, wir hingen unseren Gedanken nach, und dann begann Flo zu reden.

Er hatte diese Quasselanfälle. Gabo sagte: Wie wenn eine Kuh pisst. Flo hörte dann gar nicht mehr auf, und wenn er merkte, dass er den anderen nervte, rückte er ihm erst recht auf die Pelle, er ließ nicht ab und verbiss sich, als würde mehr von demselben das Gegenteil von dem bewirken, was weniger angerichtet hatte, und er könnte die von seiner Quasselei zerstörte Nähe mit mehr Quasselei wiederherstellen.

In Isfahan kamen wir in tiefer Nacht an. Wer weiß, worüber wir am nächsten Morgen stritten. Jedenfalls kam, während wir auf den öffentlichen Bus warteten, ein Schweizer Pärchen vorbei. Noch in Teheran hatte uns, die wir miteinander in Unfrieden lebten, gemeinsamer Spott über diese beiden vereint, und nun sagte Flo: Das sind wenigstens welche, die haben was drauf.

Warum habe ich nicht geschwiegen? Warum habe ich mich so maßlos geärgert? Warum habe ich auflachend gesagt: Das kannst ja sicher du gut beurteilen, du kleine Hure?

Zwischen Täbris und Teheran hatten wir am Straßenrand im Schatten eines graulaubigen Dornenstrauchs Melonen gegessen. Der Mann, der die Früchte verkaufte, saß vor seinem Zelt, er zerteilte sie und stellte uns ein Tablett mit Rosenmuster hin, mit der Bitte, die Kerne darauf zu spucken. Flo spuckte seine Kerne aber daneben. Ich wies ihn zurecht, dann herrschte ich ihn an, er grinste und spuckte, wohin er wollte, und der alte Mann, der in diesem Zelt womöglich wohnte, klaubte jeden einzelnen von Flos Kernen aus dem Staub.

Danach konnte ich Flo nicht mehr vor mir in Schutz nehmen, das arme Kind aus dem SOS-Dorf. Jedes Mal fielen mir die Melonenkerne ein und das verkohlte Zöpfchenmuster des gelben Pullovers, von dem sich meine Mutter für mich getrennt hatte.

Flo war nicht das Problem, das war klar, verpissen sollte er sich, das war alles. Das Problem war Ingrid. Gabo sprach längst davon, in Indien den Bus zu verkaufen und sich von den beiden anderen zu trennen. Aber wie sollte ich Ingrid mit Flo allein lassen.

Am nächsten Morgen gingen sie. Es war keine Trennung wie unter Erwachsenen, sondern sie verließen uns wie jugendliche Ausreißer ihre Eltern. Den Vortag hatten wir getrennt verbracht. Gabo und ich waren zum Meidan-e-Shah gefahren, der heute Meidan-e-Imam heißt und angeblich der größte völlig umbaute Platz der Welt ist. Ein weiterer allergrößter Platz liegt in Minsk, noch einer ist der des Himmlischen Friedens, diese sicher verlängerbare Liste ist geeignet, Sehnsucht nach einem Platz ohne jegliche Ausdehnung zu wecken.

Der Meidan von Isfahan ist in meiner Erinnerung in ein zartblaues Licht getaucht, vielleicht wegen der berühmten Mosaiken und Fliesen oder möglicherweise wegen der Chādors, die damals viele, aber längst nicht alle Frauen trugen. Lange, schmetterlingszarte und oft bläulich-grün gemusterte Tücher waren das, die locker über den Kopf gelegt, mit einer Hand unter dem Kinn zusammengehalten und, wenn die Trägerin die Hände frei haben wollte, links und rechts unter die Eckzähne geklemmt wurden, sodass sich der dünne Stoff beim Gehen hinter der Trägerin bauschte, ein Accessoire, keine Verhüllung.

Welche der berühmten Gebäude Isfahans wir besichtigt haben, weiß ich nicht mehr. Aber in den labyrinthisch auseinanderstrebenden Gängen des Bazars kauften wir einen Baumwollüberwurf, der seiner Rolle als Souvenir gerecht geworden ist, denn aufgrund dieses Kaufs erinnere ich mich an den Bazar von Isfahan und daran, wie diese Stoffe mit großen Stempeln bedruckt wurden, einer für jede Farbe, die Abdrücke mussten exakt übereinander liegen und nahtlos aneinander anschließen, dann entstand ein fortlaufendes Muster wie auf einem Teppich.

Prachtvoll war der Bazar von Isfahan. Die Zusammenballung von Händlern, die alle das gleiche Produkt offerierten, erweckte den Eindruck übertriebenen Überflusses: Kochtöpfe, Stand um Stand, Messinggefäße, emaillierte Gerätschaften, und in verhängten Räumen oder kleinen Höfen hinter den Verkaufsständen das Gehämmer und Geklopfe der Handwerker, die immer noch mehr Waren herstellten. Dies war Gabos Element. Ohne Worte, deutend und gestikulierend, stellte er fachmännisch Fragen, erhielt gestenreich Antwort und wurde eingeladen, hereinzukommen und die Werkstätten in Augenschein zu nehmen. Ich kam mit als seine Begleitung, und ich sage: Wenige Rollen habe ich lieber gespielt als die der Begleiterin eines geschätzten Mannes, dem ich mich nahe fühlte. An diesem Abend aßen wir nicht mit den beiden anderen, sondern allein und festlicher als sonst, mit Berberitzenreis und Huhn in einer dicken Soße von Granatapfel und Walnüssen. Als wir zum Bus zurückkehrten, schliefen Ingrid und Flo oder stellten sich schlafend.

Am nächsten Morgen wurde ich davon wach, dass die Bustür aufrollte. Ingrid rief von draußen ein Tschüss herein, das sollte unser Abschied sein. Ich blieb einfach liegen, glaube ich, aber Gabo fuhr in die Höhe, er sprang aus dem Bett und schrie, wo sie denn hinwolle, sie könne nicht so einfach weg, der Bus sei in seinen Pass eingetragen und er verpflichtet, ihn dort, wo er ihn eingeführt hatte, auch wieder auszuführen, an Ingrids Scheißbus sei er gekettet, während sie jederzeit nach Hause fliegen könne.

Sie schrie zurück, das sei ihr schnurzpiepe, er könne mit dem Scheißbus tun, was er wolle, und er schrie, das werde er auch, und jagte sie eine Weile über die Wiese. Bevor sie dann endgültig bei den Schweizern einstiegen, kam Ingrid noch einmal zum Bus zurück. Sie stemmte die Hände in die Hüften und streckte mir die Zunge heraus, böhhh, triumphierend, wer weiß worüber, und ich habe ihr dafür eine gelangt. Dass sie uns am Ende genug Geld dagelassen hat, um mit dem Bus umzukehren und sofort zurückzufahren, beweist ihren guten Charakter, und dass ich ihr nie einen Pfennig zurückgezahlt habe, meinen miesen.

Damals empfand ich allerdings nicht, ihr überhaupt etwas zu schulden. In meinen Augen war sie vertragsbrüchig geworden, sie hatte mich im Stich gelassen und im Übrigen ohne Verhandlungen, ohne Ansehen von mein und dein eingepackt, was sie von unseren Sachen brauchbar fand. Später hätte ich ihr gern das Geld hingeworfen. Es ging dabei aber um mich, nicht um sie, ich hätte gern dieses letzte Band durchtrennt, das ich dafür aber erst wieder hätte knüpfen müssen, ich hätte sie finden und wiedersehen müssen, dazu hatte ich keine Lust, und wir haben einander nach dieser Reise auch niemals wiedergesehen.

Der Ausweg, den ich schließlich fand, war der, jemandem Geld zu geben, aber nicht ihr. Überall fand man damals Gestrandete, junge Backpacker, die festhingen und auf Hilfe angewiesen waren, so wie ich selbst es unterwegs oft genug war, und das schien mir ein kosmisches Gesetz zu sein: Mir würde so lange Hilfe zuteilwerden, wie ich sie anderen gewährte. Das Leben würde mich auffangen, wenn ich ihm vertraute, Geld würde fließen, wenn ich es im Fluss hielt, also nicht festhielt, sondern weitergab.

Mit Arbeit, Verdienst oder sonstigem Scheißgequatschten hatte das alles nichts zu tun. Das wusste doch jeder: Geld hatten nicht die, die am härtesten arbeiteten oder es am dringendsten brauchten, sondern die Reichen, die sich dem freien Fluss der Geldströme in den Weg stellten, indem sie behaupteten, das Geld würde nun einmal ihnen gehören. Beim Geld wie in der Liebe beruhten Besitzansprüche auf einer Wahrnehmungsstörung. Man wollte nicht begreifen, dass man Glied einer Kette war, unauflösbar eingebunden in die Reihe der Gebenden und Nehmenden, und diese Fessel war nicht damit abzustreifen, dass man nach allen Seiten hin versuchte, seine Schulden zu bezahlen.

Denen, die mir an entscheidenden Punkten meines Lebens weitergeholfen hatten, schuldete ich doch viel mehr als Geld. Ich schuldete ihnen die Möglichkeiten, die ich mithilfe ihres Geldes hatte nützen können, ich verdankte ihnen die Chance, Chancen zu ergreifen und die Erfahrungen zu machen, die mein Leben geformt hatten, und damit gewissermaßen mein Leben selbst, und sobald man diese Schuld auf eine Geldschuld reduzierte und sich von ihr freikaufen zu können meinte, statt sie demütig anzuerkennen, wurde man zum Zyniker und lud neue Schuld auf sich –

Wobei das alles, mein ganzes schönes Gequatsche oder Scheißgequatschtes, nichts daran ändert, dass ich Ingrid das Geld nie zurückgezahlt habe. Ich habe es ihr nie zurückgezahlt, punktum. Dreitausend Mark sind es gewesen. Auf diese Summe bin ich gekommen auf dem Weg nach Shiraz, als ich alles zusammenzählte, denn wir drehten nicht um, natürlich nicht, wir fuhren nicht zurück, sondern weiter.

4

Nach Shiraz führte die Straße durch die Wüste. Auf einer Anhöhe passierten wir ein Tor zwischen Felsen, dahinter eröffnete sich großartig wie in einem Monumentalfilm der Blick auf die Stadt. Wir fuhren durch das Korantor und verfuhren uns, krochen im Schritttempo durch enge Gassen, Kinder hängten sich an den Bus, erklommen die Leiter und kraxelten aufs Dach, wir schrien auf Englisch, voll Angst, eines zu verletzen, sie verstanden uns nicht und wussten sehr genau, was wir riefen, hörten nur nicht, bis aus einem der Häuser ein alter Mann trat, der sie anherrschte, woraufhin sie wie Käferchen wieder herabkrabbelten und sämtlich verschwanden. Weil es einen Grund geben musste, warum wir hier waren, besuchten wir Hafis' Grab in den Musalla-Gärten. Rosen und Nachtigallen fanden wir nicht, lediglich Hibiskus blühte am Pavillon. Vielleicht zitierte man um uns herum den Dichter und fand nachts das Lächeln auf den Lippen der Erde und sang tanzend der verrückten Welt Zärtlichkeiten vor, denn die Süßigkeit des Rausches kam aus des Weines Herbe, das Wissen von Gott im Herzen erst gab dem Menschen Menschlichkeit, und mochte jeder so auf seinem Pfad wandeln, dass noch im Straucheln Engelshand dich führen mag zum Ziel, das dir entschwand. Aber der Pavillon war nicht im 14. Jahrhundert, sondern in den Dreißigerjahren erbaut, wir standen am Rand und verstanden nichts und konnten uns allenfalls ins Gedächtnis rufen, was wir vorher gelesen hatten, falls wir das auswendig wussten. Die einzigen Ausländer waren wir inmitten der Menge andächtiger einheimischer Touristen, von denen aber keiner dem Dichter folgte und freundliche Worte zu einem Fremden sprach, bis endlich ein Ingenieur sich erbot, uns nach Persepolis zu begleiten.

Auf dem Weg zum Bus fragte ich ihn nach dem Schah. Dessen Konterfei war so allgegenwärtig wie in einer bestimmten Sorte von Hitlerfilm die Führerbilder, auf die die Kamera zoomt, um die widerständige Gesinnung eines in einen Raum Eintretenden sichtbar zu machen. Trotz oder vielmehr aufgrund dieser Allgegenwart gelang es mir nicht, jemanden in ein Gespräch über den Herrscher zu verwickeln. Nach einer von mir aufgestellten These verhält sich die Menge freier öffentlicher Äußerungen umgekehrt proportional zur Menge öffentlich ausgestellter Herrscherporträts. Das heißt, am einen Ende der Skala ist jede öffentliche Fläche mit der Visage des Machthabers zugekleistert, in deren Schatten der Mensch verstummt, am anderen Ende lässt sich der Macht kein Gesicht mehr zuordnen, niemand weiß, wie sie aussieht, niemand würde sie erkennen auf den Straßen und Plätzen, auf denen jeder hinausposaunen darf, was er will, ohne dass das die Macht in irgendeiner Weise berührt.

Ich selbst wusste über den Schah nur, dass sein Geheimdienst folterte, ansonsten war er ein Liebling der Amis und hatte natürlich Benno Ohnesorg auf dem Gewissen. Der Ingenieur sah in die Ferne. Er wand sich. Der Iran sei ein sehr gutes Land, sagte er schließlich, very good, very good, und ich dachte, nun ja, er wollte sein Land natürlich nicht schlechtmachen. Oder er hatte Angst vor dem Geheimdienst.

Tatsächlich hatte die politische Elite damals ein Liberalisierungsprogramm eingeleitet. Die Opposition nutzte die neuen Möglichkeiten, sich zu organisieren, und gerade in diesem Oktober 1977 gründeten Mohammed Hosseini Beheschti, späterer Vorsitzender des Revolutionsrats, Mohammad Javad Bahonar, Ministerpräsident nach der Revolution, Morteza Motahhari, die rechte Hand des späteren Ajatollah Chomeini, Ali Akbar Rafsandschani, von 1989 bis 1997 Staatspräsident, und Ali Chamenei'i, seit 1989 oberster religiöser und politischer Führer des Iran, die *Vereinigung der kämpfenden Geistlichkeit,* um den Sturz des Schahs vorzubereiten. Das weiß man heute. Damals hatte keiner einen Schimmer, nicht die CIA, nicht der SAVAK und erst recht nicht unser Ingenieur. Zeitzeugenschaft ist Flohperspektive. Am besten springt man davon, wenn es losgeht. Dann überlebt man und kann hinterher aufschreiben, was man mit eigenen Augen gesehen hat in der Fachliteratur, deren schönste Zitate man einem erfundenen Nomaden in den Mund legt, und einen nicht existenten Mitreisenden Erkenntnisse aussprechen lassen, die man Monate später bei jemandem gefunden hat, der das betreffende Land nie besucht hat.

Was kann ich ehrlich berichten, aus dem Iran im Herbst 1977, wenn ich nicht scheißquatschen will? Was habe ich mit eigenen Augen gesehen?

Sonne und Mond, Baumwollüberwürfe im Bazar von Isfahan, Bilder vom Schah mit Gattin Nummer drei, Kinder, die auf Straßen rannten, Frauen klemmten Chadors zwischen die Eckzähne, Ampeln schalteten auf Rot und auf Grün –

Und mit dem Ingenieur fuhren wir nach Persepolis.

Die Trümmer, Säulen, Treppenaufgänge und Palastreste tauchten unangekündigt vor uns in der Wüste auf. Aus einem Hüttchen am Rand trat ein Alter, um uns zu begrüßen, Eintritt verlangte er nicht. Kein Zaun riegelte die Ruinen ab. Wir waren allein mit dem Wind, der heiß aus der Wüste blies wie ein Fön. Gabo unternahm einen kurzen Rundgang, dann zog er sich mit dem Ingenieur in den dünnen Schatten zurück, den der Bus warf, und wartete darauf, dass ich mit diesem prachtvollen Pārsā zu Ende käme, wo man nicht einmal eine Cola kriegte.

Ich wollte aber nicht zu Ende kommen. Ich weigerte mich, ich zerrte an meiner Leine, erklomm Treppenstufen, stand vor den berühmten Reliefs, ohne sie zu verstehen oder zu wissen, dass sie berühmt waren, und blickte mit zusammengekniffenen Lidern an Säulen empor. Das Licht blendete. Ich versuchte, mir große Vögel vorzustellen, die dort gekreist haben mochten, als es hier unten eine Stadt gab. Der Himmel war aber leer. In der enormen Stille empfand ich es stark, dass Kaiser hier entlanggeschritten waren, Gesandte von den Enden der Welt mit ihrem Gefolge, und mehr noch empfand ich diese Stille selbst.

Der Lärm der Stimmen, der die Luft zwischen diesen Steinen erfüllt hatte: Das war das Leben dieser Stadt gewesen. Geschrei spielender Kinder, Rufe der Markthändler, Geschacher um Waren an Küchentüren, Gesang, Befehle, das Grollen der Menge und die Anrufungen von Priestern, Banalitäten zwischen Nachbarn, Disputationen schreitender Philosophen und vor allem, das vor allem, die alltäglichen sanften, zornigen, zärtlichen, nüchternen, niemals abreißenden Wortwechsel in den Häusern und in den Palästen, Befehle, Debatten, Erklärungen, Geständnisse, all das, was zwischen Männern und Frauen gesprochen wurde.

Diese versiegten Gespräche: Das war das Leben, das aufgehört hatte. Der Tod. Die Totenstille, die ich laut hörte. Und wer hatte diese Stille produziert, dieses Ende des Redens, einer, den man im Westen nicht müde wurde, den Großen zu nennen. Der Schatzmeister hatte ihm die Stadttore geöffnet, aber er pfiff auf die Übergabe der Stadtschlüssel, auf Unterwürfigkeitsadressen und das ganze Gequassel, erleben wollte er etwas, einfach brennen sollte das Ding. Geblendet war die Welt noch nach Jahrtausenden von der Effizienz, mit der er seine Pläne vorangetrieben hatte, aber alle Vernunftplanung war ihm letztlich nur Mittel gewesen, seinen Affekten zu folgen. Irgendwann früher war etwas geschehen, das hatte er übelgenommen, eine Schmähung hatte er nicht verwunden, nun musste alles in Rauch aufgehen.

Aber ohne Alexanders, des großen Brandstifters Rachsucht wäre Persepolis womöglich zu einer Stadt wie Shiraz geworden. Das Leben hätte diese Ruinen überwuchert, es hätte sie rückstandsloser vernichtet als Feuer, sodass es die Zerstörung gewesen war, die Pārsā erhalten hatte. Der Tod hatte diesen Ort vor dem Leben gerettet. So war es vielleicht immer: Bei jeder Rückbesinnung auf alte Größe huldigte man in Wahrheit dem Tod.

Sonnengeblendet im großartigen Geröll und umwölkt von Gabos Ungeduld, der sich drüben am Bus immerhin bloß eine Zigarette anzündete, debattierte ich solcherart mit Tom, den ich mir als Gegenüber herbeizauberte, denn wie sollte man denken, wenn sich die Gedanken nicht im Reden verfertigten. Hier, gab ich Tom zu bedenken, vielleicht auf genau derselben Stelle, auf der ich stand, und die das Feuerwerk des Mazedoniers vor der Asphaltierung bewahrt hatte, hatte womöglich einst Dareios gestanden. Freilich, auf jedem beliebigen Fußbreit Erde mussten schon Tausende gestanden haben, keinen Schritt konnte man tun, ohne in jemandes Fußstapfen zu treten. Aber vielleicht wäre ich ohne Alexander gar nicht hierhergekommen. Vielleicht breiteten sich historische Großereignisse aus wie Sprünge in der Frontscheibe, sie verloren nicht, sondern gewannen über die Jahrtausende noch an Einfluss, bis sie die entferntesten Grenzen des Weltkreises erreicht hatten, bloß erkannte man das nicht, es war dann längst alles opak geworden.

Ich ärgerte mich auch, was war Gabo so dumpf.

Sah er nicht, dass diese Ruinen ihre Geheimnisse noch bewahrten? Sie waren nicht abgegriffen wie die selbstgefälligen griechischen und römischen Trümmer, diese stumpfen Bruchstücke, von allzu vielen begafft und begrapscht und ohne jeden Rest von Magie. Aber nein, gar nichts sah er, und ich trug Sorge, ihm das hinterher deutlich zu machen. Begeistert und immer begeisterter schwärmte ich von allem, was ich gesehen hatte und was ihm offensichtlich entgangen war, und weil er nichts entgegnete, verstieg ich mich schließlich zu der Behauptung, ich könnte vielleicht Archäologin werden.

Ich hatte nicht gewusst, dass ich das sagen oder denken würde. Aber nun erschien es mir eine gute Idee. Ich war auf einmal voll Sehnsucht nach untergegangenen Reichen und dachte, die könnten eine Möglichkeit sein, der Gegenwart zu entfliehen und der Traurigkeit, die mich jetzt zu erfüllen begann, und die nichts mit Ruinen zu tun hatte, sondern mit meinem mürrisch schweigenden Gesprächspartner, der eben das nicht war: ein Partner, ein Gegenüber, auch wenn er möglicherweise nun doch noch etwas dazu sagte, dass ich Archäologin werden wollte, und zwar etwas Abfälliges. Aber nicht etwas Abfälliges über die Archäologie, für deren Funde er sich unter anderen Umständen und zu anderen Zeiten durchaus erwärmen konnte. Sondern etwas, das klang, als wäre es vollkommen unerheblich, ob ich Archäologin wurde oder nicht oder überhaupt irgendetwas. Und das mochte so sein. Die Weltläufe brauchten mich vielleicht gar nicht, das fürchtete ich im Geheimen selbst. Dennoch oder deswegen war ich getroffen. Warum war er jetzt so. Ich fragte ihn das.

Wie, sagte er, warum, wie war er denn. Was wollte ich von ihm, wollte ich ihm schon wieder einen Vorwurf machen.

Das hatte ich doch gar nicht. Ich hatte doch nicht ihm einen Vorwurf gemacht, sondern er fand es blödsinnig, dass ich vielleicht Archäologie studieren wollte. Und wieso überhaupt *schon wieder*. Was meinte er damit. Machte ich ihm vielleicht andauernd Vorwürfe oder was.

Ach Sylvie. Ist ja gut.

Das sagte er. Aber was war gut? Womit war es gut? Gar nichts war gut, aber er antwortete nicht, er verstummte, was hatte er nur, was war schon wieder mit ihm los.

Findest du eigentlich alles blöd, was ich sage?, sagte ich. Warum findest du immer alles nur blöd?

Mann, Sylvie, sagte er.

Dann legte er sich hin und drehte sich zur Wand. Ihm war das jetzt alles zu viel, ihm ging das allmählich echt auf die Eier, meine ganze Zergliederei, immer musste ich alles auseinandernehmen. Also schlief er ein. Es war ein Talent, eine Gottesgabe. Er lag da und schlief, und ich war wach und warf mir vor, dass ich den Mund überhaupt aufgemacht hatte. Warum gab ich nicht Ruhe. Warum musste ich immer sabbeln. Sabbeln und sabbeln und sabbeln. Wie wenn eine Kuh pisst.

Mit Schrecken denke ich daran zurück, an diese zu zweit verbrachten einsamen Nächte, an denen ich allein irgendwo in Persien oder Afghanistan in die Nacht lauschte, die um unseren Bus herum voller Geräusche war. Die Ausweglosigkeit dieser Nächte machte mich atemlos, ich legte mich schließlich neben ihn und versuchte ihn zu umarmen, aber er knurrte im Schlaf, also stand ich wieder auf und saß auf dem Beifahrersitz und rauchte, ich wusste nicht, wohin mit mir, unruhig und beschäftigungslos an diesem viel zu frühen Abend, dann las ich bei Lampenlicht Dostojewski oder Joyce oder Musil, ich folgte den Zeilen mit den Augen und sagte mir die ganze Zeit dabei: Ich lese ein gutes Buch, ich lese ein sehr gutes Buch, Dostojewski (oder Joyce oder Musil) ist ein phantastischer Schriftsteller, es ist der Abend eines langen Tages, ich bin heute in Persepolis gewesen, ich liege hier im Bett neben einem Mann, der mich liebt, und lese ein großes, berühmtes Buch. Ein Werk der Weltliteratur. Einen Klassiker.

Dann waren wir noch einmal zusammen, Gabo und ich. Von Shiraz aus fuhren wir quer durch die Wüste nach Yazd und von dort weiter zur afghanischen Grenze, eine Diagonale durchs Land. Auf welcher Straße? Ich weiß es nicht. Ich kann unsere Route auf keiner Karte mehr finden. Google Maps zeigt eine Straße, die wir nicht gefahren sind und die es damals, glaube ich, auch noch nicht gab. Wir fuhren nicht Straße, sondern Piste, quer durch die Provinz Chorasan, die heißt wie die weit größere historische zentralasiatische Region, von der sie nur ein Teil ist, und die sich bis nach Afghanistan, Turkmenistan, Usbekistan und Tadschikistan erstreckt. Das Wort Chorasan bedeutet im Altpersischen: wo die Sonne aufgeht. Osten. Das weiß ich heute. Damals nicht. Wo waren wir? In den Wüsten des iranischen Hochplateaus. Dasht-e-Kavir, die große Salzwüste, die Dasht-e-Lut schließt sich im Südosten an. Der Kugelschreiberstrich auf der Karte … welche Siedlungen streifend?

Was mir mit dem Neretva-Delta gelungen ist, gelingt mir hier nicht. Ich kann nicht die Namen von Orten, die ich auf Google Maps entlang unserer ungefähren Route finde, in die Bildersuche eingeben und meine Erinnerungen dann mit den Fotografien anderer vergleichen. Die Dörfer, durch die wir kamen, hatten keine Ortsschilder, oder wenn sie welche hatten, konnten wir sie nicht lesen. Wo waren wir? Ich weiß es nicht. Wir wussten es nicht. Es war auch belanglos. Nachdem wir einmal auf diese Piste aufgefahren waren, gab es nur noch diesen einen Weg, geradeaus, geradeaus, geradeaus. Alles war genau dort, wo es war: HIER. Stein und Sand. Luftspiegelungen. Berge. Felsen. Die erste Nacht schliefen wir in einer Karawanserei. War es Kharānaq? Der Ortsname findet sich an dieser Straße, die es damals nicht gab oder auf der wir nicht fuhren, aber vielleicht führte damals eine Piste dort entlang. Was ist ein Name? Erklärt er irgendetwas? Woher dieses Bedürfnis, immer zu wissen, wo man sich genau befindet oder wie die Gegend heißt, in der man sich befindet? Errettet ein Name, macht er einen weniger sterblich? Palmen über Lehmhütten. Die Dörfer, manche winzige Siedlungen mit nur ein paar Menschen, wurden von Qanaten am Leben gehalten, unterirdischen Stollen, die ihr Wasser aus weit entfernten Bergregionen bezogen. Vielleicht ist es heute noch so. Ich erinnere mich an einen Raum, in den man uns führte, als wir nach etwas zu essen fragten, ich denke, es war eine kleine Moschee, sie hatte ein Kuppeldach, und man hieß uns auf einem Podest Platz nehmen, das mit Teppichen oder Tüchern belegt war. Während wir dort saßen, füllte sich der Raum allmählich mit Menschen, Männern, die sich an den Wänden aufreihten und uns schweigend betrachteten, mit nicht unfreundlichen, aber reservierten Mienen. Niemand versuchte, mit uns ins Gespräch zu kommen. Es verstand hier auch keiner Englisch oder Französisch. Also saßen wir da wie Dinge, und sie umstanden uns wie Statuen. Sie sprachen auch nicht miteinander, sondern waren ganz in Anspruch genommen von dem Schauspiel, das wir boten: ein unsinnig langer Mann mit kupferroten Locken bis über die Brust, eine Frau in Hosen, das hellblonde Haar über den Brauen waagrecht abgeschnitten. Ich bezweifle, dass wir ihnen gefielen. Ungeheuer merkwürdig waren wir eben. Dann kam ein Mann, der uns Melonenscheiben, Brot, Tee, Zwiebeln und gebratene Eier servierte. Er tat das mit einer Verneigung und Ehrerbietigkeit, die aber nicht uns geschuldet war, sondern einer Tradition, die vorsah, den Gast ehrerbietig zu behandeln. Während wir aßen und tranken, waren wir uns jedes einzelnen Bissens dieser langsamen Mahlzeit bewusst wie nie. Ich fürchtete, mich zu verschlucken. Ich fragte mich, ob unsere Zuschauer auch manchmal aßen und ob sie das ganz anders taten als wir, oder ob sie für sich selbst womöglich nicht genug zu essen hatten und deshalb so konzentriert jedem unserer Bissen vom Teller in den Mund folgten. Ich sagte das leise zu Gabo, und er antwortete mir noch leiser. Wir versuchten ja, miteinander zu sprechen, um uns einen Anschein von Normalität zu geben, wenigstens in unseren eigenen Augen, aber sobald einer von uns etwas zum anderen sagte, vertiefte sich noch einmal das Schweigen, die Stille wurde hörbar noch stiller, und unsere Stimmen klangen laut in ihr, bis wir beinahe flüsterten, aber unter der kleinen Kuppel des Gebäudes wurde auch unser Flüstern ein Bühnenflüstern. Nichts Bedrohliches ging von den Umstehenden aus, dennoch empfanden wir stark das Verletzliche, das der Mensch hat, während er isst.

Er muss ja essen, ihm bleibt keine Wahl, er muss denen, die ihm zu essen geben, vertrauen, und dann während der Mahlzeit ist er abgelenkt, seine Hände sind beschäftigt und nicht frei zur Verteidigung, wer einen Löffel hält, hält kein Schwert. All die mythischen Erzählungen von Gastmählern, die mit der Ermordung der Gäste enden oder von der unaussprechlich furchtbaren Natur des servierten Fleisches berichten …. Man ist ein Tier, in einer köderbestückten Falle.

Dann, wenn wir wieder entkommen waren, draußen im Freien, alles war gut gegangen, fiel die Anspannung von uns und ihnen ab, wir waren satt und hatten Geld gegeben und waren quitt, nun folgte man uns in einigem Abstand bei unserem Versuch, einen kleinen Spaziergang zwischen ein paar staubig grauen Bäumen zu unternehmen. Die Siedlung war aber mit wenigen Blicken überschaubar: das leuchtende Grün eines Feldes am Rand der Wüste, die Häuser, im Hintergrund, den Bergen zu, aufgegebene Behausungen, die schon wieder in den Boden zurücksanken. Jedem Versuch, tiefer einzudringen, haftete etwas Voyeuristisches an, das uns vor weiterer Erforschung zurückschrecken ließ. Wir konnten unsere Sichtbarkeit auch nicht verringern, es half nicht, dass ich mir ein Tuch um den Scheitel legte oder dass Gabo das Farsi-Wort für Danke aufgeschnappt hatte. Die touristischen Rollen hatten sich vertauscht, die Gaffer waren zum Objekt der Betrachtung geworden.

Die Gegenwart nahm uns in diesen Tagen vollständig gefangen, wir waren in ihr vereint und mussten uns nicht fragen, wie wir zueinander standen, die Antwort wurde von außen gegeben, wir beide saßen nebeneinander, und es waren die anderen, die in einem Verhältnis zu uns standen.

Dann waren wir wieder auf der Piste. Vielleicht fuhren wir durch das Wildtierreservat Nayband, das die letzten asiatischen Geparde schützt, vielleicht fuhren wir daran vorbei. Wir sahen keinen Geparden, aber lange folgte uns ein riesiger Raubvogel, auch hörten wir einmal in der Nacht etwas heulen, vielleicht Wölfe, vielleicht auch nur Hunde. Die Piste war nicht schmal wie eine Straße, sondern viele Meter breit, breiter als eine vierspurige Autobahn. Sie wurde der eigentliche Ort, an dem wir uns befanden. Das Fahren, die Fortbewegung, die langsame Fortbewegung Stunde um Stunde wurde der Ort, an dem wir lebten. Die Piste war ein Zustand, die Weise, auf die wir nun auf der Welt waren. Ich fuhr auch, ich fuhr den Bus. Gelegentlich donnerten wieder Lastwagen vorbei, manchmal sehr weit entfernt, ganz am Rand der Piste, dennoch löschte der Staub auf viele Meter die Sicht aus. Wir löschten hinter uns die Sicht aus. Die Piste war Wellblechpiste, enervierend, man musste, so hatte uns jemand in Yazd gesagt, eine genaue Geschwindigkeit haben und halten, fünfundsechzig Meilen pro Stunde, dann flog man über die Wellen, aber würde das der Bus ausgehalten haben? Auch entstand dabei eine Art Vibration, ein rasend schnelles Rattern, das an die Nerven ging. Also krochen wir voran. Dann und wann meterbreite Schneisen aus Geröll. Nachts die Sterne dicht wie Mücken, dahinter andere Sterne, kaum mehr Raum zwischen ihnen. Wir waren unterwegs, wir veränderten uns, längst schminkte ich mich nicht mehr und schminkte mich nicht ab, keine Rede von Silbersternchen, ich putzte die Zähne mit möglichst wenig Wasser, knüllte mein Haar unter einem Tuch zusammen, wir sprangen aus dem Wagen wie von Pferdesätteln, unsere Körper, die sich umarmten, waren in der Hitze trocken und staubig. Wenn die Sonne unterging, leuchteten die Berge. Violett waren die Schatten.

Es war auf diesem Teil unserer Reise, dass Gabo und ich beschlossen, weiterzufahren bis an den äußersten Rand unserer Karte und dann über den Rand hinaus, das schien möglich, es gab kein Ende, in diesem steten Weiter lag ein eigener Rausch, das Ziel entzog sich, der Horizont wanderte vor uns her, es gab kein Ziel, wir waren schon, wo wir sein wollten.

War es so?

Ach, was weiß ich, was weiß ich.

Dann erreichten wir Khvaf.

Viele Menschen. Es drang auf uns ein, forderte uns, Rücken an Rücken blickten wir voneinander weg in verschiedene Richtungen. Ein Trupp junger Männer verfolgte uns mit dem Auto, hupend, schreiend, nicht böse, nur ungemein aufgeregt. Wir wollten vor allem Zigaretten kaufen. War es in

Khvaf, dass uns jemand heimlich in ein noch nicht fertiggestelltes Gebäude einließ, wo wir im Rohbau eines Bades duschen konnten?

Vielleicht. Eher nicht. Ein anderer Erdteil möglicherweise. Es ist zum Verrücktwerden, diese Bruchstücke von Erinnerungen, die sich nicht zuordnen lassen wollen, eine Wüstentour ist es, nirgends Ortsschilder … Ich sehe einen Ausschnitt dieses flachen Gebäudes, es ist weiß, die stützenden Bauteile türkis, also wohl wirklich nicht Khvaf, nein, keinesfalls, Khvaf ist lehmgelb. Ich versuche den Kopf zu wenden und zu sehen, wer neben mir geht, denn da ist noch einer, mindestens einer, auch sehe ich eine Hand, die mir winkt, Madam, this way, aber vielleicht ist es nur Gaukelei. Manchmal weiß ich nicht, was ich in der Welt und was in einem Bildband über die Welt gesehen habe, im Kopf wird alles zu Bildern, man kann auch ein Foto abfotografieren. Vielleicht habe ich manches geträumt. Manchmal denke ich, ich habe mein Leben geträumt oder diesen entfernten Abschnitt meines Lebens, es ist ja eine gängige Vorstellung: Der Tod als ein Erwachen aus einem Traum, ein Erwachen zu höherer Wirklichkeit –

Aber das ist doch bereits geschehen. Ich tue jedenfalls so, als wäre ich erwacht, ich rede, ich urteile, ich behaupte, eine klarere Sicht auf die Dinge zu haben als diese Neunzehnjährige, die ich besser zu kennen behaupte als sie sich selbst, ich durchschaue sie, wie sie sich selbst nie durchschaut hat, denn ich bin nicht verblendet wie sie, ich bin im Besitz höherer Wahrheit und halte nicht die tanzenden Schatten an ihrer Höhlenwand für wirklich, ich bin nicht mehr in ihrem Traum befangen und also in Wirklichkeit womöglich längst tot –

Jetzt natürlich nur metaphorisch gesprochen. Also halt irgendwie symbolisch oder so.

Von Khvaf im Iran nach Islam Qala, dem Grenzort auf afghanischer Seite, braucht man laut Google Maps eine Stunde und siebenundzwanzig Minuten. In der Wirklichkeit brauchte man einen Tag. Diese Grenze ist in den Erzählungen derer, die sie überschritten haben, ein mythischer Ort, die wahre Grenze zwischen den Welten. Die Baracken, die staubigen Tische, die Fliegen, die endlosen Rituale der Abfertigung, das Gedränge der verrückten Fahrzeuge, die durch dieses Nadelöhr von West nach Ost wollten oder von Ost nach West, ein Cinquecento mit Mailänder Nummer, die bemalten Lastwagen der Afghanen, zerbeulte Jeeps mit Drahtschutz vor den Fenstern, Kamele jenseits der Straße, die Hitze ohne Schatten bei gleichzeitiger Trockenheit, als wäre man schon in einer perfiden Vorhölle, in der nicht einmal das Schwitzen gelingt, das öde Niemandsland zwischen dem iranischen und dem afghanischen Grenzposten: Hier erst beginnt die Reise wirklich, alles westlich dieser Grenze ist Ouvertüre.

Hier erst trennten sich auch unsere Wege ganz von denen unserer ehemaligen Mitreisenden, denn die Schweizer trafen wir hier, aber Ingrid und Flo hatten sie, wie sie sagten, schon in Teheran wieder ausgeladen. Nach den Umständen fragten wir nicht. Oder ich habe die Antwort vergessen. Wenn man hier umgekehrt wäre –

Aber wir fuhren weiter.

Und nun wünschte ich, ich könnte über Afghanistan schreiben. Ich wünschte, ich könnte mich hinter dem verbergen, was ich heute weiß und damals nicht wusste. Zum Beispiel könnte ich von den traditionell engen deutsch-afghanischen Beziehungen erzählen, von Ingenieuren, die am Hindukusch

Telegraphenleitungen verlegten, oder von König Amanullah, einem Bewunderer Bismarcks, bei seinem Deutschlandbesuch 1928 steuerte er begeistert einen Berliner U-Bahn-Wagen, die ganze Baureihe wurde nach ihm benannt. Das ist doch interessant!

Oder ich könnte im dritten Jahrhundert vor unserer Zeitrechnung einen Trupp Wanderschauspieler von Hellas durchs schon wieder zerfallene Alexanderreich bis ins Griechisch-Baktrische Land der tausend Städte am Hindukusch schicken. Meinen Weg könnte ich sie ziehen lassen, meine Route, aber das Reich, das sie mehr als zweitausend Jahre vor mir durchmäßen, würde ich für sie erfinden, ebenso wie die Gefahren der Reise und die Begebenheiten unterwegs, etwa ein bedeutsames Aufeinandertreffen mit buddhistischen Lehrern, die Ashoka, Kaiser von Hindustan, um diese Zeit zu den griechischen Inseln entsandt hat. Und dann führe ich fort, mich in die graeco-buddhistische Kultur zu versenken, die nach Alexanders Feldzug im Gebiet des heutigen Afghanistan und Pakistan erblühte und achthundert Jahre lang Bestand hatte. Das griechisch gelockte Haar des Erleuchteten, der dort und damals zum ersten Mal als Mensch dargestellt worden ist, kann man in jedem deutschen Baumarkt bewundern. Mitleidsvoll lächelnd blickt der Erwachte an Plastikblumentöpfen und Säcken mit vierzehn verschiedenen Substratsorten vorbei ins Nirvana, und ich möchte mich auf einen Gartenstuhl setzen und bei ihm bleiben, die Reise will ich abbrechen und in meinen Garten zurückkehren, wo die Sonne durch die Birken blitzt und die Buddhas den Teich umstehen wie Gartenzwerge …

In Frieden könnte ich hier den Einfluss des buddhistischen Kanons auf die philosophischen Schulen Alexandrias studieren, grünen Tee trinken und erneut nach Osten aufbrechen, diesmal Ptolemaios XV. Kaisar begleitend, den ältesten Sohn Kleopatras und einzigen leiblichen Sohn Gaius Iulius

Caesars. Caesarion, wie der Junge zärtlich und spöttisch von den Alexandrinern genannt wurde: Von seinen Eltern war er dazu ausersehen, der Stammvater einer ptolemaisch-iulischen Dynastie zu werden, die über Ost und West geherrscht hätte, über Ägypten, Rom und die Provinzen. Aber sein Vater wurde ermordet, und Kleopatra und Marcus Antonius unterlagen bei Actium Octavian und den Streitkräften Roms. Hätte der Junge auf seine Mutter gehört! Kleopatra hatte ihn nach Indien geschickt, um ihn vor Octavian zu retten. Das Indo-Griechische Königreich im Punjab, dessen Könige Menander, Apollodotos, Hermaios hießen und Apoll und Athene auf ihre Münzen prägten, war freilich längst zerfallen, aber noch schrieb man griechische Buchstaben, noch hätte man den sonnengekrönten Löwen auf Caesarions Ring sicher als das Siegel Alexanders erkannt. Caesarion war jung, er wäre in die Situation hineingewachsen … Die Sklavinnen seiner Mutter hatten Juwelen in seine Kleidersäume genäht … Er war auch schon ein ganzes Stück weit nilaufwärts gezogen, nach Äthiopien zu, um Indien auf dem Seeweg zu erreichen. Aber sein heimtückischer Tutor bewog ihn zum Umkehren, und Octavian, der Adoptierte, hat seinen siebzehnjährigen Bruder natürlich umbringen lassen.

Niemals umkehren!

Das lernen wir daraus.

Niemals auf die Einflüsterungen des bösen Ratgebers hören, die nur deshalb vernünftig klingen, weil sie scheinheilig an das eigene Verlangen nach Sicherheit und Bequemlichkeit appellieren. Immer weiterfahren!

Einfach einen Reisebericht schreiben: auf den Spuren Marco Polos oder Dschinghis Khans wandeln oder auf denen des Reiseschriftstellers Robert Byron, die Buddha-Statuen in Bamian wiedererstehen lassen, das oft beschriebene Blau der Seen von Band-i-Amir beschreiben und die Ruinen von Balkh –

Aber dies ist kein Reisebericht, obwohl sich der Text gern diesen Anschein geben würde und es immer wieder versucht, wenn ich nicht aufpasse, und das bereits im Tagebuch versucht hat, schon im Tagebuch will er wie ein Reisebericht erscheinen.

Dieses verlogene Tagebuch!

Heiter plappert es, heiter, heiter bleibt die Stimmung auch der Briefe nach Hause. *Uns geht es gut, mir geht es gut, alles ist sehr schön, alles ist ungeheuer INTERESSANT.*

Was kann ich mir nach der Lektüre meiner Behauptungen noch glauben? Habe ich auf der Fahrt durch die Wüste im Iran einen einzigen Stern gesehen? Es steht da. Von Sternen ist die Rede. Ich erinnere mich an diese Sterne. Ich sehe sie vor mir, genauso, wie ich den abgerissenen Zug der Schauspieler sehe, die vor zweitausendzweihundert Jahren in namenlosen Dörfern zwischen Pella und Ai-Khanoum die Requisiten für ihre Schmierenkomödien vom Rücken des Esels heben und auf den Boden werfen, ich sehe, wie es staubt, ich sehe die Geröllbrocken auf ihrem Weg und die sandüberkrusteten Bündel auf dem Rücken des alten Kamels, die milde lächelnden buddhistischen Mönche auf ihrem Weg nach Westen, auch das erschöpfte Gesicht Caesarions habe ich vor Augen, der mit seinem verräterischen Tutor an einer Wegstation Rast macht. Vielleicht waren in Wirklichkeit nie Sterne da. Alle Sterne waren Einbildung und der Himmel über der Wüste war die ganze Zeit bewölkt –

Aber nein. Ich bestehe darauf. Dieser Wüstentrip, von dem mir klare Bilder geblieben sind, war die letzte Etappe dieser Reise, auf der wir – was? Ein Paar waren?

Das stimmt nicht, wir blieben ein Paar, sehr lange noch, zu lange.

Die letzte Etappe, auf der wir glücklich waren?

Das wäre doppelt falsch. Glücklich würde ich uns nicht

nennen auf diesem Wüstentrip, das ist die falsche Vokabel, auch gab es später noch Glücksmomente, das war das Verheerende.

War es vielleicht das letzte Stück Weg, auf dem wir eine Chance gehabt hätten, die Dinge zwischen uns dauerhaft zum Guten zu wenden? Unsinn. Diese Chance hat auch später noch bestanden, sie besteht, bis einer stirbt, und womöglich darüber hinaus, daran glaube ich, daran muss ich glauben –

Also was?

Deine Hände am Lenkrad, im Vibrato der Piste. Meine Hände an derselben Stelle, das Lenkrad, das unter meinen Händen vibriert. Ich fuhr Schlangenlinien, und du hast gejohlt. Jeyjeyjeyjey! Dann fuhrst wieder du. Der schmale Stehkragen deiner weißen Kurta, deine Haare zurückgebunden, die kurzen, feinen Härchen, die hinter dem Ohr bis weit hinunter in den Nacken wuchsen, fein wie Kinderhaar und hellrot, fast durchscheinend, manchmal dunkel vor Schweiß. Der hitzeblasse Himmel. Es war nicht eigentlich schön, kein Strandurlaub, der Staub, das Gerüttel, es war enervierend … es war die letzte Etappe dieser Reise, auf der wir beide und nur wir beide miteinander verwoben waren. Seite an Seite. Unbedingt Partner.

III Sucht

1

Hinter Islam Qala ist die Straße ein Strich auf einem Brett. Das Land links und rechts ist vollkommen eben. Wir sahen den Staubsturm nicht kommen, nur das Licht änderte sich, die Hitze wuchs und dann war alles ausgelöscht, wir hielten an, nichts bewegte sich mehr. Schemenhaft sahen wir Kamele, hingekauerte Menschen am Straßenrand. Der Staub drang durch die geschlossenen Fenster in Augen und Nase, in die Schränke, zwischen die einzelnen Lagen zusammengelegter T-Shirts im Schrank. In solchen Situationen, die uns beiden gemeinsam widerfuhren und die aufregend waren, ohne uns in ernstliche Bedrängnis zu bringen, ging es immer gut zwischen uns, das gemeinsame Erleben, das wir uns als Gefahr deuten konnten, einte uns, oder unsere Deutung einte uns: Schau mal, was uns gerade Verrücktes widerfährt.

Als der Sturm sich legte, fuhren wir wieder, wir fuhren auf dieser geraden Straße in die Dämmerung hinein, in der schließlich vor uns Herat auftauchte, die Minarette von Herat, die man aus der Ferne, in diesem unsicheren Licht, auch für große Schornsteine hätte halten können.

Ich machte kein Foto. Wir hatten keine Kamera. Tom war der mit der Kamera. Ich wollte die Welt nicht auf ihre Motive hin untersuchen und in dem Moment, wo ich ihr auf die Schliche kam, genau diesen Moment verpassen, weil ich nun die richtige Blende einstellen musste. Ich wollte mich von der Welt überwältigen lassen, aber nur selten gelingt das, von der eigenen Geschichte ist man kaum jemals derart gepackt, dass man aufhört, Text zu produzieren wie Joyce's Leopold Bloom: Aha, dies ist sie also, die Skyline von New York, wie mag wohl das Wetter zu Hause sein, hier stehe ich vor dem Taj Mahal, und mein Fuß juckt. Viel leichter als von der eigenen lässt man sich von der erfundenen Story eines anderen berauschen.

Aber manchmal geschieht doch, was man sich von einer Reise erhofft: Die Wahrnehmung überflutet das Bewusstsein, das Geschehen erlaubt keine Distanz mehr, der Ort, an dem man sich befindet, ist dermaßen wirklich und aufmerksamkeitsheischend, dass man sich selbst vergisst wie im Kino.

Wir fuhren nach Herat hinein, fuhren Schritt durchs Gewühl, die kleinen offenen Läden und Werkstätten waren spärlich beleuchtet von einzelnen baumelnden Glühbirnen und Petroleumlampen, die Männer auf den Pritschen und teppichbelegten Holzpodesten der Chai-Khanas und Kebabhäuser mit ihren Wasserpfeifen und Teegläsern trugen Turbane, man kennt diese Bilder heute, man kennt die Turbane und die oben weiten und zu den Füßen hin engeren Hosen der Männer, auch die Umhänge der Frauen mit den vergitterten Öffnungen, aber damals musste ich meiner Mutter in einem Brief noch beschreiben, was man sich unter Kebab vorzustellen hatte.

Ich weiß nicht, wonach die Luft roch, nach Staub, nach Rauch, ein Geruch von Gebratenem war darin und etwas wie das Aroma von Mottenpulver. Die abendlichen Straßen waren sehr belebt, überall Menschen, Fuhrwerke, keine Autos, allenfalls einmal ein bunt bemalter, uralter Lastwagen, aber öfter die auf Lkw-Achsen montierten langen Karren, auf denen alles transportiert wurde, Holz, Menschen, die frisch abgezogenen Felle am Morgen geschlachteter Ziegen. Aber so weit auseinanderhalten, erkennen und benennen, wie ich es hier tue, konnte ich die Gegenstände, Vorgänge und Abläufe bei diesem ersten Zusammenprall mit Afghanistan gar nicht. Ich wusste nicht, was ich sah, an Ständen wurde ich weiß nicht was verkauft, und nie gesehene Werkzeuge dienten mir unbekannten Zwecken, ich konnte im Gewimmel kaum Einzelheiten ausmachen, nichts war auf Anhieb verständlich und schon gar nichts selbstverständlich, und unser Bus schob sich in diese Welt hinein wie ein Raumschiff aus einer fremden Galaxie.

Aber keiner sah auf. Keiner ließ sich dazu herab, uns anzustarren oder gar auf den Bus aufzuspringen, gemessen wahrte man Abstand zu uns. Wir waren die Überwältigten, oder jedenfalls ich, ich weiß nicht, was in Gabo vorging, vielleicht war er vollkommen davon in Anspruch genommen, den Bus durch die Masse der Fußgänger zu steuern.

Nach Afghanistan würde ich zurückkehren wollen. Nur dorthin, in das Afghanistan von 1977, in kein anderes Land aller meiner Reisen. Bei keinem anderen Land auf der Welt ist die Gefahr größer als hier, in zornige oder weinerliche Nostalgie zu verfallen.

Afghanistan …

Noch einmal über den dreitausend Meter hohen Shibarpass fahren, wo der Motor stotterte und wir Angst hatten, in der Einsamkeit zwischen den Felswänden liegenzubleiben, aber wir rollten weiter wie durch ein Tor, und vor uns eröffnete sich das grüne Tal von Bamian. Noch einmal auf der Felsentreppe zum Scheitel der Buddhas von Bamian emporklettern, wo ich merkte, dass ich in der Chai-Khana meine Tasche vergessen hatte, und als wir zurückgingen, kam mir ein Junge entgegengelaufen, er schwenkte die Tasche und lachte, stolz, mich gefunden zu haben. Noch einmal einem Rubabspieler zuhören, dieser monotonen und hypnotisierenden Musik, die ich das erste Mal in irgendeinem Dorf unterwegs und dann wieder im Salon des Spinza-Hotels hörte, wo wir auf niedrigen Polstern saßen, und als das Konzert vorbei war, konnte ich nicht abschätzen, wie lange es gedauert hatte.

Nichts war leicht abzuschätzen, nichts gab sich widerstandslos zu erkennen oder erschloss sich dem ersten Blick, alles wollte geduldig betrachtet werden, denn alles war offenbar organisch gewachsen, Stück für Stück entstanden und immer wieder veränderten Verhältnissen angepasst worden.

Es roch zum Beispiel nach Kebab, dieser Geruch war erkennbar, und auch der Mann, der das Fleisch grillte, war leicht aus der Menge herauszufinden. Aber wo genau saß er, und wie war das Ganze gemacht. Ein Haus war da oder ein einstöckiges Häuschen, und neben dem Eingang, also an das Haus an- oder halb in das Haus hineingebaut war eine Hütte, sie war auf einem Holzpodest errichtet, das über ein Fundament aus Feldsteinen hinausragte, und bestand ebenfalls weitgehend aus Holz, wobei auch Holzteile zum Bau dieser Hütte verwendet worden waren, die zuvor anderen Zwecken gedient haben mochten, und jetzt verstand ich: Dies Hüttchen war offenbar nach den gleichen Prinzipien erbaut worden wie die Hütten in den Kleingärten, damals, als man noch keine Fertighütten in Baumärkten kaufen konnte. Auf der Schwelle dieser Hütte saß nun mit untergeschlagenen Beinen der Kebabverkäufer und wendete die Spieße mit den Fleischstückchen, die auf dem Rand einer rechteckigen Blechkiste auflagen, in der die Glut glomm.

Ein Stückchen weiter die Straße hinab träufelte ein Junge Spiralen von Teig in eine hohe Eisenpfanne, die auf großen Steinen über einem Holzfeuer Fett spuckte. Er tat das den ganzen Tag lang, unentwegt, ohne an heiterer Freundlichkeit einzubüßen, und das wird er auch nicht, nichts wird er einbüßen, solange ich lebe oder solange ich mit geschlossenen oder weit geöffneten Augen die Bilder aus dem Abgrund emporsteigen lassen kann: die Bäckereien mit den rot glühenden Ofenlöchern der Tandoors im Boden, die bunt bemalten Lastwagen, die zum Waschen in die schwarze Brühe des Flusses hineingefahren wurden, die Stände und Werkstätten der Schmiede, Schuster und Messerschleifer mit ihren einfachen und mir unverständlichen Werkzeugen, die Schreiber, die vor der Post auf dem Boden saßen und für ihre Kunden Formulare ausfüllten, die alten Männer im Park, die einander mit Gesten ausgesuchter Höflichkeit begrüßten, die Schafe, Ziegen und Kamele auf den Straßen der Innenstadt und dazwischen der Junge, der auf dem Gepäckträger seines Fahrrads eine halbe geschlachtete Ziege transportierte, der Koh-e-Azamai, ein Hügelchen von über zweitausend Metern im Zentrum der tausendachthundert Meter hoch gelegenen Stadt Kabul, und von dort oben der Rauch der Kochfeuer in der Morgenfrühe, Vögel hoch in der Luft, Tee mit dem Geruch von grünem Kardamom, der Wind in den silbernen und weißen Blätterkronen der Pappeln –

Und niemals mehr, so trauert Bruce Chatwin leidenschaftlich in seinem im August 1980 verfassten Vorwort zur Neuauflage von Robert Byrons Reisebericht *The Road to Oxiana*, niemals mehr werden wir zurückkehren und irgendetwas davon wiederfinden. Niemals mehr werden wir auf dem Rücken im Roten Fort liegen und die Geier über dem Tal sehen, in dem Dschinghis Khans Enkel starb, niemals mehr den Wind in den Weißpappeln sehen, an den er sich erinnert, wie ich mich erinnere, niemals mehr Baburs Memoiren in den Gärten von Istalif lesen und nie mehr den grünen Kardamom im Tee schmecken und die bitteren Brote aus den runden Öfen –

Never. Never. Never.

Auf diesem großen letzten Wort, immerimmer nienie, endet Chatwins Text, und ja, ich wiederhole es, ich weiß, diese Sorte Nostalgie ist verboten, die Chatwin und mich und uns alle, die wir damals dort waren, miteinander vereint, dies sind die Sentimentalitäten des kolonialen Blicks, Armut ist nicht malerisch, niemand möchte dafür geliebt werden, dass er keine Müllabfuhr hat –

Aber Afghanistan vor den Russen war kein niedergeworfenes Land. Byron hat, von Persien kommend, seinen ersten Eindruck in seinem Reiserbericht von 1937 festgehalten, und immer und immer wieder ist dieser Satz seitdem zitiert worden: *Here at last is Asia without an inferiority complex.*

König Amanullah hatte das anders gesehen. Lauter begrüßenswerte Maßnahmen hatte er geplant, der Europa-Bewunderer und U-Bahn-Fahrer, um das Land zu modernisieren: Das Heiratsalter der Mädchen wollte er erhöhen, eine Schulpflicht für Nomadenkinder einführen, die Gleichbehandlung von Mann und Frau durchsetzen, den Schmuggel unterbinden und von den Stämmen Steuern einziehen, woraufhin die Shinwari-Paschtunen die Straße über den Khyber unpassierbar machten und in Richtung Hauptstadt marschierten. Amanullah ließ sie bombardieren, weitere Stämme schlossen sich den Shinwari an, im Norden setzten sich die Tadschiken in Bewegung, so begann der Bürgerkrieg von 1929, und Amanullah ging in die Schweiz ins Exil.

Amanullah brüstete sich damit, er würde Afghanistan schneller verwestlichen als der Schah Persien, schreibt Byron. *Das war das Ende Amanullahs, und mögen ähnliche Erklärungen für immer das Ende seiner Nachfolger sein.*

Setzt man statt Verwestlichung zwangsweise Modernisierung, kann man feststellen, dass es genau so gekommen ist. Den Untergang der Sowjetunion haben die Kriegskosten am Hindukusch wenn nicht sogar verursacht, so jedenfalls erheblich beschleunigt. Wer also hat vom Einmarsch der Russen in Afghanistan profitiert? Die Osteuropäer und die wiedervereinigten Deutschen.

Pirna statt Herat.
Schwerin statt Kabul.
Dresden statt Masar-i-Sharif.

In Afghanistan begann unser Ende, in Herat, vor einem Hotel am Stadtrand. Dort rief aus einem der Fenster jemand Gabos Namen. Joe und Karin aus Berlin waren das. Ein hochgestimmtes Durcheinander folgte, Gelächter, Umarmungen, dann luden sie uns auf ein Chillum ein.

Natürlich taten sie das. Dies war Afghanistan, das Bordeaux der Kiffer. Natürlich nahm Gabo die Einladung an, wo war das Problem, ich hatte ihn als Kiffer kennengelernt. Warum ich dann plötzlich traurig war und im Laufe des Abends immer trauriger wurde, hätte ich nicht sagen können.

Die Sache wird vielleicht klarer, wenn wir zuerst von Alkohol reden. In die meisten Beziehungen ist der Konsum von Alkohol mühelos integriert. Man trinkt abends ein Bier oder eine Flasche Wein, vielleicht trinkt auch der eine fast nie Alkohol und der andere nur in Gesellschaft, wie auch immer, man arrangiert sich, der Konsum von Alkohol wird nicht zum Problem, nicht einmal zum Thema, es sei denn, er prägt den gesamten Lebensstil.

Ab dann können der Beziehung zuliebe heroische Entscheidungen getroffen werden: Ich werde nie wieder trinken, Liebling. Ab dann kann das Trinken gegen den anderen eingesetzt werden. Der Verzicht auf Alkohol ist nun eine Entscheidung für die Partnerschaft, das Trinken das, was der Partnerschaft entgegensteht, und der in die Nüchternheit Gezwungene wird von nun an ständig nach einem Grund suchen, sich gegen seinen Partner zu wenden. Er wird einen

Anlass finden, um zu sagen: Hier, siehst du, ich trinke, das hast du davon. Ich trinke, und du kannst mich mal. Das Trinken wird ein Akt der Aggression.

Der Partner des Trinkenden empfindet das auch. Er spürt die verletzende Absicht. Er spürt, dass er im Stich gelassen worden ist. Der andere trinkt nicht einfach nur, er hat sich bewusst abgewendet, sich in seine eigene Welt begeben, die damit auch seine eigentliche wird.

Aber sie ist nicht unbedingt eine einsame. Erst auf der untersten Stufe der Leiter hocken die Einzeltrinker und die Bahnhofsjunkies. Einsam zurück bleibt zuerst der Partner des Trinkers, orientierungslos steht er in der plötzlich kalten, allzu weiten Welt, die gerade noch für zwei gemacht war und nun um seine Glieder schlottert, während der andere sich in die Wärme der Kneipe begibt, wo gemeinsam getrunken wird, so wie vor der Kneipe die Raucher miteinander rauchen und im Hinterzimmer die Kokser koksen, denn Drogen sind der Kitt, der alles verbindet, Drogen halten die Gesellschaft zusammen, der Wirtschaft geht es gut oder schlecht, wir trinken einen Korn darauf, der Untergang ist nah oder gerade vorüber, stoßen wir auf die Zukunft an, Könige, Diktatoren und Kriege kommen oder gehen, aber solange wir hier noch zusammensitzen, Bedienung, noch ein Helles, na also denn Prost.

Wobei es um das Ritual mindestens so sehr geht wie um den Rausch. Lieber Leser, vergegenwärtige dir die mannigfaltigen und einfallsreichen Gebräuche, die den Alkoholgenuss umgeben. Denke an Feuerzangenbowle, Tequila mit Zitrone und Salz, Wodka mit Frigobrause, Cocktails, gerührt oder geschüttelt. Sieh die Freunde um den Tisch sitzen, wie sie zuckern, salzen, pfeffern, rühren und mit Löffelchen Schaum abschöpfen, am Strohhalm saugen, mit Pflanzenteilen gefüllte Papiertütchen oder winzige Kugelsiebe vorsichtig aus Flüssigkeiten herausheben und Rum zugießen, andere Papiertütchen aufreißen, um den Inhalt ihrem Getränk hinzuzufügen, mit Zangen Würfel gepressten Zuckers oder gefrorenen Wassers einer Schale entnehmen, schließlich Tassen und Tässchen, Flaschen, Becher, Pokale, Humpen, Krüge, Gläser und Gläschen zum Mund führen, die Flüssigkeit bepusten, nippen, schlürfen, schlucken, zügig kippen und die Gefäße abstellen, die Löffel ablecken und die Gefäße erneut erheben, um jemandem zuzutrinken, um leicht, ohne Flüssigkeit zu verschütten oder das Gefäß zu beschädigen, gegen das eines anderen zu stoßen, wobei die Gläser am Stiel zu halten sind, damit es einen silbrigen Klang gibt.

Was will ein Mann ohne Getränk so lange tun?

Wie will er sich rechtfertigen, wenn er nicht einmal mit anstößt, nicht für einen einzigen Schluck Champagner mit den anderen das Glas erhebt bei Hochzeiten oder runden Geburtstagen? Komm, einen einzigen Schluck kannst du. Vielleicht hat er eine Leberzirrhose vorzuweisen. Andernfalls wäre er besser zu Hause geblieben. Stumm sitzt er dabei, während die anderen debattieren, ob rot oder weiß, Bordeaux oder Burgunder, und ob dieser oder jener Wein fruchtig oder mineralisch zu nennen sei, hoffentlich langweilt er sich nicht, im besten Fall stört er nicht, dann duldet man ihn wie ein Kind oder einen Hund –

Und hier in Herat wurde nun also ein Chillum gebaut. In Joes und Karins Zimmer saßen wir, simple Kammern waren diese Hotelzimmer, oft mit nichts als ein paar Nägeln in den Wänden und einem oder zwei Bettgestellen ausgestattet, diesen mit festen Gurten bespannten Holzgerüsten, die in Indien Charpoy heißen und auf Englisch String beds. Auf so einem Bett saß Joe und hatte ein *Time*-Magazin auf dem Schoß. Er leckte eine Zigarette an der Seite an und zog den Papierstreifen ab, ein Streichholz wurde unter ein Stück Haschisch gehalten, das angewärmte Haschisch zerkrümelt und mit dem Tabak gemischt, die Mischung vorsichtig in das Chillum gefüllt, ein Fetzen Stoff um das untere Ende des Chillums geschlungen, das Gabo vorschriftsmäßig mit beiden Händen umfasste, Joe hielt brennende Streichhölzer an das obere Ende, eine Qualmwolke stieg auf, festliche Stimmung verbreitete sich, Gemeinsamkeit und Freude herrschten. So hätte mein Vater zeremoniell eine besondere Flasche Wein zu Ehren eines Gastes entkorkt, sie dekantiert und ausgeschenkt. Ich verstand es nur allzu gut, dass man der Undankbaren, die jetzt dankend ablehnte, die die Stirn kraus zog und den Kopf schüttelte, nein, wirklich nicht, nicht einmal probieren möchte ich, dass man so einer mit einer gewissen Kühle begegnete, einem kontrollierten, nicht ganz zu verhehlenden Unwillen –

Ich vertrug diese Droge einfach nicht. Als Schülerin hatte ich in Coburg ein paarmal gekifft, aber viel war nicht passiert, die flächendeckende Versorgung der Provinz war damals noch nicht sichergestellt, Schubladendreck rauchte man und wartete auf Effekte, aber allenfalls bekam man Hunger auf Fischkonserven oder verschlang übriggebliebene Ostereier. Dann in Berlin hatte ich einmal an Gabos Joint gezogen und mich sofort übergeben. Schwindel und Übelkeit waren ähnlich wie kurz vor einer Ohnmacht, ich verstand nicht mehr, was gesprochen wurde, ich wollte nichts, als aus diesem beklemmenden Traum zu erwachen und wieder ich selbst zu sein, und Gabo brachte mich ins Bett, wo ich zehn Stunden lang schlief.

Nun nahm er dieses Chillum entgegen wie eine Hostie. Wie den verlorenen Schlüssel zu seiner Haustür.

Ein Afghane tauchte damals in Herat auf, den die anderen Monkey nannten, Crazy-like-monkey, sagten sie und taten ihn ab. Er hatte ein gieriges kleines Wieselgesicht mit weit aufgerissenen Augen, deren Muskeln den Rest seiner Mimik nicht mitmachen wollten. Mit Vorliebe quatschte er in rasendem Dari auf einen fetten Bayern ein, der mit einer Thailänderin nach Bangkok unterwegs war. Gabo schlug diesem Bayern, den er früher eklig gefunden hätte, lachend auf die Schultern, wenn der dem schnatternden Monkey in breitem Bayrisch Unflätigkeiten antwortete, alle fanden es zum Schreien komisch, aber ich mochte nicht hören, was der Bayer sagte, und dem Monkey traute ich nicht über den Weg. Ich sah ja, dass seine Landsleute ihm mit Verachtung begegneten.

Im Tagebuch steht, ich hätte es alles irrsinnig lustig gefunden.

Das steht auch in den Briefen an meine Mutter.

Gabo warb um den Monkey. Er machte sich gemein. Er war ganz verändert, enorm animiert war er auf einmal, hier auf dem Camp vor dem Hotel gefiel es ihm sehr gut, und ja, nach Herat hinein würden wir schon noch gelangen, konnte ich nicht einmal Ruhe geben, er hatte genug Moscheen gesehen. Er wollte jetzt rauchen.

Der Monkey hätte lieber getrunken. Er mochte Haschisch nicht. Aber Alkohol war schwer zu kriegen und unwahrscheinlich teuer, man wollte in Afghanistan den Konsum dieser unafghanischen Droge verhindern. Gabo ließ dem Monkey keine Ruhe: Monkey, los, du rauchst auch noch einen, Joe, was sagst du, der Monkey muss noch mal.

Der Monkey gehorchte. Warum? Vielleicht blies er ja nur in den Joint, damit es rot glühte, er teilte das Ritual, und das hätte ich auch tun können, aber ein bisschen bekam man auch dabei noch ab, und ich wollte kein Haschisch abbekommen.

Lass den Monkey doch, wenn er nicht rauchen will, sagte ich.

Ach Mann, Sylvie. Halt du dich raus. Was geht das dich an.

Damals begann er damit, immer meinen richtigen Namen zu sagen, was früher nur ausnahmsweise geschehen war, er gab mir keinen Kosenamen mehr und nicht die Namen kleiner Tiere, sondern sprach meinen Namen aus wie früher meine Klassenkameradinnen, mit langgezogenem -ü- in der Mitte. Ich überlegte, was zu tun war, und putzte dann den Bus. Die Staubschichten in den Schränken waren dick, es war der Staub aus der Wüste und der vom Staubsturm, und ich entfernte ihn jetzt.

Karin und Joe waren es, von denen wir in Herat die Kassetten mit Fleetwood Mac ertauscht haben. Ab sofort hörten wir nichts anderes mehr. Vor allem *Crystal* von Stevie Nicks spulte ich in den nächsten Tagen immer wieder zurück, während die anderen saßen und rauchten. Dieser Song war 1975 entstanden, also vor den trennungsschmerzgeschwängerten Songs der Rumours. Die Band hatte sich damals gerade erst neu gefunden, und die Sängerin Stevie Nicks singt in *Crystal* auch nicht von Schmerz, Trennung oder Konflikt, aber es schwingt doch bereits etwas Nostalgisches mit, die große Wehmut des Danach.

Wieder und wieder hörte ich diesen Song, wieder und noch Jahrzehnte später, er schien mir unsere Anfänge zu enthalten, den unwiderstehlichen ersten Ruf und Rausch, dabei war er geschrieben und aufgenommen worden, als ich noch mit Tom durch die Winterödnis des Grenzgebiets gefahren war, und wir beide, du und ich, hatten ihn in unserer Anfangszeit nie gehört. Wir hörten ihn erst jetzt.

Und dann kam Nicks' *Landslide*, der seit 1975 an die zwanzigmal offiziell gecovered worden ist, unter anderem von den Smashing Pumpkins, den Dixie Chicks und John Frusciante von den Red Hot Chili Peppers. Auf dieser Aufnahme, der von Frusciante, hört man im Hintergrund Kneipengeräusche, oder nicht im Hintergrund, im Vordergrund hört man Kneipengeräusche und im Hintergrund die einsame Stimme des Sängers, die von einer einschneidenden Erfahrung erzählt, vom Zusammenbruch eines Lebens, das um einen anderen herum errichtet worden war, und das Lied wird vom Geklirr von Gläsern und Flaschen, dem Gelächter, den lauten Stimmen der anderen beinahe übertönt.

I saw my reflection in the snow covered hills
'til the landslide brought it down –

An den Bus gelehnt, in die Nacht lauschend, sah ich dich bei den anderen sitzen. Ihr saßt auf dem Boden, auf Decken und Kissen im Kreis. Das Chillum ging herum. Aber es war ganz ruhig. Es ging nicht hoch her wie in einer Kneipe, nicht abends, nicht jetzt, wenn alle schon sehr, sehr viel geraucht hatten, es wurde dann nicht mehr gesprochen. Alle waren zum Reden viel zu stoned.

Ich ging dann ins Bett, allein, und lag wach, zusammengerollt zwischen den hohen und engen Mauern der Traurigkeit lag ich, tief unten auf dem kalten Zellenboden und heimgekehrt an den Ort, wo ich viele Stunden meiner Kinderzeit verbracht hatte. Warum bloß konnte ich kein Haschisch rauchen?

In Kandahar habe ich es noch einmal versucht. Der Bus stand vor einer Werkstatt, wir brauchten ein Ersatzteil, das die Mechaniker zurechtbasteln mussten, und während wir warteten, nahm ich aus Tatenlosigkeit einen Zug. Ausgerechnet an diesem Tag tauchte eine Schar Kinder auf, die mich zu ihren Müttern bringen sollten.

Willenlos ließ ich mich wegführen. Wir tauchten in einen Irrgarten von Innenhöfen und kleinen Wohnstuben ein. Keine Männer waren zu sehen, nur Frauen kamen von allen Seiten auf mich zu. Ich verstand sie nicht und sie mich nicht, aber sie freuten sich, sie zogen mir ihre Kleider an, schnitten mir den Pony schief, bemalten meinen Mund und meine Augen und setzten mir einen englischen Strohhut auf, die ganze Zeit redeten sie und lachten, und ich ließ sie machen. Das Haschisch wirkte wie sehr laute Musik. Es machte mich stumpf und übermäßig empfindlich zugleich, also wehrlos, es war, als hätte mich jemand zwanzigmal um die eigene Achse gedreht und dann losgelassen, und nun stünde ich auf dünnem Glas. Ich taumelte und wagte dabei kaum, mich zu bewegen, ließ mich ohne Gegenwehr durch diese Höfe schieben und mit Tee und einer Süßigkeit füttern, die in Zuckersirup schwamm, dann kam ein Ehemann und fotografierte mich mit einer riesigen schwarzen Kamera. Auch zeigte er mir seine Sammlung von Fotografien westlicher Frauen.

Ich wurde nun allmählich wieder klarer im Kopf und begann zu begreifen, dass ich nicht die Erste in diesen Höfen war. Die Frauen luden sich offenbar öfter exotische Gestalten wie mich zu ihrer Unterhaltung ein. Wir tranken dann noch einmal Tee, auf dem Boden sitzend. Es gab kaum Möbel in diesen Räumen, eine Truhe hier, ein Bettgestell da, einen Spiegel, ein Bord mit ein paar wenigen Dingen, und das gefiel mir, ich konnte mich im Moment auch nicht daran erinnern, was alles in deutschen Wohnzimmern herumstand und wozu man das ganze Zeug benötigte. Als Gabo mich später sah, oder vielleicht sollte man sagen, als er meiner wieder ansichtig wurde, fand er, ich sähe zum Totlachen aus, aber er sagte es nicht lachend, und ich ging an ihm vorbei nach hinten und suchte das Parfüm, das Ingrid im Bus gelassen hatte.

Sie hatte tatsächlich Parfüm mit auf diese Reise genommen. Das trug ich nun zu den Frauen hinüber, auch Kugelschreiber für die Kinder nahm ich mit und die letzten Cornflakes aus dem westlich bestückten Supermarkt in Teheran. Erst danach wusch ich mir die Schminke ab und erzählte Gabo später auch von meinen Erlebnissen, und in den Tagebüchern ist all das genau so geschildert, eine heitere Anekdote.

Vielleicht war es das auch. Ich weiß es nicht. Immer wieder zwischendurch hellte sich die Szenerie ja auf, die Tönung des Gesamtbilds verschob sich von bläulich nach orange, und der bedrückende, unwirsche Fremde verschwand, der sich als mein Gefährte ausgab. Der Monkey führte uns durch Freitagsmoschee und Zitadelle, ohne dem sichtbar Vorhandenen etwas hinzuzufügen zu haben. Ich suchte mich ihnen zu entziehen, wie ich mich in Persepolis entzogen hatte. Ich konzentrierte mich auf das Vorhandensein der Dinge, auf die leuchtende Kuppel der Moschee und den Blick von der Zitadelle auf die Stadt, und ich sah diese Dinge, aber sie gingen nicht in mich ein.

Dann ging ich plötzlich wieder mit Gabo Hand in Hand durch den Basar von Herat, ich erkannte ihn, er war zurück, und ich ließ mir ein Kleid nähen, wie es die Cuchi-Frauen trugen, wadenlang mit weitem Rock, engem Oberteil und losen, dreiviertellangen Ärmeln, Spiegelstickerei auf blauem Stoff mit Streumuster.

Es war das erste dieser Kleider, die mich verwandelten, und ich erinnere mich an jedes einzelne: das rote aus Kandahar, das weiße aus Kabul, den weiten Rock mit Choli aus Rajasthan. Diese Kleider gefielen ihm. Wie ein Mädchen sah ich in ihnen aus, fand er, wie ein richtiges Mädchen. Wir saßen lange in den kleinen Läden, Haschisch wurde angeboten, Tee, Süßigkeiten, wir plauderten, wählten ohne Hast und befühlten Stoffe, er suchte meinen Blick und lachte, und schließlich zogen wir mit unserer Beute davon, in lose fallenden Hosen, bestickten Westen und Hemden, wir sahen einander an und fanden uns großartig, wir bewunderten uns im anderen wie im Spiegel.

Aber diese erneuerte Nähe war nicht unsere alte. Sie hatte nicht die alte Unbedingtheit, sondern war prekär, von einem Moment zum nächsten konnte Schluss sein, und das hing nicht von meinem Verhalten ab, nicht von dem, was ich sagte oder tat. Es war, als wäre plötzlich eine andere Frau aufgetaucht. Aber eine andere Frau war nicht da. Das wäre vielleicht sogar leichter gewesen. Aber nie, niemals hat es eine andere Frau gegeben. Nur machte uns das nicht zu einem glücklichen Paar.

Ich hätte damals gern Karin als Freundin gewonnen. Sie war ein offenes, lebhaftes Mädchen, und ich mochte sie, aber davon abgesehen, dass sich nach Herat unsere Wege ohnehin trennten, war die Distanz zwischen uns unüberbrückbar.

Denn sie war glücklich mit ihrem Joe. Das entfremdete sie mir. Ich glaube nicht, dass sie das bemerkt hat. Ich wollte nicht, dass sie es bemerkte, denn dann hätte ich selbst es bemerken müssen, und das wollte ich unbedingt vermeiden, laufend stritt ich meine Traurigkeit vor mir selbst ab. Aber wenn ich ihr zuhörte und sie beobachtete, fühlte ich etwas wie ein schwaches Staunen. Woher nahm sie ihre Unbefangenheit? Lastete nichts auf ihr?

Es war, als sähe ich sie im Fernsehen. Um das Glas zum Splittern zu bringen, um die Mauer zu durchbrechen und zu ihr durchzudringen, wäre ein Akt der Gewalt nötig gewesen. Aber gegen wen oder was hätte der sich richten müssen.

Nachts, wenn ich zusammengerollt auf der Matratze im Bus lag, kam Gabo irgendwann später nach. Jeder lag auf seiner Seite des Betts, und morgens erwachte ich in seinen Armen. Das war so, und das blieb so bis fast zuletzt. Der Fluss feinster Partikel zwischen uns war nicht versiegt, wir fanden einander im Dunklen und hielten uns in den Armen, auch wenn zuvor jeder auf seiner Seite ins Bett gekrochen war mit dem festen Entschluss: bloß keine Berührungen. Aber unsere Körper nahmen nicht teil an dem, was zwischen uns begonnen hatte. Sie trösteten einander, sie suchten beieinander Schutz vor uns.

Ab Herat waren nun fast immer andere bei uns, andere Männer, und nicht meine oder unsere, sondern seine anderen Männer waren es. Er suchte sie danach aus, dass es seine waren.

Keiner der Leute, die wir in dieser Zeit trafen und die im Tagebuch erwähnt sind, ist wirklich. Sie sind blass, gespenstisch, sie grüßen aus einer Welt, in der sie mit ihresgleichen vereint waren, herüber in meine, in der ich allein war.

Oder grüßten nicht einmal. Ich war ein Fisch in einem Aquarium, der durchs Glas zu den anderen hinausblickte, stumm die Lippen bewegend, ein anderes, dickeres Element atmend als sie. Oberhalb des Wasserspiegels konnte ich mich nicht lange halten und verriet mich, wenn ich mich hinaufwagte, auch gleich als Eindringling. Ich spürte es selbst. Ich spürte, dass ich ständig unangemessen reagierte, so wie die Wasserfrauen der Sagen und Märchen, die bei Geburten weinten und bei Begräbnissen lachten, bis ihre Männer sie schlugen und sie wieder zurückkehren mussten in ihren kalten, nassen Teich.

So klar war das Wasser meines Teichs gewesen. So herrlich hattest du dich in ihm gespiegelt, so hingerissen warst du von dem Bild, das ich dir zurückwarf, du konntest kaum glauben, dass das du selbst sein solltest, versunken in den Anblick warst du der Oberfläche immer näher gekommen, verschmelzen wolltest du mit dem, den ich dir zeigte, mit diesem strahlenden Helden, dem Trugbild, dem du aufgesessen warst, und nun war alles aufgewühlt bis zum Grund. Alles war Schlamm und Trübnis und modernde Blätter vom Vorjahr, nichts war mehr erkennbar, nicht dein Bild und nicht einmal ein Zerrbild meiner selbst.

Ich war von der Bildfläche verschwunden. Ich war unsichtbar geworden, eine Seejungfrau im Guppyformat, ich zuckte auf dem Trockenen und die anderen stiegen über mich hinweg, ohne mich zu bemerken.

Gabo war sehr sichtbar. Er kloppte ein paar Sprüche, dann wurde das nächste Chillum gemacht. Ich wusste auch gar nicht, worüber ich noch mit den Leuten reden sollte, die er heranzog, um mit ihnen zu kiffen, also hielt ich den Mund, denn wenn ich ein Gespräch begann, wenn ich zum Beispiel einen Spanier fragte, wo genau er her sei, aus welcher Region, denn ich war schon in verschiedenen Regionen Spaniens gewesen, und der Spanier begann mir zu antworten, dann unterbrach Gabo ihn mit einem Witz oder einem Spruch oder dem Vorschlag, ein Chillum zu rauchen, und fing eine eigene Geschichte an, und er war laut, er war viel lauter als ich.

Abends im Licht der Gaslampe folgten meine Augen blicklos den Zeilen Dostojewskis. Wie war ich in diese Situation gekommen.

In welche Situation?

Von Herat nach Kandahar fuhr der Monkey mit. Was der von uns wollte, war mir schleierhaft, und ich warnte Gabo, dass es am Ende gehen könnte wie bei einer Kaffeefahrt, von der man statt schöner Erinnerungen ein überflüssiges Steppbett mit nach Hause brachte, aber das ärgerte ihn, er wollte sich um seiner selbst willen geliebt fühlen.

Rück mal ein Stück. Lass den Monkey mit vorn sitzen.

Ich rückte, schaltete ab, holte mein Tagebuch hervor, das offen auf meinem Schoß liegen blieb, und sah aus dem Fenster, ich sandte meinen Geist hinaus in die Landschaft wie ein Gefangener.

Die Straße nach Kandahar verläuft zwischen Gebirgsausläufern und dem Rand der Dasht-e-Margo, der Todeswüste. Die Dörfer sahen aus wie aus Sand gepresst. Nah und fern in der Weite lagerten die schwarzen Zelte der Cuchis, der afghanischen Nomaden, die ständig in großen Scharen auf der Straße und neben der Straße mit ihren Tieren dahinzogen, Männer, Frauen, Kinder, Esel, Schafe, hoch beladene Kamele. Die Cuchi-Frauen gingen unverhüllt und sehr aufrecht. Wieder über alles die Farbe Rot. Die Art, wie sie alle gingen, ein Schreiten auf dem Weg, sah ich zum ersten Mal, dies gleichmäßige Gehen, nicht langsam, nicht schnell, und es beeindruckte mich tief und bleibend. Diese Leute gingen nicht wie Bummelanten, sie schlenderten nicht, aber sie waren auch keine hastenden Passanten. Es war bei ihnen nicht wie bei Zug-, Flug- oder Buspassagieren, deren Leben während der Fortbewegung innehielt und erst wieder einsetzte, wenn die Distanz zwischen Ausgangs- und Bestimmungsort überwunden und die Transportzeit überstanden war, ihre Herzen begannen nicht erst am Zielort wieder zu schlagen. Die Cuchi-Frauen gingen, als wäre dieses Gehen das Leben. Als fände ihr Leben nicht nur während des Gehens weiterhin statt, sondern wäre enthalten in jedem einzelnen, ruhigen, bestimmten Schritt, und das war das erste Mal, dass ich das Leben oder das Gehen so ansehen konnte, oder noch konnte ich es nicht so sehen, ich sah nur diese Art zu gehen, und merkte sie mir. Ich begann in diese Richtung hin zu empfinden, und später fügte sich dieses Empfinden oder die Erinnerung daran mit anderem zusammen.

In Kandahar kam es zu einer hässlichen Szene, als sich herausstellte, dass der Monkey nicht umsonst oder gegen Kost und Transport als Hofnarr hatte fungieren wollen, sondern Bezahlung erwartete. Ich verbiss mir jeden Hinweis auf frühere Warnungen, so war ich nicht, dass ich nun höhnte. Gabo warf ihn aus dem Bus, er war froh, ihn los zu sein, sagte er, und das konnte mir genügen. Zur Feier des Tages kauften wir zwei Dosen Bier. Zehn Mark kostete dieser Luxus in einem Land, in dem ein Lehrer im Monat hundertfünfzig verdiente, eigentlich hätten wir streng sparen müssen, deshalb konnte uns unser Leichtsinn vereinen. Am Pool auf dem Camp öffneten wir die Dosen und schlürften eiskalten Schaum, miiiiep! miiiiep!, drückte ich auf seine Nase und brrrrmm, brrrrrmm!, zog ich an seinen Ohrläppchen, und wir küssten uns und rangen ein wenig zum Spaß, er gewann und ich fiel in den Pool, lachte und strampelte und spritzte, und sein Joint wurde nass.

Ey, pass doch mal AUF! Bist du IRRE oder was!

So sprach er jetzt mit mir. Das konnte jetzt jederzeit passieren, von einem Moment zum anderen. Er brüllte dann nicht, aber seine Stimme wurde lauter und tiefer, es war ein Grollen in dieser Stimme, und sein Mund verzerrte sich.

Es warf mich um, jedes Mal wieder. Ich traute meinen Ohren nicht. Ich konnte es mir nicht erklären, verhielt mich auch nicht dazu, sondern vergaß es möglichst schnell wieder und hatte es gar nicht gehört und erwartete immer aufs Neue, meinen Gabo vorzufinden, den von der Kassette mit unserem Lachen, die Ingrid und ich in der Ente vor dem Treibhaus aufgenommen hatten, am 30.10.1976, der sich in Kabul jährte.

Am Vortag waren wir aus dem Norden zurückgekommen. Ich ging über das morgensonnige Camp. Es war früh und die Luft frisch, Gabo schlief noch, auch an den anderen Bussen waren die Gardinen noch zugezogen. Ich dachte an die dunkle, regnerische Nacht vor einem Jahr in Berlin, an das Oktoberblatt, das damals auf die Frontscheibe geweht war, und an uns auf dem Rücksitz der Ente. Das Camp war von einer Rosenhecke umgeben, und ich nahm mir Zeit, eine Blüte zu wählen. Auf dem Weg zum Bus zurück wusste ich genau, wie dein Haar in dieser Berliner Herbstnacht gerochen hatte, wie der Kragen deiner Jacke gerochen hatte und deine Haut unter dem Kragen. Die Fahrertür unseres Busses stand offen. Er hatte einen Schraubenzieher in der Hand und saß über das Lenkrad gebeugt.

Heute ist der dreißigste Oktober, sagte ich und hielt meine Rose zwischen sein Gesicht und das Lenkrad.

Na herzlichen Glückwunsch auch, sagte er.

Ohne den Blick vom Lenkrad zu heben, zupfte er mir die Rose aus den Fingern und warf sie aufs Armaturenbrett. Bis heute erinnere ich mich an seinen Gesichtsausdruck. Ich kann ihn jederzeit beschwören, wenn ich mich gegen ihn im Recht fühlen will.

Im Tagebuch steht davon nichts. Da steht: *Am 30.10. waren wir in Kabul, und ich habe Gabo eine Rose geschenkt.*

Ich sagte auch nichts, ich stand eben da und ging dann woandershin, ich versuchte weiterhin, diese Temperaturstürze zu ignorieren, diese plötzlichen Anfälle eisiger Gleichgültigkeit, aber Gleichgültigkeit war es nicht, es war nur, als ob ich ihm gleichgültig wäre. Dieses als ob bedeutete aber, dass es nicht war, wie es war, es war gar nicht eisig, ich fror eben nur. Ich hatte weder Jacke noch Decke und schlang meine Arme um meinen Körper und klapperte mit den Zähnen und presste die Lider fest zusammen. Im Geist schrieb ich ellenlange Briefe an Tom und an meine Mama, aber nur im Geist, und selbst in diesen Phantasiebriefen sprach ich nicht von Kälte. Ich konnte das Wort Kälte gar nicht in mir finden. Ich stelle mir vor, es war ungefähr so, wie wenn ein sehr kleines Kind die Kälte seiner Mutter spürt, ohne zu irgendeinem Zeitpunkt sagen zu können: Meine Mutter ist eine kalte Mutter.

Und meine Mutter hatte mir nicht geschrieben. In Kabul auf der Post war kein Brief für mich. Ich stand am Poste-restante-Schalter und blätterte den Stapel durch, einmal, noch einmal, dann ließ ich mir noch den S-Stapel geben, vielleicht war etwas unter meinem Vornamen einsortiert. Nichts. Im Westen dachte wohl keiner mehr an mich. Oder vielleicht waren Briefe verloren gegangen, mein Brief aus Teheran womöglich, in dem gestanden hatte: Post von jetzt an nach Kabul.

Dann wusste jetzt niemand mehr, wo ich war. Dann war nicht irgendein Brief, sondern ich selbst verloren gegangen. Allein im Bus, in der Dunkelheit des Abends, schloss ich die Augen, dann öffnete ich sie wieder, starrte durchs Fenster und dachte: Was mache ich bloß?

Auch wagte ich kaum mehr, mich vom Bus zu entfernen.

Wenn ich weggegangen wäre, zum Beispiel allein in die Stadt: Wäre dann der Bus, falls ich überhaupt den Rückweg fand, noch da gewesen?

Das wäre er wohl. Ich war mir dessen nur nicht mehr sicher. Dabei liebte er mich, das wusste ich genau, er konnte nicht leben ohne mich, das war mir klar, an mich gebunden war er und ich an ihn, einverstanden, so war es, aber kein blaues Band umschlang uns, gekettet war man wie an einen Stein, und der fiel in die Tiefe.

Und wir konnten nicht darüber reden. Ich konnte sein Verhalten nicht verstehen, und er konnte es mir nicht erklären, auch später niemals. Oder ich glaubte ihm seine Erklärungen nicht. Ich nahm ihm nicht ab, was er sagte, ich dachte, er wollte sich herausreden aus dem Nichtreden, wenn er sagte: Alles wird plötzlich schwarz. Nichts ist mehr da. Es ist schwarzer Nebel, ein schwarzes Loch.

Und meine Fragen machten bloß, dass es wieder geschah. Er konnte das nicht aushalten, er wehrte sich und wedelte mit beiden Händen, floh und ging kiffen oder rannte sonst wohin, denn diese Fragen ließen ihn aufsteigen, den Nebel, der das Leben schluckte und alle Empfindungen, alles an ihm wurde taub und ich schließlich auch, auch ich hörte auf zu empfinden, was ich empfand, ich sah nicht mehr, was ich sah, er war der König der Nazgul, seine Klinge hatte mich geritzt, und nun stolperte ich durch die Nebel wie er, gefangen in seiner Geisterwelt, und belog mich selbst, um nicht den Verstand zu verlieren.

2

Auf der Kommode oben im Arbeitszimmer, das ich als Arbeitszimmer niemals nutze, sondern nur als Archiv, steht ein Bild, das einzige von dir, das ich offen sichtbar ertrage. Du hast es mir vier Jahre vor deinem Tod geschenkt, damals, als du hierherkamst, in dieses Haus, in dem ich mit meinem Mann wohne, zu Beginn unseres letzten misslungenen Versuchs, miteinander zu leben.

Das Bild ist Mitte der Sechziger entstanden, eine Studioaufnahme im Stil der Zeit: Dreiviertelprofil, schwarz-weiß, Hemd mit Kragen, das Haar noch nicht lang, aber auch nicht mehr raspelkurz und auf jeden Fall in Frisur. Dein Gesicht ist weich, ein Kindergesicht, die Backen noch rundlich. Dein Blick geht an der Kamera vorbei ins Ungefähre, todtraurig, dachte ich damals, der Blick eines gekränkten Kindes, auch der Mund verletzlich und noch nicht ganz der deine, die geschwungenen Lippen voller als später. Wie Heintje, dachte ich damals, als ich das Bild zum ersten Mal sah, und das versetzte mir einen leichten Schock, denn für mich warst du ganz und gar nicht wie Heintje, sondern eher Ian Anderson von Jethro Tull. Robert Plant von Led Zep. The Pied Piper. The Golden God.

Das Bild hing bei deinen Eltern im Wohnzimmer, in der unteren Etage eines Häuschens in Zweibrücken oder Neunkirchen oder Illingen oder sonst wo dort drüben im Saarland. Es hing neben der Tür, ein Stück über dem Lichtschalter, an einer Wand, an der sonst nichts hing, allein in der Weite dieser Wand, an der auch keine Möbel standen, einfach nichts war an dieser Wand, nur ein paar graue Schmierer um den Lichtschalter von im Dunkel suchenden Fingern und winzige Reste zerquetschter Insekten. Offenbar sollte das Bild die

Wand dekorieren. Dafür war es aber zu klein, obwohl der Rahmen des Bildes breit war, altdeutsch, wie man so etwas nannte, ein breites Oval aus geschmiedetem Messingschnörkel, in das das Foto professionell eingepasst worden war.

Gestaltungswille war also spürbar. Auch die Inkaufnahme von Kosten.

Und wie das Bild hing, ja du lieber Himmel, so hat man damals eben Bilder aufgehängt, drei Handbreit über dem Lichtschalter, dann ein Stück zur Seite versetzt, plonkplonk. Hängt. Wie die Farbe der Wand war, weiß ich nicht mehr. Wahrscheinlich Tapete. Mit oder ohne Muster? Anzunehmen ist mit. Was liegt unter solchen Tapeten? Andere Tapeten.

An das Wohnzimmer, in dem das Bild hing, erinnere ich mich nicht, nur an das Gefühl von Bedrückung und daran, dass du, während ich vor dem Bild an der Wand stand und dachte: wie Heintje, von hinten die Arme um mich legtest, und die Masse deiner Haare, wie immer, wenn du hinter mir standest und deinen Kopf über meinen beugtest oder deine Wange an meine schmiegtest oder deinen Mund auf meinen Hals drücktest, deine langen roten Locken gerieten mir in den Mund.

Nachts schliefen wir in unserem Bus, ineinander verknäult auf dieser Matratze von einsnochwas Breite, aber ein Hundekorb hätte es auch getan. Tagsüber bautest du diesen Bus für Indien aus, und ich half. Zu den Mahlzeiten kamen wir ins Haus. Deine Mutter machte uns Krabbencocktail, wie er damals als fein galt: Dosenkrabben, Dosenchampignons, Dosenmandarinen, Mayonnaise aus dem Glas. Dein Vater kam und ging wieder, wortlos. Die Tulpen im Vorgarten salutierten. Eine Schwester tauchte auf, machte einen unverständlichen Witz, lachte kreischend. Deine Mutter sagte wenig, überhaupt waren die Menschen in dieser Wohnung merkwürdig wenig eindrücklich, die Dinge dominierten, obwohl es nicht viele Dinge waren: ein für die Zeit sehr großer Fernseher, eine gewaltige Tiefkühltruhe, wie sie damals Mode wurden, unwirtliche Gegenstände mit verschlossenen Mienen, die deine Mutter reinigte und pflegte und um die sie sich bemühte, wie ich es von zu Hause nicht kannte. Die Gefriertruhe war zu füllen und wieder zu leeren und der Inhalt zu sortieren und umzusortieren. Auch die Gespräche drehten sich ständig um Dinge: um etwas, was irgendwo angebracht oder von A nach B transportiert werden musste, repariert oder entfernt, und würden sich die demolierten Kotflügel am Auto des Nachbarn noch ausbeulen lassen, und wenn ja, wie? Bei uns hätten allenfalls juristische oder versicherungstechnische Aspekte interessiert. Wer für den Schaden aufzukommen hatte und dergleichen.

Wurst und saure Gurken wiederum, die es zum Abendessen gab, waren ähnlich wie zu Hause. Deine Mutter aß Knäckebrot mit Messer und Gabel, was natürlich nicht gutgehen konnte. Vielleicht war es meinetwegen: Mädchen aus gutem Haus, Vater Akademiker. Vielleicht hätten wir uns ganz gut verstehen können, meine spätere Schwiegermutter und ich. Vielleicht war sie lediglich unglücklich. Sie hatte ein paarmal versucht, sich von ihrem Mann, deinem Vater, zu trennen, war aber immer wieder zu ihm zurückgekehrt. Sie bemühte sich, zu mir freundlich zu sein, war aber chancenlos, in den Monaten zuvor hattest du mich zu vollständig, zu leidenschaftlich gegen dein Elternhaus eingenommen. Nun, wo ich hier war, sah ich es ja selbst: Kleinlichkeit, Schadenfreude, giftige Dämpfe. Schwefelschwaden von Bitternis und Tristesse.

Gabos Vater war mütterlicherseits ein Rumäne deutscher Abstammung oder ein Deutscher rumänischer Abstammung, je nachdem, aus welchem Blickwinkel man die Sache betrachtet, und väterlicherseits rumänischer Ungar oder ungarischer Rumäne, alles in allem also ungarisch-deutscher Rumäne oder rumänisch-ungarischer Deutscher oder ungarischer Rumäniendeutscher, der im Saarland eine Deutsche französischer Abstammung geheiratet hatte, deren Eltern ihn zusammenfassend nannten: den Zigeuner.

Viel später, um die Zeit herum, als Gabo und ich geheiratet haben, hat Gabos Vater mir einmal erzählt, dass er gegen Kriegsende, mit siebzehn oder achtzehn Jahren, in Rumänien in die Waffen-SS eingetreten ist. Gabo fiel aus allen Wolken. Er glaubte ihm kein Wort.

Das höre ich zum ersten Mal. Warum hat er das vorher niemals erwähnt? Warum kommt er jetzt damit an?

Vielleicht, weil ich nicht zu eurer Familie gehörte. Oder weil er wusste, ich würde etwas über ihn schreiben, und manchmal ergreifen Leute eine solche Gelegenheit, um Dinge klarzustellen, selbst wenn die Wahrheit für sie nicht schmeichelhaft ist. Möglicherweise fand er auch gar nichts dabei.

Es war 1992, die große Zeit der Psychothemen. Ich arbeitete bei einer Frauenzeitschrift in Hamburg. Wir machten eine Strecke über Väter und Söhne, und ich brauchte Fallbeispiele, deswegen hatte ich meinen zukünftigen Schwiegervater angerufen.

Nun sag mal, Hans. Warum hast du deinen Sohn früher dermaßen verdroschen? Warum hast du ihn im Keller auf rohen Erbsen knien lassen?

Ach, was soll ich sagen.

Gedankenschwere Pause.

Ich war ein Blatt im Wind.

Mit Betonung zu lesen, bitte schön.

Ich WAAARR … ein BLATT – im WIND –

Ich muss die Kassette noch irgendwo haben. Meine Kolleginnen in der Redaktion waren hingerissen. Ja, die Männer dieser Sippe konnten sich darstellen. Noch wenn sie Arschlöcher waren, waren sie nicht poplige Feld-Wald-und-Wiesen-Arschlöcher, sondern Arschlöcher im Shakespeareformat. Und wie sie bereuen konnten! Schön war das. Wie sie den Kopf senken, sich an die Brust schlagen, dann von unten herauf den Blick heben konnten –

Immerhin hat Hans damals zugegeben, dich als Kind misshandelt zu haben. Er hat nie etwas abgestritten, er hat dich nicht der Lüge bezichtigt, wie ich es halb und halb erwartet hätte (und welchem von euch beiden hätte ich dann weniger geglaubt?).

Wenn er über diese Misshandlungen sprach oder nicht sprach, sondern auf meine Fragen antwortete, dann immer in diesem schmerzlichen Ton, diesem Blatt-im-Wind-Ton, denn hart war die Erinnerung für ihn, hart wie die Zeit damals, die heute keiner mehr verstand. Er selbst hatte sich auch längst alles vergeben. Aber es tat ihm doch noch immer leid um sein Leben.

Warum können die Söhne ihre Väter nicht heilen? Bei Müttern und Töchtern kann es manchmal gelingen –

In die Waffen-SS war Hans eingetreten, um nach Deutschland zu gelangen und seinem Vater zu entkommen, den er bis an sein Lebensende verehrt, gehasst und niemals geduzt hat. Er hat ihn stets in der zweiten Person Plural angesprochen: Ihr. Euch. Hochverehrter Herr Vater. Hans' Vater war Großgrundbesitzer gewesen, so hieß es in der Familie, ein Ungar, Herr und Herrscher über riesige Ländereien, Eigentümer ganzer Häuserblocks in Bukarest.

Er ritt auf einem Fuchs über die Felder. Ein enormer Gaul. Immer mit der Peitsche in der Hand ritt er. Wo er vorbeikam, warfen sich die Rumänen vor ihm auf die Erde.

So sprach Hans, langsam, andächtig, ein e-NORRR-mer Gaul, mir eindringlich in die Augen sehend, damit ich die Tragweite des Gesagten verstand. Es war natürlich alles enteignet. Alles verloren, verlo-horen. Da war es wieder, das Klagelied meiner Kindheit in anderer Tonart, auch die Familie meiner Mutter hatte ja alles in Danzig zurücklassen müssen, sie hatten nichts als ihr Leben übers Wasser gerettet, und die Mutter meines Vaters nannte meine Mutter: der Flüchtling.

Du warst nach diesem ungarischen Großvater benannt. Du trugst die eingedeutschte Form seines Namens, aber dein Spitzname klang wie direkt von dem seinen abgeleitet. Wie deine Großmutter geheißen hatte, wusstest du nicht. Ich weiß nicht, ob dein Vater sich daran erinnert hat. Erwähnt hat er seine Mutter nie. Sie war gestorben, und ihre Nachfolgerin, jünger und von niederem Stand, wurde, so hieß es, nicht viel anders als eine Dienstmagd gehalten. Du hattest keine Erinnerung an diese Stiefgroßmutter. Dabei seid ihr jedes Jahr nach Rumänien gefahren, du hinten zwischen deine beiden Schwestern gepresst.

Ich kann es mir vorstellen. Wurststullen, abgegriffene Kartenspiele, das Auto bis übers Dach bepackt mit Koffern, Kisten, Tüten, Taschen, Westzeug für den Osten. Eine endlos lange, öde Fahrt nach Südosten, hinein in die immer stärkere Sommerhitze, ohne Klimaanlage natürlich, nur mit einem Ventilator zwischen den Sitzen, in den du einmal mit dem Fuß geraten bist. Eine Abwechslung! Sie bogen sich vor Vergnügen, noch zwei Jahrzehnte später, als sie die Geschichte erzählten.

Weißt du noch? Mit dem Fuß bist du in den Ventilator.

Wie du gebrüllt hast! Wie am Spieß hast du gebrüllt.

Ein Theater hast du gemacht.

Der eine Zeh war halb ab.

Aber damals hatte man ja auch noch mit Zwispeln auf Spatzen geschossen. Mit dem Luftgewehr auf den kläffenden Dackel vom Nachbarn. Und Leute wie deine Eltern nannte man nicht sadistisch. Leute wie deine Eltern nannte man streng.

Bei Kriegsende hatte es Hans ins Saarland verschlagen, wo er unter Tage in einem Steinkohlebergwerk malochte. Er war klein und gedrungen, kein schöner Mann, ein dunkler Typ mit einem Gesicht, dessen Züge sich in der Mitte zusammendrängten, statt sich über die ganze zur Verfügung stehende Fläche auszubreiten. Ihr saht euch überhaupt nicht ähnlich, er und du. Aber er war auf grobe Weise galant, dazu ein leidenschaftlicher und überraschend eleganter Tänzer.

Ich hatte immer dolle Weiber.

Wie er einmal mit inbrünstiger Andacht sprach. Er heiratete deine Mutter, weil ein Kind unterwegs war, und hat sie von Anfang an betrogen. Ihre Eltern drängten auf Trennung, und sie ist auch zu ihnen zurückgekehrt, noch in den Vierzigerjahren, sie hat eine Ausbildung angefangen, und ihre Mutter hat solange das Kleine gehütet.

Aber bei der Verbindung deiner Eltern muss doch auch Neigung im Spiel gewesen sein, eine Anziehung, die noch nicht geschwunden war. Jedenfalls war deine Mutter auf einmal schwanger mit dir.

Das war ihr Ende. Ihre Eltern, schwer enttäuscht, schickten sie zu ihrem Mann zurück. Sie ging auch, was sonst. Ihr blieb keine Wahl. Ihr Leben war verpfuscht, es war verdorben, alle Möglichkeiten waren verbaut und so weiter und so weiter. Du warst ihr Untergang.

Hans, warum hast du ständig deine Frau betrogen?

Sie hatte die Füße in der Wanne mit warmem Wasser.

Der Tonfall voll Widerwillen. Voll Ekel.

Ich kam heim. Abends. Und da saß sie. Auf einem Stuhl. Wie sie da saß … ihre Füße in dieser Wanne. Und wie sie mich ansah … Wie die mich ansah.

Er sagte: Die Liebe damals. Die Frauen. Das war ein Begehren. Ein Begehren –

Du bist 1950 geboren, so nah an der bundesdeutschen Westgrenze wie ich an der im Osten. Es war eine schwere Geburt, im Winter dazu, Schnee fiel, es war Nacht, ihr hattet kein Telefon, dein Vater musste sich mit dem Fahrrad durch den Sturm kämpfen und deine Mutter allein lassen. Der Arzt schlief und stand nur widerwillig auf. Dann musste das Auto freigeschaufelt werden, und als die Männer sich zu euch nach Hause durchgeschlagen hatten, warst du bereits da.

So wurde die Geschichte deiner Geburt erzählt, die von zwei Spielarten des Heroismus handelte, zwei Varianten hehrer Opfer- und Kampfbereitschaft, aber dennoch die Helden eher entzweite als vereinte, denn auch hier schwang wieder diese Bitterkeit mit, dieser stille Vorwurf, als hätte der eine am anderen einen nicht näher zu bezeichnenden Verrat begangen.

Du warst noch klein, als Hans eine Staublunge bekam. Er konnte nicht mehr als Bergmann arbeiten, wurde erst Lastwagen- und dann Busfahrer und war die ganze Woche unterwegs, und wenn er am Wochenende heimkam, verriet dich deine Mutter an ihn, sie zählte ihm deine Sünden auf und verlangte deine strenge Bestrafung.

Sie wurde mit dir einfach nicht fertig. Du warst einfach nicht kleinzukriegen. Du taugtest zu nichts, so wenig wie dein Vater, der Apfel fiel eben nicht weit vom Pferd. Du warst genauso wie dein Vater, der dreckige Zigeuner, was wollte man erwarten, wie der Herr, so's Gescherr, was da nötig war, waren mal anständig ein paar hinter die Löffel, ordentlich ein paar auf die Finger, eine Tracht Prügel, eine Abreibung, aber vom Feinsten, Dresche mit dem Teppichklopfer, mit dem Gürtel, mit der Haselrute, und du halt bloß das Maul, du, Pfoten auf den Tisch, Hose runter, ich hau dir in die Fresse, bis du lachst.

Aber man konnte ja nicht immer nur prügeln. Also schüttete Hans einen Sack Trockenerbsen im Keller aus, ließ dich darauf knien und kontrollierte alle paar Minuten, ob du nicht versuchtest zu bescheißen, das war dir zuzutrauen.

Ich habe es ausprobiert. Ich habe einmal, viele Jahre später, getrocknete Erbsen auf den Küchenboden geschüttet und versucht, eine Weile darauf zu knien.

Einmal legte er deine Hand auf den Hackblock und nahm die Axt.

Es war so. Hans hat es zugegeben. Was hattest du verbrochen? Das wusste er nicht mehr, auch du nicht, kein Mensch wusste das später noch. Gelogen. Unverschämt gewesen. Schule geschwänzt. Freches Maul aufgemacht. Unbelehrbar, unkorrigierbar, von Grund auf verkommen und verkorkst. Als er dir die Hand auf den Block gezwungen hat, warst du sicher, er würde sie dir abhacken. Du warst elf Jahre alt. Geschrien hast du, um Gnade gefleht, vor Entsetzen gekreischt. Mit elf hast du deine erste Zigarette geraucht, mit zwölf deinen ersten Joint, du hast dich mit irgendwelchen Typen herumgetrieben, mit irgendwelchem Gesindel, und mit dreizehn hattest du das erste Mal Sex, unter der Kellertreppe, beim Kohlenholen, sie war viel älter als du, und es tat dir weh.

Deine Mutter hat sich schließlich doch noch von deinem Vater scheiden lassen. Sie waren beide schon über sechzig. Danach lebte sie nicht mehr lange. Sie hatte bereits Krebs, als du und ich heirateten, sie starb, als unser Kind ein paar Wochen alt war, sie hat ihre Enkelin noch einmal gesehen. Dein Vater nicht.

Er war nicht interessiert. Er starb zwei Jahre nach seiner Frau, ziemlich genau um die Zeit herum, als in Norwegen auf der Dachterrasse ein Grill, von dem man noch sprechen wird, nicht brennen wollte und dann doch brannte, und er hat in diesen beiden Jahren niemals nach unserem Kind gefragt. Ich habe meine Schwiegereltern nicht öfter als fünf oder sechs

Mal in meinem Leben gesehen. Du hast deiner Mutter irgendwann verziehen. Ich nie. Niemals. Eher noch ihm. Aber auch ihm nicht.

3

In Kandahar, wo ich meinen letzten Versuch unternahm, Haschisch zu rauchen, lernten wir eine Engländerin kennen. Judy. Sie war in Islamabad mit einem Mitarbeiter der Weltbank verheiratet und lebte seit zwanzig Jahren in Asien. Sie hatte unser Bus-Kennzeichen gesehen und kam auf uns zu, um uns zu gratulieren, als wäre Deutschland schon wieder Fußballweltmeister geworden.

Mogadishu Independence Day!

Es dauerte eine Weile, bis wir verstanden. Von der Entführung und Befreiung der Landshut hatten wir in der iranischen Wüste nichts mitbekommen. Die Begeisterung, die Judy für die heldenhaften Taten der GSG 9 an den Tag legte, befremdete uns etwas. Als Pazifisten und Gewaltgegner konnten wir zwar die Aktionen der RAF nicht gutheißen, aber sich deshalb gleich auf die Seite der Staatsmacht zu schlagen, schien uns doch ein wenig zu radikal.

Judy war auf dem Weg nach London, in Begleitung ihres Zwergpudels Bimbo, um zum Zahnarzt zu gehen, ihre Mutter zu besuchen und ihr Auto zu verkaufen. Auch führte sie Whisky mit sich. Unser Abschied in Kandahar war herzlich, aber nicht endgültig, denn auf dem Weg nach Herat zeigte Judys Auto Macken, also beschloss sie, erst einmal umzudrehen. So trafen wir einander in Kabul wieder, in einem winzigen Restaurant, das im ersten Stock einer Seitenstraße versteckt lag und *To The Little Lantern* hieß.

Unter der Laterne, vor dem großen Tor –

Eine Lokalität mit diesem Namen konnte nur einer Berlinerin gehören. Fritten, Buletten, Kartoffelpuffer. Der Currywursthimmel war es. Die Berlinerin lieh uns eine Ausgabe des *Time*-Magazins, der wir Einzelheiten über die Entführung der Landshut, die Befreiung der Geiseln in Mogadishu und die Geschehnisse in Stammheim entnehmen konnten. Sie war mit einem afghanischen Lehrer verheiratet, Atiq, der in Deutschland studiert hatte, er liebte das Land und verstand einfach nicht, warum die deutsche Polizei nicht in der Lage war, den Terrorismus in den Griff zu bekommen. Teile der jüngeren Bevölkerung, so hieß es, hegten klammheimliche Sympathien für die Terroristen. Wie war das möglich?, fragte Atiq. Wie konnte man solche Taten gutheißen?

Zum ersten Mal im Leben interessierte ich mich für Politik. Debattierend ließ ich meine eigenen Sorgen hinter mir, das Weltgeschehen war offenbar eine weitere, von mir bisher ignorierte Möglichkeit, der Wirklichkeit zu entkommen, die Bedrückungen des Alltags abzustreifen und sich von der realen Tristesse ein wenig abzulenken, fast so gut wie bei einem Krimi konnte man abschalten. Dann aßen im *Laternchen* alle Senfei mit Stampf, und ich musste mich übergeben.

Ich hatte, was man die Kabulitis nannte. Nicht ich allein. Wenn ich auf dem Camp das x-te Mal zur Toilette rannte, traf ich unterwegs die kleine Thai, die mit dem dicken Bayern, die fröhlich zirpte: Afghanistan so nice, you never have to take something to go to the toilet.

Das Unangenehmste war, dass man sich so schwach fühlte. Die Beine waren aus Gummi, und man roch zu viel. Gerüche, Gerüche, Gerüche überall: der süßlich-verdorbene von einem Haufen Granatäpfel an einem Straßenstand, der beißende einer Herde von Schafen und Ziegen, die ein Kind mitten durch Kabul trieb, der bittere von Kaffee und Tabak, der Rauch von

Holzfeuern und das Aroma von fettig Gebratenem, alles klebte mir am Gaumen, ich übergab mich mitten auf der Straße und, so warf Gabo mir vor, setzte meine Krankheit als Druckmittel ein, um ihn zu erpressen, ein wandelnder oder krumm auf dem Bett liegender Vorwurf war ich.

Möglicherweise stimmt das. Möglicherweise hatte ich wirklich etwas Anklagendes. Ich war das erste Mal ohne meine Mama krank, und ich jammerte, da bin ich ziemlich sicher. Lästig war ihm das. Eine Zumutung war es. Immerzu verlangte ich irgendetwas, und was nützte es, wenn man parierte, man konnte es mir sowieso niemals recht machen. Egal was er tat, mir reichte es nie, wie er sich auch abhampelte, Frau Königin war niemals zufrieden.

Du klingst wie ein Zwölfjähriger, der sich über die Forderungen seiner nörgelnden Mutter beschwert, sagte ich. Du bist aber fast siebenundzwanzig, ich bin nicht deine Mutter, und du sollst mir nicht den Mond vom Himmel holen, sondern bloß einen Tee aus der nächsten Chai-Khana.

Blah blah blah, sagte er. Blah blah blah blah.

Und ging kiffen.

Unreif ist er, dein Gabo, sagte Judy. Er ist wie mein ältester Sohn, charmant, aber unreif.

Das arme Kind, sagte die Berlinerin und meinte mich. Ich mache ihr einen Kamillentee.

Besser schwarzen, sagte Judy. Ich nehme sie mit. Ich habe etwas gegen die Krämpfe.

Judys Hotelzimmer war klimatisiert, die Matratze europäisch. Ich lag auf ihrem Bett. Sie gab mir verschiedene Medizinen. Zwischen Bad und Zimmer ging sie hin und her, plaudernd über die Klimaverhältnisse in Indonesien, die Schwierigkeiten, in Pakistan Personal zu finden, die Transvestitenstraße in Singapur, und ich hörte ihr zu und dachte, dass ich all diese Orte, von denen sie erzählte, auch einmal sehen würde, auch ich würde einst weltläufig und weit gereist sein, aber nicht jetzt. Jetzt lag ich still, mit geschlossenen Augen. Hier, in Kabul, bei diesen beiden viel älteren Frauen, war ich einen Tag lang noch einmal ein Kind. Auf Judys Bett zog ich die Beine an, rollte mich zusammen und schlief. Noch einmal habe ich mich ausgeruht.

An unserem letzten Tag in Kabul besuchten wir ein Buzkashi-Spiel im Ghazi-Stadion. Buzkashi-Reiter hatten wir schon weiter im Norden gesehen, aber Judy hatte uns eingeladen, auch hofften wir, dem Spiel auf dem begrenzten Raum des Stadions besser folgen zu können. Schnelligkeit und Wildheit machten es aber auch hier unmöglich, alle Details wahrzunehmen. Die schweren Pferde prallten aufeinander, Getümmel herrschte wie in einer Schlacht, mit Lederpeitschen hieben die Reiter aufeinander ein, auch geschah es, dass der kopflose Kadaver des Kalbs, den die Reiter einander abzujagen versuchten, zerriss und ein neuer benötigt wurde. Dass die Engländer sich hier nicht hatten halten können, erschien danach selbstverständlich. Denn Buzkashi wird zwar oft als eine Form von Polo bezeichnet, aber britisches Polo verhält sich zu afghanischem Buzkashi wie Monets *Frühstück im Grünen* zum Hoffest der Hunnen. Niemand, der unerwünscht war, konnte sich hier langfristig behaupten. Jeder selbsternannte Herr musste an diesen Untertanen scheitern.

Später haben in dieser Arena viele Hinrichtungen stattgefunden. Frauen wurden erschossen, Männer erhängt, die Bilder wurden im Fernsehen gezeigt, und ich starrte an den Baumelnden vorbei.

Dort habe ich gesessen.

Dort.

Wir verließen Kabul in östlicher Richtung. Ab jetzt folgten wir der Grand Trunk Road, der zweitausend Jahre alten Fernstraße, die seit den Zeiten des Maurya-Reichs Chittagong und Kabul, Zentral- und Südasien miteinander verbindet. In Haarnadelkurven wand sich die Straße durch zerklüftetes Bergland hinab. Wo sich ein Ausblick öffnete, erstreckten sich die Ketten des Gebirges in die Ferne. Die Hänge waren schroff, aber nicht einheitlich gefärbt, Blau sah ich, Sandfarben, Rot, ein violett überhauchtes Grau. Dann und wann warnten Felsbrocken auf der Fahrbahn vor einem liegen gebliebenen Lastwagen hinter der nächsten Kurve, dessen Crew losgezogen war, um irgendwo ein Ersatzteil zu organisieren. Tausend Meter ging es hinab bis Jalalabad, dann wieder auf tausend Meter hinauf zum Khyber, dem legendären Gebirgspass zwischen Afghanistan und Pakistan, über den schon die Mongolenherrscher gezogen waren und vor ihnen Alexander der Große.

Ich hatte den Namen des Passes zum ersten Mal 1973 bei Jo auf dem Plattencover von Pink Floyds Soundtrack zu dem Film *More* gelesen. *Jukebox (Up the Khyber).* Es war der fünfte Titel, ein wildes, zweieinhalbminütiges Schlagzeugsolo mit Klaviergehämmer und merkwürdigen Klangeffekten. Ich wusste damals nicht, wer oder was der Khyber war, brütete aber über dieser Frage.

Je älter ich werde, desto merkwürdiger finde ich es, wie sich in jungen Jahren manches in der Erinnerung verhakt. Ein unerheblicher Name, ein Vorfall, ein im Vorübergehen gesehenes Bild, und noch Jahrzehnte später erinnert man sich nicht nur an diese unter tausend anderen Lappalien, sondern auch an die Umstände der Begegnung, so wie jeder weiß, wo er sich während des Anschlags auf das World Trade Center befunden hat. Ich erzähle mir gern, dass solche unwillkürlich einrastenden Begriffe als Wegweiser fungieren. Die Bedeutsamkeit, mit der sie sich aufladen, rührt daher, dass sie an etwas erinnern sollen, das man sich vorgenommen hat, womöglich vor Beginn seines Lebens.

Das ist meine Lieblingsvorstellung vom Leben nach dem Tod oder vom Tod zwischen zwei Leben: Im Geräteschuppen des Jenseits hocken die Toten auf ausgemusterten Winterreifen zusammen, auf alten Weinkisten und dreibeinigen Schemeln, und planen die nächste Inkarnation. Was gilt es zu erledigen? Wer werde ich sein und wer du? Welche Aufgaben müssen wir einander stellen? All das Liegengebliebene vom letzten Mal wird jetzt ausgebreitet, all das Aufgeschobene kippt von der Kehrichtschaufel, ein Haufen Dreck, der von Mal zu Mal größer wird –

Verzweifeln könnte man an sich selbst. Das aber wäre in diesem Entwurf die Hölle: zu verzweifeln, den Mut zu verlieren, aufzugeben, in der Ecke des Schuppens zusammenzusacken und die Finger in die Haare zu krallen, vernichtet von der Einsicht in die eigene Unzulänglichkeit, der Unfähigkeit zu sein, wer man hätte werden müssen, und zu tun, was man sich vorgenommen hatte.

Nicht aufgeben! Mut fassen. Diesmal werden wir einander helfen. Wir werden einander liebend unterstützen, aneinander lernen, einander erinnern an selbstgestellte Aufgaben. Wir werden einander wiederfinden: Gefangener und Wärter, Kranker und Arzt, Kriegsgegner, Rivalen, Kampfgenossen, Brüder –

Dann sind die Rollen abgesprochen, die Erkennungsmerkmale vereinbart, die Wegkreuzungen bezeichnet, wo uns das Déjà-vu überkommt. Voller Hoffnung ist man, voll Zuversicht. Diesmal wird man bestehen.

Nun heißt es warten.

Ah, diese endlose Warterei auf die nächste Chance …

Man steht herum, geht ein paar Schritte, setzt sich, steht wieder auf. Man murmelt, repetiert wie ein seinen Text lernender Schauspieler. Bloß nicht wieder vergessen, nicht wieder in der Alltagstrance versinken. Ein zerdrücktes Päckchen Tabak macht die Runde. Vielleicht finden sich in einem staubigen Kasten noch ein paar warme Bier. Hin und wieder tritt einer an die Tür und schaut hinaus in die Gestaltlosigkeit. Aber noch immer ist der Ruf nicht ergangen, noch immer sind wir nicht an der Reihe –

Und was, wenn man einander dann auf der Erde verfehlt? Oder die Aufgabe zu vermeiden sucht. Wenn man das Nötige wieder unerledigt lässt, die vorgesehene Rolle wieder zu spielen verweigert, und dann ist es vorbei, der Moment verpasst, für diesmal ist es zu spät und wieder alles vertan, und die Reue beginnt. Man hätte sollen, sollen hätte man … Aber Einsicht und Entschuldigungen bewirken nichts. Es ist keine höhere Instanz da, niemand lauscht, nicht die eherne Brust rührt es des stygischen Zeus, er hat die Finger in den Ohren und singt lalalala.

Also, zurück in den Schuppen mit uns.

Reservier mir ein Bier, Gabo. Halt mir einen Platz in der Nähe frei.

Den Khyber überquerte man schon wegen der Straßenverhältnisse nur bei Tageslicht. Bestand Gefahr, es nicht mehr vor Einbruch der Dunkelheit zu schaffen, brach man erst am nächsten Morgen auf. Am Scheitelpunkt des Passes passiert man ein Tor zwischen zwei steinernen Türmen, die Grenzstation Torkham, wo dem Reisenden nahegelegt wurde, bis Peshawar weder zu halten noch die Straße zu verlassen, die durch die Stammesgebiete der Paschtunen führt, ein wildes, semiautonomes Grenzland, das offiziell zu Pakistan gehört, aber nicht aus afghanischer Sicht, wo man von Ostafghanistan oder Paschtunistan spricht. Die englischen Soldaten im 19. Jahrhundert nannten diese Gegend *The Grim*. Ihre Bewohner haben die Oberhoheit gleich welchen Staates nie mehr als oberflächlich anerkannt. Weitgehend frei bewegen sie sich hin und her über die Durandlinie, wie die Grenze zwischen den beiden Ländern heißt, der Schmuggel blüht, auch gab es früher eine Art fest etablierter Wegelagerei, man konnte plötzlich auf eine Straßenbarrikade stoßen, an der man inoffiziellen Zoll entrichten musste.

Unser Bus schraubte sich von Torkham hinab. Manche der festungsartigen Siedlungen zu beiden Seiten der Straße lagen wie ausgestorben hinter hohen, nach außen fensterlosen Mauern. Bei anderen waren die großen Eisentore geöffnet, die hineinführten, und es wimmelte davor von Männern mit Waffen. Alle Arten von Schusswaffen wurden in diesen Dörfern illegal nachgebaut, die *Khyber Pass Copies*, die man damals und sicherlich auch heute noch in den Basaren von Kabul und Peshawar kaufen konnte. Von den Hängen warfen Kinder Steine nach dem Bus. Wir waren eben ein bewegtes Ziel.

Dann wurde es heißer. Wasserbüffel erschienen in wogendem Schilf, fedrig belaubte Bäume am Straßenrand, auf Feldern arbeiteten Männer mit Ochsen und Eseln. Nach der afghanischen Trockenheit war die Luft triefend wie ein Schwamm. Die Einigkeit, die auf dieser Fahrt zwischen Gabo und mir herrschte, war ein Spiegelbild unserer Einigkeit während des Staubsturms, an unserem ersten Tag in Afghanistan, sodass man vielleicht hätte hoffen können, wir ließen mit Afghanistan auch allen Unfrieden hinter uns. Es ist diese irrwitzige Hoffnung, die Leute in einer unglücklichen Beziehung ausharren lässt, und die man als Außenstehender niemals begreift –

In Islamabad waren wir mit Judy verabredet. Das steht im

Tagebuch. Dort steht auch, wir hätten Judys Mann kennengelernt, Judys Freunde von der englischen Botschaft hätten uns zu sich eingeladen, Angehörige der neuseeländischen Botschaft uns bewirtet. Sicher war das interessant. Schade, dass ich nichts davon weiß. Ich erinnere kein Gesicht, kein Gericht, kein Zimmer, keinen Vorfall, nicht einmal liegt wie sonst eins dieser Bruchstücke in meinem Blickfeld herum, keine Silbergabel, keine Zimmerpflanze, kein Knopf an der Jacke eines Gegenübers. Irgendwie muss ich durch diese Esseneinladungen getaumelt sein. Ich weiß auch nicht, wie lange wir in Islamabad waren. Islamabad ist gelöscht bis auf eine einzige Szene, eine Schlussszene, die zu rekonstruieren mir schwerfällt.

In Islamabad lernte Gabo zwei Spanier kennen, *Joseph und Roberto,* schrieb ich ins Tagebuch, *mit einem ekligen, kleinen Affen mit Flöhen, der mich immer beißen will, sie ist eben auch ein Weibchen, sagt Roberto und findet das spaßig. Mona haben sie das Vieh getauft. Muschi auf Spanisch. Ist ja wohl zum Totlachen komisch.*

Mit diesen beiden wollte Gabo nun fünfzehn Kilo Haschisch von Pakistan über die Grenze nach Indien bringen und in Goa verkaufen.

Seidenweich war seine Stimme, vertraulich sein Ton, als er mir die Sache auseinandersetzte: Dies war eine großartige Chance für uns. Wir hatten, wie ich ja wusste, nur noch fünfhundert Mark. Unser Geld würden wir bei dem Deal aber gar nicht einzusetzen haben. Vierhundert Dollar koste das Haschisch, den Spaniern genüge es jedoch, wenn wir uns mit hundert beteiligten, zahlbar erst in Goa, wo wir halbe-halbe machen würden.

Und warum sollten die sich auf so einen Deal einlassen?

Die Abmachung ist, sagte er, wir bringen das Zeug allein über die Grenze.

Ich war sofort skeptisch. Wieso traute er diesen Typen? Ich hatte nichts gegen die Dealerei als solche, warum, ich hatte ihn als Dealer kennengelernt. Nur war er in dieser Rolle gescheitert. Ein unfähiger Dealer war er gewesen, ständig hatte er mir vorgeheult, dass er von allen übers Ohr gehauen würde, und nun rannte er diesen Spaniern nach, die über seinen Kopf hinweg Spanisch sprachen. Und wozu. Das Ganze war unnötig. Unser Geld würde bis Indien reichen, und dort würden wir ja den Bus verkaufen.

So war es abgemacht. Die Abmachung war aber einseitig gekündigt worden. Gabo war Feuer und Flamme für den Deal, immer hatte er Kilos schieben wollen, nun hatte er die Möglichkeit, dies war eine Chance, wie sie sich nur in den Kolonien bot.

Und klar, das klang jetzt bestimmt sehr gefährlich, aber das sei es nicht, sagte er, gefährlich sei nur der Schmuggel in Richtung Westen, nach Osten zu seien die Grenzkontrollen lasch. Vollkommen sicher sei die Sache.

Konnte ja sein. War mir doch egal. Ich war dagegen. Ich wollte nicht. Mit Gefahr und Risiko hatte das gar nichts zu tun, ich war schon aus Mangel an Welterfahrung furchtlos. Aber ich wollte mir seine Spanier nicht aufbürden lassen, seine neuen besten Freunde mit ihrem verflohten Vieh. Ich wollte nicht ohne Aufenthalt von der Grenze nach Goa durchbrettern, ohne Zwischenstopp, ohne Zeit, etwas zu entdecken und zu erleben. Eine ganze Teenagerzeit lang hatte ich mir ausgemalt, wie es sein würde, nach Indien zu kommen, nun war es endlich so weit, und er wollte mir alles verderben, aus meiner Traumreise wollte er eine Geschäftsreise machen.

Du hast Schiss, sagte er. Du hast ganz einfach Schiss.

Das war es aber nicht. Ich hatte keinen Schiss. Seine Unterstellung brachte mich auf, hörte er mir überhaupt zu? Hörte er, was ich sagte?

Schiss hast du, sagte er. Was denn sonst.

Ich hatte keinen Schiss! Das kreischte ich.

Nun wiederholte er zwar nicht noch einmal, ich hätte Schiss, aber mit einer Engelsgeduld, die mich rasend machte, setzte er mir wieder und wieder auseinander, wie gefahrlos und sicher die Sache sein würde. Darum ging es nicht, mir ging es nicht darum, aber das war es eben, er hörte mich gar nicht. Er reduzierte mich auf selbstgestrickte Erklärungen, tat einfach weiter so, als hätte ich Schiss und als ginge es um etwas, worum es nicht ging, dabei hatte ich ihm klar und deutlich gesagt, dass ich vor gar nichts mehr Schiss hatte, das Schlimmste, was passieren konnte, war doch schon passiert. Es war das, was zwischen uns passierte. Aber das kapierte er nicht, nichts kapierte er, ich konnte nicht mit ihm reden.

Wieso, warum, wir redeten doch. Hier saß er und redete mit mir.

Nein, tat er nicht. Er tat nur so als ob. Ein sinn- und wirklichkeitsloser Austausch von Wörtern war dieses vorgebliche Gespräch, ein Gequake, ein Blahblah, gequirlte Kacke, und so war es seit Wochen. Ich konnte ihn dort, wo er war, überhaupt nicht mehr erreichen. Er lebte in seiner eigenen Welt, an mir vorbei blickte er in seine eigene Ferne, es war ihm gleichgültig, was ich dachte oder sagte, meine Gefühle und Wünsche missachtete er.

Er widersprach: Hier saß er doch und bat um meine Zustimmung.

Ganz genau. Meine Zustimmung wollte er. Nicht planen, nicht zu einem Ergebnis kommen wollte er mit mir, das tat er mit anderen, ich sollte die Ergebnisse abnicken. Kritiklose Anbetung, danach lechzte er, bedingungslose Bewunderung, die forderte er, wie eine Mutter ihr Kind sollte ich ihn ununterbrochen loben und ansonsten Maul halten. Aber bitte. Hiermit hatte er meine Zustimmung.

Das reichte ihm aber nicht. Meine echte und ehrliche Zustimmung wurde verlangt. Und warum, wozu brauchte er die? Glaubte er, meine Zustimmung machte seine Spanier vertrauenswürdiger? Sollte ich seine Ganoven adeln? Naiv war er, ein Traumtänzer, denn natürlich würden sie ihn ablinken, seine Freunde, er vertraute ihnen doch selbst nicht. Was sich darin zeigte, dass er meine ehrliche Zustimmung so dringend benötigte. Die genau deswegen nicht zu bekommen war. Aber er würde sowieso tun, was er wollte, wir lebten wie zwei Fremde, warum waren wir überhaupt noch zusammen?

Weil wir nicht anders konnten. Wo hätten wir hingesollt. Unser Schiff war gekentert, die Titanic untergegangen, aber die Gefahr vereinte uns nicht, allein in der Weite des Ozeans klammerten wir uns an dieselbe Planke, wütend mit den Füßen in die Tiefe tretend, und starrten einander über unser Wrackteil an, Feinde waren wir und hatten nur einander.

Denn lieben mussten wir einander natürlich weiterhin. Dass das möglich war, hatte ich nicht gewusst. Sex und Liebe waren nicht dasselbe, das war klar, aber dass man einander lieben konnte, ohne einander zu mögen, entdeckte ich erst jetzt. Erst jetzt begriff ich, dass ich ihn gar nicht mochte.

Was verlangte er denn vom Leben, dufte Feelings und genügend Dope, um immer bekifft zu sein, und noch mehr Dope, um Kilos zu schieben und noch duftere Feelings zu haben mit noch mehr Dope, das reichte ihm, mehr wollte er nicht, aber mir reichte das nicht, ich wollte – was war es gewesen, was ich gewollt hatte?

Das hätte ich nicht mehr sagen können. Denn ich mochte ihn nicht, das ist wahr. Aber alles ohne ihn war Venedigs Seufzerbrücke, ein Ort der Verdammnis und der heulenden Leere. Ohne ihn war das Universum Geröll, Sonnen und Sterne taubes Gestein, und so war es jetzt: die Sterne erloschen, die Sonne ein blasser Zwerg, alles Licht nur noch ein letztes, graues Blinzeln. Und mitten in diesem Untergang fing er nun allen Ernstes von vorn an, mir sein tolles Geschäft vorzurechnen.

Um Geld ging es, Geld mussten wir haben, und ich verstand das nicht, konnte er nur immer wieder dasselbe wiederholen wie eine blödsinnige Maschine? Geld, Geld, Geld! Er klang wie ein pakistanischer Bettler, Rupee, Rupee, Paisa, Paisa, dabei ging es um unser Leben, meines und seines. Und da stimmte er zu, das sagte er ja, wenn wir in Asien überleben wollten, brauchten wir Geld.

Ich habe keinen Bock, in Asien zu verrecken!

Scheißegal, dann verrecken wir eben!

Ratten waren wir im Käfig, die sich in das Rad stürzen und rennen bis zum Zusammenbruch, taub und blind vor Angst, auch dies könnte womöglich nicht der Weg in die Freiheit sein, der es aber sein musste, denn das Rad war der einzige Weg oder das Einzige, was sich bewegte, immer wieder sprang die Ratte, immer höher nach oben, dem sich schneller und schneller drehenden Rad entgegen, eine höhere Sprosse der Leiter suchte sie zu erhaschen, aber keine Sprosse, sondern eine Speiche des Rads war es. Und was tat er, im Namen Gottes und aller Teufel, er sprach weiter von Geld, von seiner scheißverdammten Rotzkohle quasselte er, blahblahblah, ging die Leier, sabbel sabbel sabbel, rann es ihm aus dem Maul, wie wenn eine Kuh pisst.

Sollte er seinen Scheißdeal doch machen!

Das sagte ich ihm wieder und wieder.

Mach, was du willst, verdammt noch mal!

Das wollte er aber nicht. Er wollte nicht machen, was er machen wollte, sondern ich sollte wollen, was er tat, er saß am Lenkrad, ich war auf dem Beifahrersitz festgeschmiedet und sollte die Verantwortung für seinen Fahrstil übernehmen, hundertprozentig, leidenschaftlich, aber was hieß das denn, er selbst hatte Schiss. Er war es, er selbst war der Schisser. Mit Mut sollte ich ihn ausstatten und mit Macht, die er offenbar über die Situation nicht hatte, aber ich war in einer Position totaler Machtlosigkeit. Königin, Frau Königin, so nannte er mich, um mich zu beleidigen, eine Königin ohne Macht war ich wie die von England, eine Karnevalsprinzessin ohne Prinz, allein stand ich der hässlichen Menge gegenüber, und wie das weitergehen sollte, wusste ich nicht, ich konnte so nicht mehr leben.

Hör doch mal auf jetzt, hör doch mal auf!

Das sagte er. Das schrie er, lauter und immer lauter. HÖR AUF JETZT! Dann ging er hinaus zu seinen Spaniern. Er ging einen rauchen und konnte auf einmal lachen. Ich hörte ihn. Dort draußen war er ein anderer, ein Schauspieler war er, ein Chamäleon, dann kam er zurück und fing wieder an.

Wie viele Tage ging das? Zwei? Drei? Ich sagte schließlich: Lass uns die Sache allein machen. Ohne die Spanier. Du und ich.

Was?

Na ja. Was brauchen wir die Spanier dazu.

Mann. Kapier doch. Wir haben das Geld nicht. Wir haben nur diese fünfhundert Mark, die uns keiner wechselt.

Den Schein hatte mir mein Vater als Notgroschen mitgegeben. In Islamabad auf der Bank hielten die Angestellten ihn gegen das Licht. Was war das denn, Monopolygeld? Eine Bestätigung sollten wir beibringen, dass es Banknoten wie diese tatsächlich gab.

Ich sagte: Vielleicht hilft uns die Botschaft.

Die Deutsche Botschaft in Islamabad. Einigkeit und Recht und Freiheit. Brüderlich mit Herz und Hand. Ich erinnere mich an die staubgraue Straße, die Hitze, das Gefühl körperlicher Schwäche, die Kabulitis war mir treu, zum ersten Mal fand ich mich dünn genug. Und da, hinter hohen Mauern, flatterte fröhlich die deutsche Fahne. Heimelig grüßte Schwarzrotgold. Deutsche Amtsstuben lagen dort, sauber gewischte Räume. Schreibtische wohlgeordnet, Topfpflanzen. In der Ecke blubbernd die Kaffeemaschine. Verständliche

Abläufe. Eine schöne Bürokratie. Sekretärinnen mit polierten Schuhen: *Wenn Sie bitte hier Platz nehmen wollen.* Meinetwegen auch: *Nummer ziehen, hinsetzen, Sie werden aufgerufen.* Wenn ich dort hineinfände, wäre alles in Ordnung. Die Frauen sprächen alle mit der Stimme meiner Mama. Ich würde mich auf einen Teppich legen, zusammenrollen und einschlafen.

Aber die Botschaft hatte sich verbarrikadiert. Stacheldraht vor den Mauern, Stacheldraht auf den Mauerkronen, wie ein Gefängnis sah das Gebäude aus. Am eisernen Tor hatten Pakistanis sich aufgebaut und wollten unsere Ausweise sehen, auch verlangten sie zu erfahren, warum wir Zutritt begehrten. Was maßten sie sich an, diese Ausländer, wie konnten sie es wagen, mir den Zugang zu deutschem Staatsgebiet zu verweigern? Gabo hielt mich eisern am Arm. Er erklärte: Eine Bestätigung erbitten wollten wir, dass unser Geldschein echt war. Die Wachen beratschlagten. Auch wurde telefoniert. Schließlich teilten sie uns mit, einer von uns beiden dürfte hinein.

Einer nur. Gabo.

Ich habe seitdem ein Problem mit Pakistan. Ich weiß, das ist ungerecht. Ich weiß, die Männer am Tor gehorchten nur Anweisungen, und ich setze mein Urteil auch sofort außer Kraft, wenn ich einen sympathischen Pakistani kennenlerne. Aber nur für diesen einen. Pakistan im Ganzen ist für mich erledigt.

Gabo durchschritt das Tor. Ich setzte mich an den Straßenrand, allein außerhalb des Schutzwalls, hinter dem Deutschland sich verbarrikadiert hatte. Das Urteil war gefallen. Hier war ich. Hier blieb ich. Nichts würde mich hier herausholen.

Dann kam Gabo zurück. Natürlich hatte die Botschaft den Teufel getan und einem langhaarigen Freak die Echtheit seiner Banknote gewährleistet. Man hatte ihn weggeschickt, es waren die Spanier, die uns nun Geld leihen mussten, und damit hatten sie uns, sagte Gabo, also weiter ging es im Bus auf dem Camp, auf dem verfluchten Camp ging es immer weiter, denn es ging längst nicht mehr um diesen Deal mit den Spaniern, sondern um uns, um ihn und mich ging es, und schließlich lag die Lösung wieder in einer Flasche Whisky.

Als er losging, um den Alkohol zu holen, zerriss ich alle meine Bücher. Als Erstes den Dostojewski, *Schuld und Sühne* in Leinen gebunden, keine einfache Aufgabe, das auseinanderzukriegen, das Werk sträubte sich, konnte aber auf Gnade nicht hoffen. Dann kamen Gorki, Borchert, Rilke, die Expressionisten, sie hatten sich erledigt, im Stich gelassen hatten sie mich und verraten hatte mich jede Sprache, weder Rettung noch Trost waren hier zu finden, nur Wortgeklingel, wie wenn eine Kuh pisst. Gabo kam zurück, und wir tranken inmitten meiner zerrissenen Bücher, ich zeterte furienhaft, und er stapfte auf und ab und schlug mit der Faust gegen die Buswand, zurück gingen wir bis nach Berlin und Coburg und wieder nach Islamabad und so weiter bis zur Bewusstlosigkeit, in der ich tatsächlich versank, denn am Ende hingen wir aneinander und klammerten uns aneinander und schliefen so miteinander ein.

Als ich aufwachte, war ich allein.

Er war weg. Er war gegangen. Kein Zettel lag da, es war Nacht, und ich konnte es nicht glauben, er konnte doch nicht einfach abgehauen sein. Ich wartete eine Weile, aber er kam nicht zurück, also ging ich hinaus.

Draußen auf der Wiese in der Dunkelheit saßen Leute in kleinen Gruppen, und ich ging von Gruppe zu Gruppe, aber er war nicht auf dem Camp. Auch das Auto der Spanier war weg.

They left, sagte ein junger Italiener, der mich erschrocken und mitleidig ansah. They left together with him.

Ich ging zurück in den Bus. Den Busschlüssel und das

letzte Geld hatte er mitgenommen. Ich saß da und starrte in die Nacht und dachte, was ich tun sollte, wenn sie jetzt einen Unfall hätten, und er käme einfach nicht wieder. Ich hatte Angst, oder Angst war es nicht, ich wusste nur keinen Weg, die Nacht schritt voran oder stand still, sie umstand mich, ohne mich zu zerquetschen, nur eingeklemmt war ich. Das Messer war erst eine Art Spielzeug. Dass ich versuchte, es mir über den Arm zu ziehen, war kein Selbstmordversuch, sondern der Wunsch, den Druck zu vermindern, irgendetwas zu spüren, das nicht diese lähmende, unerträgliche Traurigkeit war, und eine echte Wunde, eine sichtbare, klaffende Wunde würde vielleicht etwas verändern, sie würde darauf aufmerksam machen, dass ich verletzt war, in einem Krankenhaus würde man sich um mich kümmern, vielleicht konnte ich so an einen anderen Ort gelangen. Nur war das Messer stumpf.

Es war stumpf, dein Messer. Es schnitt überhaupt nicht. Ich hätte den Arm vielleicht auf eine Unterlage legen und mit Druck säbeln müssen wie bei einem Hühnerbein, mit dem in die Luft gehaltenen Arm oder auf dem Oberschenkel abgelegten Arm war es jedenfalls uneffektiv, hier lief Blut und da kam ein wenig, ich probierte Spitze und Schneide und fing, glaube ich, hässlich zu lachen an oder würde eine Schauspielerin das in einem Film vielleicht tun lassen, und triumphierte auch ein bisschen, denn so ein Scheißquatscher warst du, so ein Versager, groß hattest du das Maul aufgerissen und gefaselt von wegen, das Messer ist scharf, scharf wie Gift, pass bloß auf, aber das war auch wieder nur eine deiner Lügen gewesen, deiner scheißbedeutungslosen Scheißlügen, alles, was du sagtest, war bedeutungslos, nur Geräusch, Gepladder vom schlaffen Urinstrahl der pissenden Kuh.

Und dann kam er zurück und war völlig perplex, den total Überrumpelten spielte er, was war denn hier los, war ich verrückt, er war doch nur essen gewesen.

Also essen gewesen war er. Seinen Bauch hatte er sich vollgeschlagen. Na, da war ich aber froh, dass nicht ich ihm auf den Magen schlug. Also raus hier mit ihm, ich konnte ihn nicht mehr sehen, er war nicht wert zu leben, sterben hätte er sollen bei seiner Geburt, seine Mutter hätte ihn abtreiben sollen.

Er rang um das Messer mit mir.

Gib mir das, das ist scharf wie Gift.

Ich lachte und kreischte und spuckte nach ihm, scharf wie Gift, sein gefährliches Messer, ja klar, du Idiot, dann hatte er es und schrie: Bitte schön, da, ich werd's dir beweisen, und zog es sich über den Unterarm.

Es schnitt, aber nicht tief. Nur ein tiefer Kratzer entstand. Als hätte er in Dornen gelangt. Als hätte er mit einer Katze gekämpft.

Das war das Ende. Weiter kamen wir nicht. Wir fielen aufs Bett, und während ich verlangte, sofort nach Hause gebracht zu werden, schwor er mir, er würde meinen Heimflug möglich machen, er würde den Bus verkaufen, jemanden anpumpen, alles würde er für mich tun, mir in Indien einen Hund schenken, ein Haus am Strand finden nur für uns beide, aber bitte, bitte flieg nicht, bleib bei mir, ich schwöre, niemanden gibt es auf der Welt außer dir. Am nächsten Morgen erwachten wir umschlungen, den schalen Geschmack von Whisky im Mund, das Bett voller Blutflecken und den Trümmern der Schlacht. Er machte Frühstück, er räumte auf, ich durfte nichts tun, ausruhen sollte ich. Ich sagte: Du gehst ja doch gleich wieder zu deinen Spaniern.

Die sind nicht da.

Wirklich nicht?

Wirklich nicht.

Ach Gabo. Hoffentlich bleiben sie weg.

Sie kommen heute Abend zurück. Sie holen das Dope.

So war das gewesen. Die ganze Zeit, während wir gekämpft hatten, während wir gestritten hatten, während der Szene mit dem Messer war längst alles entschieden.

Am nächsten Morgen fuhren wir. Roberto, Joseph und der Affe waren zugestiegen. Sie ließen ihr Auto stehen, das ging also auch, man musste das Auto nicht unbedingt mit ausführen, auch da hattest du wieder gelogen oder den Sachverhalt nicht begriffen, was erwartete ich auch anderes.

Ab jetzt, ab Islamabad, ging ich davon aus, dass du ein Arschloch warst.

Kurz vor Lahore fuhren wir von der Straße ab, auf einen Pfad, der in die Felder führte. Dort wickelten wir das Haschisch in Plastik und bauten es in die beiden Reservereifen ein. Ein Junge trieb Wasserbüffel über das Feld, und ich ging zu ihm hinüber, er sprach kein Englisch, aber wir gestikulierten und lachten, er sollte nicht sehen, was wir da trieben.

Dann fuhren wir weiter nach Lahore. Wir aßen dort in einem chinesischen Lokal, das Essen war sehr gut, wir tranken Bier und waren ausgelassen, ich glaube, ich habe nie wieder irgendwo so ausgezeichnet chinesisch gegessen wie in diesem Lokal in Lahore.

Am nächsten Morgen brachen wir früh auf. Auf dem Weg zur Grenze hielten wir, um die Vorderreifen gegen die Reservereifen mit dem Haschisch auszutauschen. Kurz vor der Grenze stiegen die Spanier mit dem Affen aus. Die Passkontrolle fand in einer niedrigen Baracke statt. Wir gaben vor, die Spanier nicht zu kennen und lachten mit den anderen, als Roberto sagte, der kleine Affe heiße King Kong, und ich dachte, wie merkwürdig es war, dass man es lustig fand, etwas Wehrloses mit dem Namen eines Mächtigen zu belegen und es damit noch wehrloser zu machen. Dann rollten Gabo und ich mit dem Bus zum indischen Zoll, wo das Car Checking stattfand. Direkt vor uns zerlegten zwei Fahrer auf Geheiß der Grenzer ihren Bus, einen der Magic Busses oder Butterflybusse, die für ein- oder zweihundert Dollar Freaks zwischen Indien und Europa hin und her karrten.

Wir warteten also, Gabo und ich. Er zündete mir eine Zigarette an. Ich holte ihm eine Fanta von hinten. Wir plauderten, ich war vollkommen gelassen, nie sind wir einander näher gewesen. Was hatte ich überhaupt für ein Problem gehabt? Dies hatte ich doch gewollt. Dies hatten wir sein sollen: ein Gangsterpärchen, tough, gesetzlos, in der Gefahr gegen die Welt vereint, cool blickten wir nach vorn in die Kamera, spürten die Spannung des Publikums und die Hitze des Scheinwerferlichts, rauchten und wechselten Belanglosigkeiten, während nun vor uns die Reifen des Butterflybusses abgebaut wurden.

Schade war nur, dass wir unentdeckt bleiben mussten. Die Zuschauer würden gar nicht begreifen, was für ein Stück sie sahen. Was hätten sie für Gesichter gemacht, notierte ich im Tagebuch, wenn wir abgeführt worden wären? Diese beiden sympathischen, jungen Deutschen, denen man dergleichen niemals zugetraut hätte! So nett hatten sie gewirkt und so ineinander verliebt, denn wir hielten Händchen und legten die Arme umeinander, auch wunderte ich mich, dass die Turbane der indischen Grenzer ganz anders aussahen als die der Afghanen, aber Gabo sagte, die Grenzer seien Sikhs, und dass er das wusste, gefiel mir sehr.

Dann stieg ein großer Sikh zu uns ein. Prüfend blickte er sich um.

No illegal things? No hashish?

Um Himmels willen. Zusammen räumten wir den Kleiderschrank aus, heiter Konversation treibend, ich erzählte, wie sehr wir uns auf Indien freuten, wir standen ja nun direkt vor dem Ziel. Dann riskierte ich etwas. Ich sah dem Sikh vertrauensvoll in die Augen und sagte: Please, do not destroy our mattress.

Denn das taten sie manchmal, sie schlitzten die Matratzen auf. Der Sikh lachte und beruhigte mich, no, Madam, not to worry, er würde mir gar nichts kaputt machen. Aber es musste nun doch die Motorhaube geöffnet werden. Die Motornummer interessierte ihn. Ein weiterer Grenzer kam heran, und Gabo kramte im Bus nach Werkzeug, etwas musste ausgebaut werden, man konnte die Motornummer sonst nicht lesen. Und würden wir freundlicherweise unsere Reservereifen abnehmen.

Während sie untersuchten, was bis vor wenigen Stunden unsere Vorderreifen gewesen waren, standen wir dabei und rauchten Zigaretten. Natürlich rauchten wir, aber eher weniger als sonst und jedenfalls nicht hektisch, sondern besonnen, auch plauderten wir immer weiter, wir überlegten, wie lange wir wohl bis Delhi brauchen würden, und wiesen einander auf einen grünen Bus hin, den wir schon irgendwo gesehen zu haben glaubten, wir sprachen deutsch, aber in einem Tonfall, der selbst dem mit der Sprache Unvertrauten als locker erscheinen musste.

Wirklich ganz schön heiß.

Es wird bestimmt noch heißer, wenn wir weiter nach Süden kommen.

Und am heißesten, falls sie nun beschlossen, einen weiteren Reifen zu untersuchen, darüber redeten wir aber nicht. Wir dachten noch nicht einmal daran, denn womöglich konnten Menschen einander ohne Worte verstehen. Womöglich waren Gedanken Schwingungen, Radiosignale, man wusste nicht, wer sie auffing, und gerade, wenn sie sich noch nicht in Sprache verwandelt hatten, wenn sie noch nichts als Bilder und Ängste waren, konnten sie mit Leichtigkeit dechiffriert werden. Also red mir von keinem lila Krokodil.

Hast du gesehen, die Leute dort drüben, sagte ich. Die haben ein Baby dabei.

So machen wir das auch, sagte er und legte den Arm um mich. Wir nehmen unser Kind später auch überall mit hin.

Über solch einem Thema vergaßen wir die Reifen tatsächlich. Wieso, welche Reifen, womöglich erstaunter als alle anderen wären wir gewesen, wenn sie das Haschisch gefunden hätten.

Aber sie fanden es nicht. Nichts fanden sie, fertig waren wir, Gabo montierte die Reservereifen an, wir sprangen in den Bus, die Seitentür fiel mit sattem Klang ins Schloss. Gabo ließ den Motor an. Der Bus rollte. Grüßend winkten wir, der Sikh hob die Hand, wir fuhren über die Grenze und nach Indien hinein.

Einen einzigen Blick wechselten wir. Dann starrten wir wieder nach vorn, wir waren noch nicht außer Sicht der Grenze, aber wir begannen beide sehr breit zu grinsen. Die Spannung wuchs, es war fast nicht auszuhalten, eine geradezu sexuelle Spannung war es, dann kam eine Kurve, und dahinter warteten die Spanier am Straßenrand.

Als sie uns sahen, sprangen sie in die Luft. Wir hielten an, rissen die Türen auf, rollten aus dem Bus und begannen zu schreien. Wir fielen einander um den Hals und hopsten um den Bus, wir johlten und umarmten einander, und Gabo hob mich hoch und schwang mich durch die Luft, denn so cool war ich, so supersupercool, mein allererster Deal war das gewesen und ich dermaßen unbeschreiblich cool. Die Inder, die vorbeikamen, riefen uns Grüße zu und lachten, denn wir verkündeten ihnen große Freude: We are in India, riefen wir, we are in India! Wir hatten es geschafft, wir waren da, und wir hatten einen Bus voller Hasch.

Von der Grenze nach Goa über Delhi braucht man auf der kürzesten Route laut Google Maps für 2350 Kilometer neununddreißig Stunden. Auf einer anderen, ebenfalls plausiblen, fährt man fünfzig Stunden und dreitausend Kilometer. Ich weiß nicht, welche wir genommen haben. Nicht die kürzeste. Warum fuhren wir überhaupt über Delhi? Wir wollten dort unsere Banknote wechseln, aus fünfhundert Mark wurden fast zweitausend Rupien, wenn ich mich recht erinnere, ein Vermögen. Natürlich hätten wir das Geld auch in Bombay wechseln können. Über Bombay kamen wir aber nicht. Wir waren entschlossen, mit dem Haschisch nach Goa durchzubrettern, und das taten wir, drei Tage und einen großen Teil der Nächte waren wir unterwegs, wir hielten nur zum Essen, zum Einkaufen oder wenn der Affe getürmt war. Gabo fuhr am Tag, die Spanier in der Nacht. Es war Diwali und Neumond. Überall in der heißen Dunkelheit brannten die kleinen Flammen der Öllämpchen. Auf den Straßen wurde gefeiert, die Menge umtobte uns, Lärm und Hitze erschienen uns ungeheuer. Irgendwo wurde mit Farbpulver geworfen, ein Farbbeutel flog in die Fahrerkabine, Joseph drohte mit seinem Schuh aus dem Fenster und ließ sich dafür auslachen, und der Affe flippte aus und sprang aus dem fahrenden Bus und hangelte sich in Windeseile aufs Dach. Er tat das immer wieder, und Joseph kletterte während der Fahrt hinterher. Im Scheinwerferlicht zuckten die feiernden, lachenden Menschen auf, dann herrschte wieder die schwarze Nacht. Hügel, Felder, tischebenes Land. Und wieder überall Menschen, die Steine schleppenden Mädchen, die in der Sonnenhitze im Straßenbau schufteten, die Frauen mit Lasten auf den Köpfen, sie hatten nicht einmal Schubkarren, um die Straße zu bauen, auf der unser Bus rollte. Am Straßenrand Heerscharen von Fußgängern, die steckendürren Beine von Männern unter dünnen Lungis, Bettlerinnen mit Kindern auf den Armen, die überall ans Busfenster kamen, einmal ein splitternackter Mann mit verschränkten Beinen auf einem Steinpfeiler. Wasserbüffel, Dschungelgrün in den Westghats. Joseph erlitt unterwegs einen Malariaschub, er und Roberto waren seit drei Jahren unterwegs und vor Asien in Südamerika gewesen. Er lag hinten auf dem Bett bei vierzig Grad Hitze mit Schüttelfrost, und ich bedeckte ihn mit allem, was wir besaßen, auch wollte er ständig trinken, aber keine Fanta, und wir hielten unterwegs an und kochten Wasser für ihn ab. In der Dunkelheit lag ich neben ihm und versuchte im Geschüttel und Gerüttel zu schlafen, aber der Affe zog an meinen Haaren und wollte kuscheln, er hatte seine Liebe zu mir entdeckt, und natürlich hatte er wieder ins Bett gemacht, alles war voll Affenpisse, und einmal schlief er reglos fünf Stunden lang, wir dachten, er wäre tot, aber er hatte nur zu viel Haschisch gefressen.

Goa erreichten wir in der Nacht. Wir stellten den Bus ab, alles fiel um, und eine Stunde später erwachte ich mit einer Augeninfektion. Ich rieb und wischte, mit Spiegel und Taschenlampe versuchte ich zu erkennen, was mich quälte, konnte aber nichts finden. Roberto saß eine Weile bei mir. Gegen Morgen untersuchte mich Joseph. Gabo schlief. Dann wurde er wach, ich war froh und glaubte, wir gingen nun zum Arzt, aber Gabo beschloss, erst einmal ein Haus zu finden.

Sie verschwanden zu dritt. Meine Augen waren zugeschwollen, blind lag ich auf dem Bett. Wenn Bettler an den Wagen kamen und ihr übliches *Hello, hello, please* riefen, kroch ich zur Wagentür und imitierte ihren Ton: *Hello, hello, please, Paisa, Paisa,* und wenn sie mich auftauchen sahen, unglücklich und wütend, blind mit triefenden Augen und auf allen vieren schnaubend wie ein Stier, dann rannten sie.

Gegen Mittag kamen die anderen wieder. Gabo schälte mich aus meinen verschwitzten Sachen und wickelte mich in einen Lungi, ein dünnes Tuch, das er für mich gekauft hatte, er gab sich nun zerknirscht und schwärmte gleichzeitig, mehrfach wechselte er von Moll nach Dur und zurück, denn das mit meinen Augen tat ihm jetzt wahnsinnig leid, viel früher hätte man zum Arzt gehen sollen, andererseits, ein Haus hatten sie gefunden, Mäuschen, Häschen, Liebchen, ein wunderschönes Haus, ich würde schon sehen, sehen würde ich.

Dann fuhren wir zum Panjim Goa Medical College & Hospital. Dass ausgerechnet hier Goa für mich begann, zwischen den Liegen und Tragen in diesen offenen Gängen, die erfüllt waren vom Geschrill der ein- und ausflatternden Vögel, erscheint von heute aus gesehen natürlich unwahrscheinlich, übertrieben bedeutungsträchtig kommt es einem vor. Aber damals ging mir nicht einmal das Gefühl, jemand hätte mir Sand in die Augen gestreut, als Metapher auf. Ich hatte lediglich Angst, womöglich eine Weile hier bleiben zu müssen, denn um mich zu behandeln, wurde ich gebeten, mich auf ein Bett in einem der Krankensäle zu legen. Vergeblich habe ich später diesen genauen Saal wiederzufinden versucht.

Dann fuhren wir nach Anjuna.

Anjuna …

Welcher Indienreisende hat nicht von Anjuna gehört? Wer kennt nicht die Namen der Strände, jetzt, wo Millionen Pauschaltouristen alljährlich nach Goa fliegen? Sinquerim, Candolim, Calangute, Baga, Anjuna, Vagator, Chapora … Sie können mir alle miteinander gestohlen bleiben. Ganz Goa kann mir gestohlen bleiben, ich pfeife auf ein Goa mit Sonnenschirmen und Strandliegen und Swimmingpools und Plastikmüll, ich sage nicht, dass das wohlabgewogen oder fair von mir ist, ich pfeife auf Fairness, was habe ich für ein Interesse daran, ich kenne alle Theorien zum Thema Tourismus und die widerstreitenden Ansichten zu der Frage, ob Tourismus einer Region eher nützt oder schadet oder welche Sorte Tourismus nützt und ob der Gesamtkomplex vorrangig unter Gesichtspunkten der Ökonomie oder der Ökologie zu betrachten sei, mir ist das schnurzpiepe, ich kann nur sagen, wir haben keine Schildkröten vertrieben und den Bauern nicht das Wasser abgegraben, für uns wurde kein Meter Boden betoniert, wir haben nicht die Russenmafia ins Land geschleppt, und kein internationaler und nicht einmal ein nationaler

Investor hat an uns je eine Rupie verdient, unser Geld floss in die Taschen der Locals.

Aber wir waren die Lockvögel. Wir waren die Auslöser der Touristenströme, denen die Region ihren Reichtum verdankt, ohne uns hätte diese glückliche Entwicklung gar nicht stattgefunden, die bitter nötiges Geld in das arme Land spült und die Horden der Pauschalreisenden, die für vierzehn Tage einfallen, Knete ausspucken und sich wieder verpissen, wie es sich gehört, ein Glück auch, dass die Hippies weg sind, das verdammte Drogen- und Hepatitisgesindel, und ja, ich weiß, ich begreife, wie albern es ist, wenn Reisende Reisende als Touristen beschimpfen. Aber hey, sorry!

Mein Beileid den zu spät Geborenen. Bleibt zu Hause, was wollt ihr noch ansehen! Kauft eure T-Shirts aus Korea in Wanne-Eickel, schont das Klima und geht zu Fuß nach Caorle, radelt zum Bungeejumpen nach Berlin-Schmöckwitz, stellt euch eine plastinierte Echtblattpalme an die Badewanne, klebt euch Fototapete ins Wohnzimmer und schaut euch den Rest auf Youtube an, wozu wollt ihr euch aus dem Gartenstuhl aufraffen? Es lohnt nicht die Mühe, da draußen sieht alles gleich aus, ja schade, tut mir jetzt echt leid für euch, heult, winselt, beißt euch in den Hintern, aber es ist vorbei, ihr habt es verpasst. In die hinterste Ecke der Welt könnt ihr fliegen, snowboarden am Hindukusch und White-Water-Raften auf dem Panjir, zweihundert Selfies von euch als Adventurer schießen mit der Basecap verkehrt rum und das Beste davon im Internetcafé von Popondetta auf facebook hochladen, aber es nützt nichts, am Ende quatscht ihr doch wieder in Echtzeit mit der Mama daheim, die euch sagt, welche Salbe ihr auf eure Mückenstiche schmieren sollt, und dann schiebt sich Papa ins Bild und fragt männlich fest, ob er euch fix ein bisschen Geld nach Majunga schicken soll, und selbst wenn ihr eure Kreditkarten zerschneidet und eure Handys zerschmettert, wäre es doch bloß ein lächerliches So-tun-als-ob, also lasst es bleiben, verdammt noch mal, zieht eure Aroniabeeren auf dem Balkon, taucht in der Wanne nach Plastikfischen und grillt vegan, damit sämtliche alten Haustierrassen endlich aussterben, aber ihr rettet damit keinen einzigen Rhinozeroskäfer vor der Planierraupe, und auch eure Paläodiät bringt nicht das Mammut zurück und erst recht nicht den Säbelzahntiger, und ein Glück auch! Scheißmiese Biester waren das nämlich!

Was weiß ich von der Gegenwart.

Behaltet eure Gegenwart!

Anjuna …

In Träumen kehre ich manchmal zurück. Es ist nie das wirkliche Goa und auch nicht immer der gleiche Ort, aber immer weiß ich, dies ist Goa, und gleich um die Ecke herum liegt die Küste oder die Ansammlung von Häusern, von denen ich das letzte Mal geträumt habe. Jedes Mal erweitert ein neuer Schauplatz die Topologie dieses Traum-Goa, wo ich mich wiederfinde, wenn sich wieder einmal in meinem Leben etwas verändert, und in solchen Phasen oft Nacht für Nacht. Dieses Wiedererkennen geht einher mit einer Art grimmiger Freude, einer fast masochistischen Befriedigung: Ah. Da sind wir. Es ist also mal wieder so weit. Dann stelle ich mich auf etwas ein, aus dem zu erwachen ich froh sein werde.

4

Unser Haus lag nicht direkt am Strand, sondern im Palmenwald, kurz vor der kleinen Brücke über den Wassergraben, in dem sich die Büffel wälzten. Weißt du noch, lieber Leser? Erinnerst du die Stelle? Es war dieses einfache, kleine Häuschen gleich rechts, weiß mit rotem Dach, vorn unter der Veranda schwang eine verblichene Hängematte. Die Motorradfahrer, wenn sie über die Reisfelder heranholperten, gaben vor der Brücke immer Gas, sie benutzten sie als Sprungschanze, mit nackten Beinen und nackten Oberkörpern fegten sie heran und flogen über die Brücke –

BOOOOOOOM!

Das war der Ruf, der überall widerhallte, jedes Mal, wenn ein Moped über das Brücklein sprang oder jemand ein Chillum entzündete oder einer kundtun wollte, dass er jung war und lebte. Erinnere dich, Leser, an die Kühle der hohen Räume, die bis zum Dachfirst offen waren, sodass man, auf dem Bett liegend, in die Deckenbalken hinaufsehen konnte. Die Innenwände waren mit Shiva, Lakshmi und Pfauen bemalt, Tücher wehten, der Wind strich durch die Fenster, die unverglast waren. Verließ man das Haus, schloss man die Läden. Früher, hieß es, war solche Vorsicht unnötig gewesen, aber inzwischen gab es zu viele Junkies. Jede Frühzeit, wie strahlend überglänzt sie auch sein mag, blickt auf eine noch frühere, strahlendere zurück.

Wobei auch ein Junkie bei uns kaum etwas hätte finden können. Dies erschien mir damals und erscheint mir bis heute als großer Luxus: ein Leben zu führen, das es gestattet, mit einem Minimum an Gegenständen durch den Tag zu kommen. Unsere bunten Lungis hängten wir an Nägel. Die Wandnischen nahmen Muscheln, Zigaretten und die Kerzen auf, die man in eine Kokosnussschale klebte, um im Dunkeln seinen Weg durch den Wald zu finden. Auf dem Boden lagen geflochtene Matten, als Bett diente uns die Matratze aus dem Bus, auf der ich den ersten Tag verbrachte, eine Binde über den Augen.

Strahlend stolz war Gabo, als er mich am nächsten Morgen an den Strand führte, als wäre Anjuna seine Idee, als wäre dies unser Brautgemach, und er hätte es extra für mich ausstatten lassen.

Hotels oder Guesthouses gab es damals nicht in Anjuna und auch keine Straßen außer einem schmalen asphaltierten Wegstreifen am äußersten Nordende des Strandes, wo ein paarmal täglich der Bus von und nach Mapusa vorbeikam. Die im Palmenwald verstreuten Häuschen der Hippies und die kleinen Bauernhöfe der Goanis verbanden rotsandige Trampelpfade miteinander. Unter den Palmen flitzten große Libellen. Die Mädchen und Männer, die einem entgegenkamen, stammten aus allen Ländern der westlichen Welt, sie grüßten Shambhu, Shambhu, Shiva Shambhu, überall dieser weiche Gruß. Die Bretterbuden am Strand boten Banana Lassi an, Cauliflower Naan, Dhal mit Reis. Das Meer war badewannenwarm, und ich trieb Ewigkeiten in den Wellen und sah zu dem Palmenwald hinüber, der mittags hitzegrau in der Sonne stand oder nachmittags, bevor es zu regnen begann, vor den violetten Regenwolken in unirdischer Schärfe leuchtete. Denn es war zwar November und der Monsun vorbei, aber manchmal goss es noch in Strömen, und wir fuhren nackt am Strand Motorrad, meine Arme um Gabo geschlungen, das Wasser warm prasselnd wie unter der Dusche.

Abends versammelte man sich am Strand und blickte nach Westen, auch wenn der Himmel wieder einmal nicht in allen Farben glühte, sondern die Sonne nur eilig hinter den Horizont sackte, flupp, weg war der letzte blendende Rand, sofort danach wurde es dunkel. Die Stromversorgung, wo sie existierte, war, wenn man sie brauchte, überlastet, kaum dass man beim matten Glimmen der Glühbirnen die Streichhölzer fand, um Kerosinlampen und Kerzen zu entzünden. Im Wald in der Nacht lautes Grillengezirp. Das Motorrad suchte sich seinen Weg, der Scheinwerfer löste momentelang nächtliche Wanderer aus der Dunkelheit, bunte Stoffe und nackte Beine. Spätabends lagen wir in unserem vom Wind durchzogenen Haus. Im Wetterleuchten zuckten die Silhouetten der Palmen vor dem Nachthimmel auf. Dann, während man schon einschlief, der langgezogene Ruf eines späten Motorradfahrers.

Booooooom!

Mahadev, Maheshwar, Rudra, Trilochan, Devendra, Shankar. Die vielen Beinamen Shivas.

Bom SHANKAR!

Nachmittags, wenn der Regen niederrauschte, lag ich oft in der Hängematte auf der Veranda. Die Wasserbüffel wälzten sich in ihrem Graben, begeistert krähten Hähne in den Regen hinein, die kleinen, schwarz behaarten Schweine verkrochen sich in ihre Verschläge. Sie entsorgten die nassen Abfälle. Es gab ja keine Toiletten. Man ging mit einem Tonschälchen voll Wasser hinter die Düne oder stieg auf eine zu diesem Zweck eingerichtete Plattform mit Loch. Die Schweine hielten sich darunter bereit. Man traf sich dort auch. Man begegnete charismatischen Männern und schönen Frauen auf dem Weg zu dieser Düne, oder hinter der Düne winkte man hockend einander zu. Shambu, Shambu, Shiva Shambu! Man gewöhnte sich schnell daran. Auch die Römer hatten schließlich ihre Toilettengänge in Gemeinschaft erledigt, und Anjuna war jedenfalls sauberer als Spanien, wo die Abwässer der Hotels ungeklärt ins Meer rannen, direkt an den Badestränden, sodass man in der eigenen Kacke – was meine ich hier verteidigen zu müssen?

Tatsächlich komme ich mit der Ambivalenz meiner Erinnerung nicht zurande. Goa ist ein Kippbild, Liebe/Tod, Hase/Ente, Mädchen/Hexe, zwei einander spiegelnde Profile/eine Urne mit Asche. Die Bilder existieren gleichzeitig, lassen sich aber nicht gleichzeitig betrachten oder gleichzeitig präsentieren. Wie wir über Goa, so sprechen Veteranen vom Krieg.

Anjuna in den Siebzigern war kein Touristenziel. Es war nicht bevölkert von den namenlosen Horden temporär egalitärer Urlauber, wie sie moderne Hotels einsaugen und ausspucken.

Eher ging es zu wie in einem Roman der Jahrhundertwende, in dem sich eine überschaubare Gästeschar während der Sommersaison an der Table d'Hôte in einem Seebad versammelt, oder noch eher wie in Gorkis Datschen, wo die Hauptfiguren, die den Kern dieser Welt bilden, einander seit Ewigkeiten kennen, Saison für Saison kommen sie zusammen, in jeder neuen Folge sind sie mit dabei.

Die ersten dieses illustren Clubs waren schon in den Sechzigern hier angeschwemmt worden. Ihre Wurzeln reichten in eine Zeit vor der Hippie-Bewegung hinab, zur Beat Generation um Jack Kerouac und Allen Ginsberg, die alles Folgende schon vorweggenommen hatte: die Drogen, die freie Liebe, den Buddhismus, die Sehnsucht nach Rückkehr zur Natur und die Glamourisierung der Ruhelosigkeit. Der berühmteste von ihnen ist heute Eight Finger Eddie, er hat einen Wikipedia-Eintrag, seine Memoiren sind im Netz als *My Rise To Relative Obscurity* zu finden, und als er 2010 mit fünfundachtzig in Goa starb, erschienen nicht nur in der Lokalpresse, sondern auch in westlichen Blättern wie dem *Guardian* Nachrufe.

Eddie hatte tatsächlich nur acht Finger, so wie Blind George tatsächlich blind war. Georges über die halbe Welt verteilten Kinder haben unter dem Titel *The Ecstasy of Longing* posthum Gedichte ihres Vaters und Auszüge seiner Autobiografie auf amazon.com publiziert, der man entnehmen kann, dass George als Kind an Makuladegeneration erkrankt war. Wenn ich ihn sah, war immer jemand an seiner Seite. Dabei wirkte er aber in keiner Weise hilfebedürftig. Was anderen eine Behinderung gewesen wäre, war bei ihm Lebensantrieb. Ein Mann von starker Anziehungskraft war er, ein Weltreisender, und wenn man auf ihn hinwies, schwang Ehrfurcht mit: He is blind, he is really blind.

Leute wie Blind George und Eight Finger Eddie sah ich damals nur aus der Ferne. Das lag auch am Altersunterschied: Im Jahr meiner Geburt war George zum ersten Mal Vater geworden, und als Eight Finger Eddie in Anjuna die erste Community gründete, wurde ich gerade eingeschult. Braun, hager, verwegen erschienen mir diese Männer, Charisma umwehte sie, sie gaben den Stil vor, den die anderen kopierten. Den Winter verbrachten sie in Goa, dann zogen sie nach Norden und zu Beginn des Regens nach Nepal, Bali, Thailand, im Sommer statteten sie möglicherweise ihrer Herkunftsregion in Europa, Amerika, Australien einen Besuch ab, rechtzeitig zu Weihnachten fanden sie sich wieder in Goa ein.

Um Zugang zu diesem innersten Kreis zu gewinnen, musste man über irgendetwas verfügen: Drogen, Geld, Verbindungen, musikalisches Talent. Peace, Love, and Dollars: Trumpet Steves unvergängliches Wort. Aber alles, was Gabo und ich hatten, war ein Haufen unbrauchbares Hasch.

In welchem Zustand das Zeug aus den Reifen herausbröselte, nachdem wir darauf zweieinhalbtausend Kilometer über schlechte Straßen gebrettert waren, kann man sich ja vorstellen. Die Plastikverpackung war geschreddert, die Fetzen waren unauflösbar mit dem Haschisch verknetet. Dass ich nicht einmal mich selbst gefragt habe, warum wir, nachdem wir das Haschisch über die indische Grenze gebracht hatten, die Reifen nicht wieder ausgetauscht hatten, sagt etwas über meine Geistesverfassung aus. Ich dachte nicht nach, mich ging nichts etwas an, ich konnte nichts ändern und nichts beeinflussen, ich überließ alles den Erwachsenen.

Ich glaube, ich litt unter einer milden Variante des Stockholmsyndroms. Gern hätte ich bei irgendwem Schutz gesucht, aber der Einzige, der dafür infrage kam, bot keinen, er hockte mit sechs oder sieben Spaniern in der Küche und popelte das Haschisch auseinander. Tisch und Boden lagen voll

Haschisch, man trat auf das Zeug, man hatte es zwischen den Zehen, drei Kilo von fünfzehn gingen so verloren, und der Rest taugte nichts und hatte niemals etwas getaugt. Potenzielle Kunden winkten ab: Border hash, this.

Ich trieb nackt im Meer oder war barfuß auf den roten Sandpfaden unterwegs. Stark empfand ich, wenn ich allein war, das Überwältigende, die Exotik, die Süße dieses Orts, war aber nicht in der Lage, mich hinzugeben, mich kontemplierend an meine Umwelt zu verlieren, unruhig war ich, ungeduldig. Ein Gefühl der Bedrückung verließ mich keinen Moment.

Eines Abends erwachte ich wieder einmal allein im Dunkeln. Die anderen waren wohl auf die Strandparty gegangen. Nur das Äffchen huschte durch die Schatten in den Ecken. Mona. Wie schlecht ich sie behandelt habe, ist mir jahrelang nachgegangen. Ich schrieb ihr die Schuld an meiner Augeninfektion zu, auch war sie ein hinterhältiges, verräterisches Vieh. Wenn die Spanier sie mal wieder zurückließen, weil ihre Zerstörungswut in den Strandkneipen unerhörte Rechnungen produzierte, hockte sie am Fenster, jammerte wie ein Kleinkind und schob sich ihre Finger in den Mund. Anfangs war ich auf diese Mitleidsmasche hereingefallen und hatte sie zu trösten versucht, aber kaum tauchte Roberto auf, ließ sie mich im Stich, sie warf sich ihm entgegen, ging an ihm empor und schnatterte hämisch von seiner Schulter herunter. Verpissen sollte sie sich. Die Innenwände des Hauses reichten aber nicht bis hinauf zum Dach. Ich konnte sie aus meinem Zimmer nicht fernhalten. Ich scheuchte sie mit einem Lungi, aber immer wieder turnte sie an der Wand empor, ich brüllte, und sie schnatterte vor Schrecken, ich schlug nach ihr, und sie kreischte vor Entsetzen, raste aber gleich wieder die Wand hinauf, wie eine Fliege entkam sie und kehrte zurück, und in dieser Nacht schloss ich schließlich die Fensterläden, löschte die

Lichter, verrammelte alles und ließ den Affen im stockfinsteren Haus allein.

Draußen nahm mich ein Inder auf seinem Motorrad zur Strandparty mit. Diese Partys fanden meist am Fuß der Anhöhe statt, die Anjuna am Südende begrenzt. Die Band spielte auf einer hölzernen Plattform. Nicht irgendeine Klampfenbande war das, sondern eine richtige Band mit Verstärkern, das Equipment war aus dem Ausland importiert, und man coverte nicht etwa Hits, sondern jammte. Jammte und jammte und jammte.

Ich fand einfach keinen Ort für mich auf diesen Veranstaltungen. Oben auf der Bühne kamen und gingen die Leute wie auf einer Sonderveranstaltung, ohne sich um das Publikum zu scheren. Die Tänzer vor der Bühne bezogen sich nicht aufeinander, sie wanden sich mit geschlossenen Augen, jeder ein Star in seinem einsamen Film. Die Grüppchen der Sandsitzer rauchten Chillum um Chillum und genügten sich selbst. Oben zwischen den Palmen, wo die Chai-shop-Ladies ihre niedrigen Stände mit Essen und Getränken aufgebaut hatten, flammten kleine Lichter, hübsch sah das aus, aber dicker Kerosingeruch lag über allem und verursachte mir Brechreiz. Ich stapfte von der Bühne zum Wasser, wand mich durch die Schlafsackmaden am Außenrand und langweilte mich, während mir mütterliche Ermahnungen von zahllosen Kindergeburtstagen im Ohr klangen.

Los, jetzt geh schon, hab dich nicht so! Zier dich nicht immer, was hast du nur! Sing in das Mikrophon, hops auf einem Bein, steig in den Sack, mach einfach mit, die anderen machen es doch auch!

Ende November verdrückten sich die Spanier und nahmen den Rest des Haschischs mit. Was wollte Gabo dagegen unternehmen? Keine Macht konnte er anrufen, die Wiederherstellung von Recht und Gerechtigkeit hätte er selbst in die Hand nehmen müssen, aber die Spanier waren viele und er nur einer.

Das Haus konnten wir nun nicht mehr halten. Am Strand, gleich zwischen der flachen Düne und der vordersten Reihe der Palmen, errichteten wir aus Matten und Bambuspfosten eine Hütte. Dass Gabo sofort wusste, wie sie zu bauen war und welche Materialien in Mapusa auf dem Markt zu besorgen waren, beeindruckte mich einmal mehr. Die Hütte lehnte wie ein Vorzelt am Bus, die Wände waren schulterhoch und darüber bis zum Dach offen, immer wehte durch diese Behausung der Wind. Nun musste noch ein Besen besorgt werden, um den Sand von den Matten rund um die Matratze zu kehren, einen großen, unglasierten Tonkrug brauchten wir, in dem das Duschwasser lange frisch blieb, und ein Tischlein für Aschenbecher und Kerzen, dann war alles fertig, und Gabo konnte Backgammon spielen.

Alle spielten andauernd Backgammon. Ich verstand es nicht. Wieder verstand ich die Neigungen der anderen nicht. Ich habe nie viel Spaß an Karten- oder Brettspielen gehabt, nicht mehr nach meinem neunten Lebensjahr, als ich sämtliche Spielsteine für Halma und Mensch ärgere Dich nicht bemalt und beklebt und in winzige Menschen verwandelt hatte, in Mädchen mit bunten Kleidern und Zöpfen, bärtige Männer mit Hut, auch eine Oma mit weißem Knoten gab es und eine Prinzessin in litzenbesetztem Kleid. Ab dann erfand ich mit ihnen Geschichten, und wenn man doch noch einmal Halma spielte, dann kämpfte nicht mehr Rot gegen Grün in Heeren gesichtsloser Soldaten, sondern Einzelne schlossen sich zu einer bunten Mannschaft zusammen.

Daran dachte ich jetzt. Ich dachte an zu Hause. An meine Eltern dachte ich in Deutschland, wo jetzt die Weihnachtszeit begann, nachts träumte ich, ein Kind zu sein und an der Hand meiner Mutter durch die abendliche Stadt zu gehen, in ihrer Manteltasche hatte sie Kuchen für mich, und wenn ich aufwachte, war ich verweint. Mit der aufgehenden Sonne kamen die Fliegen. Ich wickelte mich in meinen Lungi und ging bei den Sikhs frühstücken. Milchtee, Toast, Mixed Fruit Jam. *All natural* stand auf dem Etikett, der Inhalt schmeckte nach Raumbeduftungsmittel. Gabo war meist mürrisch. Es war nicht so, dass wir ununterbrochen stritten. Es gab durchaus Zeiten des Friedens zwischen uns. Aber es war ein Frieden wie in Nahost.

Tagsüber saß ich stundenlang mit Thor bei den Sikhs und legte Tarotkarten. Thor war hässlich, ein Rübezahl mit schütterem blonden Haar und lückenhaftem Gebiss, der als Geburtsort Spitzbergen angab, obwohl er kein Norwegisch, sondern akzentfreies Deutsch sprach. Man ließ das aber gelten. Mehr als oberflächlich über Herkünfte zu sprechen war unüblich. Wie Amerikaner auf Vorfahren in Irland verweisen, die im 19. Jahrhundert nach Philadelphia ausgewandert seien, so erwähnte man seine Ursprünge in Kalifornien, Tanger oder den Schweizer Alpen, um aber gleich fortzufahren, man sei vor sechs Monaten von Griechenland aus nach Asien aufgebrochen oder von Kabul mit Engländern heruntergekommen, oder man lebe seit zwei Jahren in Chapora. Hinter diesen Punkt griff dann keine Frage mehr zurück. Man begann seine Geschichte mit dem Beginn der Reise, so als wäre die Reise ein neues Land und man selbst ein Zuwanderer, ein Neubürger in einer Megalopolis, in der jeder ein Fremder ist, ob frisch zugezogen oder Nachkomme von Zuwanderern in der x-ten Generation, nur dass die Treffpunkte und *landmarks* dieser Stadt eben nicht Cafés oder Gebäude oder Plätze waren, sondern Anjuna, Kathmandu oder Kuta hießen.

Als Nationalität gab man fortan Traveller an, behielt aber seine ethnische Herkunft, die oft Namensbestandteil wurde, eine Art vorangestellter Haus- oder Nachname, so wie man in Süddeutschland der Rumplertoni oder der Coburgersepp heißen kann: Norwegian Monica und German Monica gab es, Hawaii Robert und Canada Robert, und wenn die Franzosen krakeelten, Baba, Baba, ants in my sugar, dann musste man dafür schon aus Paris sein, dass einen die Scheißameisen noch interessierten.

Änts in my schugaaar, ja, großes Ding, Drama. Man rührte seinen Tee um, die Ameisenstückchen schwammen oben, man schöpfte sie ab, soweit es eben ging oder auch nicht. So machten es die Australier, die zu den Coolen gehörten, sie akzeptierten, dass sie Land und Leben mit Insekten teilten, ebenso wie die in Kolonialfragen erfahrenen, immer witzelnden Engländer. Die Deutschen dagegen quengelten, zettelten fruchtlose Debatten an und forderten bürokratisch Erklärungen. Baba, kamm hier, Baba. Tel mi, wai ar olweis änts in se schuger. Hm, Baba? Ai ask yu. Wai.

Thors Port of Entry war Japan. Von dort war er vor zwei Jahren nach Goa gekommen. Gemeinsam brüteten wir über dem Keltischen Kreuz. Der Teufel in der Mitte, nähere Zukunft der Turm, aber nicht der blaue, sondern ein brennender Turm war es. Dies bedeutete Gabos und mein baldiges Ende. Nun sollte ich eine Karte für Gabo ziehen. Der König der Schwerter.

Hart und schwach, sagte Thor. Aber du bist weich und stark. Da, die Neun der Pentacles, die Frau, die weiß, wer sie ist. Die einen Falken auf der Hand und eine Schlange am Fuß tragen kann.

Er wollte eben mit mir ins Bett. Oder auf die Matte, die er abends auf dem Flachdach von Leslies Rose Garden ausrollte, der einzigen Strandkneipe, die keine Bretterbude war. Die Schlange ließ ich mir aber nicht mit ihm, sondern mit Gabo auf den Fußknöchel tätowieren, Lord Shivas Kobra war es, sagten wir, und während der indische Tätowierer sie erst bei mir, dann bei Gabo stach, hielten wir einander an den Händen. Tattoos, Piercings, das alles ist heute Mainstream, aber dort und damals hat es seinen Ursprung, nur Seeleute und Knastis waren damals tätowiert, und dass du tot bist und dass auch ich sterben werde, wird mir nie wirklicher, als wenn ich mir die Schlange an deinem Knöchel vorstelle, die auch ich trage, und das kleine Om auf deiner Hand, und mir vorstelle, was diese Zeichen ausgelöscht hat.

Tagsüber am Wasser war man nackt bis auf das schwere indische Silber, das Frauen und Männer gleichermaßen trugen, oder man trug ein einzelnes, nicht der Verhüllung dienendes Kleidungsstück, so wie die Französin nebenan ein Choli, eines der bauchfreien Oberteile, die von den Inderinnen zum Rock oder unter dem Sari, hier aber zu einem dichten Busch schwarzen Schamhaars getragen wurden. In Goa rasierte man nicht. Als es auf Weihnachten zuging, kamen immer mehr Namenlose an, sie schwebten für ein paar Wochen per Flugzeug ein oder reisten dies eine Mal über Land an, Eintagsfliegen waren es, die wieder in ihr eigentliches Leben zurückkehren würden. Ein Junge zog durch mit einem Bären, der ein paar armselige Drehungen machte. Merkwürdige Dienstleistungen wurden angeboten, eine Reinigung der Ohren zum Beispiel. Ear clean, Madam, you want ear clean? Auch erschienen an den Wochenenden jetzt regelmäßig indische Tagestouristen, um den Zoo der Nackten zu bestaunen.

In Horden brachen sie herein, in Gruppen von zehn, fünfzehn Mann, und alle sahen gleich aus. Gleicher Haarschnitt, gleiche Pomade, die gleichen schwarzen Hosen und weiße Hemden über den Hosen. Klone. Wir nannten sie Buffaloes.

Bereitwilligst und auf einem Silbertablett offeriert Indien den Sinn- und Selbstsuchern aller Länder die Chance, sich selbst bis auf die Knochen zu entblößen. Die Buffaloes stapften barfuß oberhalb des Strands durch den Sand und hielten sich eng beieinander, sie waren ein wenig ängstlich, und das zu Recht, denn wenn sie sich zu weit herunterwagten, dann sprang einer der nackten Riesen aus dem Sand auf, schwang den erstbesten Fetzen Stoff über dem Kopf und stürzte sich mit Gebrüll auf sie, und sie stoben kreischend und lachend in alle Richtungen auseinander wie ein Haufen Kinder und formierten sich unter den Palmen neu und redeten aufgeregt und freuten sich.

Die Goanis dagegen waren an uns gewöhnt, wir waren ein Wirtschaftsfaktor, die Ladys, die mit ihren Obstkörben von Haus zu Haus und Hütte zu Hütte wanderten, kannten ihre Kunden beim Namen, Joe Banana, der in seiner Hütte schon die allerersten Ankömmlinge verköstigt hatte, war bereits damals legendär. Die Polizei hielt sich möglichst aus allem heraus. Wenn Carlotta nach Bombay fuhr und jemand ihre Hütte okkupierte, musste sie selbst damit fertigwerden. Wenn Jamie nach Arambol ging und bei der Rückkehr nur ein Häuflein schmutziger Lungis vorfand, weil jemand das Material seiner Hütte zum Bau einer eigenen verwendet hatte, hatte er Pech. Eine Italienerin und ein Amerikaner gingen mit Stöcken aufeinander los, irgendwer flippte an zu viel Kokain aus und attackierte seine Freundin mit dem Messer, den hielt man fest, bis es wieder ging.

In den dunklen Niederungen, unterhalb der letzten Sprosse der Leiter, hausten die French Junkies. Sorry, so war es. *One of the French junkies*: Das war ein stehender Begriff. Ich weiß nicht warum, ich akzeptierte das, tatsächlich schien es, als ob überdurchschnittlich viele der verarmten Heroinabhängigen in Goa französischer Nationalität wären. Wobei ein Junkie in Goa nicht einfach einer war, der Heroin konsumierte. Ein

Junkie war Heruntergekommener, ein Süchtiger unterster Kategorie, der nicht genug Stil hatte, um sein Smack eleganterweise zu schnupfen, oder noch wahrscheinlicher fehlte es ihm an Geld, weshalb er danach trachten musste, die Wirkung seines Pulvers möglichst vollständig auszunützen. Also spritzte er. Und das war irgendwie gierig und armselig, so jemandem war nicht zu trauen, ein Junkie war einer, der einen ablinken würde, wahrscheinlich würde er einen beklauen. Sie bettelten auch.

You 'ave rupee for me?

Diese Leute hatten nicht einmal Namen. Sie kriegten auch nichts, von niemandem, allenfalls die Goanis gaben ihnen mal etwas Reis. Darum klauten sie ja.

Ein Junge aus Glasgow irrte am Strand auf und ab und rief andauernd nach seiner Mama. Er mag so alt gewesen sein wie ich, sein Blick war leer, Hautinfektionen waberten seine Beine hinauf. Man bekam das, ein Kratzer, und dann heilte es nicht, Goa war auch ein Paradies für Mikroben. Überall tauschte man Herbal Medicines aus, aber das Einzige, was half, war Neomycin. Es stoppte zumindest das Wachstum dieser Wunden, die ohne Behandlung immer tiefer wurden. Der Junge aus Glasgow hatte seinen Pass weggeworfen. Warum weiß ich, dass er aus Glasgow war? Jemand wird den Dialekt erkannt haben. Nicht einmal seinen Namen wusste irgendwer. Er war sehr dünn und seine Haut sehr weiß, die Augen rot umrändert, und das Haar fiel ihm aus. Er jammerte und jammerte vor sich hin.

I want to save me. I want to save me. I want to save me.

Auch nahm er Streichhölzer in den Mund, zündete sie an und schrie vor Schreck, wenn sie aufflammten. Er faltete Zigarettenpackungen und zeigte sie herum und sagte, seine Mama hätte ihm ein Ticket geschickt. Ich fragte ihn einmal, wie seine Mama hieße, aber er wusste es nicht, Mama hieß sie eben. Hin und wieder, wenn er im mittagsglühenden Sand hin und her sprang und schrie, ging einer zu ihm hin und führte ihn in den Schatten. Aber da blieb er nicht, er rannte wieder in die Sonne hinaus, was sollte man machen, sollte man ihn festbinden. Man gab es auf und musste es eben ertragen.

Money finished, mind crazy!

So strahlte der fette, zahnlose Bilu, einer der drei vom Sikh Restaurant, Sick Restaurant, wie manche es nannten. Wer weiß, woran der Junge durchgedreht war. Vielleicht war es Bilu gewesen, der ihm das Zeug verkauft hatte.

Die Sikhs kamen aus Delhi, in ihrer Bretterbude verkauften sie Essen und Drogen, Dealer waren sie wie viele ihrer Kunden. Das machte sie aber nicht zu welchen von uns. Wenn ein Inder zu denen gehören wollte, die die Inder Hippies und die sich selbst Freaks oder Traveller nannten, dann musste er die Nationalität wechseln, er konnte nicht mehr Inder, Sikh oder Goani sein, ein Auswanderer im eigenen Land musste er werden, der sich zu Hause fühlte nur unter Leuten, die nicht dort zu Hause waren, wo sie geboren waren.

Die bildeten damals Goas Kern. So gesehen war Anjuna der Ort, nach dem ich immer auf der Suche gewesen war. Und warum war ich dann dort nicht froh.

Den Strand hinauf und hinunter dudelte in diesem Winter Rod Stewart, der heimwärts segelte, heim über das Meer, und das wollte ich auch, Heimweh hatte ich. Großes Heimweh ist zerstörerisch wie Liebeskummer. Es isoliert den Leidenden von seiner Umgebung, er glaubt niemanden mehr erreichen zu können und kann das tatsächlich nicht, jedenfalls keinen von denen, die er meint erreichen zu müssen. Houston, we have a problem! Keine Antwort. Major Tom ist verloren im All.

Dabei, wo genau wollte ich hin. In Coburg oder Berlin würde mich, was gewesen war, nicht wiederfinden. Ich würde mich dort nicht wiederfinden, für immer verloren war meine frühere Version, verlo-ho-ren war alle Heimat, nicht weniger als der deutsche Osten. Meine Mutter schickte Schokoherzen, auch Bilder von zu Hause und einen Strohstern, Heimweh hatte mich glauben lassen, ich wäre am liebsten zu Weihnachten wieder dort gewesen, aber die Herzen waren zermatscht und die Bilder verblasst. Bilder vom Mars waren es.

Auch die Briefe verstand ich nicht. Sie waren voller Vorhaltungen: Ich hätte das süße Leben wohl lange genug genossen, ich sollte heimkommen und mich dem Ernst des Lebens zuwenden.

Der Ernst des Lebens. In Deutschland. Lächerlich war das.

Damals verschmolzen die Staaten Europas für mich zu einem einzigen, homogenen Ort. Denn um mein Heimweh zu heilen, hätte ich, dachte ich, gar nicht in Coburg, nicht einmal in Deutschland sein müssen. Eine Bar in Venedig hätte völlig genügt. Fliesenboden, chromblitzende Maschinen, Perlenvorhänge gegen die Fliegen. Alles blinkend, alles steril, heißer Dampf zischt, man steht am Tresen und rührt im Tässchen …

Das war Europa: trinkbares Leitungswasser, Strom, Adriano Celentano, haarscharfe Ostgrenze. Nato-Europa. Ein Inselchen, das winzig an Asien hing wie ein nachträglicher Einfall. Dorthin wollte ich schnellstmöglich zurück. Dort würde ich ein neues Leben beginnen. Aber zuvor, und das war meine Sorte von Sturheit, wollte ich es zu Ende bringen.

Ich wollte abhaken, was ich mir vorgenommen hatte: in den Süden hinab- und die Ostküste hinauffahren. Nur hatte es dort einen Zyklon gegeben, in der Folge raffte eine Cholera-Epidemie Tausende hin. Unter die einreihen wollte man sich natürlich nicht. Auch war der Bus noch immer nicht verkauft. Eine Zeit lang bekundeten Hollywood Peter und Crazy Michael Interesse, klingende Namen waren das in Anjuna. Aber sie zauderten, sie zögerten, sie kamen zu keinem Entschluss. Gabo und ich haben sie einmal irgendwo aufgesucht, in Mapusa oder Panjim war es, ich meine mich an eine große Küche voller Gerümpel zu erinnern und an irgendeinen abgedrehten, unwahrscheinlichen Gegenstand, eine Jukebox, eine Tiefkühltruhe, einen Spielautomaten, irgendetwas, das Strom brauchte, den es nicht gab. Gabo war hilflos und eifrig, über die Maßen bemüht. Hollywood Peter nahm ihn nicht für voll. Er sprach nicht direkt mit Gabo und mit mir schon gar nicht, sondern über unsere Köpfe hinweg mit seinem Partner, angespannt war er und auf aggressive Weise nervös, mit merkwürdig unbeweglichen Gesichtszügen. Ich hatte damals noch keine Ahnung von Kokain.

Da niemand unseren Bus kaufen wollte, weideten wir ihn Stück für Stück aus. Die Küche verhökerten wir, den Kühlschrank. Auf dem beschaulichen Flohmarkt von Anjuna, der damals noch vor allem dem Austausch von Gütern zwischen Reisenden diente, breiteten wir auf einer Matte unter den Palmen Entbehrliches aus: Jeans, Geschirr, vor allem Kassetten. Die Inder umdrängten uns in Scharen. Alles fassten sie an, alles untersuchten sie und fragten nach Preisen, hier, hier, hier sahen wir unsere Sachen verschwinden, put that down, rief Gabo, give this back, rief ich, wir und sie überschrien einander, wobei sie lächerliche Summen boten, mit sieben Leuten gleichzeitig sollte man sich über den Preis von fünf verschiedenen Kassetten verständigen und verlor fast den Verstand, und wie viele Rupien hatten wir hinterher verdient, genug für ein Dhal mit Chapatis?

Übers Ohr hauten sie einen.

Das hatte man früher den Spielleuten nachgesagt, den Wahrsagern, Gauklern, Teriakverkäufern, Kesselflickern, die ökonomischen Zwängen folgend auf der Straße gelebt hatten. Tausend fürstliche Erlasse hatten sie als Gesindel beschimpft, aber den Sesshaften waren sie unerlässlich gewesen, die Stadtbevölkerung hatten sie mit Unterhaltung versorgt und die Bauern mit Gütern und Dienstleistungen, während wir, die wir allen Zwängen hatten entfliehen wollen, den Indern nichts anzubieten hatten.

Allenfalls an unseren eigenen Leuten konnten wir Geld verdienen. Gabo vertickte wieder Piece wie in Berlin und plante ständig den nächsten großen Deal. Startkapital brauchte er, dann würde er rauf nach Manali fahren und wirklich gutes Haschisch hierherbringen. Meine Eltern sollte ich um Geld dafür bitten. Ich verdrehte die Augen, ich lachte zornig, konnte er endlich mal mit dem dummen Gequatsche aufhören. Dachte er im Ernst, ich würde ihn das Geld meiner Eltern in einer seiner erfolglosen Unternehmungen versenken lassen? Ein Loser war er, ein Versager, was er vorschlug, war zum Scheitern verdammt, einfach deshalb, weil er es vorschlug, ich ließ ihn stehen, ging zu den Sikhs, bestellte Lemon Soda und ließ anschreiben.

Warum wusch ich nicht wenigstens unsere Wäsche selbst? Warum bezahlten wir eine Inderin dafür, Mira, eine kleine, magere, schon ältere Frau, die auch den großen Wasserkrug hinter unserer Hütte gefüllt hielt?

Ich glaube, weil ich Gabos Wäsche nicht anfassen wollte. Ich wollte nichts mehr für ihn tun, und er selbst dachte nicht daran, solch niedere Tätigkeiten zu verrichten. Ich bedankte mich immer sehr, wenn Mira unsere sauber zusammengelegten Lungis zurückbrachte, ich schämte mich ein bisschen, und einmal griff sie nach meinem Arm und sagte, Tränen in den Augen, auch sie hätte einst eine Tochter gehabt, aber das Kind sei ihr verhungert.

Ich wusste nicht, was ich sagen sollte. Wortlos drückte ich ihre Hände. Zu trösten wäre Anmaßung gewesen, zudem verstand ich nicht, was sie mit »auch« meinte, damit, dass auch sie eine Tochter gehabt hätte. Dass sie mich als ein Kind betrachtete, fiel mir nicht ein, und ihr totes Kind überstieg meine Vorstellungskraft.

Kurz vor Weihnachten kamen Karin und Joe zu Besuch. Sie lebten an einem der nördlicheren Strände, Chapora oder Vagator. Karin erzählte, Joe hätte sie an ihrem Geburtstag über und über mit Blumenketten behängt, bei Sonnenuntergang seien sie ins Meer gestiegen, und die Blüten hätten sie als Wolke umfangen. Ich lächelte und applaudierte und wurde sehr einsam, denn niemals hätte Gabo für mich dergleichen getan, etwas so Romantisches würde in meinem Leben niemals vorkommen.

Ich hatte tatsächlich die Rosen vergessen, die er mir früher geschickt hatte. Ich hatte unsere Sterne auf dem Samt über dem Hochbett vergessen und das blaue Turmzimmer, oder nicht vergessen, nur brachte ich den, mit dem ich damals so hoch geflogen war, nicht zusammen mit diesem Fremden, der mich anraunzte, was ich mir morgens so lange die Haare zu kämmen hatte.

Eines Tages tauchte dann Flo noch einmal auf. Er erzählte, Ingrid habe sich in Delhi in einen Engländer verguckt und ihn abserviert, fünfhundert Mark habe sie ihm gegeben, die hatte er sich in Nepal klauen lassen. Er ging bald wieder und verschwand aus Anjuna und aus unserem Leben.

Ein paar Tage später, wir fuhren mit dem Motorrad nach Panjim, sahen wir auch Ingrid. Sie stand an der Straße vor einem englischen Bus. Fahr weiter, sagte ich zu Gabo, fahr einfach weiter. Er hielt aber und rief ihr einen herzlichen Gruß zu, er hatte völlig vergessen, wie er sie in Isfahan übers Camp gejagt hatte. Sie nicht. Mit verschränkten Armen baute sie sich auf, breitbeinig und zum Schweigen entschlossen. Er merkte aber nichts, sondern kramte nach einer Zigarette, und schließlich sagte sie: Gut.

Zum tot Umfallen albern fand ich sie und ihn einfach nur peinlich, wie er die Schmähung ignorierte und nun fröhlich krakeelte, na denn, allet prima. Aber irgendetwas war doch bei ihm angekommen, denn er nahm mir die Szene übel und giftete weiterfahrend nach hinten, Frau Königin sei jetzt natürlich beleidigt, man habe Frau Königin wohl nicht ausreichend gehuldigt.

Dann kam er auf die Idee, ich solle absteigen und sehen, wie ich an den Strand zurückkäme, aber ich dachte gar nicht daran, war er völlig bescheuert, glaubte er, er führe Moped, und ich nähme den Bus.

Gar nichts glaubte er. Er redete nur, und wäre ich abgestiegen, hätte er mich festgehalten. Wir haben das später durchexerziert. Er und ich waren verschmolzen, ich war Teil seiner selbst, nur nicht mehr das Beflügelnde, sondern das Hindernde in seinem Leben war ich und er jemand, den ich ertragen musste wie einen Bandscheibenvorfall. Ich konnte mir mich nicht ohne ihn denken und nicht mit einem anderen Mann und wusste, dass es genau so kommen würde, aber noch nicht. Ich stand nicht auf offenem Feld, sondern auf einer Rolltreppe auf dem Weg nach unten. So ist das bei Rolltreppen: Erst am Ende kann man neu disponieren.

Oder vielleicht würde ein Ortswechsel uns retten. Das habe ich damals für möglich gehalten und halte es prinzipiell noch immer für möglich: dass man weggehen, alles hinter sich lassen, einfach aus einer Situation in eine völlig andere wechseln kann. Ihn brachte diese Vorstellung mordsmäßig auf. Was dachte ich denn, was war ich für ein Traumtänzer. Niemals würde er ohne Geld aus Goa weggehen.

Ich will nicht in Asien verrecken! Du! Zuallererst kommt mein Leben, kapiert? Zuerst mein Leben, dann alles andere.

Dieser Satz war mörderisch. Zurückzunehmen war er so wenig wie eine Gewehrkugel. Gabo hat es versucht, natürlich hat er das, er sah mein Gesicht und packte mich am Arm, aber er hatte gesagt, was zu sagen war: Er war nicht mehr bereit, für mich zu sterben.

Dass wir das waren, war die Grundlage unserer Liebe gewesen, wie es die Grundlage jeder großen Liebe ist. Und das war das Grässliche an unserer großen, großen Liebe: Dass sie selbst mit einer Gewehrkugel im Herzen nicht starb. Auch ermordet wankte sie weiter, eine Zombieliebe, und darum habe ich in Goa um dich getrauert und nicht bei deiner Beerdigung, in Goa habe ich geweint und an deiner Urne mit trockenem Gesicht gestanden.

Dann gab es wieder eine große Party. Von allen Stränden kamen Besucher. Ganz Anjuna war in Bewegung. An diesem Abend trat Gino aus der Dunkelheit in den schwachen Lichtschein der Kerze, die in unserer Hütte brannte.

Gino war Italiener. Er war damals einunddreißig, einer von denen, die bereits in den Sechzigern das erste Mal nach Osten gefahren waren. Wer so lange unterwegs war, der hatte Kleidungsstücke aus ganz Asien gesammelt, auch konnte man sich in Mapusa Phantasiegewänder nähen lassen, Kreationen aus Seide, Satin, Lurex und Stickereien, aber die Kleider machten es nicht, es war die Art, wie man sie trug: auf möglichst nachlässige Weise, man trug sie, als trüge man nichts, ganz unmäßig entspannt hingen sie an einem herab, es war ein Etwas im Gang, in der Haltung, das diesen Effekt hervorrief, eine gelassene Überlegenheit, Kleidungsstücke sahen an Leuten, die lange unterwegs waren, ganz anders aus als an Neulingen und an niemandem so wie an Gino. Jeder kannte ihn: Gino the Guru. Sein Haar war schwarz gelockt und viel kürzer als das der anderen. Er kam, so munkelte man mit Ehrfurcht, aus einem bulgarischen Straflager, dort hatte man ihm den Kopf geschoren. *Auf dem Karren sieht jeder aus wie ein Lord*: Als ich zum ersten Mal diesen Satz aus der *Beggar's Opera* gehört habe, habe ich an Gino in Goa gedacht.

Manchmal frühmorgens, wenn die Fliegen mich weckten oder das Kläffen und Jaulen eines halbwilden Hunderudels, das einer Hündin nachjagte, fand ich Gino schlafend unter dem Schattenvordach des Busses, der neben unserem parkte und Nando gehörte, einem Philippino, mit dem Gino in diesem Jahr von Kabul heruntergekommen war. Er lag auf dem Rücken, die Satin- und Seidensachen geöffnet und verschoben, die Hand auf der nackten Brust, das schöne Gesicht verletzlich im Schlaf. Ausgeknockt vom Smack und unzähligen Chillums, störten ihn die Fliegen nicht, die mich geweckt hatten. Mit Mühe widerstand ich dem Impuls, sie zu verjagen. Gelegentlich, wenn vor Nandos Bus ein Chillum entzündet wurde, widmete er den ersten Zug mir.

Bom Shankar, Gabowife!

Grüngraue Augen hatte er. Seine Freundin Marina war eine italienische Elfe: Gesicht wie ein Botticelli, dunkelblond gesträhnte Locken bis über den Hintern. Gino hob das Chillum zur Sonne, berührte seine Stirn und sah mich an, um den Mund ein leicht spöttisches Lächeln.

Bom Shankar! For the Beauty!

Ein abstraktes Prinzip meinte er wohl, die Schönheit als solche besang er. Vor Nandos Bus stehend und ihn heimlich betrachtend, wusste ich es selbst: Einen Unerreichbaren sah ich an.

Nun, in unserem Bus, setzte sich Gino ans Fußende der Matratze, auf der ich lag. Gabo machte etwas zu rauchen. Ein frischer Wind ging, ich hatte mir eine Decke über die Beine gezogen, und Gino sagte: Es ist kühl … Kann ich ein Stück von deiner Decke haben, Sylvia?

Ich habe die Art geliebt, wie Gino meinen Namen gesagt hat. Ich mag diesen Namen wie gesagt nicht besonders, vielleicht ist er zu oft in befehlendem, ungeduldigem oder verächtlichem Ton gesprochen worden, ein Süll-Vieh bin ich zu lange gewesen. Aber Gino hat meinen Namen gesungen. Er hat das S- scharf und klar ausgesprochen und das -y- durch ein -i- ersetzt, das er dehnte, ein langes -i- wie in Liebe gab er mir und ließ meinen Namen auf -a enden. SSSiiil-wia: die Göttin des Waldes. Wie Venus eine Geliebte des Mars.

Ich lud ihn unter meine Decke ein. Seine Beine verschwanden darunter. Die Männer rauchten, sie redeten, ich schwieg und betrachtete Ginos Gesicht, das der Lichtschein unserer einzelnen Kerze kaum erreichte. An den Pfosten der Hütte gelehnt saß er, er blies Rauch aus, die Augen halb geschlossen, während seine Zehen meinen Knöchel umschmeichelten, kleine Kreise malten sie, dann wanderten sie an meinem Schienbein empor und glitten an der Wade wieder hinunter, und wenn er mich an jenem Abend aufgefordert hätte, mit ihm hinaus in die Nacht zu gehen, hätte ich nicht gezögert, gefolgt wäre ich ihm wie ein Jünger dem Herrn, aber er zog den Fuß weg, stand auf und ging auf die Party.

Eine Woche vor Weihnachten tauchte Prinz Silberherz auf. Ich war überrascht, er hatte mit mir gerechnet. Wir küssten einander auf die Wangen, der Prinz und ich, Gabo gab ihm die Hand und ging weg. Diesen hier ließ er mir, der war meiner, längst teilten wir die Welt in seine und meine Leute ein.

Mit dem Prinzen ging ich am Strand entlang. Wir wanderten über das Kliff, durchwateten den Baga River und gingen bis nach Calangute, auch landeinwärts über die dürren Reisfelder, vorbei an den Büffeln und den weißen Reihern, aber es entstand nichts zwischen uns, sondern was gewesen war, löste sich auf. Dezemberblass war der Prinz in Bombay gelandet, und ein Flugzeug würde ihn wieder retour tragen, über ein Dutzend Grenzen hinweg, die uns jetzt schon trennten. Auf meinen Wegen konnte er mir nicht folgen, ich ging längst mit nackten Füßen, ohne auf den Boden zu sehen wie ein Neuling, und es gefiel mir, so zu gehen, ich musste auch noch lange so weitergehen. Überall kamen uns Leute entgegen, Shambu, Shambu, Shiva Shambu, und erst jetzt fiel mir auf, wie viele ich kannte: Thor und Nando, Canada Robert und Little Mike, eine junge Inderin namens Lata und viele andere, von denen ich hier nicht gesprochen habe. Bob war ein tapsiger, junger Amerikaner, ein großer Junge, der Flöte spielend wie Gott Krishna am Strand und unter den Palmen umherwanderte. *Scarborough Fair* spielte er oft.

Bob war von Kabul aus mit den Kölnern heruntergekommen, die mich schon in Teheran gesehen hatten: Rosie mit ihrer Tochter Gaby, zweiunddreißig und fünfzehn Jahre alt waren sie und wurden überall für Schwestern gehalten.

Auch Rosies Ehemann war mit dabei, Kofi, ein Ghanaer, Rosie hatte sich von ihm getrennt, duldete ihn aber weiterhin. Sie hatte schnell durchblickt, was sich zwischen Gabo und mir abspielte, und mir angeboten, bei ihr zuzusteigen, sie würde sich freuen, sagte sie, Benzingeld würde ich nicht zu zahlen haben. Ein Fluchtweg stand mir also offen und hätte mir auch dann offengestanden, wenn meine Eltern mir nicht zu Weihnachten einen Stapel ununterschriebener Travellerchecks geschickt hätten.

Ich weiß nicht mehr genau, wie viel es war. Tausend Mark vielleicht. Ein Vermögen. Noch ein paar Wochen früher hätte dieses Geld dennoch nichts Einschneidendes bewirkt. Aber jetzt.

Ich fahre nach Neujahr, sagte ich zu Gabo.

Hau doch ab, antwortete er.

Ins Tagebuch schrieb ich: *Ich habe ihn wohl zu oft verletzt.*

Ich empfand damals stark, dass ich die Schuldige war. Er hatte getan, was er konnte, mehr hätte ich nicht erwarten dürfen. Ich war ihm überlegen, das hatte ich ihn spüren lassen, nun tat es mir leid, aber es war zu spät. Ich hatte seine Liebe eben verloren. Aus allen Kneipen klangen weiterhin die Rumours, und ich sang *The Chain* mit und verdammte deine Liebe, verdammte deine Lügen mit tiefer Empfindung.

Immer beschwingter wurde ich und Gabo im selben Maße muffiger. Nun erinnerte ich mich wieder daran, wer ich ohne ihn war oder vor ihm gewesen war, oder nicht ich erinnerte mich, sondern etwas erinnerte sich an mich und kehrte zu mir zurück, in meinen Körper, der sich ohne mein Nachdenken besann. In meine Schulterblätter und meinen Nacken kam wieder Gefühl, und erst jetzt merkte ich, dass ich taub gewesen war, eingeschlafen waren meine Glieder und kribbelten nun.

Der Dezembervollmond fiel 1977 auf den ersten Weihnachtsfeiertag. Zum Auftakt der Full Moon Party gaben Rosie und ich ein Essen. Wir kochten am Strand auf ihrem Gaskocher, viele Gäste luden wir ein, und als sie gingen und sich bedankten, küsste Gino mich auf den Mund. Ich saß auf dem Boden, er beugte sich über mich. Ich hätte ihn festhalten wollen, konnte aber nur die Lippen öffnen, schlangenhaft glitt seine Zunge in meinen Mund, fuhr blind einmal über die Wände der Höhle und zog sich zurück.

Thank you, sagte er, for the dinner.

Ich sah zu ihm auf, den Geschmack seines Speichels auf der Zunge. Schwindlig war mir. Als hätte mich Marlon Brando geküsst.

Das, denke ich, muss das letzte Mal gewesen sein, dass ich Gino in diesem Winter in Goa begegnet bin. Jedenfalls findet sich kein weiteres Bild in mir. Aber der Bann war gebrochen, der Fluch der Ausschließlichkeit. Von nun an konnte es andere Götter neben dir geben.

Len war Engländer, ein Freund von Little Mike. Er kam den Strand herunter, und die Sonne schien ihm in die Augen, leuchtend grüne Augen hatte er, schwarzes Haar und an der Stirn eine weiße Strähne, ein natürlicher Farbfehler. Ich mag schöne Männer eigentlich nicht, und hübsche sind mir zuwider, die manikürte Sorte, die aussieht, als bestünde ihre schmutzigste Phantasie darin, im Spiegel das Spiel ihres Bizeps zu bewundern, während Heidi Klum ihnen einen bläst. Belmondo, nicht Delon. Charles Bronson, nicht Henry Fonda. Harvey Keitel, okay? Wie die Russen sagen: Ein Mann muss ein bisschen schöner sein als ein Affe.

Aber Len war Pirat. Über den scharfen Nasenrücken zog sich bis zur Wange eine weiße Narbe. Dass er diese Narbe hatte und einen eher schmalen Mund mit sehr weißen Zähnen, rettete ihn vor dem Hübschsein. Ich glaube nicht, dass er das Ausmaß seiner Macht kannte. Sie wäre sonst erloschen. Charme, der von sich weiß, wird Eitelkeit, und ein eitler Mann ist noch unattraktiver als ein hübscher.

Wir saßen vor der Hütte, die Judy's Restaurant genannt wurde, Rosie, Gaby, Bob, Mike, wir alle miteinander, und Len richtete voll Unschuld das Scheinwerferlicht seines Blicks auf die anwesenden Frauen, auf eine nach der anderen. Ich habe gesehen, wie Frauen, auf die er diesen Blick richtete, sich wanden und unbeholfen wurden wie Damen aus dem Publikum, die der Conferencier in einem Ferienclub auf die Bühne holt. Aber unter dem Tisch fanden Lens Zehen meine, und sein sehr schmutziger Fuß wanderte meine Wade hinauf, während er treuherzig zu einer anderen sagte: You know, I'm a sailor.

Sollte er sagen, was er wollte. Abgestimmt wurde hier mit den Füßen. Weshalb es Zeit wurde, dass ich ging.

Rechnete ich mit Gewalt? Ich weiß es nicht. Nein. Ich rechnete mit gar nichts, ich hatte nichts geplant. Wir saßen beim Frühstück, Gabo muffig am Rand des Tisches, ich entschieden fröhlich, ich plauderte über seinen Kopf hinweg, und er verlor schließlich die Nerven und sprang auf, wir gingen ihm alle total auf den Sack, sagte er, er hatte diese Runde verloren und gab es sogar zu. Ich sah ihm nach, wie er zur Hütte zurückstapfte, und war überrascht, mich sagen zu hören: Na, ich denke, dann hole ich jetzt mal meine Sachen.

Len und Rosie boten ihre Begleitung an, aber ich lehnte ab. Angst hatte ich keine. An Nandos Bus ging ich vorüber, er war verschlossen, Gino war nicht da. Das habe ich mich später manchmal gefragt: wie diese Szene und wie diese Reise weitergegangen wären, wenn Gino an diesem Morgen da gewesen wäre.

Gabo hockte auf der Matratze. Ob ich etwas zu ihm gesagt habe, weiß ich nicht, vielleicht etwas Kurzes. Dass ich etwas tat, war mir ungeheuer bewusst, ich zitterte, ich handelte, das war lange nicht mehr vorgekommen.

Im Bus war es brütend heiß. Es roch muffig, die Luft war voll Staub. Tot war dieses unverkäufliche Ding, ein ausgeweideter Wal, seit Wochen hatte es sich nicht mehr bewegt. An der Wand hing noch immer das große Porträt von mir, daneben die Karte mit dem Kugelschreiberstrich, der in Deutschland begann und hier abbrach. Todtraurig war das alles, ich wollte fort, ich suchte mich zu konzentrieren und war fahrig, also, was brauchte ich. Den Schlafsack, die afghanischen Kleider, eine Haarbürste, das Reisetarot, das Gabo mir auf dem Flohmarkt gekauft hatte.

Draußen stand er, zum Sprung bereit.

Meine Kette. Runter damit.

Ich begriff nicht gleich. Ich folgte seinem Blick. Er meinte die Goldkette, die er mir im blauen Turm um den Fuß gelegt hatte. Niemals hatte ich die abgenommen, nicht einmal, als die Schlange gestochen worden war. Aber jetzt. Meine Hände flogen, kaum bekam ich den Verschluss auf. Bitte, da hatte er die Kette und mit ihr alles, was uns verband.

Von da, wo er stand, quoll mir etwas entgegen wie heißer Teer.

Die Karten. Die Karten her, du. Mein Zeug bleibt hier.

Ich ließ die Karten in den Sand fallen. Er stand geduckt, mit gesenkter Stirn.

Mein Tuch. Mein Tuch bleibt hier.

Daran, dass der Lungi, den ich trug, der war, den er mir am ersten Tag in Goa mitgebracht hatte, hatte ich nicht gedacht. Ich hatte die Hände voll, und das ging ihm zu lang, er riss mir das Tuch ab in einem ersten Akt der Gewalt, dem gleich ein zweiter folgen würde, denn ich regte mich nun wirklich sehr auf, alle meine Sachen waren in den Sand gefallen, und ich bückte mich und klaubte sie zusammen und klaubte dabei ohne zu denken auch das Tuch wieder auf, und nun brüllte er und stieß mich, sodass ich rückwärts über unseren niedrigen Tisch stolperte und auf die Matratze fiel.

Aber nun kamen sie vom Rose Garden, vom Sikh Restaurant und von Judy's gerannt. Len erreichte uns als Erster. Er half mir auf, die anderen sammelten meine verstreuten Sachen ein, und Gabo, der mich mit Len weggehen sah und jetzt erst sah, was es zu sehen gab, brüllte, er sprang in den Bus, riss wahllos Sachen heraus, seine eigenen Sachen, und schleuderte sie in den Sand, denn da, schrie er, da war ja schon der Nächste, der Nächste stand offenbar schon bereit. Dann kam er mir nach, er hatte mein Raubvogelbild und hielt es hoch und zerriss es, aber so, dass er es später wieder kleben konnte. Also nur einmal und nicht mittendurch.

Meine Leute führten mich an ihm vorbei. Er kam hinterher. Er wollte mich halten und wusste nicht wie und griff schließlich zu einem denkbar ungeeigneten Mittel, nämlich ich sollte doch etwas haben, was ich zu Hause erzählen könnte, schrie er, Tom sollte ich erzählen können, was für eine Drecksau Gabo war, und er schlug mir ins Gesicht, aber nicht fest. Man sah nachher nicht einmal die Finger.

Dennoch verlor ich nun den Rest meiner Beherrschung, denn was sollte das, was hieß das, was kam er mir jetzt mit

Tom. Len packte Gabos Schulter und stieß ihn weg. Gabo taumelte und setzte sich in den Sand. In Judy's Restaurant liefen wir ein, eine Kriegsflotte mit zerfetzten Segeln, und Judy ging und holte Bier.

All men are the same, sagte sie, they are bad, bad, bad.

Man trank selten Alkohol in Goa. Ich hatte seit Islamabad keinen Alkohol mehr getrunken. Aber nun trank ich Bier, meine Freunde schlugen den Sand aus meinen Sachen, der Kassettenrecorder spielte Bob Marley, *No Woman No Cry*, und das mühte ich mich zu beherzigen. Ich war ja der Sieger. Hier saß ich, von allen Seiten umdrängt und getröstet, Rosie würde mich nach Nepal mitnehmen, Gaby hatte Hepatitis gehabt, war aber nicht mehr gelb, in ein paar Tagen würden wir aufbrechen. Bob füllte mein Bier nach. Und Len neben mir hielt mich im Arm.

In dieser Nacht rollte ich zum ersten Mal im Leben meinen Schlafsack an einem Strand aus. Seitdem komme ich, wenn ich im Freien schlafe, zu mir. Ich blicke in den Himmel, selbst wenn es nur der Stadthimmel über meinem Garten ist und der Lichtsmog alle Sterne verschluckt, ich fühle die Nachtluft im Gesicht, meine Lider werden auf süße Art schwer, und des Marquis' Bitte erfüllt sich an mir: Geben Sie Gedankenfreiheit, Sire!

Nämlich Freiheit von allem dumpfen Brüten. Ich liege, getragen von der Erde, und versuche, nicht gleich einzuschlafen, um länger diesen Frieden zu genießen, der ein Frieden so tief ist wie auf der Rückbank im Auto, wenn wir nach Italien fuhren und die Hände meines Vaters, der lange tot ist, das Lenkrad hielten und klug und sicher das Fahrzeug steuerten, aber ich schlafe doch ein oder schlafe nicht ein, sondern gleite dorthin, wo ich mich los bin.

Am Strand von Anjuna rauschte das Meer. Am Horizont schimmerten die Lichter großer Schiffe. Len lag neben mir, auf einen Arm gestützt, und sah aufs Wasser hinaus. Ich stellte ihn mir an Bord einer Fregatte vor, vorn im Bug mit einem Papagei auf der Schulter. Für meine Stimmung in dieser Nacht finde ich kein passendes deutsches Wort, ein englisches wäre in Anbetracht der Umstände ohnehin passender.

Also: Exhiliaration. Was sich nur sehr unvollkommen mit Hochgefühl, Rausch oder Frohsinn übersetzen lässt. Ich empfand eine große Leichtigkeit, fast löste ich mich ein wenig vom Boden, Gewichte hatte ich abgelegt, ich hatte kein Haus und keine Hütte mehr und auch den Bus war ich los. Ich streifte das Kleid ab, das ich zum Abendessen getragen hatte. Und hier an diesem Strand, an dem man den ganzen Tag lang unbekleidet herumlief, sagte mein scheuer Pirat zu mir, die er noch vor wenigen Stunden nackt und heulend im Arm gehalten hatte: Maybe you shouldn't do that in front of me.

Ich lachte auf vor Überraschung. Dann fuhr ich ihm mit fünf Fingern ins Haar wie in das Fell eines zottigen Hundes, er wandte den Kopf, sein Körper vollführte eine Drehung, und nun umarmte mich ein anderer als du, endlich umarmte mich ein anderer als du. Und das ist einer der Gründe, warum ich die Männer so liebe, Männer im Plural, denn der eine heilt liebend gern die Verletzungen, die der andere einem zugefügt hat, aber nötig sind dazu immer mindestens zwei.

In dieser Nacht entdeckte ich mich wieder. Das ist oft so gewesen, oft hat mir ein anderer Körper wieder zu meinem eigenen verholfen, und das war es, was Len jetzt tat, er machte mich wieder zu einem Wesen allein, ich hörte auf, mich mit dir zu verwechseln. Mit Liebe hatte das nichts zu tun, nichts mit diesem süßen, ziehenden Sog und der Sehnsucht nach Auflösung und Verschmelzung. Im Gegenteil, ich bilde mir ein, mich daran zu erinnern, dass ich Len, während er auf mir lag, einmal ein Stück von mir wegschob, oder ich würde die Szene so filmen, dass er die Hände aufstützte und sein Oberkörper mich nicht mehr berührte, und ich ließ ihn los, breitete meine Arme nach links und rechts aus und grub meine Finger in den Sand.

Es muss so gewesen sein. Denn ich sah damals und sehe noch die Umrisse seines Kopfes vor dem hellen Nachthimmel, während unsere Körper wogten und wippten und schaukelten wie auf hoher See und ich getragen war von der strömenden, jede Zelle durchflutenden Gewissheit, einen lebendigen Körper zu besitzen wie ein Hund auf einer Wiese.

Am Morgen, geweckt von der Hitze und den Fliegen, fand ich neben mir einen Zettel, den ich überflog und zusammenknüllte.

What is it, sagte Len, und: Nothing, sagte ich, und so war es, es war nichts, es stand eben irgendeine Entschuldigung darauf.

Wir standen auf und packten unsere Sachen zusammen. Die Frage, ob Len wiederkommen würde, gehört zu denen, die ich nicht ihm und niemals im Leben irgendeinem gestellt habe. Er sagte aber, bevor ich ging, ich wüsste ja, dass er käme und ginge, wie es ihm passte, aber von jetzt an, das sollte ich auch wissen, käme er, wenn er käme, wegen mir. Dann rannte er ins Meer, und ich schlug den Pfad landeinwärts ein, um meinen taunassen Schlafsack in Judys Hof zum Trocknen aufzuhängen. Gabo lag am Wegrand auf den Knien, das Gesicht im Sand, seine Locken umflossen ihn wie ein Umhang. Ein einprägsames Bild. Ich ließ den zerknüllten Brief auf ihn fallen und sagte: Da. Ich brauch das alles nicht mehr.

Die Inder am Brunnen gossen sich Wasser über den Kopf,

sie lachten und grüßten und reichten mir den Eimer. Seife durfte man direkt am Brunnen nicht verwenden, tat man es, wurde man von den Wissenden gerügt, solche Dinge ließen sich lernen, und ich hatte sie gelernt. Das Wasser war eisig. In den Wimpern machten die Tropfen Regenbögen und trockneten prickelnd auf Armen und Gesicht. Ich wickelte den Lungi um meinen nassen Körper. Wer mir unter den Palmen entgegenkam, lächelte und sagte etwas Freundliches: Sweetie, you look very happy this morning. Honey, you look lovely today.

Bei Judy's saß ich lange allein. Ich trank Tee und rauchte. Das also war Goa, ein erster Weltmorgen. Später fuhr ich mit Rosie und Gaby nach Mapusa. In einer der Bretterbuden ließ ich mir Hosen aus blauem Satin machen, ich kaufte eine Seidenweste und schwarzen Khol für die Augen, ich ging zwischen den Ständen und Läden auf dem Bazar herum und kannte die Preise für Papayas und Tomaten, wir aßen Hanuman Ice Cream und Erdnüsse, die in Tüten aus zusammengedrehten Geschäftsbriefen gefüllt waren, überall war das Gedränge enorm, aber mein Geld und mein Pass waren in den Innentaschen meiner Weste sicher verstaut, ich wusste, was ich tat. Ich war ein Reisender.

Am späten Nachmittag kam ich an den Strand zurück. Gabo passte mich am Rose Garden ab. Er war blass und verstört und überfiel mich mit Entschuldigungen, ein flehentliches Betteln um Verzeihung war es, das sich zu Drohungen steigerte, denn ohne mich konnte er nicht leben. Er hatte das nicht gewusst, aber nun wusste er es. Sterben würde er ohne mich. Umbringen würde er sich. Er hätte das gestern bereits versucht, er hätte in der Nacht Morphium genommen und dann noch mehr Morphium, auch hätte er mit einer Heroinspritze herumgespielt, eine Überdosis habe er sich setzen wollen, aber etwas habe ihn abgehalten: die Hoffnung, die

Liebe, der Glaube, dass ich ihm verzeihen möge. Fünfunddreißig Jahre später, im Hospiz in Schöneberg, wo das Kind und ich an deinem Bett standen, habe ich an diese Szene gedacht.

Hört ihr das?, sagtest du. Ffft. Und da wieder.

Du meintest das leise Puffen der Apparatur, die dir alle paar Sekunden Morphium in die Adern schoss.

Verdammtes Scheißzeug. Ist niemals meine Droge gewesen.

In Anjuna am Strand ließ ich ihn stehen. Eine Stunde später entsandte er einen Boten, der für ihn um ein Gespräch mit mir bat. Um ein ernstes Gespräch. Ein klärendes Gespräch. Was konnte man sagen. Man durfte ein solches Gespräch nicht verweigern.

An einem Tisch bei Judy's saßen wir allein. Respektvoll ließ man sogar die Nebentische frei. Nun bat er ruhig und nüchtern um meine Hilfe. Er wisse, er habe keine Verzeihung verdient, alle Schuld sei allein die seine, er appelliere aber an mein Mitgefühl, an das, was einmal zwischen uns gewesen war, und bat, dass ich ihn nicht gänzlich im Stich lassen, ihn nicht vollständig von mir stoßen würde. Er würde sich nichts antun, er wollte mich nicht erpressen. Aber ohne mich würde er in Asien zugrunde gehen.

Das hielt ich für möglich, zerrüttet sah er aus, auch war dies etwas, das zu glauben nicht unangenehm war. Und das ging doch nicht, dass er in Indien umkam. Ohne mich wäre er gar nicht losgefahren. Auch war ich nicht unschuldig, die Szene am Bus hatte ich mit verursacht, ich hätte ihn nicht so provozieren müssen. Schließlich schlug ich vor, wir sollten es halten wie Kofi und Rosie, wir würden getrennt, aber Freunde bleiben.

Gabo und ich, Freunde.

Ein Witz.

Hast du es verdient, dass ich Rücksicht nehme? Bin ich verpflichtet, deine Würde zu wahren? Ich kann sie, wie immer bei Paaren, beschädigen nur um den Preis meiner eigenen, was also willst du mir vorwerfen?

Wobei es nicht um Sex ging, so einfach war es nicht. Sex ist nichts, Sex ist mechanisch, käuflich ist Sex, man kann mit dem oder der oder noch einer anderen Sex haben und zur Not mit einem Stück roher Leber in einem Whiskyglas. Schlimm dagegen ist das Begehren. Man kann nicht begehren, was man besitzt, aber vor allem gilt der Umkehrschluss: Man besitzt nicht, was man noch immer begehrt.

Das war ihm jetzt klar geworden. Dass er mich begehrte, weil Len und ich einander begehrten, bedeutete, dass ich offenbar tun und lassen konnte, was ich wollte. Machtlos war er. Und so war es immer, das Begehren der anderen stachelte immer das seine auf, denn mit diesem Begehren einher ging die Erkenntnis, dass ich nicht er war.

Das trieb ihn in den Wahn. Über Wochen, vielleicht Monate war ich ein Fähnchen in seinem Wind gewesen, ein Schatten seiner selbst sozusagen, aber nun sah er, er hatte sich in mir getäuscht, ich war überhaupt nicht befleckt von seinen Schwächen und nicht in Mitleidenschaft gezogen von seinen Ängsten. Strahlend hatte ich mich aus seiner Asche erhoben, kein Teil seiner selbst, sondern glänzend und machtvoll, aber ihm verloren, und also war er verloren, und warum, wie hatte ich das gemacht, es lag einfach daran, dass ich unabhängig von ihm existierte.

Mit Len machte ich mich abends auf den Weg zum Strand, und kurz vor der Düne warf Gabo sich uns in den Weg.

Warte, bitte warte, wir sind doch Freunde.

Ich wollte nicht warten. Aber ich kannte den Ton. Ich wusste, ich würde ihn jetzt nicht los, er wäre mir an den Strand gefolgt. Ich bat Len, vorauszugehen, und fühlte seine Verärgerung.

Gabo wand sich, er sank auf die Knie, er hatte die Hände vorm Gesicht und redete irgendetwas davon, dass ich ihn zerstörte, dass er es nicht ertrug, ich war sein Leben, ich war nun wieder das Glück und die Sonne und alle Farben, und ich packte ihn an der Schulter und schüttelte ihn, würde er jetzt verdammt noch mal aufhören.

Dann sah ich im Mondlicht sein Gesicht. Um all das, was er gesagt hatte, ging es überhaupt nicht. Es war dunkel, aber ich sah sein Gesicht und das Begehren in seinem Gesicht, dem meines sofort antwortete, denn das war meine Schwäche und war von Anfang an meine Schwäche gewesen.

Sein Begehren war dermaßen unbedingt. Er hätte, während er begehrte, morden oder sterben können, aber nicht für unsere Liebe und schon gar nicht für mich, sondern allein für die Befriedigung seines Begehrens, weil er nichts so begehrt hat wie mich, wenn ich im Begriff war, ihn zu verlassen.

Er kannte dann auch keinerlei Scham. Er schreckte nicht davor zurück, zu betteln, sich zu erniedrigen, und es ist genau das, diese hilflose männliche Gier, die mich immer abgestoßen hat. Damals in meinem Sommer in Berlin hatte ich in solchen Situationen meine Schuhe angezogen oder den Mann weitergereicht und lieber Comics gelesen, aber bei Gabo war es anders, bei jedem anderen war mir diese Gier widerlich, aber bei ihm nicht, und das war eben unsere Liebe oder das ist die Liebe: dass man etwas begehrt oder einem Begehren erliegt, das man an allen anderen widerwärtig findet.

Seine Stimme war rau, die Haut war ab, das rohe Fleisch kam durch, und es warf mich um, diese totale Schamlosigkeit, ich wurde zornig auf ihn und war zugleich schon wieder schwankend, schon wieder überwältigt von seinem Begehren, das er mir beschrieb, bis ins Detail schilderte er seine Begierde und die Auswirkungen dieser Begierde, und die Rückhaltlosigkeit seiner Bekenntnisse ließ es fast erscheinen, als richtete sich seine Begierde gar nicht auf mich, als hätte sie mit mir gar nichts zu tun, sondern wäre seine und seine eigene allein und ginge mich im Grunde nichts an.

Ich überlegte dann, dass ich ihn jetzt das Messer hätte holen lassen können, das Scharf-wie-Gift-Messer aus Islamabad, das wir in Panjim hatten schleifen lassen. Ich hätte ihm befehlen können, sich mit diesem Messer in den Arm zu schneiden, sich das nun tatsächlich giftscharfe Messer über den Arm zu ziehen wie damals in Islamabad, und ich erwog das, ich dachte an Blut, nur dass ich dann sicher mit ihm zum Arzt hätte fahren müssen, und das hielt mich ab und auch die Eile, die nun zwischen uns herrschte.

Denn er hätte das getan. Er hätte dort, in dem Moment, alles getan, um seinen Willen zu kriegen, er wäre mir in allem zu Willen gewesen, und das war es, was mir meinen Willen nahm oder mir meinen Willen zum Widerstand nahm. Ich hatte ihm, seiner Unbedingtheit, nur meinen bedingten Widerstand entgegenzusetzen.

Nichts also.

In den folgenden Tagen kam Len und ging. Gabo hielt sich in meiner Nähe. Ungeheuer gefügig war er. Er schäme sich so, sagte er, ganz kaputt sei er und auseinandergefallen, aber das sei gut, er habe nun die Chance, sich neu zusammenzusetzen. Wenn Len auftauchte, entfernte sich Gabo ein Stück. Len wiederum, wenn er Gabo vorfand, wandte sich anderen Frauen zu. Er richtete etwa den Strahl seines Charmes auf eine Französin, die bis zu den nackten Nippeln errötete, oder kippte nervös seinen Tee auf der Treppe in Judy's Restaurant um, fing ihn drei Stufen tiefer wieder mit der Tasse auf und erklärte, das sei die britische Methode, in den Kolonien heiße

Getränke zu kühlen, und alles lachte, aber worüber genau lachten wir eigentlich.

Er spielte für mich, für meinen Applaus.

Du weißt, warum ich herkomme. And would you have dinner with me tomorrow.

Wir gingen in eine Bretterbude jenseits der Felder. Gregory's. Das Essen dort war teuer, es gab Schokoladenmousse und Krabben in Wein, der Koch hatte in der französischen Botschaft in Delhi gelernt. Wir tranken aber nur Sodawasser. Ich weiß nicht, was wir redeten, nichts Vernünftiges. Irgendwann stellte er mir vor, ich könnte ihn zu meinem Liebling ernennen oder zu meinem Lieblingsspielzeug, er würde dann, statt zur See zu fahren, mir jeden Abend ein Bad einlassen und generell zu Willen sein, aber, und er beugte sich vor und seine Augen blitzten, falls ich ihn verließe, würde er sich umbringen, er würde sich eine Überdosis setzen oder sich an einer Palme erhängen, denn ich sei doch das Licht und die Sonne und alle Farben, und dann lachten wir, ich lachte, mit einem anderen lachte ich über dich. Auf dem Heimweg breiteten wir Lens Lungi auf den Feldern aus. Über der dürren, weiten Fläche war der Himmel von Horizont zu Horizont eine perfekte Halbkugel.

Zwei Tage nach Neujahr brachen wir auf. Ich fuhr in Rosies blauem Bus mit, zusammen mit Kofi, Gaby und Umberto, dem jungen Italiener, der mir damals in Islamabad gesagt hatte, Gabo sei mit den Spaniern weggefahren. Das nächste Mal, als ich Umberto gesehen hatte, hatte er im Sand vor Gaby gekniet, die an einer Palme lehnte und mal zu ihm hinab, mal versonnen über ihn hinweg auf das blaue Meer schaute. Was hatte es nur mit all diesen knienden Männern in Anjuna auf sich? In späteren Jahren haben Gaby und ich uns das oftmals gefragt, lachend wie Verschworene, mit dem Stolz nicht mehr junger Frauen auf die uns einst gezollten Tribute.

Aber während wir dort am Strand standen, fühlte ich mich nicht sieghaft überlegen, sondern wie bei meinem Aufbruch in Coburg.

Dringend hatte ich gehen wollen, aber nun war tatsächlich Abschied zu nehmen. Bob, Judy, Nando und viele andere umstanden uns, aber Prinz Silberherz war nicht da und auch Gino nicht, die würde ich nun also nie mehr wiedersehen, und Len umarmte alle und gab mir nur die Hand und ging dann davon.

Gabo harrte unwandelbar neben mir aus. Er würde Little Mike mit nach Bombay nehmen. Dort würden wir einander wiedersehen. Bis dahin sollte ich mir alles noch einmal überlegen, obwohl es, sagte ich, nichts zu überlegen gab, aber Gabo drängte und bat so, warum ihm alle Hoffnung rauben.

Rosie gab das Zeichen zum Einsteigen. Ich saß hinten auf der Matratze zwischen Kofi und Umberto. Der Bus rollte an, entgegen der Fahrtrichtung blickte ich aus dem Fenster, die Winkenden entschwanden, Kofi schwieg, Umberto klimperte auf seiner Gitarre, und eine große Melancholie überkam mich, ein starkes Gefühl von Unwirklichkeit. Wie konnte es sein, dass ich Goa verließ, in diesem Bus, der nicht unser Bus war.

Der Palmenwald blieb zurück. Die Felder begannen. Ich lehnte den Kopf an die Rückseite von Rosies Sitz und schloss die Augen, da ertönte vorn ein Schrei, Rosie und Gaby lachten, Sylvie, schau, wer hier ist. Len war mit dem Moped vorausgefahren und hatte an der Straße auf uns gewartet, und in diesem Moment dachte ich, er käme mit.

Aber auch Len war nicht über Land gekommen. Auch ihn würde ein Flugzeug hinaus- und wegtragen. Wir haben uns endlos geküsst, Len und ich, während die anderen uns lachend umstanden, und ich bin sehr froh darüber, denn er hat nach meiner Adresse gefragt, und ich gab ihm die meiner Eltern, vielleicht hat er sie heute noch, seine habe ich verloren, und wir haben nie wieder voneinander gehört, Len und ich.

Niemand, den ich kenne, hat je wieder etwas von Len gehört. Keinerlei Spuren hat Len hinterlassen, keinen Ring, keinen Brief, kein Bild, keine Narbe. Wären nicht Rosie und Gaby, mit denen ich manchmal bei einem Glas Wein seiner Reize gedenke, redend und lachend, wie Frauen das tun, die einander seit fast vierzig Jahren kennen, könnte ich fast glauben, ich hätte ihn erfunden. Zu schön war Len, um wahr zu sein.

Die Leere, die diesem Abschied folgte, war immens. Ein verrückter Film war gelaufen, nun war der Fernseher implodiert. Wir fuhren gen Norden. Wir schliefen in einem Guesthouse. Wir kochten auf Decken im Garten des Camps. Die Morgenstunden waren klar, die Luft silbrig frisch, mit einem Geschmack, den die abgestandene Wärme Goas nicht kannte. Ich nahm es zur Kenntnis. Alles nahm ich zur Kenntnis, unterschiedslos, kein Strom floss, jemand hatte den Stecker gezogen. Konnte etwas abscheulicher sein als diese plötzliche Zombieexistenz.

In Poona gingen wir auf breiten Straßen unter Baumriesen, an deren Luftwurzeln die orange gekleideten Kinder der Sannyasins, der westlichen Anhänger Bhagvan Shree Rajneeshs, mit indischen Kindern in T-Shirts schaukelten. Der Aschram stand Besuchern nur teilweise offen, den Meister sahen wir nicht, aber Wasserläufe plätscherten, das Gras war betaut, ein utopischer Ort war dies, künstlich, eine Nirgendwowelt, also verlockend. Ah, Flucht aus diesem Jammertal! Drogen, Sex, religiöse Ekstasen, Politik, Partys, Philosophie, Extremsport, Wissenschaft, Kunst, das Scheffeln von Millionen, alles, alles, nur nicht die Tristesse der täglichen Existenz, das graue Gerippe des Alltags … Auf dem Rückweg zum Bus durchquerten wir ein trockenes Flussbett. Unter der Brücke weiter drüben lag ein Slum. Von dort schwärmten, als sie uns sahen, Kinder aus, Horden von Kindern, die uns umringten,

Rupee, Rupee, Paisa, Paisa, sie hängten sich an uns und zerrten an unseren Kleidern, griffen nach Armen und Haaren, und wir wehrten uns, wir schrien sie an und stießen sie, aber sie grapschten und gingen nicht ab und gingen nicht weg und wie Jesus nach den Aussätzigen schlugen wir schließlich nach diesen Kindern, und dass wir das getan haben, entsetzt mich heute, aber es ist mir wirklich geworden erst in der Erinnerung, die mich viel später eingeholt hat, alles zwischen Goa und Bombay hat Festigkeit und Substanz erst viel später gewonnen.

In Bombay, vor dem Tadj Mahal Hotel, stand der weiße Bus. Er war auf der Beifahrerseite verbeult, eine Seitenscheibe fehlte, Little Mike hatte einen Unfall gebaut. Aber was machte das, gar nichts, überhaupt nichts, Gabo nahm es nicht krumm. Er strahlte. Einmal mehr hatte er sich gehäutet. Leuchtend war er, in losen weißen Sachen mit einem Haarknoten wie Shiva, er legte den Arm um Little Mike und improvisierte für uns Rod Stewart.

I don't want to talk about it
how you broke my car –

Selig war er, denn ich war zurück. Er nahm mein Gesicht in die Hände und beschwor mich: Liebchen, Liebste, Engelchen. Wir würden in Bombay noch einmal neu anfangen. Er hatte die Stadt bereits für mich erobert, er würde sie mir zu Füßen legen. Zuerst mussten wir bei Dipti's Mangosaft trinken, dann in der Bäckerei im Taj Erdbeertörtchen mit Schlagsahne kaufen, die Erdbeeren schmeckten grasig und kosteten ein Vermögen, und er leckte mir die Finger sauber.

Ich muss mich doch richtig bei dir einführen. Ich habe dich doch gerade erst kennengelernt.

Wer bist du denn?

Der reiche Onkel aus Amerika. Ich habe auch ein Geschenk für dich.

Er hatte mir ein Armband aus altem Silber gekauft. Er kaufte mir einen Ring mit einem Mondstein. Ich hatte in Goa das Geld meiner Eltern mit ihm geteilt, und von diesem Geld bezahlte er nun seine Geschenke für mich, aber so sah ich es nicht, und es war auch nicht so, er hätte seinen Anteil ja auch behalten können.

Darauf legte er keinen Wert. Was interessierte ihn Geld. Auf nichts legte er mehr Wert, nur auf mich, beweisen würde er mir das. Wir durchquerten die Stadt in einem großen Rausch, trieben über die Märkte, machten Ausflüge nach Juhu und Chowpatty Beach und lachten auf Elephanta über einen dicken Sikh, der aus Angst vor den Affen sein Popcorn wegwarf. Die Festfreude aufrechterhalten: Das konnte Gabo, und wer wollte dabei an die Mühen des Aufräumens denken.

Abends bei der Rückkehr nach Colaba, in das Viertel kleiner Chaishops, Saftläden und Hotels rund ums Taj, trafen wir überall auf Bekannte, auch auf Gino und Marina. Sie wollten am nächsten Morgen nach Norden aufbrechen. Schicksal empfand ich nicht. Wir saßen zu viert auf der Matratze im Bus, die anderen rauchten, Gabos Arm lag um mich. Heute hat die Erinnerung Reiz: Gino, der mit Marina davongeht, ist mir heute mehr als damals ein Fremder.

Zum Waschen ging ich in die luxuriösen Toiletten des Taj. Blitzende Wasserhähne gab es dort, glänzende Fliesen, einen Porzellanbehälter mit bunten Wattebäuschchen und, allen Ernstes, einen chintzbezogenen Ohrensessel. Interessanter war mir aber das Bild meiner selbst, das ich bisher nur in meiner Vorstellung gesehen oder in Handspiegeln ausschnittweise hatte überprüfen können. Nun ließen sich Entwurf und Wirklichkeit vergleichen. Die Person, die ich sah, wirkte leicht fantastisch, überall an ihr waren Verzierungen angebracht, Schmuck klingelte, Bänder wehten, Röcke und Tücher wiesen verschiedenfarbige Muster und Stickereien auf, Goldfäden blitzten, die Augen waren kholumrandet, und in die Haare waren Federn, Bernstein- und Korallenperlen und die kleinen silbernen Glöckchen eingeflochten, wie man sie für indische Fußkettchen verwendet.

Auch hatte ich mir Ohrlöcher stechen lassen. Das wurde mit einer dicken Nadel gemacht. Ein Wollfaden mit mehreren Knoten hing daran, und alle paar Tage zog man einen weiteren Knoten hindurch, um das Loch zu dehnen, bis es weit genug war für die riesigen indischen Ohrgehänge. Einmal, als ich da stand und den Faden einen Knoten weiter zog, öffnete sich die Tür, und eine Frau kam herein, eine Touristin oder die Sekretärin eines Geschäftsreisenden, dachte ich, wobei, dies war Indien, was sollten das für Geschäfte sein. Sie trug ein europäisches Sommerkleid, eine Art leichtes Kostüm, dazu Nylonstrümpfe und Schuhe mit Absatz. Wir erschienen einen Moment zusammen im Spiegel, Exemplare zweier unterschiedlicher Arten. Ich sah sie an, aber sie wich meinem Blick aus. Wir haben kein Wort miteinander gewechselt, und ich empfand mich ihr in allem überlegen.

Heute, wo ich mehr weiß, denke ich, dass sie eine wie ich gewesen sein wird. Nur war sie mir über an Chuzpe und Erfahrung. Wahrscheinlich hatte sie hier im Taj ein Zimmer, in dem stand ein professionell gefertigter Koffer mit doppeltem Boden, in den eine Menge erstklassiges Haschisch eingebaut war, in ihrer Handtasche befand sich ein sauberer Pass ohne indische oder afghanische Einreisestempel, auf dem Tisch lagen Perlenohrringe und eine teure Uhr für den Flug, und auf dem Ticket stand kein Ziel in Europa, sondern sie flog zum Beispiel nach Singapur und von dort nach Kanada, also auf Routen, die es unwahrscheinlich erscheinen ließen, dass Hunde durchs Gepäck geschickt wurden –

Wo sich die Pavement Dwellers wuschen, die draußen unter den Bogengängen schliefen, konnte ich mir nicht denken. Tagsüber war von ihnen keine Spur zu entdecken. Aber bei

Einbruch der Nacht erschienen ihre Scharen, die Ärmsten rollten sich auf dem nackten Boden zusammen, die Bessergestellten lagen auf Decken und manche sogar auf Charpoys, den leichten indischen Bettgestellen, die tagsüber unsichtbar auf den Dächern umliegender Häuser lagerten. Abends hob der Besitzer sein Bett herunter und stellte es auf den angestammten Platz, nun war er zu Hause, er konnte schlafen oder noch Besuch empfangen, und ich dachte, dass eigentlich so ein Bett genügte, jedenfalls in einem warmen Land.

Wozu benötigte man Wände. Wozu Häuser und Hotels und Busse. Man brauchte die nur, um darin seinen Besitz aufzubewahren, all die Dinge, die man brauchte, weil man ein Haus oder einen Bus hatte. Oder um eine Frau darin aufzubewahren vielleicht. Das war es, was ein Haus war, ein Frauenkäfig. Denn Frauen sah ich nicht unter diesen Straßenschläfern am Taj, eine Frau hatte keiner von ihnen bei sich, wahrscheinlich brauchte man für eine Frau mindestens einen Verschlag in den Slums.

Ein Junge lag auf dem Rücken, ein Bein über das andere geschlagen, und hantierte mit etwas, das aussah wie eine kleine grüne Plastikspritzpistole. Ein Mann umarmte im Schlaf ein knallblaues Kofferradio, das die ganze Nacht indische Filmmusik spielte.

Lieber Leser, was meinst du? Mit wem würdest du, wärst du Autor dieser Geschichte, die Neunzehnjährige, die ich war, schließlich in Richtung Norden aufbrechen lassen? Mit Rosie, hoffe ich, denn du bist ein aufgeklärter Mensch, vernünftig und wohlmeinend, und ich auch, ich meine es auch gut und würde gern genauso entscheiden.

Oder ich könnte einen Schnitt machen, zwölf Monate überspringen und sie erneut in Bombay vorfinden, den Weg nach Westen und wieder nach Osten ersparen könnte ich ihr und mir und habe das erwogen, in einer Geschichte lässt sich so etwas ohne Weiteres deichseln. Aber dann kämen wir nicht noch einmal nach Afghanistan. Also muss sie wieder in den weißen Bus einsteigen, beim Abschied vor dem Taj flüstert ihr Rosie lachend ins Ohr, sie sei bescheuert, und: Ja, antwortet die Neunzehnjährige, aber es ist eben noch nicht vorbei, und: Das ist es nie, sagt die kluge Rosie, die dreizehn Jahre weiter ist, man muss einfach aufhören.

Damit hat sie recht. Aber ich bestehe darauf: Dass ein Unternehmen von vornherein zum Scheitern verurteilt ist, ist längst noch kein ausreichender Grund, es zu lassen.

Bis Udaipur fuhren wir im Convoy mit Manfred. Einmal unterwegs, konnte ich nicht mehr protestieren. Ich war gefragt worden. Ich hatte zugestimmt.

Hey? Manni? Lebst du noch? Verunziert dein Kadaver noch immer irgendeine Gegend unseres wunderschönen blauen Planeten? Ein Arschloch bist du, Manni, hörst du? Ein Granatenarschloch. Ich sage dir das so gern, das glaubst du nicht. Ich sage es dir mit Wonne auch noch mal persönlich, ruf mich an, Manni, ich stehe im Telefonbuch, melde dich mit Namen, und ich sage dir alles, was ich dir vor fast vierzig Jahren hätte sagen sollen –

Manni war Gabos neuer bester Freund. Hintereinander, dann nebeneinander fuhren die Busse, die Fenster standen offen, das Chillum wurde während der Fahrt von Fenster zu Fenster gereicht.

Deine Freundin kapiert nichts, sagte Manfred zu Gabo. Kann sie gar nicht. Wie will die was kapieren, wenn die nichts raucht. Wie will die ein Bewusstsein entwickeln.

Seine sprach breitestes Bayrisch, die Titten hingen ihr bis

zum Nabel, in der Tropensonne war ihre Blondierung gelb geworden.

Kannst du mal einen Moment bei den Bussen bleiben?, sagte Gabo. Manni will was besorgen, wir kommen gleich wieder.

Zwei Stunden blieben sie weg, Manni hatte unterwegs Hunger bekommen.

Why did you come back?, sagte Little Mike, der mit Gabo und mir mitfuhr, in Gujarat zu mir.

Warum wolltest du, dass ich zurückkomme?, sagte ich zu Gabo.

Eine Scheißfrage war das, er explodierte, danach tat es ihm leid, alles tat ihm leid, er bereute, aber was? Alles. Also nichts. Denn wenn er das, was er bereute, nicht benannte, waren seine Entschuldigungen nur eine Methode, sich Einsicht vom Hals zu halten, und das war die Wurzel des Problems: Nicht, dass wir zu viel, sondern dass wir zu wenig stritten. Wir stritten, weil er nicht streiten wollte, er brüllte mich nieder, um nicht zu streiten, und dann sang er laut Rod Stewart mit.

I'm a three time looser!

Ein Versager war er. Ein Vergaser, hahaha.

Three time LOOOOOOser!

Dieses bedröhnte Haschischlachen. Und immer noch fand ich ihn nicht abstoßend, immer noch wollte ich ihm körperlich nah sein, und sei es, um auf ihn einzuprügeln. Ich rang aber ab jetzt um Distanz. Diesmal würde ich es anders anfangen. Ich würde mich Schritt für Schritt entfernen, mich innerlich abkapseln, wann immer möglich allein über die Felder von Gujarat wandern, ohne an ihn oder uns zu denken, hinter einer türlosen Mauer würde ich mich verbarrikadieren.

Als ich vom ersten dieser Spaziergänge zurückkehrte, war Mr Modhi da. Drei Mühlen nannte er sein eigen und lud uns in sein Haus ein, einen kleinen Palast, das Esszimmer war möbliert wie in einem Film über die Kolonialzeit, dunkle Möbel, schweres Leinen, Diener hinter jedem Stuhl. Schüsseln, Platten, Teller mit Essen, Zigaretten wurden auf einen Wink hin besorgt, auch Bier tauchte plötzlich auf im trockenen Staat von Gujarat. Manfred hatte Bier trinken wollen. Warum auf einmal, er war doch ein Kiffer? Aber jetzt affektierte er herrscherlichen Stil. Er war noch lauter als sonst, pöbelhaft mit jovialem Getue, seine Bewegungen raumgreifend, sein Grinsen breit.

Nach einer Weile begann Gabo, ihn zu kopieren.

Mr Modhi blieb unwandelbar höflich und mehr als das, eifrig war er, unterwürfig darum bemüht, seinen Gästen jeden Wunsch von den Augen abzulesen. Er sonnte sich darin, dass ihm das gelang, dass er über die Mittel verfügte, uns solche Gastfreundschaft zu bieten.

Would you like some more beer, Sir?

Ja, na klar, tu mal immer rein hier.

Fettiges Gelächter am Tisch.

Ich hatte die Wut auf unseren Gastgeber. War das nötig? Musste er Gabo zu Unverschämtheiten geradezu animieren? Wir schliefen in einem Four Poster Bed mit Moskitonetz. Ich schlief darin. Gabo verbrachte die Nacht auf zwei Stühlen am Fenster, nachdem ich in unwillkürlicher Wiederholung meiner Worte in Budva zu ihm gesagt hatte: Wirklich, man schämt sich für dich.

Am Morgen saß ich mit Mr Modhi allein. Er zeigte mir Familienbilder, auch führte er mich durch den Garten und schenkte mir Dinge, stark duftende Blüten, ein getrocknetes und bemaltes Pipalblatt. So, zu zweit, verstanden wir uns prächtig und hatten viel Zeit, einander prächtig zu verstehen, wiederholt fragte Mr Modhi, wo denn seine Gäste blieben, aber ich ging darauf nicht ein. Schließlich erschien Mike, überbrachte die Nachricht, dass Manfred im Bett Tee zu trinken wünsche, füllte am reich beladenen Büffett die Tassen und verschwand mit Tablett. Gut erzogen war Mike, sweet and gentle, möchte ich sagen und überhaupt am liebsten auf Englisch weiterschreiben, denn von nun an sprach ich nur noch Englisch, ich sprach nur noch mit Mike oder so, dass Mike es verstand.

In der Erinnerung zieht sich diese Fahrt mit Manfred hin. In Wirklichkeit waren es nur drei Tage, denn in Udaipur waren die Gassen zu eng für den Bus, Gabo und ich mieteten einen Scooter, wir fuhren zum Jain-Tempel hinauf, und als wir zurückkamen, war Manfred weg. Es scherte Gabo nicht. Es war ihm egal. Aber warum hatte er dann nicht auf ihn verzichtet. Manfred habe ich Gabo nicht verziehen. Alles andere. Aber nicht Manfred.

Wir fuhren nun zu dritt durch Rajastan. Jaisalmer. Jodpur. Ajmer. Jaipur. Eine Stadt in Rosa. Eine Stadt in Blau. Palast der Winde, bemalte Elefanten, Picknicks auf Hügeln im Schatten von Forts. Wüste mit Frauen in Rot, Lila und Gold. Ziehbrunnen auf Feldern mit Zuckerrohr und Reis, schwarzgesichtige Affen, die Ghats von Pushkar, kholgeschminkte Kinder, Pfauen, Kamele, Paläste in Seen, lotosüberwucherter Matsch. Wir sprangen aus dem Bus, besichtigten, erwarben Mitbringsel: Blechschachteln mit getriebenen Pfauen, Stickereien, mehr Silberschmuck, der nach Gewicht bezahlt wurde, ein paar Mark kostete das Gramm. Ich war nicht glücklich und nicht unglücklich. Eisern hielt ich mich im Zaum. Klar ist und bleibt die Erinnerung an Udaipur, diese schönste Stadt Rajastans mit ihren Palästen im Wasser, wo wir den Bus vor dem Lake View Hotel geparkt hatten, einst ebenfalls ein kleiner Palast, jetzt rosenüberwuchert und auf romantische Weise heruntergekommen. Am Morgen war die Luft durchsonnt und frisch wie ein deutscher Septembermorgen. Wäscherinnen breiteten am Seeufer Laken zum Bleichen aus, ich ging hinunter zu ihnen, und sie umringten mich und stellten die üblichen indischen Fragen, which is your country, are you married, bis eine von ihnen auf einmal meine Hände ergriff und klagte, sie hätte ein Kind gehabt, eine kleine Tochter, und diese Tochter sei ihr verhungert.

Unmut packte mich. Schon wieder? Wieso lebte diese Frau noch? Warum aßen diese Mütter und ihre Kinder nicht? Erst viel später, als ich selbst ein Kind hatte und dieses Kind stillte, kam es mir in den Sinn, dass sie vielleicht verhungert waren, weil ihre Mütter nichts zu essen gehabt hatten. Die Mütter hatten ihre Körper nicht und also mit ihren Körpern nicht die ihrer Kinder nähren können, und nun saß ich da mit meinem Kind im Arm und konnte mich nicht entschuldigen, ich konnte mich nur schämen für meine entsetzliche Unschuld, für die fürchterliche Arglosigkeit der Satten.

Den letzten Tag, bevor wir Delhi erreichten, verbrachten wir im Vogelschutzgebiet von Bharatpur, wo Gabo sich übergab, er fühlte sich elend und stieg nicht aus dem Bus aus, mir zuliebe war er hierhergefahren, nun also, warum verdarb er es mir dann. Mit Mike zog ich in die wässrige Landschaft hinaus. Ich wünschte, mein Großvater wäre da gewesen, er hätte die Unzahl von Vögeln benennen können, Kraniche, Gänse, Reiher erkannte ich, aber vieles flatterte und flog hier und da herum und war nichts, weil man nichts sieht, wenn man nicht weiß, was man sieht.

Melancholisch senkte sich die Dämmerung herab. Mike und ich teilten uns den Beifahrersitz. Er erzählte, dass er England vor drei Jahren den Rücken gekehrt hatte. Seine Freundin hatte ihn während ihrer Schwangerschaft verlassen. Gesehen hatte er seinen Sohn nur ein Mal. Vielleicht, sagte er, hatte sie nur ein Kind haben wollen, ein hübsches Kind, vielleicht hatte ihr sein Gesicht gefallen.

Ich sah ihn von der Seite an. Sein Gesicht war schmal, sehr englisch mit kleiner Nase und kurz gehaltenem Bart. Zum Erzeuger von Söhnen hätte ich ihn nicht erkoren, und deswegen, weil ich seinen Mutmaßungen innerlich widersprach, erinnere ich mich an sein Profil in der Dämmerung und an seine Geschichte, während ich die Geschichte, die Len nach Asien gebracht hat, und die so vieler anderer vergessen habe.

Mike hatte zwei Jahre lang im Iran gearbeitet, am Persischen Golf. Er war etwas mit C gewesen, Caretaker oder Carpenter, vielleicht beides, I mended things for my boss, sagte er.

To mend. Reparieren, ausbessern. Auch heilen. Ich kannte diese Vokabel nicht, sie klang falsch, beinahe, als gäbe es das Wort nicht, und ich hielt das einen Moment lang für möglich: dass Mike falsches Englisch sprach und ich das erkannt hatte. Viele Leute sprachen ja auch falsches Deutsch. Darüber dachte ich nach, während er weitererzählte, die Vokabel tauchte dann noch ein paarmal auf, und genau so lange, wie sie auftauchte, erinnere ich mich an Mikes Geschichte. Von diesem Abend an waren wir Freunde, und das blieben wir eine Weile, für ein paar Wochen sind wir Freunde gewesen.

Als wir Delhi erreichten, litt Gabo sehr. Wenn Gabo litt, war das weltumfassend, er litt wie ein Säugling, das Universum war aus den Angeln und ins Chaos gestürzt. Wir standen im Tourist Camp am Kashmere Gate, und er war mies gelaunt und dann weinerlich, ich sei so weit weg, all die Wochen in Rajastan sei das so gewesen, er leide unter meiner inneren Distanz, und nun musste ich wirklich lachen, *er* litt unter *meiner* Distanz. Mit einem Scooter fuhren wir in der Stadt herum, aber er quengelte, er fror, wuah, wuah, und war mit mir unzufrieden, ich sei nicht bereit, noch etwas für die Beziehung zu tun. Das Ende beruhte, so behauptete er später, auf einem Missverständnis, im Bus lag er zusammengerollt auf der Matratze und sagte: Steig aus. Bitte geh weg und lass mich allein, und das tat ich, aber es war nicht das, was er angeblich gemeint hatte.

In einem Film würde ich die Szene in Zeitlupe drehen. Die Seitentür rollt auf, ich setze erst einen, dann den anderen Fuß auf den Boden wie auf eine in großer Höhe ausgespannte Plane. Ein Schritt, ein unsicherer zweiter. So erreichte ich eines der großen Zelte des Camps, in denen man ein Bett mieten konnte. Starr blickte ich in die vom Atem vieler Fremder erfüllte Finsternis, mein Herz stolperte, es raste voran in die Zukunft, ein körperliches Gefühl von Eisigkeit stieg in mir auf, ein großer und stiller Schrecken.

Denn es gibt diese Momente auf langen Reisen, wo tatsächlich geschieht, was man sich vom Reisen erhofft: Die Wellen branden meterhoch auf, hallenden Schritts betritt man die Kathedrale, nach kräftezehrendem Aufstieg schweift der Blick hinaus über das Panorama der Gipfel, und man ist überwältigt, ergriffen, von sich selbst erlöst, man vergisst sich und sein Alltagsdasein über der Wirklichkeit.

Und dann gibt es das komplementäre, das sozusagen auf links gedrehte Erlebnis, das Gegenstück dieser Erfahrung der Selbstvergessenheit. Plötzlich wird man sich seiner eigenen Existenz an einem bestimmten Ort bewusst. Man ist tatsächlich hier. Es ist kein Witz. Etwas durchfährt den Körper, ein durchdringender Schreck. Warum ist man hier? Man könnte ebenso gut woanders sein. Das ist man aber nicht. Dieser Ort, an dem man sich befindet, ist ein überaus wirklicher Ort, aber ein Ort ohne Adresse, kein gezähmter Ort, sondern ein Irgendwo, eine Stelle eher als ein Ort, auf der man ohne Schutz oder Ausweichmöglichkeit steht. Hier ist man, HIER. Es ist eine Erfahrung äußerster Wirklichkeit, und eben deswegen ist man ergriffen von einem starken Gefühl der Unwirklichkeit. Ich denke mir, das Gefühl muss ähnlich dem sein, das einen Verschleppten überkommt, der in seinem

Verließ aus der Betäubung erwacht. Oder das einen Verurteilten dazu befähigt, seinen Kopf ganz ruhig auf den Block zu legen.

Der Morgen brach an mit Kälte und Nebel. In eine Decke gewickelt wie einst am Wannsee saß ich in dem noch schlafenden Camp. Es gab nichts zu entscheiden, nur auszuhalten. Während nichts geschah, spürte ich die Welt auf mich eindringen. Ich wusste, ich würde nicht in diesen Bus zurückkehren. Ich dachte: Ich gehe nicht zurück, und wenn es mein Tod ist, und dieses Wissen war so überwältigend, dass ich damit rechnete, ich rechnete halb und halb mit meinem Tod. Denn es war gar nicht möglich, dass wir, auseinandergerissen, noch weiterleben würden. Das hatte nichts mit Liebe zu tun, man liebt sein Genick nicht und hegt keine romantischen Gefühle für seine Innereien, man kann nur nicht existieren ohne sie. Dies war also das Nadelöhr, und das Kamel musste hindurch. Aber wie.

Dann erwachten allmählich die anderen. Es standen eine Reihe von Vehikeln auf dem Camp, auch ein Bus aus München, mit dem Markus und Rolf unterwegs waren, sie hatten einen großen Hund dabei und ein knapp zwei Jahre altes Kind, dem die Mutter abhandengekommen war. Wann immer der Junge mich sah, streckte er die Arme nach mir aus. Er sprach noch nicht, er verlangte nach nichts, er schlang die Arme um meinen Hals und lehnte den Kopf an, ganz still blieb er so, und ich schleppte ihn herum, ich bin durch halb Delhi gelaufen mit einem Anderthalbjährigen auf dem Arm.

Fahr bei uns mit, sagte sein Vater. Wir fahren nach Nepal und dann nach Kalkutta.

Ich sagte: Das ist weit. Ich habe nicht genug Geld.

Du brauchst kein Geld. Wir haben Geld. Was uns hier fehlt, ist eine Frau.

(Wie wäre die Geschichte weitergegangen, wenn ich Ja gesagt hätte? Hätte oder hat meine Entscheidung das Schicksal dieses Kindes beeinflusst? Lose Enden, lose Enden, dieses Jahr wird er vierzig, falls er überlebt hat –)

Gabo war außer sich. Fassungslos. Wild.

Das tust du lieber? So widerlich bin ich dir, dass du dich lieber in diesen Bus mit zwei Fremden, einem Köter und einem fremden Balg zwängst?

Mike sagte: Wenn du gehst, dann gehe ich auch. Allein bleibe ich nicht bei ihm.

Mike hatte kein Geld, aber Außenstände. In Goa hatte er mit einem Sikh namens Sodhi Geschäfte gemacht. Sodhi war nicht in Delhi, wurde aber erwartet, sagte sein Vater und quartierte uns im Nulook Hotel ein.

Das Nulook Hotel befand sich im Gassengewirr Old Delhis und wurde ausschließlich von Indern frequentiert. Aus dem Innenhof tönten bis in die Nacht laute Stimmen herauf und das blecherne Gedudel indischer Filmhits aus Kofferradios. Identischen Zimmern wie unserem, das wir zu zweit bewohnten, entquollen vier, fünf, sechs und mehr Personen. Von innen verschloss man diese Zimmer mit einem Riegel, von außen mit eigenem Vorhängeschloss. Das lernte ich nun, ich begann das Reisen ohne Bus zu lernen.

Am Morgen ging Mike zum Camp, um mit Gabo die Reparatur des Busses zu besprechen. Auch waren unsere Pässe noch im Handschuhfach eingeschlossen. Ich blieb im Hotel und wusch mir gerade die Haare, als ich gerufen wurde: Telephone for Madam. Es war Mike. Gabo war gelb, er hatte offenbar Hepatitis und verlangte nach mir.

Komm nicht, sagte Mike. Es macht die Dinge nicht besser.

Ich flog aus dem Hotel in die nächste Rikscha. Unterwegs plante ich alles. Ich konnte Gabo nun nicht mehr verlassen. Er war ernstlich krank und brauchte mich, was nach Bombay geschehen war, war den Viren geschuldet. Ich stürzte aus der Rikscha und rannte über das Camp. Er kam mir entgegen, kurkumafarben bis in die Augen, ich sah seinen verzerrten Mund und blieb stehen. Ich war gekommen, um ihn zu retten, und er ging auf mich los.

Im Stich gelassen hatte ich ihn, eine Schlampe war ich, aber alle wussten, was ich für eine war, Rosie hatte es schon in Bombay gesagt. Das erschütterte mich, aber nicht lange, mir fehlte die Zeit, es ging sofort weiter. Die Szene en détail zu beschreiben, fehlt mir die Lust. Ich warf ihm schließlich das Geld hin, das ihm Mike angeblich schuldete, nun war ich eine Hure und hielt mir einen Gigolo. Aber wir würden nirgendwohin gehen. Er würde uns unsere Pässe nicht geben. Mike wollte ihm den Schlüssel zum Handschuhfach abringen und ließ dann ab, der kleine Mike, und ging weg und kam mit einem Wagenheber zurück, und das war furchtbar, ich schrie, Gabo war zu schwach, um sich ernstlich zu wehren, er brach zusammen, der Schlüssel fiel zu Boden, Mike hob ihn auf, und während Gabo und ich aneinanderhingen und er mir seine Liebe erklärte, geh nicht, bitte bleib, warum glaubst du mir nicht, ich bin nicht mehr das Arschloch, das ich war, holte Mike unsere Pässe, und ich machte mich los.

Ich bringe mich um! Ich fahre mit dem Auto irgendwo gegen!

Mike und ich rannten.

Wir stürmten aus dem Camp und warfen uns in eine Rikscha, ins Nulook Hotel, ins Nulook Hotel, quick, quick. Und da tauchte vor uns der Bus aus einer Seitenstraße auf. Er fuhr vor uns her, dann hielt er an und ließ uns vorbei. Mike beugte sich vor. Er packte den Rikschafahrer an der Schulter.

Do you see that bus? Get rid of that bus.

Was Gabo damals wirklich vorhatte, weiß ich bis heute nicht. Wenn ich ihn später gefragt habe, hat er die Hände in die Luft geworfen.

Mann, Sylvie!

Auf wie vielfältige Art er das sagen konnte.

Ich glaube, er dachte gar nicht darüber nach, was er plante. Den Gang der Dinge ändern wollte er eben. Die Dinge aufhalten. Menschen können töten aus solchen Motiven. Dass er das wollte, konnten wir uns vorstellen. Dass er uns rammen wollte: Dessen waren wir sicher. Der Rikschafahrer hatte erst Spaß an der Verfolgungsjagd, dann bekam er Angst, er wand sein Gefährt durch immer schmalere Gassen, hinein in immer dichteren Verkehr. Mehrfach dachten wir, wir hätten ihn abgehängt, aber dann kam der Bus plötzlich wieder von vorn, aus einer anderen Gasse stieß er in denselben Kreisverkehr wie wir und war wieder hinter uns, bis wir schließlich durch eine schmale Passage zur Linken entkamen, in der der Bus festsaß wie ein Wal.

IV Welcome to India

1

Nun begann Indien noch einmal von vorn. Erst jetzt drang das Land ohne Barriere auf mich ein, sein stetes Gewühl, seine überwältigende Unstrukturiertheit, seine fortwährend sich heranschiebenden Menschenmassen, die ein Gefühl von Leere erzeugen konnten, als wäre man allein auf der Welt, der Einzige mit einem Ich begabte oder mit einem Bewusstsein geschlagene Überlebende in einem geschichts- und gesichtslos schwappenden Ozean von Kreaturen, Kühe, Hunde, Affen und eben Menschen, Menschen, Menschen, sodass es einen gleichgültig ließ, ob im Staat Orissa zehn- oder hunderttausend der Cholera-Epidemie erlegen oder in Madras bei einer Massenpanik fünfzig oder fünfhundert totgetrampelt worden waren, es waren doch immer noch genug davon da.

Das war es, was Indien mit seinen Besuchern tat: Es decouvrierte sie. Es entdeckte sie sich selbst. Man konnte das natürlich abwehren. Man konnte den Spiegel verantwortlich machen für das hässliche Gesicht, das man sah.

Dann trat wieder ein Einzelner aus der Menge heraus. Einmal und wieder und viele Male am Tag trug jemand die Indische Frage an einen heran: Madam, Madam, what is your profession. Are you married. Which is your country.

Papperlappia. Apfelsinien. Plomburistan.

Egal, wie man antwortete, die Frager lachten. Sie nahmen

nichts übel. Es ging ihnen gar nicht darum, herauszufinden, woher wir waren, das war ohnehin offensichtlich: Nicht aus Indien oder aus Pakistan waren wir. Sie fragten zu ihrer eigenen Unterhaltung, um ins Gespräch zu kommen oder um herauszufinden, ob es für diesen Fremden eine Verwendungsmöglichkeit gab, ob man irgendwas mit ihm anfangen, ihm etwas verkaufen, ihn irgendwo hinbringen konnte. Gleichbleibend freundlich waren sie und wir die Unfreundlichen, aber auch wenn man jemanden anherrschte, wenn man sich selbst erzählte, berechtigt die Geduld verloren zu haben, nützte es nichts, es war ein Schlag ins Wasser, die Indische Frage verstummte nie, wir konnten sie mit Unhöflichkeit gar nicht treffen und wurden die Inder in Indien nicht los, egal, wie wir wedelten und scheuchten.

Geh weg, hau ab, verpiss dich. Chelo, Baba, chelo, chelo, chelo!

Das sagten immer alle. Aber chelo heißt gar nicht: Geh weg, sondern: Gehen wir. Man selbst war mit eingeschlossen, man bewegte sich gemeinsam mit all den anderen, man tat den Schlag in ein Wasser, das sich über einem schloss.

In Delhi trieben wir uns, während wir auf Sodhis Rückkehr warteten, im Gewühl von Chandni Chowk herum oder lagen in den Gartenanlagen des Roten Forts. Einmal gingen wir abends in eines der riesigen Kinos. Mehrere Ränge hatte es, wie ein Theater, und wie in einem Theater der Shakespearezeit hielt das Publikum nicht fein still, sondern lebte den Film mit, warnte, ermutigte und beschimpfte die Figuren.

Nach der Vorstellung luden uns zwei junge Inder auf einen Drink ein. Wir trugen die Gewänder eines Phantasie-Asiens, sie waren westlich gekleidet, ihre Anzüge saßen. In einem dicken Schlitten fuhren wir zum Cellar am Connaught Place, einem teuren, kaum erleuchteten Lokal mit Live-Musik, in dem man Alkohol bekam und Filet von der heiligen Kuh. Der

Fahrzeugbesitzer war Brahmane. Das zu erwähnen war ihm wichtig. Er hatte einen Kopf wie ein junger Pharao, mit einer Nase, die gerade in die Stirn überging, das Wort Jüngling fiel einem ein. Er war entschlossen, Künstler zu werden, schreiben und malen wollte er, hatte aber noch nicht angefangen. Auch schien er persönlich gekränkt, im Kern verletzt, wovon, war nicht klar, es war eine tiefe, zerfressende Unzufriedenheit. Sein Freund war ihm vollkommen ergeben. Ich dachte, dass das Gesicht des Pharaos eine Gefährdung darstellte, diese dekadente Schönheit, wie wollte er durchkommen mit diesem Gesicht und diesem nervösen Verlangen nach Geltung. In seinem Zimmer in der elterlichen Villa hing ein *Lovestory*-Poster, Ryan O'Neal küsste Ali MacGraw. Er faszinierte mich, ohne mir sympathisch zu sein, er befremdete mich, wie man, denke ich heute, von einem Foto befremdet sein kann, das das eigene Gesicht aus ungewohnter Perspektive zeigt. Mit seinem Verlangen nach Aufbruch, seiner Selbstbezogenheit, seinem Zorn auf die Beschränktheiten seiner Umgebung, die ihn stärker färbte, als er wahrhaben wollte, war er etwas wie das Spiegelbild der Siebzehnjährigen auf ihrer Breitcordmatratze, die entschlossen gewesen war zu schreiben, rauschhaft zu leben und nach Indien zu fahren.

Nun wollte ich fort aus Delhi, das ich mit Gabo teilte. Sodhi, hieß es, war noch immer in Bombay, keiner wusste, wann er kommen würde, ich verlor die Geduld. Mike konnte vorerst von meinem Geld mitleben. Der Zug nach Varanasi fuhr am Abend. Der Bahnhof war belagert, als hätte in der Nähe ein Krieg geendet, ganze Familien campierten neben den Gleisen und drängten, wenn ein Zug kam, durch die Fenster und übereinander in die Abteile hinein. Wir erkämpften einen Sleeper, ein Holzbrett in einem der Waggons, die bei jedem Halt von fliegenden Händlern überschwemmt wurden.

Chaaaaai, Chaaaai!

Panipanipanipanipani!

Plastik gab es nirgends. Der Tee wurde in Bechern aus unglasiertem Ton verkauft, nach Gebrauch warf man sie aus dem Fenster, wo sie zu Staub zersprangen. Die Türen standen offen, auch während der Fahrt. Jemand kaufte Paan von einem Paan-Wallah auf dem Bahnsteig, ich fragte, was in diesen Betelblätterpäckchen genau enthalten sei, die Augen des jungen Inders blitzten amüsiert. Wollte ich probieren? Im nächsten Moment trug ich zur allgemeinen Erheiterung bei, denn ich spuckte Paan und rieb mir die Zunge mit den Fingern. Hier hätte man über die Merkwürdigkeiten des Menschengeschlechts philosophieren können, das sich nirgendwo auf der Welt damit zufrieden gibt, zu konsumieren, was ihm als Affe von Natur aus bekommt, sondern überall produziert es stinkende Käse, beißende Alkoholika, Fermentiertes, Verfaultes, Vergorenes, das schätzen gelernt zu haben Zeichen des Erwachsenenalters und Beweis der Zugehörigkeit zu einer bestimmten Kultur ist. Ich glaube aber nicht, dass ich damals irgendetwas in der Richtung gedacht habe.

Gar nichts habe ich gedacht, ich war nur unablässig auf der Suche nach Reizen, die Kraft genug hatten, um den Gedanken an Gabo zu verdrängen. Meine Sehnsucht nach ihm war wie ein starker Kater, alle Nerven sirrten, mir war übel, zugleich verlangte die Sehnsucht Nahrung. Mich an die Gegenwart zu verlieren, erschien mir als Rettung, und wo, wenn nicht in Indien, konnte das gelingen. Aber ich schaffte es nicht, völlig unterzugehen in der Flut der Eindrücke, ich war ein entleertes Gefäß, ich trudelte auf der Oberfläche des Stroms.

Am schlimmsten war es abends. Am leichtesten morgens. Sehr früh am Morgen kamen wir in Varanasi an. Alles war noch verrammelt und verschlossen. Irgendwo in einem ärmlichen Wohnviertel setzten wir uns auf eine Bank vor einer kleinen Garküche, die gerade öffnete, und tranken Chai. Die Sonne schien schräg über die niedrigen Dächer in die Gasse hinein, die um uns erwachte. Ein kleiner Junge in einem zerrissenen Lungi kam an den Stand, kaufte fünf einzelne Scheiben Toastbrot, die der Chai-Wallah einer Packung entnahm, weiße Scheiben waren es ohne Nährwert. Krähen hüpften durch die Abfallrinne, an der ein paar Männer auf den Fersen hockten und mit Stöckchen ihre Zähne putzten. Eine Kuh mit in sich gekehrtem Gesicht fraß Zeitungspapier. Ein in fleckenloses Weiß gekleideter Mann, schon um die frühe Stunde mit einem Puja-Zeichen auf der Stirn, umrundete einen schlafenden Hund, eine alte Frau mit schwerem Silberreif in der Nase goss Wasser in die Gasse, ein Junge mit Beedie im Mund schlenderte in einer viel zu großen, von einem Strick zusammengehaltenen Jeans vorbei, der Hund erwachte und gähnte und trottete weg, in der winzigen Garküche rührte der Koch in riesigen Blechtöpfen, die gleich vorn an der Straße auf dem gemauerten Herd brodelten, es war noch nicht acht Uhr früh und roch schon nach Curry. Die Gasse war ein Theater, der Vorhang war geöffnet.

Dieses Öffentliche, das das indische Leben hat, war eine grundsätzliche und lebenslang blickverändernde Erfahrung. In Europa fanden Dinge, vor allem wichtige Dinge, damals noch weit mehr als heute im Verborgenen statt. Man sah Menschen nicht, wenn sie Kreatur waren. Menschen waren Funktionsträger und wollten als solche gesehen werden, sie waren Arzt, Beamter, Sachbearbeiterin für Schadensregulierung. Sterben, Schlafen, Scheißen, Leiden, alles fand hinter verschlossenen Türen statt und war eingebunden in Formalien, Betten standen bereit, spezielle Räume, Türen waren schließbar und abschließbar, Personal übernahm das Nötige, Formulare wurden ausgefüllt, keinem fiel es ein, einfach irgendwo umzufallen und dort zu sterben oder auch nur zu pennen, sogar im Gehen auf der Straße zu essen oder zu trinken galt als unschicklich, und wenn im Zug einer mit zurückgekipptem Kopf schnaufte und grunzte, erlebte man einen Moment intensiven Fremdschämens und sah eilig weg.

Aber hier muteten sich einem die Leute zu. Sie lagen öffentlich herum, müde oder arm oder krank, sie kauerten sich nieder und kackten an den Straßenrand, in Gruppen von drei, vier, fünf Leuten, überhaupt klumpten überall Gruppen zusammen, klumpten, habe ich gesagt, denn wieder war es schwer, nicht in Verachtung zu verfallen, und das genau war es, was Indien mit einem machte: Täglich eröffnete es ungezählte Möglichkeiten, sich selbst als verachtenswertes Geschöpf wahrzunehmen.

Auch bemerkte ich vieles, ohne es bewusst wahrzunehmen, aber etwas in mir registrierte ohne mein Zutun Vorgänge oder Zustände, und in mir hoben sich diese Bilder auf, um sich erst später mit mitleidigem Schrecken aufzuladen: das alte Paar, das im Gedränge saß, er hatte keine Augen und sie hielt die Hand, die nicht er hielt, in den Strom der Passanten. Ein Junge mit bitterem Affengesichtchen ging auf Stelzen, er bettelte, seine Füße waren an den Stangen festgeschnürt. Tote Haare, vom Vitaminmangel ingwerfarben, umstanden den Kopf eines Kindes wie eine schlechte Perücke, diese Haare haben mich am tiefsten erschreckt, weil sie überall waren, und das war der Grund, warum ich dieses Elend nicht aufnehmen und mich ihm nicht stellen konnte: Es war auf so unbegreifliche Weise selbstverständlich, so mitten hinein in den gewöhnlichen Alltag schob es sich, in dem es doch gar nicht hätte stattfinden und gar nicht hätte möglich sein dürfen, dass es kein Elend sein konnte, das war alles nur Einbildung, eine Illusion musste es sein.

Es hat mich später auch jedes Mal irrational ärgerlich werden lassen, wenn jemand mich fragte, und die Frage wurde Indienreisenden früher immer gestellt: Wie hast du nur dieses Elend ertragen.

Aber ich hatte es ja gar nicht ertragen. Nicht ich war es

gewesen, die das Elend zu ertragen gehabt hatte. Und wenn ich mich hingestellt und gesagt hätte: Mein GOTT, dieses ELEND!, dann hätte ich den Leuten damit ihre Würde genommen, erst damit hätte ich sie ihnen genommen. Ich hätte sie reduziert auf diese Ikonen des Erbärmlichen und des Leids, die der Westen in Indien vorzufinden erwartete, aber es war alles anders, sie lebten ja, sie stellten sich dem Leben oder waren dort hineingestellt, auch Arme lachten miteinander, und der magere Säugling auf dem Arm seiner bettelnden Mutter hatte kholgeschminkte Augen zur Abwehr der Lidrandentzündung und trug ein Glücksbringerkettchen aus bunten Perlen am Handgelenk.

Im Electric Temple in Varanasi, den wir uns, darauf drängte man, unbedingt ansehen mussten, denn man war auf ihn stolz, standen in Nischen die Figuren des Mahabharata aus Pappmaché: die Pandavas und Kauravas, Lord Krishna und Arjuna, Puppen mit ausdruckslosen Gesichtern, die sich eckig bewegten, behangen mit vielfarbig aufleuchtenden Glühbirnchen, vor denen die Gläubigen sich andachtsvoll verneigten in dieser Geisterbahn, die dem Menschen auch nicht mehr willige und willentliche Aussetzung der Ungläubigkeit abverlangte als die Krippe inmitten von Plastikschafen oder die grellfarbigen Gruselpuppen-Madonnen andalusischer Kirchen.

Wir trieben in einem Boot den Ganges entlang, die Gläubigen an den Ghats, die Holy Men unter ihren Bastschirmen, das Gewimmel der in der Dreckbrühe des Flusses ihr Karma entsorgenden Menschen, all das hat man inzwischen vielhundertmal gesehen, sodass die einzige Erinnerung an die Ufer des heiligen Ganges in der heiligen Stadt Benares, von der ich wirklich sagen kann, dass es meine ist, oder die die einzige ist, die mir wirklich erscheint, wieder die an Wäscherinnen ist, die ein Stück weiter flussaufwärts am Ufer standen. Sie reinigten große, schwere Stoffstücke, indem sie den triefenden Stoff auf die Steine am Flussufer schlugen. Sie schleuderten die

Wäsche im Bogen über die Schulter, in einer schwingenden Bewegung, die aus der Hüfte erfolgte, die Hüfte vollführte einen weiten Halbkreis und der ganze Körper schwang mit, hoch flog der nasse Stoff und schwer klatschte er auf die Steine, wieder, und wieder, den ganzen langen Tag lang wiederholten sie diese Bewegung, die vor dem Hintergrund der Ghats elegant aussah, als wäre die brutale Arbeit eine Pantomime, dabei war es – wie?

Ich weiß es nicht. Ich weiß es nicht. Ich weiß nicht, wie irgendetwas war oder ist. Als ich mit Thor begonnen hatte, Tarotkarten zu legen, hatte er einmal die großen Arkana herausgesucht und sie zu einer Acht gelegt, dem mathematischen Zeichen für Unendlichkeit. Bei dieser Figur kommt der Hermit am Schnittpunkt der beiden Schleifen auf dem Fool zu liegen, der seine Reise in die Welt fröhlich auf den Abgrund zutanzend beginnt, getrieben von unklarem Begehren, einem bunten Traum ohne Substanz. Und es wurde gesagt: Wenn die erste Runde der Acht vollendet ist, die von Begierde angetriebene Suche nach erotischer Liebe, Stellung, Spiel, Welterfahrung und Macht, dann bricht der Hermit auf, allen vorausgehenden Karten den Rücken zuwendend. Allein geht er in die Dämmerung hinein, sorgfältig seinen Weg prüfend und jeden Schritt auf diesem Weg. Während dieser zweiten Reise, die eine Reise aus der Welt hinaus ist, in die der Fool wieder zurückkehren wird, betrachtet der Hermit noch einmal alles, was dem von sich selbst besessenen und zugleich selbstvergessenen Fool so unverständlich wie selbstverständlich erschien, im Licht seiner eigenen, neu entdeckten Menschlichkeit, die nichts anderes ist als seine Sterblichkeit, die er mit allen anderen Wesen teilt.

Die Toten am Gangesufer brannten, die Flammen fahl im Sonnenlicht. Ein Schwein mit sechs Jungen wühlte in der Nähe. Ein Hund schnüffelte zwischen den Scheiterhaufen herum. Von einer Bahre nahm ein Junge etwas weg und lief fort, ich habe nicht gesehen, was es war. Diese brennenden Toten waren Fakten, auch das Schwein und der Hund. Fünfzig Rupien kostete eine solche Bestattung, sagte ein junger Mann, der ungefragt mit uns kam, um uns seine Heimatstadt zu erklären. Bis zu fünfhundert wurden zusätzlich an Bestechungsgeldern fällig. Er erregte sich nicht darüber, er machte nur Mitteilung. Dem Strom der Wiedergeburten entstieg es sich nicht für lau, Freiheit auch im Jenseits musste man sich leisten können, Erlösung war nicht für jeden zu haben.

Ähnlich beiläufig hat im vergangenen Herbst die *Goa Times* in einem Artikel über die unrettbar verfallenden portugiesischen Villen Margaos erwähnt, dass die Felder um Chandor, die sonst im Sommer liebliches Grün bedeckt, in diesem Jahr kahl geblieben seien. Die zuständigen Stellen hätten versäumt, die Schleusen für die Bewässerung rechtzeitig aufzudrehen. Deshalb hätten die Bauern ihre Felder nicht bestellt. Keine Frage schloss sich an, keine Empörung, keine Forderung. *Die Felder um Chandor, sonst von lieblichem Grün bedeckt, sind dieses Jahr nicht von Grün bedeckt.*

Dem Lärm und Gedränge Varanasis entkommen, mit dem Zug auf dem Weg durch die Tiefebene südlich des Himalaya, im Bundesstaat Bihar, in dem einst der Buddha zur Erleuchtung gelangt war, schrieb ich in mein Tagebuch: *Bambus, Zuckerrohr, Baumgruppen, Felder, dazwischen kleine Dörfer, frühsommerhaft ist die Luft, die Vögel singen, Jungen springen auf den Zug auf und verkaufen Nüsse und Orangen, die Leute winken, sie lächeln. Dies ist eine Landschaft in tiefem Frieden.*

Als Nächstes hielt der Zug, alle Ausländer wurden in einen kleinen Waggon gesperrt, der keine Fenster, lediglich eine Tür hatte. Zu unserem Schutz stiegen Soldaten zu. Warum, begriffen wir nicht. Nichts wussten wir von Banditen in Bihar, weniger als nichts von der maoistischen Guerilla der Kastenlosen und enteigneten Bauern. Dumpf und doof hockten wir im Waggon, ein österreichisches Pärchen, zwei Australier, eine Holländerin, ein Kanadier und Mike und ich, und glotzten durch die offene Tür hinaus in eine Landschaft in tiefem Frieden. Liebliches Grün bedeckte die Felder.

Ebenfalls auf dieser Fahrt in Richtung Nepal, aber noch in Indien, wahrscheinlich sogar noch in Varanasi, muss es gewesen sein, dass ein Junge dem Bus nachrannte, in dem wir saßen. Er hatte ein zerrissenes Tuch um die Hüften, das den Namen Lungi nicht verdiente, und war barfuß, obwohl es morgendlich frisch war. Seine Beine waren überzogen von Hautinfektionen, aus seinen Augen schossen Tränen, sein Gesicht war wild, gezeichnet vom Entschluss, bis zum Äußersten aufzubegehren gegen das, was schon als unabänderlich begriffen war. Mister, Mister, give me my money! Der heruntergekommene Europäer, der schräg vor mir im Bus hockte, brüllte zurück. Nichts gibt's, du hast dein Geld! Der Bus fuhr an. Der indische Schaffner stieß den Jungen vom Trittbrett.

Mister!

Es ging um fünfzig Paisa. Um fünfzig gottverdammte Paisa. Eine halbe Rupie. Im Tagebuch steht, ich wäre aufgesprungen und hätte dem Jungen eine ganze Rupie gegeben, aber ich glaube das nicht, ich glaube mir kein Wort.

Gelogen habe ich, darauf möchte ich wetten, nichts habe ich getan, sitzen geblieben bin ich wie erstarrt, hocken blieb ich und fand zu keiner Haltung, und danach, als ich den Vorfall aufschrieb, ging er mir so nah, und ich schämte mich so, dass es mir unerträglich wurde, nicht eingegriffen zu haben, und also holte ich das Versäumte nach, ich korrigierte die Situation, aus unerträglich machte ich nachträglich. Seitdem habe ich mich sehr darum bemüht, einen solchen Tagebucheintrag nicht mehr vornehmen zu müssen. Nicht des Jungen wegen oder aus Güte, sondern meinetwegen, aus Egoismus, über alles andere hinaus wollte ich dieses Gefühl persönlicher Schäbigkeit vermeiden.

Nicht, dass mir das immer geglückt wäre. Längst nicht.

Raxaul. Birgunj. Mein Pass erhielt weitere Stempel, meinen Namen trug ich in ein dickes Buch ein, dann lag Indien hinter mir, der Bus erklomm Hänge. Es wurde stiller, kühler. Bergdörfer, Holzhütten, Wildbäche, die kunstvolle und künstliche Gleichmäßigkeit der terrassierten Hänge. Hier begann etwas Neues, das eine eigene Reise verdient haben würde, aber dazu fühlte ich mich außerstande, ich konnte Nepal nur als Fortsetzung begreifen. Ich würde also wohl nichts von diesem Land verstehen. Aber was hatte ich denn bisher verstanden. Lange beobachtete ich eine kleine Alte, die eine Reihe vor mir im Bus saß, sie ging mir kaum bis über die Hüfte, ein Gesicht wie ein vertrocknetes altes Männlein hatte sie und rauchte Beedies, immer nur einen Zug, dann schob sie das erloschene Tabakröllchen mit einer vogelhaften Bewegung wieder hinters Ohr. Ich konnte mir ihr Leben nicht vorstellen, gar nichts davon. Einmal viel später habe ich in München vor einer Umkleidekabine bei Mango oder Zara eine Gruppe asiatischer Frauen gesehen, vielleicht aus Burma oder aus Bangladesch mochten sie sein. Sie waren zwischen dreißig und fünfzig, sehr schlank, die Größte von ihnen keine eins sechzig. Und hinter ihnen stehend, mit einem Arm voller Kleider, überragte sie turmhoch ein stämmiges, blondes Mädchen wie das Junge einer anderen Spezies. Es war höchstens fünfzehn, mit einem Gesicht, als wäre es noch längst nicht ausgewachsen, dabei aber schon über eins achtzig groß, und dieses rosige, fleischige Riesenbaby inmitten der dunklen, grazilen Erwachsenen ließ mich denken, dass die Evolution auf Ideen kommen könnte, es hatte in der Frühzeit mehr als eine Sorte Menschen gegeben, und warum sollte das sich in der Zukunft nicht wieder ereignen.

In Kathmandu, wo wir in der Dunkelheit ankamen, erklomm Mike das Busdach und warf unser Gepäck herunter, dann sprang er ins Gewühl der Schlepper und Kommissonsjäger, die die Passagiere in ihre Guesthouses und Hotels zu zerren versuchten, und verstauchte sich den Knöchel. So folgten wir nun dem Erstbesten und landeten in einem riesigen Hotel am Stadtrand, wo wir die einzigen Gäste waren. Als wir unseren Fehler erkannten, war es zu spät. Es war Stromausfall, und Mike konnte nicht auftreten. Er lag im Bett und wimmerte, und ich kroch bekleidet in meinen Schlafsack, denn das Zimmer war eisig. Im Gebälk raschelte es, Mäuse oder Ratten. Ich starrte in die Dunkelheit. Meine Verlorenheit war allumfassend, kosmisch. Irgendwann in der Nacht suchte ich die Toilette. Die langen Gänge, durch die ich mich tastete, waren finster und still. Und dann kam von irgendwo der dünne Ton einer Flöte. Von unten? Aus dem gegenüberliegenden Flügel des Gebäudes? Ich stand am Fenster mit angehaltenem Atem. So leise, so schwach drang die Melodie durch den dunklen Innenhof zu mir, dass ich glauben konnte, *Scarborough Fair* zu hören. Und das hätte bedeutet, Bob wäre da, Bob aus Goa.

Nun musste ich ihn finden. Ich lief los, der Flötenmusik nach. In der Dunkelheit tastete ich mich eine Treppe hinauf und eine andere hinunter, ich folgte einem Gang, zwischendurch verlor ich die Fährte der Flöte und bildete mir ein, mich von Anfang an getäuscht zu haben, aber das konnte nicht sein, und da war sie wieder, doch, das musste eine Flöte sein –

Also ging ich weiter, denn alles war besser, als so weiterzumachen. Wenn ich Bob wiederfand, fand ich Goa, also Gabo, das war es, was ich wollte, das war alles, ich wollte nach Hause zu dir. Aber es kam ein Punkt, da war die Flöte verstummt, ich konnte mir nicht mehr vormachen, sie noch zu hören, dunkel war es, still, die Gänge ein Labyrinth, hinter den Türen lagen leere Zimmer. Wo ich war, wusste ich nicht mehr.

Am Morgen zogen wir um ins Surat Hotel am Basantapur Durbar Square, mitten hinein ins Zentrum der Läden, Cafés und Restaurants des Freakviertels. Das Surat hatte einen Dachgarten und in diesem Dachgarten eine Art Pavillon, dort wohnten wir nun, und das war die hübscheste Bleibe, die ich auf dieser Reise gehabt habe. Die Wände waren in einem Mauveton gestrichen, es gab ein richtiges Bett mit Bettwäsche, Fenster nach allen Seiten, wehende Vorhänge, und von diesem Dach aus sah ich am nächsten Tag Gabo.

Er wusste, dass ich hier war. An der Grenze hatte er, noch bevor er seinen eigenen Namen in das Buch eingetragen hatte, zurückgeblättert, mit dem Finger war er die Namen abgefahren, dann hatte er mich. So sagte Rosie, der ich auf dem Durbar Square begegnete. Sie waren alle zu Gabo umgestiegen, um sich die Kosten zu teilen. Etwas Hässliches über mich gesagt hatte sie selbstverständlich nie, das hatte Gabo in Delhi erfunden, ich hatte mir das schon gedacht und nahm es nicht übel. Er hatte mich eben verletzen wollen.

Das wollte er weiterhin, sagte Rosie. Ständig stieß er Drohungen aus, er würde Mike und mich finden, dann am Abend fiel er vor Schwäche um wegen der Hepatitis. Von dort, wo wir standen, Rosie und ich, vom Dachgarten des Surat Hotels aus konnten wir ihn sehen. Groß und düster schritt er über den Platz, safrangelb, aber frisch geduscht, mit nassen Locken und einem lächerlichen kleinen Köter auf dem Arm, einem weißen Lhasa Apso wie dem Accessoire eines Party Girls, wobei diese Frauenspezies damals noch nicht erfunden und die Hunderasse in Europa unbekannt war.

Dies Vieh jedenfalls, berichtete Rosie, schlief in seinem Bettchen und aß von seinem Tellerchen, und das erzürnte mich mehr als alles, denn mir hatte er einen Hund versprochen, mein Hund hätte das winzige weiße Knäuel da unten sein sollen, aber freilich, jetzt, wo ich fort war, brauchte er etwas anderes Lebendiges, um sich daran festzuklammern.

Ich beugte mich ein wenig vor, während Rosie und ich sprachen. Ich lehnte mich ein wenig über die Brüstung. Ich folgte ihm mit den Augen. Mit meinem Willen wollte ich ihn zwingen, mich zu entdecken, nur einmal umdrehen hättest du dich müssen, nur einmal ein Stück höher hinaufsehen, und ich hätte dir nicht weiter zu entkommen brauchen – aber er sah nicht hinauf.

Dann war der Platz leer, er war gegangen, und ich begleitete Rosie hinunter und schwor das Hotelpersonal darauf ein, mich nicht zu verraten, einem eventuell nach mir Fragenden unbedingt meine Anwesenheit zu verbergen. Denn er ging in die Guesthouses und fragte nach mir.

Dies war ein Entzug, und wie das ist, kann nur ein Junkie ermessen. Ich war, nachdem Gabo einmal aufgetaucht war, ja immer nur so lange frei von ihm, wie ich ihn hatte. So lange er mich ansah, konnte ich über ihn hinweg in die Ferne blicken, mit der brennenden Kippe in der Hand war ich zwischen zwei Zügen problemlos ein Nichtraucher, aber nun ging es darum, meinen Organismus von ihm zu befreien. Auch merkte ich, dass ich ohne ihn Angst vor der Welt hatte. Oder nicht Angst vor der Welt hatte ich, sondern Angst davor, dass ich ohne ihn diese Angst bekommen könnte. Nun musste ich entscheiden, ob das ewig so weitergehen sollte. Denn Angst durfte man haben, wenn man allein der Welt entgegentrat, aber wenn man Angst davor hatte, sich möglicherweise, sobald man ohne den anderen wäre, vor der Welt zu fürchten, dann ging das nicht, dann hinderte einen das am Leben.

Wir unternahmen natürlich trotz allem Ausflüge, Mike und ich. Ja, wir waren in allen wichtigen Tempeln, ich habe die Wunder Kathmandus bestaunt, kann man sagen, freilich, es wäre besser gegangen, wenn ich weniger erschöpft gewesen wäre. Aber immerhin. Wir sondierten die Lage vom Dachgarten aus und entwischten, wenn die Luft rein war. Sogar nach Swajambhu haben wir uns einmal gewagt, wo Gabo und auch Rosie mit ihren Leuten auf dem Camp untergekommen waren.

Man konnte die Tempelanlage von unserem Dach aus sehen. Morgens, wenn ich wusste, du warst dort, blickte ich über die Stadt und sagte dir: Hier bin ich, hier. Abends saßen wir in einer der Teestuben oder Restaurants, Mike und ich, schöne, mit Indien verglichen luxuriös ausgestattete Lokalitäten waren das, sanfte Farben gab es, Stoffe, Buddhas, Blumen, und dass du mich in Kathmandu nicht gefunden hast, ist eigentlich seltsam, denn es ist keine große Stadt, und Sanubai fand mich täglich, um sich etwas bei mir abzuholen, Tee, etwas zu essen, auch Zigaretten. Ja, ich habe einen zehnjährigen Nepali-Jungen mit Zigaretten versehen statt mit einem Vortrag über die Schädlichkeit von Genussgiften. Wir saßen da mit einem Kugelschreiber und meinem Tagebuch, er und ich, und rauchten, und er brachte mir bei, wie Zahlen in Devanagari geschrieben werden, der Schrift, die man für Sanskrit, Nepali und Hindi benutzt. Dazu aus allen Kassettenrecordern unwandelbar Rod Stewart, die Rumours und an einem besonders bitteren Abend Crosby, Nash & Young.

Carry me, carry me,
carry me above the world –

Ich hörte auf zu essen. Mike brachte mich nach Hause, ohne zu wissen, was ich hatte. Ich sprach niemals mit ihm von dir.

Dann war es wieder Abend, und ich durfte die Augen zumachen und schlafen. Ich habe damals nie von ihm geträumt, man träumt nicht von jemandem, an den man ununterbrochen denkt. Dafür wurde ich krank. Ich habe schon als Kind somatisiert, ich weiß, es ist theatralisch, aber was soll man machen. Zwei Tage lang lag ich mit Fieber im Bett, kurierte mich mit Valium und braunem Rum und beschloss, dass es nun genug war, ich ertrug Gabos fortdauernd anwesende Abwesenheit nicht länger. Es wurde schwerer, nicht leichter, mich vor ihm zu verbergen in der dauernden Hoffnung, gefunden zu werden. Ich bummelte bereits auf der Mitte der Freak Street entlang, ich verließ das Surat ohne einen vorherigen Blick über den Platz, es war ein leicht selbstmörderisches Gefühl, als überquerte man eine vielbefahrene, vierspurige Straße, ohne vorher nach links und rechts zu gucken. Also brachen wir nach Pokhara auf.

Spätabends kamen wir an, im strömenden Regen. Das war etwas ganz Neues, Regen. Lausig kalt erschien uns die Nacht, ein Hund begleitete uns von der Busstation durch die Dunkelheit, und wir ließen ihn bei uns in der reetgedeckten Hütte schlafen, es regnete durch, und als wir es merkten, war unser Schlafzeug durchnässt. Bis zum Morgen hockte ich frierend in einer Ecke. Diese Nacht war die trostloseste der Reise. Trostlos: ein schlimmes Wort.

Dann kam der Morgen. Kaum jemals wieder habe ich so wie auf dieser Reise den Morgen Mal um Mal als Erlösung begrüßt, es war wie bei einer Virusinfektion, wenn in der Frühe endlich das Fieber sinkt. Unsere Hütte, sahen wir nun, lag in einem Garten über dem See. Alles dampfte. Die Klarheit der Bergluft und die warme Üppigkeit der Tropen verschmolzen zu einem unwirklichen Bild, dies waren die Alpen mit Bananenstauden, von denen das Wasser tropfte. Im Garten rauchte ein niedriges Feuer. Mädchen kochten dort Chai, sie kämmten einander und ölten sich gegenseitig das Haar. Ich war so erschöpft, dass ich zu hoffen begann.

In Nepal gab es lang vermisste westliche Lebensmittel, und zum Frühstück aß ich süße Cornflakes mit warmer Milch.

Selten hat mich ein Essen so getröstet. Dann ging ich spazieren, allein. Für Treckingtouren fehlte uns die Ausrüstung, auch hatten wir kein Geld, um etwas zu leihen, andererseits, was für Treckingstiefel hatten denn die Nepalis. Mit einem Schweizer, der in einem buddhistischen Kloster als Mönch lebte, unternahm ich eine ausgedehnte Wanderung. Später gesellte sich ein Sannyasin zu uns, einer von Bhagvans Orange People. Spazierengehend, durch diese Landschaft wandelnd, wandelnd, sage ich, führten wir einen Tag lang ein Gespräch.

Wie kann ich erklären, worüber wir redeten? Kein Wort fiel, das heute nicht abgedroschen klänge. Aber ich war neunzehn, immer noch, unwandelbar und scheinbar bis in alle Ewigkeit neunzehn, es war das Jahr 1978, und als ich ein paar Jahre zuvor mit großer Geste meine ureigenste Erkenntnis kundgetan hatte, Sicherheit und Intensität seien nicht miteinander vereinbar, man müsse sich zwischen ihnen entscheiden, hatte das meinem Umfeld je nach Haltung noch revolutionär bis hirnrissig geklungen.

Nun in Pokhara lernte ich, dass nicht nur Sicherheit und Intensität, sondern Sicherheit und Leben überhaupt unvereinbar miteinander seien. Wer Sicherheit suche, der suche den Tod. Denn was hieß Sicherheit denn: Berechenbarkeit, Erstarrung, Reg- und Bewegungslosigkeit. Am sichersten war man in einem Raum ohne Fenster. Am sichersten lag man in einem Sarg. Leben dagegen war Ausgesetztsein. Leben war Gefährdung und Imbalance, Risiko, das war das Leben, und das war etwas, was ich nun schon wusste: Nie war man lebendiger als in Momenten der Anspannung, wenn alles sich in der Schwebe befand. Ekstase war nicht komfortabel, Glück niemals auf dem Pfad der Bequemlichkeit erreichbar, überhaupt ließ es sich nach dem Glück nicht streben, man konnte sich nur auf das Glück hin befreien.

Alles abwerfen. Alles loslassen. Und das war mein Thema. Nicht als Verzicht durfte ich meinen Entzug von dir sehen, nicht als kummervolle Entsagung durfte ich mir unsere Trennung denken, sondern als Rausch. Alles sollte ich gehen lassen, dich und auch mich, Tod und Wiedergeburt musste diese Trennung sein, Ausbruch, Aufbruch, vorwärts ging es, nur vorwärts, die Reise war endlos, und sie hatte kein Ziel. Man musste aufhören, in Zielen zu denken. Es gab keine Ziele, nur Rastplätze, man schlug das Lager auf und brach es, kaum dass das Zelt stand, wieder ab.

Das war alles. Kein höherer Sinn. Keine tiefere Bedeutung. Also erübrigte sich jede Frage nach dem Warum. *Existence exists in order to exist:* So lehrte es Bhagvan. Mehr war nicht dran an der ganzen Sache. Was aber nicht hieß, dass das Leben sinnlos war. Wer sein Leben als sinnlos bezeichnete, setzte voraus, es könnte überhaupt einen Sinn haben, es könnte etwas, das größer wäre als das simple Dasein, das Leben überragen und ihm seinen Glanz verleihen. Aber das war nicht so. *The very search for meaning is mean,* las mir mein Sannyasin vor, *because it comes from the utilitarian mind of man.*

Die Wortspielerei begeisterte mich. Mean, das hieß kleinlich, schäbig, knauserig, gemein. Ich wollte aber großzügig leben. Poplige Kosten-Nutzen-Erwägungen waren fortan zu unterlassen. Was da war, war da, weiter nichts, man selbst eingeschlossen, heiter musste man sein und aufhören, dem eigenen Leben Bedeutung zu unterstellen. Das Leben hatte keinen eigenen Wert, es war unausdrückbar bedeutungslos, und das war eine große Befreiung, denn wenn das Leben wertlos war, dann konnte man es getrost riskieren.

Wobei zugleich und ohne dass das ein Widerspruch gewesen wäre, jede Lebenssekunde von höchstem Wert war. Jeder einzelne Moment enthielt alle Zeit. Jeder Moment und jedes Leben wog so viel wie das Universum, war tatsächlich das Universum und der Wert jedes einzelnen Menschenlebens also unermesslich. Obgleich es ohne Wert war. Weil es ohne Wert war. Dass das stimmte und stimmen musste, gerade weil es absurd und wie ein Widerspruch erschien, war mir vollkommen und unmittelbar einleuchtend.

Be playful!

All systems are false.

Nun fing die Reise erst an. Jetzt erst, so fühlte ich, konnte ich mich dem Strom anvertrauen, jetzt war ich wahrhaftig unterwegs. Es war ein exaltierter Zustand, das leugne ich nicht, aber so sind Erweckungserlebnisse, vor allem, wenn man vorher sehr traurig gewesen ist und sich nun aus der Trauer befreit.

Mike kehrte zwei Tage später nach Kathmandu zurück, ich weiß nicht mehr warum, vielleicht hatte er von Sodhi Nachricht erhalten, ich erinnere mich nicht daran. Für mich kam ein Umkehren nicht infrage. Ein paar Englische Pfund hatte er noch, ich hatte nichts mehr, was da war, teilten wir und dankten einander für die gemeinsam verbrachte Zeit. Dann trennten wir uns ohne größeres Aufhebens. Mike würde nach Delhi nachkommen. Ich würde in der Zwischenzeit mein Visum für Indien verlängern. Dann würden wir das Geld von Sodhi holen und aufbrechen, vielleicht in den Süden, vielleicht nach Westen.

Am frühen Morgen stieg ich in den Bus. Es war kühl, fast kalt. Ich hatte eine Decke um meine Schultern geschlungen wie damals, als am Wannsee der Erpel durchs Schilf gebrochen war. Wir winkten, Mike und ich, so long, so long, dann fuhr der Bus ins Tiefland hinunter.

Wir haben einander nie wiedergesehen.

In Sonauli ging ich über die Grenze. Einen Moment stand ich dort und sah zurück auf die Berge, auf die Straße, die ich heruntergekommen war, in die Richtung, wo Mike war und Gabo und Rosie und alle, die ich auf der Welt noch kannte. Wolken ballten sich über dem Himalaya. Ich war erfüllt von einer Trauer, die nicht schmerzte. Dann ging ich durch das Tor, auf dem in großen Buchstaben steht:

WELCOME TO INDIA

2

Ich habe immer gedacht und auch erzählt, meine letzten Rupien hätte ich in Sonauli gleich hinter der Grenze ausgegeben, für einen Milchtee und fünf Zigaretten der Marke Four Square. Aber es war nicht so. Tatsächlich nahm ich einen Bus nach Gorakhpur, wo ich die Nacht auf dem Bahnhof zwischen Schlafenden und Essenden und in Wolken von Moskitos verbrachte. Zerstochen stieg ich um vier Uhr früh in den Zug nach Lucknow, dritte Klasse ohne Sitze. Anfangs hockte ich auf meinem Schlafsack, dann lief die Latrine über, und ich stand vier Stunden mit meinem Gepäck in der Hand in Lachen aus Urin. Ich war aber nicht niedergeschlagen, sondern hellwach, ich vibrierte, links und rechts und links und rechts, von allen Seiten stellte sich mir die Indische Frage, und ich beantwortete sie, geduldig, aber nicht wahrheitsgetreu. Heiter sagte ich, was mir einfiel, und kam zwischen Sonauli und Lucknow aus so ziemlich allen Ländern Europas, deren Geografie und klimatische Bedingungen ich meiner Laune anpasste, und viele spannende Berufe habe ich ausgeübt, sogar ein Atomphysiker bin ich gewesen. Und dann, in Lucknow war es, habe ich tatsächlich meine letzten Rupien für einen Milchtee und fünf Zigaretten der Marke Four Square ausgegeben.

Mit diesem Tee in der Hand wanderte ich auf dem Platz herum, wo die Busse nach Kanpur abfuhren. Schließlich erlaubte mir einer der Minibusfahrer, mich hinten im Gang auf meinen Rucksack zu hocken. Der Inder, der über mir thronte, bot mir ein Samosa an, auch schenkte er mir eine Flasche Sodawasser, und mögen ihn die Götter seiner Wahl in dieser und in der nächsten Welt freundlich betrachten, denn das war das Einzige, was ich wirklich fürchtete: keine Möglichkeit mehr zu haben, an sauberes Trinkwasser zu kommen.

Von Kanpur aus wollte ich versuchen, mit Lastwagen nach Delhi zu trampen. Es verengte sich damit alles auf die Notwendigkeit, die Ausfallstraße zu finden. Das war schwer, ich hatte keine Karte. Natürlich konnte ich einen Inder fragen, und das tat ich auch, aber Inder schicken einen wer weiß wohin, nie wird ein Inder so herzlos sein, einen Fremden ohne Auskunft zu lassen, ein Affront wäre das, eine grobe Unhöflichkeit.

Und woher sollten sie auch wissen, wo ich hinmusste. Es war, wie in Merseburg jemanden nach der Straße in Richtung Aachen zu fragen, man muss eine innere Deutschlandkarte vor Augen haben, und ich steckte mitten in den Vorstadtslums. Wobei ich auf meiner Suche nicht allein blieb. Jeder, den ich fragte, schloss sich mir an. Hier lang, sagte man, hier lang, dann begleitete man mich plaudernd ein Stück, which is your country your profession are you married, bis ich von einem anderen eine Zweitmeinung einholte und der dem ersten widersprach, hier ging es überhaupt nicht nach Delhi, er wusste aber den Weg, sie begannen zu debattieren und die Köpfe zu wiegen, ich verstand kein Wort, sie lachten mir beruhigend zu, ein Dritter trat heran, ein Vierter, und man einigte sich schließlich, acha, Baba, acha, acha.

So scheißquatschten sie mich quer durch die Stadt. Unsere Gruppe wuchs, und ich schwitzte, ich war den dritten Tag unterwegs und sehr müde. Ich würde mich nicht ewig auf den Beinen halten können. Eine gewisse Verzagtheit stellte sich ein, auch wurde es immer anstrengender, eine solch intensive Begleitung zu haben, und was würde ich tun, falls ich hier immer noch herumirrte, wenn es Nacht wurde? Wie oft konnte ich mich noch bis dahin verlaufen? Wo stand die Sonne?

Zur Orientierung nützte die nichts. Ich nahm damals an, Delhi läge ungefähr im Südwesten, denn der Himalaya lag doch im Norden von Indien, richtig? Das war aber alles ganz falsch. Ich wäre, wenn ich meinem inneren Kompass gefolgt wäre, am Ende wieder in Goa gelandet. Delhi liegt auf geradem Weg etwa fünfhundert Kilometer nordwestlich von Kanpur, und ich hätte zwischenzeitlich sehr gern geweint, denn warum passierte mir das alles, womit hatte ich das verdient. Die Lächerlichkeit dieser Aufwallung hätte ich eine Woche zuvor noch gar nicht bemerkt, aber jetzt wurde sie sofort offenbar, denn was existierte, existierte, um zu existieren, mehr war nicht. Und ob ich die Existiererei hier erledigte oder in Delhi oder sonst wo, war am Ende gleichgültig. Wo war ich? HIER. Woanders würde ich sowieso niemals hinkommen. Dennoch befürchtete ich allmählich, HIER könnte sich als ein Straßenrand herausstellen, an dem ich umfiel.

Wir gerieten dann in ein anderes Viertel, und ein Teil meines Gefolges blieb zurück. Auf einmal war ich auf einer sehr breiten Straße mit mehreren Spuren, sie führte aus der Stadt heraus, ich begann, den Lastwagen zu winken, keiner hielt, und da, am Rand dieser Straße zwischen graulaubigen Bäumen, lag der riesige Kadaver des toten Büffels. Drei Geier saßen auf ihm und fraßen. Ich stand sehr nah bei ihnen, aber sie beachteten mich nicht. Geier hatte ich viele in Delhi gesehen, unablässig kreisten sie über der Stadt, aber erst jetzt sah ich, was für riesige Vögel es waren. Sie hüpften auf dem Kadaver herum, der massiger erschien als jeder lebende Büffel, den ich gesehen hatte, was merkwürdig ist, weil tote Lebewesen gewöhnlich schrumpfen. Ein Vogel, der gegen die Scheibe fliegt, liegt winzig im Schnee, viel winziger ist er als sein Bruder auf dem Ast. Auch bei toten Menschen verhält es sich so. Es ist, als ob das Leben, die Lebendigkeit des Körpers, physischen Raum einnähme und ihr Fehlen folglich seine Masse verringert.

Der Büffel konnte noch nicht lange tot sein, denn sein Blut rann flüssig, und er stank noch nicht. Die Geier sprangen auf ihm herum, mit trägen Schlägen ihrer gewaltig großen Flügel hielten sie sich in Balance oder erhoben sich ein wenig in die Luft, wenn sie an eine andere Stelle des Kadavers hopsten. Diese Flügel, ihre Kraft und die Gelassenheit der Schläge, ihre schiere Spannweite erfüllten mich mit Gänsehaut erzeugender Ehrfurcht. Ich stand lange dort und sah ihnen zu. Ich dachte, dass die Szene mir etwas sagte, aber was, gelassen kommentierte sie irgendeine Aussage, die noch gar nicht gemacht worden war. Dann wandte ich mich wieder meiner Aufgabe zu, winkte einem aus der Stadt herannahenden Lastwagen, einem dieser wild bemalten Ungetüme, deren Türen aussahen wie aus bemaltem Holz, vielleicht waren sie aus Holz, was weiß ich, und der Lastwagen hielt.

You go Delhi?

Yes. Acha, Delhi, Delhi straight.

Der Fahrer des Lastwagens war kräftig, stiernackig, auf etwas grobe Weise gut aussehend, mit einem Mund, der zu sinnlich war, um sympathisch zu sein. Aber freundliche Augen. Sein Beifahrer war jung und klein, beinahe noch kindlich, und lachte immerzu, wenn er versuchte, Englisch zu reden. Sie nahmen mich zwischen sich, wir fuhren ein Stück, dann hielten sie an und wollten Bezahlung.

So war es damals in Indien üblich, wo die Lastwagenfahrer oft auf eigene Rechnung den Nahverkehr unterstützten.

Wahrscheinlich ist es immer noch so. Zuerst glaubten sie mir nicht, als ich sagte, dass ich kein Geld hätte, und forderten, dass ich aussteigen sollte, aber ich weigerte mich. Dann, am ersten Chaishop, an dem wir hielten, aß ich nicht.

Warum ich nicht aß?

Weil ich kein Geld hatte.

Nun konnten sie das natürlich nicht dulden. Sie bestellten Mutton Curry und Chapati für mich, aber dann wurden sie ernst und beratschlagten miteinander, was mit mir weiterhin zu tun sei.

Man würde mich wohl aus dem Wagen werfen müssen. Sie sagten mir das. Dann bestellten sie Tee und beratschlagten neu. Ich weiß nicht, was den Ausschlag gegeben hat, vielleicht meine in Anspannung aufgerissenen Augen, vielleicht eine Einflüsterung Lord Shivas, aber jedenfalls wurde am Ende verhängt: Ich durfte mitfahren. Der Ort, wo diese Entscheidung fiel, war ein Gasthaus irgendwo an der Straße. Wir saßen nicht auf Stühlen, es gab nur Charpoys. Dies war eine Raststätte für Fernfahrer. Weit und breit keine Ortschaft. Ich weiß nicht, was ich getan hätte, wenn sie davongefahren wären.

Aber sie nahmen mich mit, und man musste nun durch die erste Nacht kommen. Sie tranken Whisky, und ich sollte auch trinken. You drink! Wixiwixi! Unter keinen Umständen. Dann eben Bier! Aber ich wollte nicht trinken, ich musste Madam bleiben, nach Möglichkeit Memsahib musste ich werden, ich war einigermaßen gründlich verhüllt, auch wenn ich schwitzte, und versuchte nun, Sachthemen zu erörtern, wo kamen sie her, was verdienten sie, wo lebten sie, hatten sie Frauen oder Kinder.

Der Jüngere der beiden war der Neffe des Fahrers, der der Eigentümer des Lastwagens war. Ein Fuhrunternehmer also. Ich selbst war natürlich verheiratet. Ich war an der Grenze bestohlen worden, deswegen hatte ich kein Geld, aber ich hatte schon geschrieben, es war alles geklärt, ich wurde in Delhi erwartet, der deutsche Botschafter erwartete mich …

Ich weiß nicht, was sie davon geglaubt haben. Für gewöhnlich schlief der Fahrer auf einem Lager hinter den Sitzen und der Junge auf dem Beifahrersitz, nun boten sie mir das Bett hinten an, aber das wollte ich nicht, keinesfalls wollte ich in diese Grube hinein. Auf dem Beifahrersitz waren wir zu zweit, dann zu dritt, denn allein mit dem Neffen wollte der Fahrer mich auch nicht lassen. Immer wieder war eine Hand hier und eine Hand da, und immer wieder war ich grollend empört, sprach von der deutschen Botschaft und meinem Ehemann, ich konnte dann fauchen, merkte aber, dass es wirksamer war, wenn ich einfach mit sehr tiefer Stimme sprach und ihnen dabei in die Augen guckte. Es verdarb ihnen den Spaß an mir, ich war dann gar keine richtige Frau, und sie ließen alles sein und waren auch müde.

Tagsüber waren sie väterlich, brüderlich, sie gewöhnten sich an mich, ich wurde Teil der Situation. Wir waren ja mehrere Tage und Nächte in Uttar Pradesh unterwegs. Mitnichten fuhren wir *Delhi straight*. Unterwegs stiegen immer wieder Passagiere zu, vor allem Frauen. Meist hatten sie etwas dabei, was sie gekauft hatten oder verkaufen wollten, lebendes Geflügel, ein großes Blech gebackener Jalebis, die in Zuckersirup schwammen.

Auf Landstraßen und schmalen Wegen fuhren wir durchs Hinterland. Irgendwo wurde abgeladen, Kohle war es, bilde ich mir ein. In den Dörfern folgten mir Kinder und schenkten mir Zuckerrohrstücke, die auszukauen eine süße Beschäftigung war und sicher gesund, Gaby hatte man in Goa Zuckerrohrsaft gegen ihre Hepatitis empfohlen. Hütten, Hühner, Kühe, Ochsen. Ochsenkarren mit Holzrädern waren überall, sie waren hoch mit Zuckerrohr beladen, auch wir luden unterwegs Zuckerrohr. Ich weiß nicht, durch welche Dörfer wir kamen. Ich hatte ja keine Karte und hätte auch auf einer Karte nicht gewusst, wo genau ich nach mir hätte suchen sollen, bis ich mich tatsächlich in Delhi wiederfand.

Wir kamen morgens um fünf an, auf einem riesigen Parkplatz zwölf Kilometer außerhalb der Stadt. Es war dunkel, und es regnete. Unser Abschied enthielt Elemente echter Wehmut. Ich war diesen beiden Männern enorm dankbar für ihren Großmut und ihre Weitherzigkeit. Sie baten mich um die blonden Haare aus meinem Kamm, und die gab ich ihnen und auch einen dünnen Silberring, und dann taten sie noch etwas sehr Großzügiges, sie gaben mir eine Rupie für die Fahrt mit dem Bus in die Stadt.

Ich fuhr zum Nulook Hotel. Dort durfte ich umsonst übernachten. Wieso nicht, sie kannten mich doch, sie hatten gerade ein freies Zimmer, ich schlief im Schlafsack, keine Ressourcen verbrauchte ich. Indien …

Am Nachmittag versuchte ich, mein Visum zu verlängern. Ich hatte das für eine Formalität gehalten, es erwies sich aber als völlig unmöglich. Neunzig Tage innerhalb von zwölf Monaten erhielten Deutsche damals, mehr nicht, die Beamten blieben hart, es nützte auch nichts, dass ich zwischendurch das Land verlassen hatte. Die Zählung hatte bei meinem Wiedereintritt nicht bei null begonnen.

Was, wenn ich überzog?

Der Beamte wiegte den Kopf. Dann würde man mich an der Grenze verhaften.

Ob das so gewesen wäre, weiß ich nicht. Ich glaube es nicht, glaubte es aber damals. Binnen achtundvierzig Stunden musste ich Indien verlassen.

Am Connaught Square ging ich von Bus zu Bus. Schließlich fand sich ein irischer Fahrer, der am selben Abend aufbrach und noch einen freien Platz hatte. Hundertzwanzig Dollar kostete die Fahrt bis München. Dort, versprach ich, würde ich ihn bezahlen. Er stellte mich vorn in den Bus und verkündete, so und so viele Tage seien es bis München, genau so viele wie Passagiere im Bus, und wenn jeder von denen mir einmal eine Mahlzeit kaufte, würde man mich sicher nach Hause kriegen. Everyone agreed?

Aber klar doch. Als ich nach hinten ging, berührte man mich am Arm, an der Schulter, eine Art Maskottchen war ich nun.

Wir verließen Delhi in der Dunkelheit. Ich verstand das gar nicht, ich begriff nicht, dass ich Indien verließ, ein großer Abschied schien es mir zu sein, der nach einer Zeremonie verlangt hätte. Es regnete wieder. Ich lehnte die Stirn an die Scheibe und sah auf die verschwimmenden Lichter. Wir fuhren aus der Stadt hinaus. Dies war der Weg, den ich mit Gabo gekommen war, aber daran dachte ich nicht, alles war Gegenwart. Gegessen hatte ich nichts mehr seit meinem Abschied aus dem Lastwagen. Mein Busnachbar versorgte mich mit Zigaretten und Wasser, Trockenfrüchten und Nüssen. Er war Amerikaner, blond, cool, ein Typ wie ein Rockstar und seit vielen Jahren in Asien unterwegs. Ich schlief an seiner Schulter. Er legte seine Wange auf meinen Scheitel. Amritsar erreichten wir am Morgen, wir hatten hier länger Aufenthalt, und er fuhr mit mir zum Goldenen Tempel der Sikhs, er kannte ihn freilich, wollte ihn mir aber zeigen. Am Nachmittag erreichten wir die Grenze zu Pakistan. Wieder dachte ich nicht an Gabo, ich dachte nicht daran, dass wir mit unserem Bus voller Hasch unbehelligt über diese Grenze gelangt waren, aber nun war es nicht so, auf dem Weg nach Westen wurde jedes Fahrzeug gefilzt. Aus den Eingeweiden unseres Busses zerrten die Grenzer Säcke mit Halbedelsteinen und für den Iran bestimmte Pornos. Der Bus wurde beschlagnahmt, der Fahrer abgeführt, und ich setzte mich an den Straßenrand zwischen zwei Länder, um auf die Zukunft zu warten.

Ich war vollkommen heiter. Zurück führte wie immer kein Weg, es ging wie immer nur weiter voran, auf dieser Straße, die in meinem Geist ein gerader Strich war. Mein Hirn produzierte Dopamine. Wahrscheinlich näherte ich mich der Erleuchtung.

Was wollte ich überhaupt in Europa? Das fragte mich Steve, mein Nachbar aus dem Bus. Er war auf dem Weg in den Norden Afghanistans, dann würde er nach Indien zurückkehren. Wollte ich mit ihm kommen? Die Visumsfrage wischte er beiseite: Not to worry. Solch Dinge ließen sich regeln.

Ich erwog seinen Vorschlag. Was er wollte oder mit mir vorhatte, fragte ich nicht, weder ihn noch mich, es scheint offensichtlich, aber wir hatten einander noch nicht einmal geküsst. Vielleicht suchte er einen Drogenkurier. Ich glaube aber nicht. Ich denke, er war einsam, auf der Suche nach einer Gefährtin eher als nach einer Geliebten, und wäre mir das nicht entgegengekommen? Die Nadel meines inneren Kompasses zitterte. Steve war ein Abenteurer, er gefiel mir. Die Aura des Weitgereisten umwehte ihn.

Be playful!

Existence exists in order to exist!

Wenn ich an die Fälle denke, in denen ich ein verlockendes Angebot abgelehnt habe, viele sind es wahrlich nicht gewesen, erfüllt mich immer ein gewisses Bedauern. Wer wäre man geworden, welche Welt hätte man betreten? Warum bin ich nicht mit Steve gefahren?

Das kann ich heute nicht mehr sicher sagen. Ich beschloss, weiter zu warten, dort an der Straße sitzend, ich sehe mich noch oder sehe durch ihre Augen, ich sehe ihre untergeschlagenen Beine auf dem Asphalt, den Fußknöchel mit den Silberkettchen und der Schlange, den abgestoßenen Rand der von nepalesischer Maschinenstickerei zusammengehaltenen Jeans, darüber den Saum des Baumwollrocks.

Der Nächste, der kam, war Dieter, ein Kölner, wieder ein Kölner, Köln wollte mich heimholen. Er war bis Amritsar gelangt, ohne drei Worte Englisch zu sprechen. Verloren war er und ausgelaugt, überall wurde er betrogen und wollte heim. Ob er sich mir anschließen dürfe? Ich sagte: Ich habe kein Geld. Er sagte: Das macht nichts.

Na dann, sagte ich und stand auf.

Lahore. Islamabad. Peshawar. Überall traf ich auf Bekannte, Freaks aus Kathmandu, Leute, die mit uns im Bus von Delhi gefahren waren. Das Visum für Afghanistan besorgte ich innerhalb von Minuten in Islamabad, mühelos und für Pfennige, wie dämlich waren wir gewesen, in Deutschland ewig auf unsere Visa zu warten. An das, was sich hier zwischen Gabo und mir abgespielt hatte, dachte ich nicht, auch Judy hatte ich vergessen. Dieter und ich schliefen in getrennten Betten, das gefiel ihm nicht, ich konnte es nicht ändern. In Peshawar stiegen wir in einen der bunt bemalten, pakistanischen Busse, der uns zur Grenze auf dem Khyber bringen sollte, und der am Fuß der ersten Steigung liegenblieb. Während wir ihn umstanden und debattierten, ob der Schaden in Kürze behebbar sei oder wir umdrehen sollten, hielt einer der lokal verkehrenden paschtunischen Pick-ups.

Wilde Fürsten mit Turbanen saßen auf der Ladefläche, sie stützten sich auf Gewehre, laute Stimmen riefen, der Fahrer winkte. Schnell, schnell, schnell aufsteigen, aufsteigen! Der Kölner zögerte. Jemand reichte mir die Hand. Ich packte sie und kletterte hinauf. Gerade noch rechtzeitig sprang Dieter hinterher, sie machten uns Platz auf den schmalen Bänken, und los ging es, von Siedlung zu festungsartiger Siedlung. Ali Masjid, Wali Khel, Landi Kotal. Dicht gedrängt saßen wir, die Männer mit ihren Gewehren und ich mit meinem winzigen Wanderrucksack, und immer merkwürdiger wurde meine Stimmung, immer höher flog ich. Ich dachte, dass ich nirgendwo auf der Welt lieber sein wollte als gerade hier, jetzt und hier und allein unter diesen Fremden. Ich dachte, dass ich nun also noch einmal den Khyber überquerte, und dass ich mein Leben lang an diese Fahrt denken würde, denn vollkommen frei war ich zwischen diesen Männer, die mich nicht beachteten, und dafür, für dieses freie Unterwegssein, wollte ich gern mein Leben riskieren, aber das war gar nicht nötig. Keiner wollte ja das Geringste von mir. Ich hatte ein Tuch um Kopf und Schultern geschlungen, aber natürlich war ich dennoch auf den ersten Blick als Fremde erkennbar, und eben deswegen war ich sicher: Ich war vollkommen unerheblich. Fremd zu sein gab einem diese Freiheit: unerheblich zu sein, ein Leben zu leben, das keinen Wert hatte, also durfte man es getrost riskieren. Up, up, up the Khyber ging es in weiten und engen Kurven, das Grün blieb zurück, der Wind wurde frisch, kahl erhoben sich wieder die Berge, der Pick-up rumpelte über Geröll. Dann erreichten wir Torkham.

Leicht und mühelos war dieser Grenzübertritt ohne ein Fahrzeug, das beschwerte. Zu Fuß betrat ich Afghanistan, gleich hinter dem Tor winkte man mir, ich sprang auf das Trittbrett eines anfahrenden Busses, mein Kölner rannte, ich packte seinen Arm und zog ihn empor, und so kamen wir hinunter nach Jalalabad.

Ein grüner Schimmer lag über dem Land. Fast war es Frühling. Niemand auf der Welt wusste, wo ich jetzt war. Meine Eltern nicht, Tom nicht, Gabo schon gar nicht. Niemand wusste, in welchem Land ich mich aufhielt oder dass ich gerade noch einmal über den Khyber gefahren war und nun in der Abenddämmerung über den letzten Höhenzug kam, und ich weiß das noch, ich erinnere mich daran, und ich werde es nicht vergessen, solange nicht Alzheimer mein Gehirn zerfrisst: Dort unter mir, auf der rings vom Hindukusch umgebenen Hochebene, lag in der Dämmerung Kabul. Ein blauer

Schleier vom Rauch der Kochfeuer hing über der Stadt, überall flammten kleine Lichtpunkte auf, und ich sang innerlich, irgendeinen wortlosen Triumphgesang. Ich war erhoben über alles. Ich war unsterblich.

Am nächsten Morgen ging ich ins Istanbul Café. Sigi's Restaurant und das Green Hotel und viele andere Treffpunkte waren im Winter geschlossen, und auch das Istanbul war leer, die meisten Stühle waren hochgestellt. Gleich neben der Eingangstür befand sich der Stand des Ticketverkäufers. Morgen früh um sechs würde ein afghanischer Bus nach Herat fahren, dreihundert Afghanis kostete die Fahrt. Rund sieben Dollar, um das Land zu durchqueren. Ich zahlte mit Dieters Geld und wandte mich um, da sah ich, dass sich ganz hinten in einer Ecke jemand erhoben hatte.

Ein Mann hatte dort gesessen und kam nun auf mich zu, und ich erschrak, beinahe noch bevor ich ihn erkannte, mit diesem ganz feinen, durchdringenden Schreck, den man einen süßen Schreck nennt, denn der Mann, der auf mich zukam, war Gino. Und Gino ist die zweite meiner zwei großen Lieben gewesen, und erst viel später, mit einiger Berechtigung könnte man sagen: am Ende, ist noch einmal eine dritte große Liebe dazugekommen.

Das wusste ich damals natürlich noch nicht. Damals habe ich die Zukunft nicht ahnen können, kein Mensch hat im Februar 1978 in Kabul die Zukunft geahnt. Was soll das überhaupt sein, eine große Liebe, in Abgrenzung zu einer kleinen oder mittleren Liebe?

Ich sage: Eine große Liebe ist ein Eingriff mit bleibenden Konsequenzen. Wenn man versucht, sie aus dem eigenen Leben wegzudenken, landet man in einem anderen als in dem Leben, das man gelebt hat, also im Leben eines anderen. Im Sinn dieser Definition ist es demnach nicht zureichend, wie leidenschaftlich auch immer empfunden zu haben. Die Leidenschaft muss folgenreich gewesen sein. Sie muss im wirklichen Leben mindestens eines der beiden nachprüfbare Spuren hinterlassen haben, und zwar Spuren, die nicht auch ein beliebiger anderer als eben genau dieser oder diese Geliebte hätte hinterlassen können. Weshalb im Sinne dieser Definition eine unerwiderte Liebe kaum je eine große Liebe genannt werden kann, denn alle unerwiderten Lieben gleichen einander.

Im Istanbul Restaurant fielen wir einander um den Hals, Gino und ich, in überschwänglicher Begrüßungsfreude, auch küssten wir uns auf die Wangen. Nur auf die Wangen? Ich glaube. Ich kann mir mehrere Versionen vorspielen, in einer küsst er meine Wangen, in einer meinen Mund, in einer küssen wir uns gar nicht, sondern stehen nur eng umschlungen, bevor wir uns wieder loslassen. Die Erinnerung an diese Umarmung ist aber nicht vage, sondern lebhaft und frisch. Ich hole sie nicht oft hervor, damit sie sich nicht abnutzt. Wenn ich mich ihr hingebe, kann ich sein Gesicht in allen Details vor mir sehen: die schwarzen Brauen, die großen, dicht bewimperten graugrünen Augen, die geschwungenen Wangenknochen und den Mund, der mir später manchmal, wenn er sehr viele Drogen genommen hatte, in seiner Sinnlichkeit abstoßend erscheinen konnte.

Klar habe ich auch vor Augen, was er trug, womit er seinen Körper verhüllt hatte an diesem kalten Tag in Kabul: das blaugolden gestreifte Hemd, das weiße Wolljackett aus Nuristan, den Schal mit den Goldfäden, Silber um Hals und Arme und auf der Masse des schwarzen, von ein paar eisenfarbenen Strähnen durchzogenen Haars den Pakol, die weiche Mütze, die später durch Ahmad Shah Massoud, den charismatischen Führer der Nordallianz, der seinen Truppen vor der Schlacht Gedichte vorzutragen pflegte, zum Abzeichen der Kämpfer gegen die Taliban geworden ist.

Baby. How long are you staying.

Das war das Erste, was er mich fragte, und ohne Fragezeichen.

In diesem Moment des Wiedersehens war er mir ein Freund, er war Goa, wir blickten bereits auf eine wenn auch noch so dünne gemeinsame Geschichte zurück, vertraut war er mir unter all den Fremden und zugleich der Fremdeste von allen. Er erfüllte mich mit Scheu. Unsicher machte er mich wie kein anderer Mann.

Was bisher zwischen uns geschehen war, ging ja kaum über dieses Potenzielle hinaus, das sich gar nicht selten zwischen zwei Menschen ereignet. Im Bus oder in der Reinigung oder auf der Straße treffen sich Blicke, die Augen des Gegenübers blenden kurz auf, gleichzeitig, unwillkürlich, noch bevor irgendein Wille sich eingeschaltet hat, haben die eigenen Augen dasselbe getan, und schon ist wieder alles vorüber. Der Mann nimmt die gereinigten Hemden entgegen und sein Kind an die Hand, man selbst steigt am Stachus aus der U-Bahn und eilt dem Tisch entgegen, an dem der Partner wartet, und man sagt nichts davon, was gerade passiert ist, es ist nichts passiert, nur eine beiderseitige Anerkenntnis der Tatsache, dass etwas hätte passieren können, wenn die Lage eine andere wäre –

Und unsere Lage bei dieser Umarmung, die zu den wirklichsten Momenten in meinem Leben gehört, war die, dass uns jetzt auf einmal alles möglich war und dass ich sofort alles, was möglich war, von ihm haben wollte, seine Küsse, seine Umarmungen, den ganzen verrückten Wirbel zwischen Mann und Frau, und morgen früh um sechs würde ich nach Westen abreisen und ihn nie wiedersehen, ich hielt die Tickets noch in der Hand.

Morgen früh, sagte er. Are you crazy? Ich warte seit zwei Monaten auf dich.

Das sagte er ernsthaft, aber ich wollte es richtig verstehen, es konnte doch nur scherzhaft gemeint sein. Also antwortete ich etwas spöttisch, zwei Monate, Unsinn, vor zwei Monaten wären wir noch alle in Goa gewesen.

Right, sagte er. Bom Shankar! For the Beauty.

Und sah mich an und hob die gefalteten Hände zur Stirn, als hielte er in ihnen ein Chillum.

3

Diesen ersten Abend verbrachten wir in einem großen Haus, hinter einer Mauer inmitten eines Gartens lag es, im Tagebuch steht nur: außerhalb von Shar-e Naw, also wohl am Rande der Stadt. Schweden und Italiener wohnten hier, sie entwarfen Mode für Europa, bunte, den Kleidern der Cuchis nachempfundene Röcke, Kleider und Jacken, die sie von einheimischen Schneidern nähen ließen.

Es war kalt in Kabul, Schneeflecken lagen noch in den Schatten, und im Kamin, im hohen Hauptraum dieses geräumigen Hauses loderte ein Feuer. Gino hatte ein paar Tage zuvor versprochen, Pasta zu machen, und dieses Versprechen wollte er halten, also taten wir das jetzt, er und ich, wir standen in der riesigen, kalten Küche, und ich würfelte Zwiebeln. Meine Würfel waren ihm aber zu grob. Er wollte alles viel feiner geschnitten. Ich überlegte, dann ließ ich ihn auf freundliche Weise stehen und ging zu den anderen, die auf Polstern am Feuer lagen und in mancherlei Sprachen redeten, Italienisch, Schwedisch, dann mir zuliebe Englisch, während Gino nicht da war, und das tat mir leid, dies wäre unser einziger Abend zusammen gewesen, und er machte Tomatensoße. Ich hatte offenbar alles falsch verstanden.

Später aßen wir Spaghetti und tranken Wein. Wein in Afghanistan? Sie klärten mich auf: Noch im ausgehenden Mittelalter waren die afghanischen Trauben berühmt gewesen. Babur höchstselbst, der Feldherr, Gartenarchitekt, Sammler wilder Blumenzwiebeln und Begründer des Mogulreichs, schwärmt in seiner Autobiografie von den epischen Räuschen, die er sich mit den Weinen seines Reichs anzusaufen pflegte. Ma'jun hatte er aber auch nicht verschmäht, Haschischkuchen. Also wurden nun Chillums gebaut. Das Feuer brannte nieder. Die Bewohner des Hauses krochen in ihre Betten. Ich wickelte mich in eine Decke, und Gino sagte, was er schon einmal gesagt hatte: Es ist kühl. Kann ich ein Stück von deiner Decke haben?

Ich kann die folgende Szene aus zwei Perspektiven betrachten, einmal aus der von damals, wo ich, wenn ich die Augen öffne, sein Gesicht sehe und den stillen, von Schatten durchwanderten Raum, der nur von der Glut im Kamin erhellt war, oder aus einer Perspektive, die mir erst jetzt möglich ist, von der Zimmerdecke aus. Dann kann ich die beiden umschlungenen Körper eine Weile betrachten, Gino und diese Neunzehnjährige, die behauptet, ich zu sein. Sie schlägt die Augen auf und sieht zu mir herauf, geradewegs in die Augen sieht sie mir, freilich ohne mich wahrzunehmen. Dann schließt sie die Augen und wendet den Kopf ab. Ich lasse sie mit dem Mann allein. Ich zoome langsam aus dem Zimmer heraus, auf dessen Grund sie liegen, belasse sie aber im Zentrum des Bilds, auch wenn das Dach sich nun über ihnen schließt und sich der Außenraum öffnet. Das Haus im winterlich kahlen Garten wird sichtbar, Kabul in der lichtlosen Hochebene unter dem Nachthimmel, die Wüste ist schwarz, das Sternenlicht schimmert auf den Gipfeln des Hindukusch –

Glaube mir nichts, Leser!

Dies ist nur ein Filmbild. Denn ich bin es, die diese Geschichte erzählt, und ich schütze dieses Paar vor deinem Blick. Diese Neunzehnjährige ist mein Avatar, den ich lenke wie irgendeine Romanfigur, die nicht meinen Namen trüge und meine mit neunzehn noch immer kindlichen Züge. Was wusste denn sie? War ihr bewusst, dass diese Umarmung in Afghanistan geschah? Färben die Länder, in denen eine Liebe beginnt, diese Liebe oder nur die Erinnerung an sie? Hätte diese erste Umarmung sich in Venedig oder Paris auf andere Weise ereignet und den Fortgang der Geschichte dauerhaft verändert?

Behaltet Venedig.

Paris könnt ihr euch schenken.

Kein Wort weiter werde ich hier sagen.

Nichts war am Morgen entschieden, nichts. Nur, dass ich nicht gefahren war. Das Winterlicht, das durch die Fenster fiel, war klar und kalt, Dario kam aus der Stadt zurück mit Frühstück und Blumen, und die Mädchen benutzten mich als Kleiderpuppe, um die Passform ihrer Modelle zu überprüfen. Gino sah zu, während sie mich an- und umzogen. Ich suchte in seinen Zügen nach einem Anflug von Besitzerstolz. Zu sehen war eine mikroskopisch kleine Kräuselung von Augen- und Mundwinkeln in Richtung eines Lächelns, aber ein Lächeln hätte man es nicht genannt. Gegen Mittag war der Himmel bedeckt, wir hielten uns im schlingernden Bus aneinander fest, und als wir ausstiegen, goss es in Strömen, wir rannten und stellten uns unter und rannten wieder, so wirbelten wir durch die ganze Stadt und schließlich hinein in die Lobby des Sina Hotels, wo Dieter saß und froh war, mich wiederzusehen. Die Leute vom Hotel brannten vor Neugier, sie wollten unbedingt erfahren, wo ich die Nacht zugebracht hatte.

With friends, sagte ich. Just with friends.

Nun mussten die Tickets umgetauscht werden. Denn natürlich würde ich Dieter begleiten. Mit Gino konnte ich nicht in den Westen zurückgelangen, er war nicht auf dem Weg nach Europa, sondern nach Kathmandu, von dort aus würde er nach Bangkok fliegen.

Nice girls, nice food, nice smack. Genau der richtige Ort für Gino.

Das hatte gestern lächelnd Dario angemerkt.

Was ging es mich an. Es ging mich nichts an. Nichts! Der Ticketverkäufer im Istanbul Café ließ sich erweichen und tauschte unsere Fahrkarten um. Morgen ganz früh würden Dieter und ich abreisen. Stumm saßen Gino und ich auf dem Bett, während Dieter packte. Dann ging er hinaus, und ich fiel aufs Bett und Gino auf mich, und wir blieben so, bis Dieter gegen die Tür trommelte, denn die Leute vom Hotel wollten für die Nacht dichtmachen. Also ging ich mit Gino weg.

Ich erinnere mich an diesen Weg durch die nächtliche Stadt. Es nieselte, die Straßen waren schlammig, wir hielten uns an den Händen, wichen Pfützen aus und lachten das Lachen von Verschwörern. Gino sagte: Vertraust du darauf, dass er morgen nicht ohne dich losfährt?

Absolut, sagte ich. Ich habe die Tickets.

Das erheiterte ihn. Noch mehr belustigte es ihn, dass ich auch Dieters Wecker mitgenommen hatte, in control, sagte er, this woman is in control, er zollte mir amüsierte Bewunderung wie einem Kind, das er im Glauben belassen wollte, die Situation zu beherrschen.

Ich stellte den Wecker auf fünf. Aber er klingelte nicht.

Es berührt mich eigenartig, wie genau ich das noch weiß. Oft sehe ich in meiner Erinnerung diese Neunzehnjährige von außen, ich sehe Bilder, die sie nicht oder nicht aus dieser Perspektive gesehen haben kann. Aber hier gelingt es mir mühelos, in ihren Körper zu schlüpfen und in den dunklen

Morgenstunden dieser schlaflos verbrachten Nacht, in der sie dann doch noch eingeschlafen sein muss, mit ihrer Hand nach Streichhölzern zu tasten.

Das Hölzchen flammte auf. Das Zifferblatt zeigte Viertel nach sechs. Der Bus war weg, und ich lachte, ein toller Witz erschien mir dieser Wecker, und über die Maßen erleichtert war ich, denn das war die Entscheidung und das Ende der Farce.

Dieter fuhr am nächsten Morgen nach Westen, mit einer Achtzehnjährigen, die ihr Freund unterwegs aus dem Bus geworfen hatte. Wir schieden ohne Bitterkeit. Er war ein Samariter, möge es ihm im Leben wohl ergangen sein, ich ließ ihn ziehen und mit ihm meine sichere Heimkehr und war nun wieder auf mich allein gestellt.

Denn zu keinem Moment habe ich damals gehofft oder geglaubt, Gino könnte sich umbesinnen, er könnte seine Pläne ändern und mit mir und meinetwegen in den Westen zurückkehren. Und das tat er auch nicht. Er änderte seine Pläne niemals.

Das Kabura Hotel, in dem wir nun wohnten, war ein sehr einfaches Etablissement. Die Tür unseres Kämmerchens ging direkt zum Hof. Drinnen gab es das übliche Bettgestell, einen kleinen Holztisch und einen Eisenofen, zwei Nischen in den weiß gekalkten Wänden dienten als Ablagen. Dinge wie Kerzen, Räucherstäbchen und Reispapierbilder aus Nepal führten damals viele Leute mit sich, die keine festen Behausungen hatten, um auf ihren langen Reisen ihre kahlen Wohnstätten heimeliger zu machen. Es war aber Gino, der diesen Raum bewohnte, also hingen hier Stickereien an den Wänden, vielfarbige Lungis verhüllten das Fenster, und über das Bett war nicht etwa ein Schlafsack gebreitet, sondern Decken mit Blumenmustern aus einem schimmernden Material, dessen Farben im Licht changierten. Diese Dinge kaschierten die schöne Kargheit der Kammer aber nicht. Sie färbten sie lediglich in Ginos Farben.

Der Besitzer des Hotels war Faiaz, ein sanfter Mann und sehr ruhig schon deswegen, weil er in großen Mengen Mandrax schluckte. In der Nacht, als ich mit Gino hier angekommen war, hatte er mich herzlich willkommen geheißen. Was konnte er für mich tun? Wie mir den Aufenthalt bei Gino angenehm gestalten? Gino bat um Faiaz' Kassettenrecorder und um Tee, den Faiaz schließlich brachte. Alles brachte er, Tassen, Teebeutel, Löffel, nur fehlte das Wasser in der Kanne. Gino monierte das aber nicht. Er lachte, leise und verständnisinnig.

Faiaz, sagte er, thank you. Tashakor, Faiaz.

Er sprach ein wenig Dari Farsi, den persischen Dialekt, wie er in Kabul gesprochen wird. Faiaz und er kannten einander seit vielen Jahren. Sie seien Freunde, sagte Gino, und Faiaz widersprach, nicht sein Freund, sein Bruder sei Gino-jan.

Unser erster Tag gemeinsam war ein Freitag. Wir fuhren mit dem Taxi nach Paghman hinaus. Auf den Bergen lag noch Schnee. Ich besaß kaum warme Sachen, und Gino hatte mich in seinen Chopan gehüllt, einen fast knöchellangen, edlen afghanischen Männermantel aus weißer Wolle. Außerhalb der Stadt waren die Wege aufgeweicht. Die Gärten von Paghman mit dem Triumphbogen, den Amanullah Khan nach seiner Rückkehr aus Europa hier in seiner Geburtsstadt hatte errichten lassen, waren noch kahl. Sie waren auch nicht unser Ziel. Wir gingen zu den Hundekämpfen, die auf freiem Feld stattfanden.

Der Kampfplatz war nicht abgegrenzt, sondern dadurch bezeichnet, dass ein Ring vieler Männer ihn umstand. In der Ferne lag der zweite Ring der Berggipfel. Frauen waren nicht da, Ausländer auch nicht. Gino allein wäre nicht aufgefallen, er trug afghanische Kleidung und sah, wenn er die dunkle

Sonnenbrille abnahm, aus wie ein Einheimischer. Ich war es, die ihn verriet: eine blonde Europäerin in einem afghanischen Männermantel.

Hörst du das?, sagte Gino. Das Getuschel, das dir folgt.

Tatsächlich konnte ich, nachdem er mich darauf aufmerksam gemacht hatte, dieses eine Wort aus dem Strom der fremden Sprache herausklauben.

Chopan … Chopan … Chopan …

Seine Augen waren hinter der Brille verborgen, aber die Mundwinkel kräuselten sich. Ich wünschte, ich fände ein Wort für dieses geräuschlose, nur angedeutete Lachen, the Gino Chuckle, zärtlich und spöttisch wie über einen Scherz, der nur ihm verständlich war, der Blick ging dabei in irgendeine Ferne.

Arm in Arm standen wir in der Menge, die uns umdrängte. Die Hundebesitzer hielten sich mit ihren Tieren am Rand. Wenn ein Hund in den Ring geführt wurde, bildete sich vor ihm eine breite Gasse. Gewaltige Hunde waren es, Afghanische Mastiffs, kraftvoll und wach, aber, wie große Hunde meist, ruhig.

Das begeisterte ihn.

Look, sagte er, die Stimme leise und leidenschaftlich. Look, Baby. Beautiful.

Hunde, das wird dem Leser nicht entgangen sein, sind in diesem Buch von Bedeutung, sie müssen Unterschiedliches exemplifizieren und mal für dieses, mal für jenes herhalten. Vor allem aber, lieber Leser, liebe ich Hunde. Umso erstaunlicher finde ich es, dass ich mich von Ginos Begeisterung für diese Kämpfe anstecken ließ. Zum Teil ist das sicher auf die exotische Umgebung zurückzuführen sowie auf erotische Verblendung. Aber es hing auch mit der Entschlossenheit dieser Hunde zusammen, die lautlos kämpften, ohne ein Knurren oder ein Winseln. Drei Männer konnten mit Mühe ein solches Tier halten, wenn es bereit war, sich in den Kampf zu werfen. Wurde es losgelassen, schoss es voran, man konnte den dumpfen Laut hören, wenn die Gegner aufeinanderprallten, wobei sie nicht etwa wild übereinander herfielen, um einander zu zerfleischen.

Ziel war es, den anderen nieder- und auf den Rücken zu werfen. Verletzungen entstanden dabei vor allem an den Lefzen, denn die Hunde verhakten ihre Mäuler und rangen miteinander. Versuchte einer den anderen irgendwo anders zu packen, etwa am Bein, warfen sich Männer unter alarmierten Rufen dazwischen. Keine Bestien, sondern geschulte Kämpfer waren diese Hunde, Gladiatoren, könnte man sagen, nur kämpften sie nicht bis auf den Tod. Sobald einer niedergeworfen war, galt der Kampf als beendet, die Hunde wurden getrennt und gleichermaßen in Ehren und unter Bezeigung von Aufmerksamkeiten vom Feld geführt.

Jeder Hund war ja wie der Champion eines Boxkampfs von einem Stab Personal umgeben. Zu dem gehörten auch kleine Hündchen unbestimmbarer Rasse, und im Gegensatz zu den ruhigen, schweren Kämpfern erregten sie sich schon im Vorfeld ungeheuer, sie kläfften die Vorübergehenden an und auch die großen Hunde der anderen, die ihrerseits die Kläffer vollkommen ignorierten.

Maskottchen, sagte Gino. Dann sein Lachen.

Er kam jeden Freitag, wenn er in Kabul war.

Look, look, look, look, look, Baby, beautiful, beautiful!

Das waren diese Kämpfe. Sie waren gewalttätig und aufregend, so wie große Boxkämpfe. Die Menge war kaum im Zaum zu halten, natürlich wurde gewettet, noch während der kurzen Kämpfe konnte man die Wetten erhöhen. Adrenalin strömte, alles drängte ins Zentrum, mit kurzstieligen Peitschen trieben die Ordner die Leute zurück. Ein grausamer Zeitvertreib, zweifellos. Die Taliban haben alle Tierkämpfe verboten. Nicht aus Tierliebe. Bei Wachtelkämpfen etwa geht es unblutig zu, die Vögel schubsen und picken einander, bis einer abgedrängt ist oder aufgibt. Aber die Taliban haben alles als unislamisch verboten, was nicht sie kontrollieren konnten.

Nach dem Ende ihres Regimes sind die Kämpfe wieder aufgenommen worden. Wie verbreitet sie heute sind, weiß ich nicht. In einer Reportage habe ich einen Hundebesitzer behaupten hören, sein Hund hätte zehn andere Hunde getötet. Ich weiß nicht, ob das stimmt oder Wichtigtuerei vor einer ausländischen Reporterin war. Ich weiß auch nicht, ob es, wenn es tatsächlich so ist, früher auch schon so war, und ich das nur nicht mitbekommen habe, oder ob durch die Brutalisierung des Lebens in Afghanistan auch eine Brutalisierung dieser Kämpfe stattgefunden hat. Dass ein Hund schwer verletzt war oder gar vom Kampfplatz getragen werden musste, habe ich nie gesehen, es mag sich allerdings ereignet haben, ich bin nicht so dumm, meinen Augen zu trauen.

Wie seinen Sohn liebt ein Hundebesitzer seinen Hund.

So der Hundehalter in der Reportage.

Wie einen Sohn. Und wenn er seinen Hund verliert, trauert er, als hätte er einen Sohn verloren.

Sentimentales Gefasel. Scheißquatscherei. Wobei, wahrscheinlich wahr. Es ist ja nicht so, dass väterliche Liebe die Söhne schont. Sie schickt sie in den Krieg. Sie schlägt sie ans Kreuz.

Look, look, look, Baby, beautiful, beautiful!

Gino packte meinen Arm. Wir standen in der wild wogenden Menge. Ich sah zu ihm auf, in sein Gesicht, das ich so schön fand wie keines, seine Augen waren weit geöffnet, die Pupillen winzig. Vielleicht an diesem Tag nur wegen des Lichts. Später setzte er die Sonnenbrille auf.

Tagsüber wusste ich nichts von ihm. Er hielt sich bedeckt. Er ergab sich mir nicht. Er war zärtlich, aber verhalten, und dabei spöttisch, dieses leicht Spöttische klang immer mit. Auf wen oder was zielte es, auf mich oder ihn? Dann gingen wir wieder auf den nächtlichen Straßen. Wir gingen eingehängt und schnell, der weiße Wollstoff seiner Jacke und der meines Mantels rieben aneinander. Das Klack, Klack unserer Stiefel in den verlassenen Gassen, die dunkel und still waren, nie ist es in Europa so dunkel und still.

In unserer Kammer kauerte er vor dem Eisenöfchen und machte Feuer. Ich saß auf dem Bett und sah ihm zu. Später habe ich immer wieder diese Szene beschrieben, die mir archaisch erschien und von der Erinnerung überhöht wurde zum ersten Bild eines Mythenzyklus, einer machtvollen Erzählung über Liebe und Flucht. Er trug noch die wollene Jacke und den Pakol. Im Licht der auflodernden Flammen leuchteten seine Augen, ihr Blick ernst und versunken und fast pupillenlos, Smackaugen. Pinned Eyes, wie man im Englischen sagt. Ich war entschlossen, ihn mir zu unterwerfen. Niederstrecken wollte ich ihn, meinen Fuß auf seinen Nacken setzen. Meiner sollte er sein durch und durch.

Und wie war das wohl am ehesten zu bewerkstelligen.

Pleasure …

Eines der Wörter, die es im Deutschen nicht gibt.

Denn Pleasure heißt Lust, aber es heißt auch Freude, und es gibt kein deutsches Wort, das diese beiden Begriffe so wie das englische Pleasure vereint. Im Deutschen, so schien es mir damals, konnte Lust sehr weit entfernt von einem Gefühl der Freude sein, geradezu entgegengesetzte Pole konnten sie bilden. Aber im Englischen war es eine Vokabel.

Und erst, wenn sich das Wort zum Verb machte. To pleasure somebody. Das ließ sich zwar durchaus damit übersetzen, dass man sagte, man würde jemandem Vergnügen bereiten, aber welcher Art war dieses Vergnügen, was war seine Quelle, nur eine einzige Art von Vergnügen war impliziert. Freilich stimmte das so auch wieder nicht, denn unzählige Möglichkeiten gab es, jemandem auf eine Art Vergnügen zu bereiten, die die Verwendung des Ausdrucks *to pleasure somebody* rechtfertigte.

Spielen wollte ich, was er hören wollte, seine Themen sollten mir zur Grundlage meiner Improvisationen dienen, meine Songs sollten es sein, die ihm im Ohr klängen, wenn ich fortging. Leiden sollte er.

Wie lang diese Abende in Kabul waren. Keine späten Vergnügungen warteten in der winterlichen Stadt, keine Freunde kamen zu Besuch, kein Kino- oder Fernsehprogramm lief, kein Buch zum Lesen war da und keine Weinflasche zum Öffnen. Es gab nur uns, in dem kleinen, fast dunklen Zimmerchen, und die Musik aus Faiaz' Kasettenrecorder. Auf geheimen Wegen hatte Gino Peter Gabriels erstes Solo-Album ergattert. Im Ofen brannte das Feuer. Gino schloss das Eisentürchen. Er stand auf, streifte die Jacke ab und kam zu mir herüber. Ich sah ihm entgegen.

Silvia, sagte er, meinen Namen auf der ersten Silbe betonend.

Peter Gabriel erklomm *Solsbury Hill*. Der Wind wehte, der Adler kam aus der Nacht geflogen, die Zeit stand still.

Von Tag zu Tag wussten wir nicht, wie lange dies gehen würde. Von Tag zu Tag beschlossen wir, einen weiteren Tag folgen zu lassen, ohne dass wir darüber sprachen. Morgens standen wir auf, als läge ein Leben vor uns, während dies doch schon der letzte Tag sein konnte, was wusste der eine, was der andere dachte. Wir wuschen uns an einem Hahn im Hof. Das Wasser war eisig. Dann gab er mir Geld und schickte mich aus, um in einer Bäckerei in der Nähe Croissants zu holen.

Ich ging gern. Durch die Tür in der Mauer trat ich hinaus auf die Gasse, ich trug den Chopan, die Luft war klar und kalt, aber warm durchsonnt, und später, gegen Mittag, aus der

Sonne in den Schatten und wieder zurück zu wechseln, war wie ein Hin und Her zwischen Klimazonen. Allein in diesen Straßen, war ich mir jedes einzelnen meiner Schritte scharf bewusst. Der afghanische Bäcker in dieser europäischen Bäckerei, in der man in Kabul im Februar 1978 französische Croissants bekam, schenkte mir immer etwas, wie einem Kind: einen kleinen Kuchen, eine Nascherei. Wenn ich zurückkehrte, fand ich Gino in Faiaz' großem Raum. Manchmal waren andere da, Italiener oder ein paar Inder. Ein großer Eisenofen bullerte, die Bettgestelle waren mit Teppichen, Fellen, Decken und Kissen belegt, in bunten Vasen standen Papierblumen. Faiaz brachte Tee, Teebeuteltee, diesmal mit Wasser. Gino, als Faiaz weghörte, zupfte an den Schildchen und sagte leise zu mir: Nicht mein Lieblingstee. Ich kenne den noch aus Bulgarien.

Er lachte leise, amüsiert von etwas, das nicht heiter war. The Gino Chuckle: Ich suche noch immer nach einem beschreibenden Wort. *Wry* ist eine Vokabel, die mir einfällt, was sich mit trocken übersetzen ließe, auch mit bitter vielleicht, aber das trifft es nicht. A wry smile: Darin schwingt eine gewisse Überlegenheit mit, aber keine Überheblichkeit, man ergibt sich den Tatsachen und erkennt an, dass manche Dinge sind, wie sie sind, wir haben keine Macht über sie, aber dieses Lachen schränkt ihre Macht über unser Bewusstsein ein. A *wry smile* ist kein deutsches Konzept. Ich dachte auch nicht: trocken, ich dachte: *wry*. Ich fluchte *Shit*, nicht Scheiße, *onetwothree* zählte ich, wenn ich im Kopf zählte, noch später habe ich auf Englisch geträumt. Wenn man beginnt, konsequent in einer anderen Sprache als der Muttersprache zu denken, findet eine enorme Erweiterung statt. Ein zweites Leben erhält man, eine zweite Identität, man wird eine andere, ein neues Vokabular steht zur Verfügung, mit dem man sich und die Welt beschreibt.

Aber jetzt, nachdem er gerade Bulgarien erwähnt hatte,

sollte er mir endlich dieses mythische Straflager beschreiben, von dem man in Goa gemunkelt hatte. Wie lange war er dort gefangen gewesen?

Neun Monate.

Wie war er hineingeraten?

Nun. Sie hatten ihn eben mit Heroin erwischt.

Wie war es dort gewesen?

Er winkte ab wie mein Großvater, wenn man ihn nach dem Russlandfeldzug fragte. Baby! Bulgarien. Was gab es darüber groß zu erzählen.

Tja, was. Was hatte ich erwartet zu hören, Geschichten aus dem Gulag?

Er rollte einen Joint.

Er konnte dann, während wir da saßen, vollkommen bei sich sein, es war, als wäre ich nicht da oder mir war so, heute weiß ich, dass er meine Anwesenheit mit scharfer Deutlichkeit wahrnahm, nur war mir das nicht ersichtlich. Ich hätte damals gesagt, wenn ich sein Verhalten überhaupt kommentiert hätte, er hinge seinen Gedanken nach, aber dann hätte ich mich sofort wieder korrigiert und gesagt, nein, das wäre es nicht, ich wüsste schon, er hinge nichts und niemandem nach.

Vielleicht hörte er einfach nur einem Song auf Faiaz' Kassettenrecorder zu. Nicht Peter Gabriel, wir brachten diese Kassette nicht unter die Leute. Aber einmal lief Cat Stevens.

Oh Baby, Baby, it's a wild world,
It's hard to get by just upon a smile –

Ich sah sein Gesicht und dachte: Wer war die. Ich wartete, bis das Lied vorbei war, und noch einen Moment, dann sagte ich: Du hast gerade an eine Frau gedacht. Er war nicht verblüfft und stritt es nicht ab. Drei Jahre war er mit ihr zusammen gewesen, kurz vor Bulgarien hatten sie sich getrennt.

Wer ist gegangen?

Sie.

Wie hieß sie?

Gloria. Und das erschreckte mich, denn so hatte ich als Kind heißen wollen. Gloria Gold. Die Heldin einer Cartoonserie, die im Wilden Westen spielte. Glorias Bruder George war spurlos verschwunden, und Gloria hatte sich aufgemacht, ihn zu retten und an seiner Statt seine hehre und gefährliche Mission zu erfüllen, sie ritt wie er und schoss wie er und trat überhaupt in seine Fußstapfen, ein Cowboy war sie und unterzeichnete Verträge mit G. Gold, sie spielte seine Rolle, und ich spielte ihre, auf meinem Fahrrad trabte ich über die Prärie immer rund um die Garagen, blieb aber offenbar allein mit meiner Begeisterung, denn zu meinem Kummer wurde die Serie nach ein paar Ausgaben wieder eingestellt.

Warum hat diese Gloria dich verlassen?

What do I know. Sie wollte sehen, ob es ohne mich geht.

Und es ging.

Steinerne Züge.

Yes.

Oh, baby, baby, it's a wild world.

I'll always remember you like a child, girl –

Wenn ich Cat Stevens höre, denke ich an Kabul. Auch er, glaube ich. Ich denke, wenn einer von uns heute Cat Stevens hört, dann denken wir beide einen ganz kurzen Moment lang daran, wie Gino damals in Kabul an eine andere gedacht hat.

Dass es diese Gloria gegeben hatte, wusste ich nun. Gabo kannte er sowieso. Offen blieb allenfalls, was aus Marina geworden war. Gino zog die Brauen hoch. Wieso Marina. Marina war für Goa gewesen.

Ein paar Tage zuvor hatte er über Dario bemerkt, der suche seit drei Monaten eine Freundin, unbegreiflich sei ihm, Gino, das, warum machte Dario es sich so schwer. I always find a girl I like. You know, not too much. Just enough.

Einmal schrieb ihm Marina. Er ließ den Brief offen auf dem Tisch liegen. Ich warf keinen Blick darauf.

Bekenntnisse verlangte ich nicht, es gab nichts zu klären, wir arbeiteten auf keine Zukunft hin. Wir hatten die dünne Gegenwart und waren beide nicht bereit zu leiden. Waren wir bekleidet, gaben wir uns keine Blöße, wir waren zwei Kämpfer und hielten uns bedeckt, tänzelnd umkreisten wir einander. Faiaz hatte meine Frisur kommentiert, die fünf oder sechs dünnen Zöpfchen, in die ich Schmuck eingeflochten hatte. Wie die Mädchen der Cuchis, sagte er und fügte mit Ehrfurcht hinzu, Cuchi-Mädchen seien stark, sie kämpften gegen die Wölfe, die ihre Herden bedrohten. Damit kam Gino mir nun, wann immer ich ihm etwas verweigerte oder spielerisch mit ihm rang.

So strong. Like Cuchi girl. Cuchi girl, they fight with wolf.

Er hatte noch einen anderen Spruch auf Lager.

So reizbar heute, beautiful, durch und durch eine Frau.

Wie konnte ein Mann so etwas ernstlich sagen. Wie konnte er so etwas über die Lippen bringen.

Warum, wieso, was meinte ich damit? Es war doch so: Männer waren groß, sie waren faul, sie waren wie die großen Hunde am Kampfplatz, sie taten am liebsten nichts, außer sie mussten kämpfen. Aber Frauen waren anders, sie waren quirlig, kleiner, leichter und immer in Bewegung, und immer drängten sie ungeduldig auf etwas hin.

Aha gut, die kleinen Kläffer waren wir.

Aber es gefiel mir. Es gefiel mir sehr, in seinen Augen durch und durch eine Frau zu sein, ah ja, ungeduldig auf etwas hinzudrängen war keine unausfüllbare Rolle für mich.

Einmal, nur ein einziges Mal, hat Gino mich erzürnt in dieser Zeit. Im Friends Hotel besuchten wir einen Italiener, der zum Islam konvertiert war, er hatte einen kahlen Schädel und einen enormen Bart und außerdem eine Frau und ein Kind, das war erst vor wenigen Wochen in Afghanistan geboren worden. Und in Anwesenheit dieser Frau und dieses Kindes weihte dieser Mensch nun seine neue Wasserpfeife ein, ein gewaltiges Gerät war es, man musste auf einen Hocker klettern, um sie zu rauchen. Ein gespenstisches Bild war es, dieses vollkommen vom Qualm erfüllte Zimmer, durch das die beiden hustenden, sich windenden Gestalten taumelten wie Rekruten durch Giftgasschwaden an der Front bei Yprès. Ich wollte diesen Italiener ohrfeigen, ich wollte ihn anschreien, was dachte er denn, wie konnte er das tun, sein kleines Kind vergiften, aber die Mutter schwieg, und Ginos Unterstützung hatte ich auch nicht. Ich sagte dann: Ich gehe jetzt.

Warte, sagte er. Ich komme mit.

Auf dem Heimweg stützte er sich schwer auf mich. Im Kabura brach er zusammen. Auf dem Bett liegend, mit geschlossenen Augen, sagte er: Gut, nicht allein zu sein. Dann war er weg. Sein Mund erschlaffte, zwischen den Wimpernkränzen schien fadendünn das Weiße der Augäpfel hervor. Ich stand über ihn gebeugt und betrachtete ihn, wie ich es manchmal in Goa getan hatte.

Jetzt aber nicht mehr heimlich. Jetzt schlief ich jede Nacht und oft am Tag mit ihm, ich konnte ihn ansehen und sein Gesicht berühren, wann und wie ich wollte, aber wohin brachte mich das, was half das, dies Gesicht blieb das seine. Einen Körper kann man haben, man kann sich mit ihm vereinigen und ihn besitzen, so wird das genannt, wenn ein Verlangen befriedigt und das Begehren immerhin zeitweilig zur Ruhe gebracht wird. Aber dieses Gesicht blieb immer und unbedingt sein eigenes, es gehörte nur ihm, selbst wenn ich bewirken konnte, dass sich sein Ausdruck momentelang dramatisch veränderte.

Es war ein Gesicht von romantischer Schönheit. Ein verletzter Zug war darin wie um den Mund von Gregory Peck, wenn er im Schnee am Kilimandscharo stirbt. Es war eine ganz und gar uneitle Schönheit, und später hat er das einmal gesagt, er hat gesagt: Ich bin nicht eitel, du bist meine Eitelkeit, und das wurde sein Satz für mich, das Zentrum seiner Liebeserklärung. Aber trotz des verletzten Zuges, den das Gesicht hatte oder haben konnte, war es nicht etwa ein schwaches Gesicht. Es gab selbst jetzt, wo er bewusstlos und jeder Zug erschlafft war, eine Wildheit darin, etwas Stammesfürstliches, die Augenbrauen saßen auf ausgeprägten Knochenwülsten und die Lider waren breit und tief, Lider mit Fläche, wie Frauen sie sich zum Schminken wünschen, starke Wangen- und Kieferknochen hatte das Gesicht, auch die Nase war kräftig und nicht ganz gerade, und ich hätte jetzt, hier, während er dalag und ich über ihm stand, mit diesem Gesicht tun können, was ich wollte.

Der Gedanke überfiel mich, und ich erschrak vor ihm. Ich verstand in diesem Moment, dass man einen anderen beißen konnte, wirklich beißen, nicht an ihm knabbern, sondern ihn ernstlich verwunden, wie ein Hund, auch dass man auf die Idee kommen konnte, das Blut des anderen zu lecken, um hinterher seine Wunden zu verbinden, voll wahrer Liebe und unter Tränen des Mitgefühls, mit einer mütterlichen Sorgfalt.

Und es war also schön, nicht allein zu sein, ja?

Vielleicht war es das Allerbeste, allein zu sein.

Ich durchwühlte die Taschen seiner Jacke, nahm den Schlüssel für sein Vorhängeschloss an mich und ging in die Stadt.

Als ich zurückkam, war er wach. Er saß auf dem Bett und trank Tee. Inzwischen war ich wütend, denn seine Bemerkung, es sei gut, nicht allein zu sein, hatte sich unterwegs um und um gewendet und schließlich ihre düstere Seite nach oben gedreht. Was war ich, seine Krankenschwester? Ging es gar nicht um mich, war ich beliebig, sollte ich nur eine Leere füllen? Auch hatte ich wieder an die Bemerkung über Dario gedacht, der bei Frauen so wählerisch war oder immer auf wählerische Frauen stieß, während Gino jederzeit eine fand, die ihm gefiel, *not too much, just enough,* und aus dieser älteren Bemerkung und der von heute hatte sich nun ein neuer Text geformt, eine Short Story meiner offensichtlichen Nebensächlichkeit, die aber, als ich sie nun vortragen wollte, mich selbst nicht mehr überzeugen konnte.

Denn wenn ich der Geschichte erlaubte, diese Wendung zu nehmen, wenn ich diesen Erzählstrang inkorporierte, dann erhielt ich einen gänzlich neuen Plot. Dies war dann nicht mehr die Geschichte eines Manns und eines Mädchens, die einander am Hindukusch begegnen und dafür, für diese absichtslose Begegnung, beide für eine Weile ihr Leben anhalten, es jeden Tag neu anhalten, ohne Pläne auch nur für den folgenden Tag zu machen, um nach unbestimmter Zeit wieder auseinanderzugehen, der eine nach Ost und der andere nach West. Sondern es wurde dann eine neue Geschichte aus uns, eine, in der ich ihn womöglich nach meinem Stellenwert fragte, und das ging nicht, das kam überhaupt nicht infrage.

Stattdessen begann ich also, ihm Vorhaltungen zu machen wegen des armen Babys vorhin. An das hatten sie wohl nicht gedacht, das war ihnen in ihrem Egoismus wohl als ein ganz unwichtiges Geschöpf erschienen. Auch deutete ich ihm an, es bereite mir kein Vergnügen, meinen Tag mit ihm zu teilen, wenn er sich dermaßen wegballerte.

Er hörte mir zu bis zum Ende, ohne mich zu unterbrechen. Sein Gesicht steinern. Als ich fertig war oder nicht fertig war, sondern nicht mehr weiterwusste, sagte er: Silvia, you are absolutely right, of course.

Dann setzte er die Sonnenbrille auf.

Gehen wir essen.

Mit Fleisch versorgte sich Kabul auf dem großen Viehmarkt am Nordostrand der Stadt. Riesig war dieses Areal, Kamele wurden hier verkauft, Ziegen, Wasserbüffel, die von Pakistan aus über den Khyber getrieben wurden, vor allem aber Karakulschafe, die man überall in der Stadt sah, auch auf den Straßen. Ihre Besitzer markierten sie am Hintern mit Hennafarben, Blau, Grün oder Rot, um sie kenntlich zu machen. Auf dem Markt standen Männer in Gruppen zusammen, Männer saßen und zählten Geld, dazwischen im Gewühl sammelten kleine Jungen und Mädchen den Dung der Tiere für die Kochfeuer in Eimern.

Karakulschafe sind Fettschwanzschafe, teure Tiere, aus dem Fell der Lämmer macht man Persianer. Das Fleisch ist mager und ohne den tranigen Geschmack, den Schaffleisch manchmal haben kann. Auch die Milch dieser Schafe war beliebt, und das in den Schwänzen eingelagerte Fett wurde ausgelassen und zum Braten verwendet. Afghanisches Essen schwamm immer in Fett. Afghanen, denen ich außerhalb von Afghanistan begegnet bin, haben manchmal die karge Magerkeit der Mahlzeiten des Westens beklagt, wo die Fettsucht grassiert, während in Afghanistan niemand adipös ist, auch nicht Leute, die über die Mittel verfügen würden, um mehr zu essen, als gut für sie ist.

Ich mochte diese fettigen Mahlzeiten, den Geschmack des Fetts auf dem etwas bitteren Brot. Ich mag Fett heute noch. Zweimal lud uns Faiaz zu sich nach Hause ein, seine Frau war da, seine Töchter, später kamen weitere Familienmitglieder. Wir saßen alle zusammen auf dem Boden, auf dem ein weißes Laken ausgebreitet lag, darauf standen viele Töpfe und Schüsseln, die wurden nach dem Essen weggeräumt, und die Mädchen tanzten. Wenn ich heute, wo ich Arthrose im Hüftgelenk habe, mich an alte Afghanen erinnere, wie sie mühelos im Schneidersitz saßen, die Knie beinahe flach auf dem Boden, oder Ewigkeiten lang auf den Fersen kauerten und dann aufstanden, ohne die Hände zu benützen, dann verfluche ich alle Stühle, auf denen ich in meinem Leben gesessen habe, und frage mich, warum diese Kultur, der ich angehöre, so unendlich viele überflüssige und schädliche

Gegenstände hervorgebracht hat, an Plastik muss man noch nicht einmal denken, man kann bei den Sitzgelegenheiten anfangen.

Manchmal schürte Faiaz für uns im Kabura Hotel den Badeofen an. Der Raum war ein Raum wie alle anderen, nur, dass aus der Wand die Dusche ragte. Wenn die ersten Wassertropfen auf einen Körper fallen, der mehrere Tage lang nicht gewaschen worden ist, beginnt die Haut intensiv zu duften. Ich wähle das Wort mit Bedacht, denn dieser Geruch hat nichts zu tun mit dem Gestank von altem Schweiß, es ist ein würziger Geruch, den ich an meinem eigenen Körper gern wahrnahm und der mich an seinem berauschte. Danach, in sauberen Hemden und mit nassen Haaren, fühlten wir uns geläutert, jungfräulich frisch in Körpern, die nun ein paar Stunden lang nicht nacheinander rochen. Keiner von uns, die unterwegs waren, verwendete Deodorant. Ich glaube nicht, dass man so etwas damals in den Städten Afghanistans oder Pakistans hätte kaufen können, auf dem Land ohnehin nicht, man hätte einen Vorrat mit sich führen müssen, lächerlich wäre das gewesen. Aber Gino ließ immer, wenn er in Delhi war, in einem kleinen Laden in einer der Seitenstraßen von Chandni Chowk ein dickflüssiges, bräunliches Öl für sich anrühren. Morgens verrieb er einen Tropfen davon unter den Achseln, der Geruch des Öls verschmolz mit ihm, und seine Spuren hafteten auch an mir, alle unsere Sachen, das ganze Zimmer im Kabura Hotel roch nach diesem aromatischen, gleichzeitig süßen und bitteren Öl.

Einmal, wir waren schon viele Jahre getrennt, glaubte ich diesem Geruch plötzlich wiederzubegegnen. Es war in einem deutschen Supermarkt, ich war damals sehr unglücklich und hatte es eilig, hektisch und trübsinnig kettete ich meinen gerade geleerten Einkaufswagen an und sah das als Sinnbild meines Lebens, dann bückte ich mich nach meinen Taschen, als die Welle mich traf.

Im Magen das Gefühl war wie im Flieger, wenn man in ein Luftloch sackt. Wild blickte ich um mich, aber natürlich war niemand da.

Nichts war da, nur der verfluchte deutsche Alltag. Mir war schwindlig. Ich hielt mich an den Einkaufswagen fest und reckte die Nase nach allen Seiten wie ein Tier, aber es war vorbei, der Geruch schon verflogen und die fade, abgestandene Luft erfüllt von nichts als der Aircondition und dem Aroma des Elends, das mich beherrschte, und draußen auf dem Parkplatz schrie ich einen Fluch, ich trat nach etwas, was auf dem Boden lag, und heulte später im Auto, wild vor Wut auf mein Leben.

Tagsüber trennten wir uns nicht selten. Einmal hatte er irgendwelches Business zu versehen, ein anderes Mal wollte er mit einem Mädchen aus dem italienisch-dänischen Haus zum Reiten fahren. Sollte er gehen, es war mir recht. Ich wollte gar nicht jede Minute mit ihm verbringen.

Es war ja auch anstrengend. Ich war wachsam mit ihm, ich ließ mich nicht gehen. Wieder allein, atmete ich tief ein und aus, ich streckte und schüttelte mich wie ein Hund, und in seinem Chopan sicher verwahrt schwebte ich hinaus in die Stadt.

Ich fühlte mich, als hätte ich etwas erreicht, als hätte ich eine wichtige Fertigkeit erworben. Ich denke mir heute, was mir damals nicht in den Sinn kam, denn damals dachte ich nie an die Siebzehnjährige, die ich gewesen war, dass ich auf diesen Streifzügen durch Kabul meinem frühen Wunschtraum sehr nah kam: meiner Vorstellung, wie Lawrence Durrells Romanfigur Clea allein durch eine große, exotische Stadt zu gehen, in der ich keine Einheimische wäre, aber auch nicht fremd, mit dem Anspruch, hierherzugehören, ginge ich herum und fände mich selbstverständlich zurecht. So war es nun und so fühlte ich mich, auch wenn dies nicht Alexandria war, sondern Kabul, und ich nicht zur Post ging wie Clea in der Romanszene, denn ich erwartete keine Briefe und schrieb auch keine mehr.

Was hätte ich schreiben sollen? Alles hätte geklungen, als befände ich mich im freien Fall. Aber so war es nicht, das Leben trug mich, es war nur auf diese Gegenwart zusammengeschrumpft, auf der ich mich hielt wie ein Springer auf dem Turm.

Ich stand ganz oben auf dem Zehnmeterbrett. Das Schwimmbecken sah zugegebenermaßen von hier oben sehr klein aus. Aber ich war federleicht, ohne Besitz bis auf meine bunten Kleider, das Silber an meinen Armen und meinen Pass voller Stempel. Wenn ich sprang, dann würde ich schweben.

In der Chicken Street, wie der Bazaar von Shar-e Naw genannt wurde und wird, ging ich von Laden zu winzigem Laden, ungefähr so, wie man zwischen den Ständern bei H&M hin und her geht. Lapislazuli, Silberschmuck, Kleider, Waffen. Dann entdeckte ich einen Schal, der gewebt war wie Ginos changierende Decken. Den wollte ich unbedingt. Geld hatte ich keins, nicht einen Afghani, also bot ich dem sechzehn- oder siebzehnjährigen Jungen, der das Lädchen betreute, meinen Silberohrring zum Tausch, mein Fußkettchen, dann mein Vorhängeschloss, das Schloss plus den Ohrring, aber er sagte Nein, immer und immer sagte er Nein. Warum, was wollte er nur? Schließlich rückte er mit der Sprache heraus. Einen Kuss.

Ich bin gelegentlich gefragt worden, nicht so deutlich, meist durch die Blume, aber doch gefragt worden, ob ich mich auf meinen Reisen nicht manchmal hätte prostituieren müssen, also ob ich je körperlichen Kontakt geduldet, gesucht oder zugelassen hätte, um Geld oder ein anderes materielles Gut zu erhalten. Ich antworte hier mit gutem Gewissen: Ja. Denn der Junge nahm den Schal und legte ihn mir um die Schultern, ohne mich dabei zu berühren, er lud mich vor den kleinen Spiegel ein, damit ich mich mit dem Schal betrachten könnte, ich wandte mich zu ihm um, einen Moment lang standen wir uns gegenüber, dann reckte er sich und küsste mich auf die Wange, einmal und sehr rasch. Hochrot wurde sein Gesicht, und seine Augen leuchteten, er floh durch eine hintere Tür, und ich ging mit meinem Schal vorn aus dem Laden hinaus.

Ins Istanbul Restaurant ging ich, wo die Belegschaft in dieser Zeit ohne Gäste um einen großen Tisch zusammensaß, ich setzte mich zu ihnen und bekam Kuchen und Tee, und der Besitzer schenkte mir Narzissen, einen ganzen Armvoll frischer Narzissen. So liebenswürdig ist man 1978 im Februar in Afghanistan zu mir gewesen.

Einmal, beim Frühstück, habe ich mit Faiaz über Politik gesprochen. Oder nein, nicht so hochgestochen. Er hatte eben über die Zustände geklagt, wie Leute das immer und überall tun. Ständig lägen alle mit allen im Streit, die Kommunisten mit Präsident Daoud, den sie doch selbst an die Macht gebracht hatten, und beide mit den islamischen Gruppierungen, die nicht einmal untereinander einig seien, die Hälfte von denen stecke unter einer Decke mit Pakistan. Unter König Zahir Shah, der 1973 von seinem Cousin Daoud aus dem Amt gejagt worden war, sei die Welt eine bessere gewesen.

Und warum hatte man dann den König verjagt?

Ich weiß nicht mehr, was Faiaz geantwortet hat. Irgendwer hat mir später erzählt, das Pashtu-Wort für Cousin sei dasselbe wie das für Feind, weil Cousins bis zum Letzten um das Erbe des Großvaters rivalisierten. Ich habe das nicht überprüft. Faiaz war auch kein Paschtune, sondern Tajik oder, wie er selbst gesagt hätte, Farsi. Afghanistan sei arm, sagte er, und deswegen immer fremden Mächten ausgeliefert. Die Ausländer sollten Afghanistan in Ruhe lassen: Aber damit meine er nicht uns. Er meine nicht Deutschland und nicht Italien. Italien sei ein sehr gutes Land, es gewähre seinem König Asyl. Er ergriff Ginos Hände und drückte sie. Peace!, sagte Faiaz. Love! Harmony! Seine Augen waren feucht, er war ergriffen. Er meinte, was er sagte. Brotherhood of all men! Ein wahrer Hippie war Faiaz.

Was ich damals in Kabul gesehen habe, ohne dass es mir bemerkenswert erschien: Mädchen in Schuluniformen, die Gesichter unbeschwert und das Haar unbedeckt, junge Frauen in westlicher Kleidung, die Mappen trugen wie Studentinnen, und einmal habe ich lange mit einer jungen Frau in einem Government Shop gesprochen, einem staatlichen Laden mit festen Preisen, der sich neben irgendeinem Monument befand, vielleicht am Zarnegarpark, am Mausoleum von Abd-ul-Rahman oder möglicherweise doch auf der Jad-e-Maiwand in der Altstadt, je länger ich überlege, desto mehr Möglichkeiten finde ich. Frauen verkauften normalerweise nicht in Läden. Unsere Blicke trafen sich durch das Schaufenster dieses sehr westlichen, mich wenig stimulierenden Ladens mit seinen Glasscheiben und Glasvitrinen, sie winkte mir aber, ich möge hereinkommen, und so standen wir dort eine Weile zwischen afghanischen Stickereien, Silberschmuck und Keramik zusammen. Sie war ungefähr so alt wie ich. Ihr Bedürfnis, von sich zu erzählen und unterstützende Worte zu hören, war groß, ihre Familie hatte den Kontakt mit ihr abgebrochen, aber sie wollte sich nicht beirren lassen, sagte sie, sie wollte anders leben als Mutter und Schwestern. Frei wollte sie sein. Sie trug einen sehr eleganten Shalwar Kameez, aber ihr Gesicht war westlich zurechtgemacht, ihre Nägel manikürt und lackiert, und sie träumte von Europa und Amerika, wie ich einst von Indien geträumt hatte.

Welches Leben haben sie alle gehabt? Leben sie noch? Die Berlinerin, deren Laternchen ich damals nicht mehr aufgesucht habe, sein Lichtlein schien in einer anderen Galaxie, wird sich mit ihrem Mann nach Europa gerettet haben … Vielleicht die anderen auch. Vielleicht ist ihnen allen die Flucht gelungen.

Der Schal ist mir ein paar Monate später an der Italienischen Riviera gestohlen worden. Es war Nacht, ich war per Anhalter von Spanien nach Italien unterwegs, hatte einen harten Trip gehabt und war ziemlich fertig. Im Dunkel an einer Mole rollte ich meinen Schlafsack aus, den Schal verwendete ich als Kissen, und als ich erwachte, schien die Morgensonne, und ich lag halb unter einem Tomatenstand. Während ich geschlafen hatte, war ein Gemüsemarkt um mich emporgewachsen. Ich erhob mich verwirrt, dann trollte ich mich und merkte erst später, dass der Schal fehlte. Fort ist er und nie mehr wiederzubeschaffen.

So ist es nun einmal.

Lasst die Dinge wandern.

In Kabul lag ich auf dem Bett. Gino wickelte mich in meinen gerade neu ergatterten Schal.

Beautiful, Baby. So pretty. So shiny.

Sein mikroskopisches Lachen. Über wen, zum Teufel, spottete er? Wie ging er, sein kleiner privater Scherz? Er zog den Schal spielerisch enger zu, und ich wehrte mich.

Cuchi girl. So strong, these Cuchi girls, they fight with wolf.

Meine Einsamkeit an seiner Seite war ungeheuer, sie war eine romantische Macht.

Während er sich langsam zu meinem Gesicht herabließ, um mich zu küssen, quoll aus Faiaz' Kasettenrecorder Peter Gabriel's *Here comes the Flood.*

When the night shows, the signals grow on radios,
All the strange things, they come and go, as early warnings,
Stranded starfish have no place to hide,
Still waiting for the swollen Easter tide –

So zitieren alle gängigen Internetseiten diesen Song. Aber ich hörte *Eastern* statt *Easter. Waiting for the swollen Eastern tide.* So höre ich das Lied immer noch, und wenn ich es höre, schwemmt mich diese östliche Flut in die Kammer im Kabura Guesthouse, die Decken mit den changierenden Farben liegen auf dem Bett, das Feuer brennt, der Regen schlägt gegen die Fenster.

I took the old track,
The hollow shoulder, across the waters –

Statt *Waters,* wie es auf songtexte.de und lyricsfreak.com heißt, hörte ich *Borders, I took the old track across the borders,* und das war mein Weg, ich war dem alten Pfad über die Grenzen gefolgt.

Und, wie ging es von hier aus weiter, welche Richtung sollte ich einschlagen?

There's no point in direction,
you cannot even choose a side.

Wir fuhren nach Nordwesten, nach Istalif. Das Dorf ist auf einem Hügel erbaut, es war ein Ausflugsort, berühmt für seine leuchtend blaue Keramik und für seine Lage in einer Landschaft, die an das alpine Hinterland der Cóte d'Azur erinnert.

Wenige Dörfer kommen Istalif gleich, hatte der Gründer des Moghulreichs Babur geschrieben, *mit seinen Weinbergen und Obstgärten zu beiden Seiten des heftig strömenden Flusses, dessen Wasser kalt sind und rein. Seine Wiesen sind Kleefelder, seine Granatapfelbäume gelb im Glanz des Herbsts und die Früchte tiefrot.*

Babur hatte hier Gärten anlegen und den Flusslauf begradigen lassen. Tagelang trank er im Kreis seiner Freunde, man dichtete und deklamierte Gedichte und soff bis zum Umfallen. Dann war einmal mehr ein Feldzug gegen die unregierbaren afghanischen Stämme in den Bergen fällig. Aus ihren Schädeln ließ der Herrscher Pyramiden errichten, aber sie ergaben sich nie, was kein Wunder ist, denn wo es Einzelne doch taten und um Gnade bettelnd mit Gras im Mund vor ihn hintraten wie Vieh, ließ er ihre Schädel trotzdem den Pyramiden hinzufügen, dann verlangte er mehr Wein oder Haschischkuchen und schrieb weiter an seiner Autobiografie.

Die Ersten, die Istalif dem Boden gleichgemacht haben, waren die englischen und indischen Truppen unter General Pollock, die ungezügelt brennende und mordende *Army of Retribution*, die Rache nahm für die Vertreibung der Engländer aus Kabul und den desaströsen Rückzug der britischen Truppen über den Khyber im Januar 1842. Dann wurde das Dorf von sowjetisch-afghanischen Truppen bombardiert. Und 1998 zerstörten die Taliban den Ort bei ihrem Versuch, die Shonali-Ebene der Nordallianz unter Shah Massoud wieder abzuringen. Was mag von Istalif übrig sein? Der Bazaar, wo es die blaue Keramik gab? Die Moschee auf dem Gipfel des Hügels, von dem man weit über die Ebene sah?

Kein Baum steht mehr in Istalif.

Das hat mir ein Afghane geantwortet, ein Wanderer wider Willen, der Afghanistan mit siebzehn verlassen hat. Zwölf Jahre lang ist er von Land zu Land gezogen, auf der Suche nach einem Ort, der ihn aufnimmt. Er hat im Iran gelebt, in der Türkei, in Griechenland und Italien, nun ist er in Deutschland, wo er mir von der Einsamkeit und dem Unglück dieses erzwungenen Herumziehens erzählt hat.

Einmal, in einer verzweifelten Nacht in Griechenland, hat er seine Mutter angerufen, die inzwischen tot ist, niemals mehr hat er sie wiedergesehen.

Warum hast du mich geboren, Mama? Wie konntest du mich in diese Welt setzen, in der ich keinen Ort für mich finde?

Mein Kind, mein Kind, die Welt war nicht so. Es war eine andere Welt, in die ich dich geboren habe …

Unbesorgt und heiter ging ich durch Kabul, heiter wanderte ich mit Gino den Hügel von Istalif hinauf. Die Obstbäume und die berühmten Weinstöcke waren frühlingskahl, die Luft war durchsichtig, und der Schatten der Himalaya-Zedern duftete, deren Vorfahren Babur selbst noch gepflanzt haben soll.

Kein Baum steht mehr in Istalif.

Vielleicht sind sie nachgewachsen. Vielleicht ist Istalif wieder aufgebaut, der Zeuge, der mir von der Vernichtung erzählt hat, ist seit zwölf Jahren auf der Flucht, viel kann in zwölf Jahren in einem Dorf geschehen, Himalaya-Zedern sind schnellwachsend –

Deodar heißen diese Bäume in Indien, und sie gelten als heilig. *In den Wäldern der Deodarbäume muss dort und dort nach Ravana gesucht werden, nach Ravana zusammen mit Sita,* steht im *Ramayana.*

Das erzählte Gino mir morgens im Bett. Er tat das manchmal, ich konnte ihm das abschmeicheln, ich hatte ja von nichts eine Ahnung. Wozu hatte man mich dreizehn Jahre lang in der Schule gelangweilt? Aber das hatte ich damals schon geahnt, dass man mir dort nichts Wissenswertes beibrachte.

Nun also holte Gino das nach. Den Chopan zum Beispiel hatte er wie seine Jacke und den Pakol in Nuristan gekauft. Diese Grenzprovinz war erst zum Ende des 19. Jahrhunderts unter Zwang zum Islam konvertiert, bis dahin hatte sie Kafiristan geheißen, Land der Heiden. Nun nannte man sie Land des Lichts, der Erleuchtung.

Und dort war er gewesen?

Mehr als einmal.

Wie war Nuristan? Hell?

Baby. Er lachte. What can I say. Die Leute sind furchtbar arm. Oft haben sie blaue oder grüne Augen. Wie die Kalasha in Chitral.

Wer? Vor allem galt es, ihn zum Reden zu bewegen.

But Baby. I live in silence.

Beinahe hilflos klang er, aber ich ließ es nicht gelten. Und in diesen frühen Morgenstunden, der Croissantladen war noch geschlossen und der Wind trieb Regen gegen das Fenster, konnte es sein, dass er dieses Schweigen, in dem er zu leben behauptete, dieses Smackschweigen für mich brach.

Erzähl eine Geschichte, Gino, Ginolino, Gino-jan.

Er lachte sein leises Lachen, das diesmal ein wenig überwältigt klang, als sei ich ein unwiderstehliches Kind, das ihm etwas abschmeicheln wollte, und sprach schließlich von Chitral, einem Distrikt der pakistanischen Nordwestlichen Grenzprovinz, im Norden überragt vom höchsten Berg des Hindukusch. Tirich Mir. Den Namen hatte ich nie gehört. Woher wusste er das alles, hatte er das gelesen?

Zum Teil. Aber nun sagte er endlich, dass er dorthin gereist war.

Konnte ich das auch tun? Konnten wir nach Chitral reisen?

Er lachte. Er erwog es. Von Pakistan aus sei die Hochebene im Winter nicht zugänglich, sagte er, aber von Afghanistan aus könne man sie ganzjährig erreichen, über Jalalabad und dann durch das Tal des Kunar, die Grenze wie ein Einheimischer überquerend. Aber er wollte ja weiter nach Bangkok.

Was tat er dann überhaupt in Kabul? Warum war er hierhergefahren, wenn er unbedingt nach Bangkok musste?

Um sein Auto zu verkaufen. Im letzten Jahr hatte er einen

Alfa Romeo von Italien nach Kabul gefahren und hier untergestellt, dann war er mit Nando nach Goa gekommen.

Wer bitte kaufte denn in Kabul einen Alfa?

Sein Mundwinkel zuckte. Boh. Somebody. Einer von einer Botschaft. Kurz vor meiner Ankunft hatte er das Geschäft zu Ende gebracht.

Warum war er dann nicht abgereist? Worauf hatte er hier gewartet?

Wir saßen in einer Chai-Khana bei Tee und Pistazien, als ich ihn das fragte. Er verschränkte die Arme.

For you, maybe.

Er konnte, was ich hören wollte, auf eine Art sagen, dass es wie eine Lüge klang. Ich reagierte kokett. Ach was. Wenn es so stand, warum hatte er dann nicht schon in Goa versucht, mich flachzulegen? Er hob die Brauen.

Bom Shankar, Gabowife.

Ich lachte. Wieso hätte ihn das abhalten sollen. Gabo und ich hatten ständig gestritten.

Ich bin keine Hyäne. Ich zerre nicht das von einem anderen verwundete Wild in mein Lager.

Und dein Fuß damals unter der Decke?

Baby. Please. Who could resist.

Ohne Lächeln. Die Sonnenbrille vor den Augen.

Außerdem, und das war der zweite Grund, warum er nach Kabul zurückgekehrt war, hatte er in Goa zu viel Heroin geschnupft. Gino the Guru, Gino the King, Gino the Great on Top of the World, die Augen pupillenlos grün und sky-high auf Smack: Er war keiner der Heroin-Konsumenten, die herumdrucksten, Entschuldigungen suchten und ständig beteuerten, dass sie liebend gern runterwollten und demnächst sicher aufhören würden, und auch keiner der Gelegenheitsuser, die an Tagen, wo sie selbst nur kifften, jeden auf Smack von oben herab ansehen. Er stand gelassen zu dem, was er tat.

Er gewährte sich und dem Heroin regelmäßig eine gewisse Zeit, sagte er, ein paar Monate, dann war wieder Schluss, und hier in Kabul gab es ein Mittel, das half, den Smackkonsum zu reduzieren, ohne Cold Turkey zu gehen.

Gullis oder so ähnlich hießen die Dinger. Es waren Opiumkügelchen mit einer Beimischung entgiftender und beruhigender Kräuter, und die nahm er, aber wozu bitte, warum das, lohnte sich das überhaupt? Er war doch auf dem Weg nach Thailand.

In der Nacht sagte er unvermittelt: Komm mit. Komm mit mir nach Bangkok.

Ich hatte gehofft, dass er das vorschlagen würde. Nun sagte ich: Nein.

Dabei blieb es. Er drängte nicht und fragte nicht noch einmal.

Im Norden von Kabul, in einem edlen Lokal, wo es Bolani gab, gefüllte Teigtaschen, und Mantu, die ähnlich sind wie italienische Ravioli, polnische Pierogi, türkische Mantı, russische Pelmeni, tibetische Momos und deutsche Maultaschen, saßen wir schweigend am Tisch, Gino und ich und Ruben, ein weiterer aus dieser seltsamen Gruppe lauter Einzelner, die ebenso wie wir ihre Gründe hatten, sich in der Zeit der Kälte in Kabul aufzuhalten, und wir sprachen den ganzen Abend lang kein Wort. Ein absichtsloses Schweigen war es, nicht bösartig wie früher das Schweigen zwischen mir und Gabo, der mir in diesen Tagen niemals in den Sinn kam, ein Schweigen wie zwischen Frosch und Fisch.

Aber wir hatten doch miteinander zu tun? Mussten wir einander so sprachlos passieren wie die beiden berühmten Schiffe in der Nacht? Die immerhin einmal laut ins Horn bliesen. Moooooop! Und der andere verlor sich in der Dunkelheit.

Oder zwei Züge waren wir und fuhren ratternd aneinander

vorbei. Beleuchtete Abteilfenster zucken in rasender Folge auf, kaum gewahrt man, dass es hinter ihnen Leben gibt, dabei dauert es, Zeit vergeht, und man lässt sie vergehen, den Arm auszustrecken wäre auch Wahnsinn, schwerstverletzt bliebe man zurück und sitzt also still und wird fort und in die Zukunft katapultiert –

Hallo, hallo, sagte ich. Hallo.

Er sah mich an, ohne zu lächeln, und sagte ohne Wärme: Yes. I know the feeling. Zwei Galaxien, getrennt von nichts als dem Stoff eines Jackenärmels.

Wollte er das nun so oder ging es nicht anders?

Dann wieder unsere Schritte auf der Straße, der schweigende, untergehakte Weg durch die Stadt in der Nacht. Von den Fassaden der Häuser und den Mauern der Höfe drang kein Licht auf die Straße. Auf die Sterne achtete ich nicht so oft und so konzentriert, wie ich es hätte tun sollen, ich wünschte mir heute, wo der Lichtsmog mir Nacht für Nacht die Milchstraße und beinahe alle Sterne auslöscht, ich hätte Nacht für Nacht auf sie geachtet, auf den Himmel über Kabul im Februar. Laut klangen unsere Schritte, die Mauern, zwischen denen wir gingen, warfen das Echo zurück.

Wir schliefen eigentlich nie in diesen Nächten. Manchmal tat ich gar nichts, ich lag auf der Seite oder auf dem Rücken und ließ mich lieben, ich gab mich hin, könnte man sagen, aber ist das der richtige Ausdruck, wenn Hingabe auf einer Entscheidung beruht. Manchmal packte einen von uns etwas wie Zorn, dann umklammerten wir einander, rangen und kämpften. Manchmal wollte ich, dass er spüren sollte, was er mich spüren ließ, Macht sollte er empfinden, Macht über meine Lust, und natürlich riss ihn das sonst wohin, und wessen Macht wurde auf diese Weise vermehrt. Ich machte ihm meine Lust deutlich und machte mehr Lust deutlich, als ich empfand, was aber, weil es ihn entzückte, wiederum meine

Lust steigerte, sodass nun das, was ich fühlte, tatsächlich eine Höhe erreichte mit dem, was ich zeigte. Dann entwand ich mich, ich wollte die Spenderin von Pleasure sein, und er ließ mich tun, was mir einfiel, sodass ich nun mein Repertoire vorführen konnte, frei entfalten konnte ich mich und handwerkliches Geschick und Kreativität beweisen, auch mit manch kleinem Trick brillieren.

Ich könnte an dieser Stelle anatomisch werden und mich über *Corpora spongiosum* und *Glans* auslassen, über *Musculus bulbospongiosus, Musculus ischiocavernosus* und *Musculus retractor penis*, zu *Frenulum praeputi* könnte ich mich äußern, *Nervus genitofemoralis* und insbesondere *Nervus dorsalis penis* natürlich, es entspricht der Jetzt-Zeit, unschwül und sachlich vom Ablauf sexuellen Geschehens zu berichten. Das finde ich angemessen und völlig in Ordnung, es würde kein Problem darstellen, zu Zähnen, Zunge, Zungenbeinmuskeln ausführlich zu werden, aber wer will das alles so genau wissen, wer bringt die Geduld auf?

Er – und um ihn ging es bei dieser Sache – nicht, auch wenn er mich einmal bei dem, was ich trieb, unterbrach, er nahm meinen Kopf in die Hände und verlangte fast ärgerlich zu erfahren, wer mir das beigebracht hatte. Aber wer konnte Antworten abwarten. Und wozu wären die gut gewesen.

Dann irgendwann, wenn wir sehr müde waren, dösten wir ein, wir schliefen halb, dämmerten und erwachten wieder, das Bett war kaum neunzig Zentimeter breit, wir hatten nie Platz, wir schliefen nie bequem ausgestreckt, immer lagen wir halb auf- und untereinander, und wenn sich der eine bewegte, wurde der andere wach. Wenn ich die Augen aufschlug, konnte ich in der Dunkelheit gerade noch sein Gesicht ausmachen, sehr nah vor meinem. Seine Augen waren geöffnet und ernst, ein eigentümlich nackter, intensiver Blick war es, und er schloss die Augen, wenn ich meine öffnete. So fingen wir mitten in der Nacht wieder mit der Liebe an, halb im Schlaf, und wieder schliefen wir ein und schliefen nicht.

In diesen Nächten waren wir allein auf der Welt. Ich erinnere mich, dass ich meine Gedanken im Halbschlaf hinaussandte aus unserem Zimmerchen, weg von unserem Bett in die dunkle Stadt und über sie hinaus in die Wüste und in das Gebirge und über das Gebirge hinweg in die Nacht, und mir dann einbilden konnte, Asien zu fühlen, seine Ausdehnung, seine Landmassen, das Gewicht dieses riesigen Kontinents, der auf das Magma der Erdkugel drückte. Hier war ich, hier. Das war kaum zu erfassen. Gebirge falteten sich, Schollen drängten mit Gewalt gegeneinander, der Weltraum rauschte, ich schlang meine Beine um den Rücken des Mannes, der sein Gesicht in mein Haar drückte. Die Verlorenheit der Menschen auf der Erde war unfassbar.

Am Morgen hielt er mir lächelnd die Tür auf.

Come on, let's go. Facciamo un giro. Kommen Sie bitte, meine kleine Blume.

Bevor er den deutschen Satz ausprobierte, hatte er Sekundenbruchteile gezögert. Ich war entzückt.

Gino, du sprichst Deutsch?

Einer seiner Mithäftlinge in Bulgarien war aus Hamburg gewesen.

Und der hatte ihm im Straflager ausgerechnet diesen Satz beigebracht? Die Situation, in der das geschehen sein sollte, konnte ich mir nicht vorstellen.

Gomen Sie bite, maine klaine Blümmen!

Das spöttische Lachen.

Piccolo fiore. Fioretto. Bel fiore di Kabul.

Ah, Baby. Wie deutsch du bist. Immer willst du wissen, wie die Dinge in Wirklichkeit sind. Ich bin Italiener, ich liebe eine gute Show. Sieh den Schauspielern zu, lehn dich zurück und lass dich unterhalten …

Dann war es vorbei.

Die Kälte des Winters war vorüber. Es war März. Im Istanbul Café gesellte sich nicht mehr automatisch alles an unseren Tisch, dem einzigen im Lokal, der belegt war. Fremde Gesichter tauchten auf. Erste Reisende kamen wieder von Osten und von Westen, und ich wurde unruhig, zu ihm sagte ich nichts, aber es wurde Zeit. Im Istanbul saßen die beiden Fahrer eines großen englischen Freakbusses. Ich setzte mich zu ihnen und sagte: Nehmt ihr mich mit? Sie sagten: Ja.

Gino kam mir im Eingang entgegen, beinahe an derselben Stelle wie der, an der ich ihn am Tag nach meiner Ankunft getroffen hatte.

Ich fahre morgen früh, sagte ich.

Diesmal fragte er mich nicht, ob ich verrückt sei.

An diesem letzten Abend ging ich vor ihm zu Bett. Er zögerte, saß angezogen auf der Bettkante und rauchte. Dann kramte er in einer Tasche, zog einen dünnen Stapel Geldscheine hervor und zählte dreißig Dollar ab. Sehr viel Geld erschien mir das, und ich hub an zu protestieren, wollte er mich für irgendwas bezahlen. Er winkte ab, beinahe verärgert.

Please, Baby. Dreißig Dollar. One shot in the streets of Rome.

Diese Preise kannte er also auch.

Letzte Nächte … Aber von Anfang an hätte jede unserer Nächte die letzte sein können. Jetzt am Ende würden wir nicht noch irgendeine Zukunft in unsere Gegenwart hineinreißen. Es gab kein Ich-ruf-dich-an-sobald-ich-gelandet-bin, kein Du-weißt-ich-bin-im-Hotel-Soundso-in-New-York, er hatte keine Adresse in Bangkok und ich in Deutschland nur die meiner Eltern, dort würde ich noch lange nicht angekommen sein und in Zukunft nicht mehr leben. Unsere Flugbahnen hatten sich hier gekreuzt und noch schwebten wir, aber nun hatte die Schwerkraft wieder eingesetzt. Wir würden an weit voneinander entfernten Orten zu Boden gehen. Unsere Trennung morgen früh würde eine echte Trennung sein.

Was, wenn wir Mobiltelefone gehabt hätten? Wenn wir die ganze Zeit über gewusst hätten, dass man einander Minuten nach der Trennung die erste WhatsApp würde schicken können?

Mobiltelefone hätten Kabul unmöglich gemacht. Freunde hätten die Frage gestellt, die uns selbst zu stellen wir sorgsam vermieden: Wann fahrt ihr? Mein Vater hätte mit Nachdruck zu wissen verlangt, wo ich bliebe. Gabo hätte – was hätte Gabo getan, und nicht erst in Kabul, sondern schon in Kathmandu? Vielleicht nur Bilder von uns online gestellt … Marina hätte mir eine Freundschaftsanfrage geschickt, Rosie ihre baldige Durchfahrt avisiert, meine Mutter hätte angerufen, um mit mir zu plaudern. In Goa, sicher in Islamabad hätte ich mit Tom geskypt. Womöglich wäre er mich retten gekommen. Eine vollkommen andere Geschichte müsste erzählt werden, wenn man Mobiltelefone einführen wollte.

Und natürlich ist mein Telefon immer geladen und in Reichweite. Ich weiß ja, wie sich ein Leben ohne anfühlt. Ein Mobiltelefon ist eine Nabelschnur, fötal dauerversorgt ist man mit Geborgenheit, ein wiederkehrendes Motiv meiner Albträume ist es deshalb, mein Telefon nicht mehr zu finden oder, während ich dringend um Hilfe rufen muss, mit seiner Funktionsunfähigkeit konfrontiert zu sein, die Tasten nicht mehr bedienen zu können, dann ratlos vor einem uralten

Münzfernsprecher zu stehen und keine einzige Nummer zu erinnern, auch keine Adresse, tatsächlich abgeschnitten von Gedächtnis und Geschichte dazustehen, nicht einmal mehr den Namen der Straße im Kopf zu haben, wo sich mein Mann befindet oder mein Kind, und bei der Suche danach, bei der Suche nach Adressen und Nummern, ständig auf mysteriöse oder perverse Internetseiten zu geraten, die sich nicht wegklicken lassen –

Am Morgen, während ich Ginos Zimmer von meinen Sachen leerte, lag er im Bett und sah mir zu. Als ich fertig war, tippte er mit Mittel- und Zeigefinger der rechten Hand leicht auf seine nackte linke Brust.

Rauch deine letzte Zigarette hier, Baby.

Wie sah das aus?

Als leiste er einen Schwur.

Das macht die wissende Erinnerung daraus.

Drink up, dreamers, you're running dry –

Der Bus fuhr am Sina Hotel ab, wo ich mit Dieter abgestiegen war. Es war Freitag. In Paghman würden wir eine Stunde Aufenthalt haben. Und ja, warum nicht, Gino konnte bis dorthin mitfahren.

Darüber hätte ich mich nicht immer gefreut. In solchen Situationen, wo ein Abschied unabänderlich war, habe ich mir oft gewünscht, die Sache, wenn sie nun einmal sein musste, zügig hinter mich zu bringen. Ja, alles sehr traurig, also Goodbye, ein letzter Kuss, die Zigarette weggeworfen und eine frische entzündet, sobald die Räder wieder rollen, und sicher, die Tränlein fließen, die Herzlein brechen, klar, schade, aber nicht zu ändern, wozu also um Minuten schachern.

Aber hier war es anders. Hier hatte jede gestundete Minute die Macht, unsere Zeit unabsehbar zu verlängern, denn es mochte ja noch eine Minute dazukommen und noch eine, wer wusste das und was wollte man sonst, so hatten wir diese ganze Zeit gelebt. In Paghman standen wir auf dem Hundekampfplatz eng beieinander im Gedränge. Mit Schmuck hatte er uns nicht beschwert, uns weder mit Ringen noch Ketten aneinander gebunden. Aber ich trug eines seiner Hemden, es war rot und durchzogen von Goldfäden. Ich nahm nichts wahr, glaube ich, außer ihn, auch er packte meinen Arm nicht, um meine Aufmerksamkeit auf dramatische Momente der Kämpfe zu lenken. Wir waren hier hergeschickt worden, um überprüfen zu können, wie weit wir in diesen zwei Wochen gekommen waren, und konnten feststellen: nirgendwohin. Hier schloss sich der Kreis.

Dann musste man einsteigen. Erst auf den Stufen ließ ich seine Hand los. Ich saß allein, wo wir gerade noch zu zweit gesessen hatten. Er stand draußen und sah zu mir herauf, in der befremdenden Intimität, die entsteht, wenn man einander durch eine Glasscheibe ansieht. Der Bus rollte an. Er hob die Hand: Ciao, Silvia, ciao. Die Sonnenbrille nahm er nicht ab.

Ich saß mit dem Gesicht an die Scheibe gelehnt. Wir fuhren in die Wüste. Am Horizont die Bergkette, davor die schwarzen Zelte der Cuchis. Morgen würde er über den Khyber fahren. Ab jetzt konnte ich die Grenzen zählen, die zwischen uns wuchsen. Der Bus hatte aprikosenfarbene Vorhänge. Ich erinnere mich, weil ich sie mir übers Gesicht gezogen habe. Eine Burka hätte ich gern gehabt.

Und nun müssen wir den Weg in den Westen bewältigen, auf dem ich irgendwo zwanzig geworden bin. Wir müssen die Zeit überbrücken, bis Gabo wieder auftaucht und vielleicht

Gino, denn dies ist eine Liebesgeschichte, auch wenn ich mir schon ein dutzendmal gewünscht habe, ich schriebe einen Reiseroman. Die Geschichten, die ich dann erzählen könnte –

Lieber Leser! Erinnere dich! Weißt du noch, die Mehrbettzimmer in armseligen afghanischen Guesthouses, wo man mit Fremden Rücken an Rücken die Pritsche teilte? Die Fotografien in der Zollbaracke von Islam Quala, die dokumentierten, in welch ausgeklügelten Verstecken iranische Grenzer Drogen entdeckt hatten? Das Amir Kabir Hotel in Teheran, der Eingang lag hinter Bergen alter Autoreifen, und an die Wand im Zimmer hatte jemand geschrieben: *Haschisch und Brot?*

Auf der Fahrt durch den mitternachtsschwarzen Iran, während hinter uns die Passagiere schliefen, entstand zwischen uns auf den vordersten Sitzen eine große, temporäre Nähe. In endlosen, geflüsterten Unterhaltungen voller Geständnisse verloren wir uns: Barbara, eine Amerikanerin, die aus Bombays Opiumhöhlen kam, Wendy, in Australien geboren, in Malaysia aufgewachsen, in Kabul mit einem Afghanen verheiratet und westlich elegant mit Absätzen an den Schuhen und einer Sonnenbrille mit Farbverlauf, Mahmut, erster Fahrer, auf wortkarge Art überlegen, mit einem Gesicht voller Aknenarben und von großer physischer Stärke, der mir seine Jeans gab, nachdem meine zerrissen waren, und einen Strick, um sie zusammenzuhalten, und Hans, der mich an der Grenze von Islam Quala in diesen türkischen Bus geholt hatte.

Hans hatte in dem Bus gesessen, der in Pakistan beschlagnahmt worden war. In Peshawar hatte er gehört, ich sei in Kabul, und hatte von da an nach mir Ausschau gehalten. So, wie er aussah, hätte er auch Busfahrer in Wanne-Eickel sein können, war aber seit über einem Jahrzehnt auf der Ost-West-Route unterwegs. Früher hatte er seine eigene Busgesellschaft gehabt und erwog nun, noch einmal anzufangen, deshalb fuhr er mal in diesem, mal in jenem Bus mit, auf der

Suche nach eventuellen Partnern. Oft und mit Wehmut sprach er von seinem alten Partner Peter, den er aus den Augen verloren hatte und der mich ein paar Monate später an einer italienischen Autobahnauffahrt eingesammelt hat.

Es dämmerte, ein Kleinbus hielt, auf Kisten voller Trauben hockten Anhalter, ich stieg ein, man redete, und als ich irgendwann Hans erwähnte, riss der Fahrer das Steuer nach rechts und brachte den Bus auf der Kriechspur zum Stehen.

Welcher Hans!, schrie er. Welcher Hans in Afghanistan!

Groß war unser Jubel. Lange und innig umarmten wir einander, Landsleute waren wir, Blutsbrüder, wir sprachen unsere Muttersprache und sangen vertraute Lieder, bis einer der Mitreisenden grundsätzlich wurde, dies alles sei nichts als der nackte Eskapismus, ein Wegrennen vor politischen Problemen, eine stockbürgerliche Lebensflucht, und Peter sagte: Besser ewig wandern als ewig warten.

Denn in die teilte sich damals für uns die Welt: in die Sesshaften, die Bedenkenträger, die ewig sanft Enttäuschten, die sich in das Reich, in dem sie lebten, von ihrer Nationalität hineinzwingen ließen, und uns, die Bewohner der Stadt ohne Territorium, die einander überall wiederfanden. In Jamaica bin ich Prinz Silberherz wiederbegegnet, Jesus aus Ollantaytambo in einer Afrikanerkneipe in Schwabing, dem einzigen New Yorker, den ich kannte, an meinem ersten Tag in Manhattan, und ein sonniger Berliner Lockenkopf, der so roch, wie Männer in meinem Sommer gerochen hatten, fiel mir an vielen Orten um den Hals.

Um sich in unserer Riesenstadt zurechtzufinden, musste man sie wie jede andere auch im eigenen Kopf erfinden. Mittels einer löchrigen Karte navigiert man durch das Meer einer Stadt, von Hafen zu Hafen segelt man, die Fremde dazwischen ignorierend, man liest auf der Überfahrt, starrt aufs Handy, schließt die Augen und träumt, während man durchs

Unerforschte katapultiert wird. Alle inneren Landkarten sind mittelalterlich. Sie sind wie die, die man sich von seiner Lebensgeschichte macht. Was ist auf ihnen verzeichnet? Anekdoten, Mythen, Lieben, Lügen. Dazwischen weiße Flecken. *Hic dragones.*

In Istanbul wohnten wir eine Weile neben dem Puddingshop. Vielleicht erzähle ich ein andermal von dem reichen Türken, der sich Mike nannte, er zog mit uns kreuz und quer durch die Stadt und wollte mich auf seinem Gut bei Izmir einquartieren, auch schluckte er irgendwelche Substanzen, Cappys, glaube ich, also Fentyllin. Hans und Mahmut boten mir an, in ihrer noch zu gründenden Company als Bushostess anzuheuern. Sie würden die Route über Teheran und Kabul und die über Syrien und Irak bedienen, zweihundert Dollar im Monat plus Spesen, auch ließe sich unterwegs etwas schieben, Pelze konnte man als Frau hervorragend schmuggeln, man hatte eben seinen Mantel dabei und zusätzlich eine Stola oder Jacke. Ich erwog anzunehmen, konnte mich aber nicht gleich entscheiden und fuhr schließlich mit einem österreichischen Lastwagenfahrer über Bulgarien und Ungarn nach Wien.

Gerd. Auch das wäre eine Story wert: die deutsche Kneipe am Rand von Istanbul, die türkischen Nutten, die immer mit einem Fahrer bis zur Grenze und mit einem anderen wieder zurückfuhren, die geistig zurückgebliebene Sechzehnjährige, die mit ihrem Vater als seine Geliebte reiste. Eine verschreckte Französin saß, als wir in Bulgarien den Lastwagen überholten, in den sie eingestiegen war, nicht mehr in der Führerkabine, Gerd zeichnete die Form einer Colaflasche in die Luft und hob fragend die Hände, und der deutsche Fahrer fickte mit dem Mittelfinger seine Faust und deutete mit dem Daumen über die Schulter zur Tür.

Zeitweilig war ich mir auch Gerds nicht ganz sicher. Er verwandte einige Zeit darauf, mir Transitvisa für Bulgarien und Ungarn zu besorgen, tagsüber war er nett, dann hatte er Anwandlungen. In Budapest wollte er mir den Blick von Pest nach Buda und von Buda nach Pest zeigen, er koppelte also den Auflieger ab, wir fuhren mit der Zugmaschine in die Stadt, und er lud mich in ein teures Lokal ein, wo wir am lodernden Kaminfeuer speisten.

War das nicht romantisch? Was? Superromantisch war es hier doch.

Es gab einen Zigeunergeiger, den winkte er an den Tisch, damit er für uns fiedeln sollte. Mit aller Gewalt wollte er es romantisch haben, bitter entschlossen war er, etwas von seinem Leben zu haben und nicht nur zu schuften und sich abzufretten und die Bude abzustottern, in der seine Frau ihn nach Strich und Faden beschiss.

Woher er das wusste?

Na, sie log natürlich! Aber sie hatte einen anderen, und wenn er den kriegte, dem wollte er das Ding abschneiden, und so plauderten wir über unserem Gulasch und der Flasche Tokaier, und dazwischen steckte er dem Geiger Geld zu, los, Junge, fiedel!

Der Geiger fiedelte.

Ist das nicht toll hier, was sagst du dazu. Ist das nicht ein ganz toller Schuppen.

Ich war bereit, alles zu loben. Tat mir ja nicht weh. Wie lieb von ihm, mich so schön ausgeführt zu haben. Wäre ich seine Frau gewesen, ich hätte zehnmal das Weite gesucht. Immer zutraulicher wurde er, tagsüber ging es, da wurde gefahren, aber nachts wollte er mir an die Wäsche und würgte zugleich Drohungen gegen den Neuen seiner Gattin hervor, dann heulte er, einsam war er, sein ganzes Leben eine einzige

Scheiße. So sah ich das auch. Verständnis hatte ich keines für ihn. Es war eben so, dass seine Frau mit einem anderen schlief, wieso sollte das so ein Riesenproblem sein.

Ficken wollte er, etwas von seinem gottverdammten Leben haben.

Verstand ich, aber es rührte mich nicht. Leuchtend war Gino vor mich gestellt, der beiläufig sagte: I always find a girl I like. Not too much, you know. Just enough.

Dagegen nun dieser Erbärmling. Sollte er mich doch aus dem Auto schmeißen. Besser war allerdings, er fuhr mich nach Wien, also erfand ich eine Latte von Gründen, warum ich nicht mit ihm ins Bett gehen konnte. Ein Nein reichte keinesfalls, es musste der Eindruck entstehen, dass es nicht an meiner mangelnden Lust lag und also nicht an ihm. Meine Tage hatte ich, eine Infektion, ein Gelübde hatte ich abgelegt, dass ich nichts mehr mit einem Mann zu tun haben würde, bis meine krebskranke Mutter genesen sei. Die Jungfrau Maria baumelte vom Rückspiegel seines Trucks.

Das war mein letzter Ausweg, in Wien, wo er mich in der letzten Nacht mit einem Küchenmesser bedrohte. Was heißt: bedrohte. Es war in der Wohnung seines Bruders, der war aber verreist, und da stand Gerd und hielt nun dieses Messer in der Hand, als ich aus dem Bad kam, und sagte versonnen: Abstechen könnt ich dich jetzt damit.

Vorher waren wir bei ihm zu Hause vorbeigefahren. Seine Frau war nicht da gewesen, aber der ganze Tisch lag voller Schminksachen. Ein Sektglas daneben. Die Schlampe war unterwegs, er hatte sie erwischt, die konnte was erleben, er hatte ja extra nicht angerufen.

Hätte er halt, dann wäre sie da gewesen. Lächerlich war er, ein Würstchen, seine Frau wollte mehr als drei Tage pro Monat am Leben sein, daraus machte er nun solch einen bescheuerten Film. Die Wohnung des Bruders war unwirtlich, die Wohnungstür ging auf einen langen Flur hinaus, von dem

Dutzende solcher Zimmer abgingen, der Boden war mit Abwischbarem belegt, das nach Krankenhaus aussah, in regelmäßigen Abständen befand sich ein Ausguss mit Eimer, unter den Straßenschläfern in Bombay hätte ich mich wohler gefühlt. Dafür schubberten und schufteten nun diese Leute: um die Miete für solch eine schäbige Zelle aufzubringen, in der man seine Frau dermaßen hasste, dass man beim Onanieren Mordphantasien entwickelte. Dies war nicht mein Land, dies war nicht mein Stamm, vollkommen fremd waren mir diese Leute.

Meine Heimatstadt erreichte ich am späten Abend des folgenden Tags. Erwartet wurde ich nicht, ich hatte angerufen, aber keinen erreicht. Den Hügel zu meinem Elternhaus erklomm ich wie ein Kriegsheimkehrer. Die Fenster waren dunkel, keiner war da. Ich schlief also bei Tom. Um es kurz zu machen: In Deutschland kam ich nicht mehr an.

4

Nach dem Abflauen der ersten glücklichen Erleichterung, die meine Eltern bei meinem Anblick überkam, war mein Vater ernste Bestimmtheit. Ich musste jetzt mein Leben ordnen.

Ja, sagte ich. Leben ordnen.

Ich würde nun wohl endlich studieren.

Ja, sagte ich. Studieren. Ich stopfte meine bunten Kleider zurück in den Rucksack, stieg in den Zug und fuhr schon vier oder fünf Tage nach meiner Ankunft wieder ab, nach München zu der Cousine, mit der ich ziemlich genau zwei Jahre zuvor zum ersten Mal nach Berlin gefahren war, und die hier eigentlich ins Zentrum der Geschichte rückt.

Das heißt, ich müsste sie beschreiben, sie dem Leser sichtbar machen. Das werde ich nicht tun. Was uns verbindet, hält bis heute, wobei mir jedes Wort darüber unangebracht vorkommt, als würden Worte das lebenslang Selbstverständliche ins Bemerkenswerte und damit ins Anzweifelbare verzerren.

Also hier nur das Nötigste: Die Cousine wohnte damals in einem Einzimmerapartment in Neuhausen, zusammen mit Hund und Wellensittich. Ich sackte ihr gegenüber in einem Korbstuhl zusammen und blieb dort die ersten paar Tage sitzen.

Damals habe ich die Reise das erste Mal erzählt, als Fortsetzungsroman, denn dazwischen berichtete die Cousine, die schon mit siebzehn Abitur gemacht und gerade ihr Jurastudium abgebrochen hatte. Aus entgegengesetzten Richtungen kommend, trafen wir an derselben Kreuzung aufeinander, die Wegweiser, die wir fanden, waren in unverständlichen Sprachen oder gar nicht beschriftet, also fuhren wir nach Berlin.

Busse befuhren noch immer den Kurfürstendamm. Brandmauern und Ruinen verwitterten weiter. Unter der Brücke in der Windscheidstraße erschreckte mich die Schrift an der Wand. Das Treibhaus war zu, es war ein heruntergekommener Schuppen gewesen, ein großer, weitgehend unmöblierter Raum, nun schickte man uns in den Dschungel, aber der Dschungel war schick. Hell erleuchtet war alles, Chrom blitzte, viel Weiß, die Gäste auf lederüberzogenen Barhockern wirkten genauso absichtlich zusammengestellt wie die Möblierung. Unsäglich affig fand ich das alles. Ich kannte niemanden mehr in dieser Stadt.

Dann doch. Im Soft Rock Café in der Damaschkestraße waren sie alle gelandet. Der schöne Achim war hier, einst der Geschäftsführer des Madow, auch Detlev vom Treibhaus, der gerade aus Südamerika zurückgekehrt war. Und meinen Wodka Lemon brachte mir der Fisch.

Einmal, in einem anderen Zeitalter, in der allerletzten Nacht meines Sommers hatten wir einander auf den Mund gesehen, eine lange Weile auf nichts als den Mund. Konnte man hier anknüpfen? Konnte man zurückgehen, hinter Gabos Lachen auf der Kassette, und die andere Abzweigung wählen, das Leben, wie es geworden wäre ohne ihn?

Der Fisch bewohnte eine der üblichen Altbauwohnungen. Wir waren ein schönes Paar. Zwei Engel, sagte jemand, mit euren wehenden, blonden Haaren, wie Zwillinge seht ihr aus. Wir sahen das selbst, Sex zwischen uns hatte etwas von Inzest, mindestens war es ein narzisstischer Akt, er war ich als ein junger Typ, ich war er als schönes, junges Mädchen. Er zog meine Klamotten an und ich seine, ich schenkte ihm eine meiner Ketten und sah sie an seinem wie an meinem eigenen Hals. Nur war der Fisch inzwischen Alkoholiker.

Das war freilich weit schlimmer, als wenn er Kiffer gewesen wäre. Wenn er gegen Morgen ins Bett fiel, schlief er nicht ein, er wurde bewusstlos. Nachmittags frühstückte er Sherry und Rothändle, trinken war besser als essen, sagte er, wer viel aß, der musste viel scheißen. In der vierten oder fünften Nacht brachte er ein anderes Mädchen mit, er kriegte es aber nicht hin, mit ihr zu schlafen, am Abend in der Kneipe fiel er mir um den Hals und machte Erklärungen, gegen Morgen kam er nach Hause und brach im Zimmer zusammen. Ich wollte ihm aufhelfen, und er lallte, ich solle aufhören zu spinnen, aber er blutete aus Nase und Mund und hatte schwarzes, getrocknetes Blut unter den Fingernägeln. Alles sei furchtbar, sagte er, sein Leben ein Dreckhaufen, nichts liefe, nichts würde klappen, nicht das mit ihm, nicht das mit mir.

Ich wollte nichts hören. Ich wollte fort. Nach zwei Wochen Deutschland wollte ich Deutschland schnellstmöglich wieder verlassen.

Wieder in München, führte die Cousine mich in die Ludwig-Maximilians-Universität. In letzter Sekunde schrieben wir uns für das Studium der Germanistik ein. Warum Germanistik? Warum nicht. Jedenfalls war ich nun krankenversichert. Meine Eltern kriegten weiterhin Kindergeld. Was konnte man noch von mir verlangen? Eine Wohnung sollte ich suchen. Ich wollte aber nicht. Ich wollte nichts von dem, was sich um mich herum aufzuhäufen begann.

Gegen Spritbeteiligung bis Delhi stand an der Pinnwand bei Atzinger.

Dreihundertfünfzig Mark bis Delhi.

Flug München – Bangkok sechshundert Mark.

Auf dem Flokati der Cousine lag ich neben meinem Rucksack, den Hund im Arm. Peter Gabriel erklomm den Hindukusch, der Adler flog aus der Nacht, um mich heimzutragen, geborgen in der Erinnerung an die Fremde, überquerte ich mit geschlossenen Augen den Innenhof von Faiaz' Hotel und stieß die Tür zu der Kammer auf, wo ein Fremder vor einem Eisenöfchen kauerte –

Never. Never. Never.

Am 19. April 1978 war es in Kabul zu Kundgebungen gegen die Regierung Daouds gekommen. Am 27. April hatten die mit der kommunistischen Demokratischen Volkspartei Afghanistans verbündeten Teile der Armee geputscht. In den frühen Morgenstunden des 28. wurde Daoud mit seiner Familie im Präsidentenpalast ermordet und die Demokratische Republik Afghanistan ausgerufen, überall kam es zu Gefechten zwischen islamischen und kommunistischen Gruppen, und zum ersten Mal in der Geschichte Afghanistans brach der Terror politischer Säuberungen los.

Die Putschisten nannten diesen Staatsstreich Saur-Revolution, nach dem zweiten Monat des iranischen Kalenders. Hat jemand damals die Folgen geahnt? Vorzeichenlos waren die letzten Tage von Kabul, die ich erlebt habe. Keine Ahnung hatte die Stadt, was auf sie zukam. Aber Hafizullah Amin, der im folgenden Jahr den ersten kommunistischen Ministerpräsidenten Nur Mohammed Taraki ermorden lassen würde, um seinerseits im Herbst von den Sowjets ermordet zu werden, soll bereits kurz nach dem Putsch geäußert haben, seinetwegen könnten die Afghanen ausgerottet werden. Eine Million linientreuer Kommunisten: Mehr brauche das Land nicht für die radikale Verwirklichung des Sozialismus.

Lord, here comes the flood,
We'll say goodbye to flesh and blood –

Im Licht dieser Ereignisse erscheinen manche Zeilen aus Gabriels Song heute seltsam prophetisch. So waren sie nicht gemeint, aber wen schert es, was uns der Dichter sagen will, ich habe mir seinen Text längst zu eigen gemacht, offen und bereit bin ich seit jeher für jedes Missverständnis. Auch hat Peter Gabriel einmal erwähnt, die Idee zu *Here comes the Flood* sei ihm gekommen, als er in der Dunkelheit mit geschlossenen Augen den Hügel hinter seinem Haus hinaufgerannt sei.

Von überall erreichte mich in diesem Sommer Post, aus Istanbul, Ceylon, Benares. In den Zeitungen war über Afghanistan nicht allzu viel zu lesen, alles konzentrierte sich auf den Iran, aber Little Mike schrieb aus Teheran von der Gewalt, deren Zeuge er in beiden Ländern geworden war. Andere empfahlen, ich solle, wenn ich im Herbst nach Indien käme, die Südroute über Bam und Quetta nehmen.

Ich erwartete diese Briefe voll Sehnsucht: so, wie in Asien Briefe von meinen Eltern. Heimatpost waren sie für mich.

In diesem Sommer zog ich kreuz und quer in Europa herum. Alles war damals auf Achse, mit Schiffen, Bahnen, Bussen, per Anhalter, alles wollte möglichst lange unterwegs gewesen sein und schmückte sich mit jedem zusätzlichen Tag auf der Straße. Auf Ibiza, in den langen, bunten Schlangen vor den Ticketschaltern für Formentera, wurden diese Zeitspannen lässig abgefragt. Die Insel war überflutet von der lauten, drängenden Menge der Backpacker, Jetsetter und Pauschaltouristen. Alle wollten sie aussehen wie Freaks. Auf Formentera lebte man unter Pinien am Strand, in Genua fand ich Unterschlupf in einem von Jamaicanern besetzten Abbruchhaus am Hafen, über die Pyrenäen fuhr ich im Sportwagen eines Schweizer Delfinfängers, mit französischen Freaks auf dem Weg nach Marokko trank ich Tee in Arles, mit englischen Freaks auf dem Weg nach Griechenland Rotwein. In einem spanischen Truck holperte ich durch die graubraune Wüstenei der Extremadura, aus dem Radio quollen maurische Klänge, und ich war plötzlich überschwänglich glücklich und dachte, dass es immer dieselbe Straße war, die sich unter mir abspulte, es war egal, wo ich war und mit wem unterwegs oder wohin und so würde es weitergehen, nicht einmal, wenn man oben im Schuppen auf den Autoreifen hockte, würde man angekommen sein, und in das Tagebuch auf meinen Knien kritzelte ich: *Es geht um etwas ganz anderes. Die Situation muss immer ohne große Umstände veränderbar sein.*

Dann hieß es, auf Sardinien sollten sich noch ein paar Hippies befinden. Olbia lag in einer Art Stupor, die Hitze war immens, und es gab kein Wasser. Gegen Mittag kam der Tankwagen vorbei. Das war damals außerhalb etablierter Touristenziele in Italien normal, überhaupt, schrieb die *Münchner Abendzeitung,* war das Land ein Albtraum aus Bomben und Barrikaden, verdreckt und gewalttätig, die Roten Brigaden schossen den Feinden des Proletariats in die Beine, zweistellig war die jährliche Zahl der Attentatsopfer, die Scippatori, motorisierte Straßenräuber, schreckten vor nichts zurück, mitten in Rom hatten sie der Frau des deutschen UNO-Botschafters den locker umgelegten Nerz von den Schultern gerissen, nicht einmal den bayrischen Ministerpräsidenten Alfons Goppel verschonte man, im Petersdom, der damals noch frei zugänglich wie eine ganz normale Kirche war, hatte man ihm aus der Gesäßtasche 350 Mark, den Landtagsausweis und eine Bundesbahn-Freifahrkarte erster Klasse geklaut. Wahrlich, die Tränen konnten einem kommen.

In Olbia landeten wir in einer Disko am Strand voller Männer, die Cousine und ich. Der Betreiber stellte uns Drinks und Essen in Aussicht, wenn wir eine Runde allein tanzen würden, die Männer tanzten am Rand der in den Boden eingelassenen Tanzfläche mit, sie klatschten, johlten, dann wurde die Begeisterung heftiger und einer setzte den Daumen auf den Hals einer Spumanteflasche und schüttelte.

Dann trank auf einmal alles Spumante. Fontänen schäumten, Mobiliar ging zu Bruch, wir schlurften barfuß durch Sekt, im Schwarzlicht leuchteten die Zähne der Cousine, die Wimperntusche lief ihr in Strömen über die Wangen.

Als die Sonne aufging, spülten wir unsere verklebten Haare im Meer aus. Auf dem Heimweg durch die morgendlich leeren Straßen sagte die Cousine: Ich will nicht nach München zurück. Ich will immer so leben wie jetzt. Die Cousine und ich, wir waren in dieser Zeit das eigentliche Paar.

Nachts fanden wir uns in ausgestorbenen Industrievierteln wieder. Hinter Mauern bellten Hunde. In der Camargue schlug der Fahrer eines kleinen grünen Lieferwagens vor, eine von uns möge ihm einen blasen, andernfalls er uns aus dem Wagen werfen werde. Wir ignorierten das, wir redeten auf Deutsch über seinen Kopf hinweg, er fuhr vorerst weiter, schließlich sagte er: Vous avez décidé?

Unfassbar komisch fanden wir das. Er wollte uns nötigen und war ein Ober mit Block. Haben die Damen gewählt? Wir lachten und lachten, und schließlich wendete er und fuhr wieder zurück, er hatte nur vorgegeben, unterwegs zu sein, in Wahrheit war er lediglich auf Aufriss gegangen.

Wir stiegen aus. Es wurde dunkel. Zu beiden Seiten der

Landstraße war es sumpfig. So wanderten wir durch die nächtliche Camargue. Lastwagen donnerten vorüber, und wir gingen am äußersten Rand der Straße Schritt für Schritt, ohne zu denken, wohin wir gingen, bis uns in der Morgendämmerung ein Truck mit nach Marseille nahm. Die französisch-italienische Grenze in Menton erreichten wir barfuß, verdreckt und verschwitzt. Man verlangte unsere Pässe zu sehen, unsere Rucksäcke mussten wir auskippen, grinsende Uniformträger trieben Schäferhunde durch unsere Sachen, auf vielfältige Weise drangsalierte man uns. Fand aber keine Drogen, keine Schusswaffen, keinen Grund, uns abzuweisen. Schließlich verlangte man unsere Barschaft zu sehen.

Damit hatten sie uns. Blank waren wir. Aber in Genua, sagten wir, in Genua auf der Post warte eine größere Summe … Die Grenzer setzten Mienen auf. Ohne Geld keine Einreise nach Italien. Sonst wohin gehen konnten wir.

Das so etwas möglich war, hatte ich nicht gewusst. Dies war Europa! Wir waren Europäer!

Fuck Europe, sagte der Grenzer und feixte.

Bis in die Tiefen erschütterte mich das.

Ich wollte zu dem Verein auch gar nicht mehr gehören. Immer entschiedener stärkten mich solche Vorfälle in meinem Beschluss, nie wieder zu diesen Einheimischen zählen zu wollen, hundertmal besser erschien es mir, die Gedemütigte an diesen Grenzen zu sein als das beschränkte Arschloch von Grenzer, das seinen Kadaver Abend für Abend für Abend von seiner Baracke zurück in sein Wohnloch schleppte, ohne je selbst eine einzige Grenze überschritten zu haben, und tausendmal besser war es, den Schlafsack an der Mole in Ventimiglia auszurollen, als der Idiot mit seinem kleinen grünen Lieferwagen zu sein, der jetzt in seinem Einzelbett onanierte.

Vous avez décidé?

Sollte er sich seinen Stift hinters Ohr schieben, das Würstchen. Ich würde hier gar keine Bestellungen mehr aufgeben.

Es war an dieser Mole in Ventimiglia, dass in der Nacht der Gemüsemarkt um uns emporwuchs und jemand mir meinen Schal aus Kabul unter dem Kopf wegstahl. Ich merkte es erst, als wir schon wieder weiter waren. Einen Moment lang war mir schwarz vor Kummer. Dann ließ ich es gehen.

Lasst die Dinge wandern.

Dann schleppte mich die Cousine noch einmal in die Uni. Ich stand da wie teleportiert. Ein Referat sollte man halten. Aber warum? Wozu etwas lesen, nur damit man sich durch zehn verlangte Minuten hindurch scheißquatschen konnte? Über ein Fragment von Thomas Mann sollte man schreiben. Wiesowozu? Warum dieses Fragment und nicht ein anderes? Warum Thomas und nicht Heinrich oder Klaus? Einen Überblick hätte man gebraucht. Über was? In Mittelhochdeutsch sollte man aus dem *Iwein* übersetzen. Iwein, Duweinst, Ersieesweint. Man durfte ein Wörterbuch benutzen. Sollte ich lernen, wie man Buchseiten umblättert?

Im Tagebuch kryptische Einträge, die ich nicht mehr entschlüsseln kann.

Hasso ist seit Montag verschwunden. Ständig Anrufe für Firmen, deren Namen sich nie gleichen. Heute waren die Bullen hier, wir nicht, sie haben eine Vorladung dagelassen. Betrifft: Eigene Sache. Was wollen die? Wir waren wieder mal zur Zeit einer Terroristenbefreiung in Berlin. In München Riesenrazzia, eine Kneipe haben sie zugemacht und viele Leute verhaftet. Ist Hasso dabei?

Die Entwicklungshilfe-Ministerin war Antisemitin, der Baden-Württemberger Ministerpräsident ein Nazi-Richter, Leber ließ illegal unliebsame Parteien abhören, der Militärische

Abschirmdienst hörte Lebers Sekretärin ab, der Bundesverfassungsschutz wurde dabei erwischt, dass er illegal Klaus Traube abhörte, der im Verdacht stand, Kontakte zur RAF zu unterhalten, und der Beamte, der diesen Lauschangriff öffentlich gemacht hatte, entkam nur deshalb einer Anklage, weil alle Beweise gegen ihn ebenfalls aus einer nicht zulässigen Abhöraktion stammten. Aber die 1977 bei der Rasterfahndung erhobenen Daten waren alle wieder gelöscht worden, ja? Im Leben nicht. Waren sie auch nicht, noch Jahrzehnte später bin ich über meine angebliche Verwicklung in die Schleyer-Entführung gestolpert.

War mir aber alles egal. Zum dritten Mal las ich *Lord of the Rings.* Auf dem Plattenteller in irgendeiner Wohnung lag Led Zeppelin.

Leaves are falling all around
It's time I was on my way –

Von München nach Berlin, um Zappa zu sehen.

Von Berlin nach München, wo Patti Smith im Kronebau auftrat.

In einer Kneipe in der Kantstraße weihte mich jemand detailliert in die Bauweise der von ihm entwickelten Katzenerschreckmaschine ein.

Im Juni kam eine Karte von Gino. Er schrieb, er sei in Kathmandu und werde morgen nach Bangkok fliegen, auch habe er Gabo getroffen, der nach Indien aufgebrochen sei. Die Karte war Anfang April abgeschickt worden, vor mehr als zwei Monaten. Dann war ich ja jetzt auf neuestem Stand.

Little Mike schrieb, er habe Gabo in Ankara gesehen. Mit vier Hunden und Nando fahre er Richtung Westen.

Ich verbot allen, die infrage kamen, Gabo meinen Aufenthaltsort zu verraten. Völlig gefahrlos konnte ich das tun. Er würde mich finden. Da war ich sicher.

Wir waren gerade von Elba zurückgekommen, wo wir damals eine dauernde Bleibe hatten, die Cousine und ich, und standen noch an der Tür, als drinnen das Telefon klingelte. Es war Tom. Er hatte einem Mädchen meine Adresse gegeben, das behauptet hatte, mich aus Goa zu kennen. Aber jetzt, wo er nachdachte, fragte er sich –

Macht nichts, sagte ich. Schon in Ordnung. Wirklich, Tom.

Ich legte auf. Das Telefon klingelte.

Ich bin zwanzig Kilometer vor München.

Er kam die Treppe herauf. Der Blick, den wir tauschten, war der kürzeste unserer langen Blicke, kaum erhaschte ich noch den sekundenbruchteillangen Moment schwarzen Zweifels in seinen Augen, dann strahlten sie auf.

Alles war entschieden, aber ich hielt ihn hin. Es war eine Komödie, und er spielte mit, berauschend war es, die erste Umarmung aufzuschieben. Im Korbsessel saß er und berichtete von der Südroute über Quetta. Von Wüstenstaub sprach er, von Hitze, einer Reifenpanne, dem Ende der Wasserreserven mit vier Lhasa-Apso-Welpen im Auto, einem überfahrenen Huhn, einem Lynchmob, in der Türkei einer Reifenpanne, seiner Beinahe-Verhaftung an der deutschen Grenze, wohin er im Übrigen zurückmusste, die Hunde warteten noch im Auto. Dann lagen wir umschlungen auf dem Flokati, er grub sein Gesicht in mein Haar und sagte: Endlich passiert was.

Eine Weile wohnten wir nun zu dritt in diesem Einzimmerapartment. Tagsüber gingen wir in Gruselfilme und auf den Flohmarkt, im Englischen Garten fuhren wir Kinderkarussell, der Hund fiel in den Eisbach, in Stiefeln sprang er hinterher. Immer ging er in der Mitte, eine von uns in jedem Arm. Nachts schliefen wir in einem Bett. Die Cousine wollte nun auch endlich mal los. Wir trugen beide meine Asienkleider, sie und ich, und Gabo und ich sprachen fortwährend von Asien, von der Wüste und Goa und Kathmandu, überlebensgroß war das alles gewesen, nichts Gegenwärtiges ließ sich damit vergleichen. Einander geliebt und gehasst und wieder geliebt hatten wir. Wie wir auch auseinandertrieben oder gewaltsam aufeinanderprallten, wir ankerten in demselben Grund.

Allerdings die finanzielle Situation war nicht rosig. Fast war Gabo schon wieder zu Drastischem entschlossen, eine Wohnung suchen und legal werden wollte er, und ich weiß das heute, ich begreife es: Gabo drohte immer dann mit dem Abstieg in die Legalität, wenn er sich in einer Lage befand, in der bürgerliche Existenzen erwägen, kriminell zu werden. Im letzten Moment rammte jemand den Bus. Die Versicherung des anderen spuckte zweitausend aus. Nun konnte er seine Geschäfte wieder zum Laufen bringen.

Wo aber das Rettende ist, wächst die Gefahr auch. Damals ist er in die Frankfurter und Wiesbadener Szene eingetreten, die ihm später, wie man so sagt, zum Verhängnis werden sollte. Ein Plan wurde gefasst und Gabo großzügig alimentiert, er würde nach Kathmandu fliegen und von dort eine Reihe von Päckchen schicken, dann würde er zurückkommen, die Kohle einsammeln und gemeinsam mit uns nach Osten aufbrechen. Indien würde diesmal nur ein Zwischenziel sein. Weiter nach Osten wollten wir, mindestens nach Bali, die Cousine und ich würden dort Kinder bekommen und einen Hund und Blumen und zahme Vögel haben.

Nun mussten wir nur noch unsere Eltern ins Bild setzen. Friedlich krochen wir ins Bett, am Morgen rief ich meine Mutter an, um mein Kommen anzukündigen, und die Cousine telefonierte mit ihrem Vater. Jeder der beiden hatte eine Nachricht für uns. In Coburg war eine Karte von Gino eingetroffen. Und mein Onkel hatte eine Wohnung für uns gefunden. Es war der 3. September, der Jahrestag unseres Aufbruchs nach Indien. In der folgenden Nacht sprang Gabo durchs Fenster.

Unsere Geschichte von deiner Warte aus zu sehen, ist mir selten gelungen. Aber hier. Denn ich kenne diese Fassungslosigkeit. Ich weiß, wie es sich anfühlt, wenn der Schwur gebrochen und der Vertrag verbrannt ist, man wird nicht mehr gehört, man kann nichts beeinflussen, nichts, was man tut oder sagt, erreicht den anderen noch, und nun treibt einen der Unglaube, denn das kann nicht sein. Ein magisches Wort muss existieren, das den anderen zurückverwandelt in den, der er gerade eben noch war, man kennt aber das Wort nicht, entmachtet steht man in einer Situation, die nur mit drastischen Mitteln vielleicht noch beeinflussbar ist. Blut muss fließen, das ist die einzige Magie. Blut wird den anderen verwandeln, Schmerz, ohne den man hier nicht mehr herauskommt, Selbstverletzung oder Selbstgefährdung oder Mord –

Dies war sein Islamabad. Ich habe es damals nicht so gesehen, ich nahm nicht etwa Rache. Es war einfach so, dass meine ahnungslose Mutter mir am Telefon Ginos Karte vorlas, und das Tor zu einem Paralleluniversum öffnete sich, in dem ich die Frau eines anderen war.

Gino war in Italien. Er wollte mich sehen. Er würde anrufen, hatte das tatsächlich schon getan und eine Nummer in Pisa hinterlassen. Und wen wollte er wiedersehen? Wer war die Adressatin der Karte, konnte ich das bitte noch einmal hören?

That beautiful and unforgettable flower of Kabul.

Ich lachte mit geschlossenen Augen, den Kopf zurückgelegt auf die Lehne des Korbsessels.

Gabo stand überrumpelt. Fassungslos.

Er wusste natürlich von Kabul. Aber Kabul, das war damals und dort gewesen, als er und ich auf getrennten Sternen gelebt hatten. Nun waren wir wieder vereint, in sechs Wochen wollten wir nach Asien aufbrechen und alles werden lassen, wie es gewesen war.

Also wozu diese Wohnung, die der Vater der Cousine für uns gefunden hatte?

Ja, na ja. So ernst war das alles vielleicht doch nicht gewesen.

Das kannst du nicht machen, sagte er. Du kannst nicht sagen, du kommst nicht mit. Du kannst nicht sagen, du hast nichts von dem gemeint, was du gesagt hast.

Ja, na gut, das war jetzt natürlich ein bisschen blöde.

Aber wer war überhaupt an allem schuld? Wer war schuld daran, dass ich Gino in die Arme gelaufen war? Wer hatte sich wie ein Arschloch benommen? Wer hatte mich in Asien mit viel Mühe weggebissen und heulte jetzt? Hatte er im Ernst geglaubt, ich wäre noch einmal so dumm? Hatte er gedacht, ich würde mich jemals wieder der Gefahr aussetzen, in eine Situation wie in Islamabad oder Goa zu geraten?

Aber ich habe mich geändert! Du siehst es doch, ich habe mich geändert!

Gar nichts sehe ich. Hier hast du nur keine Macht über mich. Dies ist unser Zimmer und unser Hund und das ist meine Cousine und du bist hier gar nichts, das ist das Einzige, was ich sehe, und meinst du, das gebe ich einfach auf? Meinst du, ich liefere mich dir noch einmal aus?

Zu dritt waren wir unterwegs gewesen. Mit zweihundert Sachen waren wir der Zukunft entgegengebrettert, jetzt hatte ich eine Vollbremsung hingelegt, und Gabo flog, er flog tatsächlich durch die Scheibe, es war in dieser Nacht, dass er die Balkontür eintrat und durch das Glas und über das Gitter sprang.

Im fünften Stock hing er außen am Geländer und drohte loszulassen, wenn ich nicht aufhörte, immer das Gleiche zu sagen, wenn ich nicht begriff, dass wir uns liebten, und mit ihm nach Asien zurückkehrte.

Mit den Fußspitzen stand er auf der Kante, er lehnte sich zurück, nur mit den Fingerkuppen hielt er sich fest. Und konnte ich ihn halten? Konnte ich ihn hindern zu fallen, wenn er fallen wollte? Einen Dreck konnte ich, sollte er abstürzen rein aus Dickköpfigkeit und sterben, nur um mich zu ärgern. Ich verließ das Zimmer und ging ins Bad. Die Cousine schrie. Er kam mir über die Scherben nach. Alles war voller Blut. Im Flur wurde er ohnmächtig. Dass keiner der Nachbarn die Polizei gerufen hat, war damals ein Glück, und es erschüttert mich heute.

Wir verbanden die Wunden. Die Nacht verbrachten wir eng umschlungen. Am Morgen bestellten wir den Glaser, dann fuhr er nach Wiesbaden. Er musste ja seinen Kathmandutrip vorbereiten.

Ich melde mich, sagte er. Dienstag rufe ich an.

Das tat er nicht und auch Mittwoch nicht. Dreckskerl, dachte ich. Nichts hat sich geändert, gar nichts. Ich wiederum rief Gino nicht an. Noch in der Nacht fuhr ich wieder nach Elba, zu einem ganz anderen, der hier keine Rolle spielt.

Hat Gabo von meinen Affären gewusst? Ich weiß es nicht. Ich nehme an, er hat vieles vermutet. Ob er mit anderen Frauen geschlafen hat, habe ich ihn nie gefragt. Ich habe mich das nie gefragt. Jetzt sage ich: Sicher. Ja, es wird andere Frauen gegeben haben. Aber wenn ich ihn damals gefragt hätte, hätte er verneint. Und auch das wäre nicht gelogen gewesen. Denn nie hat eine Frau zwischen uns gestanden und auch nie ernstlich ein Mann –

Oder keiner meiner Männer und keine seiner Frauen. Aber seine Männer. Der Monkey, Manni, die beiden Spanier: Die hatten die Macht uns voneinander zu trennen. Und eine Frau. Die Cousine. Ich wiederhole: Die Cousine und ich, wir waren damals das eigentliche Paar.

Am 28. September bezogen wir die Wohnung Wotanstraße 78, 1. Stock rechts. Altbau mit Wohnküche und Balkon. Das erste Zimmer links wurde meines, es war groß, trapezförmig, die Front mit den drei Fenstern breiter als die gegenüberliegende Wand. Ikea hatte vier Jahre zuvor in Eching bei München die erste deutsche Filiale eröffnet, aber Studentenbuden durchgängig mit Ivar zu möblieren war noch nicht üblich. Wir durchkämmten die Dachböden der Verwandtschaft, ergatterten hier ein Regal, dort eine Eckbank und in der Garage eines Onkels ein Jugendstilschränkchen, er hatte in dem alten Ding bloß seine Schrauben aufbewahrt und war erstaunt, dass wir es haben wollten. Auf der Autobahn ragte der Schirm einer Lampe aus dem Schiebedach eines geborgten Autos, und wir lachten und sangen und winkten den anderen Verkehrsteilnehmern zu, die sich freuten. Taschen und Kisten, die Rosie und Gabo mitgebracht hatten, entstiegen Stickereien, der Überwurf aus Isfahan, die Blechdosen mit Pfauen, dann war ich fertig und lag in meinem Zimmer auf dem Boden und sah in den Münchner Herbsthimmel. Was war ein Zimmer? Eine Kiste zur Aufbewahrung von Zeug. *Von Gabo seit einem Monat keine Nachricht,* schrieb ich ins Tagebuch. *Vielleicht ist er schon in Asien. Der von einst, der aus Berlin, existiert längst nicht mehr. Dies ist keine Liebe. Ich weiß nicht, was es ist. Ich wünschte nur, er wäre jetzt hier.*

In der Küche saß ich mit der Cousine am Tisch und legte Tarotkarten. Eine ganze Woche lang wohnten wir nun schon hier. Sollte mein Leben zusammenschnurren, bis es zwischen diese vier Wände passte? Vom Plattenspieler Peter Gabriel. Ich stand auf und rief Gino an.

Baby, sagte er. Finally. Come.

Glatt rasiert stand er am Bahnhof, in Jeans und Hemd. Ein sanfter Schock war sein Geruch. Nebeneinander gingen wir den Corso Italia entlang. Er erkundigte sich nach der Bahnfahrt, ich fragte ihn nach Bangkok. Etwas schwierig sei das gewesen, sagte er. Bei einer Razzia hatte man im Gepäck des Mädchens, mit dem er sein Zimmer geteilt hatte, Heroin gefunden. Heroinbesitz war in Thailand mit Todesstrafe bedroht. Ihn hatte man gleich wieder freigelassen und nur seinen Pass einbehalten, die italienische Botschaft hatte ihm schleunigst einen neuen ausgestellt. Wobei das Mädchen lediglich eine Bekannte, das gemeinsame Zimmer nur ein finanzielles Arrangement gewesen war.

Mochte ja sein. War mir doch egal, ob es die gewesen war oder eine andere, die ihm in Thailand gerade genug gefallen hatte. Auf die Idee, er könnte ein halbes Jahr lang sexuell abstinent gelebt haben, kam ich nicht, warum hätte er das tun sollen, wer hätte etwas von seinem Verzicht gehabt. Mich interessierte mehr, wie er ohne Pass in die italienische Botschaft gekommen war.

Er verstand nicht. Durch das Tor am Eingang. Was meinte ich?

Ich winkte ab. Ich dachte an die deutsche Botschaft in Islamabad. Offensichtlich verfuhren Auslandsvertretungen sehr unterschiedlich mit ihren jeweiligen Bürgern.

Eine eigene Wohnung hatte Gino so wenig wie Gabo, oder wie ich bis vor zehn Tagen eine gehabt hatte. Er brauchte keine. Man hielt überall eine Bleibe für ihn bereit. Gino kam, er ging, zum Dank hinterließ er eine kleine Zeichnung, eine Schnur mit einer tibetischen Knochenperle, eine Kassette mit ausgefallener Musik und einer Collage auf dem Umschlag.

In Pisa wohnte er bei seiner Mutter, die in der Nähe des Campo Santo eine Wäscherei betrieb. Über dem riesigen roten Plüschsofa im Wohnzimmer hing ein Gemälde, Krishna tanzend mit den Gopis. Auf dem Sofa lagen der Pakol, der Chopan und die Wolljacke wie Schlangenhäute. Ginos Schwester war zu Besuch gekommen, alte Freunde waren da, um sie zu sehen, die kleine Wohnung war überfüllt. Er und ich sahen einander an. Hatte ich Hunger? Hatte ich Durst? Wollte ich den Chopan noch einmal anziehen, in dieser warmen Oktobernacht? Keine Stunde war ich in Pisa, da schlossen wir uns im Badezimmer ein.

Am Morgen servierte er Milchkaffee ans Bett. Den Lungi, den er mir anbot, hatte er schlafend vor Nandos Bus getragen. In der vormittäglichen Stadt betraten wir eine Bar, und er bestellte für mich Martini.

Auf nüchternen Magen?

Boh. Nach diesem Martini würde ich die längste Zeit nüchtern gewesen sein. Nicht zu vergessen: die paprikagefüllte Olive.

Der Barkeeper schwenkte das Glas mit Martini aus, kippte ihn in die Spüle und füllte mit Gin auf. Cincin. Zwei Schluck, und die harschen Konturen der Welt wurden flauschig.

Baby. What can we do. Nachdem du nun einmal nicht kiffst.

In Rom stand ihm in einem geräumigen Landhaus über der Stadt ein großes Zimmer mit Bad zur Verfügung. Auf den Sitzpolstern im Hauptraum der Villa campierten weitere Leute. Sie kifften, koksten und tranken Wein, Musik dröhnte den ganzen Tag, man saß herum, dazwischen gab es kokaininduzierte Tätigkeitsschübe. In der großen Küche wurde gekocht oder ein Picknick geplant. Auf ländlichen Streifzügen begleitete uns ein sardischer Hirtenhund, der warum auch immer Pollo hieß, Huhn. Einmal schleppten wir die ganze Einrichtung der Villa ins Freie, arrangierten sie in den Büschen des riesigen, verwilderten Gartens und nannten das *Breaking The Green*. Gino beobachtete mich, so wie ich ihn. Aber er gelangte zu Ergebnissen.

My love is blond. She looks very strong, but is very trasparent.

Er anglizierte das italienische Wort, trasparente. Sein Französisch war perfekt, Englisch hatte er wie Gabo auf der Straße gelernt. Über seiner Bemerkung brütete ich. Nach meinem

Willen hätten die Adjektive den Platz tauschen sollen, andererseits: *My love* hatte er gesagt. Anstrengend war die Liebe, den ganzen Menschen forderte sie. Ich kehrte nach München zurück, vier Tage ruhte ich mich aus, dann saß ich wieder im Zug. Weißt du noch, lieber Leser? Der Nachtzug München – Rom, Abfahrt 23 Uhr am südlichsten Gleis des Münchener Hauptbahnhofs? Hin, her, hin, her. Einmal viel später hat es hier eine böse Szene gegeben …

Nichts hätte ich anders gemacht. Nicht in diesem Herbst 1978.

In Pisa lange Morgenstunden im Bett mit Ravi Shankars und George Harrisons Album *Shankar Family and Friends*. Einkäufe für den Mittagsimbiss, zu dem seine Mutter nach Hause kam: Tomaten mit Mozzarella, Bresaola mit Zitrone und Öl, geschmorte Balsamico-Zwiebelchen, gebratener Fenchel mit Parmesan. Nichts davon war damals in Deutschland zu finden. Nachmittags machten und empfingen wir Besuche. Die herausfordernde Fremdheit zwischen uns blieb bestehen, er war es, der sie aufrechterhielt. Einmal eine Szene in Bologna, in der Souterrainwohnung seiner Großmutter, ich verspottete Ginos Neigung zum Grundsätzlichen, wer war er denn, das Gesetz, Gino-the-Law, und er packte meine Schultern und schüttelte mich, What do you want, what do you fucking want. Nebenan die Oma faltete tausend Tortellini für eine Familienfeier.

Im Regal in Pisa fand ich stapelweise indische Cartoons, die Motive aus den Nationalepen *Mahabharata* und *Ramayana* oder Episoden der indischen Geschichte aufgriffen. Während der Belagerung Chittorgarhs ließ die schöne Prinzessin Padmini einen Scheiterhaufen errichten, erklomm die Festungsmauern und stürzte sich mit ihren Frauen in die Flammen. Der Kholstrich, die Perlchen auf ihrem Sari, die Hennalinien auf ihren Händen waren so fein ausgeführt wie auf den Miniaturen der Kangra-Schule, die sich im 18. Jahrhundert in Himachal Pradesh entwickelt hatte und zart und detailfreudig Episoden aus dem Geschichtenkreis um Krishna und Radha erzählte. In den Miniaturen dieses prachtvollen Bildbands konnte ich mich träumend verlieren, lebensvoll und nah an meiner Gegenwart erschien mir diese Kunst, die nicht die hingebungsvolle Liebe der Mutter zum Kind oder die gehorsame Liebe des Sohnes zum Vater als Sinnbild höchster Liebe feierte wie die christliche, sondern die erotische Liebe von Mann und Frau. Von der erotischen Verzückung, mit der abendländische Mystikerinnen Jesus als Bräutigam, Liebhaber, Geliebtesten, viellieben Buhlen und herzliebsten Gemahl gefeiert hatten, wusste ich damals noch nichts, ich war protestantisch getauft, nicht im Glauben erzogen und hatte, mit vier oder fünf das erste Mal in einer Kirche sitzend, eine Trauung ruiniert, weil ich unablässig zu wissen verlangte, wer den Mann an der Wand aufgehängt hatte, der mich verstörte, weil er stark blutete. Nun saß ich in Ginos Lungi und Pullover gehüllt auf Ginos Bett und betrachtete Radha, die Krishnas Kleider und seine Pfauenkrone trug. Ohne Bedenken betrog sie ihren Ehemann mit ihrem Gott, alle Frauen taten das, Krishnas Flötenspiel zog sie weg von ihren Männern und den Wiegen der Neugeborenen, er tanzte mit allen und verführte sie alle, und jede fühlte sich als die allein von ihm Geliebte.

Zugleich blieben Radha und Krishna das ewige Paar. Im Mondlicht gingen sie am Ufer des Yamuna spazieren, sie vereinigten sich unter einem Baum, wo sie Schutz vor dem Regen gesucht hatten, und jeder dieser Episoden konnte man gleichnishafte Bedeutung verleihen, aber man konnte sie auch einfach als Geschichten verstehen. Die Miniaturen dazu half mir Gino zu lesen: Hier saß ein Vogel allein in der Baumkrone, ein Fisch schwamm einsam im Fluss, und Radha im Wald auf ihrem Bett aus Laub sehnte sich umsonst nach dem

Geliebten. Fanden sich aber die Tiere zu Paaren zusammen, würde auch Krishna bald erscheinen.

O schöne Radha, Krishna wird dich zu finden wissen, wenn du ihm entgegenläufst, vorsichtig deine Füße in der Dunkelheit setzend, o goldene Radha, deine Perlanhänger werden über der regenwolkendunklen Brust Krishnas hängen wie Schwärme von Kranichen, wie ein Blitz wirst du aufstrahlen vor seiner Dunkelheit –

Wobei nicht immer die Frau die Anbetende sein musste. Die Rollen waren vertauschbar, und dann erschien Radha als Göttin und Krishna als ihr demütiger Verehrer. Gequält von seiner Sehnsucht nach ihr kauerte er in der Laube am Yamuna, in der sie ihn verlassen hatte, ohne Unterlass meditierte er über sie, ihre plaudernden Worte wurden ihm Hymnen, die er ohne Unterlass sang, Erlösung und Erleuchtung ersehnte er in Radhas Umarmung.

O Strahlende, Vollkommene, Süße, Höchste, verzeih! Mein Herz ist weise – meine Zunge noch töricht. Ich weiß, wo ich bin – ich weiß, ich lebe – ich weiß: Du bist Radha – und dies wird ewig sein und der Himmel. Ich weiß, es ist mir erlaubt, mich von deinen Füßen zu erheben und dir ins Auge zu blicken –

In Rom, in der Villa in Grottarossa, überflutete mich gänzlich Ginos Welt. Der Hausherr betrieb ein Geschäft am Fuß der Spanischen Treppe, eine Art luxuriösen Geschenkeladen, wo man teure Füllfederhalter, Uhren und Ähnliches kaufen konnte. Er stieß immer erst abends zu seinen Gästen. Nie ging man dann einfach einen trinken. Zuerst wurde herumtelefoniert, alle wurden zusammengetrommelt, dann musste man sich auf ein Ziel einigen. An den Wochenenden fuhr man aufs Land oder an die See, unter der Woche zu späten Abendessen in die Stadt.

Alles kreiste ums Essen. Man nahm einen Aperitiv hier, man speiste dort. An endlos langer Tafel saß man und debattierte, was zu bestellen war, dann erschienen Teller und Platten, Fischlein, Supplì mit Kalbsbries, Crostini mit verschiedenen Pasten. Keiner erhielt ein einsames, isoliertes Gericht, für das er einsam und isoliert zahlte, alles wurde herumgereicht, am Ende flogen Geldscheine lässig in die Tischmitte. In Deutschland hieß es damals noch grundsätzlich: Bitte getrennt.

Überwältigend kultiviert fand ich das alles. Nach dem Essen zog man weiter, um Café und Digestiv zu trinken. Mittlerweile konnte es elf sein oder noch später. Arbeiteten diese Leute nicht? Doch, aber was hatte das damit zu tun. Musiker und Künstler gehörten zu diesem Zirkel, Leute aus dem Dunstkreis von Cinecittà, die Exfrau des Hausherrn war mit Ornella Muti befreundet. Manchmal tauchten scheinbar ganz biedere Geschäftsleute auf, Männer mit Anzug und Halbglatze, deren Anwesenheit mich erstaunte. Die Romane von Fruttero und Lucentini haben mich später an diese Zeit erinnert.

Natürlich sprach man Italienisch miteinander, ich verstand aber viel, wobei das nicht heißt, dass ich viel begriff. Alle waren älter, teilweise viel älter als ich, man sprach über Abwesende, die ich nicht kannte, kommentierte Schicksale, von denen ich nichts wusste, ich verstand einen Satz und verstand nicht, warum auf einmal alles vor Lachen brüllte, ich stellte eine Frage und merkte zu spät, es war eine unpassende Frage gewesen, und Gino erklärte es mir später, nämlich Soundso ganz unten am Tisch stand zu meinem Gesprächspartner von vorhin in dem und dem Verhältnis, und deswegen, nicht wahr, war es besser, nicht auf dieses oder jenes Thema abzuheben, aber das war egal, schnurzpiepe war es, ich sollte mich um solche Dinge nicht kümmern, was scherten ihn diese Leute.

Die, zu denen ich mich hingezogen fühlte, waren nie seine engsten Freunde. Seine Freunde waren, was man Men's Men nennt, Männer, die sich wirklich wohl nur unter gleichgearteten Männern fühlen. Zwischen ihm und ihnen flogen lässig Scherze hin und her, immer überlegen war man, immer heiter, die Wurzeln ihrer Vertrautheit offenbarten sich mir nicht, denn tastende, ungeschützte Gespräche, wie sie mir für eine Freundschaft unerlässlich erschienen, fanden nicht statt, im Gegenteil, wo jemand Zweifel oder Verletzlichkeit offenbarte, kräuselte Gino die Lippen und sagte: Probleme. So viele Probleme, der arme Kerl.

Der ist vielleicht mehr wie ich, sagte ich einmal, jemanden in Schutz nehmend. Der ist sich seiner Sache vielleicht nicht so sicher. Für dich ist natürlich immer alles klar, du weißt genau, wie du leben willst –

Er lag auf dem Sofa. Mit geschlossenen Augen schüttelte er lächelnd den Kopf. Es war mir damals immer groß und bedeutend, wenn seine Wehrmauern einen Riss bekamen, eine religiöse Offenbarung war es, ein Lichtstrahl schoss blendend hervor und ich wollte diesen Riss vergrößern, seine Wahrheit sollte er mir zeigen, seine Wunden. Es war in dieser Zeit, dass er gesagt hat: If I give you what you want, I lose you. Diesen Satz habe ich damals nicht verstanden.

Gino war im ersten Jahr nach dem Zweiten Weltkrieg geboren worden. Ungefähr um die Zeit, als in Goa Eight Finger Eddie die erste Community gegründet hatte, hatte er eine Fachschule für Keramiker abgeschlossen, war dann nach Paris gegangen, hatte dort von Afghanistan gehört und war aufgebrochen.

Seine Eltern hatten sich kurz nach seiner Geburt getrennt. Er war bei der Mutter aufgewachsen, die ältere Schwester hatte der Vater mit nach Florenz genommen. Diesem Mann, seinem Vater, ist Gino nur einmal begegnet, mit siebzehn. Am Campo Santo, wo wir um diese Jahreszeit allein waren, lagen wir auf der Wiese in der Herbstsonne, und er erzählte, wie seine Schwester ihn ins Café mitgenommen und dort dem Vater vorgestellt hatte: Das ist mein Vater. Papa, das ist Gino, ein Freund von mir.

Sie gaben einander die Hand. Gino nannte den Mann beim Nachnamen, dann ging er, ohne sich zu erkennen gegeben zu haben. Er hatte ihn nur einmal betrachten wollen, diesen *Signor* –, und er spuckte den Nachnamen aus, der sein eigener war.

Im November fuhr ich zurück in die Wotanstraße. Die Wohnung quoll über von Rosen, Orchideen, mannshohen Palmen. Gabo war zurück. Er war da, um mich zu holen. Er hatte Geld. Die ersten Sendungen aus Kathmandu waren eingetroffen, dünne Platten in Plastik eingeschweißten Haschischöls, verborgen in zusammengerollten Zeitschriften, die an beiden Enden unverschlossen blieben, sodass man wähnte, den Inhalt mit einem Blick erfassen zu können. Viele solcher Rollen habe ich im Laufe der Zeit entgegengenommen. Der Briefträger hat sie immer oben auf die Briefkästen gelegt.

Komm mit nach Indien, sagte Gabo. Ich gebe dir fünftausend Mark. Ich mache dich finanziell unabhängig von mir.

Dann rief Gino an, und er verlangte den Hörer.

Shambu, man, Shambu …

Am Ende des Gesprächs erwogen sie, gemeinsam nach Asien zu fahren.

Komm nach Pisa, sagte Gino zu Gabo. Bring sie her.

Und wir fuhren. Es war der 21. November. Ich sank neben Gabo auf den Beifahrersitz, wir fuhren in die Nacht hinein, tief atmete ich aus wie ein Hund am Ziel.

Lange nach Mitternacht kamen wir an. Ginos Mutter schlief. Gino baute eine kleine Tüte, ich trank ein Glas Wein, wir plauderten flüsternd. Dann lagen wir zu dritt unter der Decke. Wie sonst hätte man es handhaben sollen? Wir wollten schließlich zu dritt nach Indien fahren. Für Gino waren solche Situationen nicht neu, das wusste ich und merkte es. Aber Gabo war zerrissen. Wider Willen empfand er hier katholisch, das heißt, die Situation verstieß gegen seine Prinzipien und war zugleich erregend. Der Illusion, mit einem Mann zusammen zu sein, der eben nur wie ein indischer Gott mehr als zwei Arme und Beine besaß, konnte ich mich also nicht hingeben. Zwei unterschiedliche Körperhälften hatte ich, die unterschiedlichen Erfahrungen ausgesetzt waren, und ich überließ mich ihnen, meinen beiden Liebsten, sollten sie aushandeln, durch welche Gebiete meines Körpers ihre Durand-Linie verlief.

Gabo fuhr noch in der Nacht nach Deutschland zurück. Gemeinsam nach Asien gelangen würden wir nicht.

Ohnehin begann sich der Landweg zu schließen. In Teheran hatten am 8. September Demonstranten und Staatskräfte aufeinander geschossen, fünfzig Tote sollte es gegeben haben, dann hieß es, zehntausend. Die Südroute war nach einem Erdbeben bei Bam unpassierbar, von fünfzehntausend Toten war hier die Rede. Gino buchte seinen Flug nach Delhi für den 2. Dezember. Von dort würde er nach Pakistan fahren, in die Berge, und nein, begleiten konnte ich ihn nicht, zu gefährlich war, was er vorhatte.

Aber dann doch auch gefährlich für ihn?

Er hob die Brauen: Baby.

Er trug wieder Bart, den Pakol, die Jacke aus Nuristan. Unverwundbar war er, umgeben von einer Aura der Macht. Am Tag vor seinem Abflug brachte er mich zur Bahn.

Ich warte auf dich in Indien, sagte er. Ich lachte künstlich, denn herzzerreißend war mir wieder der Abschied, was wollte er denn, warum sollte ich kommen. Liebte er mich etwa? Ein Running Gag war diese Frage, hundert phantasievoll ausweichende Antworten hatte sie provoziert. Nun sagte er: Yes. Die Sonnenbrille, wie immer, nahm er nicht ab.

Also, wozu zitiere ich diese Worthülsen noch? Warum spiele ich ihn mir immer noch vor, diesen abgelutschten Gassenhauer, warum will ich erzählen, dass er für mich gesungen wurde? Liebst du mich, ich liebe dich, was soll das bedeuten? Von keinem Satz auf der Welt wüsste ich das lieber. Gefühlte neun Zehntel der Weltliteratur sind mit diesen drei Worten nicht fertiggeworden, maße ich mir an, das Welträtsel lösen zu wollen?

Ja klar. Natürlich.

Keine Sorge: Ich habe einige Erfahrung im Scheitern.

Am 6. Dezember rief Gabo an. Er würde nach Kathmandu fliegen und nicht zurückkehren. Ich sagte: Ich komme mit. Er sagte: Gut. Ich bereite alles vor und melde mich dann. Am 8. Dezember schrieb Hans aus Delhi: Willst du nicht nach Asien zurückkommen? Soll ich dir ein Ticket schicken? Ich tu es gern, ich meine es ernst. Am 14. Dezember telegrafierte Gino aus Islamabad, er werde in der folgenden Woche in Delhi eintreffen. Am selben Tag buchte ich einen Flug für den 31. Dezember, ein Open Return Ticket für sechshundertachtzig Mark, ein Jahresticket, sagte man damals, der Rückflug musste innerhalb von dreihundertfünfundsechzig Tagen erfolgen. Oder verfiel. Das Geld stammte zum Teil noch von Gabos Haschischöl, den Rest hatte ich mir geliehen, für die Rückzahlung spekulierte ich auf Weihnachtsgeld von zu Hause.

Durch diese Weihnachtstage schritt ich wie im Traum. Das

Urteil war ergangen, es würde exekutiert. Die Cousine brachte mich nach Riem. Ich reiste leicht: Einen Lungi hatte ich eingepackt, eine Zahnbürste, ein Afghanikleid, über fünfzig Dollar Bargeld in kleinen Scheinen verfügte ich.

In München Schneesturm. Zehn Stunden Verspätung. Ich aß nichts und trank Wasser aus der Leitung. Um Mitternacht befanden wir uns in der Luft. Im Raucherbereich stieß ich mit einem Trupp Blauhelme auf 1979 an, sie waren unterwegs nach Naqura im südlichen Libanon, wo sich das Hauptquartier der UNIFIL befand, eine Beobachtermission der UNO, die nach dem Abkommen von Camp David im September des gerade endenden Jahres eingerichtet worden war. Wir flogen Syrian Arab Airlines, also via Damaskus, wo die Transitpassagiere in ein mit Seilen abgesperrtes Geviert getrieben wurden. Ich rollte meinen Schlafsack aus, die anderen saßen auf ihren Koffern. Zwölf Stunden hielt uns ein Sandsturm fest. Delhi erreichten wir in der Nacht. Keiner war da. Dies war mein erster Flug gewesen, weder die Flugnummer noch den Namen der Airline hatte ich Gino telegrafiert, lediglich meine Ankunftszeit, als sollte er mich am Bahnhof abholen. Es war erstaunlich kalt. Ich stieg in eine Rikscha und sagte: Zum Tourist Camp. Der Rikschafahrer wollte tun, was sie immer taten: losfahren, ohne den Zähler einzuschalten, und dann bei der Ankunft eine horrende Summe verlangen. Ich sagte, was man immer sagte: You no have meter?

No have. Meter broken.

How much Tourist Camp?

Er nannte den zehnfachen Preis. Ich nannte meinen, den korrekten Preis, ich weiß ihn heute nicht mehr, aber damals wusste ich ihn. Der Wortwechsel trug mich empor, heiter war ich, wir sangen hier ein gemeinsames Liedchen aus alter Zeit. Ich sagte: This not my first time India.

Sein Gesicht hellte sich auf. Er wiegte den Kopf, acha, acha, ein breites Lächeln. Welcome in India, sagte er und fuhr los.

V Ende der Epoche

1

Nun umfing mich Indien wieder. Die Rikscha schnurrte, mein Atem rauchte, die Bazare waren verrammelt, die nächtlichen Schläfer lagen zusammengerollt unter Pappdeckeln und Lumpen nahe den Hauswänden. Das Tor des Tourist Camp war verschlossen. Ich hämmerte gegen die Tür der Baracke, in der die Verwaltung untergebracht war, bis verschlafen der Night Watchman erschien. Er war verärgert, dann erkannte er mich, die Freude war groß, er gewährte mir Preisnachlass.

Wie vor einem Jahr, als ich aus Gabos Bus ausgestiegen war, lag ich nun wieder in einem der großen Zelte und erwog meine Möglichkeiten. Falls ich Gino nicht fand, konnte ich versuchen, direkt nach Goa zu kommen. Ich konnte auch nach Kathmandu zu Gabo fahren. Aber natürlich hatte Gino auf dem Postamt von New Delhi eine Karte mit seiner Adresse für mich hinterlegt. *Sony Guesthouse, near Tolstoi Marg.*

In dem schummrigen Raum standen sechs Betten. Alles schlief noch, und ich zögerte, sollte ich von Bett zu Bett wandern, bis ich den Richtigen fand? Aber ganz hinten am Fenster richtete sich nun jemand auf, schläfrig erfreut rief er meinen Namen.

Der Geruch eines Mannes, der gerade aufgewacht ist … Er riecht nach sich selbst, und auch die Wärme unter den Decken riecht nach ihm, und solange man in diese Wolke eintauchen, sich von ihr einhüllen lassen möchte, ist die Liebe ohne Mühe und nicht der Rede wert. Vielleicht kann von Liebe erst die Rede sein, wenn man längst das Abgestandene dieses Geruchs wahrnimmt, das Muffig-Ungeduschte, ohne abgestoßen zu sein, es ist der eigene Geruch, der des eigenen Körpers, der Stallgeruch der Ehe ist es –

In Delhi besuchten wir Ginos Parfümladen, wo man auch für mich ein Öl mischte. *Champak Amber* stand auf meinem Flakon. *Dark Musk* auf dem seinen. Es war mit diesen Düften, denke ich, wie mit der Liebe, wir glaubten und wollten glauben, sie wären allein für uns kreiert, aber genau diese Düfte wird der Laden als einmalige Kreationen an alle verkauft haben, die sie haben wollten, Hunderte von Leuten werden gerochen haben wie wir, nur habe ich keinen von ihnen je getroffen, und so blieb Gino der Einzige mit diesem einzigartigen Duft.

Wir blieben ein paar Tage in Delhi. Im Camp saßen wir mit einem Afghanen in der Sonne, tranken Tee und sprachen Englisch mit persischen Brocken, während es vom Nebentisch teutonisch herüberschallte. Dort wurde man nicht miteinander einig, wer wem wie viel Geld schuldete und wer wann den Bus fahren musste, konnte oder durfte.

Und überhaupt kannst du von mir aus nach Deutschland zurückfahren und dir einen anderen Idioten suchen, der dich hierherkarrt!

Haarfein kräuselten sich mir die Mundwinkel.

So viele Probleme. Voller Probleme waren diese Leute.

Zwei Tage später flogen wir nach Bombay. Unsere Wintersachen ließen wir im Camp zurück. Sehr früh am Morgen stiegen wir in die Rikscha. Die Läden waren noch geschlossen, die Rollläden heruntergelassen, aber die Stadt erwachte, Hunde gingen ihren Beschäftigungen nach, aus den Food

Stalls am Rand der Bazare erhob sich Rauch, frühe Passanten hatten Decken um die Schultern geschlungen oder trugen Jacketts zu Dhotis und nackten Beinen. Warum sagt nie jemand träumerisch: Ach, Delhi –? Warum muss es immer Bombay sein? *Slum dog Millionaire, Shantaram, Baumgartner's Bombay*, Rushdies *Midnight Children*: wo ich Jahre später den beglückten Aufschrei des Erzählers las, *Back to Bom! Back to Bom!,* und das Buch aus der Hand legen, aufstehen und etwas unternehmen, mich physisch abreagieren musste, denn in meinen Ohren pfiff die verrückte Sehnsucht, einmal mehr alles über den Haufen zu werfen, ohne Gepäck hinaus auf die Straße und loszurennen, und in welche Richtung wohl, ein Weg von lohnender Länge konnte von Deutschland aus nur nach Osten führen.

Alle Grenzen auf!

Alle Zäune nieder!

Alle Drogen legalisieren!

Damals, Ende der Siebziger, hätten wir geschworen, dass so die Welt beschaffen sein würde, wenn erst wir, unsere Generation, an die Macht gekommen sein würde.

Vom Flughafen nach Colaba nahmen wir ein Taxi. Die Fenster waren heruntergekurbelt, das Auto war voll Fahrtwind und die Luft feucht und heiß, und ich musste an mich halten, um nicht auf dem Sitz herumzuhopsen wie ein Kind. Die Schrägseilbrücke des Bandra-Worli Sea Link gab es damals noch nicht, mitten durch die Stadt fuhr man. Durch den Slum. Die Betonklötze der Mietshäuser sahen aus wie Rohbauten, die noch vor der Fertigstellung in den Zustand der Verwitterung übergegangen waren. Sie ragten aus einer Landschaft von Wellblech- und Holzhütten empor, die sich in jeden Zwischenraum schmiegten, dazwischen waren Verschläge errichtet und an diese Verschläge angelehnt, wiederum deren wacklige Stabilität nutzend, Unterkünfte aus Ästen und ausgespanntem, zerlöchertem Stoff. Überall waren Menschen sehr beschäftigt, sie wuschen etwas im Rinnstein, wuselten zwischen den Hütten, fegten Dreck von einer Seite zur anderen. Dann nahmen die Mietshäuser ein englisches Aussehen an, waren aber genauso heruntergekommen, von oben verwitterten sie und wurden von unten verschmutzt. Dies, dieser Teil Bombays, ist jetzt South Mumbai und die reichste Gegend Indiens. Natürlich sind es nicht die Bewohner der Verschläge, die reich geworden sind. Wirtschaftliche Entwicklung verdrängt im Allgemeinen die Armut, sie bedeutet, dass die statische Geschäftigkeit, in der sich die Armen verbrauchen, die Unzahl mühevoller, letztlich ergebnisloser und die Existenz nicht verwandelnder Tätigkeiten, die die Armut ihnen aufzwingt, nun eben an einer anderen gleichgültigen Stelle stattfindet, aber in Bombay ist das anders. Dort sind die Slums geblieben, wo sie waren. Sie sind gewachsen, andere Stadtviertel haben sie umwachsen und mitten ins Stadtzentrum und ins Zentrum touristischer Aufmerksamkeit gerückt, den Slum von Dharavi haben Filme wie *Slum Dog Millionaire* und Bestseller wie *Shantaram* längst zur Sehenswürdigkeit geadelt, seine Bewohner bieten Führungen an, und das ist es, was Dharavi bisher davor schützt, an einen Investor verkauft zu werden, der das Areal sofort räumen und abreißen lassen würde.

Wir kamen in einem der Freak Hotels unter, in einem Zimmer mit großem Spiegel, schwarzem, abgestoßenem Schrank und einem riesigen, alten Ventilator an der Decke, der ratterte wie ein Flugzeugpropeller und nutzlos die feuchtwarme Stadtluft verquirlte. Sofort stürzten wir uns wieder hinaus in die Stadt, um im Mondegar zu frühstücken, dem damals wohl berühmtesten der iranischen Cafés, die in Bombay eine Institution waren. Alle Bevölkerungsschichten frequentierten sie. Gegründet hatten sie Nachkommen der während der Islamisierung aus dem Iran ausgewanderten Parsen und ihre später gefolgten zoroastrischen Glaubensbrüder. Man saß auf dunklen Holzstühlen an Tischen mit Marmorplatte, trank starken iranischen Tee, aß Bun maska, Mutton Samosas oder Kekse mit dem Molasse-Geschmack von Jaggery oder las einfach in Ruhe eine der ausliegenden Zeitungen, während hoch oben an der Saaldecke die Ventilatoren sirrten. Inzwischen, höre ich, sind die Iranian Cafés fast alle verschwunden, es finden sich keine Betreiber mehr, sie sind der Fastfood-Konkurrenz so wenig gewachsen wie die deutschen Dorfkrüge und Landgasthäuser in den Siebzigern den Pizzerias und Griechen, nur das Leopold am Colaba Causeway scheint mühelos zu florieren vielleicht gerade dank der Tatsache, dass es das erste Ziel der Anschläge in Mumbai am 26. November 2008 war.

Im Mondegar trafen wir Bekannte, die schon wieder auf dem Weg in den Norden waren. Draußen drängte sich ein Trüpplein bettelnder Kinder an uns, drei Schwestern, die Älteste vielleicht acht, die kleinste kaum zwei. Wir gingen mit ihnen in einen Laden, wo aus riesigen Kesseln kochende Milch ausgeschenkt wurde, frische Milch, es gab sonst in Indien nur Milchpulver. Als Delikatesse galt die Haut, dicke Fladen, die man auf einem Teller bekam. Ich saß mit dem kleinsten der Mädchen auf dem Arm. Die Augen des Kindes verengten sich beim Trinken und bekamen einen ekstatischen, selbstverlorenen Ausdruck. Bei den Deutschen, Engländern und Amerikanern hatte es immer geheißen, man dürfe Bettlern nichts geben und schon gar nicht den Kindern, sonst würde man sie nicht mehr los, und das stimmte. Als wir weiterzogen, kamen die Kinder mit. Sie hüpften vor uns her wie bei einem Familienausflug, untereinander plaudernd, später aßen wir in einer Garküche zu Abend, und sie hatten nun alle Scheu verloren, lehnten sich an diesen oder jenen von uns und machten keinerlei Anstalten zu gehen. Es war spät in der Nacht, und wir waren weit entfernt von dem Ort, wo sie zu uns gestoßen waren, sie schienen aber unbesorgt, auch nicht besonders müde, selbst die Kleinste, die auf meinem Arm geschlafen hatte, war wieder aufgewacht. Nun sollte ich sie hergeben. Aber ich wollte nicht.

Wir standen vor unserem Hotel. Die größeren Kinder warteten ohne Anzeichen von Eile, oder warteten nicht, sondern standen, wie sie auch an anderer Stelle hätten stehen können. Gino betrachtete mich, ein wenig hilflos.

Du musst sie hergeben, sagte er. Du kannst doch nicht einfach ein Kind mitnehmen.

Warum nicht? Er hatte das doch auch getan.

Oft habe ich seitdem daran gedacht. In den Sechzigern hat Gino einen westafrikanischen Jungen mit nach Italien genommen, aus welchem Land, weiß ich nicht mehr, aber die Einwanderung dieses Kindes nach Europa hatte sich dermaßen komplikationslos bewerkstelligen lassen, dass Gino zu seinem Grenzübertritt mit einem unbegleiteten jungen Flüchtling nicht einmal eine Geschichte einfiel. Dabei gab es afrikanische Geschichten genug, und ich verlangte sie zu hören, erzähl mir von Timbuktu, sagte ich in Bombay, erzähl mir von Afrika, sagte ich in Asien, und er erzählte, aber zögernd, immer nur zögernd erzählte er.

Von Dahomey bis Timbuktu hatte er den Niger befahren. Mit einem Mädchen der Wodaabe, diesem Stamm muslimischer Viehhirten und Händler, bei denen es die Männer sind, die in Schönheitswettbewerben miteinander um die Gunst der Frauen konkurrieren, war er durch den Sahel gezogen. Im Senegal hatte er als Komparse in einem französischen Film mitgewirkt. Irgendwo in Westafrika war er verhaftet worden, aber der Staatspräsident hatte einmal in Rom sehr schöne

Tage verbracht und befreite ihn und nahm Seite an Seite mit ihm auf der Tribüne eine Militärparade ab. Eine Weile war Gino dann mit Freunden als Schlangenfänger von Dorf zu Dorf gereist, und damals hatte sich der Junge zu ihnen gesellt und seine Eltern überredet, ihn mit den Fremden ziehen zu lassen.

Nun, auf der Straße in Bombay vor unserem Hotel, bestand Gino darauf, dass ich das Kind auf meinem Arm zurückgeben sollte. Aber eine Weichheit war in seinem Gesicht und in seiner Stimme, als traute er mir zu, dass ich jemanden lieben könnte, ein Kind etwa, und vielleicht gab ich dieses Kind nur deshalb nicht her und tat es schließlich doch. Es erschien als das einzig Mögliche und erscheint mir bis heute als das Falsche. Unangenehm leicht waren meine Arme, nachdem ich das Kind abgegeben hatte, bis heute trage ich an diesem fehlenden Gewicht.

Von Bombay nach Panjim fuhr man damals mit dem Dampfer. Heute ist das nicht mehr möglich. In den Achtzigern wurden die Konkan Shakti und die Konkan Sevak im Bürgerkrieg in Sri Lanka eingesetzt, danach wurde der Schiffsverkehr nicht wieder aufgenommen. Ich höre aber, man trägt sich mit Plänen, am Südende Anjunas, dort, wo sich einst das Fischerdorf Baga befand, einen Pier für die gigantischen Luxusliner der Kreuzfahrer zu errichten –

Das Boot hätte morgens ablegen sollen, fuhr aber erst mittags. Die Fahrt dauerte vierundzwanzig Stunden. Die Stimmung auf den eng bepackten, offenen Decks war heiter wie bei einem Picknick, zwischen Kisten, Körben und Rucksäcken lagerten indische Touristen, Traveller und Anwohner der Konkani-Küste, Gitarren und Kassettenrecorder erklangen und wurden übertönt vom Rauschen der See. Das Schiff hielt sich während der ganzen Fahrt in Sichtweite der Küste. Delfine und Schwärme Fliegender Fische begleiteten es. Unterwegs stiegen Passagiere zu, aber das Schiff legte dafür nicht an, sie wurden in großen Booten übers Wasser gerudert. Gegen Abend packte man Proviant aus. Wir schliefen unter Decken auf meinem geöffneten Schlafsack. Der Halbmond hing in der Nacht. Das stampfende Schiff trug uns in die Morgendämmerung, die mich weckte, und das allein ist Grund genug zu schreiben: Um jetzt, während in Deutschland der Herbstregen ans Fenster schlägt, noch einmal an Bord eines längst verschwundenen Schiffes vor Sonnenaufgang die Augen aufzuschlagen, mich aus Ginos Umarmung zu lösen und in der feuchtigkeitsgesättigten Luft aufzurichten.

Eine lange Wolkenbahn meerseits reflektierte den Muschelton der Morgenröte. Über dem dunstigen Streifen der Küste stand Venus und oberhalb des Horizonts das Kreuz des Südens, das zu dieser Jahreszeit gerade noch sichtbar wird, bevor der Sonnenaufgang es überstrahlt. Das dunkle Wasser begann metallisch zu glänzen, es ging gegen Mittag, Maharashtra hatten wir hinter uns gelassen, und der erste der fünf Strände tauchte auf, die damals von uns bevölkert wurden.

Chapora!

Booooom!

Alles drängte an die Reling. Chillums wurden entzündet, und im Chor sangen wir die Namen der Strände, wie sie einer nach dem anderen aus dem Dunst auftauchten. Vagator! Anjuna! Baga! Boom!

2

Gino und ich kamen anfangs bei einem Paar aus Rom unter, Corrado und Carla, die ganzjährig eine der großen, portugiesischen Kolonialvillen gemietet hatten. Das Haus war ausgestattet wie üblich, mit Matten und wehenden Tüchern, aber es gab auch Kunstobjekte aus Bali und Nepal, durchbrochene Lampenschirme drehten sich im Wind und überzogen die Wände mit helldunklen Mustern, und in der großen Küche trockneten Tagliatelle an Wäscheleinen, man hatte eine Nudelmaschine importiert. Auch wurde in diesem Winter angeregt, dass jeden Abend ein anderer ein typisches Gericht aus seiner Heimat bereiten sollte. Jacques aus Neu-Caledonia vergrub in Bananenblätter gewickelten Fisch im Garten, Linda, die eine deutsche Mutter hatte, bereitete Semmelknödel aus Naan, ein Franzose marinierte Langusten statt in Cognac in Feni, dem Schnaps aus Cashew- oder Kokosnuss, der in Goa legal war, weshalb es hier nicht zu Todesfällen wie in den trockenen Staaten kam, wo immer wieder Menschen die Tödlichkeit von Alkohol damit bewiesen, dass sie an einer aus altem Leder und Nägeln gebrauten Brühe verschieden.

Corrado und Carla gehörten zu denen, die zum Islam konvertiert waren. Wie immer, so prägte auch hier nicht die Religion die Sitten, sondern das Stammesbrauchtum schuf die Formen der Religionsausübung. Denn morgens trieb Carla nackt am Strand Tai Chi, nachmittags übte sie Arabisch, um den Koran in der Sprache des Propheten lesen zu lernen, und nachts kam man hier zum Feiern zusammen, auf der Veranda der Villa, deren Treppe am zweiten oder dritten Abend eine Kobra heraufkam.

Solche Begegnungen erzeugen ein Frösteln. Nicht eigentlich Angst. Ein metaphysischer Schauer ist es. Wer ist Gast in wessen Welt? Manchmal scheint die Antwort klar zu sein, im Fall des Löwenrudels zum Beispiel, das ich später einmal in Tansania beobachtet habe. Die Löwen lagen um die Reste eines Gnus, weitgehend vertilgt war es bis auf Kopf und Kehle, und hin und wieder packte eine der Löwinnen es am Hals und schüttelte es mit nachlässiger Verspieltheit, fast zärtlich, sie knutschte mit dem Gnu, ein Nachspiel für einen leidenschaftlichen Akt war es.

Ich stand wenige Meter von diesem Rudel entfernt. Die Löwen nahmen keine Notiz. Unsichtbar war ich, nicht Beute, nicht Feind, ich hatte keine Funktion und verstand momentelang den Impuls von Kindern, die Tauben jagen oder beim Anblick eines Tiers nach einem Stein greifen. Fremde sind wir, dachte ich, wo alles sonst zu Hause ist.

Wobei diese Löwen in einem Schutzgebiet lebten. Dieses riesige, von Straßen und Siedlungen umgebene Reservat war im Grunde ein Zoo, und so gesehen lagen die Dinge anders herum, denn ein Zoobewohner ist ein, wenn auch unfreiwilliger, Gast, er ist der Fremde, den man bestaunt, das ist der Sinn eines Zoos, den die Einheimischen aufrechterhalten, solange sie keinen Anlass sehen, die Tiere darin zu töten.

Wer wen töten konnte: Darauf schien die Frage hinauszulaufen, wer wo zu Hause und wer ein Gast war. Um Daseinsberechtigung ging es.

In einer dieser Nächte in Afrika schliefen wir auf dem Kraterrand des Ngorongoro, als einer der beiden Massai, mit denen wir unterwegs waren, uns mit einem Bühnenflüstern weckte. Ich steckte den Kopf durch die Öffnung unseres winzigen Zelts. Zwischen mir und dem Nachthimmel stand ein Elefantenbulle. Er stand reglos, als wartete er oder lauschte auf etwas. Dann vollführte er eine Drehung, mit winzigem Radius, als stünde er im Zirkus auf einem Hocker, schritt zwischen den drei Zeltwaben des Camps hindurch und verschwand in der Nacht. Wir blieben zurück, aufgeputscht von diesem Gast in unserem Camp, das aber nur noch einige Stunden bestehen würde und tatsächlich schon jetzt, während wir uns hier aufhielten, nur in unserer Vorstellung existierte. Der Elefant jedenfalls hatte keine Notiz davon genommen.

In the bush, there is no freedom.

Wir saßen in der Serengeti, im Kreis um unser kleines Campfeuer, als einer der Massai diesen Satz sagte. In der Dunkelheit gleich jenseits des Lichtkreises blinkten und leuchteten die Augen kleiner Jäger. Dahinter stand gewaltig, uneinhegbar die Nacht. Ich dachte an die Leben, die unter Kunstlichtfunzeln, in den Pappschachtelwaben von Großraumbüros verrannen, und verstand nicht, was der Massai gesagt hatte.

Lion kills Antelope, sagte er, Lion kills Lion. Hyena hunts Gazelle, Gazelle runs, Leopoard kills Gazelle. No freedom.

Die Freiheit, die er meinte, war offenbar eine andere als meine. Seine Freiheit war das, was ich mit Sicherheit bezeichnet hätte. In der Wildnis gibt es keine Sicherheit: Diesen Satz hätte ich sofort verstanden. Es ging ihm aber nicht um die fehlende Sicherheit des Opfers. Die fehlende Freiheit des Täters, gegen die Rolle zu rebellieren, die ihm die Wildnis zuwies: Von der sprach er. Für diese Freiheit hatte er die Serengeti verlassen, in der sein Vater und seine Brüder noch immer umherzogen, er wohnte in Arusha, war auf den Namen Christopher getauft, aß, wo immer es sich machen ließ, vegetarisch und durchstreifte die Wildnis nur noch als Führer solcher Alleinreisenden wie uns. Das war die Freiheit, die ihn, fand er, vom Tier in der Wildnis unterschied: Der Mensch allein war frei, nicht zu töten.

Die Kobra, die die Treppe heraufkam, bemerkte uns einen Moment später als wir sie. Sie verhielt und richtete sich auf. Starr saßen wir, gebannt davon, dass sie es wagte, zu uns zu kommen und wir es wagten, hier zu sein, dann sprangen die beiden Inder, die Arbeiten in Haus und Garten versahen, mit Stöcken aus der Dunkelheit und schlugen die Schlange tot.

Danach war das Haus noch eine Weile in Aufruhr, denn der Gefährte der Erschlagenen, fürchtete man, würde womöglich kommen und sie suchen. Wir fanden ihn aber nicht. Was wussten wir von der Liebe der Schlangen.

Im Vorjahr hatte Gino in Goa keine eigene Bleibe gehabt. Jetzt aber hatte er eine Frau, also zogen wir in eines von zwei Zimmern in einem Häuschen am Strand. Im anderen wohnten die Eigentümer, Claudina mit Mann, Kind und Baby. Sie war neunzehn, ein molliges Mädchen mit dickem Zopf und rundem, liebem Gesicht. Zusätzlich zu einer kleinen Landwirtschaft betrieb sie von ihrer Küche aus mittels eines Kerosinkochers, einiger zerbeulter Aluminiumtöpfe und dreier Wassereimer einen Chaishop. Wenn ich bei ihr Tee holte oder Chiccy kaufte, kandierte Sesamsamen, lehnte ich immer eine Weile im Türrahmen, oder ich saß mit ihr auf ihrer kleinen Veranda, und wir plauderten, wie junge Frauen das tun, über Bekannte, Nachbarn und unsere Männer.

Ihre Ehe war natürlich arrangiert. Ihr Mann stammte aus Bombay. Sie hatte ihn vor der Hochzeit nur ein- oder zweimal gesehen. Gefallen hatte er ihr nicht, sie fand ihn alt und zu dunkel. So dark! In lustiger Expressivität rümpfte sie die Nase und lachte über ihr jüngeres, unverständiges Selbst, denn Glück hatte sie gehabt, großes Glück, ihr Ehemann war gut, er war freundlich und fleißig, tagsüber arbeitete er in einem Repairshop in Calangute, nachts fuhr er zum Fischen mit dem Boot hinaus.

Während wir redeten, versuchte sie, ihre kleine Tochter zum Essen zu bewegen. Ich machte Faxen, um ihr zu helfen, schnitt Grimassen oder versteckte mich hinter meinen Händen und linste hinter meinen Fingern hervor, dann stand die Zweijährige mit offenem Mund, und Claudina schob ihr Bällchen aus nacktem Reis zwischen die Lippen. Ich erinnere mich, dass ich zweifelte, ob das eine ausreichende Ernährung für ein Kind sei, und sagte auch etwas in dieser Richtung, aber Claudina entgegnete, was sonst sollte man einem Kind in dem Alter geben. Currys seien doch viel zu scharf. Morgens tauchten regelmäßig zwei Kinder am Chaishop auf, Bruder und Schwester. Sie bettelten, aber nur bei den Goanis.

Uns zu belästigen war ihnen verboten. Ja, das lief alles in geregelten Bahnen. Von Claudina erhielten sie immer etwas, eine Handvoll rohen Reis oder Linsen, auch noch, nachdem sie es abgelehnt hatten, Wasser für Claudinas Chaishop vom Brunnen zu holen oder Claudinas Kühe zu hüten.

Sie hätten dazu durchaus Lust gehabt. Zum Kühe hüten vielleicht mehr als zum Betteln. Aber ihre Mutter verbot es ihnen. Was glaubten sie, wofür hielten sie sich? Bettler waren sie, zu betteln war ihre Aufgabe, und wann wollten sie die erledigen, wenn sie sich den ganzen Tag mit den Kühen herumtrieben? Jeder war hingestellt, wo er stand, willkürlich diese Stellung zu verlassen war undenkbar, wo wäre man hingekommen, wenn jeder in nackter Eigenmacht entschieden hätte, wer er sein wollte.

Das war es natürlich genau, was Gino und ich und wir alle für uns in Anspruch nahmen, und diese Tatsache schuf einen Abstand zwischen Claudina und mir. Ich weiß nicht, ob sie ihn wahrnahm. Sie wusste im Grunde nichts von meinem Leben, nur ich erfuhr etwas von ihrem. Meine Zweifel, meine vielfältigen Optionen und Verwöhntheiten mutete ich ihr nicht zu. Für sie war ich eines der Hippiemädchen, meine Rolle war festgeschrieben wie die der kleinen Bettler. Obgleich, vielleicht nicht. Später, nach dem Unfall, hat Claudina einmal gesagt, ich sei ganz anders als die verantwortungslosen, egoistischen Frauen meines Stammes, fast eine Inderin sei ich, *more like us then like them …*

Auch fragte sie mich, wie ich mir die Zukunft dachte. Gern hätte ich darauf eine Antwort gewusst. Um mich her gingen alle irgendwelchen Aktivitäten nach, freilich ohne dass man dabei von Arbeit hätte sprechen können. Sheila aus Oregon praktizierte Bauchtanz, den sie in Ägypten gelernt hatte, Nadine führte auf Partys balinesische Tempeltänze vor, Trumpet Steve organisierte ein Fest zu Ehren eines frisch eingetroffenen französischen Geigers. Auf einer Party sang eine Inderin, die in Varanasi Musik studierte. Hinterher führte ein Österreicher indonesisches Schattentheater auf. Aber wovon lebten sie alle?

You have to find a way to make money on the road, sagte Gino.

Eine Australierin verkaufte selbst gemachten Schmuck. Ein Schweizer versorgte Weihnachtsmärkte mit indischem Goldflitter. Ein Franzose übersetzte die indischen Cartoons aus dem Englischen, er flog umsonst mit Air India, weil die Anzeigen in seinen Heften schalteten. Ein Italiener importierte Espressokännchen und schenkte auf dem Flohmarkt Cappuccino aus, baute auf Bestellung Haschisch in Schuhsohlen ein, im Vorjahr hatte ihm ein europäisches Museum für einen Silbergürtel aus dem 19. Jahrhundert über tausend Dollar geboten.

Shirui beschäftigte mehrere Schneider, die in provisorisch errichteten Holzkabinen hinter ihrem Haus nach ihren Entwürfen Kleidung für Europa herstellten. Sie war vom Stamm der Tangkhul Naga und an der Grenze zu Burma geboren, in einer Region, für deren Besuch man eine Sondererlaubnis brauchte. Im Winter lebten sie und Angelo in Indien, im Sommer in Rom. Die indische Schamhaftigkeit hatte sie längst abgelegt, ebenso indische Schönheitsideale, sie glättete ihr hüftlanges Haar nicht mehr mit dem Bügeleisen und gab nackt am Strand Tai-Chi-Unterricht ohne Angst davor, dunkel zu werden. Ganz Anjuna trug in jenem Jahr Shiruis Hosen, sie waren geschnitten wie die der Afghanen, aber aus hauchdünnem Stoff. Einen der mit Goldfäden durchzogenen Lungis, die sie im Norden hatte weben und einfärben lassen, besitze ich noch. Vier Jahrzehnte, nachdem ich in Shiruis Haus gesessen habe, gehe ich noch immer in ihrem Lungi durch den Garten.

Shirui nahm keinerlei Drogen, sie war aber ein geschickter Opium-Wallah. Der Kopf einer Opiumpfeife sieht nicht aus wie der einer Tabakspfeife, eher wie ein Schubladengriff mit einem kleinen Loch. Chandu, rauchbares Opium, wird nicht angezündet, es soll nicht brennen, sondern verdampfen. Angelo und Gino lagerten auf den Bänken, die innen an den Wänden des Hauptraums entlangliefen, mittels einer langen Nadel rollte Shirui die zähe, dunkelbraune Masse in einem Gefäß, das sie über die Opiumlampe hielt, zu einem Klümpchen, man schloss die Türen, damit die Lampe nicht flackerte, die Pill wurde auf das spitze Ende der Nadel gespießt, über das Löchlein im Pfeifenkopf und zugleich über die Lampe gehalten, der Raucher inhalierte, und eine Wolke von intensivem Geruch erfüllte den Raum. Angelos Set war edel, eine Antiquität aus Laos, die Lampe emailleverziert und das Tablett eine Einlegearbeit. Shirui und ich plauderten weiter, während die Männer rauchten, und sie sackten nicht zusammen wie in einem Film oder wie Junkies, sondern blieben nur so lange liegen, wie es das Ritual erforderte, dann richteten sie sich auf, die Türen wurden geöffnet, die Unterhaltung ging weiter.

Der Morphiumgehalt von richtig präpariertem Chandu, sagte Angelo, sei eher gering, die anregenden und harmonisierenden Eigenschaften der Droge kämen weit stärker zum Tragen als die betäubenden, das sei der Unterschied zu Smack. Ich weiß nicht, ob das stimmt. Dass ich Opium nicht probiert habe, lag am Geruch. Der Rauch riecht klebrig, süßlich-verdorben, ähnlich wie anbrennender Sirup oder Melasse, und erregte mir Übelkeit, die, warnte Angelo, beim ersten Rauchen noch stärker werden mochte.

Gino konnte sechs Opiumpfeifen rauchen und fünfzehn Chillums, ohne erkennbar beeinträchtigt zu sein. Er wurde nur stiller. Selbstverloren wie Buddha kniete er in unserem Zimmer vor meinem nackten Körper, betrachtete und berührte mich. Er fand Federn und Schmuck für mein Haar, kam von irgendwo und schüttete mir Magnolien- und Jasminblüten in den Schoß, behängte mich mit Ringelblumenketten, überstäubte meine Schultern mit Goldpuder. Abends, wenn ich am Tonkrug hinter dem Haus das Salz abgewaschen hatte, rieb er mich mit Kokosöl ein. Auf dem Markt in Mapusa hielt er grüne Seide an mich, goldenen Saristoff, blauen Satin. Kühl war sein Blick, abwägend, ein Objekt war ich, eine Statue in seinem Tempel. Sein Produkt. Nie wäre ich damals auf die Idee gekommen, etwas zu tragen, was nicht er ausgewählt hatte, nie habe ich mich schöner gefühlt und bin, glaube ich, niemals schöner gewesen. Er führte mich umher, er zeigte mich her. Dass ich einen der auf mich gerichteten Blicke erwidern könnte, war aber nicht vorgesehen. Einmal wagte es einer, sich mir zu nähern, Gino lud ihn auf einen Joint ein, pries meine Vorzüge und bat um Verständnis, nämlich er, Gino, könne vollkommen nachvollziehen, dass der andere an mir Gefallen finde, nur habe er, Gino, nicht die Absicht, dem anderen die Situation zu erleichtern.

Diese weitschweifige Art zu reden, die Italiener haben können. Die, äh, nun ja, *Situation*. Nicht, hm, unbedingt *erleichtern* würde er die ihm. Der andere kam nicht wieder. Er wechselte sogar den Strand.

Dann gab es wieder eine Party in einem der großen Häuser. In den Bäumen hingen Lampions, Lautsprecher beschallten den Garten, im Haus fanden sich Kreise um ein Chillum, eine Bhong, einen Spiegel mit Lines zusammen. Ich mischte mich eine Weile unter die Tänzer, saß dann eine Weile mit einem Mädchen aus Melbourne zusammen, die auch keine Drogen nahm, und fand, als ich gehen wollte, Gino auf einem Charpoy im Garten. Ausgeknockt.

Und womit sollte ich seiner Ansicht nach meine Abende füllen? Das ewige Gequatsche über Drogen ödete mich an, die ewige blödsinnige Fachsimpelei in fehlerhaftem Englisch, Manali very good, but Afghani, for me is the most sweet hashish. Sie klangen wie ein Haufen verkalkter Pensionäre, die wichtigtuerische Debatten führten über die Frage, ob der

Wein in ihrem Glas im Abgang nun ein feines oder ein unfeines Schwänzchen von Brombeere oder von Pferdepisse aufwies, ihre intellektuellen Ansprüche lagen unter denen einer indischen Kuh, die einen Leitartikel fraß.

Gino wurde eisig, wenn ich so loslegte. Er machte sich unerreichbar, er verschanzte sich hinter einem Wall aus Formeln, tja, sagte er, kommt eben drauf an, was kann ich für dich tun, verstehst du halt nicht. Oder er sagte, was er in Kabul gesagt hatte: You are right, of course. Absolutely right.

In Asien kokste er nicht, er trank hier schließlich auch keinen Sangiovese. Asien war Haschisch und Opiate, wobei er beschlossen hatte, mit Smack aufzuhören, ein Entschluss, der auch mit mir zusammenhing, wie er mir auseinandersetzte. Mein Gegenspieler war Alehandro.

Alehandro war eine Institution. Er war ein Spanier, groß, breit und knochig, mit einer tiefen, grollenden Stimme, ich glaube nicht, dass ich ihn je lachen gesehen habe. Sein Haus lag auf dem Weg zu Joe Banana. Er verließ es nur selten und Anjuna nie. Im Kreis seiner Jünger thronte er wie ein Guru, die Bhong in der Hand, neben sich Hollywood Peter, der Lines machte und sich bereithielt, die Befehle des Meisters zu befolgen. Gesprochen wurde nur das Nötigste. Jeder hier war mit sich selbst beschäftigt.

Alehandro veranstaltete ein Backgammon-Turnier, alle nahmen teil, erster Preis war ein Gramm Heroin. Alehandro erschien mittags in einem Chaishop, von diesem Moment an war Gino unruhig, nachmittags nach der Liebe schlief ich ein, er nutzte die Gelegenheit.

Einmal trat ich aus Alehandros Haus, um zu pinkeln. Es war Nacht, Neumond, und der Wald völlig lichtlos. Etwas überkam mich, und ich rannte los. Gefährlich war das, überall gab es Mäuerchen, Löcher, unabgedeckte Brunnen, und ich rannte, ohne etwas zu sehen, und bin auch mehrmals gestrauchelt und gefallen, aber ohne mich ernstlich zu verletzen. Es war eine Wette, eine Herausforderung, ohne dass ich das so formulierte, und ich bereue es nicht, weil es gut ausging. Dann saß ich in Claudinas Chaishop. Ich bestellte Feni, was ich sonst nie tat. Im Wald kreuzten sich die Scheinwerfer der Motorräder, die mich suchten. Gino, als er mich vor dem Chaishop sitzen sah, ließ das Motorrad in den Sand fallen, er näherte sich mir vorsichtig und sprach sanft, als stünde ich am Rand eines Abgrunds. Amore. Amore. Was machst du für Sachen.

In dieser Zeit tauchte in Anjuna auch ein Schriftsteller auf, von dem ich früher einmal eine Erzählung über einen Reisenden gelesen hatte, der sich in einem durch die Nacht rasenden Schnellzug mit einem Fremden zusammengesperrt findet und allmählich begreift, dass sein Mitreisender ihn in den nächsten Stunden zu ermorden, zu zerlegen und aufzufressen gedenkt. Dieser Schriftsteller schien mir wie vom Schicksal gesandt. Ich wollte ja schreiben, als wandernden Geschichtenerzähler wollte ich mich entwerfen, aber meine Versuche, über Goa zu schreiben, mussten zwangsläufig scheitern, denn ich versuchte, mich in die Mitte dieser Gesellschaft hineinzuschreiben, während ich in Wirklichkeit an ihrem Rand stand. Das hätte ich mir zum Besten dienen lassen müssen. Wollte ich aber nicht. Dazugehören wollte ich.

Der Schriftsteller war über fünfzig, ein alter Mann. Fast täglich kam er von seinem Guesthouse in Calangute herüber, um mit mir zum Fort nach Chapora zu wandern oder zur Santana-Kirche. Auf diesen Wanderungen vertraute ich ihm an, dass ich auch schreiben, oder womöglich nicht schreiben, sondern schreibend der Welt entkommen wollte, und er antwortete, ich sei eine Nymphe, eine echte Nymphe voll Schönheit und Transparenz. Durch mich könne man die Welt sehen.

Das wollte ich ja, sagte ich, ich wollte andere durch mich

eine Welt sehen lassen, aber wie ging das, ich wusste ja nicht einmal, ob ich selbst etwas von der Welt sah, denn wenn, dann musste das doch zu Papier zu bringen sein. Ich konnte aber nicht einmal ausdrücken, was mich hierher zurückgezogen hatte. Er sagte, er für seinen Teil wisse genau, was ihn hierherziehe, von Calangute nach Anjuna und in mein Häuschen, und griff mir, die ich mir gerade die Haare kämmte, unter den Lungi zwischen die Beine.

Wäre er ein geweihter Priester gewesen, meine Erschütterung hätte nicht größer sein können. Wenn in einem französischen Lieferwagen einer auf dumme Ideen kam oder in der Türkei mir einer ins Klo nachdrängte, dann war das eine Sache, so waren Männer, ungeheuer bedürftig waren sie eben. Hier aber hatte ich auf etwas gehofft. Das war jetzt zerschlagen. Ich ließ mir aber nichts anmerken, denn was genau mich kränkte, wäre damals nicht einfach in Worte zu fassen gewesen. Man hätte sich womöglich fragen lassen müssen, worüber man ein Theater machte. War man verklemmt? Humorlos? Fand man Sex unnatürlich?

Ich schwieg also, hatte aber hinfort keine Zeit mehr für diesen Schriftsteller. Bevor er abreiste, gab er mir seine Adresse in London. Gemeldet habe ich mich nie. Inzwischen habe ich im Netz Bilder gefunden, die ihn Anfang der Siebziger in Deia zeigen. Auf einigen davon sieht er Gabo sehr ähnlich. So, wie Gabo später im selben Alter ausgesehen hat.

Ein Pärchen wurde in Bangkok mit Smack verhaftet, jemand machte sich auf den Weg, um die Kinder abzuholen, die sich in der Botschaft befinden sollten.

Bei einer Auseinandersetzung zwischen Drogenbossen bekam ein Italiener in Chang Mai eine Salve ab, er lag eine Nacht lang im Straßengraben, fast wäre er verblutet. Eine Kugel steckte noch immer in seiner Wirbelsäule, eine weitere in der Leber. Aus dem Rollstuhl würde er sich nicht mehr erheben.

Wir kamen von Shirui und Angelo, Gino hatte Opium geraucht und wollte nach Hause, unterwegs schwenkte Alehandro die Bhong.

Hombre!

Gino lehnte ab und lehnte noch einmal ab, aber Alehandro insistierte, Gino wollte ihn nicht brüskieren und gab schließlich nach wie einer, der sich zu einem letzten Glas überreden lässt. Danach trug ich ihn beinahe, und mehrmals übergab er sich.

Amore, flüsterte er. Was würde ich tun ohne dich.

Ich weiß es nicht, sagte ich zornig. Sterben?

Nach Terekol fuhren wir am 9. Februar. Ein Freitag. Wir hatten verschiedentlich Ausflüge unternommen, in den Dschungel der Westghats und nach Margao und Chandor zu den berühmten portugiesischen Villen, und das war immer ein Fest, denn Gino konnte zaubern, abseits der Straße ließ er einen versteckten Tempel für mich erstehen oder einen lotosüberwucherten Sumpf, Cashew Apples hängte er für mich an die Bäume, um mir die Nuss an der Unterseite zu zeigen und mich das süß-säuerliche Fruchtfleisch probieren zu lassen.

Fort Terekol liegt bereits in Maharashtra, auf einem Felsen an der Mündung des Flusses, der sich aus den Hügeln kommend ins Meer ergießt. Ein einfaches, aber schönes Guesthouse war damals darin untergebracht, ein staatlich geführter Beherbergungsbetrieb, in dem wir die einzigen Gäste waren. Ein Fischer setzte uns mit seinem Auslegerboot über. Von der Wehrmauer ließen sich Meer, Flussmündung und das grüne Land weithin überblicken, die Sonne ging in einer Wucht starker Farben unter, zugleich stand der fast volle Mond am

Himmel, und Gino neckte mich, denn ungeduldig hatte ich darauf gedrängt, herzukommen, aber dies war offensichtlich der perfekte Moment, dies war der Tag der Tage für Terekol, sah ich das ein, gab ich das zu.

Am Sandstrand, den wir am Morgen erkundeten, wuchsen Mangroven, Casuarinas und Palmen fast bis zum Wasser hinunter. In den Felsen fanden wir eine Grotte, auch eine Quelle mit Süßwasser. Eisvögel blitzten, schwarze Krebse flohen ins Schilf, im Schatten unter den Bäumen lagen wir nackt und sahen einem Adler zu, der über der Flussmündung kreiste und dann aufs Meer hinaus in die Sonne schwebte. Den Tag und eine Nacht verbrachten wir an diesem Strand, es gab nicht einmal Stechmücken, flecken- und makellos war dieser Ort, an dem ich hätte bleiben mögen, für immer, sage ich, ein banaler Wunsch, ein kitschiger Traum, tausendmal in jedem Leben erfolgt die Vertreibung aus dem Paradies. Aber Gino wollte zurück. Am Montag, dem 12. Februar fand in Anjuna eine Full Moon Party statt, die wollte er nicht verpassen, denn danach wollten wir abreisen. Wir wollten nach Norden ziehen und erst im Sommer nach Westen, dann im Herbst würden wir vielleicht nach Afrika aufbrechen. Terekol war also unsere letzte Tour und auch die Party die letzte, die allerletzte war es.

Am 14. Februar fuhr Gino nach Calangute. Ich blieb bei Shirui, denn auf dem Rücksitz des Motorrads nahm Gino Angelo mit. In einer Stunde würden sie zurück sein. Zwei Stunden vergingen, drei, aber sie kamen nicht. Du, lieber Leser, ahnst nun bereits Schlimmes, aber ich ahnte nichts, ich ging zu unserem Häuschen zurück, um meinen Ärger vor Shirui nicht zu zeigen. Die Sonne stand tief, als ich ein Motorrad hörte. Es war einer der Neukaledonier. Ich sollte mitkommen. Gino hatte einen Unfall gehabt. Er war verletzt. Ein Bein gebrochen hatte er.

3

Mit fünfzehn war ich in einen Mann verliebt, der doppelt so alt war wie ich. Nicht ich allein. Die halbe Stadt erlag ihm, Männer wie Frauen. Von irgendwo war er eines Tages im Grenzland aufgetaucht, zusammen mit einem Freund, der aussah wie Frank Zappa, und hatte in einem der umliegenden Dörfer inmitten von Bauernhöfen und Kuhwiesen ein Werbestudio eröffnet. Sein Bett war rund, sein Layouter war Brite, er fuhr ein altes Cabrio, trug einen Ledermantel und hatte über Paris ein Originaltaxi aus London importiert. Nie sah man ihn ohne Kamera. David Hemmings aus *Blow up* war ein Schatten gegen ihn.

Ich trage diesem Mann nichts nach. Er hat das Autorenfoto für mein erstes Buch gemacht. Ende 1996 war das, ich war gerade wieder in meine Heimatstadt gezogen und ging in seinen Laden, nicht mehr das alte Studio, sondern ein Fotogeschäft in der Stadt war es. Wir hatten einander zwanzig Jahre lang nicht gesehen. Im Hinausgehen rief er in den Raum, er sei dann mal weg, er fotografiere, keiner sah auf. Danach gingen wir einen Kaffee trinken. Bei ihm hatte man gerade Lymphdrüsenkrebs diagnostiziert. Er hat nur noch wenige Monate gelebt. Damals hat er mir erzählt, er hätte sein Leben lang an sich selbst in der dritten Person gedacht.

Er ging über die Straße, und alle Blicke ruhten auf ihm.

Er wandte sich von ihr ab, sein Schmerz war stärker als ihrer, aber er trug ihn gefasst.

Und so weiter und so weiter. Meine Liebesgeschichte mit diesem schillernden, mir schon aufgrund des Altersunterschieds unendlich überlegenen Manns, der mich in jeder Hinsicht überwältigte und dem ich nichts entgegenzusetzen hatte, war fürchterlich, sie dauerte acht Wochen, und überstanden habe ich sie nur, weil ich am Ende irgendwo in meinem fünfzehnjährigen Herzen die Kraft des Überdrusses, des Selbstekels und den Stolz fand, vom Tisch aufzustehen, ihn da am Tisch in seiner Stammkneipe sitzen zu lassen und in die Nacht hinauszugehen, die keine Nacht war, sondern nur später Abend, halb neun vielleicht, ich war ja noch ein Kind, ich durfte nicht bis in die Nacht unterwegs sein.

Er freilich schon. Und war es auch. Ich wollte mir eigentlich das Leben nehmen oder erzählte mir, dass ich das wollte, ein Gottesurteil sollte es sein, ich würde mit geschlossenen Augen über eine stark befahrene Brücke gehen oder etwas in der Art, aber auf dem Marktplatz hat mich ein Junge namens Ben mit dem Auto aufgesammelt, und wir fuhren die halbe Nacht lang in seinem Auto herum, sprachen kein Wort, rauchten nur und hörten mit voller Lautstärke den Soundtrack von *Shaft*.

Zu diesem Zeitpunkt war das Fotostudio bereits einmal ausgebrannt und sein Freund und Partner dabei umgekommen. Er trauerte um ihn, das will ich ihm nicht absprechen, auch war es ihm merkwürdig, denke ich heute, dass er selbst überlebt hatte. Viele munkelten auch Böses, von vorsätzlicher Brandstiftung bis zu Mord reichten die Verdächtigungen, so ist das in meiner Heimatstadt, das ist die Art der Leute dort, jemanden zu trösten, dessen bester Freund an einer Rauchvergiftung gestorben ist.

Aber dass man ihm so wenig einfühlsam begegnete, war auch seine Schuld. Er war ein Schauspieler und dies seine Rolle, der Gebrochene am Grab war er, der sich dem Andenken des Verstorbenen zuliebe wieder fasst. Mir gab er Anne Philipe zu lesen, *Nur einen Seufzer lang*. Die hatte immerhin ihren Ehemann verloren. Gut, vielleicht hatte sein Verhältnis zu seinem Freund ein Element des Homoerotischen enthalten, jedenfalls mehr als mich hatte er den geliebt. Wozu nichts gehörte. Vielleicht wegen dieses Buchs, in dem Anne Philipe von den letzten Tagen mit ihrem todkranken Mann berichtet, wurde ich, als ich begriff, dass ich nie etwas anderes als eine unter vielen für ihn gewesen sein würde, noch so lange, wie es schmerzte, von Vorstellungen heimgesucht, er wäre verunglückt, er wäre es, der bei diesem Brand schwer verletzt worden wäre, und ich würde ihn pflegen, sein Leben retten, Tag und Nacht an seiner Seite wachen und am Ende mit ihm gehabt haben, was keine andere gehabt haben würde: Mir würde er sein Leben verdanken. Dann mussten alle Schranken fallen. Dann wäre ich Anne Philipe, nicht er. Aber nicht als hilflos Trauernde stünde ich an seinem Bett, sondern siegreich, als seine Retterin, Orpheus und Eurydike wären wir beide, aber mit mir als Orpheus: der sich überwunden und nicht zurückgeblickt haben würde.

Die Theorie der selbsterfüllenden Prophezeiung hat mich nicht nur, aber besonders nach Ginos Unfall sehr beschäftigt. Habe ich den Unfall herbeigeführt? Hätte ich in Kabul ahnen können, dass Gino eine meiner pubertären Phantasien erfüllen würde? Vernünftigerweise wird man von einem Zufall auszugehen haben … Oder, und das habe ich mir immer wieder als Erklärung für allerlei Absonderlichkeiten zurechtgelegt, wir waren verabredet, Gino und ich. Wir, auch wir reichten bis in den Geräteschuppen des Jenseits zurück. Von Anfang an, schon vor dem Beginn aller Geschichten, hatten wir uns vorgenommen, etwas miteinander durchzustehen.

Im Panjim Goa Medical College & Hospital schossen die Vögel durch die zu den Höfen offenen Gänge. Er war bewusstlos. Sieben Brüche hatte er im Gesicht, hieß es später. Aus dem Bein ragte weiß der Scheinbeinknochen. Die Lotostätowierung auf dem Oberarm zerstörte jede Hoffnung, es könnte sich um einen Doppelgänger handeln, auch war die Hose seine, eine afghanische Hose. Mehr hatte er nicht getragen, als der deutsche Motorradfahrer in einer Kurve den Bus überholt hatte und ihm entgegengerast war.

Du musst hierbleiben, sagte der Neukaledonier. Ich fahre zurück zum Strand und hole die anderen. Er braucht Blut.

Und sie kamen. Dies ist eines dieser Bilder, die ich nicht gesehen habe, aber nun, wo ich schreibe, aus der Luftperspektive sehe wie in einem Film: die Freaks von Anjuna, wie sie mit Taxis und Motorrädern über den Hügel und durch den Palmenwald herabkommen, über die lange Brücke, die den Mandovi überspannt, sie rollen die Uferstraße entlang durch die heiße, stickige Nacht, dann halten die Fahrzeuge vor dem Haupteingang.

Ich hatte inzwischen einen Arzt gefunden. So very German war ich wieder, ich zog nicht die Dupatta übers Gesicht und kauerte in der Ecke auf den Fersen, bis sich mir jemand zu widmen gedachte, was zum Teufel war überhaupt los hier. Warum geschah nichts. Ein Schwerverletzter wartete auf Hilfe.

Ja. Aber der Einzige war er nicht. Es gab noch andere, die Hilfe brauchten.

Was denn für andere. Inder. Wir waren Europäer.

Gesagt habe ich das nicht, aber gedacht, ohne es mit Worten zu denken, unwillkürlich verhalten habe ich mich, was scherten mich Feinheiten. Sofortige Sonderbehandlung für meinen Geliebten verlangte ich. Der junge indische Arzt betrachtete mich mit gleichmütiger Nachsicht. Gino würde gleich auf die Intensivstation verlegt.

Der Raum war klein, fensterlos und von einer einzelnen Glühbirne erhellt. Die Glasscheibe zum Gang war mit schwarz überstrichenen Zeitungen verklebt. Kein Fenster, an der Decke ein Ventilator, manchmal fiel der Strom aus, aber das Krankenhaus hatte eigene Generatoren. Wir teilten diesen Raum mit zwei weiteren Männern. Was ihnen fehlte, weiß ich nicht, ihr Atem ging rasselnd, sie starben eben. Die Frauen, die sie versorgten, sprachen kein Englisch. Sie interessierten mich auch nicht. Gino lag still, erzeugte aber ungeheuren Rummel. Alle kamen zu ihm herauf, und ich rannte immer wieder hinab in den Keller, wo Freunde anstanden, um ihre Blutgruppe testen zu lassen. Ich umarmte sie alle, und sie umarmten mich, sie sprachen mir Mut zu, und ich dankte ihnen, ich war so froh und dankbar, dass sie gekommen waren. Aber sie blieben natürlich nicht. Im Laufe der Nacht gingen sie, einer nach dem anderen, die Letzten in den frühen Morgenstunden.

Nun saß ich an seinem Bett. Ärzte kamen und gingen, sie zogen seine Lider empor, leuchteten mit Taschenlampen in seine Pupillen und riefen mit lauter Stimme seinen Namen, aber er reagierte nicht. Er lag im Koma, sagten sie, vielleicht hatte es eine Blutung gegeben. Ohne Operation war das nicht festzustellen. Ich sollte das jetzt entscheiden.

Ich verstand nicht.

Nun ja. Ich war doch die Ehefrau. Also, Schädel auf oder nicht?

Einen Tag und eine Nacht lang saß ich da. Ich hielt seine Hände. Er hing an vielen Schläuchen. Blut von einem der Hippies lief in ihn hinein und am Bein wieder heraus, und ich fragte mich flüchtig, welche Drogen es wohl transportierte. Einmal in der ersten Nacht fuhr er empor und übergab sich, der Geruch war scharf, fischig, er hatte in Calangute Hummer gegessen. Das Erbrechen erfolgte mit großer Gewalt, die Fontäne klatschte auf sein Gesicht zurück, seine Augen waren, ohne zu sehen, aufgerissen. Ich hatte Angst, er könnte ersticken, und rief um Hilfe, aber die Frauen an den Nebenbetten schimpften. Sein Bett zu verlassen, wagte ich nicht, holte ihm also mit den Fingern aus dem Mund, was ich konnte, Hummer, auch Zahnstücke. Am nächsten Tag entschied ich: Keine Operation. Es war ihnen recht. Im Moment konnten sie ohnehin nicht operieren, sagten sie, es hätte ihn umgebracht. Abwarten musste man. Aber was.

Am Morgen begann er zu zucken. Ununterbrochen ging das die nächsten Tage, er bäumte sich auf, und ich konnte ihn nicht halten. Ich band ihm die Arme mit Mullbinden am Bett fest und flehte dabei flüsternd um Verzeihung, forgive me, Gino, please forgive me.

Er ist sehr erschöpft, sagte der Arzt. Im Koma schläft man ja nicht.

Das war eine neue und fürchterliche Vorstellung. Dass er sich ausruhen sollte, wurde das Mantra über viele Tage. Ruh dich aus, Liebster, ruh dich aus. Schlafe, Liebster, schlafe. Er bäumte sich auf, die Binden rollten sich zusammen und schnitten ein, ich merkte es zu spät, die Narben dieser Wunden sind ihm geblieben. Auch hatte sich ein Beatles-Song in meinem Hirn eingenistet. *Close your eyes, and I kiss you, tomorrow I'll miss you.* Das lief auf einer Endlosspur. Ich hatte den Eindruck, dass es ihn beruhigte, wenn ich ihm mit dem Daumen über die Stirn strich, ich legte die Hand auf blutverklebtes Haar und strich von der Nasenwurzel senkrecht nach oben und rief ihn dabei. Gino, Ginolino, Gino-jan. Bleib. Er wurde schnell schwächer. Ich band ihn nur noch an, wenn ich ihn kurzzeitig verlassen musste. Dann gar nicht mehr.

Überall draußen auf den Gängen traf ich auf Frauen, die ebenfalls Angehörige pflegten. Wir begegneten einander im Hof, vor den Toiletten. Helligkeit und Hitze waren immer ein Schock. Am Bett unter der Glühbirne suchte ich die heilen Stellen an seinem Körper. Irgendwo dort drinnen war er ja, er war bei mir, mindestens so, wie ein Toter bei einem ist. Was ich damit meinte, weiß ich nicht. Manchmal schloss ich die

Augen und legte die Stirn aufs Bett und schlief für ein paar Minuten ein.

Anfangs kam jeden Tag Besuch. Der Motorradverleiher kam und war verstört, er kannte Gino seit Jahren und sagte, ich sollte mir keine Gedanken wegen des Motorrads machen, eine Idee, auf die ich noch gar nicht gekommen war. Claudinas Mann überbrachte Grüße, Orangen und Chiccy. Von Anjuna kamen sie und brachten safranfarbene Blumenketten, die sie aufs Bett legten, Obst für mich, frische Lungis und eine Matte, die ich auf dem Boden ausrollen konnte. Vor allem aber Geld. Am Strand wurde für uns gesammelt. Behandlung und Aufenthalt im Krankenhaus waren kostenlos, aber man brauchte Trinkgelder, auch musste ich essen, und Ginos Geld lag auf der Bank in Calangute im Schließfach.

Dann wurden die Besuche seltener. Umso mehr freute ich mich, wenn jemand den Weg in meinen dunklen Turm fand, ich lachte dann und war fröhlich, und das befremdete die Besucher. Corrado stand am Bett und sagte: His belly went in fast.

Das war wahr, sagte ich eifrig, ganz eingefallen war Gino. Mimmo kam und fiel einfach um. Was hatte denn der nun wieder genommen. Einer der zum Islam Konvertierten kam und rief Allah an. Ich ging so lange hinaus, wusch mich in dem Verschlag mit den Betonwänden, setzte mich dem Schock des Sonnenlichts aus. Fragen beantwortete ich mit heiterem Gleichmut. Ja, sagte ich, das stimmt, er kann sterben. Sterben oder aufwachen oder irreparable Schäden davontragen. Es entsetzte sie. Wie konnte ich das so einfach sagen.

Weil ich nicht fühlte, was ich sagte. Ich war vollkommen erfüllt vom Moment, nichts ragte über ihn hinaus, hier war ich, HIER, und ganz heiter, wenn uns hier einer besuchte.

Aber er kann sterben, sagten sie.

Ja, sagte ich. Ich sagte nicht: du auch. Oder ich. Sie hatten Gefühle, das konnten sie sich leisten, sie kamen hier herein, legten Geld auf den Nachttisch und brachten Honig, die heilenden Wirkkräfte von Sonne und Blüten, dann entschwebten sie an den Strand. Ich aber musste bleiben und wachen. Ich konnte mir nichts leisten als den Moment, mehr hatten wir nicht, so lebten wir nun wieder miteinander, ohne Pläne und ohne zu wissen, wie lange dies dauern würde. Wie in Kabul.

Tag war es, wenn draußen Schritte auf dem Gang hallten, die Frauen holten dann Wasser und Essen, Ärzte kamen und gingen. Wenn diese Geräusche verstummten, wenn nur der surrende Ventilator zu hören war und das rasselnde Keuchen der Männer, war es Nacht. Die Frauen wurden abgelöst. Ich blieb. Ich war allein mit ihm, enger verbunden mit jemandem konnte man nicht sein.

Einmal starb gegenüber ein kleines Kind. Ein Mädchen war es, noch kein Jahr alt, ich hatte es vom Gang aus mehrfach gesehen. Es lag ganz vorn in dem Krankensaal, in einem riesigen Erwachsenenbett wie in einer Schneewehe. An einem Morgen heulte jemand auf. Ich ging nachsehen. Die Mutter stand mit erhobenen Armen auf dem Gang. Das tote Kind lag im Bett. Von außen war es heil. Seine Augen standen halb offen. Ärzte kamen, ich ging zurück in Ginos Zimmer und hörte sofort auf, an den Tod dieses Kindes zu glauben. Sein Körper war winzig und natürlich ganz leicht. Man musste ihn schnell irgendwohin tragen. Man musste ihn irgendwohin bringen, wo dies nicht geschehen war. Zugleich stand mir die Wirklichkeit dieses kleinen Körpers vor Augen. Es ist einem lebendigen Menschen unmöglich, einen Toten zu spielen. In seinem Körper, gerade im Körper eines guten Schauspielers, ist genau das machtvoll anwesend, was dem Körper des Toten fehlt, der ohne Präparierung nie aussieht wie der Körper eines Schlafenden. Das ist es, was den ersten Anblick eines Toten so erschütternd macht: die Unleugbarkeit, diese Wirklichkeit, an der sich nicht rütteln lässt. So also ist es, denkt man wie betäubt, so. Draußen versuchte man, die Mutter wegzuführen oder sie zum Schweigen zu bringen. Aber sie hockte auf den Fersen im Gang, die Hände auf Höhe ihres Gesichts, und heulte, an- und abschwellende Vokale heulte sie.

Ein paar Tage zuvor hatte Gino zum ersten Mal die Augen aufgeschlagen. Er hatte mich angesehen, wie sehr kleine Kinder das tun, mit einem Blick von großer Eindringlichkeit, bei dem man nicht weiß, was dieser Blick sieht. Dann hatte er etwas gesagt, mit fremder Stimme, er artikulierte die Wörter in der Kehle, rau und grollend klangen sie. Ich wusste nicht, zu wem er sprach oder in welcher Sprache. Aber offensichtlich war, dass er eine absolute Nachricht verkündete.

Ich sagte: Please, speak english, Gino.

Das tat er nicht und sprach auch nicht seine Muttersprache, ein anderes seiner Ichs schwamm obenauf. *Avec la plume*, sagte er und wiederholte es mehrere Male, *avec la plume, avec la plume,* der eindringliche Blick, den ich nicht kannte und der mich nicht erkannte, blieb auf mich gerichtet, dann verdrehte er die Augen, der weiße Augapfel wurde sichtbar, er war wieder versunken. Nun, als die Frau draußen im Flur um ihr totes Kind klagte, schlug er die Augen auf, ihre Klage erreichte ihn, zum ersten Mal reagierte er auf seine Umwelt, ein großes Geheimnis vertraute er mir an. Jede Silbe betonend sagte er: Somebody is singing a song.

Ärzte eilten heran, leuchteten in seine Pupillen und riefen ihn, seinen Namen wollten sie hören, Gino, Gino, sagten sie, Gino, what is your name.

Das wusste er nicht. Die Augen waren die eines verschreckten Kindes.

Und sie?, sagte der Arzt und deutete auf mich. Do you know her? What is her name, Gino?

Er sah mich lange und zweifelnd an. Er erkannte mich nicht. Er sagte: But she is very good to me.

Es zog mir den Boden weg. Jemand musste mich stützen.

Dabei wäre das meine Chance gewesen. Ein neues Leben hätte ich beginnen können. Für gut wurde ich auf einmal gehalten.

Zwei Tage später wurde er operiert. Ich sollte seine Schläfen und seinen Kopf rasieren. Gelassen war ich, vollkommen ruhig, aber plötzlich war alles voll Blut, und ich wollte sofort tot sein. Dann gaben meine Knie nach vor Erleichterung. Ich war lediglich, um Ginos Haare zu entfernen, mehrfach mit dem Daumen über die Klinge des Rasierers gefahren.

Sie operierten ihn nachts. Operation Theatre Number Four, das weiß ich noch. Der Arzt, der die Operation ausführte, war nicht mehr jung, ein hoch gewachsener, distinguierter Portugiese war es mit einem langen, feinen, braunen Gesicht. Shirui und Angelo wachten mit mir. Angelo war unverletzt geblieben. Ginos Körper hatte seinen Sturz abgefangen.

Danach wurden wir in einen der Krankensäle verlegt. Ein heller, hoher, luftiger Raum war das, mit mehr als zwanzig Betten darin. Gino lag still. Ich saß am Bett und rief ihn lautlos und mit aller Kraft. In der Morgendämmerung schlug er die Augen auf. Sein Blick umfasste mich. Seine neue, fremde Stimme verkündete mir eine große Nachricht, die zu erfinden ich nicht wagen würde und die mich bis heute mit Ehrfurcht erfüllt.

Finally we are approaching the coast, sagte er.

Dann schlief er.

In den nächsten Tagen kam und ging sein Bewusstsein. Meistens wusste er, wer ich war, auch an seinen Namen konnte er sich erinnern, aber nicht an den Unfall oder die Tage davor, diese Erinnerung kehrte niemals wieder. Später reichte sie immerhin zurück bis Terekol, bis zu unserer Abfahrt aus Terekol, wo ich so gern hätte bleiben wollen, aber ihn hatte es vorangedrängt, nach Anjuna musste er und der langen Kurve über den Hügel nach Calangute folgen. Ich bin auf dem Weg ins Krankenhaus an der Unfallstelle vorbeigekommen. Ich habe die Motorräder auf der Straße liegen sehen.

Dass wir in einem Krankenhaus waren, verstand er nicht. Das Krankenhausessen war scheußlich, deshalb ging ich in die Stadt und auf die Märkte, um etwas Genießbares zu finden, und er beklagte sich bitter, immer ließ ich ihn allein. Überhaupt, wir waren doch in Thailand. Wieso konnte ich da nichts Anständiges zu essen auftreiben.

Morgens erschienen die Schwesterschülerinnen in ihren properen blauen Uniformen, um die Patienten zu waschen. Sie interessierten sich sehr für uns. Ob er mein Mann sei, wollten sie wissen, wie alt ich sei und ob wir Kinder hätten. Sie wuschen ihn, sie mussten das tun, sagten sie, zur Übung, aber wenn sie sich seinem Geschlecht näherten, gaben sie mir den Lappen.

You do it.

Wir versuchten, das Aufliegen zu vermeiden, schafften es aber nicht. An seinen Schulterblättern und über dem Steißbein erschienen große, runde, offene Stellen. Dafür gaben sie mir ein Puder. Drei-, vier-, fünfmal am Tag machte er ins Bett. Dass man ihn nicht wickelte, ist mir heute unbegreiflich. Der Dalit, der im Hof schlief, maulte, wenn ich ihn rief, was wollte ich denn schon wieder. Wir rollten Gino auf die Seite und zogen das Laken hoch, rollten ihn auf die andere Seite, zogen das Laken unter ihm weg, breiteten ein neues Laken aus, rollten ihn darauf, zogen das Laken unter ihm durch, und er weinte die ganze Zeit vor Schmerz. Drei Stunden später war wieder alles beschmutzt. Ich hab es wieder getan, sagte er verzweifelt. *Oops I did it again.* Immer, wenn ich irgendwo den Britney-Spears-Song höre, denke ich daran, an ein Krankenhausbett voller Kacke. Immer wieder frische Bettwäsche zu bekommen war ein Kampf. Die Schwester, die für mehrere dieser riesigen Krankensäle zuständig war, seufzte geduldig eine Zusicherung, eine halbe Stunde später war noch nichts geschehen, wenn ich das dritte Mal fragen musste, tobte ich vor Erschöpfung. Geld wurde genommen, beschleunigte die Dinge aber nicht. Alle waren hilfsbereit, aufopferungswillig, aber es waren zu wenige, zu wenig Ärzte, zu wenig Schwestern, ich hätte mir nie vorstellen können, dass ich in Indien einmal irgendwo auf zu wenig Inder stoßen könnte.

In der Nacht zerrte Gino das Gummihütchen herunter, das er statt eines Katheders trug, dann, wenn alles nass war, weckte er mich. Ich schimpfte mit ihm, nachts jemanden zu finden, der mir Bettwäsche gab, war noch schwerer als am Tag. Eine Zigarettenlänge lang stand ich im Hof, leicht und gleichgültig vor Erschöpfung. Das Radio des Night Watchman, der an der Mauer seine Matte ausgerollt hatte, spielte einen indischen Filmhit. Morgens ging ein Mann mit einem Sack durch die Höfe und sammelte die Kadaver der Katzen und kleinen Hunde ein, die das ausgelegte Rattengift gefressen hatten. Meine Kleider wusch ich im Hof unter der Wasserleitung. Meine Haare auch.

In der folgenden Nacht versuchte er, sein Bett trocken zu halten, und urinierte über die Bettkante hinweg auf mich. Ich schob die nasse Matte weg und warf mich auf den nackten Boden. Eine Stunde später weckte er mich, quengelnd: Ich bin wach, ich bin wach. Ich dachte an meine Mutter, die auf der Flucht in einem Bombenloch hatte liegen bleiben wollen, lass mich doch, Mama, hatte sie gesagt, lass mich einfach hier liegen und schlafen, dafür war sie zu sterben bereit.

In Calangute in der Bank weigerte man sich, Ginos Schließfach zu öffnen und mir das Geld darin auszuhändigen. Ich verfügte über eine Bescheinigung des Krankenhauses. Der Filialleiter schlug vor, ich solle weitere Bescheinigungen beibringen, von Ämtern, Behörden, Polizeistationen, möglicherweise diversen Gottheiten. Ich schlug vor, das Bild auf meinem Pass, der sich im Schließfach befand, mit meinem Gesicht zu vergleichen. Er fürchtete die Reaktion meines Mannes angesichts eines leeren Schließfachs. Ich wies auf den Brief des Krankenhauses hin. Acha, acha, er wiegte den Kopf und legte mir nahe, endlich zu verschwinden. Ich wischte mit dem Arm alles von seinem Schreibtisch, sprang auf die Platte und schwor, hier zu verweilen ohne Wasser und Nahrung, bis ich Pässe und Geldbeutel hatte, das löste großes Geschrei aus, von überall kamen sie gerannt, und ich forderte sie heraus, Hand an mich zu legen, sie würden es bereuen. Am Ende ging es wie an der Grenze in Menton, als man uns nicht nach Italien hatte einreisen lassen wollen: Man begriff, ich würde mich nicht dematerialisieren, und gab nach, um mich endlich verschwinden zu lassen. Der Filialleiter begleitete mich ins Krankenhaus und verglich Ginos Gesicht mit dem Passfoto.

Really, sagte er. Really.

Auch meine Post holte ich nun ab. Die ersten Briefe, die sich mit meinem erklärenden Brief überschnitten, enthielten Ermahnungen, mich endlich dem Ernst des Lebens zu stellen und es mit dem Urlaubmachen genug sein zu lassen. Ich habe diese Briefe nie ganz gelesen und auch nicht die späteren, die hilflos vorschlugen, man könnte die Cousine zu mir schicken oder Ginos Schwester. Wozu die beunruhigen. Ginos Familie habe ich erst informiert, als wir das Krankenhaus schon verlassen hatten. Gabo in Kathmandu hatte über die Cousine von dem Unfall erfahren, er fragte an, ob er helfen könne, zum Beispiel Opium könnte er schicken, und ich habe seinen Brief ignoriert wie die anderen.

In den Höfen des Krankenhauses traf ich manchmal auf einen Deutschen, der eine Dänin im Mental Ward besuchte. Sie sprach mit niemandem, man wusste nichts über sie, und er sorgte sich sehr, denn sein Visum lief aus. Was sollte dann aus ihr werden. Ein Spanier, der in Varanasi Obertongesang studierte, betreute seinen kleinen Bruder, einen Junkie, dessen Leber zerstört war, seine Freundin schmuggelte Smack zu ihm herein, sie tat es aus Liebe und brachte ihn damit um. Gelb und mager war er wie eine Kreuzabnahme. Sein Bruder, der Sänger, war kräftig, mit rundem Kopf, igelkurzen Haaren und einem ruhigen Gesicht. Wenn wir uns trafen, warf ich mich ihm in die Arme und verlangte, von ihm festgehalten zu werden, und das tat er, er hielt mich und wiegte mich wie ein Kind. Sie waren aber in einem weit entfernten Flügel untergebracht. Also floh ich manchmal, um Kraft zu schöpfen, nur für ein paar Minuten nach draußen, auf die andere Seite der Uferstraße, ich stand an der Balustrade und sah über das glitzernde Wasser des Mandovi auf den Palmenwald am gegenüberliegenden Ufer. So schön war das, eingehen hätte man wollen in diese Schönheit, ein Palmblatt sein oder ein winziges Tier in den Wipfeln.

Einmal, während ich dort stand, sprach mich freundlich jemand an. Ein Sikh war es, er kam teilnahmsvoll näher. Hatte ich Angehörige im Krankenhaus? Brauchte ich Hilfe? Er berührte meinen Arm, beugte sich auf intime Art über mich, und ich sah seinen Kumpel, der uns fotografierte. Wie schnell ich bei dem war, kam für uns alle überraschend. Ich boxte und schlug ihn und packte die Kamera, er ließ los, die Kamera flog in den Fluss, und ich verfolgte ihn noch ein ganzes Stück, in vielerlei Sprachen schrie ich Obszönitäten.

Dann, eines Nachmittags, erschien Alehandro im Krankenhaus.

Hola, hombre.

Gino strahlte. Für ihn hatte der Herrscher sein Reich verlassen. Eine Freundschafts- und Liebeserklärung war dies, Gino nahm sie als solche, und ich habe Alehandro dafür alles andere vergeben.

Im März kehrten wir an den Strand zurück. Von der Straße am Nordende, wo der Krankenwagen hielt, wurde Gino auf einer Trage zu unserem Haus gebracht. Viele Leute gaben ihm Geleit. Er sah nach oben, in den Himmel und die Wipfel der Palmen. Nun endlich begriff er, wo er war, und er weinte ohne Anstrengung, wie Kranke und Alte weinen, immer weiter liefen aus seinen Augenwinkeln die Tränen.

Im Haus legten wir ihn auf die Matten. Wir hatten kein Bett, nicht einmal eine Matratze. Das Körperliche unserer Liebe, die Übermacht des Körperlichen blieb bestehen: Wo er mich geschmückt und geliebt hatte, wusch und fütterte ich ihn nun. Auch hatte man mir Pfanne und Flasche für Stuhlgang und Urin mitgegeben, aber Toilettenpapier hatte ich nicht und kein fließendes Wasser. Morgens half mir jemand, Jacques oder Trumpet Steve, ihn ins Freie zu tragen, ich fegte das Häuschen und bekämpfte die Ameisen, den Korb mit Früchten und Honig hängte ich an die Decke. Auch musste ich unsere Visa verlängern lassen und für mich eine Ausnahmegenehmigung erwirken. Mich an die deutsche Auslandsvertretung zu wenden, erwog ich nicht einmal, aber das italienische Konsulat in Bombay hielt Kontakt zu einer Italienerin in Panjim, die sprang mir zur Seite.

Er versuchte zu begreifen, was geschehen war. Manchmal konnte er es akzeptieren, dann wieder überstieg es seine Fassungskraft. Kindlich fordernd war er und fürchtete sich, wenn ich ihn allein ließ, obwohl während meiner kurzen Abwesenheiten immer jemand bei ihm saß. Aber auch ich war unruhig, wenn ich ihn nicht sah, eine Nabelschnur verband uns, draußen vor dem Haus stand ich und wusste, wenn er drinnen gerade erwachte.

Am meisten geliebt habe ich in Goa immer die Stunde vor Sonnenuntergang, wenn wir gewaschen, bekleidet, bemalt, für den Abend bereit vor dem Haus saßen. Auf dem Weg zum Strand kamen dann immer Freunde vorbei, früher waren es seine gewesen, jetzt kamen andere: mein Stab aus Betreuern, der mir half.

Damals begann Anjuna sich zu verändern. Der Flohmarkt war, schien mir, in unserer Zeit im Krankenhaus gewachsen, zum ersten Mal sah ich professionelle Verkäufer ihre Stände aufbauen, was aus Calangute Touristen in Freizeitkluft anlockte.

In dieser Zeit tauchte auch ein deutscher Journalist bei mir auf. Ich weiß nicht mehr, wer ihn zu mir geschickt hatte. Er wohnte in Fort Aguada, Goas einzigem Holiday Resort am von uns nicht frequentierten Candolim Beach. An meinem einundzwanzigsten Geburtstag bin ich einmal dort gewesen, diesen einen Abend habe ich Gino allein gelassen, Jacques hatte darauf bestanden, mich zu einer Dinner Show mitzuschleppen. Französinnen aus Anjuna gaukelten den Hotelgästen vor, balinesische Tempeltänzerinnen zu sein. Der Hotelpool war beleuchtet. Der Barmann trug Weiß. Gruselig war es. Und von dort aus wollte sich dieser Journalist nun binnen einer Woche einen tiefen Einblick in das Leben Anjunas verschaffen. Was war das denn für einer. War der noch bei Trost.

Anfang April sollte der Gips entfernt werden. Gino hatte sein Bewusstsein gänzlich wiedererlangt. Er saß im Rollstuhl, zuversichtlich plauderten wir mit dem Arzt, der Gips fiel, das Bein wurde sichtbar, hühnerbeindünn und weiß, straff spannte sich die Haut über dem Schienbeinknochen, dessen oberer Teil herausgesprungen war und sich über den unteren geschoben hatte. Dort war er festgewachsen. Gino verlor das Bewusstsein. Der Gips wurde erneuert, und man brachte ihn zurück in den Krankensaal.

Aber wir würden nun nach Europa zurückkehren. Gino war transportfähig. Sein Ticket musste umgebucht, der Krankenwagen nach Panjim, der Flug nach Bombay, eine Begleitung durch das Rote Kreuz organisiert werden, und ausgerechnet jetzt infizierte ich mich mit Ruhr.

Lieber Leser! Für den Herrn seines Schicksals hält man sich, alles meint man im Griff zu haben, leichtfertig ignoriert man die Gestaltungsmacht der Mikroben … Zusammengekrümmt, schlotternd vor Fieber bei vierzig Grad Hitze, lag ich in unserem Haus am Strand, wohin ich zurückgekehrt war, um unsere Sachen zu packen, und Elena erschien, um mir zu helfen. Sie kaufte im ländlichen Indien für ein paar Rupien alte Stoffe auf, vor allem handbestickten Chiffon, den ihr die Boutiquen in Ibiza teuer bezahlten. Nun brachte sie mir eine ihrer riesigen Reisetaschen, und ich war dankbar, niemals hätte ich sonst all unsere Sachen untergebracht. Sie winkte ab. Selbstverständlich war doch, was sie tat. Sie konnte gar nichts daran finden.

Ein Krankenwagen brachte uns zum Flughafen von Panjim. Um den Schalter schrie und wogte die Menge. Der Flug nach Bombay war hoffnungslos überbucht. Gino im Rollstuhl war zusammengesackt. Der Krankenwagen war weg, aber ich wollte auch nicht zurück, ich wollte weiter und vertraute mich mit Wonne dem heißen Strom meiner Wut an, der mich so oft gerettet hat. Wie ich durch die Menge gekommen bin, weiß ich nicht. In der Erinnerung krabble und springe und turne ich affenhaft über alle Köpfe hinweg. Dann war ich vorn, schoss über den Tresen des Schalters, packte den Angestellten am Ärmel, grapschte nach seiner Hemdbrust und brüllte, dass er mir jetzt, sofort, in dieser Sekunde meine Boardingpässe aushändigen würde. Und er gehorchte.

Es ist alles gut, sagte ich zu Gino. Du fliegst nach Italien. Alles wird gut.

Sein Gesicht war wächsern in der Hitze. Das Wasser lief mir aus den Haaren und eisig von den Brüsten den Bauch herunter. Die Nacht verbrachten wir in der Halle des Flughafens von Bombay wie auf einer Insel. Wir sahen einander an, hielten uns an den Händen, ich lehnte an seiner Schulter, lag mit dem Kopf auf seinen Beinen oder stand halb gebeugt über ihm und hielt ihn im Arm. Als es so weit war, als wir Abschied genommen hatten und ich sah, wie die Rotkreuzschwester ihn davonrollte, schwankte die Welt, mir wurde übel. Dann überwältigte mich ein immenses Gefühl der Befreiung.

Zwei Stunden später saß ich im Flieger nach Delhi. Ich schlief wie tot. Im Tourist Camp holte ich unser Gepäck aus dem Lager. In meiner Kammer öffnete ich die Tasche, die wir in Delhi zusammen gekauft hatten. Sein Pakol lag zuoberst, darunter die Jacke aus Nuristan. Dann ein großer Beutel. Er enthielt die Bronzearmreifen, die er in Pakistan hatte anfertigen lassen. Sie sahen massiv aus, waren aber hohl und mit Opium gefüllt. Ich hatte genaue Anweisungen erhalten. An den Schmuckständen in der Janpath Road kaufte ich zwei Dutzend ähnlicher, aber sauberer Armreifen, billige Touristenware, und packte sie zu den anderen dazu. Dann musste ein zum Paket geeignetes Behältnis aufgetrieben werden. Das Paket musste man im Bazar in Stoff einnähen lassen. Der dafür vorgeschriebene Stoff war zu besorgen. Mit jeder Rikscha, in die ich einstieg, mit jedem Händler, den ich entlohnte, mit jedem Schritt auf dem Weg fühlte ich mich sicherer, kompetenter. Auf der Post, wo ich Monate vorher Ginos Nachricht gefunden hatte, gab ich das Paket mit Pakol, Jacke und unserem Opium auf. Ich erinnere mich daran, wie ich es beschriftete, ich sehe den Stift in meiner einundzwanzigjährigen Hand einen Phantasieabsender schreiben und einen Phantasieempfänger c/o Gino.

Dann stieg ich in eine Rikscha und fuhr zurück zum Camp. Rauchend saß ich in der Sonne. Mein Flug war für den Wochenanfang gebucht. Von München würde ich sofort nach

Rom fahren. Sicher war Gino bereits operiert. Sobald er ganz hergestellt sein würde, würden wir das Paket am Flughafen in Florenz abholen und das Opium gemeinsam verkaufen. Dann würden wir wieder aufbrechen. Ich wusste nun Bescheid, ich hatte meine Prüfungen bestanden, was immer das Leben mir aufgab, würde ich lösen können. Ich legte den Kopf zurück und sah hinauf in den blendenden Himmel. Hoch oben über der Stadt kreisten die Geier. Elegant schwebten sie in den Aufwinden der Thermik, immer waren sie da gewesen, immer würden sie da sein, und immer wieder würde ich hierher zurückkehren, ich fasste das nicht einmal in Worte, es war selbstverständlich, der Angelpunkt meines Bewusstseins war es.

Aber der Himmel über Delhi ist leer. Die Geier Südasiens sind fast vollständig an Nierenversagen zugrunde gegangen, ausgelöst durch das in den Kadavern von Ochsen und Büffeln gespeicherte Diclofenac, ein Medikament, das Mensch und Tier gegen Gelenkschmerzen verabreicht wird. Im Fall der Ochsen, um sie am Ende ihres Lebens und ihrer Einsetzbarkeit noch einmal zu letzten und allerletzten Anstrengungen fähig und brauchbar zu machen.

In einem früheren Versuch, über all diese Ereignisse zu schreiben, habe ich Gino sterben lassen. In gewisser Weise war es so. Hoch symbolisch erscheint es mir heute und lange habe ich es mir nicht verziehen, dass ich Jacke und Pakol, seine Kluft aus Kabul, nicht für uns gerettet, sondern sie in dieses Paket gelegt habe, das wir niemals abgeholt haben. Sofort nach meiner Ankunft in München rief ich Ginos Schwester in Pisa an. Gino befand sich nicht im Krankenhaus, sondern in Regina Coeli, dem Gefängnis von Rom. Er war auf dem Flughafen verhaftet worden. Man hatte das Haschisch in seinem Gepäck gefunden.

Haschisch? Ich verstand nicht.

Na, das Haschisch in der Tasche. Im Boden der Tasche, die Elena mir in Anjuna mitgegeben hatte.

Die folgende Zeit, nicht einmal drei Monate sind es gewesen, kommt mir sehr lang vor und sehr kurz. Jeden Sonntag rief ich Ginos Schwester an. Gino war immer noch nicht operiert. Dass man ihn in absehbarer Zeit freiließ, war nicht anzunehmen. Besuchen durfte ich ihn nicht. Er war bei der Verhaftung wieder bewusstlos geworden, weshalb ich anfangs ohne Nachricht von ihm war, dann schrieb er mir, auf Italienisch und in krakeliger Schrift, eine deutsche Übersetzung lag bei, ein Mithäftling stammte aus Südtirol. Das Deutsche machte ihn mir fremd. Wenn ich an ihn dachte, roch ich Exkremente. Ich trank eine halbe Flasche Fabersekt und ging aus. Dann kam Gabo. In diesem Sommer begann er, in großem Stil zu dealen.

Er kam, er ging, er schickte Pakete, ich bewahrte sie für ihn auf, er kam wieder und legte Geld auf den Tisch. Geld von zu Hause nahm und bekam ich nicht mehr, das wäre schäbig gewesen, ich studierte ja nicht. Gar nichts tat ich.

Dann, eines Tages, kam Gabo mit Cocain. In Rom, in Goa, immer hatte ich abgelehnt. Jetzt nicht mehr.

Cocain … Vielleicht schreibe ich einmal auch darüber.

Von nun an materialisierte Cocain sich überall. Champagner, Gin Tonic, Wodka Lemon. Ich stand in der Abenddämmerung auf und ging in der Morgendämmerung zu Bett, und tief in der Nacht schrieb ich an Gino, ich schrieb nicht aus Liebe, sondern aus Pflicht, ungefähr so, wie ich drei Jahre zuvor dem Junkie mit den mandelförmigen Augen in den Berliner Jugendknast geschrieben hatte, noch immer wollte ich eine sein, die Briefe an die Unschuldigen schrieb. Ich hätte nun unter Umständen eine Besuchserlaubnis bekommen können, sagte Ginos Schwester, an die, die und die Stelle sollte ich schreiben und in gewähltem Italienisch überzeugende Gründe darlegen, warum ich Gino unbedingt sehen musste. Diese Gründe hätten mich selbst interessiert. Allmählich bekam ich den Kater schon, während ich noch trank. Gino schrieb nur noch Italienisch, sein Übersetzer war entlassen worden, er nicht. Ich verstand seine Briefe, fand ihn aber nicht in ihnen. Solch atemlose Liebeserklärungen hatte er mir niemals gemacht. Er bat um Fotos, ich schickte ihm welche, bei ihrem Anblick war er ohnmächtig geworden, sagte seine Schwester, furchtbar fand ich das. Manchmal, wenn ich nachmittags erwachte, fehlten mir Kleidungsstücke. Das war aber nicht erotische Wahllosigkeit. Meine Liebhaber wählte ich nach sehr strengen Kriterien, zum Beispiel kam kein Deutscher infrage, in meinem Bett war Umgangssprache Englisch, nur eine einzige Ausnahme machte ich.

Gabo kam und ging, kam und ging, sein Bild hing an der Wand, ein Schwarz-Weiß-Bild, auf dem er in die Luft springt, aber so, dass es aussieht, als fiele er. Jedem Anfang wohnt ein Zauber inne. Auch das Ende kann wohlig-düstere Dramatik entfalten. Gabos und mein Problem war immer der Mittelteil.

Im Juli entfloh ich nach Jamaika. Jamaika wurde mein Shangri-La. Ich bin später dorthin zurückgekehrt, mit Geld, ohne Geld, immer konnte ich bei jemandem wohnen, bei Rastas in den Hügeln, bei Freunden am Strand, in Ocho über den Fällen bei Bongo Sylly, eine denkwürdige Nacht habe ich in einem Puff in Trenchtown verbracht. Vielleicht schreibe ich einmal über Jamaika … Es wäre der reine Spaß.

Im Spätherbst kehrte ich nach Deutschland zurück und hatte Sehnsucht nach Gabo. Er kam sofort. Er fuhr jetzt Mercedes. Er plante einen Amerikatrip und hatte sich das Haar abgeschnitten, kinnlange, hellrote Locken hatte er, in die der Wind blies, als wir Hand in Hand am Bahnsteig standen, um Gino abzuholen.

Lieber Leser – wer kann die Liebe verstehen? Keinen Groll kennt sie, alles vergibt sie, und warum, weil sie keine Wahl hat. Tristan und Isolde verfallen nicht einander, sondern einem Gift, einer Droge, die abhängig macht, weil der Rausch des Anfangs so stark ist: diese Ekstase, wenn die Ränder des Selbst sich auflösen, die Grenzkontrolle der Ich-sagenden Vernunft die Waffen streckt und aller flache Positivismus sich erledigt, Ursache-Wirkungs-Konstruktionen mögen in der Welt anderer ihre Berechtigung haben, man selbst kommt ohne Begründungen aus und begehrt mehr als alles andere, weiter so ausschließlich zu begehren, dass alles bloße Wünschen davor verstummt, zu begehren mit der Gier des Verdurstenden, die alles Geringere überschwemmt.

Und dann der Genuss des Wassers. In den Ohren rauscht es, das Herz erhebt sich, Tränen stürzen aus den Augen, Gott ist da und himmlische Seligkeit, und wenn dieser Rausch nachlässt, kann man es nicht fassen, ungläubig erwartet man, dass er wiederkehrt, wenigstens in Dosen, die die Entzugssymptome lindern. Un-abhängigkeit lässt sich nicht wünschen, sie lässt sich nur als Hölle deuten, den Schmerz der Brandwunden, singt ein indisches Gedicht, kann nur das Feuer lindern, das ihn erzeugt hat, lalala, lalala –

Am 19. September hatte es in Umbrien ein Erdbeben gegeben, das bis Rom fühlbar gewesen war. Der Gefängnisarzt von Regina Coeli, der Gino seit Monaten jede medizinische Behandlung verweigerte, hatte die Gefangenen ihrem Schicksal überlassen und sich ins Freie hinausgerettet. Ginos Schwester schmuggelte eine Kassette ins Gefängnis, Gino besprach sie, er fasste die Fakten zusammen und verschwieg auch den Namen des Arztes nicht: der wenige Tage, nachdem einer der damals überall entstehenden freien Radiosender den Inhalt der Kassette gesendet hatte, auf der Straße von den Roten Brigaden niedergeschossen wurde. Und Gino kam frei.

Er machte mir keinerlei Vorwürfe. Die Ohren hätten mir klingeln müssen von den Vorwürfen, die er mir nicht machte. Ich verspürte aber keinerlei Schuldgefühl. Niemals im Leben wiedersehen wollte ich ihn. Keinesfalls würde ich nach Italien fahren.

Also kam er. Auf Krücken machte er sich auf den Weg nach München. Zusammen mit Gabo holte ich ihn vom Zug ab. Gabo half ihm hinunter auf den Bahnsteig. Ginos Gesicht war gedunsen. Eine hässliche, schwarz-rot karierte Jacke trug er und einen Rucksack, um die Hände für die Krücken freizuhaben. Wenn ich den Brief lese, der diesem Besuch vorausging, und darin mein damaliges Gesicht erblicke, überkommt mich ein scharfes Gefühl der Fremdheit. Ohne Spur von Kritik, lediglich staunend hat er mich damals gefragt, wer ich sei oder was, what are you, baby? Some kind of tiger?

Wir gingen durch die Bahnhofshalle, Gabo und ich nebeneinander, uns Ginos quälendem Hinken anpassend. Was wir an diesem Nachmittag taten oder redeten, weiß ich nicht. Abends saßen wir bei einem Chinesen. Jeder der beiden hielt eine meiner Hände, sie fütterten mich von ihren Tellern.

Ich brauche sie, sagte Gino zu Gabo. I need her. I am dying to have her.

Du kannst sie haben, sagte Gabo.

Ich höre das. Ich höre ihn das immer noch sagen.

You can have her, Gino. I wait. I can wait, I wait until she is finished with you.

Am nächsten Morgen fuhr Gino ab. Gabo blieb noch zwei Tage. Wir hielten uns umklammert, das weiß ich, aber wer waren die, die das taten, an kein einziges gesprochenes Wort erinnere ich mich. Dann fuhr er. Geschäfte. In ein paar Tagen würde er zurück sein. Ich stand vor dem Haus in der Novemberdämmerung. Der Wagen reihte sich in den Verkehr ein, in dem er verschwand.

In der folgenden Woche wurde Gabo in Wiesbaden verhaftet.

Von wem ich es erfuhr, weiß ich nicht mehr, auch nicht, woher ich den Namen seines Anwalts hatte. Ich schrieb zwei Briefe, die er nicht beantwortete. Kurz vor Weihnachten rief ich noch einmal seinen Anwalt an. Der hatte das Mandat niedergelegt. Gabo, sagte er, hatte sich nicht an die Absprachen gehalten, verpfiffen hatte er, wen er hatte verpfeifen können, im Übrigen war er seit zwei Wochen frei. Und hatte sich nicht bei mir gemeldet.

Am 25. Dezember 1979 landeten sowjetische Fallschirmjäger auf dem Flugplatz von Kabul. Panzertruppen der sowjetischen Armee überschritten die Grenze nach Afghanistan. Die zum schiitischen Gottesstaat erklärte Islamische Republik Iran, in der Studenten sechzig Angehörige der amerikanischen Botschaft als Geiseln genommen hatten, schloss die Grenzen. Der Hippie Trail existierte nicht mehr. Die Siebzigerjahre waren vorüber. Bei meinen Eltern in Coburg saß ich auf dem Sofa, betrachtete die Wand und konnte mir nicht vorstellen, mich noch einmal zu bewegen. Anfang Januar rief Gabo in München an. Die Cousine sagte, was ich ihr aufgetragen hatte: Verpiss dich, Gabo. Bleib weg. Lass sie in Ruhe.

Ich stand vom Sofa auf und packte meine Sachen. Dann stieg ich in den Zug nach München und in München in den Zug nach Rom.

Am 1. Juni 1980 vereinte ein großes Open Air im Münchner Reitstadion Bob Marley und Fleetwood Mac. Für Marley war das Konzert Teil der *Uprising Tour*, seiner letzten. Wir reisten aus Italien an, Gino und ich. Die äußerlichen Spuren des Unfalls waren verschwunden bis auf den dünnen weißen Strich einer Narbe auf der Wange. Wir standen im Begriff, nach Afrika zu fahren, deshalb fuhr ich nach dem Konzert nach Coburg weiter, um mich zu verabschieden.

Freunde hatte ich dort keine mehr. Alle, die Gabo gekannt hatten, waren verhaftet, auch Jo, mein alter Freund Jo, bei dem Gabo einst übernachtet hatte. Jos Anwalt nahm mich zur Seite. Er suchte nach entlastendem Material, und ich wollte gern helfen, aber nicht um den Preis, Gabo zu belasten. Er war eben nicht wie Gino, der in Bulgarien unter den Qualen des Entzugs dem italienischen Botschafter, der ihm für eine umfassende Aussage Hafterleichterung und Medikamente in Aussicht stellte, wortlos auf die Stiefel gekotzt hatte. Gino war ein Held. Gabo war schwach. Mein Vater, mit einer Grimasse des Widerwillens, sagte, was Gabo war: Ein Kapitän, der als Erster das sinkende Schiff verließ.

In Bizerte an der tunesischen Küste, wo wir auf unser Visum für Algerien warteten, erhielt ich einen Brief von meiner Mutter. Gabo war kurz nach mir in Coburg gewesen. Lange hatte er mit dem Staatsanwalt und dem Richter zusammengesessen, die sich hinterher, im Gespräch mit meinem Vater, einigermaßen verblüfft gezeigt hatten. Denn nicht etwa entringen müssen hatte man Gabo seine Geständnisse. Freiwillig hatte er erzählt, ins Plaudern war er geraten, sodass der Staatsanwalt geradezu versucht hatte, ihn vor unnötiger Selbst- und Fremdbeschädigung zu schützen, aber das war gar nicht möglich gewesen. Geredet und geredet habe er, rückhaltlos hatte er alle und jeden beschuldigt. Auch Gino. Auch mich.

Ich saß in einem nordafrikanischen Hafencafé, an einem Tisch im Freien, den Brief in der Hand. Es war früher Morgen. Der Dunst von der See lag wie Firnis in der Luft. Ich war nicht zornig, nur melancholisch berührt. Ich kannte ihn ja. Der Staatsanwalt und der Richter waren eben seine neuen allerbesten Freunde geworden.

Ende dieses Jahres 1980 hat Nando in einem Brief an Gino noch einmal erwähnt, Gabo in Kathmandu getroffen zu haben. Das war das Letzte, was ich im folgenden Jahrzehnt von ihm gehört habe.

TEIL II

I Eheleben

1

Manchmal rechne ich nach, wie lange du tot bist. Wie lange ich dich nun schon überlebe. Neun Monate, dreizehn, zwanzig Monate … ewig wird das nicht gehen. Was ist es nur mit dem Menschen, dass er, kaum hat er einmal ein paar Nächte lang auf demselben Fleck geschlafen, sich dort schon für sonderbefugt hält und Exklusivrechte auf diesen bestimmten Teil der Erde erhebt, von der ihm doch nicht einmal das Stück allein gehört, das er am Ende noch mit den Würmern teilt?

Heute Nacht bin ich wieder aufgebrochen, in einem meiner Autoträume. Manchmal ist das Fahrzeug ein Bus, manchmal eine Limousine mit kalten, klebrigen Sitzen, aber immer rast es voran, voran, und immer gerät es außer Kontrolle, eine in ihrer Überdeutlichkeit ein bisschen peinliche Metapher, aber was will man machen, ich habe im Übrigen andere Sorgen: Ich sitze auf dem Rücksitz, und der Fahrersitz ist leer. Das Auto rast wie wahnsinnig dahin, ich muss irgendwie nach vorn gelangen, aber ich schaffe es nicht, über die Lehne zu klettern.

Manchmal sitze ich auch auf dem Fahrersitz. Aber der Wagen gehorcht mir nicht. Ich versuche Hilfe zu rufen, jemanden anzurufen, aber das gelingt nicht, ich brauche meine volle Aufmerksamkeit, um das Auto ungefähr auf der Straße zu halten, auch sind die Tasten des Telefons winzig, sie sind nicht mit dem Finger zu treffen, ich bin falsch verbunden, gar nicht verbunden, vielleicht ist niemand mehr auf der Welt außer mir in dem rasenden Wagen, und nun ist vor mir statt einer Glasscheibe eine Holzwand.

Und dann fahre ich wieder mit dir.

Es beginnt zum Beispiel damit, dass ich auf einer Straße gehe, und vor mir ziehen Afghanen. Es sind Nomaden, ein wandernder Trupp Cuchis mit Kindern, Schafen, Ziegen, hoch bepackten Kamelen, und ich sage zu jemandem, der ungesehen neben mir geht: Sie gehen nach Afghanistan. Sie laufen den ganzen Weg heim.

Dann überwältigt mich die Sehnsucht. Ich möchte mit ihnen gehen, obwohl ich sehr gut weiß, auch im Traum weiß, dass ich nicht aus Afghanistan stamme, aber ich möchte mit ihnen in dieses Land ziehen, in das sie unterwegs sind und in dem auch ich vielleicht endlich an ein Ziel käme. Und dann hält neben mir der Bus.

Steig ein!

Du sitzt am Steuer. Du lachst, dein Haar ist zurückgebunden zu einem Knoten wie bei Shiva, und du trägst ein weites, weißes Hemd.

Steig ein, Liebling!

Und ich steige ein. Ich steige immer ein. Wie oft bin ich im Traum diese Strecke gefahren. Im Traum ist der Weg immer ein Weg bergan, es geht einen Abhang hinauf, der kahl ist und geröllig, und dann weiter über eine Hochebene, geradeaus, geradeaus, geradeaus –

Niemals gehen diese Träume glücklich aus. Ich erwarte das nicht. Und dennoch, dennoch steige ich ein. Der Bus hält, die Beifahrertür fliegt auf. Meine eigene Stimme, die Stimme meiner Intuition, ist schrill vor Empörung.

Du kannst das nicht tun! Du kannst das doch nicht noch einmal tun.

Aber sie würde es tun, ich weiß es. Sie ist halb und halb

schon bereit, donnert tatsächlich schon die Schiebetür auf und springt nach innen, und das ist alles so vertraut, der Ruck, mit dem sich die Tür öffnet und von innen schließt, es ist dem Körper so gewohnt, dass es keinen Zweifel geben kann –

Ich erwache mit tränenverklebten Wimpern, die sich kaum öffnen lassen, und während ich es versuche, während ich mich mühe, in den Tag zu finden und in die Gegenwart, während ich mir die Augen reibe, die prompt erneut zu tränen beginnen, bin ich wieder neunzehn. Aber im Traum bin ich nicht neunzehn. Im Traum habe ich dich längst verlassen, und ich weiß das, du bist tot, sogar das weiß ich oft, nur bist du zurückgekommen, du besuchst mich oder suchst mich heim, ein junger Mann, lachend inmitten eines Wirbels aus Schals und roten Locken, und du sagst zu mir: Ich würde es alles noch einmal tun, Liebling.

Das rufst du laut zu den Göttern empor: Ich fahre mit dir noch einmal dahin!

An den Anfang sind wir wieder gestellt, Spielfiguren an der Ecke des Bretts. Der Bus rollt an, die Fenster stehen offen. Breit und schwer lehnst du über dem Lenkrad und singst laut mit, was im Kassettenrecorder läuft. Aber was das ist, habe ich vergessen, als ich aufwache, mit tränenverklebten Lidern, neun, dreizehn, zwanzig Monate nach deinem Tod.

So geht es noch immer. In unregelmäßigen Abständen suchen mich noch immer diese nächtlichen Träume heim, die hässlichen Blutsverwandten derer, die mich vor fast vierzig Jahren einmal als meine Tagträume begleitet haben.

Warum habe ich dich geheiratet?

Warum nicht, zum Beispiel, Gino?

Eine vernünftige Antwort darauf will mir nicht einfallen. Mag sein, dass der Unfall eine Neigung zur Rigidität verstärkt hatte, ich rebellierte, indem ich ihn provozierte, wenn sein

Blick leer und eindringlich wurde, war es Zeit zur Flucht. Nach einem solchen Anfall war er elend und wusste von nichts mehr. Die Ärzte in Goa hatten mich gewarnt, mindestens zwei Jahre lang müsse mit Nachwirkungen, unter Umständen mit bleibenden Persönlichkeitsveränderungen gerechnet werden, dennoch hätte ich manches unverzeihlich finden müssen, aber des einen blanke Klinge ist des anderen Theaterdolch, eine tiefe Wunde kann heilen und ein Kratzer schwären, und ich sage: Nie hat Gino mir etwas angetan. Als ich ihn das erste Mal verließ, schor er sich den Kopf und regelte in Rom auf einer Straßenkreuzung den Verkehr. Dann flog er zurück nach Indien und wanderte in Turnschuhen zu den Quellen des Jamuna.

Ich hatte kein vergleichbar klares Ziel. Die Achtziger waren zu durchqueren und müssen nun noch einmal durchquert werden, die wildbewegte, gleißende Ereignislosigkeit dieses Jahrzehnts … also auf!

Neue Kontinente! Eine neue Welt!

Im klapprigen Taxi von Cuzco nach Saksaywaman griff jemand in eine Plastiktüte voll Koks, ohne sich darum zu scheren, dass die Hälfte des Zeugs zum Fenster hinausflog. In Ollantaytambo biss in der eisigen Morgenluft der Rauch der Feuer in der Nase, in eine Kammer eingeschlossen verstand ich die Welt, immer ein böses Zeichen, ich hätte mehr Rum gebraucht, sah mich aber außer Stande, nochmals in die düstere Tienda hinabzusteigen, aus der beim Einfall eines Lichtstrahls sofort Krabbelkinder und Meerschweinchen in grausiger Menge herausquollen. Auf der Flucht nach Lima in dem winzigen, durch die Andengipfel taumelnden Flieger, zwischen verschnürten Hühnern und Säcken mit Cocablättern, tauschte ich meinen letzten Schal aus Asien gegen ein Goldnugget aus Cajamarca. In Quito dröhnte die Orgel der St. Paul's Cathedral durch die domhohe Halle des Gran Gringo, an der Rezeption schritt im Fernseher Diana auf

Charles zu, während hoch oben über die Emporen der Flure starrgesichtige Gäste huschten und ihre vom Koks zerfransten Nerven mit unsäglichen Mengen Alkohol zu kitten suchten. In Mistics Haus auf Jamaika war das Grundstück von Spiegeln umstellt, Leibwächter polierten den Mercedes mit dunklen Scheiben, neun gewaltige Katzen kamen und gingen durch die Muschi einer an die Hauswand gemalten Nackten. Der Hausherr, über fünfzig und mit Dreads bis zur Hüfte, ließ sich tagsüber nicht blicken, er kämpfte mit seinen ewig unfertigen Skulpturen und den Dämonen der Koks-Paranoia. Im Inneren seines Hauses auf dem Weg nach oben wanderte die Hand über eines seiner Werke, ein Treppengeländer aus ineinander verschlungenen, teilnahmslos kopulierenden Leibern. Meine Schlafkammer lag im ersten Stock. Auf den Dachboden hinauf führte eine Leiter, dort hielt Mistic nachts Hof, die Base Pipe schwingend wie einst Alehandro in Goa die Bhong. Wir aus den unteren Kammern assistierten. In Miami im Hotel eines kolumbianischen Koksbarons fand sich ein Unterschlupf auf dem Dachboden. In der Stadt konnte man Essen klauen oder sich von Chips ernähren, die die abgehalfterten Seeleute spendierten, wenn man für sie in der Eckkneipe Bier holte, sie lebten als Dauergäste in diesem Hotel zwischen minderjährigen Ausreißern und jugendlichen Straftätern. Gegenüber der Puff in der Baracke wurde erhellt nur von den Kegeln der Taschenlampen, die die Gäste auf die Geschlechtsteile der Nackttänzerinnen richteten. Nachts draußen oft Schüsse, die nicht auf mich zielten und mich nicht treffen konnten, denn ich war hier, ich war dort, meine Länder hatten das Suffix -stan, das zwar -land heißt, aber nicht bedeutet, denn es hat eine gemeinsame indogermanische Wurzel mit dem englischen *to stand*, dem lateinischen *stare*, dem deutschen *Stand*, wie in Standplatz oder Standort, und dem russischen *стан, stan*, Siedlung oder Lager, und ließe sich also interpretieren als die Stelle, an der jemand oder etwas zurzeit steht, der Ort, wo er sich gerade befindet, weil er innegehalten hat, weil er seine Zelte dort aufgebaut hat, die, kaum dass sie stehen, wieder abgebrochen werden.

Wild erscheint im Rückblick, was damals Alltag war. Ich denke, ich hatte mich nicht an einem Ort eingerichtet, sondern in einer Bewegung. Die sich ständig verändernde Fremde konnte monoton sein, etwas, das vor einem Zugfenster vorbeirauscht, aber ich fand mich in ihr besser zurecht als in der Welt der Einheimischen und festen Beziehungen. Bei Bosch, wo die Cousine und ich in Nachtschicht Benzinpumpen fertigten, waren wir die Einzigen mit deutscher Muttersprache, hatten wir frei, gingen wir in die Clubs der Kariben und Afrikaner. Dann rannten wir wieder an den häuserblocklangen Seiten von Lastwagen entlang, auf dem Weg von Miami nach New York weitergereicht von den Truckern per Funk. Die Stadt war die aus Grandmaster Flashs *Message*, das New York vor Rudy Giulianis Zero-Tolerance-Politik. An den Eingängen der After-Hours-Clubs, die um drei Uhr früh öffneten, riefen Dealer ihre Waren aus, Coke, Smoke, Dope und eine Vielzahl von Akronymen aus drei Buchstaben. *I can take you up, I can take you down! I can take you in, out, and around the town!* Nicht alle Clubs waren öffentlich. Ich erinnere mich an Treppen, an eine Wohnung mit einem Durchbruch zu einer anderen Wohnung mit stark geschminkten Transvestiten und einem rotgrünen Papagei, dann öffnete sich von einem Flur eine Tür, man prallte gegen Lautstärke und Hitze, durchdrang man die Wand, führte von einem eisernen Balkon eine Wendeltreppe hinab in den Club wie in den Maschinensaal eines Schiffs.

In der Bowery im CBGB's die Talking Heads.

Well? How did I get here?

David Byrnes Frage hallte durch meinen Kopf, spätnachts zwischen verbarrikadierten Häusern in einem Dorf in Kolumbien. Ich lag in meinem Schlafsack am Straßenrand. Schwer klang durch die Stille der Hufschlag eines ungesehenen Pferds. Und ich fürchtete mich sehr. Das Pferd, als es sichtbar wurde, war geisterhaft weiß, ein Zeichen, eine Warnung, dabei freilich nur ein Pferd, das gemächlich vorbeizog, ohne mich zu beachten, gänzlich davon in Anspruch genommen, ein Pferd zu sein, und nur von mir mit halluzinierter Bedeutung versehen, weil es das ist, was Menschen tun und wofür Sprache taugt, zu nichts anderem auf der Welt ist sie zwingend nötig.

Umkehr oder Verdammnis!

Als ich mich an meinem fünfundzwanzigsten Geburtstag auf der Quarantänestation im Klinikum Rechts der Isar wiederfand, war ich froh und dankbar wie an einem Ziel. Wer sich zu mir wagte, trug Mundschutz und Überschuhe. Ich würde nun noch einmal von vorn anfangen. Ich würde zurückfinden zu der Kreuzung, von der aus ich mit neunzehn aufgebrochen war, die andere Abzweigung wählen und auf dem damals verschmähten Pfad wandeln, das Studium nachholen, die Prüfungen bestehen …

Damals bin ich noch einmal zu Gino zurückgekehrt. Einen freundschaftlichen Besuch wollte ich ihm abstatten, sagte ich, ich kam mit dem Zug, in Florenz stieg er zu, im Vorraum des Waggons trafen wir aufeinander und küssten uns wortlos und hörten nicht auf und fuhren küssend an Pisa vorüber.

Diesmal blieben wir beide ungeheuer nüchtern. Eine Weile lebten wir in einem Bauernhaus oberhalb von Florenz, im Winter lag der Schnee hoch, eine Heizung gab es nicht, aber an der Küche einen begehbaren Kamin, wo wir um das offene Feuer saßen und Kekse in Milchkaffee tauchten. In Bologna, Perugia, Rom, in der winterlichen Eisigkeit italienischer Wohnungen kauerte ich vor Eisenöfchen und schrieb an meiner Magisterarbeit, dann fuhr ich nach München, packte die Bücher im Koffer um und kam zurück, um für Prüfungen zu lernen, die ich alle bestand. Die Münchner Wohnung wurde aufgelöst. Ich ging nach Amerika. Gino ließ ich zurück.

Warum habe ich dich geheiratet, warum nicht Gino?

Man könnte sagen: Es ging einfach nicht. Man könnte sagen: Als er neunzehnjährig sein Wanderleben aufgenommen hatte, hatte er mit Leichtigkeit und Verachtung alle Konventionen abgestreift, nun hätte er sich aus den von ihm selbst geschaffenen Konventionen befreien müssen, aber er verlor beim Versuch Glanz, eine große Müdigkeit wurde sichtbar, und laute und verächtliche Worte, die das überdecken sollten, brachten mich auf. Vieles könnte man sagen, und was alles über dich?

Sagen wir es so: Gino war der Anker, der mich in den Siebzigern festhielt. Ich lichtete ihn.

In meinem weißen, chromblitzenden Einzimmerapartment schrieb ich an meiner Doktorarbeit, um Mitternacht ging ich in Wolfis Nachtcafé am Maximiliansplatz, die Band meines Lovers spielte, ich trank hinter der Bühne mit Wolfis Frau Zumiwasser, Veuve Clicquot mit Eiswürfeln aus Biergläsern, und schrieb in der Garderobe Texte für Songs. Dann graute der Morgen, und ich verwandelte mich in eine Sprachlehrerin am Goethe-Institut.

Das war mein Geheimplan: Goethe würde mich nach Indien entsenden. Bei einem Auswahlseminar für angehende Dozenten, wie die *Fach- und Führungskräfte mit Schwerpunkt Kultur* damals hießen, begutachteten uns eine Woche lang Damen mit strenger Frisur und Herren von falscher Jovialität. Hühnerflügel waren mit Besteck zu essen oder gerade nicht, das ließ sich nicht erahnen, geschulte Kräfte analysierten, wer zu welchem Zeitpunkt seinen Namen in welche Listen eintrug, und unterschieden anhand geheimer Kriterien, aber mühelos zwischen Führungspotenzial und Teamunfähigkeit, ich fühlte mich durchgängig falsch gekleidet, sagte, wenn ich etwas sagte, um überhaupt etwas zu sagen, Unpassendes, wurde im Übrigen routinemäßig auf meine Verfassungsmäßigkeit überprüft und durfte danach nicht einmal mehr das Institut in der Sonnenstraße betreten, in dem ich zwei Jahre lang gearbeitet hatte. Entgeistert trat mir mein Chef in der Tür entgegen. Was ich verbrochen hätte, wollte er wissen.

Na was schon. Schleyer entführt.

Ich überlebte danach mit wechselnden Jobs, zapfte Bier, schüttelte Shaker, verteilte Flugblätter auf Messen, verkaufte präparierte Echtblattpalmen an Fitness-Studios und schlich mich auf US-Bases von Tür zu Tür, immer auf der Flucht vor den MPs, im Versuch, amerikanischen Soldaten altdeutsche Schrankwände anzudrehen. Hin und wieder erfasste mich angespanntes Staunen, als hätte ich mir selbst bei einem Hochseilakt zugesehen. Gelegentlich donnerte Panik durch mein Universum, ein Meteor aus einer schwarzen Galaxie. Niemals verließ ich meine Wohnung ohne Walkman. Luther Vandross, Prince, die Cocteau Twins. *Nomaden* von den Ströer-Brüdern. *Beat* von King Crimson in Dauerschleife.

Neal and Jack and me,
absent lovers, absent lovers –

Dann spätnachts und allein *Southern Cross* von Crosby Nash & Young. Das hörte ich dich singen, der Text ein innerer Monolog, den ich dir zuschrieb.

Einen Sommer lang war ich Tutorin an einer amerikanischen Universität.

Einen Sommer lang lebte ich auf Gomera in einer Höhle mit Hunden.

Eine vom Arbeitsamt geförderte, irrwitzig zukunftsträchtige Ausbildung zur Computerfachfrau für die Programmierung von Großrechnern absolvierte ich.

Einmal bildete ich mir ein, ich hätte dich an einer Tankstelle gesehen …

Neunundzwanzigjährig stand ich im Klo des Nachtcafés und starrte in den Spiegel und in meine darin gespiegelten Augen, bis ich dachte, ich könnte die Neununddreißigjährige darin erkennen und die Neunundvierzigjährige womöglich. Furchterregend war die Strecke, die zwischen mir und diesen fremden Frauen lag, in einen weißen Nebel stürzte man sich, Stunde für Stunde, Tag für Tag hörte man auf zu sein, die man war.

Etwa zu der Zeit sah ich in einer Bar eine Frau, die zur Zeit der Beats jung gewesen sein mochte. Sie hatte weißes Stoppelhaar, ein lebhaftes Gesicht und lachte mit ihrer vielleicht zwanzigjährigen Tochter. Dass sie bei Weitem die Älteste im Raum war, schien sie nicht zu bemerken, interessiert blickte sie um sich, sehr elegant war sie in einem losen schwarzen Kleid mit einem Silberring am Zeigefinger als einzigem Schmuck in dieser Zeit, in der Frauen sich behängten wie Christbäume, eine Aura heiterer Gelassenheit umgab sie.

Ich hätte sofort mit ihr getauscht. Wie man hingelangte, wo sie war, hätte ich gern gewusst.

Dann war der Doktortitel errungen, ich hatte mich gegen mehrere hundert Mitbewerber durchgesetzt, einen Job als Lektorin ergattert und erhielt Gelegenheit, sechzig Stunden die Woche für anfangs 1200, dann 1800 D-Mark brutto zu arbeiten, in Rastatt, wo ich mich nun eben einleben musste. Der Verlag produzierte Bücher nur nebenher. Das Hauptgewicht lag auf Heften: *Perry Rhodan, Coupé, Fix und Foxi*, Landser-Hefte, *Bussi Bär*. Von Zeit zu Zeit fuhr ich mit einem der im Porno-Segment beschäftigten Redakteure Zug. Er war ein bescheidener junger Mann mit Familie in Mannheim, aber nervlich zerrüttet und in einem Paralleluniversum zu Hause, in dem er, ohne die Stimme zu senken, im voll besetzten Waggon der Regionalbahn von seinem erbitterten Ringen um lexikalische Variabilität berichten konnte und von den äußersten Grenzen, an die ihn das führte. Denn wann und wie oft und in welchen Ausgaben er das Ficken jeweils als Bumsen, Vögeln, Reiten, Schnackseln, Bempern, Pimpern, Schustern, Poppen, Stechen, Nageln, Schnabeln oder als Pudern bezeichnet hatte, hielt er akribisch in Listen fest, um sich nicht laufend zu wiederholen, wobei man aufpassen musste, denn pudern ging nicht im Imperativ, auch drüberbügeln oder -rutschen waren als Kommando nicht zu verwenden.

Die Gespräche um uns waren längst verstummt. Schräg gegenüber las eine Mutter sehr laut aus *Bussi Bär* vor. Der Redakteur legte das müde Gesicht in die Hände. Er hatte Dichter werden wollen. Sie soffen alle. Wenn auch teure Weine.

Ich hatte sogar mit dem Rauchen aufgehört. Eifrig war ich bemüht, Brauchbares zu lernen. Also, was hatten wir da. Sina-Aline Geißler schrieb über Masochismus, Werner Maser über Hindenburg. Kochbücher, Gartenbücher, Barbara Cartland wanderten über meinen Tisch. Bildbände zu Rockmusikern, in denen tauchten Leute auf, die ich einst gekannt hatte. Es würde gehen, es würde schon gehen, ich hatte so hart gearbeitet usw. usw. Vielleicht konnte ich mir mittelfristig ein Haustier anschaffen. Eins, das gern allein blieb. Einen Goldfisch vielleicht. Oder eine Nachtigall. Ich rief meinen Großvater an und fragte, ob man eine Nachtigall daran gewöhnen könnte, freiwillig bei einem Menschen zu bleiben, und ob ein Wolf zähmbar sei. Mein Großvater war wortkarg wie immer. Er misstraute Telefonen und schrie Einsilbiges in den Hörer: kein Wolf. Ich habe ihn später in diesem Jahr noch einmal gesehen, aber dies ist für mich unser letztes Gespräch. Im Dezember flog ich nach Indonesien. Als ich zurückkam, war die Beerdigung schon vorüber.

In Rastatt saß ich an meinem Tisch. Über die Glasplatte wehten Winterwolken. Ich dachte an meinen Großvater. Sehr wichtig war das: mir, was ich hatte, unverlierbar zu machen. Seine Art, tonlos zu pfeifen, seine Art, nicht zu reden. Seine Art zu gehen. Zweimal am Tag ging er quer durch die Stadt zu seinem Garten, um seine Tiere zu füttern, die Kaninchen, Meerschweinchen, Hühner und Falken, ohne Eile ging er wie auf einem Weg, der zu lang ist, um im Gehen an das Ziel zu denken. Hochfahrend wurde er selten, allenfalls, wenn meine Großmutter ihn nachdrücklich anging, etwa weil er zu selten etwas mit ihr unternahm.

Immer rennst du nur zu deinen Kaninchenzüchtern!

Dann warf er sich im Sessel zurück, hob die Hände und ließ sie klatschend auf die Armstützen fallen: Das Weib klachetert und klachetert –!

Dabei gluckte sie selbst dauernd mit ihren Schwestern zusammen. Auch an seinem letzten Nachmittag. Sie hatte zum Kaffee zurück sein wollen, kam aber nicht, und er aß schließlich sein Stück Kuchen allein, enttäuscht und verärgert, dass sie erst auftauchte, als er losmusste, zur Weihnachtsfeier der Vogelfreunde. Sie war aber noch wach, als er zurückkam. Im Korridor hörte sie ihn rumoren, dann seine Stimme.

Ich komme gleich. Ich will nur noch mal nach meinen Mäuschen sehen.

Nach den Spitzmäusen in ihrem Käfig im Korridor. Sie graulte sich vor ihnen, sie wollte das Viechzeug loshaben. Was, wenn ihnen der Ausbruch gelang und sie ihr unter den Rock und die Beine hinauf –

Aus dem Badezimmer ein Schlag. Der Aufprall auf den Fliesen.

Und gerade in dieser Nacht war meine Mutter nicht da gewesen, sondern hier, in meiner Wohnung, um mich mit nachträglichen Weihnachtsgeschenken zu überraschen, denn ich war ja fort, und so war es immer, alle waren immer am falschen Ort: die Großmutter bei ihren Schwestern, der Großvater bei den Vogelfreunden und ich hier an der äußersten Westgrenze, gerade in dem Moment, als sich der Eiserne Vorhang, auf den ich eine ganze Kindheit und Jugend lang gestarrt hatte, im Osten endlich hob.

In diesem Drecksnest saß ich fest, mit dem Kiel auf Grund. Kein Theater gab es, keine netten Kneipen und im einzigen Kino immer reihum einen Kung Fu, einen Porno und einen Western, der letzte Bus fuhr um halb acht von Karlsruhe zurück, und als ich die Nachbarin fragte, ob sie von hier sei, sagte sie, Hanoi. *Hanoi!* Aber sie meinte nicht Vietnam. Dass sie nicht aus Rastatt kam, wollte sie ausdrücken. Von weit fort war sie, im fernen Gernsbach war sie geboren, zwanzig Kilometer weitab nach Südost. Vielleicht starb ja irgendwann mal irgendwo eine Lektorin. Vielleicht konnte ich mich dann um deren Job bemühen.

Morgens erwachte ich vor fünf mit rasendem Herzen und einem Geschmack von Batteriesäure im Mund. Ich rannte eine Stunde auf dem Flussdamm gegen meine Verzweiflung an, dann radelte ich in den Job und nach dem Job ins Fitnessstudio, wo ich stundenlang trainierte, während Sinéad O'Connor aus dem Lautsprecher plärrte.

Nothing compares, no-THING compares –

Dies war die Verdammnis, nicht flammend, sondern grau: ein ausgeknipstes Fernsehbild, von Ewigkeit zu Ewigkeit nichts als die leere Schwärze des Bildschirms und man selbst an seinen Sessel geschmiedet, Prometheus inmitten leerer Chipstüten, Schokoriegelhüllen, zerbeulter Bierdosen, umsurrt von einer bläulichen Fliege, die immer wieder quälend zurückkehrte, ohne dass man nach ihr hätte schlagen können. Wenn mir damals jemand schlüssig bewiesen hätte, dass ich den Rest meines Lebens so würde zubringen müssen, hätte ich mir das Leben genommen.

Dann rief früh um zwei die Cousine an. Es war 1990 und der Vorabend des Golfkriegs, und die Army hatte ihren Mann in die Wüste geschickt. Allein saß sie mit zwei kleinen Kindern in Fort Benning in Georgia, und mich überkam ein starkes Verlangen, noch einmal einen riesigen Parkplatz zu überqueren mit Reklametafeln von Dairy Queen und Publix. Von Miami nahm ich den Highway Number One bis Key West. Dort las mich ein Mann auf oder eher ein Junge, und das ist wie immer mein Neuanfang gewesen: ein schöner Junge mit verliebten Augen, vor dem Spiegel in seinem Badezimmer in Fort Lauderdale bürstete er seine Locken zurück, ich bewunderte seine Oberarme, und treuherzig sagte er: Seventeen inches. Er war als Soldat in Trier gewesen und hatte von dort eine römische Münze übrigbehalten, die er mit einem Metalldetektor gefunden hatte, und eine Vorliebe für überbackenen Blumenkohl. Gern, sagte er, hätte er mich bei sich behalten. Aber das ging nicht.

Die Cousine wohnte mit ihrer Familie in einem kleinen Holzhaus. Hinten an ihren Garten drängte sich ein unbetretbarer Wald. Vorn zur Straße hin waren um die Bäume gelbe Schleifen gebunden, für die Männer im Nahen Osten. *We are camped in a dried out lake bed,* schrieb ihr Mann von einem Ort, den er nicht nennen durfte, *not totally dried out though, the soldiers dug holes that filled up with water quickly. The water is very fresh and clean.* In der Morgenfrühe am Waldrand Waschbären. Die feuchtgrünen Bäume lianenüberwuchert, still und riesig brütend in der Nachmittagssonne. Nachts das elektrische Sirren der Zikaden. Wir fuhren los, durch drei Bundesstaaten nach New Orleans. Unterwegs die Blockhütten der Squatter, heißer Regen trommelte aufs Autodach, die Schweißperlen auf den Oberlippen der schlafenden Kinder. *Sunny one hundred one: Oldies and the best of today.* Marc Almond and Gene Pitney, das Remake von *Something's Gotten Hold of my Heart.* Einmal ein überfahrenes Gürteltier auf der

Straße. McDonald's, *Over 75 Billions Served, God Bless Our Boys at the Gulf.* Wir lachten viel, aber leise, um die Kinder nicht zu wecken, und redeten englisch-deutschen Mischmasch voller Abkürzungen. Am Morgen sagte die Tochter der Cousine zögernd: Mama, ich habe euch gestern gehört. Du hast ganz komisch geklungen, Mama.

Und so war es, denn jedes Paar entwickelt seine eigene Sprache, Texte, die sich nur im Kanon singen lassen. Am Ende wird man womöglich wortlos dastehen, ein letzter Sprecher wie der des Aka-Bo oder des Chamicuro –

So war mir, als ich in den Flieger nach Deutschland stieg.

Aber in Rastatt hatte sich ein Fluchtweg geöffnet. Ich übernahm die Redaktion einer Jugendzeitschrift, bekam mehr Geld und konnte ein Auto anschaffen. Ständig lag ich nun auf der Autobahn. In Frankfurt lebten Rosie und Gaby, oft blieb ich über Nacht und fuhr morgens von ihnen direkt in den Job. In Berlin, an einem dunklen Abend im Spätherbst, ließ ein Schauspieler in der Ödnis des Potsdamer Platzes für mich die Silvesternacht 1932 erstehen. Dort das Grand Hotel Esplanade, da der Verkehrsturm, Tanzpaläste, Varietés, Wertheim, Pschorrhaus, Weinhaus Rheingold und Haus Vaterland erhoben sich aus der Dunkelheit im Glanz ihrer Lichter, aus der U-Bahn strömte Amüsiervolk, Dichter, Künstler, Abenteurer, Huren, Fremde, geflohen vor der Prüderie ihrer Herkunftsländer, glänzend stauten sich Limousinen, dünn nieselte der Regen in Pfützen, still war es und in der ungestalteten Leere nichts zu erkennen, nur weit drüben schwelte ein kleines Feuer im Gestrüpp. Dort hatten sich ein paar Bauwagen angesiedelt.

Die Vergangenheit war vorüber. Die Neunziger hatten begonnen. Ich war bereit. In Rastatt kündigte ich Job und Wohnung. Was ich in Berlin tun würde, wusste ich nicht. Zur Not konnte ich in einer Eisdiele jobben. Alles hatte ich abgestreift, um dorthinzugelangen, wo ich war, jetzt streifte ich ab, wofür ich alles abgestreift hatte. Das Zellenschloss meines Gefängnisses hatte ich aufgeschlossen, ich saß im Sattel wie Jesse James. Und dich würde ich nicht in die Neue Welt mitschleppen.

Immer noch hing ja dein Bild an meiner Wand. Das war, wenn ich es zwischendurch abgenommen hatte, dadurch nicht unsichtbar geworden. Auf jede Liebe fiel dein Schatten. Ja, einmal morgens gegen zwei habe ich mit jemandem, der heute nicht mehr lebt, den Neuschnee vor der Feldherrnhalle mit dem schmelzenden Muster von Tangoschritten verziert. Einmal habe ich auf Sylt Versprechungen gemacht und gebrochen. Und einem, einem Einzigen, habe ich nach euch beiden, Gino und dir, noch einmal eigene Strahlkraft verliehen, aber nur, weil ich sicher sein konnte, dass mit ihm die Liebe unmöglich sein würde, als Riegel schob ich ihn vor mein Herz und konnte fortan lieben wie ein Mann, der sagt, dass er die Frauen liebt, und also keine je geliebt hat. Dann, zehn Jahre nach deiner Verhaftung, als ich im letzten Jahr der Achtziger München verließ, war auch das Licht dieses einen erloschen, auf meiner Bettkante saß er als grauer Käfer.

Das war mein Plan, als ich von Rastatt aus deinen Vater anrief: Dich in einen Käfer zu verwandeln. Den Mythos wollte ich zerstören, *vom Reiter auf wildem Pferd in der Nacht,* schrieb ich ins Tagebuch, *dabei weiß ich genau, wer Gabo wirklich ist: ein Feigling, ein Verräter, labil, jähzornig, dabei wehleidig und sentimental, wenn es um nichts geht oder ihm an den Kragen. Ich glaube zu wissen, dass er kommt, wenn ich rufe. Die Tatsächlichkeit, die er darstellen wird nach einem*

Dutzend Jahren, wird genügen, um das Skelett aus dem Schrank zu kehren.

Ich griff zum Telefon und rief deinen Vater an. Er wusste nicht mehr, wer ich war. Gabo, sagte er, käme übermorgen aus Kathmandu zurück. Er würde ihm meine Grüße ausrichten.

Zwei Tage später kam Gabo die Treppe herauf. In meiner Erinnerung sagt er: Na?, langgezogen, zögernd lächelnd, und: Hallo, sage ich, dann ist sein Gesicht vor dem meinen, seine Züge, bevor ich die Augen schließe, verschieben sich kubistisch, und wir küssen uns in einem dieser traumähnlichen Momente, in denen Entscheidungen fallen, ohne dass man Zeit gehabt hat, sie zu treffen. Aber so war es nicht. So war meine Rückkehr zu Gino. Gabo platzierte ich an meinen Glastisch und kochte Kaffee. Dann gingen wir im Kurpark von Baden-Baden spazieren. Sein Haar war noch oder wieder lang. Einen Stufenschnitt mit Pony hatte er, verboten sah das aus. Kühl war das Herz, klar der Kopf, aber warum war ich dann so fröhlich. Das Lachen war seins und die Augen, die lachten. Die Frisur würde sich mit geringem Aufwand ändern lassen. Gefährliche Themen wurden umschifft. Wen will ich belügen. Die erste Erinnerung, die falsche, die nicht die Wirklichkeit beschreibt, ist die wahrhaftige.

Warum haben wir geheiratet?

Ich könnte es auf die Magie der Dinge schieben. Lieber Leser, aus Schamgefühl habe ich dir ein haarsträubend unwahrscheinliches, kitschiges Detail dieser Geschichte bisher verschwiegen: Der Ring, der eine, der Siegelring mit unseren Initialen darauf, war an Gabos letztem Tag in München zerbrochen. In einem Kästchen in meinem Schrank lag er, darauf wartend, neu geschmiedet zu werden –

Warum haben wir geheiratet?

Du wolltest nur dein Kind!

Das hast du mir später, am Ende, vorgeworfen.

Ein Kind war alles, was du von mir wolltest!

Sagen wir es so: mindestens das.

Meine Wohnung ertrank nun wieder in seinen Rosen, Gelächter erhellte die trübe Zelle, und wenn er fort war, warf ich mich aufs Bett, suchte in den Kissen seinen Geruch und entdeckte Parfümflakons, die er in den Laken für mich versteckt hatte, Mitsouku, Shalimar, die alten Guerlaindüfte. Alle Geschichten wurden nun uminterpretiert, alles im Licht unseres Neuanfangs betrachtet. Die Frau, mit der er seit Jahren zusammenlebte, verließ er. Das halb fertige Haus, das er in Kathmandu zu bauen begonnen hatte, scherte ihn nicht mehr.

Du warst die Erste, und du bist die Letzte, und du bist die, die immer ist.

Beiläufig sagte er so etwas, der ehemalige Messdiener, nicht theatralisch, unabsichtlich zitierend: Offenbarung 1,4–8. Hin- und herpendelnd zwischen Berlin und Rastatt, wie wir zwischen Berlin und Coburg hin- und hergependelt waren, ging uns leuchtend auf, dass unser erster Versuch von vornherein zum Scheitern verurteilt gewesen war. Aber nun waren wir älter, gereift, keine Freaks, sondern bereit für Familiengründung und die bürgerliche Ehe. Nackt auf dem Teppich tranken wir Champagner: Laureant-Perrier, Krug, Bollinger Brut Rosé, er wusste ja nicht wohin mit seinem Geld. Längst stand er nicht mehr mit seiner Ware in Kneipen, sondern tätigte zwei Anrufe im Monat. Aber was nützte der Zaster, keine Wohnung kaufen konnte er damit und auch sonst nichts, es war schmutziges Geld und er paranoid, überall halluzinierte er V-Männer, fuhr einen Mercedes mit getönten Scheiben, ging nachts in Berlin niemals aus und rief auch in Restaurants in der Oberrheinischen Tiefebene schon nach der Rechnung, während ich noch kaute.

Dies ist meine Chance, sagte er. Meine allerletzte Chance. Wenn ich dich jetzt noch einmal verliere, dann ist endgültig Karton. Dann könnte es sein, dass ich uns beide töte. Als ich dich das letzte Mal verloren habe, habe ich gelitten ohne Ende. Das mach ich nicht noch mal.

Eine Auszeichnung hörte ich, keine Warnung, und lebe ja auch noch, ich bin es, die noch lebt –

Warum habe ich dich geheiratet?

Alles verblasst und verschwindet vor seiner bestürzenden Gegenwart, schrieb ich ins Tagebuch. Dann weiter unten: *Schon wieder eine Ahnung von der Gefahr, die wir füreinander sind.*

Dann ist ein Satz beschwingt über die ganze Seite geschmiert, und ich erinnere das, ich weiß, dass ich im Stehen geschrieben und dabei in mich hineingelacht habe: *Wo war ich, als ich mich am nötigsten brauchte?*

Und dann, in all dem Überschwang, inmitten der Rastatter Schwüre, zwischen den Fetzen der Gedichte, die ich für ihn schrieb, und der minutiösen Beschreibung unserer Tage und Nächte, entdecke ich blätternd folgenden Text: *Der ist vierzig und hat sich überhaupt nicht geändert. Er ist, wie er immer war, sentimental, schwach, wild und zärtlich, witzig, unbedingt mitreißend wie eine Geröllawine. Aber diesmal lasse ich mich nicht plattmachen. Wir sind, oder soll ich sagen, ich bin –*

Und dann dieser Satz. Wenn er nicht dort stünde: Bis aufs Blut würde ich bestreiten, diesen Satz jemals geschrieben zu haben.

Jetzt spielen wir das noch einmal durch, bis es vorbei ist.

Womit meine Schuld feststeht. Genau diesen Satz, den er nicht kannte, hat er mir fünf Jahre später vorgeworfen.

Du wolltest nur dein Kind! Mir hast du niemals eine Chance gegeben!

Aber du? Was wolltest du?

2

Von Anfang an stand fest, dass ich nicht in Berlin bleiben würde. In den Wochen zuvor hatte sich mein Leben zusammengeballt. Getragen von der Magie des richtigen Moments, war ich gesprungen und sicher gelandet, ich lief auf Automatik und hatte Jobangebote erhalten, ohne mich um sie zu bemühen. Ende des Jahres würde ich als Zeitschriftenredakteurin nach Hamburg gehen. Dass Gabo sofort mitkommen würde, war, als ich im Frühling nach Berlin zog, noch nicht ausgemacht. Ausgemacht war, dass er sich erst einmal eine eigene Wohnung suchen würde. Ich habe, glaube ich, unsere Wiedervereinigung durchaus ähnlich gesehen wie die der beiden Deutschlands, nämlich der sich neu orientierende Partner sollte am besten erst einmal herausfinden, wo er selbst mit sich hinwollte. Aber Gabo konnte das nicht, er hatte noch nie eine Wohnung gemietet, gar nichts konnte er ohne meine Hilfe.

Also zog er mit in das Zimmer, das ich bei einer Freundin am Winterfeldtplatz gemietet hatte. Gemeinsam füllten wir seinen Antrag auf eine Krankenversicherung aus. Gemeinsam gingen wir zum Zahnarzt, zum Friseur, erst war er zaghaft, dann mutiger, schließlich hatte er einen Messerschnitt, mit dem er heute als Hipster durchkäme. Wir kauften Hemden für ihn und später, als das nötig erschien, Jacketts und Anzüge, allmählich schälte er sich aus der Haut eines alternden Hippies heraus und betrachtete erst verwundert, dann mit scheuer Begeisterung das Resultat seiner Verwandlung.

Da seh ich doch richtig gut aus, sagte er und tippte auf ein Foto. Oder? Was sagst du? Männlich. Oder?

Das war wahr. Aber nie habe ich ihn in einem Traum in dieser Inkarnation gesehen, in diesem zweiten Abschnitt unserer Geschichte, die als Pygmalion-Variante mit vertauschten Rollen begann.

Er kiffte damals immer noch, er rauchte Joints wie ich Zigaretten, im Auto, in der Wohnung, in der Schlange vor dem Ticketschalter am Zoo. Damit musste nun Schluss sein. Das machte ich zur Bedingung für alles Weitere: Er musste mir das Versprechen erfüllen, das er mir in der Osttürkei gegeben hatte. Wir fuhren in die Bretagne, in einem Bus, der seinem Vater gehörte, ein blauer Bus war es, auf vielen Fotos ist er zu sehen, denn Gabo besaß nun eine Kamera. Wir fuhren bis an die Côte Sauvage und ließen überall seine Drachen steigen, riesige Kasten- und Lenkdrachen, die er selbst baute. Dass auch ich mich für dieses Hobby erwärmte, beglückte ihn. Es war ein Spaß, im Seewind mit den riesigen Nylonvögeln zu kämpfen, sie hatten und verlangten Kraft, mehr als einmal warf mich ein solches Fluggerät um oder zog mich in die See, und er rannte, um mich zu retten, oder ich wusste mir nicht mehr zu helfen und ließ den Drachen im Sand aufknallen, sodass der Mittelstab brach. Stolz war er auf mich. Dreimal hatte ich das Ding schon geliefert. Hatte er in Jahren nicht hingekriegt.

Dann kam ein Freund von mir aus England herüber, mein bester Freund seit vielen Jahren, und ich war ihm sehr dankbar, denn Gabo hatte nun wirklich zu kiffen aufgehört und war unansprechbar und vergrub sich im Bus, aber ich zog mir das nicht mehr an, sagte ich, eisern würde ich die Grenzen zwischen ihm und mir wahren. Ohne ihn fuhren wir nach Mont-Saint-Michel, und am Abend kam er auch richtig wieder hervor, der Herr der Drachen, aus seiner nachtschwarzen Höhle.

Die Zeitschrift, für die ich in Hamburg schrieb, war eine der fünf klassischen Frauenzeitschriften, wie man *Brigitte, Für Sie, Freundin, Petra* und *Journal für die Frau* damals nannte. Also kein übertrieben hohes Niveau. Aber auch nicht

Schmuddel. Internet spielte noch keine Rolle, der Umbau der Presselandschaft hatte noch nicht begonnen, man konnte sich einreden, man hätte Gewicht. Auflage immerhin dreihunderttausend. Hochgerechnete LeserInnen anderthalb Millionen. Wobei, wahrscheinlich blätterten die nur die Modestrecken durch. War mir aber egal. An der Redaktionsspitze hatte es einen Umbau gegeben, frischer Wind blies, prall gefüllt waren meine Segel, ich schrieb über die Erfindung des Teddybären und thronte doppelseitig auf einer Plüschpfote. In ein richtiges Studio zum Fotoshoot hatte man mich geschickt. Stolz zeigte meine Mutter das Werk zu Hause herum. Dann wurde ich kühner. Auf einem russischen Segelschulschiff umrundete ich mit über hundert Kadetten den Skagerrak. Ein Öltanker havarierte vor Shetland, und ich fuhr mit Hummerfischern zu den Reusen hinaus und kletterte mit Robbenschützern in einsame Buchten. Großartig war das, diese Form des Reisens: das Hotel reserviert, die Spesen bezahlt, wildfremde Leute konnte man ansprechen und an Türen klingeln, in einem Pub laut verkünden, man sei auf der Suche nach der Wahrheit.

Gabo fuhr derweil mein Auto. Abends holte er mich vor der Redaktion ab, dann sprudelte ich los, voller Geschichten war ich. Er war einsilbig, er erlebte ja nichts. Er fand keinen Job. Am Anfang, als der Beschluss gefallen war, dass er legal werden würde, hatte ich vorgeschlagen, er könnte vielleicht tun, was er vierzehn Jahre zuvor ins Auge gefasst hatte, Goldschmied könnte er werden. Er hatte daraufhin in Berlin einen Goldschmiedekurs besucht. Eine umfassende Ausbildung war dies nicht gewesen, aber ihm war doch vieles gelungen: Eine Brosche war Schmetterling und zugleich Wasserwesen, alte Goldkronen fasste er als Ohrringe, ein hochberühmter Künstler, der Klunker trug wie ein Rapper und sich gelegentlich in der inzwischen zum Kultlokal avancierten Parisbar prügelte, blätterte ein paar tausend Mark für eine schwere Goldkette hin, deren Glieder nicht gegossen, sondern aus zwei verschiedenen Legierungen geschmiedet waren. Gabo hätte vielleicht entscheiden müssen, selbst Künstler zu sein, aber er wollte sich nicht für diese Rolle entwerfen, obgleich ich ihn drängte und ihm schließlich anbot, ich könnte für ihn in Hamburg von Laden zu Laden ziehen und seine Stücke in Kommission geben.

Das erste Stück, das er angefertigt hat, ist ein Geschenk für mich gewesen, ein Goldkästchen in der Größe einer Streichholzschachtel. Innen in den Boden ist der Titel eines Sting-Songs eingraviert. *Mad about you.* Das hatten wir damals zu unserer Hymne erkoren. Erst jetzt fällt mir auf, dass, tauscht man nur ein Wort aus, Liebeswahn zu wahnsinniger Wut wird.

Dabei, worum ging es im Grunde. War es wirklich zu viel erwartet, dass, wenn ich nach zehn Stunden in der Redaktion heimkam, das Frühstücksgeschirr weggeräumt war? Er saß doch den ganzen Tag nur herum. Geld hatte er, er hatte sein Geschäft verkauft, für mehr als zwei Jahre hat der Erlös gereicht, darum ging es nicht. Aber dass es ihm genügte, den ganzen Tag vor der Glotze zu liegen oder unten in seiner Werkstatt auf dem Gameboy Pacman zu spielen. Über vierzig war er und verplemperte seine Zeit mit Kindereien, Lego Technik wünschte er sich zu Weihnachten, solch Anspruchslosigkeit grenzte an Beleidigung meiner Person, die ich ihn mir ausgesucht hatte. Unglücklich war er, nicht aufraffen konnte er sich. Nebbich. Meinte er, das Leben würde darauf Rücksicht nehmen?

Hör doch mal auf, dich ständig zu verzärteln. Werd endlich erwachsen und so alt, wie du bist!

Aber wie alt war das. Zum ersten Mal als Erwachsener erlebte er sich über einen längeren Zeitraum hinweg unbekifft. Unsicher war er und wollte an die Hand.

Lass mich bloß nicht allein, sagte er, wenn wir mit Fremden zusammentrafen. Lass mich nicht allein mit denen.

Tat ich auch nicht. Aber dass er die erstaunte Pensionswirtin auf Norderney duzte und auch meinen Hamburger Zahnarzt, konnte ich nicht verhindern, und im Übrigen war das Brot schon wieder hart, musste er immer so viel einkaufen. Mecker, mecker, mecker von früh bis spät, Frau Doktor konnte man es nicht recht machen. Frau Doktor reichte es nie.

Es war die Zeit, in der in Rostock und Greifswald die Flüchtlingsheime brannten. Ich schrieb damals über Initiativen gegen Rechts. Herta Müller gehörte zu den Autoren, die als Zeichen der Solidarität nachts in gefährdeten Unterkünften lasen. Er fuhr mich hin. Wenn ich fuhr, war man ja in Lebensgefahr, uuups, schrie er, das war knapp, wuuuh, pass doch auf, ich will aussteigen. Ich machte dann auch andauernd Fehler, fuhr im zweiten Gang an oder nahm eine Kurve zu scharf, und er johlte und klammerte sich an den Sitz wie in der Achterbahn. Anschließend an Herta Müllers Lesung berichteten viele der Nichtdeutschen im Publikum von der Fremdenfeindlichkeit und Alltäglichkeit der Übergriffe im Osten. Auch Gabo meldete sich zu Wort. Er merkte an, es gäbe nicht nur in Deutschland, sondern auch anderswo Rassisten, er zum Beispiel könnte Dinge erzählen von den Problemen eines Deutschen in Nepal.

Man konnte ihn nirgendwohin mitnehmen. Schämen musste man sich mit ihm. Auf der Heimfahrt im Auto war aber ich es, die peinlich war, denn der Fotograf auf dem Rücksitz hätte sicher lieber nicht gehört, was ich zu sagen hatte.

Wobei unsere Beziehungsprobleme nichts mit uns beiden zu tun hatten. Die Erfahrungen unserer Vergangenheiten ragten in unsere Gegenwart hinein, ich machte ihn zu meinem Vater und er mich zu seiner Mutter oder ich mich zu meiner Mutter und er sich zu seinem Vater, jedenfalls, nur wenige Prozent seiner und meiner Wut hatten ihren Ursprung in der Situation, der Rest entstammte einem ominösen Früher, womöglich nicht einmal der Kindheit, noch weiter zurück musste man, die lange Reihe früherer Leben musste man ansehen bis ins Paläolithikum, ein Fass ohne Boden war es und wurde jetzt aufgemacht.

Esoterik wurde damals Mainstream. Jeder diskutierte Psychothemen. Die Redaktion schickte mich zu Schamanen und Geistheilern, ich habe mich hypnotisieren lassen, Rebirthing nach Leonard Orr und Holotropes Atmen nach Stan Grof betrieben, Ausbildungen zur Meditationstherapeutin und Visualisierungstrainerin absolviert, über Rückführungen, Affirmationen und NLP habe ich geschrieben.

Und Streiten war Pflicht. Die Beziehung war durchzuarbeiten bis zum Letzten, Flucht war sinnlos, was schiefging, würde auch beim nächsten Mal schiefgehen, Macht hatte man nur über sich selbst, nicht über den anderen. Und diese Macht genügte.

Das war die neueste Backidee: Es genügte, dass einer der Partner sich veränderte, um die Beziehung zu verändern. Allein saß ich abends in der Küche und las. *Men Are from Mars, Women Are from Venus. Iron John: A Book About Men.* Clarissa Pinkola Estes: *Women Who Run With the Wolves.* Musste ich lesen, war Teil meines Jobs. Wollte ich auch lesen, ich wollte wissen, was laufend schiefging. Den Ballast durchwühlen wollte ich, den ich mit mir schleppte, vielleicht fand man ja irgendetwas Nützliches.

Reden lernen müssen wir, sagte ich zu Gabo, der sich ein Brot machte.

Ach, sagte er. Wie in eurer Familie, ja? Wo alles quatscht, und keiner hört zu.

Dieses hämisch Triumphierende. Als hätten die Mängel anderer ihm auf seiner Seite Gewinn beschert. Später kam er noch einmal in die Küche. Im Hinausgehen wedelte er mit der Stulle.

Deine Bücherleserei wird dir bei mir nicht helfen.

Dann schickte uns die Zeitschrift auf einen einwöchigen Partnerschaftskurs in die Heide. Ich hegte geheime Hoffnungen. Auch Gabo freute sich, auch er wollte spirituell wachsen. Am ersten Nachmittag brüllte er mich eine Stunde lang an, er brüllte alles heraus, was er mir immer schon hatte sagen wollen.

Vom Inhalt solcher Abrechnungen weiß ich nichts mehr. Der immer erneut unerwartete Schwall seines Gebrülls war eine Wasserwand, ich rang um Atem und wurde wehrlos, und wenn es vorüber war, war ich kalt und stumpf. Ihm tat dann gleich wieder alles leid, er hatte Dampf abgelassen und wollte getröstet werden, zerknirscht war er, und ich nahm ihn in den Arm, aber immer öfter blickte ich über seinen Kopf hinweg aus dem Fenster.

Die anderen Kursteilnehmer lachten beim Abschied. Wir hätten ihnen ganz schön etwas vorgegaukelt, sagten sie, in Wirklichkeit seien wir das glücklichste Paar von allen.

Und das war wahr. Denn wir lagen im Bett, ich halb auf ihm, der mich fest umschlang, und es floss dieser Strom, der nicht versiegte. Sprechen wir nicht von Liebe. Sprechen wir von Religion. Sagen wir, dies war die Essenz unseres Glaubens: die direkte, nur den Eingeweihten zugängliche Offenbarung, ungeschichtlich, ewige Gegenwart, reine Wahrheit, unbefleckt von historischer Schuld, von den Kreuzzügen, Schauprozessen, Hexenverbrennungen unserer Ehe, unberührt auch von der verweltlichten, allzu menschlichen, zwingend unvollkommenen Routine täglicher Glaubenspraxis …

Also! Eine Beziehung wie jede andere! Nicht besser, nicht schlechter!

Auch Radtouren unternahmen wir in diesem Sommer. Wir fuhren an die Schlei-Mündung, nach Hohwacht an die Ostsee, ließen unsere Drachen in St. Peter-Ording steigen und wanderten auf Rügen und Hiddensee. Unterwegs kamen wir mit Leuten ins Gespräch, mit einem Fischer im Spreewald, einem Feuerwehrmann, der von seinem Wohnzimmer aus die Post eines holsteinischen Dorfes betrieb. Gabo konnte das jetzt, er plauderte mit jedem, den Hauch eines norddeutschen Akzents hatte er sich zugelegt, und ich notierte: *Vielleicht werde ich später an dieses Jahr als an das schönste meines Lebens denken.*

Eine Weile jobbte er bei einem Kurierdienst. Dann landete er bei der ARAG, zehn Stunden am Tag rannte er von Haustür zu Haustür durch die Blocks der Außenbezirke, um Sozialhilfeempfängern überflüssige Versicherungsverträge anzudrehen, weit unmoralischer war das als die Dealerei. Ich kam auf die Idee, er könnte einen Hausmeisterservice betreiben, und tippte und vervielfältigte Handzettel und Preislisten, er verfuhr aber mehr Geld, als die Aufträge einbrachten. Dann begeisterte er sich für Fußreflexzonenmassage. Jedem hielt er Vorträge, Besuch musste die Schuhe ausziehen, sein Lehrer erwog, ihn anzustellen, voll Spannung wartete ich. Er vermied auf einmal das Thema. Als ich schließlich nachfragte, war er gereizt, zufrieden lassen sollte ich ihn, er konnte seinen Kram allein erledigen, ich half ihm sowieso nicht, ich glaubte nicht an ihn. Statt seine Bemühungen zu honorieren, setzte ich ihn unter Druck.

Morgens kam ich ins Bad, wo er sich vor dem Spiegel rasierte. Ich griff nach der Zahnbürste, er stand wie ein Turm. Konnte er vielleicht etwas rutschen?

Konnte ich vielleicht etwas warten.

Ich musste aber in die Redaktion.

Er war ja gleich fertig.

Aber musste er sich wirklich genau jetzt rasieren, in der

einen Viertelstunde, in der ich mich fertig machte? Er hatte doch den ganzen Tag Zeit dazu.

Der Rasierer flog ins Waschbecken, der Zahnputzbecher auch. Gewusst hatte er das, genau gewusst, darauf gewartet hatte er, dass ich das sagte.

Ja, klar hatte er das gewusst! Aber warum tat er es dann? Was provozierte er mich wie ein Teenager seine Mutter?

Aus diesem Streit, der als der Rasierstreit in die Annalen eingegangen ist, erwuchs eine mörderische Schlacht. Es ging um nichts, was ja nichts anderes heißt, als dass es um alles geht, um die Fundamente. Irgendwann fiel ein Satz, den ich hier nicht wiedergebe, er hat ihn gesagt, ich habe ihn gehört, danach war es eigentlich mal wieder für uns zu spät, obwohl ich nicht sonderlich nachtragend bin und ihm diesen Satz nicht sonderlich nachgetragen habe. Ich wusste jetzt nur endgültig zu viel von ihm.

Ich sagte dann nichts mehr. Ich saß in meinem Zimmer, mit den Armen um die Knie. Er kam herein, er wollte etwas wissen, ich antwortete nicht. Gegen Mittag begann er, sich zu entschuldigen, alles sollte wie nicht passiert sein, aber ich redete nicht mit ihm, es gab keine Worte, die ich noch hätte sagen mögen, um dann zu hören, was er sagte, und zu sagen, was ich sagte. Der Nachmittag verging. Ich ging in der Wohnung herum, machte mir Tee und später sogar ein Brot. Fast konnte er einem leidtun, seit sieben oder acht Stunden flehte er schon um gut Wetter. Ich blieb stumm. *Nichts als fordern und fordern und verlangen kannst du*, schrieb ich in der Nacht, eingeschlossen ins Schlafzimmer, *und wehe, ich stehe nicht zur Verfügung. Ein ewiges Gewinsel um Hilfe ist es.* Wäre neben ihm jemand gestorben, hätte ihn das empört, auf dieser Welt war allein er es, der litt. Aus der Trauer schrieb ich mich heraus und in Wut hinein, in eine anständige, saubere

Wut, die ich jahrelang fälschlich für einen Fehler gehalten habe.

Er hatte zu diesem Zeitpunkt wieder einen Hund, einen Lhasa Apso wie den, mit dem er in Kathmandu herumstolziert war. Ein bescheuertes Vieh war das, spielen mochte es nicht, rennen nicht, Wasser war furchtbar, beim Anblick von Kalbshack wich es angewidert zurück. Am liebsten hockte es und starrte die weiße Wand an. Unsinnig verzärtelte Gabo dieses Tier. Nicht ausgehen konnte man in Lokale, in die der Hund nicht hineindurfte, keinen Job suchen konnte er sich, denn wohin mit dem Hund, rutschen sollte ich auf dem Sofa und dem Hund Platz machen. Aber einmal hatte dieser Hund ins Auto gekotzt, und da hatte Gabo ihn angebrüllt.

Vom Hals schaffen sollte er mir das Vieh. Als Ausrede für seine Trägheit diente es ihm. Zu seinem Frauchen zurückbringen sollte er es, zu seiner Ex, was gab es da für eine Fresse zu ziehen, ich verlangte ja nicht, dass er den Köter an der Raststätte aussetzte.

Am nächsten Morgen lag in der Küche ein Zettel. Er war mit dem Hund unterwegs nach Berlin. Als er ohne Hund zurückkam, versöhnten wir uns.

Es war ein heißer Sommer. Abends saß ich auf dem Balkon, Stimmen und Gelächter drangen zu mir, von anderen Balkonen, wo Windlichter brannten, während er in seinem Zimmer Formel Eins guckte, mit geschlossenen Fenstern, weil ihn der Straßenlärm störte.

Warum haben wir geheiratet?

Nicht freiwillig. In meiner Herkunftskultur wäre das unüblich gewesen. Man sucht sich bei uns seinen Partner nicht aus wie einen Arzt oder Anwalt, man denkt nicht an Nutzen, und wer es doch tut, wird das als sein schmutziges kleines Geheimnis für sich behalten. Akzeptabler Ehegrund ist allein die Liebe. Aber in der Liebe gibt es keine Freiwilligkeit, es soll sie nicht geben, selbst die Liebe zum eigenen Kind entsteht idealerweise, während es noch ein Zellklumpen ist. Der Säugling hat keine Wahl, er will überleben, die Mutter taumelt durch Oxytocinwolken, ab der ersten Wehe ist ihr Hirn von diesem Bindungshormon vernebelt, das auch beim Stillen ausgestoßen wird und beim Orgasmus, ohne das Zeug keine Minne, kein Popsong, keine Opernarie, nichts als Currywurst und Aktienmarkt, also glorifizieren wir den Zwangscharakter der romantischen Liebe, die in perfekt harmonierenden Neurosen gründet. Phenylethylamin wird produziert, auch in Bittermandelöl, schwarzer Schokolade, halluzinatorischen Drogen enthalten, Adenosintriphosphat, das das Herz rasen lässt, der Serotoninspiegel sackt ab, Adrenalin, Testosteron, körpereigene Opiate überschwemmen den Organismus, berauscht glaubt man einander den glühenden Willen zum großen Selbst- und Lebensentwurf und hält nicht nur beim anderen, sondern auch bei sich selbst alles für möglich. Das ist die vielgerühmte Freiheit, die die Liebe schenkt: Die Anbetung des Angebeteten erhöht zum Gott, befreit ist man vom Korsett seiner Selbstbeschränkungen – schön, gut, ausgezeichnet!

Aber das war längst alles vorbei. Längst waren wir einander keine Götter mehr, eine verkratzte Platte waren wir, der Tonarm sprang immer wieder in dieselbe Rille. Aber eine Trennung kam nicht infrage. Jeder Fluchtversuch war zwecklos, das hatte unser bisheriges Leben zur Genüge bewiesen, wir konnten unseren Karren nur miteinander aus dem Dreck ziehen. Den Nacken musste man beugen unter das Joch.

Geheiratet haben wir in Unterfranken. Es war, was man eine rauschende Hochzeit nennt, drei Tage dauerten die Festlichkeiten, Gäste kamen aus England, Frankreich, Japan, ein ganzes Weindorf hatten wir belegt. Auf kaum einem Foto sind wir gemeinsam zu sehen. Ein halbes Jahr später war ich schwanger. Ich stand im Begriff, nach Mali zu fliegen, alles war bereit, Visum, Ticket, ein Konvoi aus Tuareg und Regierungstruppen, der den Fotografen und mich in das Grenzgebiet zwischen Mali, Algerien und Niger bringen sollte, in den Cercle du Kidal, der bis vor Kurzem noch militärisches Sperrgebiet gewesen war, da spannten eines Abends meine Brüste. Alle Prioritäten verschoben sich nun. Statt nach Mali fuhr ich mit Gabo nach Coburg. Er saß am Steuer und brüllte vom Autobahnkreuz Drammetal bis Schweinfurt. Als wir bei meinen Eltern ankamen, hatte ich Blutungen, begab mich ins Krankenhaus und verbat mir seinen Besuch. Nun war ich auf Wochen hinaus von ihm befreit.

Auf der Hügelkuppe oberhalb meines Elternhauses stand ich an einen Kindheitsbaum gelehnt, eine große Kastanie, die heute nicht mehr steht. In der Stille, die mich umgab, wurde der Lärm in mir hörbar. Viele Stimmen schrien. Gabo halfen meine Bücher nicht, das war wahr. Aber vielleicht mir. Aus einem von ihnen hallte eine Frage: Was weißt du und wünschtest, du wüsstest es nicht?

Dass wir nie gut miteinander sein würden, das wusste ich. Grundsätzlich war das und nicht zu ändern, aber so konnte ich es mir noch immer nicht sagen, noch immer blieb ich bei Tätigkeiten stecken, auf die ich mit ihm verzichten musste: zusammen ein Buch lesen, ein Theaterstück diskutieren, ein verrücktes Rezept ausprobieren.

Aber war die Ehe ein Vergnügungsverein? Eine Wirtschaftsgemeinschaft zum Zweck der Aufzucht von Nachwuchs: Das war die Ehe, und damit konnte ich mich vielleicht abfinden, lernen konnte ich, konfliktarme Gespräche über den Alltag zu führen. Statuenruhig stand ich, den Baum im Rücken, Adrenalin toste durch meinen Körper. Vor allem wollte ich mein Kind nicht in die Krippe geben. Das zu tun, war 1993 unüblich, entsetzt starrte man damals im Westen noch auf die Kleinkindaufbewahrungsanstalten der Ex-DDR.

Ich selbst war nur einen Tag lang in einem Kindergarten gewesen, 1962 bei Tante Böhm, die sicher nicht bösartig gewesen war, aber wohl darauf geachtet hatte, dass in ihrer Institution Erziehung geschah und Formung der jungen Menschenseelen. Ich erinnere mich an ein weltumfassendes Entsetzen, das stumm blieb. Erst als meine Mutter hereintrat, begann ich zu schreien, besinnungslos klammerte ich mich an sie, den ganzen Berg hinauf hatte sie mich tragen müssen.

Anders gesagt, um Geld ging es. Ich wollte nicht für drei Geld verdienen und das Kind in die Krippe geben oder Gabo ausliefern. Der Beamte vom Sozialamt, den ich anrief, teilte mir mit, gegebenenfalls stünden mir in Bayern 492 Mark monatlich zu, plus 271 Mark für das Kind, plus 196 Mark Zuschlag für Alleinerziehende, Miete bis maximal 715 Mark, zwei Jahre lang Erziehungsgeld, 600 im Monat anrechnungsfrei. 2274 Flocken, alles in allem. Ach ja, und Heizkosten. Auch Anspruch auf Rechtsberatung beim Amtsgericht hatte ich.

Warum bin ich damals nicht gegangen?

Ich konnte mir keine glückliche Ehe vorstellen, glaube ich. Dass es so etwas gab, hielt ich für frommen Schwindel, und sollte ich dafür dem Kind den Vater rauben, für irgendeinen wirklichkeitsfremden Traum. Mit geschlossenen Augen versuchte ich nach innen zu sehen, um den Weg zu finden, den ich außen nicht fand. Dann dachte ich plötzlich, dass ich nichts suchen müsste. Ich war hier, HIER an diesem Stamm lehnte ich, und alles würde sich finden, ich würde es finden, wenn ich so weit war. Ich öffnete die Augen und sah eine kleine blaue Glasscherbe. Die hob ich auf.

Es tut mir so leid, sagte Gabo am Telefon. Wie ich mich habe gehen lassen. Wie ich mir die Zügel habe schießen lassen, mit welchem Genuss. Ich darf gar nicht daran denken. Ich möchte mich mit dir aussprechen, mein ganzes Zeug bei dir abladen.

Das konnte er behalten. Wer hatte verlangt, ich sollte ihn seinen Kram allein machen lassen? Und also, jetzt hatte er Zeit bis Ende Juli dazu.

Sonst?, sagte er.

Sonst ziehe ich aus.

Das Kind auf dem Ultraschallschirm war ein weißes Böhnchen. Es pulsierte. Das Kind und mich würde ich immer durchbringen. Das war jetzt die harte Wahrheit: Zuerst kam mein Leben und das meines Kindes. Dann alles andere. Hatte er das kapiert.

Die Scherbe legte ich in eine Schachtel zu einer Falkenfeder und einem aus jamaikanischer Koralle geschnitzten Kopf. Am achtzehnten Geburtstag meiner Tochter nahm ich sie mit zu der Wiese am Wehr, wo ich immer mit dem Hund gehe, sprach eine wortlose Segnung und schleuderte sie mit geschlossenen Augen fort. Für eine andere zum Finden.

In Hamburg blitzte die Wohnung, der Tisch war gedeckt, neben meinem Teller lagen Karten für die Mailänder Scala, die in der Speicherstadt gastierte. Und Gabo hatte zu seinem Beruf zurückgefunden. Er war nun wieder ein Dealer.

Wie das Unternehmen hieß, ein kanadisches, weiß ich nicht mehr. Es operierte nach den neuesten Erkenntnissen der ökonomischen Psychologie. Am Anfang stand ein Wunsch. Der erweckte die Dinge zum Leben. Nur solch ein lebendiges Ding war mehr als es selbst, offenbarte Möglichkeiten, eröffnete Räume. Frauen waren solch ein Ding. Autos. Drogen. Drogen waren der Inbegriff eines begehrenswerten Dings, das lebendig wurde, weil ihm jemand von seinem Leben abgab. Anfixen musste man die Kunden, sie verrückt machen nach Pappkoffern mit Kinderbüchern, Auflaufformen-Sets mit Eieruhr, tragbaren Radios mit eingebauter Blendlaterne. Dafür mussten zuerst die Mitarbeiter angefixt werden.

Begreifen mussten sie, dass, was sie taten, von grundlegender Wichtigkeit war, nicht nur für sie, sondern für das große Ganze: für das Team der Kameraden, für das Unternehmen, ihre seelische Heimstatt, wo sie geliebt wurden und ihnen glänzende Möglichkeiten des Aufstiegs offenstanden. Jeden Morgen versammelten sich deshalb die Gimmels, wie man einander zu nennen gehalten war, in einer Fabrikhalle südlich der Elbe, wo der Filialleiter vor ihnen herumtobte, er sprang, schwitzte und brüllte Parolen, bis sie mit jeder Zelle wussten, wer sie waren: die Auserwählten, die Elite, ein Volk, ein Führer, eine Firma mit den allerbesten Produkten.

Dann schwärmten sie aus. Jedem war ein Gebiet zugeteilt, innerhalb dessen jede Arztpraxis, jede Kanzlei, jedes irgendwie zugängliche Büro zu besuchen waren. Dort galt es, die Werkzeugkoffer aus schwarzem Kunstleder und die Seidenrosen mit naturidentischem Duft bei den Damen am Empfang zu platzieren, im Tagesverlauf konnten sich die Mitarbeiter die Produkte ansehen, abends wurden die Bestell-Listen eingesammelt und am folgenden Tag die Ware geliefert. Bezahlung nach Leistung. Tatsächlich nicht schlecht. Und wer sich besonders hervortat, konnte eine eigene Filiale übernehmen.

Gabo liebte die Kumpelhaftigkeit dieser Männer. Sie stammten aus allen Schichten, Führungspersonal war darunter, das einer Firmenumstrukturierung zum Opfer gefallen oder von einem Jüngeren vom Sockel gestoßen worden war, Mitarbeiter seriöser Unternehmen, die pleite waren, Junge, die die Mühen einer seriösen Ausbildung umgehen wollten oder in ihren Jobs keine Zukunft sahen. Ein Scheißquatscher erster Sahne war der Filialleiter, Gabo riss Witze über die Methode, die er durchschaute, und verinnerlichte sie vollkommen. Hochgestimmt fuhr er morgens los, drang in Vorzimmer ein, entfaltete Charme, war abwechselnd seriös und zutraulich mit den Frauen, die sich darum rissen, seine Produkte für ihn zu bewerben, im Juli war die Hamburger Filiale sein, der bisherige Leiter rollte Norddeutschland auf, und das war der nächste Schritt, als Nächstes würde Gabo ein eigenes Gebiet erhalten.

Mein Vater war skeptisch. Das Ganze funktionierte nach dem Schneeballsystem, irgendwann würde eine Lawine alles niederreißen.

Ja, na gut, irgendwann wäre die Sonne ein weißer Zwerg. Beschwingt schritt Gabo aus in grauen und blauen Anzügen und leaste ein Auto, schaltete Anzeigen, warb Gimmels und schwärmte ihnen von Aufstiegschancen vor, seine Worte hatten den Klang der Wahrheit, als glänzender Beweis trat er selbst vor die Neuen hin.

Ich schrieb für mein Blatt übers Kinderkriegen. Meine Schwangerschaft forderte mir nichts ab. Nie bin ich lebendiger gewesen, nie habe ich meinen Körper glücklicher bewohnt. Im siebten Monat begann sich mein Haar zu wellen, meine Unterwimpern wurden länger, gegen Ende der Schwangerschaft fielen sie aus. Frazers *Goldenen Zweig* las ich damals, Marija Gimbutas, Karl Kerényi, Carl Gustav Jung. Kein Gott stand am Ein- und Ausgang der Welt, nicht Krishna oder Shiva, sondern die dreifaltige Göttin. Mädchen, Mutter, Alte. Gabo legte die Hände auf meinen Bauch.

Wie sehr ich euch liebhabe, euch alle beide.

Im August schlug er sein Telefon kaputt und die Fernbedienung seines Fernsehers, die er nach mir warf, er traf aber nicht. Auslöser dieses Ausbruchs waren, das Tagebuch weiß es, *drei Kopfkissen, die ich mitgebracht habe.*

Der wahre Grund war aber meine Hysterie. Jedes Mal hysterisch wurde ich doch, sobald er nicht nach meiner Pfeife tanzte. Und das hatte er leid, immer ging es nur um mich, immer stand ich im Mittelpunkt, als Braut und jetzt als werdende Mutter wieder, aber er war auch noch da und kam ständig zu kurz, er hatte sich die Schwangerschaft anders vorgestellt.

Eifersüchtig war er. Das war auch Gino gewesen. Gino hatte es schwer ertragen, wenn ich männliche Aufmerksamkeit auf mich zog, er kläffte dann wie ein Hund am Zaun. Gino hatte befürchtet, ich könnte einen anderen Mann besser finden als ihn. Aber Gabo fürchtete, andere könnten mich besser finden als ihn.

Wer diese anderen waren, um deren Anerkennung wir rangeln sollten wie Geschwister, begriff ich nicht. Gino war es um meinen Besitz gegangen, er hatte befürchtet, ich könnte, wenn Blicke sich auf mich richteten, einen davon erwidern und ihn fortan übersehen. Aber Gabo hatte Angst, von den anderen übersehen zu werden. Es ging ihm nicht um mich, sondern um sich, alle Augen sollten auf ihn gerichtet sein, meine Augen mit denen der anderen. Nicht mich wollte er behalten, sondern sich selbst.

Aber wer war das überhaupt. Ein Chamäleon, ein Gestaltwandler, der vor zwei Jahren noch nicht gewusst hatte, wie man in der Bäckerei Small Talk machte, und jetzt hielt er im Dreiteiler eine Dankesrede vor zweitausendfünfhundert Leuten, weil er bester Mitarbeiter des Jahres geworden war. Auf Englisch, bitte schön. Der Vizepräsident flog von Kanada ein. Und ja, ich war beeindruckt, supertoll war er, Großartiges hatte er geleistet, ich lobte nach Kräften und über den grünen Klee, aber es war nie genug, dem Herrn Filialleiter reichte es nie, man konnte sich abhampeln, wie man wollte.

Respekt verlangte er, Respäääääkt, der Brüllaffe, lächerlich war das. Ausgeschlossen fühlte er sich, an den Rand gedrängt, ich würde schon Propaganda gegen ihn machen bei dem Kind, sagte er, das wusste er jetzt schon. Würde kaum nötig sein. Scheiße aussehen konnte er ohne Assistenz.

Aber ich würde mein Kind nicht an ihn verraten, das war wahr. Ich würde nicht zulassen, dass er es seiner Affenliebe aussetzte, die nur trug, solange man ihn nicht brauchte, denn dann war man lästig, ich würde nicht erlauben, dass er das Kind verbal misshandelte und dann, wenn er sich dafür schämte, verwöhnte. *Dein Denken und Fühlen kreist nur um dich,* schrieb ich ihm in einem unabgeschickten Brief, *und dabei bestrafst du dich ständig für ich weiß nicht welche eingebildeten Sünden –*

Ah, die Stapel dieser unabgeschickten Briefe …

Ja doch, sagte er. Ja doch, Frau.

Das war sein neuestes Schimpfwort. *Frau.*

Dann fuhr er mal wieder ins Saarland, kam zurück und saß aufgewühlt und bedrückt in der Küche. Wie fürchterlich seine Sippe war.

Wenn ich die sehe, weiß ich genau, was du meinst. Diese Muffköpfigkeit. Die Selbstgerechtigkeit. Dieses Trist-Aggressive. Gestern habe ich da gesessen und mich angesehen und gedacht, ich sehe meinen Vater oder Gabor. Dass ich werde wie die. Und immer am Brüllen und am Brüllen.

Ich tröstete ihn. Er hatte das erkannt. Das war ein Schritt. Und ja, er hatte ja recht, ich stichelte wie alle Frauen in meiner Familie, ich hatte das nicht von mir gewusst und merkte es jetzt, immer hatte mich die Stichelei abgestoßen, und nun war ich genauso.

Aber nicht so schlimm, sagte Gabo. Längst nicht so schlimm wie meine Mutter und meine Tanten.

So waren wir in unserer Mangelhaftigkeit wieder vereint. Und er würde jetzt das zukünftige Kinderzimmer leerräumen, nützlich würde er sein und seine Aufgaben als Mann und als zukünftiger Vater erfüllen, nicht ausgeschlossen wollte er sein von der großen Erfahrung, ein Kind zu bekommen.

Du bist doch der Mittelpunkt meines Lebens. Ich denke immer, alle setzen mich unter Druck, dabei will ich das doch alles selbst.

3

Vor vielen Jahren bin ich in einer Silvesternacht, an einer Straßenecke in Singapur, einmal einem buddhistischen Mönch begegnet, der dort in einem Verschlag saß und Passanten, die das wünschten, zum Jahreswechsel segnete. Ich trat auch vor ihn hin. Er sah mich an. Es war ein durchdringender, vollkommen gegenwärtiger Blick, der mir zum ersten Mal bewusst werden ließ, wie abwesend man einander normalerweise ansieht. Zugleich war es ein unpersönlicher Blick. Keinerlei Zudringlichkeit war darin, auch keine besondere, auf mich zielende Freundlichkeit. Gleichmütig und heiter war dieser Blick, und er kam mir sofort wieder in den Sinn, als ich viel später bei Dietrich Bonhoeffer las, dass wahrhaft christliche Liebe den anderen nicht für seine besondere Wesensart liebe, sondern als einen von allem nur Individuellen bereits Erlösten, als den Geretteten, der er für Gott immer schon ist. Eine Spur dieser göttlichen Liebe schwingt am Beginn jeder Liebe mit, wenn man noch nichts voneinander weiß, sondern dem anderen noch wie einem Neugeborenen alles zutraut, jede denkbare Entfaltung, sie ist eine wahrhaft sehende Liebe und erblindet, sobald man erkennt, wer der andere ist.

Das Kind wurde an Gabos Geburtstag im Universitätsklinikum Eppendorf geboren. Das Zentrale lässt sich nicht beschreiben, nicht einmal erinnern, Geburt, Tod, Orgasmus sind die Erlebnisse des Tiers, und dort bleiben sie, im Sprachlosen, in dem sie sich wieder auflösen. Wenn man versucht, sich auf sie zu besinnen, um sie einem anderen begreiflich zu machen, kehrt man nicht in die Wirklichkeit der Erfahrung zurück, sondern beschwört Geister herauf. Man erlebt dabei etwas, als Erzählender wie günstigenfalls als Zuhörer, dieses Erlebnis hat auch durchaus eine Erfahrung als Voraussetzung, es lässt sich mit Erinnerung und Wiedergabe einer Erinnerung verwechseln, ist aber keine, sondern entsteht neu aus der Spannung, die die Wörter erzeugen. Es ist etwas Originales, Gegenwärtiges, ein Kunstprodukt, an das man sich später erinnern kann und in diesem Fall, weil es um Wörter geht, um eine Geschichte, unter Umständen sehr genau erinnern kann –

Als ich mit meinem Kind auf dem Arm wieder durch die Halle des Klinikums hinausging, kam ich von sehr viel weiter zurück als von Indien. Jedes meiner Tagebücher trägt ein Motto. Das des damaligen lautet: *Das Entzücken bewahrt uns vor der Begierde.*

Früh um fünf begann nun der Tag. Die Zeitschaltuhr der Heizung hatte der Vermieter auf sechs eingestellt. Fröstelnd wanderte ich mit dem Kind auf dem Arm auf und ab auf dem endlosen Flur zwischen dem vorderen und hinteren Teil unserer Wohnung, die früher aus zwei Wohnungen bestanden hatte. Wenn Gabo aufstand, telefonierte ich längst mit Brita. Brita gehörte der Bioladen um die Ecke. Ihre Tochter war so alt wie meine. Wir Frauen stellten unsere Kinderwagen im Hof ihres Ladens in die Sonne, kochten Kaffee und angelten uns Vollkornkekse aus dem Regal, auch sangen wir. Auf der Entbindungsstation hatte eine merkwürdige Entgrenzung und Schamlosigkeit geherrscht, die Frauen in ihren vorne offenen Kitteln hatten stillend, redend, Kinder wiegend, mit baumelnden Brüsten und hochgestellten Beinen in ihren Betten gehockt, ob nun gerade ein Mann aus- oder einging oder nicht, wie auf den Bildern Gauguins waren wir, unsere Körper gehörten sich selbst, sie lagen nicht in der Auslage, um zum Kauf zu reizen, sondern erfüllten Funktionen. Etwas von dieser Schamlosigkeit musste uns geblieben sein, denn wenn wir unsere Kinderwagen durch die Kleingartenkolonie schoben, sangen wir aus vollem Hals Kanon.

Hejo, spannt den Wagen an! Seht, der Wind treibt Regen übers Land –

Gelacht und gelästert wurde in dieser Frauenwelt und rückhaltlos über wirklich Wichtiges geredet, über Liebe, Kaiserschnitt, Blähungen und ob man das Sofa über Eck stellen sollte. Lässig wurde gelebt, ohne Anstrengung schwamm man. Tauchte ein Mann auf, ignorierten wir ihn. Dann wurde es Abend, der Schwarm stob auseinander, aus den Einfluglöchern der anderen schien trauliches Lampenlicht. Bei uns senkte sich Düsternis nieder.

Dabei kam er meist gutgelaunt nach Hause. Hallo, Mädels, rief er im Flur, hallo, meine Mädels, er meinte mich und das Kind und auch meine Mutter, wenn sie da war. Ich hielt ihm mein Gesicht zum Kuss hin. Er turtelte und lachte mit dem Kind, er trug sie herum, dann tat er etwas anderes, das Kind war eine Beschäftigung, zu der er sich entschloss. Für Augenblicke befreit, tat ich Nützliches, ich kochte und räumte und plapperte, und meist sagte ich dann etwas Falsches.

Manchmal unwissentlich. Oft wider besseres Wissen. Gegen meinen eigenen Willen tat ich es und bereute auch gleich und fragte mich, warum ich es wieder getan hatte, warum ich wieder so spitz hatte werden müssen. Sein Lächeln erlosch, seine Miene verfiel, und in der nachfolgenden und nicht mehr zu erhellenden Bedrückung reifte erneut mein Wille zur Rebellion, meine überwältigende Abneigung gegen ihn, und brach hervor, wenn er nicht gewappnet war. Einmal, in einem unserer immer selteneren Augenblicke der Nähe, sagte er, er könne das Kind gar nicht recht genießen, gar nicht mit so viel Freude und Liebe an das Kind denken, immer wäre da die Angst, etwas falsch zu machen. Als ginge er auf einem dünnen Grat, und rechts oder links wäre nicht einmal so viel sicheres Land. Er tat mir auch leid. Er verpasste ja wieder alles. Mit scharfen Splittern der Genugtuung war mein Mitgefühl durchsetzt.

An den Wochenenden waren die anderen Frauen bei ihren Männern, und ich schob meinen Kinderwagen allein durch die Gärten, während er fernsah. Endlos zogen sich diese Sonntage hin. Elend langweilig konnte die Bemutterei sein, wie Fließband oder andere Routineaufgaben, die dem Menschen all seine Zeit abfordern, ohne sie vollständig auszufüllen. Damals begann ich, Grundrisse von Häusern zu zeichnen. Immer tauchte auf ihnen ein Zimmer für den großen Bruder meines Kindes auf. Wie ich den bewerkstelligen wollte, konnte ich nicht sagen. Aber Grundrisse ohne dieses Zimmer misslangen.

Im Sommer dieses ersten Lebensjahrs unseres Kindes erhielt Gabo das Angebot, Norwegen zu übernehmen. Vorerst ging er allein. Das Kind und ich würden Hamburg halten. Perfekt war das, hundertzwanzig Quadratmeter hatte ich nun für mich allein, dem Kind blieb der Vater erhalten, von dessen Gegenwart ich befreit war –

Ich weiß nicht, noch immer weiß ich es nicht, was dieser Abgrund war, der uns so unlösbar verband. Wie zwischen Berlin und Coburg und zwischen Berlin und Rastatt, so ging es nun zwischen Hamburg und Oslo hin und her. In Norwegen hausten wir in einem Gartenhaus mit zwei Zimmerchen und einem Blick in die Berge. Finnhaugveien 12. Im Garten ein roter Ahorn und Birken, das Plopp eines fallenden

Apfels in der Stille. Auf einem Video, das uns im Spätsommer zeigt, Bier trinkend und Krabben puhlend in Aker Brygge, im Zug die Hardangervidda überquerend und auf einem Boot die Westküste nach Norden hinauffahrend, lassen wir scherzend die Kamera zwischen uns hin- und herwechseln, wir lachen das Lachen der Paare, auch sind die Namen kleiner Tiere zu hören, Mauselchen, Häschen, Schwanchen, er schiebt den Kinderwagen durch Bergen, ich lasse mich aufs Wasserbett einer möblierten Wohnung fallen und sacke ein und schreie um Hilfe, auf dem Fußboden zwischen Pizzakartons lachen wir Tränen.

In Hamburg trieb der Wind Regen übers Land. Ich spannte meinen Wagen an und steckte auf dem Weg in die Kleingärten auf dem Mittelstreifen der Kieler Straße fest, das Kind exakt auf Höhe der Auspuffrohre. Auch waren endlose Rolltreppen zu bewältigen, in U-Bahn-Stationen ohne Lift.

Kam Gabo nach Hamburg zu Besuch, fuhren wir ans Meer oder die Elbe hinauf. Er kaufte Aalbrötchen, mietete Strandkörbe, klappte den Buggy auf und zusammen und hatte für den Abend einen Sitter besorgt, wir machten uns schick und gingen in Angie's Nachtclub. Nachts wanderte er mit dem schlaflosen Kind auf und ab, heiter war er und scherzte, wenn sie sich nicht hinlegen ließ, eine kleine Tellermine war sie und explodierte bei Bodenkontakt.

Dann war ich wieder mit dem Kind allein. Tapfer entzündete ich in abendlich grauen Straßen metaphorische Schwefelhölzchen und kam in einer dunklen Wohnung an, in der ich beim letzten Hölzchen erfrieren musste. Schlief das Kind, schrieb ich Yellow-Press-Artikel oder saß mit einem Buch und einem Glas Wein auf dem Sofa, das *Köln Konzert* lag auf dem Plattenteller, friedlich war es nun und wunderschön und mir fehlte alles, ich griff zum Telefon, das in dem Moment klingelte.

Er rief an, ich rief an, zwei-, drei-, viermal am Tag telefonierten wir. Wieder in Oslo, glänzte die Sonne auf dem Schnee und auf bunten Holzhäusern, und ich fuhr kreuz und quer durch die Stadt, vom Vigelandspark nach Vippetangen, von Akkerbrygge zum Holmenkollen.

Bleibt doch hier, sagte Gabo. Kommt zu mir. Nur für euch tu ich das doch alles.

Als die Hamburger Wohnung aufgelöst war und das Taxi das Kind und mich zum Flughafen brachte, war es in Norwegen noch Winter. Der Fjord war dick gefroren, aber in Hamburg, am Rand einer breiten Straße, die Papenreye wird es gewesen sein, lag ein erster grüner Schimmer auf den Büschen. In dem Moment wusste ich, dass ich einen Fehler machte. Eine Explosion in mikroskopischem Maßstab war diese Erkenntnis, Gewalt, noch etwas zu ändern, hatte sie nicht, aber ein Brandfleck blieb sichtbar. Heute glaube ich aber nicht mehr, dass die Entscheidung damals falsch war. Heute sage ich: Nach Oslo zu gehen war, weil es das Falsche war, das einzig Richtige.

4

An dem Abend im Mai, als mich das Hospiz anrief, um mir zu sagen, dass du die letzte Etappe deines Sterbens begonnen hattest, war ich dabei, mich für eine Einladung zurechtzumachen, mich schön zu machen, wie man sagt. Einen Moment lang erwog ich abzusagen, aber das wäre unhöflich gewesen, die Gastgeber erwarteten außer uns nur noch ein weiteres Paar.

Auch musste ich mich fragen, was ich, mir selbst überlassen, mit diesem Abend hätte tun wollen. Trauer verspürte ich nicht, auch kein Bedürfnis, mehr als gewöhnlich über die

Endlichkeit aller Dinge zu meditieren. Ungeheuer merkwürdig war mir nur alles.

Ich ging dann ins Schlafzimmer und holte die Schatulle aus dem Schrank, in der ich das Goldkästchen und die Schmuckstücke aufbewahre, die du vor über zwanzig Jahren für mich angefertigt hast und die ich fast niemals mehr trage. Ich wählte einen massiven Silberring aus, den ich selbst entworfen und auf dem ich bestanden hatte, obgleich du mich zu Recht gewarnt hattest, er würde aufgrund seiner runden, nicht seitlich abgeflachten Form bei jedem Händedruck schmerzen, und schob ihn an den Zeigefinger.

Der Abend verlief ruhig, weder besonders heiter noch übermäßig langweilig. Man saß und plauderte und trank Wein. Ich beteiligte mich am Gespräch, aber dich verschwieg ich, ich behielt dich für mich wie einen Lover, an den man heimlich und unablässig denkt. Mein Mann warf mir hin und wieder einen Blick zu, und ein- oder zweimal ergriff er meine Hand und drückte sie leicht, ohne dass der Ring dabei störte. Dennoch nahm ich ihn irgendwann ab. Traurig war ich noch immer nicht und auch nicht, als früh um zwei das Telefon auf meinem Nachttisch klingelte und man mir sagte, dass du nun tot seist.

Wie gesagt, merkwürdig war das vor allem. Wie sollte man das verstehen, wie konnte jemand da gewesen sein und dann nicht mehr da sein. In den nächsten Tagen musste ich ständig den Impuls unterdrücken, anderen diese idiotische Frage zu stellen.

Als dann am Tag nach deinem Tod die Ente in unserem Garten landete oder das Entenpaar, das es in Wirklichkeit war, verdichtete sich meine Stimmung zu ein paar Textzeilen, die ich im Vorbeigehen notierte und die mich dann nicht mehr losließen. Immer wieder kehrte ich zu ihnen zurück, zu diesem Text über Enten, während ich mich zugleich gegen das Weiterschreiben wehrte. Erst nachdem mir zwei Jahre alles, was ich anfing, misslungen war, gab ich auf oder nach und fing noch einmal mit dir an, mit deinem Tod und meinem Text über die Ente in meinem Garten und das Entenpaar, das an einem Sommertag achtzehn Jahre zuvor sein großes Unglück erlebt hatte. *Wir wohnten damals in Norwegen auf der Insel Bygdøy im Oslofjord,* schrieb ich, *in einer Villengegend ganz oben am Hang –*

Ein weitläufiges, helles Haus war es, mit offenem Kamin, Schwedenofen, Dachterrasse und einem Blick bis zum Fjord, dessen Wasser aber die Baumkronen verdeckten, sodass es aussah, als führen die riesigen Fähren über Land, unmittelbar an diesem Haus vorbei, für das wir im Monat viertausend blechten. Viertausend was? Keine Ahnung. Mark, Kronen, Dollar. Kaurischnecken. Aber unsere Schneckenhäuser waren natürlich längst zerkrümelt, die blauen und die weißen Busse. Nun lebten wir fundamentiert, in Stein gemauert. Aber vor dem Haus im Wasser kreuzten sich weiterhin die Linien der Fähren und über dem Haus in der Luft die Fluglinien, Fornebu, der Flughafen Oslos, befand sich damals noch auf der Nachbar-Halbinsel, in Wirklichkeit befanden wir uns also weiterhin mitten im Zentrum eines Netzes aus Verkehrswegen, die in Wasser und Luft spurenlos blieben, keinen sichtbaren Markierungen folgten und dennoch in alle Richtungen auseinanderliefen, nach allen Seiten weiter ins Unbestimmte führten.

Wie haltet ihr das aus?, fragten Gäste, wenn wir auf der Dachterrasse saßen und ein Flieger herandonnerte. Wie haltet ihr das nur aus?, schrien sie, aber wir schrien nicht, wir waren es gewohnt und hielten automatisch inne, so lange, wie die Unterbrechung eben andauerte und die Gäste sich duckten. Dabei war dies wie gesagt eine piekfeine Gegend und gleich am Strand, wo ich jeden Tag mit dem Kind hinging, auch wenn es kalt war.

Das Kind grub im Sand oder sammelte mit Pinzettenfingerchen Steinchen auf, rundgewaschene Glasscherben, Plastikkrümel. Ich dachte an früher, als in so einem Meer noch richtige Fische gelebt hatten, Quallen, Einsiedlerkrebse, blinde Seesterne, oder war das an der Adria gewesen?

Wo nach wie vor die Glasbodenboote fahren, und die Touristen blicken vereint hinab in die trübe Brühe, auf den Schlick, über den hin und wieder eine Alge treibt, und sie sagen einander, weil Menschen trotz allem die meiste Zeit verträglich und freundlich miteinander sind, dass so eine Bootsfahrt auch ein Vergnügen ist, wenn es nicht so viel zu sehen gibt. Seien Sie nicht so anspruchsvoll, Frollein! Sondern froh und dankbar, dass Sie hier sind!

Das war es, worum ich mich bemühte. Froh zu sein und dankbar. Bedarf es wenig, der ist König. Das Kind, in Gummistiefeln auf den flachen Fußsohlen kauernd, wie kleine Kinder das noch mühelos tun, grub selbstverloren im Sand, ich hockte auf einem Felsbrocken und sah aufs Wasser oder in ein Buch, ohne zu lesen, und war froh, hatte auch allen Grund dazu, hatte eine Familie und ein Kind und konnte diese erste Zeit im Leben unseres Kindes zu Hause bleiben, denn du verdientest Geld, Kronen, Dollar, Schotter, Zaster und nicht zu knapp, du warst Chef der Filiale in Oslo, Chef aller Filialen in Norwegen, aufgestiegen von einem Dealer zu einem Kaufmann und von einem Bus mit einer Kochplatte zu einer Küche mit fünf Kühlschränken, aber in Wirklichkeit waren es Tiefkühlschränke, wie sich herausstellte, als ich für das erste unserer Feste drei Dutzend Flaschen eines abnorm teuren Weißweins eingekühlt hatte, die in der Nacht alle miteinander barsten. Wir fuhren aus dem Schlaf, kamen jetzt die Russen? Fünf Tiefkühlschränke. Wozu, in Dreiteufelsnamen? Hatte hier vorher ein Jäger gehaust?

Der Freischütz vielleicht, mit seinen magischen Kugeln: die alles treffen konnten, Rehe, Wildschweine, Elche und am

Ende das Herz der Geliebten. Die Bühne des Hamburger Thalia Theaters hatte voller Kadaver gelegen, als wir die Adaption der Sage gesehen hatten. Black Rider. Burroughs, Wilson, Waits. Ich war im fünften Monat. Es war der erste Theaterbesuch deines Lebens, aber man sah dir nichts an. Wir saßen im Rang, du und ich, The Briar and The Rose, Hand in Hand, so fest, dass unsere Hände glitschig wurden, aber wir blieben so, genau so, Hand in Hand, auch ein paar Tage später im Kino, als wir *The Fisher King* sahen (Terry Gilliam, Jeff Bridges, Robin Williams und wieder Tom Waits, aber nur kurz), wir umklammerten einander, reglos, selbstvergessen, sodass wir danach erst wieder in unsere Körper zurückfinden mussten, atemlos, als hätten wir unsere eigene Geschichte gesehen. Aber welchen Teil hatten wir wohl gemeint? Den Walzer in der Grand Central Station? Die Suche nach dem Gral?

Heimgekehrt vom Strand, in der Diele unseres Viertausend-Irgendwas-Hauses auf Bygdøy, rief ich dich in deiner Firma an. Ich sang in Dur, zum Frohsein entschlossen.

Liebling? Hast du Lust, heute Abend den neuen Grill einzuweihen?

Aber sicher. Aber klar. Wenn das dazugehört. Wenn es das ist, was junge Familien so machen.

Ich ging in die Küche. Wir würden heute einen schönen Abend haben. Darauf musste ich mich nun einstellen. Mehr war überhaupt nicht von mir verlangt. Heute einen schönen Abend, morgen einen, sieben Mal, schon war es eine harmonische Woche. Musste man sich halt ein bisschen zusammennehmen. Musste man ein bisschen guten Willen haben, an das Kind denken, vom hohen Ross runter, fünfe grade sein lassen. Siebenmal schöner Abend. Das mal vier, schon war ein Monat rum, mal zwölf, und man hatte eine harmonische Ehe. Keine Zauberei, nur Mathematik, und nicht mal Infinitesimalrechnung. In der Küche mischte ich Ketchup und Mayo.

Grillsaucen. Das Kind saß in seinem Kinderstuhl und matschte auch irgendetwas, und ich bin überzeugt, dass sie damals auf dem linken Auge aufgehört hat zu sehen.

Davon erfahren haben wir erst bei der Führerscheinprüfung. Amblyopie. Lazy Eye Syndrome. Das Kind sieht während seiner Entwicklung mit dem linken und dem rechten Auge unterschiedliche Bilder, und weil das Gehirn mit dieser Spaltung nicht klarkommt, entscheidet es sich für eine Sicht und schaltet das andere Auge aus. Beide Augen sind funktionsfähig, aber nur eines ist mit dem Gehirn vernetzt. Beim anderen ist die Leitung tot, das Auge kann mit dem Gehirn nicht kommunizieren, was man im Kleinkindalter noch therapieren kann, indem man das sendende Auge zeitweilig abklebt. Später nicht mehr.

Sie kam vom Sehtest nach Hause und sagte: Mama.

Fassungslos.

Am Ende nahm sie es mit mehr Gleichmut als ich. Ich wollte etwas zerschlagen, schreien, mir die Backen aufkratzen. Wie hatte ich dermaßen blind sein können? Allen Empfehlungen Folge geleistet, alle Sorgfalt walten lassen, zu allen Vorsorgeuntersuchungen pünktlichst erschienen, U1, U2, U3 und so weiter, der ganze Fahrplan, aber ich hatte mein Kind nicht großziehen können, ohne es zu beschädigen.

Sie winkte ab: Mama. Es ändert sich ja im Grunde nichts. Nur, dass ich jetzt Bescheid weiß.

Sie sagte: Das Auge ist noch das wenigste.

Ein Trost.

Und was hätte ich tun können? Was wäre das richtige Verhalten gewesen? Ihr Vater hätte ein anderer sein müssen. Ein anderer hätte ihr Vater sein müssen. Und dann?

Es ist eine abgedroschene Frage: Wer wäre man, wenn man

nicht der wäre, der man zufällig ist? Wenn ein anderes Spermium schneller gewesen wäre. Wenn der Gewinner des Rennens gebummelt hätte: Er hätte einen Moment innegehalten, auf dem Weg zum Ziel einen Blick in die Zeitung getan, zum Himmel gesehen, ob es Regen gibt, und ein anderes Spermium wäre an ihm vorbeigezogen, Erster!

Dann gäbe es jetzt jemanden, den es nicht gibt. Schade eigentlich. Wenigstens begegnet wäre man ihm gern mal, diesem ungeborenen Bruder. Sicher wäre er besser gewesen als ich. Klüger, witziger. Liebesfähiger. Irgendwie gelungener. Wahrscheinlich hätte er viele Menschen beglückt, vielleicht eine Entdeckung gemacht, die der Geschichte eine neue Richtung gewiesen hätte. Womöglich ist überhaupt er derjenige, der hätte sein sollen, und ich bin der ungeplante Fehler. Es war sein Spermium, das gebummelt hat, und meins hat die Chance genutzt. Vielleicht wäre er der Messias gewesen. Der Retter der Welt.

Oder er wäre, auf eine vertrackte Art, die sich der Vorstellung nicht gleich eröffnet, aber zu tun hat mit dem, was Neurobiologie und Buddhismus die Ich-Illusion nennen, der zufolge der verblendete Mensch sich mit bestimmten Eigenschaften identifiziert, denen er zuschreibt, Verursacher seiner Entscheidungen und damit seiner Geschichte zu sein, weshalb dieses konstruierte Ich, das im Grunde und meistens nichts ist als ein vages Gefühl, zwar der Bewältigung des Alltags dient, zugleich aber die Wahrheit verschleiert, dass man gar nicht geschieden ist von der Welt, sondern eins mit dem ersehnten Urgrund, ungefähr so, denke ich, wie alle Romanfiguren Teil des Bewusstseins ihres Autors sind, aber sich selbst, wenn es sie gäbe, als eigenständige Entitäten erleben würden, tatsächlich auch von ihrem Autor so erlebt werden, während sie in Wirklichkeit erstens auf der Ursprungsebene nicht voneinander geschieden und zweitens gar nicht existent sind – er wäre, dieser ungeborene Andere, sage ich, vielleicht auf vertrackte Weise doch wieder nur Ich gewesen.

Also jetzt rein karmisch gesehen.

Halt eine andere Verkörperung meiner unsterblichen Seele.

Wobei es, um sich der Realität seines Ichs zu versichern, zuverlässig genügt, dass man sich mit dem Hintern auf eine heiße Herdplatte setzt.

Und die Zeit verstreicht, Moment für Moment, der Igel eilt in der Dämmerung vorüber, Wasserläufer kräuseln die Oberfläche des Teichs, der Wind wirbelt Blätter hinein, in der Mittagssonne behocken zwei Libellen einander, machen Sex, was weiß ich, begatten einander, die Frösche laichen und ein Fischlein springt und ein Mücklein stirbt und Ringe wandern über die Tiefenschichten, wo allmählich der Karpfen altert, das Moos wächst auf seinem Rücken und die Blätter werden zu Schlamm, sodass der Teich verlandet, ein Stück Gras, auf dem ein Pflaumenkern keimt und Wurzeln in die Erde treibt, unter der der Stein das Muster des Meeresbodens trägt, der er war.

Und wenn man sich das vorstellt, dann gibt einem das so ein Gefühl von Weite, so eine Ewigkeitsempfindung, dass einem fast schon alles egal werden kann, das leere Meer und die verschwundenen Fische und die Enten auf der Brücke und erst recht die Geschehnisse auf der Dachterrasse eines Hauses am Oslofjord, wo die Zeit an diesem warmen, sonnigen Frühsommerabend, ich weiß es noch genau, Augenblick für Augenblick verging.

So wurde das Leben gelebt. Mehr musste man gar nicht bewältigen, nicht gleich ein Leben oder eine Ehe, nicht einmal ein Jahr dieser Ehe, nur diesen Moment und dann den nächsten, den man allerdings bewusst gestalten musste, Strich für

Strich, Tupfer für Tupfer, hier das Väschen mit den Blümchen, hier Servietten und alles sorgsam arrangiert, damit unsere Liebe die Chance erhielte, heute Abend noch einmal neu zu entbrennen, sich sanft befächelt aus der Glut zu erheben, eine Flamme, in deren Licht wir füreinander leuchten würden wie einst. Wir würden uns einander entgegenneigen, unsere Gläser würden sich berühren wie in dem Werbefilm für Tiefkühlpizza, die das liebende Paar mit ihrem Aroma auf eine Brücke in Venedig versetzt, denn die Liebe verwandelt die Welt, und dann wird in der Grand Central Station Walzer getanzt, Robin Williams folgt Amanda Plummer durchs Gedränge, und die Passanten finden sich zu Paaren zusammen, beginnen sich im Kreise zu drehen zu einer frohen, hellen Musik in Dur, obwohl Amanda Plummer Robin Williams gar nicht sieht.

Ich habe dich nicht gesehen, damals vor dem Madow, ich schwöre es. Ich habe dich nicht erkannt und empfand keinerlei Schicksal und habe nur diese Gerbera dem Nächstbesten in die Hand gedrückt, siebzehn Jahre danach wurde unsere Tochter geboren, die Ersehnte, du hattest, als sie sich nicht sofort nach dem Absetzen der Pille einstellen wollte, sogar deine Spermien zählen lassen, es waren genug Spermien. Nun standen wir in einer Küche mit fünf Tiefkühlschränken, wo ich Saucen gerührt hatte, und du hattest Lachskoteletts mitgebracht.

Hallo Liebling, wie war dein Tag? Was möchtest du trinken, einen Scotch Soda? Oder lieber Bourbon mit Eis?

Dabei warst du ein Kiffer. Und ich trank Weißwein, immer und ausschließlich, aber du kifftest nicht mehr, und bei Wein lohnte das Schmuggeln nicht. Das Kind in seinem Sommerkleid fühlte wohl die festliche Stimmung, jedenfalls panschte es nicht mehr mit Saucen oder mit der Gießkanne und den Vergissmeinnicht herum, die ich schwanger gesät hatte, damit sie blühten, wenn sie alt genug wäre, um sie zu gießen, sondern schaukelte sanft, sehr manierlich auf ihrer Schaukel im Flur. Und du bekamst den Grill nicht an.

Das verdammte Ding wollte nicht brennen. Ich weiß nicht, woran es lag, ich kann es mir bis heute nicht erklären. Wir grillen auch gelegentlich, mein Mann und ich, und es gibt nie ein Problem. Die Holzkohle fängt Feuer, wir warten, bis es heruntergebrannt ist, dabei trinken wir Weißwein aus großen Gläsern, absichtslos plaudernd über nichts Bestimmtes, Gäste kommen oder auch nicht, und das Kind wächst, es ist dreizehn, siebzehn, neunzehn und geht über den Hof und durch den Garten ins Haus und kommt wieder zurück, gefolgt von dem Hund, der sich aufseufzend vor ihre Füße wirft, sobald sie sich in einen der Gartensessel fallen lässt, um mit angezogenen Beinen eine Zigarette zu rauchen, während das Feuer sich in Glut verwandelt und ich das Gemüse oder den Fisch auflege und mein Mann die Gläser nachfüllt.

Aber sein Grill, dein Grill, der Grill damals in Oslo auf der Dachterrasse in Bygdøy, brannte nicht.

Ich versuchte, dich mitfühlend zu begleiten, dir beizustehen, dich nicht alleinzulassen mit der Misere. Ich stellte entlastende Mutmaßungen an (feuchter Zünder? Schlechte Kohle?), ging dir schließlich lieber aus dem Weg, gab mich beschäftigt, eilte von der Küche auf die Terrasse und wieder ins Haus, als hätte ich noch wunder wie zu tun, während deine Miene sich weiter verdüsterte. Es war nun eigentlich schon zu spät. Ich konnte eigentlich einpacken. Ich hätte den Fisch jetzt vielleicht in der Pfanne braten und den Fernseher für dich einschalten sollen: Aber nun saß schon das Kind am Tisch, Sommerkleidchen, die Händchen manierlich gefaltet, und ich sagte: Weißt du was? Du entspannst dich erst einmal. Du hast doch den ganzen Tag gearbeitet. Ruh du dich aus, genieße die Abendsonne, ich kann ja mal versuchen, das Ding zum Brennen zu kriegen.

Er lachte auf, trocken.

Du. Ja klar. Du.

Dann trat er an die Brüstung der Terrasse und sah über die Dächer der Villen weg Richtung Westen, ein Mann allein. Ich kauerte mich vor dem Grill zusammen. Ich blies hinein, ich stocherte in der Glut, ich tat nichts Bestimmtes, was weiß ich, was ich tat. Ich hätte auch hineinspucken können, in diesen verdammten Grill: in den ich blies, und das Feuer brannte.

So war es über uns verhängt. Was ich tat oder ließ, war unerheblich. Ich war das Werkzeug eines größeren Willens, der beschlossen hatte, dass der Grill nicht brennen sollte und dann doch brannte. Hoch loderten die Flammen auf, kaum dass sie mich sahen. Und zwischen uns war nun alles vorüber.

Während der folgenden Mahlzeit sprach er kein Wort. Ich umwarb und umgarnte ihn, reichte ihm Saucen, legte dem Kind winzige, grätenfreie Fischstückchen vor, zwitscherte, plauderte, flötete und war mir für rein gar nichts zu schade. Dann war er satt und stand auf und ging weg. Nun konnte ich still sein. Ich brachte das Kind ins Bett und räumte den Tisch ab. Ich räumte wirklich alles auf, ließ nur den Grill stehen, der noch nicht erkaltet war, stellte die Teller in die Spülmaschine und stellte die Spülmaschine an, überzog die Schüsseln mit den Resten der Saucen mit Klarsichtfolie und stellte sie in den Kühlschrank, warf die Gräten in den Mülleimer und wischte die Arbeitsflächen sauber, wusch mir die Hände, cremte sie ein, massierte die Handcreme sorgfältig in die Nagelbetten und roch an meinen Händen, die nach der Handcreme rochen, die nach Pfirsichen roch, und dann ging ich ins Wohnzimmer.

Der Fernseher lief. Du lagst auf dem Sofa, mit gerunzelter Stirn, herabgezogenen Mundwinkeln, und wenn du in diesem Moment gestorben wärst, wenn du dir an den Hals gefasst und um Luft gerungen und dich blau verfärbt und mit hervorquellenden Augen an die Decke gestarrt und komisch gegurgelt und gezuckt und die Augen verdreht und am Ende unmöglich verrenkt reglos und leblos dagelegen hättest, dann hätte ich die Sofadecke genommen und dir übers Gesicht gelegt wie bei Leichen so üblich. Fertig.

Das Geschirr in der Spülmaschine klirrte leise. Im Fernsehen debattierten zwei Männer. Ich stand auf dem hochpolierten Parkettboden in diesem weitläufigen Zimmer, ziemlich in der Mitte, glaube ich, und ich sagte: Was war denn wieder mit dir. Obwohl ich es wusste.

Nichts.

Ach komm. Sag's ruhig.

Er drehte den Kopf und sah mich an. Hasserfüllt. Er sagte: Dein Doktortitel, okay. Dein Geschreibsel, okay. Dein ganzer hochgestochener Scheißdreck, okay, okay. Aber mein Grill. Bläst du mir da in meinen Grill. Als wäre ich zu blöde. Als wäre ich unfähig. Und das Scheißding brennt. Das verdammte Scheißding brennt.

Und ich sagte ganz ruhig, und während ich sprach, wurde alles glasklar und das, was ich sagte, in dem Moment wahr, in dem ich es aussprach: Ich bin fertig mit dir. Ehrlich. Du stehst mir bis –

Und mit der horizontal gehaltenen Hand einen Schnitt quer durch die Kehle gemacht.

Das war an einem Donnerstag im Mai. Als es im Jahr darauf wirklich so weit war, als ein Freund dir half, dein Bett den Hang hinunter in den Umzugswagen zu schleppen, als ich dein Bett, wirklich dein Bett an mir vorüber aus dem Haus und hinab auf die Straße wandern sah, hinein in den Umzugswagen, in dem schon dein Fahrrad stand und dein Goldschmiedetisch und deine Hälfte der Esszimmerstühle, schossen mir die Tränen in die Augen vor Glück. Meine Knie wurden weich wie nach sehr gutem Sex. Allein kehrte ich ins Haus zurück, in dem deine Dinge nun sämtlich fehlten, die leeren Stellen sich gemächlich zu Räumen ungeheurer Möglichkeiten weiteten, während ich, an eine Wand gelehnt, die nicht einmal den Umriss eines deiner Bilder bewahrte, langsam zu Boden sackte, dann lange dasaß und dem Spiel der Staubflusen im Sonnenlicht zusah, dem Tanz kleinster, vom Räumen aufgescheuchter Partikel, den huschenden Wanderungen der Wollmäuse über die leeren Flächen, und ich war müde und glücklich, aber ich dachte gar nicht darüber nach, dass ich glücklich war.

Ich dachte, dass dieses Ende mein Anfang war. Dass meine Sonne sich neu aus dem Osten erheben würde. Dass meine Geschichte nun erst beginnen konnte: jetzt, da die unsere glücklich zu Ende erzählt war.

Und so war es. Aber das ist nicht Teil unserer Geschichte, die sich nun hoffentlich tatsächlich zu Ende erzählt.

5

Am Tag, nachdem auf der Dachterrasse der Grill nicht hatte brennen wollen und dann doch brannte, kamen meine Eltern nach Oslo. Sie hatten auf das Kind aufpassen wollen, während Gabo und ich ein paar Tage in London verbringen würden, Quality Time, um wieder zueinander zu finden, wie es die Zeitschriften empfahlen. Nun flog ich allein. Die Tage bis zu meinem Abflug verbrachte ich in meinem Arbeitszimmer, ich schmierte rote Ölkreide auf Papier, dicke, rote Striemen, und schnappte nach Luft, während mir der Rotz übers Kinn lief, alles zerbrach, ich ließ es splittern, der Hammer lag bereit, und ich schwang und schwang. In Heathrow holte ein Freund mich ab, ebender, der mir damals in der Bretagne zu Hilfe gekommen war.

Wie siehst denn du aus, sagte er. Guter Gott.

Bleiben konnte er aber nicht. Er war Designer und saß an einem großen Projekt, die ganze Nacht lang hatte er gearbeitet, nur um aus Birmingham herunterkommen und mich ins Hotel bringen zu können. Danach fuhr er wieder, und ich war zum ersten Mal in Jahren allein.

Von meiner Insel kommend, ließ ich London über mir zusammenschlagen. Jeden Abend ging ich in ein anderes Theater. Jede Mahlzeit entstammte einer anderen Landesküche. Überall sah ich Kinder, die weinten, und grobe, zornige Eltern. Durch einen Morast von Trauer watete ich, hässlich und elend mit kraftlos fransenden Haaren. Ein Mädchen mit strubbligem Pixie Cut schickte mich zu Tony & Guy's. Die hatten gerade am Sloane Square ihren zweiten Laden eröffnet. Zu dem Italiener, der sich im Spiegel über mich beugte, sagte ich: Schneid alles ab.

Hinterher blondierten wir.

In Knightsbridge fand ich ein schwarzes Kleid. Bei Harrods einen knallroten Lippenstift. Am Victoria Embankment setzte ich mich an den Straßenrand, wo einer den Fudschijama und Kirschblüten aufs Pflaster malte, er sagte, er hätte sein Kind verloren, in Japan bei der Mutter sei es, ein Hund am Hafen von Yokohama sei dort sein einziger Freund gewesen.

So I paint my beautiful pictures, I paint my beautiful pictures.

Das war der Refrain seines Lieds. Seine Nägel waren rissig, die Knöchel geschunden und das Bacon Sandwich, das er aß, *on credit.* Ich ging in den kleinen Laden an der Ecke und bezahlte es, als hätte mir das helfen können. In der Frith Street hockte ich mich zu den jugendlichen Obdachlosen, die dort zwischen den Cafés und Bars in Hauseingängen lagerten, ich heulte und sagte, dass auch ich einst so gelebt hätte, aber jetzt hätte ich ein Haus auf einer kalten Insel und ein kleines Kind. Ein Junge tätschelte meinen Arm.

Lady, sagte er, why don't you get drunk somewhere, enjoy yourself, and give me your change.

Das tat ich. Ich schüttete ihm mein Kleingeld in die Hände, dann trank ich mit einem Anwalt aus Milano in der Soho Brasserie Margaritas. Ein schottischer Schauspieler bot mir eine Zigarette an. Die erste Zigarette in Jahren. Ich rauchte und lachte, vorsichtig, fast traute ich mich nicht, ich merkte das erst jetzt, ich merkte, dass ich in ständiger Bedrückung lebte, eine Sehnsucht ohne Hoffnung in einem zu kleinen Leben war es.

Am letzten Tag in dieser Stadt, die Berlin in meinem Herzen entthronte, schenkte mir eine Frau an der Portobello Road eine balinesische Holzente. Ich habe sie noch. Ich habe sie zu der blauen Scherbe, der Falkenfeder und der jamaikanischen Koralle gelegt. Irgendwann ist der Kopf abgebrochen. Aber ich habe sie nicht weggeworfen.

II Puppenheime

1

Zu retten gab es nach London nichts mehr zwischen uns. Auch nichts mehr zu reden. Den endgültigen Beweis erbrachte eine erheiternde Szene. Nämlich irgendwo gelesen hatte ich, es gebe zwei grundsätzliche Möglichkeiten, auf die Komplexität der Welt zu reagieren: Entweder man rede sich ein, forschend und denkend das Chaos ordnen, es beherrschbar machen zu können, oder man beschließe, in Wahrheit sei alles ganz einfach.

Ich war beglückt. Dies war eine Erklärung für unsere Feindseligkeiten, die uns beide entlastete. Mit welcher Masche man besser durchkam, wollte ich gar nicht beurteilen, scheißgequatscht war beides, aber es war doch klar, dass des einen Art und Weise, mit der Wirklichkeit zurechtzukommen, für die des anderen eine tödliche Bedrohung darstellen musste.

Das wollte ich ihm nun sofort auseinandersetzen, ich rannte durchs Haus, um ihn zu suchen, und er winkte ab und wedelte mit den Händen und wollte es nicht hören, womit kam ich ihm da wieder, immer musste ich alles zergliedern, immer alles auseinandernehmen, er kapierte das nicht, er konnte das gar nicht, echt zu viel war ihm das alles. Und er mir zu wenig.

In diesem Sommer war ich unterwegs. Besuch kam aus Deutschland: Rosie, die Cousine, meine Eltern, und ich fuhr mit ihnen in Norwegen herum, fuhr mit dem Kind nach Deutschland und flog dazwischen wieder und noch einmal wieder nach London.

War ich in Oslo, vermied ich Gabo. Meinen Alltag plante ich mit Frauen, die ich über Kirchen, internationale Schulen und Auslandsvertretungen gesucht hatte und die sich in ähnlicher Lage wie ich befanden. Alle hatten sie kleine Kinder und waren wegen der Berufe ihrer Männer hier, aus Kanada, Schweden, England stammten sie und waren von Wien, Chicago, Paris hergezogen, und wenn sich in der Dunkelheit des folgenden Winters manchmal eine von uns über unser Schicksal beschwerte, dann sagten die anderen: Hätte schlimmer kommen können. Helsinki. Und wir lachten. Die Wochenenden füllte ich rigoros mit Unternehmungen in großem Kreis, wir galten als harmonisches Paar, wir operierten nun präziser als früher. Dritte bemerkten oft gar nicht, dass er weiß vor Wut den Raum verließ, dabei hatte ich nur gesagt, NUR gesagt hatte ich und auf Deutsch: Ich weiß, Gabo. Du fühlst dich nicht so wohl unter Akademikern.

Allein sahen wir einander so gut wie nie mehr. Sobald das Kind im Bett lag, verschwand ich in meinem Arbeitszimmer und schrieb.

Lieber Leser! Um einen Weg in die Zukunft zu finden, ist es manchmal unvermeidlich, ein Stück in der Zeit zurück und dann noch etwas weiter zurückzugehen –

Also: Erinnerst du dich an die verheerende Schlacht, die als der Rasierstreit in die Annalen eingegangen ist, und die auf

Seite 491 damit endete, dass Gabo nach Berlin fuhr und seinen Hund weggab? Was ich dir bisher vorenthalten habe: In der Nacht zuvor war meine Großmutter an Krebs gestorben. Bei Eröffnung der Feindseligkeiten morgens am Waschbecken wussten wir davon noch nichts, die Nachricht erreichte uns mitten im Gefecht, ich war nun ein stark geschwächter Gegner, aber Gabo zu keiner Waffenruhe bereit, erst das erklärt die besondere Härte der folgenden Kampfhandlungen.

Wenige Tage vor ihrem Tod habe ich meine Großmutter noch einmal besuchen können. Gabo war mit nach Coburg gekommen. In der Wohnung meiner Großeltern saß er auf dem Sofa, wie bei seinem ersten Besuch hier. Aber kein Aquarium stand mehr auf der Anrichte, keine Mehlwürmer hausten in Kisten, die Krankenkassenbrille meines Großvaters lag nicht auf dem Danziger Heimatkalender. Nicht einmal auf Fotos sind diese Dinge noch zu finden. Immer fotografiert man ja das Falsche oder hat früher immer das Falsche fotografiert, Filmentwicklung und Abzüge waren teuer, also wurde die Kamera nur für besondere Momente hervorgeholt, dabei ist es der Alltag, nach dem man sich sehnt, die Bilder des versunkenen Alltags möchte man noch einmal hervorholen –

Auf der Veranda meiner Großeltern stand ich, sah auf den Parkplatz und die Garagen hinunter und betrachtete die in den Siebzigerjahren verschwundenen Gärten, in denen mein Großvater Salat und Löwenmäulchen gezogen hatte.

Die Wohnung war damals viel größer gewesen. Ein Bad hatte sie nicht gehabt, aber im Herd in der großen Küche brannte ein Feuer, wenn mein Großvater sich nach der Arbeit am Ausguss wusch. Die Toilette war im Zwischenstock. Der Abort. Kette zum Ziehen, auf dem Holzfensterbrett zerschnittenes Zeitungspapier. Aber Kindchen, nimm du man das Klopapier mit. Eisig war es dort, weil das Fenster immer ein wenig aufstand. Vor dem Milchglas der Fensterscheibe gurrten

Tauben. Mein Großvater hatte eine Lizenz zum Töten dieser Tauben. Er saß am Verandafenster, und sie kamen und fraßen ihm von der Hand. Dann schlug er zu. Sie flatterten, aber nicht lang. Er verfütterte sie an seine Falken. Dass die Tauben mir leidtaten, kann ich nicht behaupten.

Oben unterm Dach bewohnte das bucklichte Fräulein Sorge, Freunsorge, wie ich sie im Kopf schrieb, ein puppenstubenhaftes Zimmerchen. Sie war nicht größer als ich mit acht, zittrig, zart knittrig, altrosa überhaucht, von der Liebenswürdigkeit der Wehrlosen und immer lächelnd gerührt, wenn ich ein Stück Frankfurter Kranz nach oben trug, vorsichtig, damit der Kuchen nicht umfiel.

Als in den Siebzigern nach der Ölkrise die Wohnungen geteilt und die Decken abgehängt wurden, lebte das Fräulein schon nicht mehr. Mir fehlte sie nicht und auch nicht die Wohnung meiner Kindheit. Die Speisekammer war nun eben das Bad, und wo die Küche gewesen war mit dem riesigen Tisch am Fenster, stand dieses nur noch zur Hälfte genutzte Ehebett, in dem meine Großmutter starb.

Sie besaß, was bei Schiller Herzensbildung heißt, immerwährende Güte, die nicht moralischem Entschluss oder Einsicht entsprang, sondern ein Grundzug ihrer Natur war. Als ich klein war, nahm sie mich in den Arm, um mit mir zu tanzen und zu singen.

Puppchen, du bist mein Augenstern! Puppchen, mein süßes Puppchen –

Wenn ich bei ihr übernachtete, stopfte sie morgens im unheizbaren Schlafzimmer das Federbett um mich fest, dann ging sie anschüren.

Bleib du noch im Bettchen, muschel noch ein bisschen.

Muscheln mit stimmhaftem -sch-, wie in Etage.

Nun lag sie winzig im Bett wie Freunsorge, sie sprach nicht mehr, sah mich aber an, ich küsste ihre leicht klebrige Wange und sagte: Auf Wiedersehen, Oma, liebe Oma, und meine

Mutter, die das nicht ertrug, sagte: So komm doch endlich, komm. Also ging ich oder kam, je nach Perspektive. Und damit wurde ich in Hamburg nicht fertig.

Zu kurz war dieser Abschied gewesen. Gedrängt hatte man mich und ich mich drängen lassen. Nun würde ich sie nie wiedersehen, auch die Wohnung nicht, alles würde wegkommen, nichts Wertvolles war da, die beiden Altchen hatten eben nur an diesen Dingen gehangen. Das war alles. Banal war das, eine alte Frau starb, wem konnte man damit auf die Nerven gehen. Teilen konnte man es nicht, man musste es für sich behalten, also, wenn ich verschwand, würde es alles mit mir verschwinden: der Ausguss, Freunsorge und das Kind, das immer noch muschelte in dem kalten Raum.

Ich hockte allein in der kleinen Hamburger Küche. Von fern drangen die Geräusche einer Menschenmenge heran, ein gewaltiges Brodeln, darüber eine einzelne Männerstimme, die sich in hysterische Höhen steigerte. Dumpf brüllte die Masse auf. Gabo sah im Wohnzimmer Fußball. In dieser Nacht starb sie, und alles verschwand.

Aber ihr Wohnzimmer besitze ich noch. Lieber Leser! Gleich mehr dazu. Zuvor lass mich gestehen: Ich hege eine Schwäche für Miniaturen. Warum auch nicht? Mein Doktorvater hegte eine Schwäche für Blasmusik. Stundenlang kann ich vor Puppenhäusern oder Dioramen sitzen, die Aussicht auf eine Modelleisenbahn lockt mich in jeden Keller, unwiderstehlich sind mir diese Idyllen im Maßstab H0 oder eins zu zwölf, die einer, der guten Willens ist, mit ein paar Handgriffen in Ordnung bringen kann und in denen ich mich schauend verliere. Ein Bahnhof zwischen Hügeln und Tälern, Spielzeugstädtchen, ein Dorf mit Kühen: Da ist sie, die Landschaft meiner Kindheit.

Freilich idealisiert. Liebe Leute, ich weiß es: Ungehindert

diffundierte damals das Formaldehyd aus der Spanplatte ins Kinderzimmer, PCB dampfte aus den lackierten Holztierchen der Bauernhöfe, alle Grundschulen waren asbestverseucht, der Einsatz von DDT war erlaubt und um die Zeit, als ich geboren wurde, sogar der von Contergan. Man wusste noch nichts von den schädigenden Wirkungen. So ist es häufig: Während die Dinge den Bach runtergehen, sieht alles noch ganz sauber aus. Erst an der Mündung wird das Wasser brackig.

Schaut, da rattert es durch die Wiesen, das Bähnlein. Der Sommerwind weht durch die geöffneten Fenster, Schilder untersagen das Hinauswerfen von Gegenständen, Sommerwolken segeln über den Wald. Das Kind, das ich war, schlenkert mit den Beinen und leckt an der Bonbonmasse in einer Muschel, an deren Rand es sich wie immer die Zunge aufreißen wird, schweißfeucht kleben die Oberschenkel an dem kunstlederen Sitz, auf den Wiesen stehen überall Kühe, und Onkel John mit dem Glasauge, der sein richtiges Auge im Krieg verloren hatte, sagt zu seiner Frau, die er Freundchen nennt: Guck mal, Freundchen, die Kuhchen, deine Schwestern.

Er sprach den Danziger Singsang, den sie alle sprachen und den ich nie mehr hören werde, diesen Spielzeugdialekt in eins zu zwölf oder im Maßstab H0, dessen zahllose, aus dem Polnischen eingesickerte Verkleinerungsformen die Welt verniedlichten: Freundchen, Tantchen, Schnäpschen, Häschen, auch wenn das Karnickel nachher mit dem Kopf nach unten am Haken in der Küche hing. Meine Großmutter, wenn sie schwerhörig mit ihren Enkelchen sprach, verstieg sich dazu, Was-chen? zu fragen. Auch hatte Onkel John Wasser im Zahn, jedes seiner Chs war ein aus mehreren Konsonanten zusammengesetzter Zischlaut, ein Djch oder Dshcht, dessen genauen Klang man auch wieder am besten in polnischer Orthographie hätte wiedergeben können.

Die Kuh-djchens, Freund-dchjchen! Deine Dchweschchtern!

Ich könnte stundenlang sitzen und ihnen zusehen. Die Onkel rauchen, und die Tanten plachandern und schäkern, in den Bahnwärterhäuschen stehen Männer und kurbeln, an den Übergängen winken Kinder in Kniestrümpfen, die Felder sind rot von Mohn und gesprenkelt mit Tümpeln, dem Ziel wundersamer Ausflüge mit meinem Großvater, wenn Frösche und Wasserflöhe zu fangen waren. Wir fuhren zu Tante Meta, wo der einzige Sohn in Russland geblieben war und es Wurstkuchen gab, in dem keine Wurst war, sondern mit Strömen geschmolzener Butter war dieser Kuchen getränkt, und zum DDR-Sandmännchen leckte ich Eierlikör, stärkend für Kinder, da hausgemacht. Die Oma schwor auf warmes Märzenbier mit Zucker. Da schliefen die Kleinen hinterher gut.

Und dann verschwand das alles. Die Felder und Bachläufe wurden bereinigt und verschwanden, die Kühe und die Hecken, das ganze alte Bauernland verschwand unter Autobahnen und den Hallen der Baumärkte und der Fertigungsstätten, die leerstehen und allmählich verschwinden, und auch die Bauernhäuser wurden in Angriff genommen mit Glasbausteinen und Eternitplatten, die Stadt fraß sich in die Landschaft hinein, schluckte die Dörfer und verschmolz mit der nächsten Stadt, ein ganzer Fluss störte und musste in Rohre und in den Untergrund gezwungen werden, das alte Hofbräuhaus verschwand mitsamt dem Festsaal, in dem mein Vater nach dem Krieg das Kunterbunte Kabarett Allotria geleitet hatte, die Engländer hatten Coburg schlampig bombardiert, das wurde jetzt alles mal in Ordnung gebracht. Das Jugendstil-Schwimmbad war einem autogerechten Brückenneubau im Weg, der über den Fluss ging, der dann verschwand.

In diesem Bad hatte mein Vater mir das Schwimmen beigebracht. Jeden Mittwoch war ich in seine Schule marschiert, in das Klassenzimmer mit den großen Mädchen, und hatte mich ganz hinten in die Bank gesetzt und Hausaufgaben gemacht, bis die Glocke läutete und auch er Schulschluss hatte und man schwimmen gehen konnte. Anfangs waren es mir nie genug Hausaufgaben. Immer war man so schnell fertig. Ich hatte mich auf die Schule gefreut, und nun sollte man Bälle malen. Noch dazu auf eine Schiefertafel, wo am Ende alles wieder abgewischt wurde. Die Fehler aber auch! Nur machte ich keine. Noch machte ich keine. Ich saß und schlackerte mit den Füßen, schaute aus dem Fenster, blätterte im Schulbuch weiter nach vorn –

Aber Mittwoch dann Schwimmen. Das kriegte man in der Schule erst in der dritten. Dann wurde das Bad geschlossen. Es hätte saniert werden müssen, aber vor der Stadt gab es längst eine moderne Anlage mit Sprungturm, ein Abriss war am vernünftigsten. Das galt auch für die still bröselnden Gründerzeitvillen, die dem Ausbau der B4 im Weg waren. Das Bahnerhäuschen, in dem mein Vater geboren war, wich ebenfalls dieser Straßenverbreiterung. Wenn man später an der Stelle vorbeikam, deutete er hinauf: Dort oben im ersten Stock, heute der Luftraum über der dritten Spur, war einst sein Schlafkämmerchen. In dem Gartenlokal da drüben, heute der Aldi-Parkplatz, hatte er allabendlich einen Krug Bier für seinen Vater geholt. Der Krug hatte einen Zinndeckel, damit nichts schwappte. In der Familie meiner Mutter weinte man der verlorenen Heimat im Osten nach, aber die Heimat meines Vaters war genauso verloren. Von den Stätten seiner Kindheit und Jugend ist keine Spur geblieben, die Stadt, in der er alt wurde, hat nichts von ihm bewahrt.

Auch nicht das Haus, in dem später, als er längst ausgezogen war, seine Eltern gelebt haben. Sein Vater ist gestorben, als ich vier war. Meine Mutter und ich waren zu diesem Zeitpunkt bei der Cousine in München zum Kinderfasching, die Berliner Tante, bei der wir vierzehn Jahre später absteigen sollten, hatte uns aus Krepp-Papier Prinzessinnenkostüme gemacht, das ging nicht, dass man nun stattdessen zu einer Beerdigung fuhr.

Mein Großvater hätte das auch gar nicht gewollt. Zur dauernden Erbitterung seiner Frau war er wie alle Männer dieser Sippschaft, was man lebenslustig nannte, er rauchte, ging in Kneipen, auch spielte er Theater. *Die Liebe im Schilderhäuschen.* Er hat mir einmal ein Fünfmarkstück geschenkt. Das ist meine einzige Erinnerung an ihn. Ich weiß, auf welchem wackligen Küchenstuhl er saß, ich stand zwischen seinen Knien und sah zu ihm auf und konnte in seinen Augen sehen, welch große Freude er daran hatte, mir diese Münze zu schenken. Sie war mondgroß und aus glänzendem Silber, ein unvorstellbarer Reichtum. Ich konnte mir nicht vorstellen, sie jemals auszugeben, und habe viel Zeit und Mühe darauf verwendet, sie durch den mittels eines Küchenmessers erweiterten Schlitz des Plastiksparschweins herauszupopeln, still zu bewundern und anschließend wieder in das Schwein zu stecken. Seine Frau, meine Großmutter, war dagegen geizig. Adipös war sie, zuckerkrank und bigott, aß mit den Fingern, sang in der Kirche mit grauenhafter Ergriffenheit und einer Falsettstimme, die mir in die Zähne zog, liebte ihren älteren Sohn abgöttisch, den ich nicht ausstehen konnte, und hatte ein kühles Verhältnis zu meinem Vater, der sich auch nicht weiter um sie kümmerte.

Das tat meine Mutter. Sie tat es aus Anstand. Der Flüchtling: So hat meine Großmutter ihre Schwiegertochter genannt. Nur einmal. Aber wer dieses Wort je in entwertender Absicht gebraucht hat, taugt nicht zu weiterer Verwendung.

Dennoch würde ich gern ihr Haus wiederfinden. Es steht noch, jemand will es gesehen haben. Früher lag es inmitten von Feldern und Wiesen, auf dem Gipfel eines Hügels, Walderdbeeren wuchsen am Zaun, auf dem Nachbargrundstück befand sich eine Pferdekoppel. Ich ging manchmal mit einem der Pferde spazieren. Ich war gerade im Reitverein angemeldet worden, aber das war ein Missverständnis. Ich wollte kein Pferd reiten. Ich wollte ein Pferd sein.

Der Weg zu diesem Haus hinauf hieß der Bärenholzweg. Ein schluchtartiger, ungeteerter Pfad war es, bergan durch Gestrüpp, den mein Vater, wenn er mit mir im Auto hinauffuhr, den Rumpelpumpelweg nannte und den Rüttelschüttelweg. Heute ist er zweispurig asphaltiert, Kuppe und Hänge des Hügels sind vollständig bebaut mit zu eng stehenden Fertighäusern, schuhschachtelähnlichen Bauhaus-Missverständnissen, sogenannten Toskanavillen und Schwedenhäusern, und irgendwo in dieser unhistorischen und ortlosen Ansiedlung liegt das Haus meiner Großeltern verborgen, das ich nicht mehr finden kann. Lieber Leser, weißt du, welches Haus ich meine? Es war ein richtiges Haus mit Gummistiefeln im Windfang und Apfelbäumen, Fliesen in der Diele und einer Waschrumpel im Keller, einem Kessel für Hausschlachtungen und einer knarrenden Treppe nach oben. Wer mag heute dort wohnen? Der Bruder meines Vaters hat es seiner Frau vermacht, mit der er keine Kinder hatte –

Verloren, verloren, alles verlo-ho-horen. Und was noch da ist, ist baufällig oder überschminkt, einbalsamiert, mumifiziert, puppenstubenhaft renoviert und theatralisch beleuchtet, Fassade, Requisite, Dekoteil in Fachwerk und Sandstein, nicht zum Leben und zum Benutzen gemacht, sondern Ausstellungsstück in einem Freilichtmuseum, also eine Erfindung, die nicht etwas ist, sondern auf etwas hinweist, was nicht mehr ist, wie der Fußabdruck eines Dinosauriers oder eine Münze vom römischen Limes oder eine stehen gebliebene Taschenuhr: die man nicht in die Hand nimmt, um die Zeit abzulesen, sondern um die vergangene Zeit wiederzufinden, als diese Uhr in der Hand eines lag, der nicht mehr da ist. Um die fehlende Hand wiederzufinden, die da war, wo nun die eigene Hand ist, die die Uhr hält.

Drück auf den interaktiven Knopf! Lass die Uhr schlagen. Zieh den Hebel hoch, und es knallt. Wozu? Kehrt etwas zurück?

Aber das Wohnzimmer meiner Großmutter steht vor mir im Regal. Das abgewetzte rote Sofa mit der niedrigen Lehne, der Schrank mit den Schiebetüren aus Glas, unter dem die Mehlwürmer wohnten, sogar die Lampe, auf deren Ablage das Fernsehprogramm mit der Ankündigung von Grzimeks Serengeti-Filmen lag, sind mein im Maßstab 1:12, denn die Spielzeugindustrie damals kopierte wirkliche Möbel, und die sahen nach dem Krieg alle gleich aus. Nach dem Tod meiner Großmutter kramte ich diese Sächelchen wieder hervor. Zu Weihnachten wünschte ich mir ein Puppenhaus, und das bekam ich, ein wunderschönes Haus baute Gabo für mich, mein Zuhause wurde es und meines allein. Während Gabo nebenan fernsah, möblierte ich es, auch kaufte ich ein Püppchen, dem stellte ich die Halmafiguren, die ich mit neun beklebt hatte, als Spielzeug ins Kinderzimmer.

Als wir nach Norwegen gezogen waren, war dieses Haus eingemottet worden. Aber nun, im Herbst 1995, als ich mich für den Winter in Oslo bereitmachte, betrat ich es erneut. Ich betrat es auf dem einzigen Weg, auf dem eine Heimkehr möglich ist: auf Papier.

Am Fenster meines Arbeitszimmers in Oslo stand ich und blickte über den Fjord, aber was ich sah, waren die weichen, fränkischen Hügel mit ihren Feldern und Waldflecken, wie man sie von der Kastanie hinter meinem Elternhaus aus sieht. Dann setzte ich mich hin und kehrte schreibend in die Welt meiner Kindheit zurück, in die Stadt, in der ich mich als Kind nicht zu Hause gefühlt hatte, wie meine Hauptfigur sich dort nicht zu Hause fühlen würde, leiden würde sie unter der Enge, wie ich darunter gelitten hatte, und die Bewohner ihres Puppenhauses Geschichten ohne Plot erfinden lassen.

Plot hat mich nie interessiert. Schon als Kind wollte ich nicht lesen, wie die Panzerknacker Onkel Dagoberts Geldspeicher ausraubten. Wie lief ein ganz normaler Tag in Entenhausen ab? Das hätte ich mal gern gewusst. Anfangs, bei meinen ersten Leseversuchen, als ich begonnen hatte, mich durch Pixie-Bücher zu buchstabieren, hatte ich auf den Inhalt überhaupt nicht geachtet, vollkommen vom Akt des Dechiffrierens in Anspruch genommen war ich: ein Detektiv, ein Reisender zwischen den Zeichen, der dort, wo die im Land des Lesens Einheimischen nur Alltägliches sahen, viel Rätselhaftes und Bemerkenswertes entdeckte.

Das hatten Schriftsteller, Fotografen, Detektive und Reisende gemeinsam: Sie entdeckten Erstaunliches, wo andere nichts als Alltag sahen.

Draußen wirbelten Blätter. Drinnen dampfte Tee. Mein Kind auf dem Teppich war hoch konzentriert darauf, mit einer Kinderschere unfassbar winzige Papierschnipselchen zu schnippeln, die sich in den Schlaufen der Auslegeware verfingen und auch vom Staubsauger nicht entfernt werden konnten. Das war der Alltag. Er leuchtete. Darum ging Mimi ohne Krimi nie ins Bett: Weil Krimis, indem sie den Einbruch des Bösen zeigten, den Alltag sichtbar machten, die Brüchigkeit dieses immer gefährdeten Einerleis, das in seiner Bescheidenheit das Einzige war, was einen von Kriegen und Verbrechen trennte. Den Alltag heiligten Krimis, weshalb die nüchternen Angelsachsen und Skandinavier die besten schrieben.

Ich würde also einen Krimi schreiben. Ich würde die Sache praktisch angehen, vernünftig, nie wieder würde ich etwas so Unsinniges unternehmen, wie über Gabo und mich zu schreiben versuchen.

Das hatte ich zwölf Jahre früher getan, aus der Quarantänestation im Krankenhaus Rechts der Isar hatte ich mich herausgeschrieben, allerdings ohne den Text beenden zu können. Mit meinem unfertigen Manuskript saß ich im Büro eines Cheflektors, der mich erschreckte, denn im Verlauf unserer Debatte umfasste er einmal mit weit ausholender Geste sein von Büchern ummauertes Reich und behauptete, dies sei die Welt, die ganze Welt, nichts jenseits davon existiere, und nie müsse er sie verlassen, um alles Menschenmögliche zu erfahren.

Das hat mich verstört. Sehr belesen erschien er mir und außerordentlich dumm, ich ging also heim und schrieb über einen Ostindiensegler, der sich in den Weiten des Pazifiks verlor, dann über den fiktiven Untergang Sylts, dann über den historischen der Insel Strand. Ein Thema ging ins nächste über, ein Endloswurm an Text entstand.

In der Sonnenstraße stand ich auf dem Balkon des Goethe-Instituts, rauchte und hatte die Übungen zu den Präpositionaladverbien nicht vorbereitet, die Sonne fühlte sich an, als wäre ich krank gewesen und die Besserung nur vorübergehend, in die Staatsbibliothek musste ich später noch und im Keller die Wäsche aus der Maschine holen, bevor sie jemand nass auf den Betonboden warf, scheiße war das alles. In dem Moment überkam mich die Einsicht, dass der Cheflektor womöglich recht gehabt hatte. Womöglich musste man wirklich aus der Welt heraus- und in die der Bücher eintreten oder in ein Buch, vielleicht war das der geforderte Preis. Dann gelang einmal etwas beinahe, das ging in den Weiten eines nicht mehr konvertierbaren Textprogramms verloren.

Aber jetzt, am Fenster in meinem Arbeitszimmer in Oslo, ging es darum, uns in die Freiheit hineinzuschreiben, mein Kind und mich. Um mein Kind ging es, das reden, singen, bellen, muhen, piepen und krähen konnte, sie liebte Orangen und den Autoschlüssel, spitz und spuckenass waren ihre frisch geschlüpften Zähnchen und sandig die Füße in den Schuhen, immer erneut war ich verwundert über die Kraft ihres So-Seins, noch nicht zwei war sie und ein von mir unabhängiges Wesen, die Hände randvoller Herz- und Schicksalslinien, mit blauem Filzstift kühn geschmückt. Immer noch schlief sie den entschlossenen Schlaf der ganz Kleinen, die Fäuste links und rechts neben dem Kopf, als wäre Schlafen eine Aufgabe. Wieder wach, hatte sie Ansichten, sie überlegte, wenn man sie etwas fragte, manchmal lange, und dann sagte sie: Nein.

Das gedachte ich nicht zu verpassen. Ganztägig in der Redaktion zu schuften, um zusätzlich zur Krippe eine Tagesmutter bezahlen zu können, um ganztägig in der Redaktion zu schuften, kam nicht infrage. Notwendigkeit diktierte mir das zu schreibende Buch, gekauft werden sollte es und zwar von Frauen, denn Männer lasen nicht oder machten das Lesen gleich zum Beruf und wollten dann selbst dafür bezahlt werden.

Von mir wegrücken musste das Buch. Einen Anfang und ein Ende musste es haben. Immerhin, auch ein bisschen witzig konnte es vielleicht werden. Ein bisschen bissig. Ein bisschen kitschig. Vielleicht konnte ich es machen wie damals mit dreizehn, vierzehn, als ich begonnen hatte, Wörter zusammenzufügen, ohne besonderen Anspruch, aus reinem Spaß, aus Neugier, gespannt auf das Gebilde, das entstehen würde, viele tun das ja in dem Alter, Gedichte schreiben, sagen sie dazu. Leicht und heiter sollte mein Buch am Ende sein, ein kleiner Roman mit einigen Morden, der in Franken spielte, einen Heimatkrimi wollte ich schreiben, wobei es dieses Genre damals noch nicht gab. Mit meinem Kind habe ich zu lieben gelernt. Für mein Kind habe ich zu schreiben begonnen.

Den ganzen Tag brannte ich nun darauf, abends in das Haus meines Buchs zurückzukehren. Seine Bewohner waren lebendig, in meiner Abwesenheit machten sie Entwicklungen durch, ein Mord geschah, und ich wusste nicht, wer die Tat verübt haben mochte, sehr gespannt war ich und kam erst spät darauf, dass die Lösung eines dieser neuen Mobiltelefone sein könnte, wie sie nur sehr wenige Leute besaßen. Satz führte zu Satz, Abschnitt zu Abschnitt, beschwingt war ich und lachte beim Schreiben, eine große neue Liebe war es. Nichts konnte mich von ihr fernhalten und bestimmt nicht der Tod meines Schwiegervaters. Ich sprach Gabo mein Beileid aus, räumte den Tisch ab, stellte die Spülmaschine an und schloss ruhig und fest die Tür meines Arbeitszimmers hinter mir.

2

In diesem Jahr feierten wir das heiterste und harmonischste Weihnachtsfest unserer Ehe. Über Silvester flogen wir nach Grenada. Mein Vorschlag war das gewesen, eine frühere Inkarnation meiner selbst hatte ich wiederfinden wollen. Wir entstiegen dem Flieger, Steeldrum Soca durchzog die Ankunftshalle, jemand rief etwas, Wh'apning? Jus'so? Gwan!, und sang da jemand Lord Shorty's *Om Shanti Om*?

Life today, unlike yesterday
Friendship gone
Leaving hate and scorn –

Eine Wasserfrau auf dem Trockenen war ich, die ihren Nixenschwanz wiedergefunden hatte.

Rund um die Uhr war ich unterwegs. Meist allein. Gabo ließ ich am Strand hocken wie er mich einst in Goa. Geh, sagte er, geh ruhig, ich pass auf das Kind auf. Viel war da nicht zu tun, sie grub im Sand. Er saß auf einem Palmstamm daneben und kiffte. Dann eines Abends, den Anlass weiß ich nicht mehr, eröffnete er den Kampf: Nämlich, was er mir schon immer hatte sagen wollen –

Was mag es wohl gewesen sein? Ich habe keine Ahnung. Verfrüht flogen wir zurück, in Oslo empfing uns nächtlicher Schneesturm, wir kämpften uns in ein Taxi und nach Hause, ich brachte das Kind ins Bett, kehrte ins Wohnzimmer zurück und sagte: So. Ich gehe nach Deutschland zurück.

Ja, und meinte ich denn, er wollte bleiben? Hatte ich überhaupt eine Ahnung, wie unsäglich ihm alles zum Hals heraushing, Oslo, sein Laden, sein Leben, ich? Alles hatte er für mich getan, für mich hatte er sich den Arsch aufgerissen, aber jetzt war Schluss, alles hinschmeißen würde er.

War mir egal. Am nächsten Tag buchte ich einen Platz auf der Fähre nach Kiel, packte mein Skript in den Koffer und brachte mein Kind ein letztes Mal in Oslo ins Bett. Vor dem brennenden Kamin saßen wir auf dem Fußboden, tranken Cognac und rauchten. Wir rieben uns die Augen, ein bisschen fassungslos waren wir und blickten wie Erwachende auf die vergangenen fünf Jahre zurück, vereint waren wir in unserem Scheitern, und vor diesem Kamin haben wir uns an dem Abend noch einmal geliebt, zum ersten Mal seit vielen Monaten und zum letzten Mal im Leben. Wäre dies eine erfundene Szene, würde ich ihren Ablauf vielleicht beschreiben, die gymnastische Übung der Körper auf dem Parkett, um dem Leser die Gefühlslage der Akteure erfahrbar werden zu lassen. So kann ich nur sagen, dass er mir Tränen aus den Augenwinkeln wischte und flüsterte, nicht weinen, bitte nicht weinen, aber dann fielen seine eigenen Tränen auf mein Gesicht wie bei der Geburt des Kindes, in der letzten Stunde, als er hinter mir gestanden und mein Gesicht in den Händen gehalten und meinen Namen gesagt hatte, angstvoll immer meinen Namen.

Dass du mich geliebt hast, habe ich nie bezweifelt, es war und ist eine meiner großen Sicherheiten geblieben, du hast mich geliebt und dein Kind, niemanden sonst im Leben, nur uns. Bloß hatten wir davon nichts. Deine Liebe beschädigte ihr Objekt.

Bei dieser, wie soll ich es nennen, letzten Umarmung oder körperlichen Vereinigung ebenso wie bei unserer Wiedervereinigung in Rastatt fünf Jahre zuvor haben mir nicht Trauer, Freude oder Lust Tränen in die Augen getrieben, sondern ich war überwältigt von der Zäsur, die dieser Akt markierte. Man hätte unsere Geschichte so wie an unseren Blicken auch an unseren sexuellen Vereinigungen entlang erzählen können, zum Beispiel könnte man sagen, dass wir bei unserem Abschied in der Fuggerstraße auf Sex verzichtet hatten, weil unsere Geschichte weitergehen sollte, und nun in Oslo schlossen wir damit, dass wir miteinander schliefen, die Geschichte ab.

Aber auch diese, unsere körperliche Kommunikation, auf die wir uns so viel eingebildet haben, war gestört oder am Ende zerstört. Denn tatsächlich hat er nicht geheult. Ich habe das erfunden. Dieses letzte Mal bedeutete für ihn gar nicht das letzte Mal, er missverstand wieder alles, nicht einmal das kapierte er mehr, das Wortlose. Er hat ausschließlich meine, nicht seine Tränen abgewischt, und dabei hat er mich leise getröstet, nicht weinen, Mauselchen, nicht weinen, Häschen, die Namen kleiner Tiere gab er mir wieder. Für einen Neuanfang hat er unser Ende gehalten. Darum ist er mir nach Deutschland nachgekommen, nach Coburg, denn in Coburg war es, im Mai dieses Jahres, dass sein Bett wirklich und endlich den Hügel hinabgetragen wurde –

Aber es reicht. Beenden wir es hier, und damit, dass ich am Morgen mein kleines Auto auf die Fähre fuhr.

Das Kind drängte ins Freie. Auf dem obersten Deck stand sie an der Reling, sie hielt sich an den Stäben fest, das Schiff legte ab, und sie stieß einen Schrei aus, schrill, einen Möwenschrei übers Wasser in die grauweiße, winterliche Weite, noch einmal, immer wieder, ein Dutzend oder mehr dieser Schreie, die wild klangen, triumphierend, im Englischen würde man sagen: exhilarated. Später in der Nacht, allein mit dem schlafenden Kind, schrieb ich ins Tagebuch: *Irgendwann schreibe ich über Gabo und mich.*

Und das hast du gewusst. Das hast du gewollt, von Anfang an. In der Fuggerstraße, in dem Zimmer mit der großen Kastanie vor dem Fenster lagen wir auf dem Bett, und ich habe dir erzählt, dass ich eines Tages schreiben, dass ich eine Schriftstellerin sein wollte. Du lagst auf den Ellenbogen gestützt. Nachdenklich nahmst du einen Zug von deinem Joint.

Ich würde dich gern mal inspirieren, sagtest du. Ich würde gern mal der Grund sein, dass du was Cooles schreibst.

III Libelle

1

Coburg war eigentlich nur als Zwischenlandung geplant. Ich wollte zu Atem kommen, mein Buch gedruckt sehen, auch sollte das Kind in Ruhe ein wenig größer werden. Dann würden wir, dachte ich, nach London ziehen.

Vielleicht schreibe ich einmal über das Haus, in dem ich damals mit dem Kind wohnte, über seine bemerkenswerten Bewohner und diese ganze, äußerst glückliche Zeit, in der ich sicher wusste, dass ich nie wieder mit einem Kerl leben würde.

Dann, ein Jahr nach meiner Rückkehr und acht Tage nach meiner Scheidung von Gabo, kam in einem Lokal, in das ich mich halb widerwillig begeben hatte, ein Mann auf mich zu. Er war sehr groß und ging, wie sehr große und freundliche Männer oft, ein wenig nach vorn- und sozusagen den Kleineren zugeneigt wie einer, der aus seiner Größe keinen Anspruch ableiten will, in früher Jugend war er rothaarig gewesen, war das aber nicht mehr, sondern dunkelblond, ein ganz anderer Mann war er als alle vor ihm.

Unsere Wege, fanden wir heraus, hatten sich schon oft gekreuzt, im Iran, in Italien, in München, Berlin und Hamburg und hier, wo er nicht geboren war. Auch hatte man uns voneinander erzählt, tatsächlich schon in Hamburg hatte ich von ihm gehört. Aber wir hatten einander immer verpasst. Von

Anfang an verband uns eine Geschichte nicht stattgefundener Begegnungen, die wir uns nun erzählten und deren Daten alles Frühere zu überlagern begannen.

Nicht überschrieben wurden die alten Jahreszahlen, aber zu Druckerschwärze in staubigen Folianten. Die Mutmaßungen des Biologen Paul Kammerer über ein kausalitätsunabhängiges Prinzip der Serialität, das verwandte Konfigurationen in Raum und Zeit zusammenfügt, kannte ich damals nicht, Numerologie muss als Pseudowissenschaft verworfen werden, aber als ich für diesen Text die alten Daten noch einmal hervorgekramt habe, habe ich doch mit Staunen bemerkt, dass die Überreichung der Gerbera am vierundzwanzigsten Geburtstag meines Mannes stattgefunden hat und dass sich die Ankunft des Blauen Busses auf dem Coburger Marktplatz an dem eisigen Maiabend zum zwanzigsten Mal jährte, an dem mein Mann und ich beschlossen zu heiraten oder einander sagten, wir glaubten, unsere Heirat sei eine seit Langem beschlossene Sache.

Weißt du noch, lieber Leser? Dies war der Mai mit den verrückt vielen Vierklees, in dem die Amseln mit weißen Flügelspitzen schlüpften. In diesem Mai begriff ich, dass mein Leben vorüber war. Die drei Wünsche waren erfüllt, die Aufgaben erledigt, alles, was ich mir am Anfang meines Lebens für mein Leben hatte vorstellen können, war absolviert und ich neununddreißig und also die Frau, die zu sein sich das Mädchen nicht hatte vorstellen und für die es sich keinen Mann hatte vorstellen können. Am Ende meiner Vorstellungen war ich angekommen.

Also lächle, lieber Leser, und staune: Denn Wunder, die völlig außerhalb von Gabos Macht gelegen hätten, vollbrachte mein Mann mit Leichtigkeit. Spielend gelang ihm die Beschaffung des großen Bruders, der uns so dringend gefehlt hatte.

Am Anfang meiner Ehe, als mich die Erfahrung von Gutwilligkeit, von unbeschwerter Absichtslosigkeit und Freude überwältigte, habe ich manchmal über die Irrwege meiner Vergangenheit geweint, ohne jedoch im Mindesten etwas zu bereuen. Keuchend lag ich auf dem wundersamen Eiland, auf das ich mich gerettet hatte, schluchzte beim Rückblick über das wildbewegte Wasser und sang Seemannslieder von den Tagen der Fahrt. In den vierzehn Jahren, seitdem ich auf der Quarantänestation im Klinikum Rechts der Isar meinen einsamen Eid geschworen hatte, hatte ich studiert, promoviert, vier Berufe ausgeübt und unzählige Jobs gehabt, neunmal den Wohnsitz, siebenmal die Stadt und je nach Zählung drei- oder fünfmal das Land gewechselt, drei Bücher geschrieben, zweimal geheiratet, ein Kind geboren und ein weiteres erbeutet. Aber wenn ich nun dachte: früher, dann übersprang ich diese Zeit als ereignislos. Immer kehrte ich in die Vorzeit zurück, in die Epoche des Mythos, die ich zusammenfassend *Indien* nannte. Dieses Indien war kein Ort und keine Erzählung und kein Kugelschreiberstrich auf der Landkarte, sondern ein verschwommener Fleck, etwas durchs Zugfenster Fotografiertes, das mit hoher Geschwindigkeit vorüberrauscht, ein Schein lag darauf wie auf den besten alten Songs, aber dort glücklich gewesen zu sein, hätte ich niemals behauptet.

Glücklich war ich jetzt, hier, in diesem Haus, einer riesigen, etwas heruntergekommenen Villa aus der Gründerzeit, die einst von einengendem bürgerlichen Prunk gewesen sein mochte, aber inzwischen bequem saß wie ein Maßanzug, dessen Träger nie einen Gedanken an Schonung verschwendet hat. Das Sammelsurium von Möbeln verschiedener Lebensphasen lud zum Spielen ein, und normalerweise hätte ich dies Angebot schon beim ersten Besuch angenommen, immer möbliere ich in meiner Vorstellung anderer Leute Wohnungen um, weit über den Maßstab eins zu zwölf hinaus geht meine Manie. Aber bei diesem Haus war ich davor zurückgeschreckt. Bis wir darin wohnten.

Nun waren Haus und Garten tagsüber voller Kinder und abends voller Freunde, im Sommer kochten wir draußen in der Loggia, im Winter malten wir an unseren Staffeleien und zogen ab Februar auf den Fensterbänken Tomaten und Zinnien, Molche bewohnten das Aquarium im Esszimmer, Kaninchen und Meerschweinchen hoppelten in der Diele herum, eine Katze kam zu Besuch und eine Schildkröte zog ein, manchmal flatterten nachts Fledermäuse in die Bäder, und Rehe ästen in der nebligen Frühlingsdämmerung im Garten. Denn nach Hause zurück führt kein Weg. Aber ein Obdach kann man füreinander schaffen. Und manchmal, schreibend, spielend, arbeitend und auf vielerlei Weise beschäftigt, fragte ich mich, ob ich, bevor ich meinem Mann begegnet war, einen einzigen Tag lang bei Verstand gewesen war.

Gabo war nach unserer Trennung zuerst nach Nürnberg gezogen. Anfangs kam er regelmäßig, dann hatte er kein Geld und also kein Auto mehr und das Zugfahren wieder verlernt, also brachte ich das Kind jeden Samstag zu ihm, drückte mich in der Stadt herum und holte sie abends wieder ab. Beim Abschied schluchzte er immer herzzerreißend. Das Kind, sonst meist heiter, musste dann auch weinen, ohne zu wissen warum, aber er erklärte es ihr, nämlich der Pappi war verzweifelt, weil er sich von seinem Kind trennen musste.

Auch beklagte er oftmals ihr bitteres Schicksal. Schutzlos ausgeliefert war sie mir ja nun. In dieser Zeit kam er mir auch mit dem Horoskop, aus dem hervorging, dass sie mit vierzehn zu ihm ziehen würde, sie war wie er, nicht wie ich, ohne Arg setzte er mir das auseinander.

Im folgenden Winter zog er zurück nach Berlin. Er lebte nun von Sozialhilfe, sein Haar ließ er wieder wachsen, einen klassischen Vokuhila trug er und, wenn er mit dem Auto seiner neuen Freundin kam, sein bestes Hemd, ein schwarzes Seidenhemd, das wir sieben Jahre zuvor zusammen gekauft hatten. In dem Song, dessen Titel er damals in das Goldschächtelchen eingraviert hatte, erklärt der Sänger, sein Leben würde ihm zum Gefängnis, sollte die geliebte Frau einen anderen heiraten, aber Gabo empfand nicht so. Anteil wollte er haben an unserem Leben. In den Kinderzimmern hielt er es nie lange aus, auch auf den Spielplatz oder in den Garten ging er nicht, sondern immer hockte er gleich wieder in der Küche bei mir. Ich bot ihm dann etwas an, ein Brot oder ein Bier, und er lehnte sich zurück und wedelte gönnerhaft mit der Hand, ja klar, gib mal her.

Unangenehm war er mir. Nur mit Überwindung ertrug ich seinen Geruch. Er hatte sich eine Weile in einer Klinik aufgehalten und war noch immer wegen Depressionen in Behandlung, und so roch er, nicht ungewaschen, aber nach Ergebung, nach saurer Bitterkeit und Hader stank er, ein toter Geruch, der mir widerwärtig war. Auch fand er, wir hätten ihn bei uns übernachten lassen müssen. Von meinem Tellerchen wollte er essen, in meinem Bettchen schlafen, wir hatten doch Gästezimmer, warum musste dann er im Juliusturm bleiben.

Seltener und seltener kam er. Er hatte kein Geld, ich schickte ihm welches, es wurde ihm in der U-Bahn geklaut. Zeit hatte er auch nicht. Das sagte der Pappi zu seinem noch nicht fünfjährigen Kind. Ich verlangte den Hörer. Seine Worte, die letzten dieser Phase, weiß ich wörtlich.

Wenn du willst, dass das Kind mich sieht, kannst du deinen Arsch nach Berlin bewegen.

Woraufhin ich mich mit ehrlichem Interesse erkundigte, wie er es anstellte, sich morgens, wenn er sich vor dem Spiegel rasierte, beim Anblick seiner Visage nicht ins Waschbecken zu erbrechen.

Zu den Geburtstagen des Kindes reiste nun immer mein bester Freund an, der Freund aus England. Er fertigte Flügel für alle Kinder, Vogel-, Schmetterlings- und Marienkäferflügel. Aber mein Kind wählte für sich Drachenflügel.

Kurzzeitig erwog ich damals noch einmal, ob ich nicht doch anfangen sollte, zwischen Berlin und Coburg hin- und herzufahren wie früher zwischen Nürnberg und Coburg oder Hamburg und Oslo oder Berlin und Rastatt oder Berlin und Coburg, ob ich nicht das Kind hin- und herfahren sollte, und dachte: nein. Ich erwähnte aber seinen Namen regelmäßig, er sollte kein Unwort werden, mit dem man ein Tabu brach.

Die Jahre vergingen. Wir nahmen dann an, dass wir nicht mehr wussten, wo Gabo war. Vielleicht war er nach Nepal zurückgekehrt. Dann kam das Jahr 2007. Das Kind stand im prophezeiten vierzehnten Lebensjahr. Im Frühling hatte ich eine Wohnung in der Berliner Rankestraße gemietet. Ich schrieb damals an einem Buch über längst vergangene Reiche, kreuz und quer durchstreifte ich die Stadt auf der Suche nach Gedenktafeln und -orten, aber nicht unserer Geschichte gedachten sie, von uns hatte sich die Stadt längst gereinigt. Ich dachte nicht einmal, dass Gabo womöglich in der Nachbarschaft sein und ich ihm begegnen könnte. Aber vielleicht das Kind. Jedenfalls sagte sie, als ich nach Coburg zurückgekehrt war: Du hast mal gesagt, ihr könntet Gabo suchen, wenn ich das wollte, Mama. Suchen wir ihn jetzt.

Wir wohnten zu diesem Zeitpunkt nicht mehr in der Villa. Wir hatten ein Haus gekauft, im selben Jahr kam der Hund, ein bürgerlicher Familientraum war es, und ich würde am liebsten nicht mehr weiterschreiben, denn nun betreten wir den Raum, den ich noch immer bewohne, mit meinem Mann, der nun für dich, lieber Leser, einen Namen erhalten muss. Also: Paulus.

Paulus stellte eine Suchanfrage bei den Berliner Ämtern.

Die schickten umgehend eine Gebührenrechnung, verbunden mit der Zusicherung, innerhalb der nächsten drei Monate nicht aktiv zu werden. Die Rechnung war noch nicht bezahlt, da verkündete mir meine Mutter telefonisch, Gabo habe angerufen und nach meiner Nummer gefragt.

Ich stand in der Küche, den Hörer in der Hand. Ein träumerisches Gefühl der Unwirklichkeit überkam mich. Dann klingelte das Telefon.

Den ersten Satz brachte er noch glatt hervor. Der Rest ging in inkoheräntem Blubbern und Rotzen unter. Nämlich fertigmachen wie immer konnte ich ihn, ihm war jetzt alles egal, er hielt es nicht mehr aus, er hatte Krebs und höchstens noch anderthalb Jahre zu leben und wollte endlich sein Kind sehen.

Tatarata-TAA! Da war sie wieder, die Fanfare.

Reg dich nicht auf, sagte ich. Das Kind ist in der Schule. Wo bist du überhaupt?

In Berlin, in der Nähe des Charlottenburger Schlosses. Genau dort, wo er vor zehn Jahren hingezogen war. In dieser Wohnung hatte er eines Morgens sein Bein auf den Wannenrand gestellt, ein fürchterlicher Schmerz hatte ihn durchfahren, Prostatakrebs, der bereits gestreut hatte, in allen Knochen saßen Metastasen. Und wann war das geschehen? Am Tag meiner Ankunft in der Rankestraße natürlich.

Von Etanglement spricht die Quantenphysik, wenn sie Partikel beschreiben will, die ohne erkennbare Kommunikationswege augenblicklich aufeinander reagieren und miteinander interagieren, selbst wenn das gesamte Universum sie trennt, spukhafte Fernwirkung hat Einstein das Phänomen genannt. Alles scheißgequatscht. Kein wissenschaftliches Rätsel, sondern eine verdammte Seifenoper blieben wir bis zuletzt.

In der folgenden Woche fuhren wir nach Berlin. Das Kind saß hinten, sie trug Sonnenbrille und hatte die Knöpfe des iPods im Ohr. Wenn ich mich zu ihr umwandte, sah sie aus dem Fenster. Vorhänge dicht, Luftlöcher verstopft, totale Verdunkelung. Immer vollkommen verstanden habe ich das. Dann standen wir vor dem Haus. Der Öffner summte. Das Treppenhaus war düster. Magische Orte sind Treppenhäuser, Schleusen, Transiträume, Übergänge zwischen Raumstationen, Röhren durchs All.

Geh du vor, Mama, sagte sie.

Gabo stand oben auf dem Absatz. Sein Blick ging an mir vorbei, er schlotterte, die Hand hielt er vor den offen hängenden Mund. Stark gealtert war er und nicht gut, der Körper erschlafft, die Züge vergröbert, die schulterlangen Locken nicht mehr rot, sondern dunkel, mit einem Stufenschnitt wie bei Männern, die sich vor Geschäften mit Autozubehör über Sportfelgen und Motortuning austauschen. Aber das Erste, was ich sah, war das Hemd, das schwarze Seidenhemd, vor sechzehn Jahren war es sein bestes gewesen und war immer noch sein bestes, und dass er das nicht gemerkt hatte oder nicht daran gedacht hatte, dass ich es merken würde, erzählte mir mehr als alles andere über ihn.

Kurz vor dem Treppenabsatz trat ich zur Seite. Das Kind schritt an mir vorbei, mit erhobenem Kopf, leuchtend in ihrem hellen Haar und ganz in Schwarz gekleidet wie immer. Es war ihre Metal-Phase, aber nicht unförmige Bandshirts trug sie, sondern Schnürkorsagen und Spitze über sorgsam zerrissenen Leggings. Er warf die Arme um sie. Es durchzuckte mich: Mutter wirft Kind den Wölfen vor. Sie platzierte die Hände auf seinen Rücken. Ich sah ihren Rücken an und dachte: Jetzt zählt sie bis zehn. Dann löste sie sich und schwebte ihm voran in seinen Bau.

Im Wohnzimmer von der Decke hing ein Kastendrachen. Quer durch den Raum zog sich eine Schnur mit nepalesischen Gebetsfahnen. Das abgeschabte Sofa, das fleckige Parkett, der überdimensionierte Fernseher proklamierten unverkennbar Hartz IV. Dabei nicht ungemütlich. Offenbar war dies früher ein Teil einer der großen Berliner Altbauwohnungen gewesen. Auf dem Regal ein Altar: rund um einen Buddha Fotos des Kindes als Säugling, als Einjährige und Zweijährige. Auch ein Bild des Hundes, den er in Hamburg fortgegeben hatte.

Das Kind stand in der Mitte des Raums. Gabo hatte einen weißen Schal in der Hand, etwas wie Rohmaterial für Seidenmalerei, und suchte sie einzufangen. Ein heiliger Schal sei dies, lange Jahre habe er ihn für sie aufbewahrt, aus einem indischen Bergkloster stamme er, die Mönche würden mit dergleichen besonders geliebte Gäste ehren. Seine Tränen strömten.

Sei willkommen, mein geliebtes Kind. Sei willkommen in meinem Leben.

Er schlang ihr den Schal um den Hals. Aber nichts konnte das Licht dieses Kindes verdunkeln, auch nicht dieser Vater, dessen Peace, Love and Harmony sie tapfer den Schild ihres Hatred, Darkness and Despair entgegenreckte. Ruhig nahm sie den Schal ab, legte ihn zusammen und hielt ihn ihm hin.

Nimm den lieber wieder, sagte sie. Ich trage kein Weiß.

Wir setzten uns dann, ich auf das Sofa, Paulus und das Kind auf die Esszimmerstühle, deren andere Hälfte bei uns zu Hause stand. Gabo ging in die Küche und machte Tee. Wir schwiegen. Nichts hier ließ erkennen, womit Gabo das letzte Jahrzehnt verbracht hatte. Ein Dornröschenschloss war dies, dem die Prinzessin abhandengekommen war. Nur woher dann die Zerrüttung seiner Züge. Mit der kam ich nicht zurande. Stark war der Impuls, mich vor dem Kind zu rechtfertigen, den Irrtum aufzuklären, nämlich dies war nicht der, der als ihr Vater gemeint gewesen war. Den hätte ich jetzt gern hervorgezaubert und ihn neben diesen Wiedergänger gestellt, dann hätte sie alles verstanden, meine Wahl, und hätte auch selbst zufrieden sein können. Um über etwas zu reden, befragte ich Gabo nach seinem Prostatakrebs. Er wurde lebhaft, die Prostata war nicht das Schlimmste, sagte er, der Krebs dort war weitgehend kuriert, aber zu spät erkannt worden, Sekundärtumore saßen dicht an dicht in der Wirbelsäule.

Willste den Scan sehen? Det sieht aus. Wie wenn einer mir mitte Schrotflinte, peng!

Sein Kind hatte er noch tragisch hochdeutsch begrüßt, nun hatte das Genre auf Mundart gewechselt. Sein Lachen bullerte mit einer Note von Stolz. Auch auf zwei Herzinfarkte gebracht hatte er es.

Zwee Stents hab ick. Willste kicken, ick hab Papiere.

Das Kind saß reglos. Er drehte sich einen Joint, mit Gesten, die ich wiedererkannte. Um den Stromverbrauch der Pflanzen in der Besenkammer auszugleichen, lebte er selbst in ständigem Dämmer. Einige seiner Ladys stellte er uns namentlich vor: Eight Miles high. Strawberry Cough.

Schmeckt echt nach Erdbeer, sagte er zu dem Kind. Da, riech ma. Echt Erdbeer, wa?

Mit einer gewissen Hoffnung fragte ich nach einer Lebensgefährtin. Gab es nicht. Mit Weibern war Karton. Später gingen wir über den Weihnachtsmarkt am Charlottenburger Schloss. Ich hatte den Eindruck, dass ihm dies schon Ausland war, bis hierher erstreckte sich sein Reich nicht, auch trug niemand im Sektzelt eine weiße Bomberjacke. Jetzt, wenn ich uns mit Abstand betrachte, uns mit unseren Proseccogläsern und ihn, der immer lauter spricht und zu laut lacht und sich weit ausholend einen weiteren zigarettendünnen Joint zwischen die Lippen schiebt, empfinde ich durchaus, dass diese Szene auch uns nicht schmeichelt, dass sie womöglich lustiger und sympathischer aus seiner Warte zu erzählen wäre.

In seinem Bad, wo ich mir nach der Rückkehr die Hände waschen wollte, lag der abgebrochene Wasserhahn neben dem Waschbecken wie der Hals einer Gans.

Was ist denn mit diesem Putzdienst, von dem du erzählt hast?, sagte ich.

Die Putzmädchen? Die sitzen hier immer nur rum und rauchen.

Er berlinerte nicht nur, er berlinerte wie ein Türke.

Wat jeht? Wat guckst du? Komm her bei Papa!

Das zu dem Kind, das die Saftflasche nicht aufbekam. Sie trat von der Flasche zurück und trank Wasser und blieb bei Wasser, auch nachdem er den Saft für sie geöffnet hatte.

Papa?, sagte sie zu Paulus. Fahren wir noch in die Stadt? Wir wollten doch nach einem Schal für mich gucken.

Am Abend waren wir alle erschöpft. Das Kind war eisern verschlossen.

Er ist schrecklich, sagte sie. Schrecklich.

Ein paar Tage in Coburg vergingen. Dann sagte sie: Mama? Wann fahren wir wieder hin?

Und wir fuhren.

Aber sie und er kamen einander nicht näher.

Ich weiß einfach nicht, wie ich an sie rankommen soll, sagte er. Ich bin so hilflos. Meinst du, sie wird mir jemals verzeihen?

Ich weiß nicht, sagte ich. Du musst mit ihr reden. Du musst dir anhören, was sie zu sagen hat. Du musst dich ihren Vorwürfen stellen.

Mann, Sylvie. Ich habe überhaupt keine Erfahrung mit so was. Ich habe solche Angst, dass ich was falsch mache. Du kennst sie, du musst mir helfen. Wünscht sie sich irgendetwas?

Er machte ihr einen Ring.

Er baute ihr einen Drachen, Jahre zu spät.

Einmal kam er zu uns zu Besuch, er blieb drei Tage, an einem Nachmittag gingen sie miteinander einen Döner essen, vom Balkon sah ich sie zusammen weggehen, sie lachten zu mir herauf, jeder der beiden mit einem separaten Verschwörerblick. Aber sie kamen bald wieder, und das Kind war einsilbig.

Ich werde das nie los, sagte Gabo. Ich werde dieses Ding niemals los.

Ich ermutigte ihn, er durfte nicht aufgeben. Ich sah, was geschehen war: Er hatte die Tür geschlossen zu der Fingerfarbenmalerin, Zuckertütenträgerin, Ballerina, Reiterin, und daraufhin hatte der Raum sich um ihn geschlossen, er hatte sich abgekapselt und saß nun fest in der geronnenen Zeit, ein Käfer in Bernstein. Man musste ihn herauslösen, den Fluss der Zeit wieder herstellen.

Und ja, sein Parfum früher war Égoïste von Chanel gewesen, aber meines, bevor er mir die orientalischen Düfte von Guerlain verpasst hatte, Diva von Ungaro, also hatten wir wohl beide Anteil an unserem Misslingen gehabt. Zum zweiten Weihnachten nach unserer Trennung hatte er dem Kind noch ein großes, hölzernes Rentier geschnitzt, das hatte ich Heiligabend ganz nach hinten gestellt. Vielleicht wäre alles anders gekommen, wenn ich großherziger gewesen wäre, ihn in der Villa aufgenommen, ihm bei uns ein Gästezimmer angeboten hätte.

Auch fiel mir wieder ein, dass er kurz vor seinem Auszug in Coburg an einer Prostataentzündung erkrankt war. Ich hatte Medikamente besorgt und ihn im Übrigen gleichgültig seiner Genesung überlassen. Vielleicht war die Krankheit damals nicht auskuriert worden. Vielleicht hatte der Krebs damit seinen Anfang genommen.

Er war erstaunt, dass ich das Thema aufbrachte. Wusste ich nicht mehr? Ich hatte seinen Schwanz verflucht.

Ich lachte auf vor Schreck. Er beugte sich vor und ergriff

meine Hände. Er nahm es nicht übel, wir wollten nicht davon sprechen, aber *dein verfluchter Schwanz* hatte ich gesagt. Wovon er zu reden meinte, konnte ich mir auch mit Phantasie nicht ausmalen. Er winkte ab, alles alter Scheiß, auf Abrechnungen verzichteten wir besser, mit der Vergangenheit zu hadern hatte keinen Sinn, rein überhaupt nichts brachte das.

Das war wahr. Das hatte ich einmal in der Bretagne versucht, zu Beginn unserer zweiten Beziehung. Wir fuhren durch die Nacht, wir hatten gestritten, es war auch schon egal, und so hatte ich ihn endlich zur Rede gestellt. Im Herbst 1979 hatte er all meine Freunde verpfiffen, warum? Wie lebte er damit? Hatte er sich seine Charakterlosigkeit mittlerweile wenigstens selbst eingestanden?

Mann, Sylvie, sagte er. Sechs Jahre haben sie mir damals angedroht. Sechs Jahre.

Und da hatte er sogar mich verraten müssen?

Davon wusste er nichts. Das erinnerte er nicht mehr. Passiert war mir ja glücklicherweise nichts, oder? Wobei er bereit war zu reden, durchaus, er würde sich stellen, absolut, denn während ich in meinem Krankenhausbett Rechts der Isar beschlossen hatte, mein Studium nachzuholen, war seine Bewährung widerrufen worden. Ich hatte die Rezeption deutscher Naturlyrik in unterschiedlichen kulturellen Kontexten erwogen, bei ihm vor dem Zellenfenster in der Sommernacht hatte eine Grille zu zirpen begonnen. Ich hatte in Italien mit Gino im Gras gelegen, im Knast waren erst einer, dann alle Gefangenen ausgetickt.

Ich kann nicht pennen! Verdammt noch mal!

In der heißen Dunkelheit griff das Gebrüll um sich, der Wahn schwappte von Zelle zu Zelle, bis alle tobten oder wimmernd auf dem Boden kauerten mit den Armen über dem Kopf.

Krepier, verfluchtes Vieh, krepier, schlagt es tot, schlagt das verfluchte Vieh tot!

Er schlug mit der Hand auf das Lenkrad, einmal, zweimal, dreimal.

Ich könnt die Karre treten, bis sie kotzt.

Er war es doch, der verpfiffen worden war. Eine Frau, die er verlassen hatte, hatte ihn aus Rachsucht angezeigt. Deshalb war die Bewährung widerrufen worden. Sie war auch in Haft gekommen, sagte er, sie selbst auch. Aber er: länger.

Respekt, dachte ich unwillkürlich, und zugleich: Dich hat er verlassen. Mich nie.

Warum haben wir Gabo zu uns genommen? Vielleicht aus Sturheit. Aus simplem Trotz: Ich würde ein glückliches Ende erzwingen. Und es hätte gelingen können, das behaupte ich immer noch, nur sterben hättest du dafür müssen –

In diesem Sommer telefonierten wir viel. Waren wir in Berlin, Paulus, das Kind und ich, kehrten Vergangenheiten zu mir zurück. Es war ja alles verbittert und vergiftet: meine Jugend, mein Sommer, die Anfangszeit unserer Liebe, an die ich nicht denken konnte, widerwärtig waren mir sogenannte schöne Erinnerungen an unsere Anfangszeit, meine Herzkammern hätte ich mit Lauge ausschrubben mögen. Aber was blieb dann von meinem Leben.

Nun standen wir am Lehniner Platz, wo das Treibhaus gewesen war, und lachten, denn Gabo imitierte die exzentrischen Mütter minderjähriger russischer Junkies, um deren Methadonprogramm sich zu kümmern ihn das Sozialamt gezwungen hatte, ich konnte an diesem Ort wieder mit ihm fröhlich sein.

Auf dem Markt am Winterfeldtplatz, wo wir gewohnt hatten, als wir beschlossen hatten zu heiraten, kaufte er dem Kind eine winzige Statuette von Ganesh, ihrem Lieblingsgott aus dem indischen Pantheon. In der Fuggerstraße, der Kantstraße, der Windscheidstraße deutete er an den Fassaden hinauf, hier hast du mal gewohnt, sagte er, er bestätigte, dass es unser Leben gegeben hatte.

Vor dreißig Jahren hatte er sich ausgemalt, wie er einst im Alter im Kreis der jungen Krieger Weisheiten verkünden würde, mit schlohweißem Haar und einer Friedenspfeife voll Gras. Nun hatte er nichts als einen Haufen zwanzigjähriger arbeitsloser Türken. Er mokierte sich über Leute, die ich nicht kannte, bissig war er, ich musste lachen. Er war mir wider Willen vertraut, auch wo er mir unsympathisch war oder in seiner Grandiosität lächerlich. Ob Paulus regelmäßig zur Vorsorge ging, wollte er wissen. Ob er auf Gabo schaute, sich Gabos Passion als Warnung dienen ließ. Dies war Gabos letzte Mission, der hohe Sinn seines Opfertods: Er gab sich hin, um das Leben der anderen zu retten.

Mein Herz ist gebrochen, Sylvie, sagte er. Daher die Infarkte. Nein, ehrlich, das gibt es, ein gebrochenes Herz, das ist medizinisch erwiesen. Habe ich im Fernsehen gesehen. Unsere Trennung hat mir das Herz gebrochen.

Im Herbst bekam er Bestrahlungen und litt. Wir telefonierten täglich. Sein Zustand verschlechterte sich schnell, sagte er. Vor allem seelisch ging es ihm mies, nachts, allein, überkam ihn große Angst, erdrückend war diese Einsamkeit mit dem Gedanken an den Tod.

Ich weiß ja nicht, wie alles wird, sagte er. Wie lange ich überhaupt noch habe. Ich kann morgen den nächsten Herzinfarkt haben. Ich habe im Krankenhaus einen gesehen, der hatte einen Infarkt in der Dusche. Der hat auf dem Weg nach unten alles getroffen, was man treffen konnte. Wenn mir das hier passiert, dann finden die mich erst, wenn ich tot bin. Oder vielleicht bricht mir vorher die Wirbelsäule durch. Dann ist man gelähmt. Dann kann man sich nicht mal mehr umbringen.

Er sagte: Hilfst du mir dann? Wenn ich mir nicht mehr helfen kann?

Es wurde Winter. Die Fahrten nach Berlin wurden unbequem, für das Kind und mich. Bei Gabo wurden alle Backenzähne gezogen, man hatte versäumt, sie zu schützen, als man die Tumoren in seiner Nackenwirbelsäule bestrahlt hatte, nun waren sie zerstört und schmerzten unerträglich. Er hatte eben keinen, der ihm zur Seite stand. Keinen, der ihm half. An der Wand seines Schlafzimmers tauchte neuerdings ein Mann auf, reglos, erdbraun, man sah ihn nur aus den Augenwinkeln, wenn Gabo herumfuhr, war dort nichts.

Paulus und ich beratschlagten. Was sollte werden, wenn Gabo endgültig zum Pflegefall wurde? Im Stich lassen konnte ich ihn nicht. An allen wesentlichen Schnittstellen meines Lebens hatte er gestanden, an allen unseren Abzweigungen waren wir aufeinander getroffen, wir würden es wohl schaffen, die letzten Meter mit Anstand zu gehen.

Außerdem, was wollte man dem Kind denn vorleben? Gabo hatte sich ihr gegenüber schlecht benommen, das war wahr, aber das durfte kein Grund sein, dass wir uns nun ebenso schlecht benahmen. Vielleicht würde, wenn wir ihn zu uns nahmen, doch noch eine Aussöhnung stattfinden. Wenn nicht, würde sie später jedenfalls etwas zur Verfügung haben, Erinnerungen, nicht nur Fotos und Erzählungen, Material, falls sie sich in einer Therapie, in einem Text oder sonst wie mit ihm auseinandersetzen wollte.

Kennenlernen würde sie ihn.

Das Kind reagierte mit Entsetzen.

Ich will nicht, dass er kommt! Der war mein ganzes Leben

lang nicht dabei, was will der jetzt hier. Ich will ihn nicht im selben Haus mit mir.

Dort würde er auch nicht sein.

Auf unserem Grundstück steht ein zweites kleines Häuschen, ein Ferienhaus, dessen Vermietung damals meine hauptsächliche Einnahmequelle war, denn ich schrieb schon seit Langem an einem mir wichtigen Buch und war noch längst nicht fertig damit. In dieses Häuschen würde Gabo nun einziehen. Natürlich bedeutete das finanziellen Verlust. Die Ämter würden nicht einmal die ortsübliche Kaltmiete für die hundert Quadratmeter übernehmen. Aber Hauptsache, die laufenden Kosten waren gedeckt, dann würden wir schon über die Runden kommen. Es war ja alles nicht für ewig.

Der erstaunte Respekt, auf den unser Plan im Freundeskreis stieß, überraschte mich. Was war denn so ungewöhnlich an dem, was wir taten. Das Praktische würde ich schon bewältigen, ich hatte Gino gepflegt, ich konnte Gabo pflegen. Zu Freunden sagte ich: Es ist nicht so, dass wir ihn hierhaben möchten. Es ist nicht so, dass ich ihn mag. Ich mag ihn nicht, ich habe ihn nie gemocht. Aber was soll ich machen.

Da habt ihr euch etwas vorgenommen, sagten sie. Hut ab! Vor allem vor deinem Mann. Hut ab vor Paulus.

Du wirst das doch nicht ernstlich tun, sagte meine Mutter. Du wirst diesen Hypochonder doch nicht aufnehmen wollen, rein überhaupt nichts fehlt dem, durchfüttern lassen will er sich auf eure Kosten.

Ach. Und die Tumore hatte er selbst in den Scan gemalt? Wir stritten, und heftig. Das war der erste Gifthauch, Ankündigung des Kommenden.

Wir holten Gabo in Berlin ab. Es war Februar und der Wind aus Ost ein Eisenbesen. Gabo saß vorn neben Paulus. Er breitete die Arme aus, als wir die Stadt verließen. Als wir aus dem Thüringer Wald herunterkamen, zeigte er, mit dem ich den Himalaya und den Hindukusch gesehen hatte, seliges Entzücken. Sagenhaft war dies, diese Weite, phantastisch.

Dann standen wir in dem Häuschen, das nun das seine war, einen kurzen Moment allein.

Es ist so schön hier, sagte er leise. Ich habe das alles gar nicht verdient.

Stimmt, sagte ich, bemüht um leichten Ton. Die Welt ist eben ungerecht.

Er zog aus der Innentasche seiner Jacke einen Umschlag.

Hier, sagte er. Nimm das. Nicht, dass das am Ende in falsche Hände –

Es war ein Bild, das Tom gemacht hatte. Achtzehnjährig kniete ich nackt vor einem Wandspiegel, das in der Fuggerstraße abgefallene Silbersternchen unter dem Auge, die in Goa abgenommene Goldkette um den Knöchel, den in einem Münchner Taxi verlorenen afghanischen Armreif am Handgelenk.

Gabo ergriff meine Hände.

Dass du es bist, sagte er. Du, hier, ganz am Schluss.

Soll ich aufzählen, was wir für ihn getan haben? Soll ich von Terminen beim Hausarzt, beim Onkologen, beim Schmerztherapeuten, beim Urologen reden, die ich übernahm, von den Terminen auf dem Sozialamt, bei der Stadtverwaltung, im Bürgerbüro, die Paulus' Aufgabe wurden?

Wie wir drei zueinander standen, hatte sich herumgesprochen, überall kam man uns entgegen, Hände wurden geschüttelt, Prozeduren im Flug erledigt.

Wo gibt es das denn, dass einer den Ex seiner Frau zum

Sterben aufnimmt, sagte Gabo. Wo hat man denn so etwas schon mal gehört.

In diesen ersten Wochen verkündete er es jedem: Sein ganzes Leben lang hatte er Buddha gesucht. Jetzt hatte er ihn gefunden, hier, in diesem Kaff.

Für mich seid ihr Buddha, sagte er. Für mich bist du Buddha, Paulus.

Nur Anwalt, sagte Paulus, nur Anwalt.

Und Gabo war nun sein Mandant.

Am folgenden Wochenende mietete Paulus einen Transporter, fuhr mit seinem Sohn nach Berlin und holte aus Gabos Wohnung, was Gabo von dort noch haben wollte, Fernseher, Musikanlage, Drachen, CDs, auch den Kühlschrank und die kleine Waschmaschine. Am nächsten Tag kämpften sie sich durch einen Schneesturm zurück, stundenlang fuhren sie hinter einem Schneepflug her.

Wie kann ich das jemals wiedergutmachen, sagte Gabo. Diese Mühe. Die Zeit. Das Geld. Hunderte und Hunderte sind das ja.

Haben wir über Geld gesprochen? Haben wir im Vorfeld das Finanzielle geklärt?

Mein Geld kriegst alles du, sagte er zu mir. Die sollen dir die Grundsicherung direkt aufs Konto überweisen. Du gehst ja einkaufen und bezahlst alles.

Aber Taschengeld musste er immerhin haben. Was meinte er, wie viel er pro Monat brauchte? Er hob die Schultern. Zweihundert vielleicht. Ja, das war gut, das war genug. Zweihundert reichten längst.

Ende Februar verlangte er die zweihundert für März. Er brauchte etwas zu rauchen. Darüber hatten wir nicht gesprochen: Woher er, wenn die Ziploc-Tüten mit der letzten Ernte leer wären, sein Gras beziehen würde. Die Grundsicherung war auf meinem Konto noch nicht eingegangen, also gab ich ihm zweihundert aus der Küchenkasse. Abends im Bett sagte ich zu Paulus: Vielleicht kann er sich ja was aus Berlin schicken lassen. Hier kennt er doch niemanden mehr.

Paulus zögerte. Dann sprach er doch. Gabo hatte unseren Sohn beauftragt, etwas zu rauchen zu besorgen.

Ich fuhr auf. Das war wohl das Letzte.

Na ja, sagte Paulus. Irgendwo muss er das Zeug schließlich herkriegen.

Und würde ich bitte zu Gabo nichts sagen. Er würde sonst erfahren, dass der Junge ihn verpetzt hatte. Dabei hatte er ihn extra gebeten, uns nichts von der Sache zu verraten.

Ich flog durch den Garten zum Häuschen hinüber. Was hatte Gabo vor? Wollte er die Kinder zu Dealern machen? Wollte er einen Keil in meine Familie treiben?

Heulend krümmte er sich auf dem Sofa zusammen, eine aufgespießte Schnecke, kaum dass ich das erste Wort gesagt hatte. Es tat ihm furchtbar leid, er wollte nichts hören, still sein sollte ich, alles, alles tat ihm leid.

Ich ließ nicht locker. Ich stand über ihm und ließ ihn sich winden. Den Anfängen galt es zu wehren, Disziplinarmaßnahmen mussten ergriffen werden, austreiben musste man ihm die Fisimatenten.

Ja, ja, nein, nein, er hatte das alles nicht so gesehen. Er war an allem schuld, nie wieder würde er so etwas tun, fürchterlich war ihm zumute, dreckig ging es ihm, nun fand ich, dass es reichte, er konnte sich wieder beruhigen, das tat er aber nicht, er schrie und heulte, und dann brach es aus ihm hervor, nämlich kacken konnte er nicht.

Seit Tagen hatte er nicht gekackt, das war die Scheiße. Die Opiate waren das, dieser Morphiumdreck, grausam war das, entsetzlich grausam, entweder litt er Schmerzen, oder er konnte nicht kacken. Am nächsten Tag, noch bevor er in die

Kanzlei ging, fuhr Paulus in der Apotheke vorbei und holte Klistiere. Die halfen nicht. Ich machte Sauerkrautsalat, und Gabo heulte wie ein Wolf, es zerriss ihn, seine Haut spannte, sein Körper war heiß, Selbstmordgedanken hatte er. Dass man so büßen musste, dass man so bestraft wurde, wie sollte das enden, wie sollte das nur enden.

Ich hatte angenommen, das sei ihm klar.

Auf Entzug war er eben, das war alles. Mir fiel schließlich doch jemand ein, den man anrufen konnte. Der kam am Nachmittag. Damit war dieses Thema vom Tisch.

Im Flur die defekte Lampe reparierte Gabo. Im Garten der Zaun musste ausgebessert werden. Paulus hasste solche Arbeiten, aber mit Gabo fuhr er in den Baumarkt, sie kamen zurück und brachten mir eine Gartenschere mit.

Schau mal, sagten sie, was wir dir mitgebracht haben.

Nett war es, zwei Männer zu haben. Gabo fegte den Hof, danach musste er sich hinlegen, und ich brachte ihm Obstsalat. Vom Einkaufen brachte ich ihm wie einem Kind Eis mit, Schokolade, Pudding. Abends kam er zum Essen ins Haus. Ich fragte ihn nach Lieblingsgerichten, er wehrte ab, alles schmeckte ihm, was ich kochte. Wie lieb ich war. Er hatte das nicht gewusst. Wenn er das gewusst hätte –

Dann wären wir womöglich zusammengeblieben. Besser nicht. Wir lachten. Ich füllte ihm seine Wärmflasche, die nannte er Helga. So kuschlig warm machte Helga es ihm, sagte er, aber dann morgens, da konnte die manchmal so was von kalt zu ihm sein – dann trat er die einfach aus dem Bett.

Solche Einlagen, ihr improvisierter Charakter, erheiterten Paulus. Abends, wenn wir allein waren, drehten sich unsere Gespräche immer ausschließlicher um Gabo, wir stellten eine Verbesserung seines Zustands fest, sagten wir, mit Genugtuung registrierten wir eine Aufhellung seiner Stimmung.

Morgens, nach dem Wirbel des Aufbruchs zu Schulen und Kanzlei, war ich wie früher im Haus allein. Ich ging von Raum zu Raum, lüftete, sammelte Socken und Handtücher ein, während sanft die Stille summte, es schwang aber ein anderer Ton in der Stille mit. Gabo war nebenan, näher, als ich es mir vorgestellt hatte. Der Hund lag im Korridor, begleitete aber aufmerksam alles, wartend auf das Signal von Stiefeln und Leine.

Dieser Hund ist das dritte der großen Geschenke, die mir meine Tochter gemacht hat. Ich selbst hatte diesen Kindheitswunsch längst verloren, aber ihr denselben brennenden Wunsch ebenso unerfüllt zu lassen, brachte ich nicht fertig. So kam der Hund ins Haus, der es seitdem mit Gegenwart erfüllt, großzügig gibt er Haus und Garten von seinem Leben ab und strukturiert nebenher meinen Tag.

Dass wir einen Hund hatten, hatte Gabo gefreut. Mit ungeheucheltem Interesse hatte er sich regelmäßig nach ihm erkundigt. Aber der wirkliche Hund war ihm zu groß, zu umtriebig, die falsche Rasse war es für ihn. Morgens, bevor ich mit dem Hund zum Wehr ging, brachte ich Gabo Kaffee und Zeitung hinüber. Ich fragte, wie er geschlafen hatte, und wunderbar hatte er geschlafen. Dann plötzlich nicht mehr. Es war die Matratze. Die war fürchterlich.

Ich besprach die Sache mit Paulus. Gabo hatte Anspruch auf ein richtiges Krankenbett, sagte er, die Versicherung würde das übernehmen. Das Bett kam wenige Tage später. Auch hatte Gabo begonnen, die Möbel umzustellen. Ich wunderte mich, dass er den Schrank hatte allein bewegen können. Am Abend stand Paulus auf der Leiter und bohrte Löcher für Haken in die Decke, dort sollten die großen Drachen aufgehängt werden. Wobei, unzumutbar waren die Riesenfenster. Jeder konnte ihn hier begucken. Er war doch kein Zootier. Ich ging blickdichte Vorhänge besorgen. Nun brauchte man auch am Tag elektrisches Licht. Musik lief drüben, wie wir von dem Häuschen zu sagen begannen, den ganzen Tag lang, wie bei einem Teenager. Das Kind ging mit ein paar CDs hinüber, aber dies Metal-Zeug war zu hart, zu brutal, fürchterlich war es, dagegen seine Musik war total soft und friedlich, the Grateful Dead zum Beispiel, und er verbreitete sich über die Deadheads, war doch gut, wenn sie etwas von ihm erfuhr.

Überall auf dem Hof und im Garten hielten sich in diesem Frühling ihre Freunde auf, große, kräftige, langhaarige Jungen, die Lederkluft trugen oder mittelalterliche Gewandungen, sie kamen und gingen und mähten den Rasen und schleppten Wasser- und Saftkisten. Das Kind bemalte sich Arme und Beine, Efeublätter wuchsen an ihr empor und Rosenranken, Tücher wand sie sich um den Körper, schnitt Hosen und Röcke zurecht und aus dünnen Strümpfen Stulpen für die Handgelenke. Ein Wesen aus dem Elfenreich war sie, vielleicht einer der zarten Kobolde, die die Waliser Pixies nennen. Sie schwebte zwischen den sie flankierenden Jungen, die Gabo ihre Ritter nannte.

Gelockter junger Herr!, rief er einen an, und einen anderen: Viellieber Meister!

Aber nie machte er ein neues Bild von ihr. Nie fotografierte er sie oder bat um ein aktuelles Foto. Ohne Zuwachs blieb die Devotionaliensammlung, wie Paulus die Fotos um den Buddha nannte, die Gabo alle wieder aufgestellt hatte wie in Berlin.

Am stärksten irritierte es meine Sehgewohnheiten, dass nicht endlich die Szene kam, in der er die alten Fotoalben zu sehen verlangte, die die verpassten Jahre dokumentierten, die Kindheit seiner Tochter, die er vermieden hatte, dass er dann beim Blättern erst Haltung bewahrte, die aber zusehends bröckelte, bis er unter der Last seines ganzen vergeudeten, vertanen Lebens, der unerträglichen Gewichtlosigkeit seiner Existenz zusammenbrach.

Ich gab ihm die Stichworte, eröffnete den Dialog, forderte

ihn schließlich direkt auf, seinen Part zu spielen: den reuevollen Zusammenbruch, der der Errettung seiner Seele zwingend vorausgehen musste, aber nee, lass man, das konnte er nicht, nicht jetzt, ein andermal, vielleicht später.

Was glaubte er eigentlich, wozu er hier war. Wusste er wirklich nicht, wie es ging? Eine kathartische Situation war vonnöten, der Konflikt musste aufbrechen, um gelöst zu werden, aneinandergeraten musste man, um zueinander zu finden. Ich legte dem Kind schließlich nahe, selbst ein solches Gespräch zu eröffnen, sie versuchte es und kam danach in mein Arbeitszimmer und sagte: Er sagt, es ist alles deine Schuld. Wegen dir ist er damals nicht mehr gekommen.

Das traf mich. Das verblüffte mich. Er hatte mir nichts dergleichen vorgeworfen. Er wusste genau, dass es nicht so war, und hatten wir nicht beschlossen, von Schuld zu schweigen, nicht miteinander abzurechnen?

Ach, und wollte ich jetzt doch damit anfangen, ja? Er sprach tiefer als sonst und laut, grollend war seine Stimme, sein Blick kam von tief unten herauf. Wollte ich jetzt mit meiner Abrechnung anfangen?

Nein, wollte ich nicht. Gar nichts wollte ich, wir durften nicht noch einmal in diese Schienen geraten, ich konnte das meinem Kind nicht antun.

Denn is ja jut, sagte er und beugte sich wieder über den Drachen, den er baute. Ich ging hinaus. Ich hatte nichts zu befürchten. Dies war mein eigenes Haus. Aber ich zitterte, als ich im Garten stand.

An meinem Geburtstag gab ich ein Fest. Mit meinen beiden Männern empfing ich die Gäste, bestaunt wurden wir, ein Wunder war es, dass so etwas klappte, von allen Seiten gratulierte man mir. Das Kind spielte Klavier und erntete Lob, aber Gabo sagte nichts, und sie sagte schließlich zu ihm: Dieses Stück war ganz schön schwierig zu spielen, weißt du.

War auch ganz schön schwierig, sich das anzuhören, sagte er und lachte.

Nach diesem Fest sagte das Kind: Er berlinert nicht mehr. Und *fei* sagt er. *Fei ganz schön schnell.* Hast du das gehört? Das Wort verwendet in unserer Familie doch niemand.

Anfang März bat er um fünfzig Euro. Seine zweihundert hatte er für Gras gebraucht. Für seine Medizin. Die fünfzig konnten wir nächsten Monat mit seinem Taschengeld verrechnen. Er ging dann aus dem Haus, jemand holte ihn ab, einer meiner Freunde, den er auf meiner Party kennengelernt hatte, und kam mit einem Motorroller zurück. Jemand hatte ihm den geliehen. Man musste mobil sein, hier auf dem Land. Zwanzig Euro brauchte er für Benzin. Dann war aber gut. Dann kam er klar für diesen Monat.

Eine Woche später verlangte er seine zweihundert für April.

Wozu braucht der so viel Geld?, sagte das Kind. Der hat hier doch dasselbe wie ich. Wozu braucht der mehr Geld als ich?

Als ein weiteres Kind im Haus sah sie ihn offenbar an.

Auch war es ihm neuerdings zu spät, immer erst abends warm zu essen. Lieber aß er gar nichts. Ich wärmte ihm also seine Portion am Mittag auf, wo er nun immer mit am Tisch saß, wenn die Kinder aus der Schule kamen. Sie hatte sich Schuhe gekauft, ihre ersten Schuhe mit hohem Absatz. Ihre Wangen waren gerötet, stolz war sie, schon lange hatte sie diese Schuhe im Fenster gesehen und gewartet und gewartet, dass sie reduziert würden.

Schön sind die, sagte Gabo. Zieh sie mal an.

Vorsichtig ging sie, in der ungewohnten Höhe.

Du musst dabei nicht so mit dem Hintern wackeln, sagte Gabo und lachte, wie eine Ente siehst du sonst aus … Gib mal die Schuhe. Ach. Die sind ja schon ganz kaputt.

Wo?, sagte sie. Wieso? Wieso sind die kaputt?

Da. Der Faden. Siehst du? Die musst du wieder zurückbringen, Mäuschen.

Rückstandslos in Wut verwandelte sich ihr Blick in meinem Herzen. Ich drehte mich zum Fenster, im Geist ein blutrotes Bild. Das Kind nahm die Schuhe und ging hinaus.

Schon gut, Mama, sagte sie im Vorbeigehen. Schon gut.

Nenn sie nicht Mäuschen, sagte ich zu Gabo. So nennt sie ihr Papa. Verwende du ihren Namen. Sie spricht dich ja auch mit Vornamen an.

Dass er und sie zueinanderfinden oder dass sie etwas lang Vermisstes bei ihm finden könnte, habe ich danach nicht mehr gehofft, stattdessen beschlichen mich Ahnungen. Das vertraute Gefühl der Bedrückung kehrte zurück.

Mit dem Hund stand ich im Garten am Teich. Ein alter Spruch fiel mir ein.

Halte fünf Nesselblätter in der Hand, um ruhig zu werden und frei von Furcht.

Fünf Nesselblätter. Für wie lange?

Morgens, wenn ich ihm seinen Kaffee brachte, zeigte er mir weiterhin, was er gebastelt hatte. Dann sollte ich alles loben. Immer die gleichen idiotischen Drachen. Immer mehr machte er davon und benötigte mehr Material, das sollte ich für ihn im Internet bestellen.

Na ja, sagte Paulus. Wenn er das braucht.

Dann soll er es sich doch kaufen.

Wovon denn? Du kriegst doch sein Geld.

Und Sekundenkleber fehlte. Ob ich welchen hatte?

Nein.

Schau doch mal nach.

Ich habe keinen Sekundenkleber.

Eine Freundin berichtete, Gabo beschwere sich überall über mich. Ich hörte ihn in ihren Worten, das geschah oft, unwillkürlich zitierten ihn die Leute, während sie glaubten, einen Sachverhalt in ihren eigenen Worten zu schildern.

Madame behält mein Geld ein. Das ist doch das Schärfste. Der fehlt es an nichts. Die hockt da im gemachten Nest, und ich muss um jeden Pfennig betteln.

Sie, die Freundin, habe erwidert, es sei wohl normal, dass er seinen Lebensunterhalt selbst bestreite.

Was denn, normal. Die hat früher genug abgegriffen. Mehr als genug, als ich für die arbeiten gehen konnte.

Ich setzte mich an den Tisch, nahm einen Stift und listete auf, was sein Umzug gekostet hatte, was er an Taschengeld bereits erhalten hatte und welche Summen monatlich nötig waren, um ihn zu ernähren, seine Wäsche zu waschen, sein Haus zu heizen, ihn herumzukutschieren, Putzfrau und Internet zu bezahlen und ihm Zeitschriften, Zeitungen, Naschkram, Briefmarken, Klistiere mitzubringen, zu schweigen vom Klopapier, andauernd brauchte er Klopapier, irgendwer hatte mal ausgerechnet, wie viele Rollen Klopapier man für eine Straße von der Erde bis zum Mond brauchte, andauernd jammerte er über Verstopfung, aber nach dem, was ich an Klopapier kaufte, musste er inzwischen eine Straße von hier bis zur Venus zugeschissen haben. Mit der Liste ging ich nach nebenan. Er warf einen Blick auf das Blatt und kreischte auf.

Ich seh mir das nicht an. Ich seh da gar nicht hin. Ich will das nicht wissen, geh weg, geh weg.

Abwechselnd hielt er sich Augen und Ohren zu. Ich stopfte ihm den Zettel in den Pullover. Er brüllte mir nach.

Geh weg, geh weg, geh weg! Ich ziehe aus.

An diesem Abend kam Paulus nicht. Er war nicht in der Kanzlei und ging nicht an sein Handy. Tatsächlich war er längst zu Hause, er hatte bei Gabo gesessen. Was ich denn mit dem gemacht hatte, wollte er wissen. Der sei ja völlig außer sich. Er, Paulus, hatte so etwas noch nie gesehen.

Ergreifst du etwa seine Partei?, sagte ich. Stellst du dich auf seine Seite?

Unsinn. Aber an einem Rachefeldzug gegen einen Kranken würde er sich nicht beteiligen. Auch konnte er sich nicht vorstellen, dass unser ehrgeiziges Projekt an meinem plötzlichen Geiz scheitern sollte. Das sei ja wohl eine ganz neue Eigenschaft.

Ich stand auf und ging zur Tür.

Bleib lieber hier, sagte Paulus. Der arme Kerl ist nicht in der Verfassung, sich jetzt auf einen weiteren Streit mit dir einzulassen.

In dem Moment begriff ich. Paulus war Gabos neuer bester Freund.

Schreiben konnte ich danach nicht mehr. Stundenlang ging ich mit dem Hund. Paulus kam von sich aus nicht mehr auf Gabo zu sprechen, aber ich, immer wieder fing ich mit Gabo an, immer wieder wollte ich etwas erklären, aber was? Dass es nicht um Geld ging, wollte ich erklären, es geht nicht um Geld, sagte ich, ich konnte nicht aufhören, ständig redeten wir von Gabo, furchtbar war das, immer dasselbe, wie wenn eine Kuh pisst.

Wenn Gabo fort war, grub ich in der Erde. Zu meinem Geburtstag hatte er zwei kleine Drachen vor meinem Arbeitszimmer an der Pergola aufgehängt, einen schwarzen und einen weißen, Yin-Yang-Drachen, der Wind verknäulte laufend ihre Schnüre, und dann hörte ich, während ich im Beet kauerte und Zinnien pflanzte, seinen Schritt hinter mir, schwere Schritte, mehrmals am Tag drang er von hinten in meinen Bereich ein.

Schalom!, sagte er.

Ich sah nicht auf und drehte mich nicht um.

Na?, sagte er, lang gedehnt, alles klar?

Ich wusste, wie er ging, ich wusste, wie er guckte, ich wusste, wie er da stand und wie er aussah, gesund und munter war er und bester Dinge, gebräunt vom Mopedfahren und Drachenfliegen.

Ja, sagte ich.

Die haben zwei Autos, sagte Gabo zu Freunden. Die haben zwei Häuser, Madame kriegt aber den Hals nicht voll. Paulus' Geld reicht ihr nicht. Mein Geld will sie auch noch haben.

Dann drang er in mein Haus ein, in meine Küche. Ob ich einen Ebay-Account hätte. Eine Kamera brauche er, eine Minikamera, um sie an einen Drachen zu hängen und die Stadt zu fotografieren. Diese Bilder würde er dem Oberbürgermeister verkaufen. Paulus war amüsiert. Auf Ideen kam der Kerl. Ein paar Tage später brachte ein Freund die Kamera vorbei. Gabo zeigte sie mir. Total billig war sie gewesen, nur hundertvierzig. Das Geld hatte er von Paulus bekommen.

Er hat doch kein Geld, sagte Paulus. Das landet doch alles auf deinem Konto.

Merkte er nicht, wie er redete? Merkte er nicht, dass er klang wie Gabo?

Was soll das heißen?, sagte er. Willst du mir unterstellen, ich sei nicht Herr meiner Sinne?

Nun brauchte Gabo allerdings ein Computerprogramm, um die Bilder zu bearbeiten. Das Zeug, was man umsonst bekam, taugte nichts, das war einfach nicht mächtig genug. Er hatte schon überlegt, was er benötigte, das wollte er jetzt mit Paulus besprechen.

In meiner Lage hat man eben Bedürfnisse, sagte er zu Paulus. Da hat man eben andere Prioritäten.

So schien es. Im Angesicht des Todes ersehnte der sterbliche Mensch eine Mikrokamera. Der verrinnenden Zeit begegnete er mit Sekundenkleber. Das Grab vor Augen, empfand er das existenzielle Bedürfnis, vor dem Erlöschen noch einmal tüchtig zu konsumieren. Sein ganzes Leben lang hatte Gabo Buddha gesucht, nun hatte er ihn gefunden und wollte Spielzeug von ihm.

Ich beschäftigte mich damals mit Menschen, die in der Zeit des Nationalsozialismus hingerichtet worden waren. Oft war in ihren Abschiedsbriefen die Bemühung erkennbar, angesichts des eigenen Todes die Hinterbliebenen zu trösten, und ich dachte, dass gerade das, dieses Absehen von sich selbst, ihnen womöglich geholfen hatte, die Haltung zu wahren.

Haltung. Ein lächerliches Wort in den Siebzigern. Selbstverpflichtung. Selbstzucht. Disziplin. Aber diese Dinge hielten eben den Menschen nicht nur nach außen aufrecht, auch ein inneres Gerüst waren sie und halfen vielleicht, sich trotz der Demütigung physischer Qualen einen Rest Selbstachtung zu bewahren.

Nun hatte der hier, der in meinem Haus, ein Verlangen nach Selbstachtung nie empfunden, sagte ich zu Paulus, Respäääkt, Respäääkt hatte er immer nur von anderen verlangt, während er selbst auswich in Selbstmitleid, ich kann nichts, ich bin nichts, A Three Time Looooser, nur ein armes Zwiebelchen, nimm mir das nicht iebelchen, immer war er ausgewichen, immer hatte er alles vereinfacht und damit alles kompliziert werden lassen, ein Schmerzvermeider war er, der damit Schmerz erzeugte, aber er wusste davon nichts, er hatte einen Filter in seine Wahrnehmung eingebaut, hinter dem sich all das Abgewehrte aufgestaut hatte und nun zum Himmel stank. Mein überwältigender Widerwille war nicht der

Hass der Ehe, sondern beinahe unpersönlich. Ich sterbe, heulte er, ich sterbe, das wies er her wie ein Bettler den Beinstumpf. Konnte er nicht für zwei Cent Heroismus aufbringen?

Entsetzt wich Paulus zurück.

Um Gottes willen. Erspar uns deine Naziparolen.

Aber Paulus war ja den ganzen Tag nicht da. Er sah nicht, was ich sah, er wusste nichts von Gabo. Am Ersten Mai hatten wir bisher immer mit Freunden gegrillt, diesmal nicht, diesmal wäre niemand gekommen, sie hatten alle schon etwas vor, denn alles pilgerte zu der großen Wiese am Waldrand, mit Coolern, Picknickkörben und Decken, mit Kindern und Hunden, wo Gabo ein Drachenfest veranstaltete.

Sogar meine Putzfrau ging hin.

Sogar Paulus.

Allein in meinem Garten stand ich wie in Herat, wie in Oslo, wie in Hamburg, und warum ich diese Städte nicht geliebt hatte, wurde nun klar. Denn in Hamburg zum Beispiel hatte ich einen Sommer lang die Wohnung von Freunden gehütet, mit dem Kind war ich nach Övelgönne zur Strandperle gefahren, auf dem Musikfloß wurde Jazz gespielt und man sah die Lichter der Schiffe auf dem Wasser und die Feuer am Elbufer, vor Britas Laden auf Bänken aßen Kinder Erdbeereis, aber mit ihm hatte sich mir die Stadt nicht geöffnet, als Wächter hatte er vor ihren Toren gestanden, draußen halten wollte er mich, am Rand der Welt sollte ich entlanggeistern, in einem Schattenreich, in das ich jetzt wieder verbannt war, mitten in Coburg, in meinem eigenen Garten war ich wieder in Islamabad. Paulus konnte das nicht sehen, arglos war Paulus und reinen Herzens. Aber ich nicht. Überall um mich schoss es blühend empor. Rittersporn wucherte, Rhododendron, Küchenschelle, Akelei, zu schweigen von Stechapfel, Goldregen,

Blauem Eisenhut. Jeden Abend kochte ich. Tief konnte man kochend in den Esser eindringen. Noch die Leber eines Hausschweins, das Blauen Eisenhut gefressen hatte, genügte, um einen Mann umzubringen. Berliner Art vielleicht, mit Zwiebeln und Apfel. Ein Hausschwein fehlte, aber Roten Fingerhut gab es. Digitalis purpurea, in richtiger Dosierung den Herzschlag regulierend, den aber schon zwei Milligramm Digitoxin aussetzen ließen.

Du hast mir das Herz gebrochen!

Konnte sich möglicherweise noch einrichten lassen.

Nur war es mein Herz, das stolperte. Nacht für Nacht lag ich wach, lautlos flüsterte ich in der Dunkelheit Flüche und zischelte sie, wenn ich mit dem Hund ging. Stirb, krepier, verrecke, geh drauf.

Mein Mann verstand mich nicht mehr, mein Konto war abgeräumt, meine Freunde waren mir entfremdet, ich konnte nicht mehr schreiben, mein Kind floh das Haus, das ihr nicht mehr heimelig war, weil in ihm der Feind hauste, mein eigenster Raum war mir entrissen, die Fenster waren verhängt, düster war es, wo meine heiter gestimmten Feriengäste mir ein gewisses Maß an Unabhängigkeit garantiert hatten, und wenn ich die Tür aufstieß, quoll mir der Geruch von Gruft entgegen: kalter Qualm, kranker Körper, Selbstmitleid, Ressentiment. Sein Essen knallte ich auf die Küchentheke und brüllte seinen Namen. Vielleicht kam keine Antwort. Aber: Ja?, hauchte er ersterbend, und ich wollte ihm eine fenstern, verdreschen wollte ich ihn mit dem Teppichklopfer, mit der Haselrute, da nützte kein Gequassel, da half nur eine anständige Tracht Prügel, Hiebe in die Fresse, bis du lachst.

Und, hatte er gut geschlafen? Hatten der Herr wohl geruht?

Ach. Nein … Es geht so …

Aber er hatte großartig geschlafen. Drei Minuten später, wenn er vergaß, den Todkranken zu mimen, konnte ich ihn in meinem Haus lachen hören, er telefonierte und berlinerte zur Abwechslung mal wieder.

Eh, denn ha ick denen aber jesacht, un mit der Hand auffn Tisch jehauen, und den jing det ooch, aber hopp, hopp, det saje ick dir!

Mein Herz stolperte, zwei drei, Tango. Ich würde noch draufgehen an ihm.

Gabo saß auf der Türschwelle seines Häuschens, die Kamera in der Hand. Auf dem Rahmen der Tür saß eine Libelle, oder noch keine Libelle, im letzten Stadium der Entlarvung befand sie sich. Den ganzen Tag lang rang sie darum, sich zu häuten, und er fotografierte und dokumentierte den anstrengenden und langwierigen Prozess und gab seiner Begeisterung lautstark Ausdruck, fantastisch war das doch, ein Wunder, ich sollte mal abwarten, was er aus den Bildern machen würde mit seinem Bildbearbeitungsprogramm. Am nächsten Morgen lag auf den Steinen vor dem Häuschen eine tote Libelle. Ich weiß nicht, ob es dieselbe war, es war auch das einzige Mal in all den Jahren, das sich so etwas ereignet hat. Einen Moment lang bemitleidete ich das unglückliche Insekt. Dann legte ich es ihm statt Frühstück auf den Teller.

Mit dem Hund saß ich im Garten und wartete. Nach einer Weile heulte es drinnen auf.

Hundi, sagte ich. Gassi gehen.

Als ich zurückkam, war Paulus da. Bis in den Hof, bis in den Garten hörte ich Gabo kreischen.

Ich halte es nicht aus! Wie sie mich behandelt. Ich muss hier weg. Aber wo soll ich hin.

Schaut, dass ihr euch wieder vertragt, sagte Paulus. Rede mit ihr.

Ich kann nicht mit ihr reden!

Es war das, was Paulus nicht verstehen konnte. Er war, der er war, er sah, dass uns viele vernünftige Möglichkeiten offenstanden: Gabo konnte bei uns wohnen bleiben, sich aber ein Konto einrichten und selbst wirtschaften, man konnte ihm in der Nähe eine kleine Wohnung besorgen und täglich nach ihm sehen, oder man konnte die Situation klären, verbal bereinigen und tragfähige Grundsätze des Zusammenlebens aushandeln. Was er nun hörte, als Gabo sagte, er könne mit mir nicht reden, war, dass ich zum Reden nicht bereit sei, und das war richtig, denn ich hatte im Gegensatz zu Paulus verstanden, was Gabo wirklich gesagt hatte: dass er, Gabo, zum Reden mit mir nicht in der Lage war.

Die große Finsternis umgab ihn, der schwarze Nebel war aufgestiegen, er hörte nichts, sah nichts, warf sich auf dem Bett herum wie in Krämpfen und brüllte, die Hände über den Ohren. Eine solche Macht besaß seine Unfähigkeit zu reden, dass sie fast mehr als eine Ehe hätte ruinieren können, denn auch Paulus und ich konnten nun nicht mehr miteinander reden, keiner konnte mehr, alles brabbelte sinnlos vor sich hin.

Ich habe Gabo gesagt, dass du bereit bist, mit ihm zu reden, sagte Paulus.

Man kann nicht mit ihm reden, sagte ich.

Du musst. Wie soll es denn sonst gehen.

Weiß ich nicht. Er redet nicht mit mir.

Ja. Er sagt, er kann nicht.

Das sage ich doch.

Es war morgens. Aufmerksam stand der Hund an der Tür, wartend darauf, dass sein Tag begann. Konzentriert aufs Geschehen, nahm er wahr, dass nichts geschah, dies Reden war kein Handeln, gedulden musste man sich. Paulus schritt im Zimmer umher.

Ich kann das nicht akzeptieren, sagte er. Man hat sich durchgerungen, leicht war das nicht. Man ist einen Weg gegangen, jetzt soll man umdrehen. Jetzt soll man scheitern an eurem Problem.

Du hast mir das nie gesagt, sagte ich. Ich wusste nicht, dass du dich durchringen musstest. Ich hatte den Eindruck, es fiele dir leicht. Ich hatte den Eindruck, du wolltest ihn auch hier.

Natürlich. Es schien mir das Vernünftigste zu sein. Also bitte, klärt die Sache. Setzt euch zusammen und redet miteinander.

Dann war er weg. Gabo und ich saßen da, vereint miteinander, und wussten nicht, was wir mit Paulus anfangen sollten. Verbohrt war er, stur, nur den Kopf schütteln konnte man.

Du musst mit Paulus reden, sagte ich zu Gabo. Du musst es ihm erklären.

Ich habe es versucht, sagte Gabo. Er versteht es nicht.

Ruf ihn an, sag es ihm noch einmal.

Okay. Wenn du meinst.

Ich wählte Paulus' Nummer und reichte das Handy an Gabo weiter.

Paulus?

Gabos Ton war auf einmal ein völlig anderer, intim-geschwätzig, vertraulich, eine halbe Oktave höher sang er.

Ja, hallo, Paulus, also, tut mir leid, dass ich störe. Sie war es. Sie hat darauf bestanden. Ich soll dir unbedingt noch mal sagen, dass ich nicht mit ihr reden kann. Ja. Nein klar, tut mir wirklich leid. Also, tschüss denn, dir auch einen guten Tag, bis später.

Er gab mir das Handy zurück. Die Leitung war tot.

Am Abend, wir saßen allein am Tisch, berichtete Paulus, Gabo sei später in der Kanzlei aufgetaucht. Er hatte Paulus an der Rezeption abgepasst und um Geld gebeten. Hoch erstaunt war ich, dass er mir das erzählte, und er über mein Staunen verwundert. Warum hätte er mir diesen Vorfall verschweigen sollen? Was war überhaupt los mit mir? Merkwürdig war ich die ganze letzte Zeit.

Wie viel hast du ihm gegeben?, sagte ich.

Fünfzig. Er wollte zwanzig, aber ich hatte es nicht kleiner. Es waren Mandanten da, also es war eine etwas blöde Situation. Etwas unangenehm. Ich war froh, als er wieder weg war.

Am nächsten Tag trat ich aus dem Haus in den Hof, gerade als Paulus seinen Geldbeutel einsteckte.

Ich habe ihm noch mal fünfzig gegeben. Aber ich habe ihm gesagt, jetzt ist es genug.

Ich drehte mich um und ging ins Haus zurück. Aber in der Küche konnte ich nicht sein, auch im Wohnzimmer und im Arbeitszimmer nicht, und setzte mich schließlich ins Treppenhaus. Das Kind kam von oben herunter.

Mama. Du sagst mir jetzt sofort, was hier überhaupt los ist.

Es war ein heißer Tag. Sie trug einen roten Bikini. An mir vorbei ging sie die Treppe hinunter. Ich lief ihr nach und rief, sie solle sein lassen, was immer sie vorhatte, sie solle sich heraushalten und dies nicht auf sich nehmen, aber sie, ohne sich umzuwenden, machte eine Handbewegung nach hinten, abschüttelnd, scheuchend. Bevor ich dieses Buch begonnen habe, haben wir miteinander geredet, mein Kind und ich, und sie hat mir erlaubt zu schreiben, was ich will.

Aber schreib nicht aus meiner Warte. Schreib nicht so, als wärst du ich.

Das habe ich versprochen, und daran habe ich mich gehalten, ich habe nicht über ihre Gefühle spekuliert, mich nicht erzählend in sie hineinversetzt. Hier aber gestatte ich mir eine Mutmaßung: Ich glaube, dass sie das, was sie nun tat, vorher geprobt, dass sie diese Szene oder eine ähnliche Szene schon viele Male in der Vorstellung durchgespielt und auch eine Grobfassung des Texts schon parat hatte.

Die Länge seines Häuschens schritt sie entlang. Sehr gerade aufgerichtet ging sie, die zarten Knochen der Schulterblätter, die mageren Schultern deutlich unter den dünnen Trägern. Er hätte sie kommen sehen können, wären nicht die Fenster verhängt gewesen. Von hinten trat sie ein, dort stand eine Tür offen.

Ein Moment verging. Dann hörte ich seinen Aufschrei. Sie trat aus der Tür. Er im Haus tobte. Ruhigen Schrittes kam sie über den Hof zurück.

Was hast du gesagt?, sagte ich.

Sie sah mich an. Ihre Augen sind grün, wie es die meines Vaters waren. Aber auch eine Spur von Braun findet sich von Gabos Augen, und eine Spur von Gold. Teichwasserfarben sind die Augen meiner Tochter. Was sie zu Gabo gesagt hatte, wiederholte sie mir, jedes einzelne Wort deutlich artikulierend.

Schämst du dich nicht, meinen Vater um Geld anzubetteln, der mich großgezogen hat, weil du dich nicht um mich gekümmert hast?

Als sich der Lärm drüben gelegt hatte, ging ich hinüber. Es musste ja geklärt werden, wie er möglichst zügig nach Berlin zurückkam. Er krümmte sich auf dem Sofa, das Kissen aufs Gesicht gepresst. Darunter drang es dumpf hervor.

Ich bin eine Wand! Ich bin eine Mauer! Ich höre dich nicht, ich höre dich nicht, ich höre dich nicht!

Und dann: Mach doch, was du immer machst! Geh rüber und schreib alles auf!

Durchs ganze Haus und bis hinaus in den Garten dröhnte, als ich zurückkam, Musik. Ensiferum, *The Wanderer*. Gegen den Strom der Musik ankämpfend, erklomm ich die Treppe.

Huhu, Mama, rief das Kind durch den Lärm. Sie strahlte. Alle ihre Fenster standen offen. Ein Müllbeutel stand in der Mitte des Zimmers, Plastikzeug, abgebrochene Stifte, alles Mögliche flog dort hinein, Chaos herrschte, aber nicht das am Ufer, wo der Zeitstrom seinen Müll ablagert und der Unrat sich in Wurzeln verfängt, das Chaos des Übergangs war es. Auf dem Schreibtisch stand ein Bild, das sie jahrelang vor sich selbst versteckt gehalten hatte, und das sie mit ihrem Vater zeigte. Ein Zitat aus dem *Merchant of Venice* fiel mir ein: *It is a wise father that knows his own child.* Später googelte ich es und sah, dass Shakespeare Samuel Butlers Übersetzung der *Odyssee* abgewandelt hatte, in der es heißt: *It is a wise child that knows its own father.*

Zwei Tage später reiste Gabo ab. Freunde, die zum Karneval der Kulturen nach Berlin fuhren, nahmen ihn mit. Am Vormittag, er war noch nicht fort, wollte ich im Gemüsegarten die Tomaten gießen, zögerte aber, denn ich musste dazu an seinem Haus vorbei. Dann ging ich doch. Der Vorhang stand offen. Er lag auf dem Bett, die Augen geschlossen. Mein Herz schlug ganz ruhig. Ich stand da und betrachtete ihn und dachte, furchtbar ist er, ein fürchterlicher Mensch. Er schlug die Augen auf. Dies war der vorletzte unserer langen Blicke, der lang war nur insofern, als ich mich immer an ihn erinnern werde. Als er mich traf, zuckte ich zurück. Seine Augen waren nur Pupille. Sie waren schwarz, Löcher, reines Entsetzen, und ich, unwillkürlich und noch bevor ich wegblicken konnte, goss meinen Abscheu in sie hinein.

Dann fuhr ich in die Stadt und holte mein Kind ab, und wir gingen einkaufen. Von Laden zu Laden zogen wir, graue und pudrig blaue Kleider probierte sie an, Elfengewänder. Mittendrin rief Paulus an, Gabo sei beinahe überfahren worden.

Eigentlich hätte er verschwunden sein sollen, als wir nach Hause zurückkamen, er war aber noch da. Das Kind ging hinüber.

Eine Stunde verging und noch eine, ich versuchte mich zu beschäftigen und war voller Hoffnung, vielleicht ereignete sich jetzt das nicht mehr Erwartete, vielleicht redeten sie in letzter Minute miteinander, wurden heftig und dann einsichtig, umarmten einander, wagten einen neuen Start, und diesmal würde ich mich nicht einmischen, meine Mitwirkung hatte womöglich von Anfang an nur geschadet. Dann kam sie wieder. Gabo war längst weg. Sie war mit einem der Ritter spazieren gewesen. Kurz war ihre Unterhaltung gewesen, denn er war sofort ausgetickt. Er hatte keine Adresse, hatte er gebrüllt, er wusste nicht wohin, wir hatten ihn ja hinausgeekelt, diese Furie da drüben, diese Bestie, und sie könne auch abhauen, sie sei nicht mehr seine Tochter, er habe keine Tochter, sie sei nie Teil seines Lebens gewesen und könne aus seinem Leben wieder verschwinden.

Deine Mutter wird einsam sterben, hat er gesagt, und du wirst genauso einsam sterben wie sie.

Zusammen gingen wir hinüber ins Häuschen. Dort nahmen wir die Vorhänge ab, öffneten alle Fenster und stellten die Möbel an ihre Plätze zurück. Eine Stunde später hatte sich der Raum spurlos zurückverwandelt. Nur auf dem Krankenhausbett in der Ecke stand noch allerlei Zeug, das er abholen lassen würde, sinnlos und schäbig sah es aus wie fast alle Dinge, wenn man sie nicht erhaben aufbaut, täglich benutzt und mit Teilen seiner selbst ausstaffiert, sondern ihnen erlaubt zu sein, was sie sind: Plunder.

Verbrennen wir das Zeug, sagte das Kind. Verbrennen wir alles, auch seine Drachen und alles, was er mir geschenkt hat.

Warum denn, sagte ich. Die schönen Drachen.

Hat Gabo sich bei dir gemeldet?, fragte ich das Kind ein paar Tage nach Gabos Auszug.

Nein, sagte sie.

Was meinst du, wie geht es jetzt weiter?

Wie schon. Er wird sich bei mir melden. Er ist ja mein Vater.

Das verschlug mir die Sprache.

Paulus und ich haben über diese Zeit niemals miteinander geredet. Wir haben sie zu unterschiedlich erlebt. Man muss auch nicht über alles reden. Gabo war weg, er hatte diese Zeit in einer Kapsel mit sich genommen. Oder, um ein anderes Bild zu verwenden: Die Schnüre der Marionetten waren durchtrennt, die Puppen lagen zerbrochen herum, aber wir, die Spieler, traten hinter dem Vorhang hervor und streckten uns und richteten uns auf und wurden wieder wir selbst. Auch mein Haus wurde wieder das meine, schön war es, und ich dachte, dass jeder Ort ohne dich schön gewesen war und alle unsere gemeinsamen Orte eigentümlich leer waren, unwirklich, als wäre ich gar nicht dort gewesen oder als wäre außer uns niemand dort gewesen, und dass du das gewollt hattest, dachte ich, denn nicht nur Ingrid war unterwegs aus dem Bus ausgestiegen, sondern viele Namen könnte ich im Nachhinein nennen von Freunden, die dank dir keine mehr waren. Alle diese Freundschaften hatten haarfeine Risse gehabt, winzige, harmlose Kratzer, die hattest du infiziert.

Auch denke ich heute, dass Islamabad der Sündenfall unserer Beziehung gewesen ist. Egal, ob ich mich darauf eingelassen hätte: Er hätte damals darauf bestehen müssen, den

Bus allein über die Grenze zu fahren. Das hätten natürlich Gino oder Paulus getan. Aber Gabo kam diese Möglichkeit gar nicht in den Sinn. Er befahl ja auch nicht einem seiner Beine den Alleingang. Mich als eigenständige Person wahrzunehmen, die er gefährden oder schützen konnte: Dazu war er nicht fähig. Es gab überhaupt keine anderen Menschen für ihn, nur seine Gefühle, seine Reaktionen, nichts als Ich-Erweiterung waren seine Liebe und sein Hass. Es stimmte, was er im Herbst zu mir 1976 gesagt hatte: Er war tatsächlich immer allein gewesen. Ein Gegenüber hatte er nie.

Was bei unserer letzten Begegnung auf diesem Bett im Hospiz tatsächlich in ihm vorgegangen ist, weiß ich nicht. Tatsächliches war gar nichts an ihm, glaube ich, alles war Erzählung, es entsprang Einfällen, Launen, schnell wechselnden Vorstellungen. Vom Kind hat er am Telefon verlangt, mir dereinst nicht zu verraten, wo er begraben läge, damit ich sein Grab nicht entwürdigen, nicht darauf tanzen, nicht auf sein Grab spucken oder pissen könnte. Das war aber absurd, denn er wusste genau, dass wir in dem Moment gerade die Schellingstraße in München entlanggingen, ich mit ihr, die sagte: Gabo. Ich bitte dich. Warum sollte Mama auf dein Grab urinieren.

Dann saß ich in der Küche im Hospiz. Das Kind war hinaufgegangen, und ich wartete, ob du mich rufen würdest, und jemand trat an mich heran, einer, der sich am Ende täglich um dich gekümmert hat.

Du hattest ihn gelegentlich erwähnt. Den Haubentaucher hast du ihn genannt. Warum? War das nett? Aber du hattest einen Hang dazu, Leute mit den Namen von Wassergeflügel zu belegen. Der Haubentaucher. Die Schnepfe. Der Ganter. Es ging auch in freundlich: Du mein Schwanchen, mit deinem langen Hals. Der Haubentaucher wusste nicht, dass er der Haubentaucher war, aber es hätte ihn auch kaltgelassen.

Tjaja, Don Gabo!, sagte er und lachte in sich hinein. Da musste man einiges wegstecken, was? Ich weiß nicht, wie oft er mich rausgeschmissen hat. Raus jetzt, verpiss dich, mach dich vom Acker. Wenn man dann wieder auftauchte, war alles in Butter. Ey Kollege, was geht, mach keine Welle, komm rein.

Er sah mich an, nachdenklich, andächtig fast.

Und das bist also du, sagte er. Dass ich dich doch noch zu sehen kriege. Er hat ja immer von dir erzählt. Fünfundachtzig, als er aus dem Gefängnis kam. Da hat er nur von euch gesprochen. Das war schon, na ja, obsessiv. Alles hat er mir beschrieben, euren Bus, wie der eingerichtet war, welches Geschirr deine Mutter euch mitgegeben hatte.

Meine Mutter, Geschirr?

Blaue Teller mit Zacken.

Ich saß da und guckte auf den Tisch. Kiefernholz, die Sonne glänzte auf dem Lack. Dann zogen draußen Wolken vorbei, der Glanz erlosch, es war Frühling in Berlin. Aus den Tiefen der Zeit trat ein Standfoto: der Bus auf dem Hügel vor meinem Elternhaus, darum gruppiert wir, Ingrid, Flo, Gabo und ich, jeder auf seiner Position wie Banditen in einem Western. In der Mitte meine Mutter mit einem Einkaufskorb voller Teller.

Dann kam das Kind herein, rot verweint. So alt, wie ich damals gewesen war.

Mama, kommst du? Er will dich jetzt sehen.

Es ist wahr: Am Ende haben wir einander noch einmal angesehen. Aber stumpf war sein Gesicht von den Drogen eines Lebens und nun vom Morphium und vom Tod, und vielleicht hat er gar nichts gefühlt. Das ist aber egal. Mir ist egal, was er oder ob er etwas wirklich gefühlt hat. Ich sagte: Kein Groll, und er sagte: Kein Groll, und: Danke, dass ihr noch einmal gekommen seid. Wir haben einander umarmt. Wir waren am Ende entschlossen, die Regeln einzuhalten, die das Miteinanderleben benötigt und die das Miteinanderleben notfalls ersetzen können, und haben sie eingehalten und so das Ende mit Anstand geschafft. Mit Haltung.

Ich sehe das Bild an, das ihn als Jungen zeigt. Es ist der einzige Gegenstand, den er aus den Wohnungen seiner Eltern mitgenommen hat, und er hat ihn mir hier in meinem Haus übergeben, eilig, wortlos, heimlich fast. Wir haben einander zugenickt wie Verschwörer. Sein Blick auf diesem Bild, das ihn zeigt, bevor etwas begonnen hatte, bevor unsere Geschichte anfing, sich zu ereignen, ist vielleicht weniger verletzt als abwehrend. Man hatte ihn angewiesen zu lächeln, denke ich, und das hat er verweigert. Aber seinem Mund sieht man den Konflikt noch an: seinen Widerwillen, dieses grundsätzliche Sich-Sträuben, im Kampf mit der halbherzigen Sehnsucht zu entsprechen.

Keine Feinde waren wir, sondern Gladiatoren.

Für welches johlende Publikum?

Lieber Leser, der du hier vorbeigewandert bist, verkündige, du habest uns liegen gesehn –

Einen halb totgeschlagenen Jungen, ein halb zu Tode geliebtes Mädchen. Die aufeinander zustürzten, um einander was anzutun?

Links! Zieh! Halt gegen! Und rechts! Eine wunderschöne Acht fliegen wir!

Er stand hinter mir, seine Hände lagen auf meinen, die die Griffe des Lenkdrachens umklammerten, und lachend kommandierte er in mein Ohr. Nach der Geburt seiner Tochter meldete er sich, als ich aus dem Krankenhaus anrief, mit meinem Nachnamen, ich erschrak, aber er war entschlossen, meinen Namen zum Familiennamen zu bestimmen, und ging zum Standesamt, tat es dann aber nicht, und das war egal, das war nicht wichtig, der Name war es nicht, der uns getrennt hat. Wenn ich eine Jacke oder ein Hemd auf links trug, sagte er: Nun gehen keine Hexen an dich ran. Wenn er allein aus dem Haus ging oder ich allein aus dem Haus ging, dann sagten er oder ich: Ich gehe in die Welt. Und ich oder er antworteten: Nimm Brot mit.

Dann denke ich daran, wie er kurz nach seiner Ankunft hier im Garten glücklich herumging, winterkahl war noch alles, und er sagte: Erdbeeren! Erdbeeren hast du! Na, wenn die reif sind, dann werd ich mich mal frühmorgens in den Garten schleichen –

Aber im Juni war er längst fort, die Yin-und-Yang-Drachen hatte ich abgerissen und zerbrochen, und nun möchte ich noch einmal die Tür zum Häuschen aufstoßen, ich möchte hineingehen und dich noch einmal dort finden –

Und wir würden sagen: Kein Groll. Kein Groll. Kein Groll.

Begraben liegt er in einem halb anonymen Grab auf dem Luisenfriedhof III in Berlin, gleich vor den Ehemaligen Erbbegräbnissen an der Westmauer. Um die Gefahr eines weiteren schicksalhaften Zufalls zu bannen, hatte ich Anweisung gegeben, der Blumenkranz auf der Urne solle von vornherein eine gelbe Gerbera enthalten. Wir folgten deiner Asche gemessenen Schrittes wie an der Spitze einer Menschenmenge, das Kind und ich. Dass wir die einzigen Trauergäste waren, lag nicht daran, dass du sonst niemanden hattest, nur kannten wir von denen keinen außer dem Haubentaucher, und der war sofort nach deinem Tod in Urlaub gefahren. Das Loch in der Sammelgrabstelle war ausgehoben. Weitere Löcher waren abgedeckt, ich erkundigte mich bei dem Angestellten, wie viel Zeit pro Urne zur Verfügung stünde, er erschrak ein wenig und sagte dann: eine halbe Stunde. Wünschten wir, dass die Blumen vor dem Versenken abgenommen würden? Ich bejahte, bat aber darum, die Gerbera mit zu begraben. Seine Finger zuckten über dem Gesteck, Botanik war nicht sein Fach, ich schob ihn beiseite und fischte die Blüte heraus. Er stellte die Urne in das Loch. Ich ließ die Gerbera hineinfallen. Er schaufelte zu. Das Kind wollte noch verweilen, also ging ich an der Mauer entlang und besah die Grabmäler. Eines davon habe ich fotografiert, das Relief eines nach antikem Muster gekleideten Paars, die Frau ist es, die Abschied nimmt, gefasst, in melancholischem Trost legt sie dem Gatten die Hand auf die Schulter. Dahinter, oberhalb der Mauer, an die sich eine Berliner Kleingartensiedlung schmiegt, baumelte von einem frühlingskahlen Rosenbogen ein Futterhäuschen und ein Windlicht. Auch der hölzerne Stiel eines Gartengeräts war sichtbar.

Dann gingen wir, das Kind und ich. Im Bus erwogen wir, etwas Einschneidendes zu unternehmen, und überlegten, ob wir uns die Haare raspelkurz schneiden lassen sollten, ließen das aber und gingen zum Bahnhof und fuhren nach Coburg, wo wir erwartet wurden.

Der Zirkel ist durchlaufen. Das Buch ist fertig. Wenn ich es loslasse, werden zwanzig Jahre vergangen sein, seit ich mit dem Kind in Oslo auf die Fähre gefahren bin. Zwanzig Jahre in derselben Stadt: Das wäre ihr nie passiert, der Achtzehnjährigen, die dieser Gegend vor vierzig Jahren den Rücken gekehrt hat. Sie ging für immer, so meinte sie, oder wie es im Englischen heißt: for good.

Sie hat recht behalten. Sie ist nie zurückgekommen. Ihr Leben war abgeschlossen, mein Leben hat angefangen.

Ich träume auch die Träume nicht mehr. Nie mehr hältst du mit dem Bus neben mir. Nur einmal noch bist du mit einer

Pferdekutsche vorgefahren. Ich habe dich ziehen lassen. Ich habe im Traum gedacht: Ich brauche dich nicht. Ich komme ohne dich nach Indien.

Hier in meiner Welt unternehme ich meine Reisen bei Tag auf Papier, bei Nacht segle ich in den Garten hinaus, wo schwerelos die Rosenblüten schweben. Ein Igel raschelt, ein Nachtvogel schreit. Am strahlenden Nachthimmel Wolken wie ausgeflockte Milch, durchsichtig, sodass sie hinter dem Mond vorbeizutreiben scheinen. Wenn ich dann wieder im Innenhof einlaufe, im ummauerten, schwach erleuchteten Hafen, denke ich, dass das Haus meine Arche ist, mit der ich, sänke sie, ohne Besinnen absaufen würde.

Jetzt ist heller Tag. Gegenwart. Mit dem Einzug in dieses Haus hat die Gegenwart begonnen. Der Garten war noch kahl, die Kinder klein, der Hund ein Welpe und saß auf den Stufen zum Hof. Ich rief sie, Nirvana, ihren Namen sagte ich, und sie wandte den Kopf und sah zu mir empor und direkt in die Videokamera, mit der ich die Kindheiten der Kinder festzuhalten gesucht hatte bis zu diesem Moment, in dem die Kamera den Blick des Hundes aufzeichnete und sich abschaltete und nicht mehr anschalten ließ.

Ich stehe am Teich. Der Hund sitzt neben mir und schaut in den Teich, weil ich in den Teich schaue. Der Teich ist randvoll, opak, von einer Farbe wie Kräutertee. Dicke weiße Sommerwolken segeln über ihn hin. Durch die Wolken auf der Teichoberfläche und den Himmel darunter ziehen heiter die Fische. Von Zeit zu Zeit spuckt der Teichrand einen Mauersegler aus oder eine Elster, die eine pfeilgerade Bahn quer über die Oberfläche zieht. Um gleich darauf im gegenüberliegenden Teichrand zu verschwinden.

Prolog mit Hund

Im September ist der Hund gestorben. Er wollte nicht mehr fressen. Dann konnte er nicht mehr trinken. Aber gehen wollte er noch immer. Also ging ich mit dem Hund. Er schlug den Weg zum Wehr ein. Vielleicht dachte er, an einem Fluss könnte ihm das Trinken gelingen. Unterwegs blieb er mehrfach stehen, aber nicht wie ein Hund, der zu tun hat, sondern darauf konzentriert, stehen zu bleiben. Jedes Mal lockerte dann der Wille, der ihn aufrecht hielt, den Griff, allmählich knickten die Hinterbeine ein, er vergaß vielleicht, dass er da stand oder dass er überhaupt da war, seine Gedanken schlugen vielleicht schon eine andere Richtung ein. Dann besann sich der Hund und straffte sich wieder. Auf der Wiese am Wehr wollte er sich setzen. Das war schwerer als einzuknicken oder sich fallen zu lassen, aber er saß einen Moment und lag dann doch. Ich rief meinen Mann an, der mit dem Auto kam, um uns zu holen.

Im Garten legte sich der Hund an den Teich. Ich glaube, er schlief. Als der Tierarzt meinen Namen über den Hof rief, fuhr der Hund hoch, und ich umfasste ihn und sprach sanft und dachte, wie klug er war, immer hatte er vor dem Tierarzt Angst gehabt, immer hatte er gewusst, wen er vor sich hatte, den Tod.

Aber jetzt hatte er keine Angst. Ich hielt seinen Kopf wie immer bei Spritzen, und er wehrte sich nicht und zitterte nicht, vielleicht dachte er, ah, soso, nur eine weitere Spritze.

Er roch wie immer, würzig, leicht pilzig. Nach der ersten Spritze verlor er das Bewusstsein. Noch war er warm, sein Herz schlug, die Wolke seines Geruchs hatte ich in der Nase und habe diesen Geruch noch in der Nase, und noch hätte man Halt rufen können. Dann stach der Tierarzt die Spritze ins Herz. Langsam drückte er die Flüssigkeit aus der Ampulle in den Körper des Hundes, es war, sagte er, ein Mittel wie das, das er zur Betäubung verwendet hatte, er sagte zu mir: eine Art Goldener Schuss. Mein Hund atmete und atmete und dann nicht mehr. Er blieb aber warm und war das auch noch, als er auf einer Decke weggetragen und in den Kombi des Tierarzts zwischen andere Dinge weggepackt wurde. Ich schlug die Decke noch einmal auf. Ein Hund, dem man die Augen nach dem Sterben geschlossen hat, sieht wirklich aus, als schliefe er.

Nach diesen Geschehnissen lebte ich lange wie auf dünnem Eis. Vorsichtig setzte ich meine Schritte, die Wände der Welt waren durchsichtig geworden, ich sah durch sie hindurch in die äußere Finsternis. Besonders die ganz normale Freundlichkeit der Menschen zueinander war schwer auszuhalten, sie waren so großmütig miteinander und verziehen so viel und waren bereit, einander zur Hand zu gehen, und mussten doch alle sterben, sie nahmen einander die Vergänglichkeit nicht übel und riskierten es, sich aneinander zu freuen, so viele bestanden auf ihrem Recht, nicht zu töten.

Abends vor dem Zubettgehen ließ ich meinen toten Hund ins Haus. Morgens ging ich ohne Hund mit dem Hund, die Taschen voller Leckerli, die andere Hunde fraßen, aber ich fütterte meinen damit. Der Hund war nicht, aber die Wege des Hundes waren da, auf denen ich ging, die Kleingärten, Brombeerhecken, abgeräumten Herbstbeete. Ich rief sie beim Namen, meine Hündin: Komm, ja komm her zu mir, Nirvana, um diesen Tonfall nicht zu verlernen und diese Stimme nicht zu verlieren, die für meine Hündin reserviert gewesen war, um die Person nicht zu verlieren, die so, mit dieser Stimme, diesen Hund gerufen hatte. Am Wehr, das der Hund nicht mehr erreicht hatte, hatte ich viel Zeit verloren und suchte diese Zeit nun, aber sie war nicht wiederzufinden, denn nie war ich lange genug hiergeblieben, nie mit meinem kleinen Kind und dem Welpen so lange geblieben, wie sie es gewollt hätten, immer hatte ich vorwärts gedrängt, kommt doch, kommt endlich weiter, kommt.

Wohin? Zum Schluss.

Denn der Mensch stammt von Kain ab und ist also zum Wandern bestimmt, und von Glück kann er sagen, wenn ihm unterwegs einer ein Bacon Sandwich auf Kredit gibt oder ein Stück bunte Kreide, mit dem er auf dem Asphalt knien und singen kann.

I paint my beautiful pictures, I paint my beautiful pictures –

Aber was Gino mir nicht erzählt hat, damals in den Morgenstunden in unserer Kammer: Am Ende seiner Wanderungen schlug Kain, der auf Farsi Kabil heißt, am Fuß des Hindukusch sein Zelt auf. Er gründete dort die Stadt Kabul. Und in Kabul liegt er auch begraben, denn Babur, der Trinker, Dichter, Kiffer, Sammler von Blumenzwiebeln und Gründer des Moghulreichs, berichtet in seinen Memoiren, dass er an Kains Grab gestanden hat, in Kabul, an einem ungenannten Ort südlich der Festung Bala Hissar.

In den Tagen zwischen den Jahren haben das Kind und ich die Asche des Hundes ans Wehr getragen. Wir haben sie in den Fluss gestreut, den der Hund erreichen wollte und nicht mehr erreicht hat, denn es geht den Tieren wie den Menschen, sie beenden ihren Weg nicht, der letzte Ring wird nicht vollbracht und darf das gar nicht, sonst gäbe es keine losen Enden, die anderen zum Anfang werden könnten. Der Tag war frostfrei, mild wie ein Vorfrühlingstag. Das Kind und ich plauderten, wie wir immer auf diesem Weg geplaudert haben, Hunderte von Malen, wenn wir mit dem Hund gingen, über die Wiese, am Wäldchen vorbei. Am Ufer des Flüsschens nahmen wir die Plastiktüte aus der Schachtel. Sie enthielt nicht, wie ich es mir vorgestellt hatte, eine Art Pulver oder Staub, Asche eben, sondern winzige Knochenstückchen, Knochensand, grobkörnig, weißlich grau. Ich schnitt die Tüte auf, das Kind erklomm eine Wurzel über dem Flussufer, dort, wo die träge Strömung etwas stärker fließt, und ließ den Inhalt der Tüte ins Wasser rieseln. Er trieb nicht auf dem Wasser, sondern sank sofort auf den Grund und entzog sich dem Blick. Eine milchige Wolke erhob sich aber und verteilte sich an der Wasseroberfläche, das Wasser breitete sie lang und fein aus wie einen Schleier, der die Bewegung des Wassers mitvollzog und die Mikrostrudel der schwachen Strömung sichtbar machte.

Ich höre jetzt manchmal, was Gino gehört hat, *the gentle call of darkness* hat er es genannt. Ich habe mit dem Hund darüber gesprochen. Hund!, habe ich gesagt. Renn nicht einfach los. Warte auf mich am Ausgang der Welt.

Wenn ich mit der Cousine zusammensitze, auf diesem oder jenem Kontinent, kann die eine im Gesicht der anderen lesen, was sie nie wieder sein wird: die Jüngste von allen. Die Schönste im Saal. Papas kluges Mädchen. Die Frau eines jungen Mannes. Eine Mutter von kleinen Kindern –

Geschichten, Geschichten, Geschichten!

Ihr Anfang: Ein Wanderer klopft in der Nacht an die Tür, und die Zukunft beginnt. Womöglich wird man dann noch einmal gebraucht. Womöglich wird man noch einmal ein Federbett um ein Kind feststopfen und sagen: Bleib du im Bettchen, muschel noch ein bisschen –

Peace, love, and harmony!

Existence exists in order to exist.

Für eine kleine Spanne Zeit gehöre ich noch einmal mir selbst. Ich stehe ganz am Anfang meines wievielten Lebens. Mal gucken, was ich tun werde.

Was wir tun werden, mein Mann und ich.

Coburg, im Frühling 2016